Citroën C3
Manuel d'entretien et réparation

John S. Mead

Modèles couverts par ce manuel
(4282 - 320/4197 - 304)

Citroën C3 à moteurs essence et Diesel, y compris les séries spéciales et limitées
Moteurs essence : 1 124 cm^3, 1 360 cm^3, 1 587 cm^3
Moteurs Diesel : 1 398 cm^3 (8 et 16 soupapes) HDi

Ne traite pas des spécificités propres à la version « Pluriel » ni de la boîte de vitesses robotisée « SensoDrive »

ABCDE
FGHIJ
KLMNO
PQRST

Imprimé aux Etats-Unis

Editions Haynes
4, Rue de l'Abreuvoir
92415 COURBEVOIE CEDEX, France

Haynes Publishing
Sparkford, Yeovil, Somerset BA22 7JJ, England

Haynes North America, Inc
861 Lawrence Drive, Newbury Park, California 91320, USA

Haynes Publishing Nordiska AB
Box 1504, 751 45 UPPSALA, Sverige

© Haynes Publishing 2005

Un ouvrage de la **série Haynes des manuels d'entretien et de réparation auto**

Tous droits réservés. Toute reproduction, même partielle, de cet ouvrage est interdite. Une copie ou reproduction par quelque procédé que ce soit, photographie, microfilm, bande magnétique, disque ou autre, constitue une contrefaçon passible de peines prévues par la loi du 11 mars 1957 sur la protection des droits d'auteur.

ISBN **1 84425 282 5**

Sommaire

VOTRE CITROEN C3

ENTRETIEN

Entretien courant et révision

Sommaire

REPARATIONS ET REMISES EN ETAT

Moteur et systèmes annexes

Transmission

Freins, suspensions et direction

Habillage de carrosserie

REFERENCES

Index

En avril 2002 est lancée la Citroën C3, disponible en version berline 5 portes uniquement avec trois motorisations essence : 1,1 l, 1,4 l et 1,6 l et deux motorisations Diesel HDi de 1,4 l à 8 et 16 soupapes (apparue en juillet 2002 pour cette dernière version). Les motorisations essence dérivent de mécaniques ayant déjà largement fait leurs preuves sur de nombreux modèles de la gamme Peugeot/Citroën tandis que les moteurs Diesel, nouvellement développés, sont le fruit de la collaboration entre le groupe PSA et Ford.

Le moteur disposé transversalement à l'avant du véhicule est accouplé sur son côté gauche à une boîte de vitesses manuelle à cinq rapports ou automatique à quatre rapports à gestion électronique, proposée en équipement optionnel pour les versions à motorisation essence 1,4 l.

La suspension avant à roues indépendantes est du type à jambes de force MacPherson, avec ressorts hélicoïdaux et amortisseurs hydrauliques télescopiques incorporés. La suspension arrière est constituée d'un essieu transversal, avec amortisseurs hydrauliques et ressorts hélicoïdaux séparés, et d'une barre stabilisatrice solidaire de l'essieu.

La gamme bénéficie d'une panoplie conséquente d'équipements en série ou en option, notamment le verrouillage centralisé des portes, les

lève-glaces électriques, les coussins gonflables de sécurité (airbags) frontaux, latéraux et rideaux, et la climatisation. Toutes les versions disposent d'un système antiblocage des roues (ABS) en équipement de série.

Dans la mesure où l'entretien est régulièrement effectué, conformément aux prescriptions du constructeur, la C3 se révèle à l'usage une voiture d'une grande fiabilité et économique. L'aménagement du compartiment moteur, fort bien conçu, permet d'accéder facilement aux pièces nécessitant des interventions fréquentes.

A propos de ce manuel

Son but

L'objet de cet ouvrage est de vous aider à tirer le meilleur parti de votre véhicule. Il vous permet de décider des interventions devant être entreprises (même si vous choisissez de les confier à un garage), vous offre des conseils d'entretien courant et présente un plan d'action logique pour l'établissement d'un diagnostic lorsqu'une anomalie de fonctionnement survient. Nous espérons cependant que vous en ferez usage pour réparer vous-même votre véhicule. Il se révèle parfois plus rapide de réaliser des tâches simples par ses propres moyens que de prendre rendez-vous et de faire deux fois le trajet aller-retour pour conduire le véhicule au garage et le récupérer. Surtout, vous pourrez probablement faire d'importantes économies en évitant les coûts que

doit facturer un garage pour couvrir ses frais généraux et de main d'œuvre.

Dans le manuel figurent de nombreuses illustrations et descriptions montrant le rôle des différents organes et éléments du véhicule, cela pour vous permettre de bien comprendre leur implantation. Les opérations à exécuter sont quant à elles décrites et photographiées séquence par séquence de la manière la plus explicite qui soit.

Sa présentation

Le manuel est divisé en chapitres traitant chacun d'une partie logique du véhicule. Chaque chapitre est à son tour scindé en plusieurs sections numérotées et comportant des paragraphes (alinéas) auxquels des numéros sont également attribués.

Il est abondamment illustré et met particulièrement l'accent sur les opérations exigeant une séquence

détaillée. Les numéros d'ordre assignés aux légendes renvoient d'une part à la section correspondante et d'autre part au paragraphe concerné. A titre d'exemple, l'illustration 3.2 se rapporte à la section 3 et au paragraphe 2 de cette section.

Un index alphabétique est prévu à la fin de l'ouvrage ainsi qu'une table des matières générale au début. Chaque chapitre est également précédé de son propre sommaire.

Les références « gauche » et « droite » du véhicule s'entendent en étant assis en position de conduite.

Les constructeurs modifient constamment les caractéristiques des véhicules ainsi que les préconisations s'y rapportant et celles-ci sont rapportées, dès que possible, dans nos manuels lorsqu'elles nous sont communiquées.

Remerciements

Nous tenons à remercier la société Draper Tools Limited pour nous avoir fourni certains des outils d'atelier. Tous nos remerciements vont également au personnel de Sparkford ayant contribué à la réalisation du présent manuel.

Note importante

L'auteur et l'éditeur s'attachent à ce que les informations figurant dans cet ouvrage soient parfaitement exactes.

Il arrive cependant, au cours de la production d'une gamme particulière de véhicules, que le constructeur apporte des modifications dont l'auteur et l'éditeur ne sont pas tenus informés.

L'auteur et l'éditeur déclinent toutes responsabilités pouvant résulter d'un dommage physique, matériel ou moral, consécutif à l'usage d'informations erronées ou incomplètes, pouvant éventuellement figurer dans cet ouvrage.

La réparation et l'entretien d'un véhicule peuvent être dangereux. Cette page n'illustre que quelques-uns des dangers potentiels et a pour objet de sensibiliser les utilisateurs aux risques encourus et d'encourager une attitude axée sur la sécurité.

Dangers généraux
Liquides bouillants
• Ne pas retirer soudainement le bouchon de remplissage du circuit de refroidissement à chaud.
• L'huile du moteur ou de la boîte de vitesses et le liquide de direction assistée peuvent aussi être dangereusement chauds si le moteur a été récemment en marche.

Pièces brûlantes
• Prendre garde aux organes quelconques du moteur, aux éléments de l'échappement ou du pot catalytique. Les disques et les tambours de freins peuvent aussi devenir extrêmement chauds à l'usage.

Véhicules instables
• Lors du travail sous ou près d'un véhicule soulevé, s'assurer toujours que le cric employé est associé à des chandelles. Lorsque les roues ne doivent pas être déposées, il est recommandé de se servir de rampes. Ne jamais travailler sous ou à proximité d'un véhicule ayant été levé seulement au moyen d'un cric.
• Procéder avec soin lors du desserrage des écrous bloqués à fond ou du serrage des écrous à un couple élevé lorsque le véhicule est sur chandelles. Le desserrage initial et le serrage à fond doivent être effectués le véhicule étant sur sol ferme.

Feu
• Tous les carburants sont hautement inflammables et les vapeurs d'essence sont extrêmement détonantes.
• Ne pas répandre d'essence sur un moteur ou un échappement chaud.
• Ne jamais fumer, ni utiliser de flamme nue quelle qu'elle soit, en travaillant sur le véhicule. Prendre garde à des étincelles engendrées par un court-circuit électrique, par deux surfaces métalliques entrant en contact l'une avec l'autre, par l'utilisation d'outils sans précautions ou bien même par l'électricité statique accumulée dans le corps humain dans certaines conditions : tous ceux-ci peuvent s'enflammer. Les vapeurs produites au contact d'huile ou de liquide hydraulique et répandues sur du métal chauffé comme celui du collecteur d'échappement peuvent également être inflammables ou détonantes.
• Ne jamais manipuler d'essence et ne jamais faire tourner le moteur lorsque la voiture se trouve au-dessus d'une fosse d'inspection : les vapeurs d'essence, plus lourdes que l'air, se concentreraient dans la fosse.
• Une autre cause d'incendie réside dans la présence de défauts au sein du circuit électrique. Procéder avec précaution pour modifier ou réparer le câblage électrique du véhicule.
• Conserver à portée de main au garage ou sur le lieu de travail un extincteur du type adapté aux incendies liés au carburant ou d'origine électrique.

Chocs électriques
• La tension du circuit d'allumage peut être dangereuse, surtout pour les gens qui sont cardiaques et pour les porteurs de stimulateur cardiaque. Ne pas intervenir sur le circuit d'allumage lorsque le moteur tourne ou en actionnant le démarreur.
• La tension du secteur est aussi dangereuse. Avant d'utiliser un outil électrique, une baladeuse, etc. fonctionnant sur secteur, il convient de bien s'assurer que l'appareil est correctement branché à la prise de courant et si nécessaire, bien relié à la terre.

Fumées et gaz toxiques
• Les gaz d'échappement contiennent de l'oxyde de carbone, une substance hautement toxique qui s'avérera mortelle une fois inhalée. Ne jamais faire tourner le moteur d'une voiture dans un local clos, comme un garage.
• Les vapeurs d'essence sont extrêmement toxiques, de même que celles émanant de certains solvants comme le trichloréthylène ou les diluants cellulosiques.

Substances toxiques ou irritantes
• Eviter de laisser en contact avec la peau l'électrolyte de la batterie (même dilué, l'électrolyte est une solution acide très corrosive), et tout autre carburant, fluide ou lubrifiant : surtout le gazole, le liquide hydraulique de frein et l'antigel. Ne pas les siphonner avec la bouche. Si une telle substance est avalée ou en cas de contact avec les yeux, consulter immédiatement un médecin.
• Le contact prolongé avec de l'huile moteur usagée peut causer le cancer de la peau. Porter des gants de protection ou s'enduire les mains d'une crème protectrice avant d'entreprendre des travaux salissants. Changer sur le champ tout vêtement imprégné et ne pas porter de chiffons graisseux dans les poches.
• Le réfrigérant du circuit de climatisation formera un gaz toxique s'il entre en contact avec une flamme nue (y compris les cigarettes. S'il entre en contact avec la peau, il peut causer des gelures.

Amiante
• La poussière d'amiante peut être cancéreuse. Certains matériaux de friction, isolants et d'étanchéité et d'autres pièces - garnitures de freins et d'embrayage, bandes de freins, joints, etc., contiennent de l'amiante. En cas de doute sur la présence d'amiante ou non, traiter ces pièces comme si elles en contenaient.

Dangers spécifiques
Acide fluorhydrique
• Cet acide très corrosif est le produit de la combustion de certains types de caoutchouc synthétique dans lesquels peuvent être réalisés des éléments tels que les joints toriques, les joints de circuit hydraulique de freinage, les durits de carburant, etc., exposés à des températures dépassant 400°C. Le caoutchouc ne brûle pas mais se transforme en une gomme contenant de l'acide. Cet acide demeure toxique des années durant. En cas de contact avec la peau, il peut s'avérer nécessaire d'amputer le membre atteint.
• S'il faut travailler sur un véhicule ayant subi un incendie ou sur des pièces récupérées sur celui-ci, il convient de porter des gants de protection et de les jeter après usage.

La batterie
• Les batteries contiennent de l'acide sulfurique qui attaque les vêtements, les yeux et la peau. Il convient donc de prêter une attention toute particulière lors du rétablissement du niveau de l'électrolyte ou du transport de la batterie.
• L'hydrogène émis par la batterie est un gaz hautement explosif. Ne jamais produire d'étincelles ni approcher de flammes nues à proximité d'une batterie. Procéder avec soin lors du branchement ou débranchement des câbles de démarrage par pontage ou d'un chargeur.

Coussins gonflables
• Les coussins gonflables (airbags) peuvent entraîner des blessures corporelles s'ils se gonflent accidentellement. Procéder avec soin lors du démontage du volant de direction ou de la planche de bord. Des précautions spéciales de stockage peuvent s'appliquer.

Circuit d'alimentation - moteurs Diesel
• Les pompes d'injection des moteurs Diesel délivrent une pression de carburant extrêmement élevée. S'entourer de la plus grande prudence lors de toute intervention sur les injecteurs et les tuyauteries de carburant.

 Danger : Ne jamais exposer les mains, le visage, ni une toute autre partie du corps au jet d'un injecteur : compte tenu de la pression élevée du carburant pulvérisé, celui-ci peut pénétrer dans la peau et constituer un danger mortel

Rappel...
A FAIRE
• Porter des lunettes de protection lors de l'utilisation d'outils électriques et pour travailler sous le véhicule.
• Au besoin, porter des gants de protection ou s'enduire les mains d'une crème protectrice.
• Demander à quelqu'un d'autre de vérifier à intervalles réguliers que tout se passe bien lorsqu'on travaille seul sur le véhicule.
• Tenir éloignés des organes mécaniques en mouvement les vêtements flottants (manchettes, cravate, etc.) et les cheveux longs.
• Enlever les bagues, montres-bracelets et autres accessoires avant de travailler sur le véhicule, surtout sur les circuits électriques.

A NE PAS FAIRE
• Ne pas tenter de soulever un fardeau trop lourd pour une seule personne - se faire aider.
• Ne pas se précipiter pour terminer un travail entrepris ni tenter de l'abréger.
• Ne pas utiliser de clés ni d'autres outils de dimensions inadéquates ; ils risquent de riper et d'occasionner des blessures.
• Ne pas laisser d'huile ni de graisse répandue au sol - essuyer toute trace graisseuse pour éviter les dérapages.
• Ne pas laisser les outils ni les pièces au sol - il est si facile de tomber en butant sur un tel objet.

Les pages qui suivent se donnent pour objet d'aider les automobilistes à localiser les pannes ou les anomalies de fonctionnement les plus courantes susceptibles de se présenter sur leur véhicule. Un guide de dépannage détaillé figure en fin de manuel et les réparations à entreprendre sont décrites dans les chapitres correspondants.

Votre voiture refuse de démarrer

Si le démarreur ne tourne pas

☐ Dans le cas d'un modèles à boîte de vitesses automatique, s'assurer que le levier sélecteur se trouve bien en position « P » ou « N ».

☐ Ouvrir le capot puis vérifier que les cosses de la batterie sont propres et qu'elles sont bien serrées.

☐ Allumer les phares et actionner le démarreur. Si l'intensité lumineuse des phares baisse fortement, cela indique que la batterie est à plat. Pour se tirer d'affaire, faire démarrer la voiture à partir de la batterie d'un autre véhicule (voir page suivante).

Si le démarreur tourne

☐ Y a-t-il du carburant dans le réservoir ?

☐ Les composants électriques sous le capot ne sont-ils pas imprégnés d'humidité ? Dans ce cas, couper le contact et essuyer les traces d'humidité visibles avec un chiffon et pulvériser un produit lubrifiant-déshumidifiant (genre WD-40) en bombe aérosol sur toutes les connexions électriques des circuits d'allumage (moteurs essence) et d'alimentation en carburant, notamment au niveau de celles illustrées sur les photos du bas. A noter que les moteurs Diesel ne sont normalement pas sensibles à l'humidité.

A Déposer les deux parties de son couvercle puis contrôler la fixation et l'état des cosses de la batterie.

B Vérifier que le connecteur électrique du boîtier des bobines d'allumage est convenablement enfiché (version à moteur 1,6 l représenté).

C Vérifier que les connexions électriques de l'alternateur sont bien enfichées.

D Vérifier que tous les fusibles sont intacts.

Couper le contact et vérifier que toutes les connexions électriques sont correctement enfichées. Les pulvériser de produit lubrifiant-déshumidifiant (genre WD40) comme mesure préventive contre l'humidité.

info **HAYNES** *Le démarrage par pontage vous tirera d'affaire, mais il vous faut rechercher et remédier à la cause fondamentale du déchargement de la batterie. Il existe trois possibilités :*

1 *La batterie est déchargée par des essais renouvelés de démarrage ou on a laissé allumé les feux de la voiture.*

2 *Le circuit de charge est en panne (courroie d'alternateur usée ou détendue, défaut de câblage électrique du circuit, alternateur défectueux).*

3 *La batterie elle-même est défectueuse (niveau bas de l'électrolyte, batterie usée).*

Démarrage à l'aide d'une batterie de secours

Pour faire démarrer une voiture à l'aide d'une batterie d'appoint, prendre les précautions suivantes :

✔ Avant de brancher la batterie d'appoint, s'assurer que le contact est coupé.

✔ Vérifier que tout l'équipement électrique du véhicule (éclairage, chauffage, essuie-glaces, etc.) est hors fonction.

✔ S'assurer que la batterie d'appoint délivre la même tension que la batterie déchargée.

✔ Si la batterie est lancée par pontage à partir de la batterie d'un autre véhicule, les deux voitures NE DOIVENT PAS se toucher.

✔ Vérifier que la boîte de vitesses se trouve au point mort (s'il s'agit d'une boîte de vitesses automatique, le levier sélecteur doit être sur la position « P ».

1 Relier le câble rouge de démarrage à la borne positive (+) de la batterie déchargée.

2 Brancher l'autre bout du câble rouge de démarrage à la borne positive (+) de la batterie d'appoint.

3 Relier le câble noir de démarrage à la borne négative (-) de la batterie d'appoint.

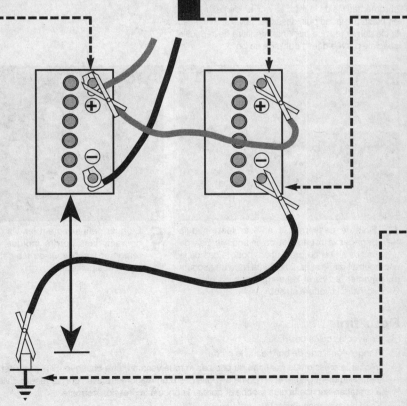

4 Brancher l'autre bout du câble noir de démarrage à un point du véhicule en panne assurant une bonne mise à la masse (qui pourra être une vis ou une patte-support sur le bloc moteur), cela le plus loin possible de la batterie.

5 Veiller à ce que les câbles de démarrage n'entrent pas en contact avec le motoventilateur, la courroie auxiliaire ou un organe en mouvement du moteur.

6 Lancer le moteur avec la batterie d'appoint, puis le moteur tournant au ralenti, débrancher les câbles dans l'ordre inverse de leur branchement.

Changement de roue

 Danger : Ne pas changer une roue dans un endroit où l'on risque de provoquer un accident. S'il y a beaucoup de circulation, tenter de s'arrêter sur une aire de stationnement ou à l'entrée d'un champ, même si cela implique de rouler lentement sur un pneu crevé qui risque d'être détruit. Rester vigilant : faire attention aux voitures qui passent

Préparatifs

☐ Quand on a crevé, s'arrêter dès que les conditions de sécurité le permettent.
☐ Se garer si possible sur une aire plane, au sol ferme, et à l'écart de la circulation.
☐ Allumer au besoin les feux de détresse.

☐ Si le véhicule en est équipé, utiliser le triangle de présignalisation afin d'alerter les autres usagers de la route de sa présence.
☐ Serrer le frein à main et enclencher la 1re ou la marche arrière (ou le rapport « P » pour une boîte de vitesses automatique).

☐ Caler la roue diagonalement opposée à celle devant être changée : deux grosses pierres conviendront parfaitement.
☐ En cas de sol instable, caler un morceau de bois plat sous la semelle du cric afin de répartir la charge.

Remplacement d'une roue

1 Soulever le tapis dans le coffre puis détacher la sangle, dégager le boîtier de l'outillage de bord et sortir la roue de secours du coffre.

2 Déposer l'enjoliveur en se servant de l'extrémité coudée de la clé démonte-roue pour le déboîter. Sur les modèles équipés de jante en alliage d'aluminium, enlever le cabochon chromé des vis de la roue au moyen de l'extracteur en plastique jaune puis desserrer la vis antivol avec la clé démonte-roue par l'intermédiaire de la douille spéciale prévue dans l'outillage de bord.

3 Débloquer chacune des vis de la roue d'un demi-tour au moyen de la clé démonte-roue.

4 Installer le cric en dessous du point de levage le plus proche de la roue à changer, matérialisé par un triangle, en engageant sa tête dans le logement sur le renfort de la feuillure du bas de caisse. Tourner la manivelle pour positionner correctement la semelle du cric au sol puis décoller la roue du sol.

5 Finir de desserrer et enlever les vis puis dégager la roue et la caler sous le bas de caisse à titre de précaution, pour le cas où le cric pourrait s'affaisser. Installer la roue de secours puis monter les vis et les serrer sans les bloquer. Redescendre la voiture au sol.

6 Bloquer définitivement les vis de la roue en opérant dans l'ordre indiqué (en croix) et remonter l'enjoliveur ou les cabochons des vis, suivant équipement.

Pour finir . . .
☐ Enlever les cales des roues.
☐ Ranger l'outillage de bord dans le coffre.
☐ Vérifier la pression de gonflage du pneu de la roue venant d'être changée. Si le pneu est insuffisamment gonflé et si l'on ne dispose pas d'un manomètre avec soi, se rendre à vitesse réduite à la station-service la plus proche et gonfler le pneu à la pression correcte.
☐ Faire réparer sans tarder le pneu crevé.

info HAYNES *L'odeur provenant d'une fuite de liquide peut parfois vous mettre sur la piste. Certains liquides ont également une couleur bien distincte. Afin de localiser l'origine de la fuite, il est recommandé de laver le véhicule avec le plus grand soin et de le garer sur du papier journal propre pendant la nuit. Ne pas oublier que certaines fuites n'apparaissent que lorsque le moteur est en route.*

Lorsque des flaques apparaissent sur le sol de votre garage ou votre allée, ou lorsqu'il est évident que de l'humidité s'est infiltrée sous le capot ou le véhicule, il est urgent d'en trouver la cause. Cette tâche s'avère souvent difficile surtout si le compartiment moteur est déjà très sale. Une fuite d'huile ou de liquide peut être balayée vers l'arrière par le passage de l'air sous la voiture, rendant ainsi le diagnostic encore plus difficile.

Recherche de fuites

 Danger : La plupart des huiles et liquides de moteur sont toxiques. Laver abondamment à l'eau claire en cas de contact avec la peau et changer sur le champ tout vêtement imprégné.

Huile du carter moteur

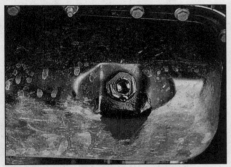

De l'huile moteur peut fuir du bouchon de vidange . . .

Huile du filtre

. . . ou du filtre à huile

Huile de boîte de vitesses

L'huile de boîte de vitesses peut s'échapper des joints d'étanchéité

Liquide de refroidissement

Une fuite du circuit de refroidissement se manifeste habituellement par un dépôt cristallin comme celui illustré.

Liquide de frein

Une fuite au niveau d'une roue sera presque toujours de liquide de frein

Fluide de direction assistée

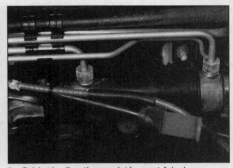

Le fluide de direction assistée peut fuir des raccords des canalisations au niveau du boîtier de direction

En dernier recours, un remorquage peut être nécessaire - il peut également vous arriver de dépanner un autre véhicule. Tout remorquage sur un long trajet doit être confié à un garagiste ou à un service de dépannage. Pour les trajets plus courts, un remorquage improvisé est assez facile mais il est tout de même impératif d'observer les points suivants :

☐ Utiliser un câble de remorquage adéquat : il s'agit d'un accessoire relativement peu onéreux. Il est recommandé d'apposer un panneau portant l'indication « EN PANNE » à l'arrière du véhicule remorqué.

☐ Toujours placer la clé de contact en position « contact mis » lors du remorquage, de façon à ce que l'antivol de direction se trouve déverrouillé et que les clignotants et les feux de stop puissent fonctionner.

☐ Un anneau amovible pour le remorquage est

prévu dans l'outillage de bord qui est rangé dans la roue de secours (voir « Changement de roue »). Pour monter l'anneau, déboîter l'obturateur dans le bouclier pare-chocs avant ou arrière, et le visser à fond dans le trou taraudé à l'aide de la clé démonte-roue.

☐ Avant le remorquage, desserrer le frein à main et placer la boîte de vitesses au point mort (« N » pour une boîte de vitesses automatique).

Attention : Dans le cas d'une boîte de vitesses automatique, le remorquage doit s'effectuer à une vitesse inférieure à 50 km/h et sur une distance maximale de 50 km. Au-delà de ces limites, le véhicule doit être remorqué avec ses deux roues avant décollées du sol

☐ A noter qu'il faudra appuyer plus énergiquement sur la pédale de frein que d'habitude, étant donné

Remorquage

que le servofrein à dépression n'est opérationnel que lorsque le moteur tourne.

☐ Une force plus importante qu'à l'ordinaire sera également nécessaire pour braquer étant donné que l'assistance de direction ne fonctionne pas lorsque le moteur est arrêté.

☐ Le conducteur du véhicule remorqué doit garder le câble de remorquage tendu pendant tout le trajet afin d'éviter les à-coups.

☐ S'assurer que les deux conducteurs connaissent bien la route avant de partir.

☐ Rouler à faible allure et limiter au maximum la distance de remorquage. Conduire doucement et ralentir suffisamment à l'avance pour aborder les carrefours et les ronds-points.

Le Contrôle Technique est un contrôle périodique réglementé spécifique aux véhicules (véhicules particuliers « VP » et véhicules utilitaires légers « V.U.L. ») dont le poids n'excède pas 3,5 tonnes. Il est effectué visuellement sans démontage (sauf les contrôles effectués à l'aide d'appareils de mesure) et concerne 584 défauts possibles regroupés en 133 points de contrôle qui sont eux-mêmes répartis en 10 fonctions principales du véhicule. Il vise principalement à vérifier les organes essentiels des véhicules liés à l'environnement et la sécurité. Il donne lieu à l'établissement d'un « procès-verbal » de contrôle et l'apposition d'un timbre sur la carte grise et d'une vignette à droite du pare-brise.

Pour connaître la date du premier contrôle de votre véhicule, il suffit de se reporter à la date de 1ère mise en circulation figurant sur votre carte grise et d'y ajouter 4 ans. Ce 4ème anniversaire constitue la date **limite** pour le contrôle - le 1er contrôle peut être effectué dans les 6 mois qui le précèdent. Le Contrôle Technique est ensuite périodique : tous les 2 ans - la date **limite** du prochain contrôle

sera marquée sur votre carte grise. En cas de vente d'un véhicule de plus de 4 ans, le procès-verbal doit dater de moins de 6 mois.

 info HAYNES *En cas de non-présentation du véhicule au Contrôle Technique, vous encourez une amende de 900 F et d'autres sanctions prévues par le Code de la Route*

Certains des points de contrôle (signalés par « ✗ ») entraînent des réparations obligatoires devant être effectuées dans un délai de deux mois et le véhicule concerné doit être représenté pour contre-visite dans un centre de contrôle agréé pour vérification. Cette contre-visite permettant de contrôler les points soulevés lors de la visite initiale et faisant l'objet d'une obligation de réparation est effectuée essentiellement sur les points qui ont justifié la contre-visite - il est donc indispensable de présenter au contrôleur le procès-verbal établi initialement. Passé le

délai de deux mois, une nouvelle visite complète est obligatoire. Dans certains cas, signalés par « ✗ ✗ », la contre-visite nécessitera le contrôle d'autre(s) point(s).

La liste de ces points est susceptible d'évoluer en fonction de la réglementation : pour le détail des dernières dispositions en vigueur, s'informer auprès des services de la préfecture du lieu de résidence, auprès d'un centre de contrôle agréé ou par Minitel au « 3615 code ROUTE » ou au « 11, Automobiles, contrôles et bilans ».

Cette section, destinée à vous aider à réussir le Contrôle Technique de votre véhicule, vous indique également comment procéder pour effectuer un pré-contrôle par vos propres moyens et quels sont les critères susceptibles d'entraîner un recalage de votre véhicule au Contrôle Technique. Vous y trouverez une liste de tous les éléments et des 133 points devant être contrôlés concernant entre autres l'identification du véhicule, son freinage, sa direction, son éclairage, ses suspensions, ses roues et les pneumatiques, sa carrosserie et son châssis, ses équipements et le moteur et la transmission.

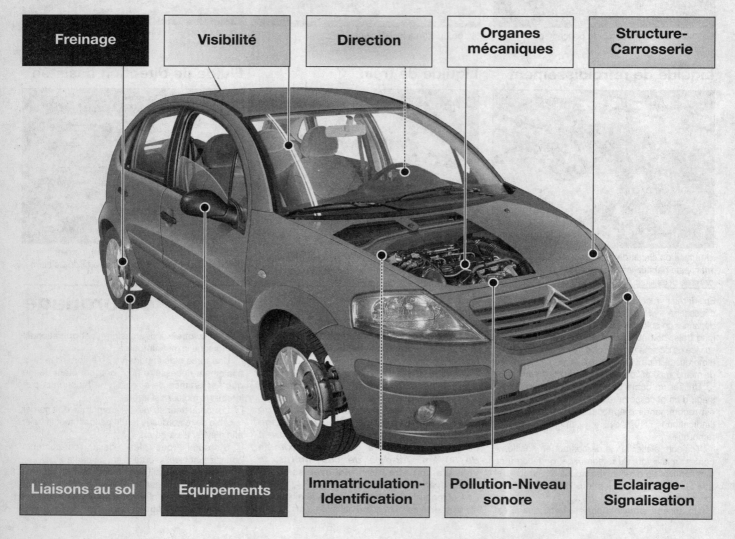

Freinage **Visibilité** **Direction** **Organes mécaniques** **Structure-Carrosserie**

Liaisons au sol **Equipements** **Immatriculation-Identification** **Pollution-Niveau sonore** **Eclairage-Signalisation**

Freinage

Frein de service ✗ ✗
Frein de stationnement ✗ ✗
Frein de secours
Réservoir de liquide hydraulique ✗ ✗
Maître-cylindre/doseur ✗ ✗
Canalisations de freins ✗
Flexibles de freins ✗ ✗
Correcteur-répartiteur de freinage ✗ ✗
Pédale du frein de service ✗
Commande du frein de stationnement ✗
Câble, tringlerie du frein de stationnement ✗
Disques de frein ✗ ✗
Etriers, cylindres de roue ✗ ✗
Tambours de frein ✗ ✗
Plaquettes de frein ✗
Pompe hydraulique
Entraînement de la pompe hydraulique
Système antiblocage

Visibilité

Pare-brise ✗
Autres vitrages
Rétroviseur intérieur ✗
Rétroviseurs extérieurs ✗
Commande, rétroviseurs extérieurs
Essuie-glace AV. ✗
Lave-glace AV.

Direction

Angle, ripage avant
Volant de direction ✗
Antivol de direction
Colonne de direction
Accouplement de direction
Crémaillère-boîtier de direction ✗
Biellette, timonerie de direction ✗
Rotule, articulation de direction ✗
Relais de direction ✗
Assistance de direction
Canalisation d'assistance de direction
Pompe, vérin d'assistance de direction

Organes mécaniques

Groupe motopropulseur
Moteur
Boîte
Pont
Transmission
Accouplement, relais de transmission
Circuit de carburant ✗
Réservoir de carburant ✗
Carburateur-Système d'injection ✗
Pompe d'alimentation carburant ✗
Collecteur d'échappement ✗
Canalisation d'échappement ✗ ✗
Silencieux d'échappement ✗ ✗

Structure-Carrosserie

Longeron-brancard
Traverse
Plancher
Berceau
Passages de roue
Pied, montant
Longeron extérieur, bas de caisse
Coque
Plate-forme
Châssis
Infrastructure, soubassement
Porte latérale ✗
Porte(s) arrière(s)-hayon ✗
Capot ✗
Ailes ✗
Pare-boue
Pare-chocs, boucliers ✗
Caisse, cabine
Bas de caisse amovible ✗
Eléments de carrosserie inamovibles ✗

Liaisons au sol

Suspension
Trains ✗
Ressorts-barres de torsion ✗
Sphères, coussins d'amortisseur
Amortisseurs ✗
Pivots et fusées de roue
Moyeux de roue
Roulements de roue
Triangles-tirants de suspension ✗
Silentblocs de triangles-tirants de suspension
Rotules, articulations de train ✗
Barre(s) stabilisatrice(s) ✗
Silentblocs de barre(s) stabilisatrice(s)
Circuit hydraulique de suspension
Traverses, essieux ✗
Silentblocs de traverses-d'essieux
Roues
Jantes ✗
Pneumatiques ✗

Equipements

Sièges ✗
Ceintures ✗
Avertisseur(s) sonore(s) ✗
Batterie
Support, roue de secours
Dispositif d'attelage

Immatriculation-Identification

Plaques d'immatriculation
Plaque constructeur
Frappé à froid sur le châssis
Présentation véhicule ✗
Energie moteur
Nombre places assises
Plaque de tare
Compteur kilométrique

Pollution-Niveau sonore

Teneur en CO des gaz d'échappement ✗
Opacités des fumées d'échappement ✗
Mesure, lambda des gaz d'échappement ✗
Bruit moteur

Eclairage-Signalisation

Feux de croisement (réglage) ✗
Feux de croisement ✗ ✗
Feux de route ✗
Feux de brouillard AV.
Feux additionnels
Feux de position ✗
Feux indicateur de direction ✗
Feux de détresse ✗
Feux stop ✗
3e feu stop ✗
Feu(x) de plaque AR. ✗
Feu(x) de brouillard AR.
Feu(x) de recul
Feu(x) de gabarit
Catadioptre AR. ✗
Catadioptre latéral ✗
Triangle de présignalisation ✗
Témoin, feux de route
Témoin, feux de détresse
Témoin, feux de brouillard AR.
Commutateur éclairage-signalisation
Témoin, indicateur de direction

Les 133 points de contrôle

0 Immatriculation et identification du véhicule

0.1 Numéro d'immatriculation

0.1.1 Plaques d'immatriculation

☐ Les plaques d'immatriculation doivent être en bon état, convenablement fixées (avec des rivets) et parfaitement lisibles avec les chiffres et les lettres en concordance avec la carte grise et de style uniforme. Elles doivent être de dimensions réglementaires.

0.2 Numéro du châssis

0.2.1 Plaque constructeur

0.2.2 Frappé à froid sur le châssis

☐ Les plaques d'identification (voir « *Numéros d'identification du véhicule* » à la section de référence) doivent être en bon état, convenablement fixées et parfaitement lisibles. Le numéro dans la série du type du véhicule porté sur la plaque constructeur doit être très clairement lisible et en concordance avec la carte grise. Le numéro frappé à froid sur le châssis doit être en bon état, parfaitement lisible, non altéré et dans l'emplacement prévu par le constructeur.

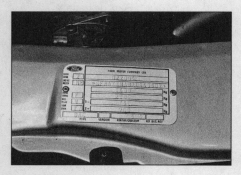

0.3 Véhicule

0.3.1 Présentation du véhicule ✗

Nota : *Le défaut « ouverture capot impossible » (pas d'accès aux systèmes de direction et de freinage et à certains éléments d'identification, entre autres) constaté à la présentation du véhicule entraîne une visite complète du véhicule à effectuer sous 2 mois. Dans le cas d'un véhicule non-roulant, seule l'identification sera contrôlée et le véhicule sera soumis à un contrôle complet.*

0.4 Divers

0.4.1 Energie moteur

☐ Non-concordance avec la carte grise. Véhicule roulant avec une source d'énergie autre que celle spécifiée sur la carte grise.

0.4.2 Nombre de places assises

☐ Non-concordance avec la carte grise.

0.4.3 Plaque de tare

☐ Absence.

0.4.4 Compteur kilométrique

☐ Relevage du kilométrage impossible ou ne correspondant pas aux kilomètres effectivement parcourus.

1 Freinage

1.1 Mesures

1.1.1 Frein de service ✗ ✗

1.1.2 Frein de stationnement ✗ ✗

1.1.3 Frein de secours (si équipé)

☐ Le Contrôle Technique s'effectue sans aucun démontage à l'aide d'un freinomètre à rouleaux, un déséquilibre au freinage supérieur à 30 % entre deux roues étant éliminatoire. Le technicien calcule aussi l'efficacité globale - minimum 50 % pour les « VP » - en divisant l'effort total de freinage par le poids de la voiture. Quant au frein de stationnement, son efficacité doit être supérieure à 18 %.

☐ Un essai du frein de service (le système principal de freinage) va vous permettre de juger si le véhicule « tire » à gauche ou à droite et donc d'enregistrer une éventuelle dissymétrie du freinage. Ce test très approximatif (qui doit se faire sur route dégagée exclusivement) doit être interprété avec beaucoup de prudence. Nous vous conseillons vivement avant de présenter votre véhicule de procéder à une vérification approfondie des freins. Même si le Contrôle Technique ne le prescrit pas, on peut accroître l'efficacité de son intervention en déposant simplement les roues. Se reporter aux alinéas concernés des chapitres appropriés pour réaliser un diagnostic précis et, si besoin est, une remise en état.

☐ Le frein de stationnement doit pouvoir maintenir la voiture dans une forte pente. Si ce n'est pas le cas, il s'agit probablement d'une usure des garnitures, d'un déréglage du système de rattrapage du jeu ou d'un grippage. Se reporter aux chapitres concernés.

 info HAYNES *N'allez pas au contrôle avec des plaquettes neuves non rodées - moins efficaces - ni avec des freins froids, et insistez pour passer de suite sur le banc. Faites le plein et chargez le coffre pour améliorer l'efficacité arrière*

1.2 Circuit hydraulique

1.2.1 Réservoir de liquide hydraulique ✗ ✗

1.2.2 Maître-cylindre/doseur ✗ ✗

1.2.3 Canalisations de freins ✗

1.2.4 Flexibles de freins ✗ ✗

1.2.5 Correcteur-répartiteur de freinage ✗ ✗

☐ Une fuite du circuit, le bouchon de remplissage du réservoir manquant ou remplacé par un autre élément non conforme aux données du constructeur, ou un maître-cylindre mal fixé sont éliminatoires.

☐ Dans le compartiment moteur et sous le véhicule, contrôler l'état des canalisations depuis leur origine au niveau du maître-cylindre, jusqu'à leur arrivée au niveau des cylindres de roues. Ce contrôle doit porter sur l'absence de trace de corrosion excessive, d'écrasement ou de frottement dû à une fixation insuffisante ou à la proximité d'un organe périphérique. Examiner également l'état des flexibles qui ont tendance à perdre leur élasticité et à devenir craquants en vieillissant. Vérifier que le caoutchouc n'est pas fissuré ni abîmé lorsque le tuyau est plié en deux : ces défauts se retrouvent fréquemment à hauteur d'un raccord métallique.

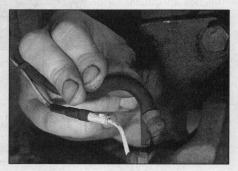

☐Contrôler l'absence d'humidité sur les organes de freins et leurs différents raccords qui pourraient être causés par une fuite de liquide hydraulique.

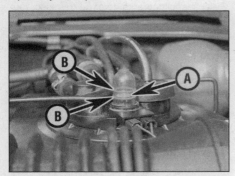

Voir la page 0•24 pour tous détails sur la lecture du niveau du liquide hydraulique comme indiqués au-dessus par les repères « A » et « B ».

1.3 Eléments de commandes

1.3.1 Pédale du frein de service ✗

☐Vérifier que la pédale de frein offre une résistance normale et que la course à la pédale ne soit pas excessive. S'assurer que la pédale n'est pas cassée ni tordue et que ses fixations sont en bon état - un léger jeu peut être remarqué mais s'il s'avère être important, vérifier que sa bague-palier n'est pas exagérément usée. Contrôler l'état du patin en caoutchouc de la pédale pour déceler une éventuelle usure. Se reporter au chapitre concerné.

1.3.2 Commande du frein de stationnement ✗

1.3.3 Câble, tringlerie du frein de stationnement ✗

☐Contrôler sous le véhicule ou dans l'habitacle, suivant l'implantation, l'état de l'ensemble des organes constituant la commande du frein de stationnement. Vérifier notamment le passage et le guidage des câbles ou tringles. Manœuvrer à plusieurs reprises la commande afin de vous assurer de l'absence de points durs et du réglage correct de celle-ci. Se reporter pour cette opération au chapitre concerné.

1.4 Eléments récepteurs

1.4.1 Disques de frein ✗ ✗
1.4.2 Etriers, cylindres de roue ✗ ✗
1.4.3 Tambours de frein ✗ ✗
1.4.4 Plaquettes de frein ✗

☐Un disque ou un tambour cassé, fissuré ou craquelé, un étrier ou un cylindre de roue cassé, fêlé ou présentant des traces de corrosion excessive est éliminatoire ; ainsi que des plaquettes de frein usées ou mal montées.

1.5 Assistance de freinage

1.5.3 Pompe hydraulique
1.5.4 Entraînement de la pompe hydraulique

☐Se reporter à la section appropriée du chapitre 1 pour de plus amples précisions à ce sujet.

1.6 Système antiblocage des roues

1.6.1 Système antiblocage

2 Direction

2.1 Mesures

2.1.1 Angle, ripage avant

☐L'angle de braquage fait partie de l'ensemble des angles caractéristiques de la géométrie du train avant. Le contrôle de ceux-ci nécessite un matériel spécifique que seuls les professionnels possèdent et sans lequel aucune intervention n'est possible. Un mauvais réglage de géométrie de train avant entraîne non seulement une mauvaise tenue de route, mais également une usure prématurée des pneumatiques. Il existe des centres spécialisés dans cette activité qui vous proposent ce réglage pour une somme forfaitaire raisonnable.

2.2 Organes de direction

2.2.1 Volant de direction ✗
2.2.2 Antivol de direction
2.2.3 Colonne de direction
2.2.4 Accouplement de direction

☐Manœuvrer le volant axialement et latéralement afin de contrôler sa fixation et son jeu par rapport à la colonne. La voiture reposant sur ses roues au sol, demander à une autre personne de tourner légèrement le volant dans les deux sens, d'environ un huitième de tour, dans un mouvement de va-et-vient. Il peut exister un jeu libre très léger dans le volant et la direction. Si un jeu important (supérieur à un seizième de tour) est noté, vérifier de près les rotules et les fixations élastiques et par ailleurs, contrôler l'usure des cardans de colonne direction ainsi que du boîtier de direction. Manœuvrer la direction de butée à butée pour vérifier son fonctionnement, celui-ci doit être régulier et sans résistance. L'antivol doit fonctionner normalement et ne doit présenter de traces ni de perçage ni de forçage. Dans l'habitacle, si l'habillage inférieur de la planche de bord en permet l'accès, contrôler la fixation de la colonne de direction sur la caisse. Dans le compartiment moteur, vérifier l'efficacité ainsi que l'absence de jeu dans la liaison colonne-mécanisme de direction. Depuis plusieurs années, les véhicules sont pourvus en série d'une colonne de direction déformable qui permet son effacement en cas de choc frontal violent. Selon sa conception, ce dispositif peut prendre du jeu avec le temps. Il est peut être nécessaire de le remplacer pour résoudre le problème.

2.2.5 Crémaillère-boîtier de direction ✗
2.2.6 Biellette, timonerie de direction ✗
2.2.7 Rotule, articulation de direction ✗
2.2.8 Relais de direction ✗

☐Si l'accessibilité l'exige, examiner l'ancrage du mécanisme sur la caisse. Vérifier cet examen en faisant manœuvrer la direction par un tiers. Contrôler également l'état des soufflets. Lever le véhicule de sorte que les roues avant ne touchent plus le sol et manœuvrer la direction de butée à butée. On contrôle alors le fonctionnement du mécanisme seul, celui-ci doit être régulier et sans résistance. Vérifier la forme des biellettes, l'état des cache-poussières des rotules ainsi que le jeu de celles-ci.

2.3 Assistance de direction

2.3.1 Assistance de direction

2.3.3 Canalisation d'assistance de direction

2.3.4 Pompe, vérin d'assistance de direction

☐ Contrôler l'étanchéité des canalisations et des divers raccords de l'hydraulique d'assistance. Il est difficile de tester objectivement l'efficacité de l'assistance de direction sans autre expérience que celle de son propre véhicule. Dans ce cas, manœuvrer la direction, moteur en marche puis arrêter le moteur. La différence d'effort nécessaire pour tourner le volant doit être évidente.

3 Visibilité

3.1 Vitrages

3.1.1 Pare-brise ✗

☐ Examiner attentivement le pare-brise, surtout la moitié de celui-ci située tout droit devant le conducteur dans le champ de balayage de l'essuie-glace ; notamment l'absence de rayures ou fêlures susceptibles de diminuer le champ de vision devant le conducteur ou de fissures (sur toute la surface du pare-brise) débordant d'un cercle de 30 cm. Le pare-brise doit être tout propre et sec et ne doit pas porter ni d'autocollants autres que réglementaires dans le champ de balayage de l'essuie-glace, ni de film pare-soleil de plus de 10 cm de haut sur son bord supérieur.

3.1.2 Autres vitrages

3.2 Rétroviseurs

3.2.1 Rétroviseur intérieur (si obligatoire) ✗

3.2.2 Rétroviseur(s) extérieur(s) (si obligatoire) ✗

3.2.3 Commande, rétroviseur(s) extérieur(s)

☐ Contrôler la présence, l'état et la fixation des rétroviseurs intérieurs et extérieurs réglementaires.

3.3 Accessoires

3.3.1 Essuie-glace avant ✗

3.3.2 Lave-glace avant

☐ Mouiller abondamment le pare-brise et actionner les essuie-glaces (se reporter au chapitre approprié si le moteur ne marche pas). Ceux-ci doivent dégager la surface balayée en un seul passage et ne laisser apparaître aucune trace résiduelle. Les balais d'essuie-glace doivent être remplacés raisonnablement tous les ans (voir « Contrôles hebdomadaires »). Le lave-glace doit opérer à un débit et à une pression adéquats et ses gicleurs doivent être correctement réglés de façon à ce que le liquide atteigne le bord supérieur du pare-brise.

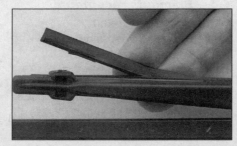

4 Eclairage - Signalisation

4.1 Mesures

4.1.1 Feux de croisement (réglage) ✗

☐ Un réglage précis du faisceau des projecteurs ne peut être obtenu que si l'on dispose d'un banc de contrôle optique spécifique. Il convient donc de faire effectuer le réglage du site par un concessionnaire de la marque ou un garagiste équipé en conséquence.

4.2 Eclairage

4.2.1 Feux de croisement ✗ ✗

4.2.2 Feux de route ✗

4.2.3 Feux de brouillard avant

4.2.4 Feux additionnels

4.3 Signalisation

4.3.1 Feux de position ✗

4.3.2 Feux indicateur de direction ✗

4.3.3 Signal de détresse (en l'absence de triangle de présignalisation) ✗

4.3.4 Feux stop ✗

4.3.5 Troisième feu stop ✗

4.3.6 Feu(x) de plaque arrière ✗

4.3.7 Feu(x) de brouillard arrière

4.3.8 Feu(x) de recul

4.3.9 Feu(x) de gabarit

4.3.10 Catadioptre arrière ✗

4.3.11 Catadioptre latéral (véhicule de plus de 6 mètres) ✗

4.3.12 Triangle de présignalisation (en l'absence de signal de détresse) ✗

☐ L'éclairage légal doit fonctionner : veilleuses, clignotants, feux de détresse, feux stop, catadioptres, plaque minéralogique, codes et phares. Ces derniers doivent être correctement fixés et bien réglés. Un verre fendu ou un cabochon cassé ou de couleur incorrecte sont également éliminatoires, tout comme un réflecteur fortement oxydé. Pour contrôler le fonctionnement de certains de ces organes, feux stop par exemple, faites vous aider d'un tiers. Les feux d'éclairage assurant une même fonction doivent émettre une lumière de même coloration (blanche ou jaune à l'avant, rouge à l'arrière).

☐ Si le véhicule n'est pas équipé d'un dispositif de feux de détresse, on doit posséder en permanence un triangle de présignalisation homologué. Il sera, dans ce cas, exigé lors du contrôle.

4.4 Eléments de commande et d'information

4.4.1 Témoin de feux de route

4.4.2 Témoin de signal de détresse

4.4.3 Témoin des feux de brouillard arrière

4.4.4 Commutateur éclairage-signalisation

4.4.5 Témoin indicateur de direction

5 Liaisons au sol

5.1 Mesures

5.1.1 Suspension

☐ Le contrôle rigoureux de l'efficacité de la suspension exige le passage du véhicule sur un banc de suspension. Celui-ci en simulant les irrégularités d'une route déformée analyse instantanément le comportement de la suspension du véhicule. La méthode qui consiste à secouer une automobile pour diagnostiquer l'efficacité de sa suspension ne peut être considérée comme absolument fiable.

5.2 Trains avant et arrière

5.2.1 Trains ✗

5.2.2 Ressorts-barres de torsion ✗

5.2.3 Sphères, coussins d'amortisseur

5.2.4 Amortisseurs ✗

5.2.5 Pivots et fusées de roue

5.2.6 Moyeux de roue

5.2.7 Roulements de roue

5.2.8 Triangles-tirants de suspension ✗

5.2.9 Silentblocs de triangles-tirants de suspension

5.2.10 Rotules, articulations de train ✗

5.2.11 Barre(s) stabilisatrice(s) ✗

5.2.12 Silentblocs de barre(s) stabilisatrice(s)

5.2.13 Circuit hydraulique de suspension

5.2.14 Traverses, essieux ✗

5.2.15 Silentblocs de traverses-d'essieux

☐ Contrôler sous le véhicule les fixations de l'essieu et de l'ensemble des éléments constituant la suspension. Vérifier, plus précisément, le jeu des paliers élastiques et des diverses articulations. Si un jeu excessif dans un organe vient à être soupçonné, une confirmation pourra être apportée en se munissant d'un tournevis à lame large ou d'un outil similaire que l'on utilisera pour faire levier entre le support et la fixation de l'organe. Cette méthode permettra de déterminer si le jeu provient d'une bague de pivot, de sa vis de maintien ou du support lui-même (les trous de vis se trouvent souvent élargis).

 Danger : Les meilleures conditions pour réaliser plusieurs de ces contrôles seraient que la voiture soit sur un pont élévateur afin de garantir un meilleur accès à tous les éléments. A défaut, levez le véhicule avec un cric et placez-le sur chandelles (voyez « Levage et soutien du véhicule »). Lors de tout travail sous ou près d'un véhicule soulevé, assurez-vous toujours que le cric employé est associé à des chandelles

5.3 Roues

5.3.1 Roues

☐ Lever le véhicule roue par roue afin de procéder à un contrôle efficace. Vérifier que chacune des roues tourne sans frottement et sans résistance anormale, puis tourner rapidement la roue afin de contrôler l'absence de bruits de roulements.

5.3.2 Jantes ✗

☐ Les enjoliveurs des roues sont à déposer s'ils cachent les fixations des roues. Débloquer chacune des fixations de roue d'un quart de tour - si des difficultés sont éprouvées en dévissant une des fixations, son filetage peut être grippé, corrodé ou endommagé. Il faudra donc démonter la roue et le débarrasser de la saleté et de la boue sur ses faces intérieure et extérieure ainsi que les surfaces d'appui des disques ou tambours (selon montage). Nettoyer à l'aide d'une brosse métallique les filetages des fixations pour s'assurer de l'absence de rouille, de traces de corrosion ou de tout autre défaut. Enduire d'une pellicule de produit antigrippant le filetage de chaque fixation et reposer la roue. Serrer les fixations au couple prescrit (voir chapitre 1) en procédant en diagonale.
☐ Ce contrôle doit porter sur l'absence de corrosion excessive ou de rupture d'un rayon, de déformations importantes des jantes. Les jantes doivent être conformes aux données du constructeur.

5.3.3 Pneumatiques ✗

☐ La monte de pneumatiques doit impérativement être conforme aux prescriptions du constructeur et du Code de la Route, qui stipule notamment l'interdiction de monter des pneumatiques de structure différente sur un même essieu. Concrètement, il est conseillé de monter des pneumatiques de même type, de même marque et de même profil.
☐ Lever le véhicule roue par roue afin de procéder à un contrôle efficace. Les pneumatiques doivent être en bon état, toute hernie, boursouflure ou coupure entraînera une contre-visite. Leurs sculptures doivent présenter un relief suffisant (profondeur mini. : 1,6 mm), et la différence de profondeur de sculpture entre deux pneus du même essieu ne doit pas être supérieure à 5 mm.
☐ Vérifier les pressions de gonflage des pneumatiques en se reportant aux « Contrôles hebdomadaires ».

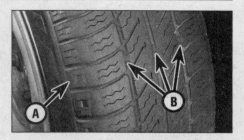

info HAYNES *Vous pouvez contrôler l'état d'usure de vos pneus grâce aux témoins « B » situés sur la bande de roulement. L'emplacement des témoins sont indiqueés par les repères « A » aux flancs. Un pneu usé est à remplacer pour votre sécurité et pour éviter une contre-visite*

6 Structure - Carrosserie

6.1 Structure

6.1.1 Longeron-brancard

6.1.2 Traverse

6.1.3 Plancher

6.1.4 Berceau

6.1.5 Passages de roue

6.1.6 Pied, montant

6.1.7 Longeron extérieur, bas de caisse

6.1.8 Coque

6.1.9 Plate-forme

6.1.10 Châssis

6.1.11 Infrastructure, soubassement

☐ Dans le compartiment moteur et sous le véhicule, examiner l'état des longerons, des traverses et des divers renforts qui déterminent la rigidité et la solidité générale de la carrosserie. Veiller particulièrement à l'aspect des ancrages des trains roulants et des suspensions. Pour tester concrètement l'état d'un soubassement en présence de corrosion on peut essayer de planter un marteau à piquer ou un poinçon dans la tôle, mais veiller à ne pas endommager la couche protectrice en cire du soubassement.

6.2   Carrosserie

6.2.1   Porte latérale ✗

6.2.2   Porte(s) arrière(s)-hayon ✗

6.2.3   Capot ✗

6.2.4   Ailes ✗

6.2.5   Pare-boue

6.2.6   Pare-chocs, boucliers ✗

6.2.7   Caisse, cabine

6.2.8   Bas de caisse amovible ✗

6.2.9   Eléments de carrosserie inamovibles ✗

☐ L'absence de chacune des portes, du hayon, du capot ou d'une des ailes entraînera une contre-visite.

☐ Contrôler, en faisant le tour du véhicule, l'aspect général de la carrosserie (pas de déformations saillantes susceptibles de blesser quelqu'un) ainsi que l'état des fixations et fermetures des portes, du capot ou du hayon. L'ouverture impossible ou intempestive d'une des portes, du hayon ou du capot entraînera une contre-visite.

☐ Contrôler la présence et l'état (aucun dommage susceptible de blesser un tiers) des pare-chocs ou boucliers et la sécurité de leurs fixations.

7   Equipements

7.1   Habitacle

7.1.1   Sièges ✗

☐ Examiner attentivement la fixation des sièges : ils doivent être solidement fixés de sorte qu'ils ne puissent pas bouger subitement.

7.1.2   Ceintures (si obligatoires) ✗

☐ Procéder à un examen minutieux des sangles de ceinture qui ne doivent pas être cisaillées ni présenter de signes d'effilochage ni de fatigue. Pour les ceintures du type à enrouleur à inertie, tirer sur la ceinture et s'assurer que la sangle se déroule complètement et ne reste pas coincée. Attacher et détacher la ceinture pour vérifier que le mécanisme de verrouillage et de déverrouillage fonctionne correctement. Sur les ceintures du type à enrouleur à inertie, contrôler que le mécanisme de rétraction fonctionne normalement lorsque la ceinture est détachée.

☐ Effectuer un contrôle des fixations et ancrages accessibles sans dépose de garniture et d'habillage intérieurs ni d'éléments attenants aux ceintures dans l'habitacle. Certains points d'ancrage ne sont pas accessibles depuis l'habitacle et devront être contrôlés ultérieurement en opérant sous le véhicule.

7.2   Autres équipements

7.2.1   Avertisseur(s) sonore(s) ✗

☐ L'équipement doit être conforme aux données du constructeur et à la

réglementation - les avertisseurs genres trompe à sons multiples, sirène, ou sifflet adoptés en remplacement de l'avertisseur d'origine du véhicule ne sont pas réglementaires. Le ou les avertisseurs (suivant équipement d'origine) doivent fonctionner et émettre un niveau sonore puissant et clair, audible pour les autres usagers de la route.

7.2.2   Batterie

☐ Vérifier l'efficacité des points d'attache de la batterie et l'état des bornes, celles-ci doivent être parfaitement propres et dépourvues d'oxydation. Contrôler l'absence des traces de suintement d'acide et de corrosion importante.

7.2.3   Support de la roue de secours

7.2.4   Dispositif d'attelage

☐ En opérant dans l'habitacle et sous le véhicule, effectuer un contrôle des fixations et ancrages. Ce contrôle doit porter sur l'absence de trace de corrosion excessive, sur les fixations manquants ou endommagés et sur des fixations non conformes aux données du constructeur.

8   Organes mécaniques

8.1   Groupe motopropulseur

8.1.1   Groupe motopropulseur

8.1.2   Moteur

8.1.3   Boîte

8.1.4   Pont

8.1.5   Transmission

8.1.6   Accouplement, relais de transmission

☐ Contrôler sous le véhicule l'absence d'humidité sur les carters, qui pourrait être causée par une fuite d'huile ou d'eau. Pour déceler de façon précise l'origine d'une fuite, il est souvent indispensable de nettoyer parfaitement l'organe souillé. Examiner les biellettes et leviers constituant la commande des vitesses et de transfert (pour les véhicules à transmission intégrale) : ceux-ci ne doivent pas présenter de jeux excessifs. Une commande de vitesses anormalement ferme peut provenir d'un embrayage inefficace. Vérifier les fixations des éléments

mécaniques (l'état des silentblocs, serrage des écrous/vis de fixation etc.). Vérifier également, en faisant tourner chaque transmission, l'état des soufflets. Ceux-ci doivent être parfaitement secs et exempts de traces graisseuses.

8.2   Alimentation

8.2.1   Circuit de carburant ✗

8.2.2   Réservoir de carburant ✗

8.2.3   Carburateur-Système d'injection ✗

8.2.4   Pompe d'alimentation en carburant ✗

☐ Vérifier l'état et la fixation du réservoir à carburant et des canalisations depuis le réservoir jusqu'au moteur (y compris la pompe à essence, si cette dernière n'est pas immergée dans le réservoir, et le ou les filtres). Ce contrôle doit porter sur la présence du bouchon de remplissage du réservoir, sur l'état des fixations du réservoir et son étanchéité, et sur l'absence de traces de fuites, de corrosion excessive, d'écrasement ou de frottement dû à une fixation insuffisante ou à la proximité d'un organe périphérique des canalisations. Examiner également l'état des durits qui ont tendance à perdre leur élasticité et à devenir craquantes en vieillissant.

8.3   Echappement

8.3.1   Collecteur d'échappement ✗

8.3.2   Canalisation d'échappement ✗ ✗

8.3.3   Silencieux d'échappement ✗ ✗

☐ En prenant garde à sa température, agiter la ligne d'échappement afin de tester l'efficacité des points d'accrochage (se reporter à la section appropriée du chapitre 1 pour de plus amples précisions à ce sujet) - remplacer tout élément de support endommagé, manquant ou inopérant. Mettre le moteur en marche et tandis qu'une personne entoure le tube de sortie d'échappement d'un chiffon, contrôler le système dans son entier pour déceler d'éventuelles fuites qui se manifesteront par des chuintements au niveau de leur origine. Vérifier l'efficacité du silencieux en s'assurant que le bruit qu'il émet se situe à un niveau normal en rapport avec la catégorie de la voiture. Dans la mesure où la structure d'un système d'échappement est fondamentalement saine, il est possible de remédier à une fuite en utilisant un produit prévu à cet effet (pâte, bandage) et vendu dans le commerce.

> **info** **HAYNES** *Une fuite importante à l'échappement rendra impossible la mesure des gaz d'échappement et entraînera donc une revérification de ce(s) point(s) lors de la contre-visite*

9 Pollution - Niveau sonore

9.1 Mesures

☐ Cette opération précise requiert un matériel que seuls les professionnels possèdent : un analyseur des gaz d'échappement pour moteurs essence, un opacimètre pour mesurer l'opacité des fumées d'échappement pour moteurs Diesel.

☐ A défaut d'un tel équipement, un pré-contrôle peut être effectué dans un garage pour une somme modique. Amener le moteur à sa température normale de fonctionnement et s'assurer que les conditions préalables au contrôle du ralenti et de la richesse (allumage en bon état, élément du filtre à air propre, etc.) sont remplies.

☐ En cas de doute sur la réussite au contrôle, mettre le moteur au point par ses propres moyens. Vérifier les jeux aux soupapes et faire un essai de compression pour s'assurer que le moteur est en bon état mécanique - sinon, un démontage s'impose. Ne pas oublier l'importance de la courroie de distribution si le moteur est un Diesel. Nettoyer le reniflard du carter-moteur et poser un filtre à air neuf, vidanger l'huile moteur et ajouter de l'huile de bonne qualité avec un filtre neuf. Le cas échéant, vérifier le calage de l'allumage et monter des bougies neuves de type adapté, ou remplacer le filtre à gazole. Cela représente bien sûr beaucoup de travail et de dépenses, mais sera nécessaire pour éliminer la plupart des défauts susceptibles d'entraîner un « recalage » au contrôle.

☐ En dernier recours, il n'y a pas de risques à essayer un des « traitements chimiques » destinés à réduire le taux des gaz d'échappement - un tel produit est parfois utile pour un moteur usagé.

☐ Il est impératif que le contrôle et plus encore le réglage des émissions du moteur soient réalisés à la température de fonctionnement.

> **info** **HAYNES** *S'il s'agit d'un trajet court, n'allez pas directement au contrôle - le moteur pourrait être toujours froid - conduisez le véhicule sur une distance suffisante pour bien amener le moteur à sa température normale de fonctionnement, et insistez pour passer de suite sur le banc*

9.1.1 Teneur en CO des gaz d'échappement (moteur à allumage commandé) ✗

☐ Les normes sont les suivantes :

1 *Véhicules mis pour la 1ère fois en circulation jusqu'au 30/09/86 - teneur maxi. en CO de 4,5 %. A noter que les véhicules mis en circulation avant le 01/10/72 ne sont pas soumis à contre-visite car il n'existait pas de normes antipollution avant cette date*

2 *Véhicules particuliers (« VP ») mis pour la 1ère fois en circulation du 01/10/86 au 31/12/92 - teneur maxi. en CO de 3,5 % au ralenti*

3 *Véhicules utilitaires légers (« V.U.L. ») mis pour la 1ère fois en circulation du 01/10/86 au 30/09/94 - teneur maxi. en CO de 3,5 % au ralenti*

4 *Véhicules particuliers (« VP ») mis pour la 1ère fois en circulation à partir du 01/01/93 et équipés d'un catalyseur et d'une sonde à oxygène - teneur maxi. en CO de 0,5 % au ralenti et de 0,3 % au ralenti accéléré (entre 2 500 et 3 000 tr/mn)*

5 *Véhicules utilitaires légers (« V.U.L. ») mis pour la 1ère fois en circulation à partir du 01/10/94 et équipés d'un catalyseur et d'une sonde à oxygène - teneur maxi. en CO de 0,3 % au ralenti accéléré (2 500 tr/mn)*

☐ Avant de mesurer tout paramètre quel qu'il soit, augmenter le régime du moteur jusqu'à ce qu'il atteigne 2 500 tr/mn environ et le maintenir pendant 20 secondes. Ramener ensuite le moteur à son régime de ralenti et observer la nature de la fumée émise au niveau du tube de sortie d'échappement. Si le régime de ralenti s'avère trop élevé ou s'il apparaît une fumée d'un bleu soutenu ou bien contenant en suspension des particules noires clairement discernables, le véhicule sera « recalé » au Contrôle Technique. D'une manière générale, une fumée bleue indique la présence d'huile brûlée (joints à lèvre, guides de soupapes, segments de pistons ou alésages usés) tandis qu'une fumée noire dénote la présence de carburant imbrûlé (élément du filtre à air encrassé, mélange gazeux trop riche, mauvaise carburation ou défaut de fonctionnement du système d'injection).

☐ Si la teneur en CO ne peut être abaissée de façon substantielle afin de satisfaire à la norme imposée par le Contrôle Technique (et

en supposant que les systèmes d'allumage et d'alimentation soient en bon état), il est probable que le carburateur soit complètement usé ou que le système d'injection présente un défaut de fonctionnement. Sur les carburateurs à volet de départ à froid (starter) automatique, il se peut que le volet ne fonctionne pas correctement. Noter également qu'un échappement en mauvais état engendre des valeurs de pollution erronées.

☐ La teneur en CO peut se situer en dessous de la limite imposée par la réglementation tout en dépassant la valeur spécifiée par le constructeur de la voiture. Dans ce cas, le contrôleur pourra le signaler au propriétaire sans que cela constitue toutefois un motif de rejet du véhicule au Contrôle Technique.

☐ Des valeurs de HC excessivement élevées sont susceptibles de provenir de la présence d'huile brûlée dans les gaz d'échappement mais elles auront probablement de grandes chances d'être dues à du carburant imbrûlé. Les raisons pouvant être à l'origine de ce phénomène sont :

a) *Bougies en mauvais état ou écartement de leurs électrodes mal réglé*

b) *Avance à l'allumage mal réglée*

c) *Jeu aux soupapes mal réglé*

d) *Pressions de compression du moteur insuffisantes*

☐ A noter qu'une teneur excessive en HC dans les gaz d'échappement peut occasionner une usure prématurée du pot catalytique (sur les modèles qui en sont équipés).

9.1.2 Opacité des fumées d'échappement (moteur à allumage par compression) ✗

☐ Pour les véhicules mis en circulation à partir du 01/01/80, les normes sont les suivantes :

1 *Véhicules à moteur atmosphérique - 2,5 m-1 (64 %)*

2 *Véhicules à moteur suralimenté - 3,0 m-1 (78 %)*

☐ La précision de réglage de l'injection d'un moteur Diesel est telle que même un amateur averti ne peut s'y risquer mais les principes de base des alinéas ci-dessus sont toujours valables.

☐ A noter que la procédure du contrôle est bien sévère. Le moteur amené à une température de l'huile de 80 °C, on fera plusieurs accélérations au régime maxi. (pédale à fond pendant deux à trois secondes à chaque fois) pour mesurer l'opacité des fumées à la sortie de l'échappement - ceci risque bien évidemment d'occasionner de sérieux dommages au moteur s'il est vieux ou usé. Le risque principal (suivant équipement) est la rupture de la courroie de distribution sous l'effort des accélérations et décélérations brusques et des régimes anormaux que le moteur peut atteindre en fonctionnant à vide.

☐ Avant de présenter une voiture à moteur Diesel au Contrôle Technique, en plus des mesures décrites ci-dessus pour assurer la propreté des gaz d'échappement, il conviendra alors de prendre les précautions suivantes pour assurer la fiabilité mécanique du moteur :

a) Vérifier l'état de la courroie de distribution et la remplacer (seulement par une pièce de bonne qualité !) si l'on a le moindre doute

b) S'assurer que les ventilateurs de refroidissement fonctionnent bien

c) Contrôler les niveaux des huiles et liquides. En cas de doute concernant son état, vidanger l'huile moteur et ajouter de l'huile de bonne qualité avec un filtre neuf

d) Contrôler l'état des sceaux des vis de réglage sur la pompe d'injection - surtout celui de la vis de réglage de régime maxi. - si aucun sceau (une goutte de peinture, un fil métallique ou un plomb) n'est évident ou s'il est forcé, il faudra contrôler soigneusement le réglage concerné. Il est préférable de confier ces opérations à un diéséliste.

☐ A noter que, outre les facteurs signalés ci-dessus, la cause la plus probable d'un moteur polluant est un injecteur colmaté - leur durée de vie moyenne est de 100 000 km à 150 000 km, après quoi une révision s'impose. Le contrôle, le nettoyage à l'aide d'un appareil à ultrasons, la révision et le tarage des injecteurs sont des opérations qui doivent être réalisées par un diéséliste.

> **info HAYNES** *Avant le contrôle, conduisez le véhicule sur une distance suffisante pour bien amener le moteur à sa température normale de fonctionnement - faites fonctionner le moteur à plein régime et poussez les rapports de boîte de vitesses (dans la mesure du possible !), afin de faire partir toutes particules noires de l'échappement - et insistez pour passer de suite sur le banc*

☐ A noter aussi qu'un échappement encrassé - surtout au silencieux arrière - peut augmenter l'opacité des fumées en raison des particules noires qui se détachent pendant que le moteur tourne et se mélangent aux gaz d'échappement. Evidemment, le seul remède est le remplacement de l'élément concerné.

ATTENTION ! Une visite complémentaire « pollution » concerne les véhicules utilitaires légers immatriculés en Ile-de-France. Cette visite doit s'effectuer dans les deux mois qui précèdent l'échéance d'un an après chaque visite initiale ou contre-visite favorable après le 1er janvier 1998. La date limite de la visite complémentaire est indiquée seulement sur le procès-verbal

9.1.3 Mesure du lambda des gaz d'échappement (véhicules équipés d'un catalyseur et d'une sonde à oxygène) ✗

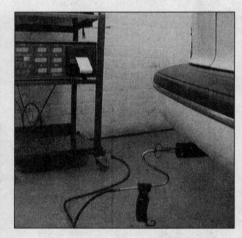

☐ Cette opération requiert également un matériel que seuls les professionnels possèdent : un analyseur des gaz d'échappement capable d'afficher la valeur lambda. Celle-ci doit être comprise entre 0,97 et 1,03 (sauf autre préconisation du constructeur) au ralenti accéléré (entre 2 500 et 3 000 tr/mn).

9.2 Niveau sonore

9.2.1 Bruit du moteur

☐ Mettre le moteur en marche et observer attentivement la ligne d'échappement sur toute sa longueur, celle-ci ne doit pas présenter de trace de corrosion excessive. La ligne d'échappement est conçue spécifiquement pour le véhicule, un montage qui ne correspond pas à l'origine peut occasionner une non conformité vis-à-vis de l'homologation et un mauvais fonctionnement du moteur.

☐ Effectuer un essai sur route qui permettra le contrôle du fonctionnement de l'embrayage, de la boîte de vitesses et des arbres de transmission. Tenter de détecter tout bruit anormal provenant du moteur, de l'embrayage et de la boîte de vitesses.

☐ Vérifier que l'embrayage s'engage de manière normale et régulière, que la communication du mouvement se fait sans à-coups et que la course à la pédale d'embrayage n'est pas excessive. Essayer également de détecter tout bruit éventuel à l'embrayage.

☐ Vérifier que les vitesses passent bien et sans bruit et que la commande des vitesses est précise et « n'accroche » pas. Dans le cas d'une transmission automatique, sélectionner chaque rapport et s'assurer que le véhicule réagit en conséquence.

☐ Prêter une oreille attentive pour détecter les cliquetis métalliques pouvant être perçus à l'avant du véhicule lorsque celui-ci décrit un arc de cercle en braquant lentement à fond la direction sur un côté. Se livrer à ce contrôle dans les deux sens. Lorsqu'un claquement se fait entendre, cela indique une usure au niveau d'un joint homocinétique (cardan) d'arbre de transmission qui doit être changé si cela se produit (voir chapitre concerné).

Introduction

Il existe des contrôles qui sont simples à exécuter, rapides et plus important, vous épargneront beaucoup de désagréments et de dépenses.

Ces « Contrôles hebdomadaires » ne requièrent aucun savoir-faire particulier ni aucun outil spécifique. En voici quelques exemples :

□ En vérifiant régulièrement l'état et la pression de gonflage des pneus, on évitera non seulement leur usure prématurée, mais on contribuera également à sa propre sécurité.

□ Les pannes proviennent fréquemment de problèmes électriques, notamment au niveau de la batterie. Un contrôle rapide et régulier permettra le plus souvent de prévenir ce genre de problème.

□ Lorsqu'il existe une fuite dans le circuit hydraulique de freinage, vous ne vous en rendrez compte que lorsque les freins ne fonctionneront plus normalement. Un contrôle périodique du niveau de liquide de frein permettra de ne pas se trouver confronté à ce genre de situation dangereuse.

□ S'il manque de l'huile ou du liquide refroidissement dans le moteur, le coût occasionné par les dégâts sera nettement plus important que la réparation même de la fuite. Mieux vaut donc agir le plus tôt possible, à titre préventif.

Points de contrôle sous le capot

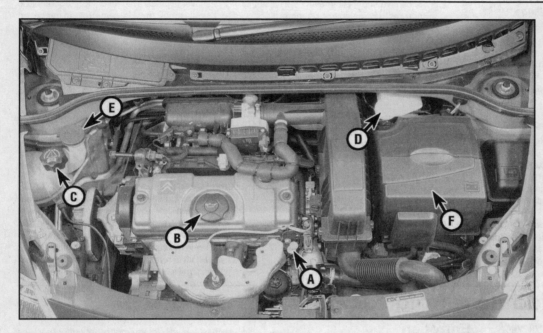

◄ Moteurs essence 1,1 et 1,4 l (1,6 l similaire)

A *Jauge de niveau d'huile moteur*

B *Bouchon de remplissage d'huile moteur*

C *Vase d'expansion de circuit de refroidissement*

D *Réservoir de liquide de frein (et d'embrayage)*

E *Réservoir de liquide de lave-glaces*

F *Batterie*

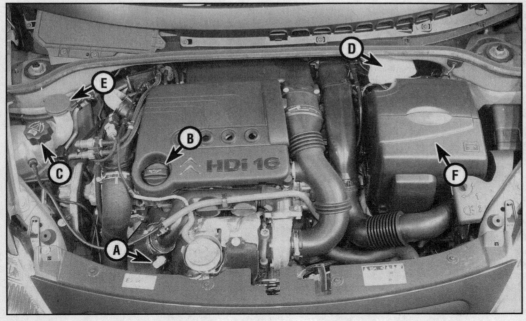

◄ Moteur Diesel 16 soupapes (8 soupapes similaire)

A *Jauge de niveau d'huile moteur*

B *Bouchon de remplissage d'huile moteur*

C *Vase d'expansion de circuit de refroidissement*

D *Réservoir de liquide de frein (et d'embrayage)*

E *Réservoir de liquide de lave-glaces*

F *Batterie*

Niveau d'huile moteur

Avant de commencer

✔ S'assurer que la voiture se trouve sur sol plat et de niveau.

✔ Le niveau d'huile se vérifie avant de conduire la voiture ou le moteur étant à l'arrêt depuis au moins 5 minutes.

 Si le niveau d'huile est contrôlé le moteur venant de tourner, une certaine quantité d'huile restera au niveau des organes en haut du moteur, ce qui faussera le relevé sur la jauge !

Huile préconisée

Les moteurs modernes sollicitent énormément leur huile. Il importe donc d'utiliser une huile de la qualité appropriée (voir « *Lubrifiants et fluides* »).

Entretien

● S'il faut souvent faire l'appoint, vérifier que cela n'est pas dû à une fuite. Etendre du papier journal propre sous le moteur pendant la nuit et s'assurer de l'absence de taches le lendemain. Si aucune trace de fuite n'est détectée, le moteur consomme de l'huile (voir section « *Diagnostic* » en fin de manuel).

● Le niveau d'huile doit être maintenu en permanence entre les repères « mini. » et « maxi. » de la jauge (voir illustration au point 3). Une insuffisance d'huile risque d'occasionner de sérieux dommages du moteur. Un niveau excessif d'huile peut entraîner la défaillance des bagues d'étanchéité.

1 La jauge de niveau qui est implantée à l'avant du moteur, est normalement pourvue d'une poignée de couleur distinctive jaune. Sortir la jauge de son puits.

2 Essuyer la jauge avec un chiffon propre ou de l'essuie-tout puis la remettre en place en l'engageant à fond dans le puits et la ressortir.

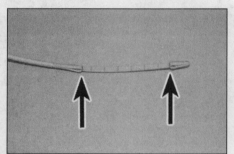

3 Lire le niveau sur la jauge. Il doit se situer entre les repères « mini. » et « maxi. ». A noter que la différence entre les deux repères représente environ 1,5 l (moteurs essence) ou 1,8 l (moteurs Diesel).

4 L'appoint d'huile s'effectue en la versant par l'orifice de remplissage après avoir dévissé et enlevé le bouchon. Se servir d'un entonnoir ou d'un bidon avec bec verseur afin de ne pas répandre d'huile sur le moteur. Incorporer l'huile lentement tout en surveillant le niveau sur la jauge. Ne pas dépasser le niveau « maxi. » (voir « *Entretien* » ci-contre).

Niveau de liquide de refroidissement

⚠ *Danger : NE JAMAIS enlever le bouchon du vase d'expansion lorsque le moteur est chaud, au risque de se faire brûler par les projections et les vapeurs de liquide. Ne pas laisser traîner un bidon d'antigel débouché : il s'agit d'un produit toxique*

Entretien

● Le circuit de refroidissement qui est du type étanche n'exige normalement pas de remise à niveau régulière. La nécessité de rajouter fréquemment du liquide indiquera un défaut d'étanchéité probable du circuit. Dans ce cas, contrôler le radiateur, toutes les durits et les plans de joint pour s'assurer de l'absence de taches ou de suintements et effectuer les réparations qui s'imposent pour éventuellement y remédier.

● Il est indispensable d'utiliser de l'antigel dans le circuit de refroidissement d'un bout à l'autre de l'année, non pas seulement pendant les mois d'hiver. Ne pas faire l'appoint uniquement avec de l'eau pure au risque de trop diluer la solution.

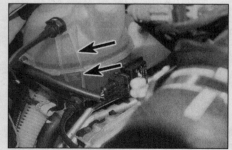

1 Le niveau de liquide de refroidissement varie en fonction de la température du moteur. Il se vérifie par la vase d'expansion qui est implanté côté droit du compartiment moteur. A froid, le niveau doit se situer entre les traits de repère « mini. » et « maxi. » indiqués sur la paroi du vase d'expansion.

2 Pour faire l'appoint, attendre le refroidissement complet du moteur. Dévisser lentement le bouchon du vase d'expansion en le tournant dans le sens anti-horaire puis attendre que la pression résiduelle du circuit soit évacuée pour l'enlever.

3 Incorporer la solution antigel de la qualité préconisée (voir « *Lubrifiants et fluides* ») dans le vase d'expansion jusqu'à obtention du niveau correct. Reposer ensuite le bouchon en le serrant bien à fond.

Niveau de liquide de frein (et d'embrayage)

⚠️ **Danger :**
- Le liquide de frein est irritant pour les yeux et attaque la peinture. Il est en conséquence nécessaire de le manipuler avec la plus grande prudence
- Ne pas utiliser de liquide de frein provenant d'un bidon entamé depuis un certain temps : il peut avoir pris l'humidité, ce qui risque de dégrader sérieusement l'efficacité des freins

 info HAYNES
- S'assurer que la voiture se trouve sur sol plat et de niveau
- Le niveau de liquide dans le réservoir baisse légèrement au fur et à mesure de l'usure des plaquettes de freins, mais il ne doit toutefois jamais descendre en dessous du repère « MINI. »

Impératifs de sécurité
- Lorsqu'il devient nécessaire de compléter fréquemment le niveau de liquide de frein dans le réservoir, cela indiquera l'existence d'une fuite dans le circuit hydraulique qui doit être examiné d'urgence.
- Dans le doute sur la bonne étanchéité du circuit, il est indispensable de contrôler le système de freinage avant d'utiliser la voiture. Ne jamais prendre de risques en matière de freinage.

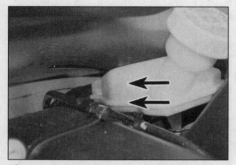

1 Le réservoir de liquide de frein qui est implanté côté gauche du compartiment moteur, contre le tablier, derrière la batterie, est pourvu de repères « MINI. » et « MAXI. ». Le niveau de liquide doit toujours se trouver entre ces deux repères.

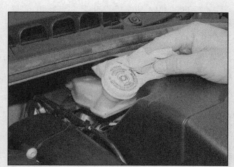

2 Pour rétablir le niveau dans le réservoir de liquide de frein, nettoyer soigneusement le pourtour de son bouchon avec un chiffon avant de le dévisser et de l'enlever. Profiter de l'occasion pour vérifier le contenu du réservoir. Si des impuretés sont observées, le liquide de frein doit être renouvelé (voir chapitre 1A ou 1B).

3 Incorporer le liquide avec précaution dans le réservoir, en veillant à ne pas en répandre sur les pièces attenantes ni sur la peinture. Utiliser exclusivement le liquide de frein préconisé (voir « Lubrifiants et fluides ») : le mélange de différents types de liquides peut entraîner des dégâts dans le circuit et/ou dégrader l'efficacité des freins. Reposer ensuite le bouchon du réservoir en le serrant bien et essuyer toute éclaboussure de liquide.

Niveau de liquide de lave-glaces

Les produits pour lave-glaces assurent non seulement le nettoyage du pare-brise ou de la lunette arrière, mais ils protègent en plus le circuit contre le gel par temps froid, au moment où précisément son utilisation est la plus nécessaire. Ne pas faire l'appoint avec de l'eau pure uniquement, ce qui risque de diluer la solution qui perdra de ses propriétés antigel.

Attention : Ne pas utiliser d'antigel prévu pour les circuits de refroidissement dans le circuit de lave-glace au risque de décolorer ou détériorer la peinture de la carrosserie

1 Le réservoir de liquide de lave-glaces est implanté à l'avant droit du compartiment moteur. Déboîter son bouchon pour faire l'appoint.

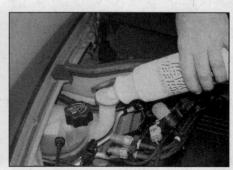

2 Remplir le réservoir avec un produit spécial pour lave-glaces, en respectant les proportions indiquées sur le bidon ou bien utiliser un produit prêt à l'emploi.

Pneumatiques

● Il est très important de s'assurer en permanence du bon état des pneumatiques et de veiller à ce que les pressions soient toujours conformes aux recommandations du constructeur - la défaillance d'un pneu à n'importe quelle vitesse est hautement dangereuse.

● Le style de conduite a une influence directe sur l'usure des pneus - des freinages et des accélérations brusques ou encore des virages pris « serrés » se traduisent par une usure rapide des pneus. Les pneus avant s'usent normalement plus vite que ceux de l'arrière. La permutation peut entraîner une usure mieux répartie des pneus, mais si cela se révèle une solution satisfaisante à brève échéance, cette pratique peut à long terme s'avérer coûteuse dans la mesure où il faudra tôt ou tard changer le train complet de pneus !

● Enlever les clous ou les graviers enfoncés dans la bande de roulement avant qu'ils ne transpercent le pneu entraînant ainsi sa crevaison. Si en enlevant un clou, l'on s'aperçoit que le pneu est crevé, remettre le clou de façon à repérer son impact dans le pneu. Changer immédiatement la roue et la faire réparer dans un garage.

● Vérifier régulièrement que les pneus ne sont pas entaillés ni ballonnés, tout particulièrement sur leurs flancs. Démonter les roues à intervalles réguliers et éliminer les impuretés ou la boue incrustée sur les flancs intérieur et extérieur. Vérifier que les jantes ne sont pas rouillées, corrodées ni autrement marquées.

● Les jantes en alliage léger ont tendance à s'abîmer très facilement contre les trottoirs lors d'un stationnement ou d'un créneau et celles en acier peuvent pour les mêmes raisons se retrouver enfoncées ou voilées. Dans ce cas, il faudra souvent remplacer la jante atteinte. Ne pas oublier la roue de secours !

● Les pneus neufs doivent être équilibrés au montage, mais il peut devenir nécessaire de les équilibrer encore s'ils s'usent inégalement ou si les poids d'équilibrage se relâchent. Les pneus déséquilibrés s'useront plus vite, ainsi que les organes de la suspension et de la direction.

● Un mauvais équilibrage de roue se traduit habituellement par des vibrations, surtout à une certaine vitesse. Si ces vibrations se sentent pour la plupart au niveau de la direction, il est plus probable que c'est les roues avant qui sont déséquilibrées. Si les vibrations sont cependant perçues au niveau de la caisse de la voiture les roues arrière peuvent être mal équilibrées. L'équilibrage des roues doit être confié à un garage ou un spécialiste des pneumatiques.

1 Profondeur de sculpture - contrôle visuel

Les pneus d'origine sont dotés de témoins d'usure « B » qui affleurent lorsque la profondeur des sculptures n'atteint plus que 1,6 mm. L'emplacements des témoins sont indiquées par les repères « A » aux flancs.

2 Profondeur de sculpture - contrôle réel

On peut aussi contrôler le relief de la bande de roulement de pneu à l'aide d'une jauge de profondeur simple et peu coûteuse.

3 Pression de gonflage - contrôle

Vérifier régulièrement le gonflage des pneus - n'oublier pas la roue de secours. Ces vérifications sont à faire à froid et **non** immédiatement après utilisation de la voiture, ceci faussant le relevé de niveau sur la jauge

Signes d'usure caractéristiques de pneus

Usure des épaulements

Sous-gonflage (usure des deux côtés)
En cas de gonflage insuffisant, qui entraîne un fléchissement excessif, le pneu surchauffera et sa bande de roulement ne portera pas correctement sur la surface de la chaussée. Ceci diminuera ainsi l'adhérence du pneu et accéléra son usure, sans compter le risque d'éclatement par déchapage (décollement de la bande de roulement) sous l'effet de l'échauffement.
Vérifier les pressions de gonflage
Carrossage incorrect (usure d'un côté)
Réparer ou renouveler les éléments de la suspension
Vitesse en virages excessive
Conduire plus doucement !

Usure au centre

Surgonflage
Un surgonflage se traduira par une usure rapide au centre de la bande de roulement du pneu de même qu'un manque d'adhérence, l'inconfort de conduite et le risque que le pneu se trouve endommagé au niveau de sa carcasse suite à un choc.
Vérifier les pressions de gonflage

S'il faut augmenter la pression d'un pneu à celle parfois prescrite pour les vitesses élevées ou pour les conditions de pleine charge, ne pas oublier de la réduire quand les conditions de conduite retournent à normale.

Usure irrégulière

Les pneus avant peuvent s'user inégalement à cause du mauvais alignement des roues. La plupart des spécialistes des pneumatiques peuvent contrôler et régler le parallélisme pour un coût modeste
Carrossage ou chasse incorrect
Réparer ou renouveler les éléments de la suspension
Défaut de la suspension
Réparer ou renouveler les éléments de la suspension
Roue mal équilibrée
Faire équilibrer la roue
Pincement incorrect
Régler le parallélisme
Nota : Il vaut mieux contrôler au toucher le bord de la bande de roulement taillé en biseau qui caractérise ce type d'usure.

Balais d'essuie-glaces

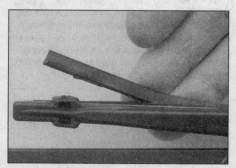

1 Vérifier l'état des balais d'essuie-glaces. Si leur raclette est fendue ou décollée, ou si elle laisse des traînées sur la surface de balayage, changer les balais. Il est conseillé de les remplacer systématiquement une fois par an.

2 Pour déposer un balai d'essuie-glace avant, écarter le bras au maximum du pare-brise puis faire pivoter le balai d'un quart de tour et appuyer sur la languette de verrouillage à la base du bloc de fixation.

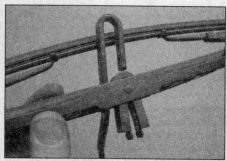

3 Tirer le balai vers le bas pour libérer le bloc de fixation et dégager le balai du crochet sur le bras. Procéder de la même manière pour l'essuie-glace arrière.

Batterie

Attention : Avant toute intervention sur la batterie, consulter les consignes indiquées
Attention : Avant toute intervention sur la batterie, consulter les consignes indiquées à la rubrique « Impératifs de sécurité » au début du manuel

✔ S'assurer que le bac de la batterie est en bon état et que son loquet est bien verrouillé. Les traces de corrosion sur la batterie elle-même peuvent être éliminées avec de l'eau chaude additionnée de bicarbonate de soude et rincer ensuite abondamment à l'eau claire. Les parties métalliques attaquées par la corrosion devront être traitées avec un apprêt à base de zinc puis peintes.

✔ Contrôler périodiquement (environ tous les 3 mois) l'état de charge de la batterie comme indiqué au chapitre 5A.

✔ Si la batterie est à plat et qu'il est nécessaire d'utiliser une batterie d'appoint pour faire démarrer le moteur, se reporter à la rubrique « Dépannages sur bas-côté de la route ».

Comme mesure préventive contre la corrosion, enduire les cosses de câbles et les bornes de la batterie d'une fine couche de vaseline

1 La batterie est implantée côté gauche du compartiment moteur. Pour y accéder, déposer successivement les parties avant et arrière de son couvercle. La batterie est à examiner périodiquement pour s'assurer que son couvercle ou son bac ne présente pas de défauts, notamment des fissures.

2 Vérifier que les cosses des câbles de la batterie sont convenablement serrées afin d'assurer une bonne connexion électrique. Vérifier également l'état de chacun des câbles dont le conducteur ne doit pas être coupé ni effiloché.

3 En cas d'oxydation (dépôts poudreux blancs), débrancher les cosses de câbles puis les nettoyer ainsi que les bornes avec une petite brosse métallique ou à la toile émeri puis les remonter. Certains centres auto et magasins spécialisés proposent un outil pratique pour le nettoyage des bornes de la batterie . . .

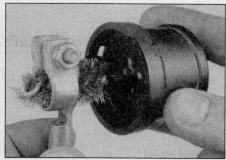

4 . . . et des cosses de câbles.

Circuit électrique

✔Vérifier le bon fonctionnement de tous les feux de signalisation extérieurs et de l'avertisseur sonore. Se reporter aux sections correspondantes du chapitre 12 pour le détail des interventions à effectuer si l'un de ces dispositifs ne fonctionne pas.

✔Effectuer un contrôle visuel de tous les connecteurs, faisceaux électriques et colliers de maintien accessibles pour s'assurer qu'ils sont bien enfichés, fixés et serrés, et qu'ils ne présentent pas de traces de frottement ou ne sont pas autrement endommagés.

 Pour vérifier les feux de stop ou les clignotants sans assistance, reculer contre un mur ou la porte d'un garage en actionnant la pédale de frein ou les clignotants. La lumière réfléchie devrait permettre de s'assurer qu'ils fonctionnent correctement

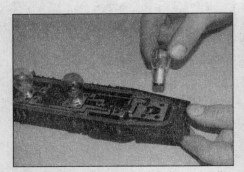

1 Le non-fonctionnement d'un clignotant, d'un feu de stop ou d'un feu de croisement-route est susceptible de provenir d'une ampoule grillée qui doit être changée comme décrit au chapitre 12. Si les deux feux de stop ne s'allument pas, cela peut être dû à une défectuosité du contacteur au niveau de la pédale de frein (voir chapitre 9).

2 En cas de non-fonctionnement simultané de plusieurs clignotants ou des feux de position arrière, la panne risque de provenir d'un fusible claqué ou d'une anomalie dans le circuit électrique. Les fusibles principaux sont implantés sur une platine située en bout de planche de bord, côté conducteur et d'autres fusibles sont également prévus dans le compartiment moteur (voir chapitre 12).

3 Pour changer un fusible, il suffit simplement de l'extraire avec la pince prévue à cet effet et de monter un fusible de rechange du même calibre. Si le fusible claque de nouveau, il est impératif d'en déterminer la raison : voir « Recherche de pannes électriques » au chapitre 12.

Pressions de gonflage des pneumatiques

Nota : *Les pressions de gonflage recommandées sont indiquées sur une étiquette apposée sur le pied avant de caisse côté gauche et visible avec la porte conducteur ouverte. Les pressions données s'appliquent aux pneus montés en équipement d'origine et peuvent ne pas convenir pour d'autres marques ou types de pneus. S'adresser le cas échéant au fabricant ou au fournisseur des pneus quant aux pressions préconisées. Pour sa précision, la pression de gonflage des pneus doit être vérifiée à froid.*

	AV.	**AR.**
Toutes versions	2,1 bars	2,1 bars

Lubrifiants et fluides

Moteurs	
Essence	Huile multigrade synthétique ou semi-synthétique, de viscosité SAE 5W-30, répondant aux normes ACEA A3-96 ou A3-98 ou API SJ ou SJ-EC
Diesel	Huile multigrade synthétique ou semi-synthétique, de viscosité SAE 5W-30 (moteurs 8 soupapes) ou SAE 5W-40 (moteurs 16 soupapes), répondant aux normes ACEA B3-96 ou B3-98 ou API CF ou CF-EC
Refroidissement	Mélange à 50 % d'antigel à base de monoéthylène glycol (additif PROCOR TM108, GLYSANTIN G33 ou REVKOGEL 2000) et à 50 % d'eau déminéralisée propre
Boîte de vitesses manuelle	Huile pour engrenages ESSO BV 75W-80W ou TOTAL TRANSMISSION BV 75W-80 exclusivement
Boîte de vitesses automatique	ESSO ATF 4HP20-AL4 exclusivement
Freins et embrayage	Liquide synthétique pour circuits de freinage, répondant à la norme SAE J1703, DOT 4

Chapitre 1 Partie A :
Entretien courant - modèles essence

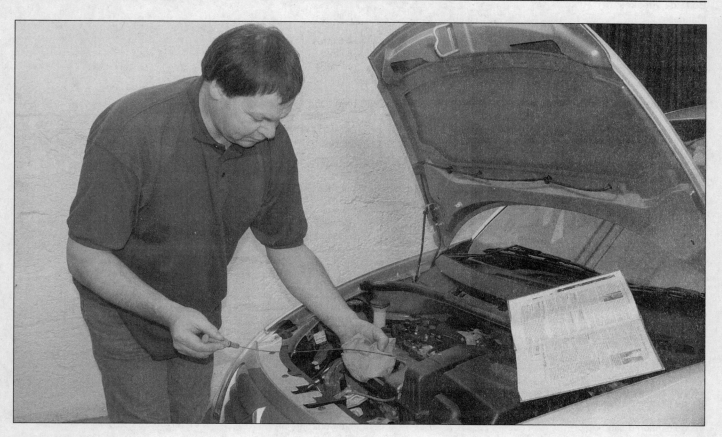

Sommaire

Niveaux de difficulté

| **Facile,** pour les profanes de la mécanique | **Assez facile,** pour les débutants plus avisés | **Assez difficile,** pour les amateurs compétents | **Difficile,** pour les amateurs plus expérimentés | **Très difficile,** pour les initiés et les professionnels |

Lubrifiants et liquides préconisés . . . . Voir « *Contrôles hebdomadaires* »

Capacités - approximatives

	Moteurs 1,1 et 1,4 l	Moteur 1,6 l
Huile moteur		
Avec filtre	3 litres	3,25 litres
Différence entre repères « mini. » et « maxi » de jauge	1,5 litre	1,5 litre
Circuit de refroidissement	7 litres	

Boîte de vitesses
Manuelle . . . . 2 litres
Automatique :
    Après vidange . . . . 4,5 litres
    Capacité totale (avec convertisseur de couple) . . . . 6 litres
Réservoir de carburant . . . . 45 litres

Moteur
Tension de courroie d'accessoires (avec tensiomètre « SEEM C.TRONIC type 105.5 » - voir texte) :
    Courroie neuve . . . . 120 unités
    Courroie réutilisée . . . . 60 à 80 unités

Circuit de refroidissement

	Antigel	Eau déminéralisée
Solution antigel :		
Protection jusqu'à -35 °C	50 %	50 %

Nota : *Se reporter à la notice d'emploi figurant sur le bidon de liquide de refroidissement utilisé quant aux niveaux de protection contre le gel garantis.*

Bougies
Moteurs 1,1 et 1,4 l . . . . Bosch FR7DE, Champion RC8YCL ou Sagem RFN58LZ
Moteur 1,6 l . . . . Bosch FR7ME ou Sagem RFN58HZ
Ecartement des electrodes – tous moteurs . . . . 0,9 mm

Freins

	Origine	Minimale
Epaisseur mini des garnitures :		
Plaquettes de freins à disques AV.	13 mm	3 mm
Plaquettes de freins à disques AR.	Non communiqué	Non communiqué
Segments de freins à tambours	Non communiqué	1 mm

Pressions de gonflage des pneumatiques . . . . Voir « *Contrôles hebdomadaires* »

Couples de serrage

	daN.m
Bouchon de vidange du moteur	3
Cloche de filtre à huile	2,5
Vis de fixation de barre anti-rapprochement du berceau	Voir chapitre 10
Bougies	2,5
Vis de fixation d'alternateur	Voir chapitre 5A
Bouchon de remplissage-niveau de BV. manuelle	2,5
Bouchons de remplissage et de niveau de BV. automatique	2,4
Vis de roues	9

Nota : *Le programme d'entretien qui suit constitue un guide établi sous la propre responsabilité de l'éditeur. S'adresser au service après-vente d'un représentant de la marque pour toute information utile concernant les préconisations officielles du constructeur.*

Les périodicités figurant dans le programme d'entretien sont données à titre indicatif pour vous permettre d'accomplir personnellement toutes les tâches qui vous incombent pour assurer la maintenance de votre véhicule. Il s'agit des échéances d'entretien de base, préconisées pour un usage quotidien du véhicule. Si vous êtes soucieux de maintenir votre voiture en parfait état de marche, vous serez peut-être désireux d'effectuer certaines opérations plus fréquemment. Nous ne saurions que trop vous encourager dans cette voie, car bien entretenu, un véhicule est à même de donner entière satisfaction à son propriétaire qui pourra de surcroît en obtenir un bon prix à la revente.

Un entretien plus fréquent est conseillé pour les voitures utilisées en atmosphère poussiéreuse, tractant une remorque ou une caravane, conduites régulièrement à vitesse réduite (ralentissements dans les embouteillages urbains) ou effectuant de courts trajets répétés.

Les voitures neuves doivent faire l'objet d'un suivi régulier assuré par un concessionnaire du réseau de la marque, dans le cadre de la garantie du constructeur.

Tous les 400 km ou une fois par semaine

☐ Voir « *Contrôles hebdomadaires* ».

Tous les 15 000 km ou 12 mois, selon le terme échu en premier

☐ Vidanger le moteur et changer le filtre à huile (voir section 3) *.
☐ Vérifier l'état et l'étanchéité de toutes les durits et canalisations et s'assurer de l'absence de fuites (voir section 4).
☐ Vérifier l'état des soufflets et des joints homocinétiques de transmissions (voir section 5).
☐ Lubrifier toutes les charnières et serrures (voir section 6).
☐ Procéder à un essai sur route (voir section 7).
☐ Procéder à la remise à zéro de l'affichage de la périodicité d'entretien (voir section 8).

* Nota : *L'échéance normale de vidange du moteur et de remplacement du filtre à huile est fixée à 30 000 km ou 2 ans, suivant le terme échu en premier. Il est toutefois conseillé d'effectuer ces opérations, qui sont indispensables au maintien du moteur en bon état, à la périodicité indiquée ci-dessus, tout particulièrement dans le cas des véhicules utilisés principalement pour de courts trajets.*

Tous les 30 000 km ou 2 ans, selon le terme échu en premier

☐ Contrôler le filtre à pollen (voir section 9).
☐ Vérifier l'état de la courroie d'accessoires et la changer s'il y a lieu (voir section 10).
☐ Vérifier l'état des plaquettes de freins AV. et AR., suivant équipement (voir section 11).
☐ Vérifier l'état des segments de freins AR. à tambours (voir section 12).
☐ Contrôler et régler s'il y a lieu le frein à main (voir section 13).
☐ Vérifier l'état de la ligne d'échappement (voir section 14).
☐ Contrôler les organes de direction et de suspension (voir section 15).

Tous les 60 000 km

☐ Changer la courroie de distribution (voir section 16) *.
* Nota : *Bien que l'échéance normale de remplacement de la courroie de distribution se situe à 120 000 km, il est vivement recommandé de la ramener à 60 000 km dans le cas des véhicules utilisés dans des conditions particulièrement difficiles telles que courts trajets répétés ou conduite imposant des « marche-arrêt » fréquents. La longévité de la courroie dépend dans une large mesure des conditions de conduite et partant de là, la fréquence de son remplacement est laissée à l'appréciation de chacun. Cela dit, il convient de prendre conscience des risques auxquels on s'expose, en particulier de sérieux dégâts du moteur, en cas de rupture de la courroie.*

Tous les 60 000 km ou 2 ans, selon le terme échu en premier

☐ Renouveler le liquide de frein (voir section 17).
Nota : *Le circuit de commande hydraulique d'embrayage partageant le même réservoir de liquide que celui de freinage est également à purger (voir chapitre 6).*

Tous les 60 000 km ou 4 ans, selon le terme échu en premier

☐ Changer les bougies (voir section 18).
☐ Changer l'élément du filtre à air (voir section 19).
☐ Vérifier le niveau d'huile de boîte de vitesses manuelle (voir section 20).
☐ Vérifier le niveau de fluide de boîte de vitesses automatique (voir section 21).
☐ Procéder à la lecture des codes-défauts dans la mémoire du calculateur électronique de gestion du moteur (voir section 22).
☐ Renouveler le liquide de refroidissement (voir section 23). *
* Nota : *Le circuit de refroidissement est normalement rempli « à vie » et aucune échéance périodique de vidange n'est prévue par le programme d'entretien du constructeur.*

Tous les 10 ans

☐ Changer les coussins gonflables de sécurité (airbags) et les prétensionneurs de ceintures de sécurité (voir section 24).

Vue sous le capot d'une version à moteur 1,4 l (1,1 l similaire)

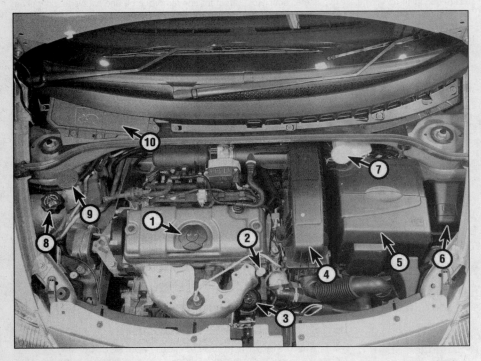

1 Bouchon de remplissage d'huile moteur
2 Jauge de niveau d'huile moteur
3 Filtre à huile
4 Filtre à air
5 Batterie
6 Boîtier à fusibles et relais
7 Réservoir de liquide de frein et d'embrayage
8 Vase d'expansion de circuit de refroidissement
9 Réservoir de liquide de lave-glaces
10 Filtre à pollen

Vue sous le capot d'une version à moteur 1,6 l

1 Bouchon de remplissage d'huile moteur
2 Jauge de niveau d'huile moteur
3 Filtre à huile
4 Filtre à air
5 Batterie
6 Boîtier à fusibles et relais
7 Réservoir de liquide de frein et d'embrayage
8 Vase d'expansion de circuit de refroidissement
9 Réservoir de liquide de lave-glaces
10 Filtre à pollen

Vue du soubassement avant

1 Bouchon de vidange du moteur
2 Compresseur de climatisation
3 Pot catalytique
4 Groupe motoventilateur de refroidissement
5 Bouchon de remplissage-niveau de BV manuelle
6 Etrier de frein
7 Triangle inférieur de suspension
8 Berceau
9 Joint homocinétique de transmission, côté boîte de vitesses
10 Barre anti-rapprochement
11 Rotule de biellette de direction
12 Biellette de liaison de barre stabilisatrice

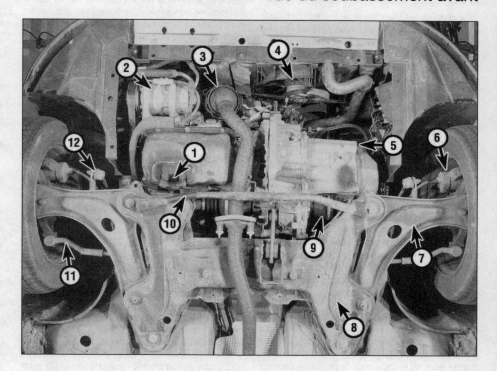

Vue du soubassement arrière

1 Réservoir de carburant
2 Barre stabilisatrice
3 Essieu
4 Fixation inférieure d'amortisseur
5 Ressort hélicoïdal
6 Silencieux secondaire d'échappement
7 Câble de frein à main

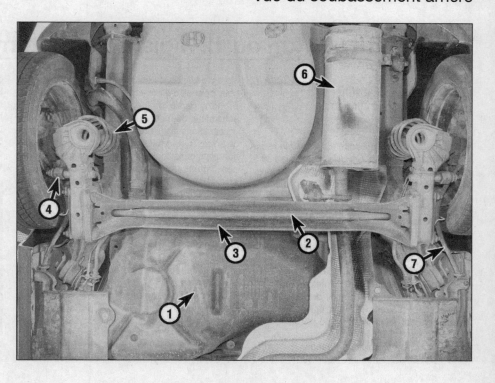

1 Généralités

Ce chapitre est destiné à aider les automobilistes à entretenir leur voiture par leurs propres moyens de façon à la maintenir en parfait état de marche, également dans un souci de lui assurer un fonctionnement économique et une durée de vie prolongée et à titre préventif, pour leur sécurité personnelle et celle d'autrui.

Y figurent un programme d'entretien périodique général et des sections traitant spécifiquement de chaque tâche à accomplir dans le cadre de ce programme qui implique des contrôles visuels, des réglages, des remplacements de pièces et des conseils qui peuvent se révéler précieux pour les profanes. Se reporter aux illustrations jointes représentant des vues du compartiment moteur et du soubassement pour repérer l'emplacement des différents éléments et organes concernés

Un entretien régulièrement effectué aux intervalles prescrits garantira fiabilité et longévité à tous les véhicules. Le programme d'entretien est planifié de manière cohérente et le fait de prêter attention à certains points seulement tout en négligeant le reste risque de remettre en cause l'entretien périodique.

Au fur et à mesure que seront accomplies les opérations d'entretien, l'on s'apercevra que nombre d'interventions peuvent ou doivent être groupées du fait de la spécificité de certaines d'entre elles ou en raison de la proximité de deux éléments distincts accessibles conjointement. Par exemple, si la voiture vient à être mise sur chandelles pour une raison quelconque, l'échappement peut être inspecté en même temps que les organes de suspension et de direction.

La première chose à faire avant d'effectuer soi-même l'entretien de son véhicule est de bien se préparer. Il convient par conséquent de lire toutes les sections concernées par l'opération que l'on va entreprendre et d'établir une liste de toutes les pièces et des outils dont on aura besoin. En cas de problème, obtenir les conseils d'un spécialiste ou d'un magasinier du service des pièces détachées d'un représentant de la marque.

2 Entretien intensif

Lorsque la voiture est neuve, si le programme d'entretien périodique est scrupuleusement respecté et que des contrôles de niveaux de liquides et d'huiles ainsi que des pièces sujettes à usure rapide sont assurés comme indiqué tout au long du présent manuel, le moteur sera maintenu en bon état de marche et ne nécessitera normalement que des interventions supplémentaires minimes.

Un moteur mal entretenu est susceptible de présenter des anomalies de fonctionnement. Cela peut se remarquer en particulier sur le moteur d'un véhicule d'occasion n'ayant pas été entretenu régulièrement et qui devra subir des contrôles et des interventions en plus de celles prescrites dans le cadre de l'entretien périodique.

En cas de doute sur le degré d'usure d'un moteur, un contrôle de compression (voir chapitre 2A) fournira une valeur indicative intéressante sur l'efficacité d'ensemble des principaux organes internes. Cette vérification peut constituer une bonne base de départ pour déterminer la nature des interventions à pratiquer. Si par exemple, une usure avancée du moteur est constatée suite à un contrôle de compression, un entretien classique ainsi que décrit dans le présent chapitre ne sera pas en mesure d'améliorer de manière significative le rendement du moteur et peut se révéler être une perte de temps et d'argent si une remise en état générale de ce moteur n'est pas effectuée au préalable.

Sont indiquées ci-dessous les mesures les plus susceptibles d'améliorer le rendement d'un moteur au fonctionnement insatisfaisant.

Mesures d'ordre général

a) *Nettoyer, contrôler et tester la batterie (voir « Contrôles hebdomadaires »).*
b) *Vérifier et rétablir au besoin les niveaux de liquide et d'huile concernant directement le moteur (voir « Contrôles hebdomadaires »).*
c) *Contrôler l'état de toutes les durits et canalisations et s'assurer de l'absence de fuites de liquides (voir section 4).*
d) *Contrôler l'état de la courroie d'accessoires (voir section 10).*
e) *Changer les bougies (voir section 18).*
f) *Contrôler l'état de l'élément du filtre à air et le changer au besoin (voir section 19).*

Si suite à ces mesures, le rendement du moteur n'a pas connu d'amélioration, prendre les dispositions qui suivent :

Mesures complémentaires

Ces mesures sont à associer à celles d'ordre général indiquées ci-dessus.
a) *Contrôler le circuit de charge (voir chapitre 5A).*
b) *Contrôler le système d'allumage (voir chapitre 5B).*
c) *Contrôler le circuit d'alimentation en carburant (voir chapitre 4A).*

Tous les 15 000 km ou 12 mois, selon le terme échu en premier

3 Huile moteur et filtre - vidange et remplacement

Nota : *Le déblocage du bouchon de vidange du moteur nécessite une clé spéciale à bout carré de 8 mm à se procurer dans un centre auto ou auprès du service des pièces détachées d'un représentant du réseau Citroën.*
1 La vidange et le remplacement du filtre à huile sont des opérations d'entretien vitales pour maintenir le moteur en bon état. En effet, l'huile se dégrade, perd de ses qualités lubrifiantes en se fluidifiant et se charge de déchets au fur et à mesure de son vieillissement, ce qui ne peut qu'accélérer l'usure graduelle du moteur.
2 Avant de commencer, se munir des outils et du matériel nécessaires. Prévoir également une grande quantité de chiffons et du papier journal pour récupérer l'huile pouvant se répandre sous la voiture. Il est préférable de vidanger le moteur lorsqu'il est chaud ou encore tiède car l'huile est alors plus fluide, ce qui favorise son écoulement et cela permet d'éliminer le maximum de résidus. Prendre garde de ne pas toucher les pièces échauffées du moteur ou de l'échappement en se glissant sous la voiture. Afin de ne pas se brûler et se protéger contre les agents irritants pour la peau contenus dans l'huile, il est recommandé de porter des gants en caoutchouc. L'accès au soubassement peut être nettement facilité en se servant d'un pont élévateur, de plans inclinés ou de chandelles (voir « Levage et soutien du véhicule »). Quelle que soit la méthode utilisée, le véhicule doit rester de niveau ou tout du moins, le bouchon de vidange doit se trouver dans le sens de la déclivité.
3 Dans le cas où il existe, desserrer ses vis de fixation et déposer le carénage de protection sous le moteur.
4 Le carter d'huile peut, suivant le type de moteur, être pourvu d'une tôle de protection **(voir illustration)**. Dans ce cas, l'accès au bouchon de vidange peut s'effectuer par l'ouverture dans cette tôle, à condition de disposer d'une clé à bout carré suffisamment longue, sinon il est nécessaire de desserrer ses vis de fixation et de déposer la tôle. Egalement, afin de garantir un meilleur accès au bouchon de vidange, desserrer ses deux vis de fixation et déposer la barre anti-rapprochement du berceau.
5 Enlever le bouchon de remplissage d'huile sur le couvre-culasse. Se glisser sous l'avant de la voiture et débloquer d'un demi-tour environ le

3.4 Tôle de protection de carter d'huile (suivant montage)

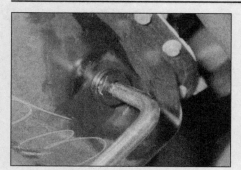

3.5 Déblocage du bouchon de vidange du moteur

Alors que le bouchon de vidange se dégage du filetage dans le carter d'huile, l'enlever rapidement de façon à ce que l'huile s'écoule dans la bassine et non pas dans la manche de la personne sous la voiture !

3.9a Dévissage de la cloche du filtre à huile . . .

bouchon de vidange **(voir illustration)**. Disposer la bassine de récupération en dessous du bouchon de vidange puis finir de le dévisser en le maintenant plaqué contre le carter et l'enlever. Récupérer la rondelle d'étanchéité qui est à jeter.

6 Laisser l'huile s'écouler pendant quelques instants en ayant cependant à déplacer la bassine au besoin au bout d'un moment car le filet s'écoulant allant en s'amenuisant, l'huile de risque de couler à côté.

7 L'huile ne gouttant plus, essuyer le bouchon de vidange avec un chiffon propre ou de l'essuie-tout et l'équiper d'une rondelle d'étanchéité neuve. Nettoyer le filetage de l'orifice de vidange dans le carter d'huile puis reposer le bouchon et le bloquer au couple prescrit.

8 Déplacer la bassine à hauteur du filtre à huile, à l'avant du carter/bloc-cylindres.

9 Sur ces moteurs, le filtre à huile consiste en un élément interchangeable logé dans une cloche. A l'aide d'une clé à douille ou plate en prise sur son bossage six pans, débloquer la cloche puis finir de la dévisser à la main pour la déposer : un écoulement d'huile est à prévoir au cours de cette opération **(voir illustrations)**. Récupérer le joint torique de la cloche qui est à mettre au rebut.

10 Sortir l'élément filtrant de la cloche.

11 Nettoyer soigneusement l'intérieur et l'extérieur de la cloche avec un chiffon propre ou de l'essuie-tout.

12 Installer l'élément filtrant neuf dans la cloche puis lubrifier légèrement à l'huile moteur propre le joint torique neuf et le mettre en place sur la cloche **(voir illustrations)**.

13 Visser la cloche à la main dans un premier temps puis la serrer au couple préconisé.

14 Récupérer l'huile usagée et les outils sous la

voiture puis le cas échéant, descendre celle-ci au sol.

15 Sortir la jauge de niveau de son puits. Remplir le moteur d'une huile répondant aux normes prescrites (voir « *Lubrifiants et fluides* » au début du manuel), en procédant comme décrit à la rubrique « *Contrôles hebdomadaires* » pour l'appoint d'huile. Se servir si possible d'un bidon à embout verseur ou d'un entonnoir afin de ne pas répandre d'huile sur le moteur. Verser dans un premier temps la moitié de la quantité spécifiée puis attendre pendant quelques minutes pour que l'huile atteigne le carter dans la partie basse du moteur. Incorporer progressivement le reste de l'huile jusqu'à ce qu'elle arrive à hauteur du repère inférieur de la jauge. En ajoutant ensuite 1,5 litre d'huile supplémentaire, le niveau atteindra le repère supérieur de la jauge. Reposer le bouchon de l'orifice de remplissage.

17 Mettre le moteur en marche et le laisser tourner quelques minutes au ralenti puis s'assurer de l'absence de fuites au niveau du filtre à huile et du bouchon de vidange. A noter que lors de la première mise en route du moteur après la vidange, le témoin de pression d'huile au tableau de bord peut rester allumé pendant quelques secondes suite au démarrage, le temps que l'huile commence à circuler dans les canaux de graissage du moteur ainsi que dans le filtre et avant mise sous pression du circuit de graissage. Reposer éventuellement la barre anti-rapprochement du berceau en serrant ses vis de fixation au couple

prescrit puis, la tôle de protection du carter d'huile et la carénage de protection sous le moteur.

18 Arrêter le moteur et attendre pendant quelques minutes de façon à permettre à l'huile de retomber dans le carter inférieur. L'huile neuve ayant alors circulé à travers tout le circuit de graissage et le filtre étant rempli, revérifier le niveau avec la jauge et le rétablir s'il y a lieu.

19 Prendre des précautions pour jeter l'huile usagée et le filtre : s'en débarrasser dans un endroit approprié.

 info **HAYNES** *Jeter les huiles usagées à l'égout ou dans la nature, est un acte antisocial, contribuant à augmenter la pollution des milieux naturels et non recommandé. Les brûler ne constitue pas une meilleure solution : il se dégage généralement des fumées nocives pour l'environnement. Conserver l'huile de vidange dans un bidon. Prévoir plusieurs bidons séparés pour l'huile moteur, l'huile de boîte de vitesses (manuelle ou automatique) et pour les différents liquides hydrauliques, que l'on remettra à un garagiste, une station-service, un point de collecte ou une déchetterie. Pour obtenir l'adresse de la déchetterie la plus proche, contacter l'ADEME (Agence de l'Environnement et de la Maîtrise de l'Energie) au 0 800 38 39 40 (numéro vert, gratuit) ou par Internet : « www.ademe.fr » ou par Minitel au 3615 Idéal*

3.9b . . . et dépose de son joint torique

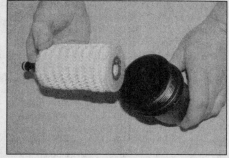

3.12a Installation de l'élément filtrant neuf dans la cloche . . .

3.12b . . . et lubrification du joint torique à l'huile moteur

4 Tuyauterie et étanchéité - contrôle

Circuit de refroidissement

 Danger : Se reporter aux différentes mises en garde à la rubrique « Impératifs de sécurité » au début du manuel et au chapitre 3 avant toute intervention sur le circuit de refroidissement

1 Examiner attentivement les durits du radiateur et de chauffage sur toute leur longueur. Changer toute durit fissurée, ballonnée ou abîmée. Des fissures ou des craquelures se remarqueront plus aisément en pressant la durit entre les doigts. Contrôler de près les colliers de serrage des durits du circuit de refroidissement. Ces colliers peuvent pincer ou couper les durits avec des pertes de liquide en découlant.

2 Contrôler tous les éléments constituants du circuit de refroidissement (durits, plans de joint, etc.) pour mettre en évidence d'éventuelles fuites (voir « info HAYNES »).

3 En cas de défaut d'étanchéité au niveau de l'une des pièces du circuit de refroidissement, la changer ou le joint défectueux en se reportant au chapitre 3.

Circuit d'alimentation en carburant

 Danger : Se reporter aux différentes mises en garde à la rubrique « Impératifs de sécurité » au début du manuel et au chapitre 4A avant toute intervention sur le circuit d'alimentation en carburant

4 S'assurer que tous les raccords et les fixations des canalisations du circuit d'alimentation en carburant dans le compartiment moteur sont bien serrés et vérifier que les canalisations ne sont pas pliées, marquées suite à un frottement ni autrement abîmées.

5 Pour contrôler l'étanchéité du circuit d'alimentation entre le réservoir de carburant et le compartiment moteur, lever la voiture au cric et la poser sur chandelles (voir *Levage et soutien du*

Les fuites du circuit de refroidissement se manifestent habituellement par des traces de couleur blanche ou de rouille sur leur zone environnante

véhicule »). Vérifier que le réservoir et sa goulotte de remplissage ne sont pas percés, fissurés ni autrement endommagés. Le raccordement entre la goulotte de remplissage et le réservoir est un emplacement particulièrement sensible. La goulotte peut présenter un défaut d'étanchéité à ce niveau par suite d'une détérioration de sa matière.

6 Inspecter minutieusement toutes les durits et les canalisations métalliques issues du réservoir de carburant. Vérifier que les branchements sont bien serrés, que les durits ne sont pas détériorées et que les canalisations ne sont pas vrillées ni pincées. Examiner attentivement la durit de dégazage qui peut se trouver entortillée autour de la goulotte de remplissage et se boucher ou s'aplatir, ce qui empêchera le remplissage normal du réservoir. Suivre le cheminement des canalisations d'alimentation et de retour de carburant jusqu'à l'avant du véhicule, en les examinant de près sur toute leur longueur pour s'assurer qu'elles ne sont pas abîmées ni corrodées. Changer les canalisations si cela se montre nécessaire.

Huile moteur

7 Procéder à un contrôle d'étanchéité au niveau des plans de joint du ou des couvre-culasses (suivant le type de moteur), de la culasse, du support de filtre à huile et du carter d'huile. De légers suintements peuvent être observés au bout d'un certain moment à hauteur de ces emplacements, ce qui ne doit pas être confondu avec des traces de fuites importantes qui dénoteront la défaillance d'un joint. Les suintements d'huile repérés à la base du carter de courroie de distribution ou sur le carter d'embrayage peuvent provenir d'une défectuosité de la bague d'étanchéité du vilebrequin ou de l'arbre primaire de boîte de vitesses. Changer la bague d'étanchéité à l'origine de la fuite en se reportant aux chapitres 2A et 7A.

Fluide frigorigène de climatisation

 Danger : Se reporter aux différentes mises en garde à la rubrique « Impératifs de sécurité » au début du manuel et au chapitre 3 concernant le fluide frigorigène avant toute intervention sur le circuit de climatisation

8 Le circuit de climatisation renferme un fluide frigorigène conditionné à haute pression. En cas de débranchement de l'une des canalisations et dépressurisation du circuit sans l'équipement prévu à cet effet, le fluide frigorigène se transforme en gaz qui est rejeté à l'air libre. Le contact du fluide frigorigène avec la peau peut causer de graves lésions. Le fluide frigorigène est par ailleurs nuisible à l'environnement et il ne doit jamais être libéré dans l'atmosphère.

9 En cas de doute de la bonne étanchéité du circuit frigorifique, faire examiner d'urgence la voiture dans un atelier du réseau Citroën ou par un spécialiste de la climatisation automobile. Une fuite se manifeste par une baisse régulière du niveau de fluide frigorigène dans le circuit.

10 A signaler que des gouttes d'eau peuvent être

observées au niveau de la canalisation de purge du condenseur, en dessous de la voiture, immédiatement après la mise en service de la climatisation, ce qui est tout à fait normal et sans conséquence.

Liquide de frein (et d'embrayage)

 Danger : Se reporter aux différentes mises en garde à la rubrique « Impératifs de sécurité » au début du manuel et au chapitre 9, pour la manipulation du liquide de frein

11 En se reportant au chapitre 9, examiner le pourtour des raccords des canalisations de frein au niveau du maître-cylindre pour s'assurer de l'absence de fuite. Vérifier que le bas du réservoir du maître-cylindre ne présente pas de suintement de liquide, ce qui serait dû à une défectuosité d'un joint. Contrôler également les raccords des canalisations de freins au niveau du bloc hydraulique du système antiblocage des roues (ABS).

12 Si une fuite de liquide de frein est remarquée sans pouvoir localiser son origine dans le compartiment moteur, examiner avec soin les flexibles d'alimentation des étriers de freins ou les canalisations au niveau du soubassement en levant la voiture au cric et la posant sur chandelles (voir « *Levage et soutien du véhicule* »). Un défaut d'étanchéité du circuit de freinage constitue une anomalie sérieuse devant être traitée d'urgence.

13 S'assurer de l'absence de fuites au niveau des raccordements du circuit de commande hydraulique d'embrayage d'une part au niveau du flexible d'alimentation du maître-cylindre sur le tablier dans le compartiment moteur et d'autre part au niveau du flexible du cylindre récepteur qui est fixé par vis sur le carter d'embrayage (voir chapitre 6 pour davantage de précisions).

14 Le liquide de frein est un produit toxique de nature aqueuse. Il est quasiment incolore lorsqu'il est neuf mais prend une couleur plus foncée en vieillissant, au fur et à mesure de son utilisation.

Fuites de liquide d'origine indéterminée

15 En présence d'une fuite dont on ignore la provenance, étendre un morceau de carton suffisamment grand en dessous de la voiture et le laisser en place pendant une nuit entière, ce qui devrait permettre de localiser l'emplacement de la fuite, matérialisé par une tache sur le carton. Avec cette méthode, on pourra non seulement déterminer l'origine de la fuite mais également la nature du liquide en cause. Il convient toutefois de se rappeler que certaines fuites ne peuvent se manifester que lorsque le moteur tourne.

Tuyaux de dépression

16 Les freins sont à commande hydraulique et disposent en plus d'une assistance par servofrein qui agit en tant qu'amplificateur de la force exercée sur la pédale. Le servofrein est actionné par la dépression issue de la tubulure d'admission. La dépression est communiquée au servofrein par une tuyauterie. Une fuite dans cette tuyauterie entraînera une diminution de l'efficacité du freinage.

17 Un certain nombre de dispositifs sont également commandés par la dépression en provenance de la tubulure d'admission par l'intermédiaire d'une tuyauterie, ce qui est le cas des systèmes antipollution. Un défaut d'étanchéité des tuyaux provoque une prise d'air qui est souvent difficile à détecter. On pourra par exemple utiliser un tuyau de dépression usagé comme « stéthoscope » : tenir l'extrémité du tuyau près de l'oreille et sonder l'endroit où la prise d'air est censée exister avec l'autre extrémité du tuyau. Un sifflement doit pouvoir être clairement perçu dans le tuyau à cet endroit précis. Prendre garde de ne pas toucher les pièces en mouvement ou échauffées du moteur, ce dernier devant en effet tourner pour effectuer ce contrôle. Remplacer tout tuyau de dépression manifestement défectueux.

5 Soufflets et joints homocinétiques de transmissions - contrôle

1 Le véhicule étant posé sur chandelles (voir « *Levage et soutien du véhicule* »), braquer la direction en butée et faire tourner lentement chacune des roues avant pour vérifier l'état du soufflet du joint homocinétique de transmission côté roue, en appuyant du doigt pour bien écarter ses plis **(voir illustration)**. S'assurer que le soufflet n'est pas fendu, coupé ni autrement endommagé, ce qui entraînerait l'admission d'eau et de gravillons dans le joint homocinétique. Vérifier également que les colliers du soufflet sont bien fixés et en bon état. Procéder au même contrôle au niveau du joint homocinétique côté boîte de vitesses de chaque côté. Changer systématiquement tout soufflet détérioré (voir chapitre 8 pour cette intervention).
2 Profiter de l'occasion pour vérifier l'état des joints homocinétiques. Dans un premier temps, immobiliser l'arbre de transmission et essayer de tourner la roue. Poursuivre le contrôle en immobilisant le joint homocinétique intérieur et essayant de tourner l'arbre de transmission. La présence d'un jeu sensible indiquera une usure des joints homocinétiques, des cannelures des arbres de transmission ou le desserrage d'un écrou de transmission.

6 Charnières et serrures - lubrification

1 Lubrifier à tour de rôle les charnières du capot, des portes et du hayon avec une huile de graissage fluide.
2 Lubrifier de la même manière les serrures, les verrous et les gâches. Vérifier simultanément la fixation et le bon enclenchement de toutes les serrures, en procédant si besoin est à un réglage (voir chapitre 11).
3 Lubrifier légèrement avec de la graisse appropriée le mécanisme de déverrouillage du capot et la partie exposée du câble.
4 Vérifier l'état et le fonctionnement des vérins du hayon, en les changeant s'ils présentent des fuites ou ne soutiennent plus convenablement le hayon en position relevée.

5.1 Contrôle de l'état d'un soufflet de transmission

7 Essai sur route

Instruments et équipement électrique

1 Contrôler le fonctionnement de tous les instruments au tableau de bord et de l'équipement électrique.
2 S'assurer que les instruments fournissent des indications exactes et faire fonctionner tous les appareils électriques pour vérifier leur bon état de marche.

Direction et suspensions

3 Procéder à un contrôle pour détecter d'éventuelles anomalies dans la direction, les suspensions, la conduite et la tenue de route.
4 Effectuer un parcours sur route pour s'assurer de l'absence de vibrations et de bruits anormaux.
5 Vérifier que la direction réagit normalement, sans jeu ni dureté excessifs et que les suspensions n'émettent pas de bruit dans les virages, sur les bosses et les dos d'âne.

Groupe motopropulseur

6 Contrôler le fonctionnement du moteur, de l'embrayage, de la boîte de vitesses et des transmissions.
7 Tenter de détecter tout bruit anormal provenant du moteur, de l'embrayage et de la boîte de vitesses.
8 Vérifier que le moteur prend bien ses tours au ralenti et qu'il ne présente pas de creux à l'accélération.
9 Vérifier que l'embrayage s'engage de manière normale et régulière, que la communication de la force motrice s'effectue sans à-coups et que la course de la pédale ne soit pas excessive. Repérer également tout bruit pouvant être émis en débrayant.
10 Sur les voitures équipées d'une boîte de vitesses manuelle, vérifier que les vitesses passent bien et sans bruit et que la commande des vitesses soit précise et « n'accroche » pas.
11 Dans le cas d'une boîte de vitesses automatique, vérifier que tous les rapports passent bien, sans à-coups dans la communication de la force motrice et sans augmentation de régime du moteur entre chaque passage de rapport. Contrôler que tous les rapports peuvent être engagés le

véhicule étant à l'arrêt. Consulter les services techniques d'un représentant du réseau Citroën pour tout problème rencontré dans le fonctionnement de la boîte de vitesses automatique.
12 Prêter une oreille attentive pour détecter les claquements pouvant être perçus à l'avant du véhicule lorsque celui-ci décrit un arc de cercle à faible allure en braquant à fond la direction sur un côté. Se livrer à ce contrôle dans les deux sens. La présence de claquements indiquera un manque de lubrification ou une usure au niveau d'un joint homocinétique de transmission (voir chapitre 8).

Freins

13 Vérifier que la voiture ne tire pas sur un côté au freinage et que les roues ne se bloquent pas prématurément en freinant brusquement.
14 S'assurer de l'absence de vibrations dans la direction au freinage.
15 Vérifier que le frein à main fonctionne convenablement sans que son levier ait une course excessive et qu'il soit efficace lorsque le véhicule est garé en côte.
16 Se livrer à un contrôle de fonctionnement du servofrein en procédant comme suit : moteur arrêté, appuyer sur la pédale de frein à quatre ou cinq reprises successives pour faire évacuer la dépression résiduelle puis maintenir la pédale enfoncée et mettre le moteur en marche. Au démarrage du moteur, on doit sentir la pédale de frein s'enfoncer sensiblement, ce qui indique que la communication de la dépression s'effectue normalement. Laisser le moteur tourner pendant au moins deux minutes et l'arrêter. Si la pédale de frein vient ensuite à être enfoncée de nouveau, cela doit s'accompagner d'un « sifflement » caractéristique du servofrein. Après avoir actionné la pédale quatre ou cinq fois, le « sifflement » ne doit plus être perçu et une résistance nettement plus importante doit être constatée à la pédale.

8 Affichage de la périodicité d'entretien - remise à zéro

1 Une fois la révision effectuée, l'indicateur de maintenance doit être remis à zéro pour sa programmation à la prochaine échéance, en procédant comme suit :
2 Couper le contact puis appuyer sur le bouton de remise à zéro du compteur kilométrique journalier et le maintenir enfoncé.
3 Remettre le contact pour faire défiler l'affichage kilométrique et le faire revenir à l'indication « 0 » puis relâcher le bouton de remise à zéro du compteur kilométrique journalier et la clé symbole des opérations d'entretien disparaît.
4 Couper le contact.
5 Remettre le contact et vérifier que l'échéance kilométrique correcte jusqu'à la prochaine révision, conformément au plan d'entretien du constructeur, est affichée sur l'indicateur.
Nota : *Si la batterie doit être débranchée après avoir effectué cette opération, verrouiller la voiture et observer un délai d'attente minimal de 5 minutes, sinon la procédure de remise à zéro de l'affichage risque de ne pas être validée.*

Tous les 30 000 km ou 2 ans, selon le terme échu en premier

9 Filtre à pollen - contrôle

1 Le filtre à pollen est monté sur un support, implanté sous le pare-brise, du côté droit, dans le compartiment moteur, et dissimulé par un cache en plastique.

2 Desserrer ses trois vis de fixation puis soulever et dégager le cache en plastique en le tirant vers l'avant **(voir illustration)**.

3 Dégager le volet devant le filtre avec un tournevis puis le basculer et l'extraire **(voir illustrations)**.

4 Dégager le filtre de son support **(voir illustration)**.

5 Vérifier l'état du filtre et le changer s'il est encrassé.

6 Nettoyer soigneusement le support avant de procéder à la remise en place du filtre, en veillant à bien respecter le sens de montage indiqué sur la tranche du filtre.

7 Remettre en place le volet et le cache en plastique.

10 Courroie d'accessoires - contrôle et remplacement

Nota : *Le réglage correct de la tension de la courroie des accessoires sur les versions à tendeur mécanique nécessite un appareil électronique spécial : tensiomètre « SEEM C.TRONIC 105.5 ». A*

défaut, un réglage provisoire peut être obtenu par la méthode décrite ci-dessous, en sachant toutefois qu'il est impératif de faire recontrôler dès que possible la tension de la courroie au moyen de l'appareil électronique prévu à cet effet.

1 L'alternateur et suivant équipement, le compresseur de climatisation, sont entraînés par une courroie multipiste (type « Poly V ») à partir d'une poulie montée en bout de vilebrequin. Le réglage de tension de la courroie s'effectue par l'intermédiaire d'un tendeur mécanique agissant sur les fixations de l'alternateur (sans climatisation) ou d'un tendeur mécanique à galet, ou est assuré dynamiquement par un tendeur automatique à galet.

Contrôle

2 Serrer le frein à main, débloquer les vis de la roue avant droite puis lever l'avant de la voiture au cric et le poser sur chandelles (voir « *Levage et soutien du véhicule* »). Déposer la roue.

3 Pour avoir accès au côté droit du moteur, extraire les rivets à expansion en plastique après avoir enfoncé légèrement ou soulevé, suivant le type, leur goupille centrale puis déposer la coquille pare-boue du passage de roue.

4 Tourner le vilebrequin à l'aide d'une clé à douille avec rallonge en prise sur la vis de fixation de son pignon de distribution afin de pouvoir examiner la courroie sur toute sa longueur. Vérifier qu'elle n'est pas coupée, fendillée ni effilochée. S'assurer également qu'elle n'est pas lustrée et que ses plis ne sont pas dédoublés. Changer toute courroie visiblement usée ou endommagée.

5 Dans le cas où la courroie est dans un état satisfaisant, sur les versions à tendeur mécanique, vérifier sa tension comme indiqué plus bas.

6 Remettre en place la coquille pare-boue du passage de roue, en veillant à la fixer correctement avec ses rivets à expansion en plastique.

7 Reposer la roue puis descendre la voiture au sol et serrer les vis de la roue au couple prescrit.

Avec tendeur mécanique agissant sur les fixations de l'alternateur

Dépose

8 Si ce n'est déjà fait, effectuer les opérations indiquées aux points 2 et 3 ci-dessus.

9 Débloquer les vis de fixation supérieure et inférieure de l'alternateur.

10 Desserrer la vis de réglage implantée au niveau de la fixation inférieure de l'alternateur de façon à détendre suffisamment la courroie et pouvoir la dégager des poulies. **Nota :** *En cas de réutilisation de la courroie, veiller à bien repérer son sens de défilement préalablement à sa dépose.*

11 En cas de remplacement de la courroie, veiller à bien utiliser une courroie de rechange du type adapté au véhicule et s'il s'agit de la courroie d'origine, s'assurer de respecter son sens de montage initial.

12 Engager la courroie sur les poulies puis supprimer le jeu dans son brin en serrant la vis de réglage. Procéder ensuite au réglage de tension de la courroie comme suit :

Réglage de tension

13 Si ce n'est déjà fait, opérer comme décrit plus haut aux points 2 et 3.

14 En cas d'utilisation du tensiomètre, installer son capteur sur le brin inférieur de la courroie, à mi-distance des poulies de vilebrequin et d'alternateur. La tension doit atteindre la valeur préconisée dans les *Caractéristiques* » sur l'appareil.

15 En l'absence du tensiomètre, la courroie doit être tendue de telle manière qu'il existe une flèche de 5 mm environ sous la pression ferme du pouce dans son brin inférieur, à mi-distance des poulies.

Attention : La courroie d'accessoires doit être correctement tendue pour lui assurer une durée de vie utile prolongée. Une courroie insuffisamment tendue aura tendance à patiner et à siffler. Une tension excessive de la courroie risque d'entraîner une usure des paliers de l'alternateur

16 Pour effectuer le réglage de tension de la courroie, les vis de fixation de l'alternateur étant suffisamment débloquées, agir sur la vis de réglage de sorte à obtenir la valeur de tension correcte.

17 Donner trois tours complets au vilebrequin puis recontrôler la tension de la courroie en l'ajustant au besoin et serrer les vis de fixation de l'alternateur au couple prescrit.

18 Effectuer la repose de la coquille pare-boue du passage de roue, en la fixant convenablement avec ses rivets à expansion en plastique.

19 Reposer la roue puis ramener la voiture au sol et serrer les vis de la roue au couple préconisé.

9.2 Dépose du cache en plastique du filtre à pollen

9.3a Utilisation d'un tournevis pour dégager le volet du filtre à pollen . . .

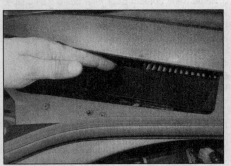

9.3b . . . et dépose du volet

9.4 Dépose du filtre à pollen

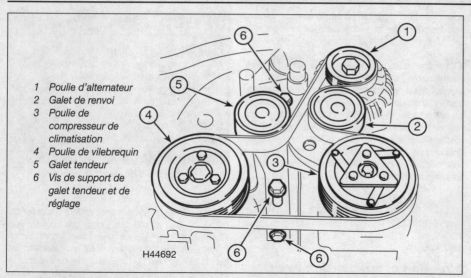

1 Poulie d'alternateur
2 Galet de renvoi
3 Poulie de compresseur de climatisation
4 Poulie de vilebrequin
5 Galet tendeur
6 Vis de support de galet tendeur et de réglage

H44692

10.21 Détail du montage de la courroie d'accessoires (avec tendeur mécanique à galet)

Avec tendeur mécanique à galet

Dépose

20 Si ce n'est déjà fait, effectuer les opérations indiquées aux points 2 et 3 ci-dessus.

21 Débloquer les vis de fixation du support de galet tendeur puis agir sur la vis de réglage en bas du support pour détendre suffisamment la courroie et pouvoir la dégager des poulies **(voir illustration)**. Nota : *En cas de réutilisation de la courroie, veiller à bien repérer son sens de défilement préalablement à sa dépose.*

22 En cas de remplacement de la courroie, veiller à bien utiliser une courroie de rechange du type adapté au véhicule et s'il s'agit de la courroie d'origine, s'assurer de respecter son sens de montage initial. Engager la courroie sur les poulies dans l'ordre suivant :
a) Compresseur de climatisation
b) Vilebrequin
c) Alternateur
d) Galet de renvoi
e) Galet tendeur

23 S'assurer que les pistes de la courroie sont convenablement engagées sur les rainures des poulies et vérifier que la courroie emprunte le trajet correct puis effectuer le réglage de tension de la courroie comme suit :

Réglage de tension

24 Si ce n'est déjà fait, procéder comme décrit ci-dessus aux points 2 et 3.

25 En cas d'utilisation du tensiomètre, installer son capteur sur le brin de la courroie, à mi-distance des poulies de vilebrequin et du compresseur de climatisation. La tension doit atteindre la valeur prescrite dans les « Caractéristiques » sur l'appareil.

26 En l'absence du tensiomètre, la courroie doit être tendue de telle manière qu'il existe une flèche de 5 mm environ sous la pression ferme du pouce dans son brin, à mi-distance des poulies.

Attention : La courroie d'accessoires doit être correctement tendue pour lui assurer

une durée de vie utile prolongée. Une courroie insuffisamment tendue aura tendance à patiner et à siffler. Une tension excessive de la courroie risque d'entraîner une usure des paliers de l'alternateur.

27 Pour ajuster la tension de la courroie, agir sur la vis de réglage jusqu'à obtention de la valeur préconisée puis rebloquer convenablement les vis de fixation du support de galet tendeur. Donner trois tours complets au vilebrequin puis recontrôler la tension de la courroie en l'ajustant au besoin.

28 Procéder à la repose de la coquille pare-boue du passage de roue, en la fixant correctement avec ses rivets à expansion en plastique.

29 Reposer la roue puis descendre la voiture au sol et serrer les vis de la roue au couple prescrit.

Avec tendeur automatique à galet

Dépose

30 Si ce n'est déjà fait, effectuer les opérations indiquées plus haut aux points 2 et 3.

31 Faire pivoter le galet tendeur dans le sens horaire au moyen d'une clé plate en prise sur sa vis de fixation de façon à l'écarter de la courroie pour la détendre.

32 La courroie une fois détendue, la dégager des poulies, en s'assurant au préalable de bien repérer son trajet. **Nota :** *En cas de réutilisation de la courroie, veiller à bien repérer son sens de défilement préalablement à sa dépose.*

Repose et tension

33 En cas de remplacement de la courroie, veiller à bien utiliser une courroie de rechange du type adapté au véhicule et s'il s'agit de la courroie d'origine, s'assurer de respecter son sens de montage initial. Engager la courroie sur les poulies dans l'ordre suivant :
a) Compresseur de climatisation
b) Vilebrequin
c) Alternateur
d) Galet de renvoi
e) Galet tendeur

34 S'assurer que les pistes de la courroie sont bien engagées sur les rainures des poulies.
Attention : Veiller à ne pas laisser le galet tendeur exercer une pression excessive sur la courroie, ce qui risquerait d'entraîner des dégâts

35 Procéder à la repose de la coquille pare-boue, en veillant à bien la fixer au moyen des rivets à expansion en plastique.

36 Reposer la roue puis descendre la voiture au sol et serrer les vis de la roue au couple préconisé.

11 Plaquettes de freins - contrôle

1 Serrer le frein à main puis débloquer les vis des roues avant et lever l'avant de la voiture au cric (voir « Levage et soutien du véhicule »). Déposer les roues.

2 Les plaquettes peuvent être vérifiées par le regard dans le corps de chacun des étriers de freins avant (voir « info HAYNES »). L'épaisseur de la garniture de friction des plaquettes mesurée avec une règle plate ne doit pas atteindre la valeur limite indiquée dans les « Caractéristiques ».

3 Si l'une des plaquettes atteint la limite d'usure, le jeu complet des quatre plaquettes de freins avant est à changer (voir chapitre 9 pour cette intervention).

4 Pour un examen plus complet de leur état, les plaquettes doivent être déposées et dépoussiérées. Profiter de l'occasion pour vérifier le fonctionnement de l'étrier et l'état du disque de frein au niveau de ses deux faces : se reporter au chapitre 9 pour davantage de précisions.

5 Au terme de ces opérations, reposer les roues, descendre la voiture au sol et serrer les vis des roues au couple prescrit.

6 Pour les modèles avec freins arrière à disques, débloquer les vis des roues arrière puis lever l'arrière de la voiture au cric (voir « Levage et soutien du véhicule »). Déposer les roues. Procéder comme décrit précédemment aux points 2 à 5 pour vérifier les plaquettes de freins arrière.

info HAYNES

L'épaisseur de la garniture des plaquettes de freins peut être vérifiée rapidement par le regard dans le corps des étriers

12 Segments de freins AR. à tambours - contrôle

1 Caler les roues avant puis lever l'arrière de la voiture au cric et le poser sur chandelles (voir « Levage et soutien du véhicule »).

2 L'épaisseur de la garniture de friction de l'un des segments de frein peut être mesurée par le regard de contrôle prévu au dos du plateau de frein après avoir enlevé l'obturateur. Utiliser une baguette présentant la même épaisseur que la valeur limite d'usure prescrite pour déterminer rapidement l'épaisseur de la garniture restant sur le segment, en se servant d'un petit miroir pour faciliter l'observation. En cas d'usure exagérée de l'un des segments, il y aura lieu de remplacer le jeu complet des quatre segments de freins arrière (voir chapitre 9 pour cette intervention).

3 Pour un contrôle plus complet de l'état des segments, les tambours doivent être déposés et dépoussiérés, ce qui permettra par la même occasion de les vérifier de près ainsi que les cylindres de freins arrière (voir chapitre 9).

13 Frein à main - contrôle et réglage

Vérifier que la course du levier ne dépasse pas 8 crans pour obtenir le serrage à fond du frein à main. Se reporter au chapitre 9 pour effectuer éventuellement un réglage de la commande de frein à main.

14 Echappement - contrôle

1 Moteur froid : arrêté depuis au moins une heure, vérifier la ligne complète d'échappement, du tube avant jusqu'à l'extrémité du tube en sortie du silencieux secondaire. Il est préférable de disposer le véhicule sur pont élévateur ou sur chandelles (voir « Levage et soutien du véhicule ») afin d'accéder plus aisément à l'ensemble des pièces de l'échappement.

2 Examiner les tubes d'échappement et leurs jointures pour s'assurer qu'ils ne présentent pas de signes apparents de fuites, de corrosion exagérée ou toute autre dommage. S'assurer que les supports élastiques sont en bon état et que les boulons d'assemblage sont bien serrés. La présence d'une fuite au niveau d'une jointure ou d'une autre partie de l'échappement se manifeste habituellement par des traces noires de nature fuligineuse.

3 La ligne d'échappement peut émettre des claquements et autres bruits anormaux, en particulier au niveau des supports. Dans ce cas, essayer d'agir d'un côté à l'autre sur les tubes et les silencieux. Si les pièces de l'échappement cognent contre la caisse ou les organes de suspension, changer les supports. Au besoin, dissocier les tubes (si possible) et les redresser afin de ménager un espace suffisant par rapport aux éléments attenants.

15 Direction et suspensions - contrôle

Direction et suspension avant

1 Lever l'avant de la voiture au cric et le poser sur chandelles (voir « Levage et soutien du véhicule »).

2 Procéder à un contrôle visuel des soufflets de protection des rotules de biellettes de direction, des rotules des triangles inférieurs de suspension avant et du boîtier de direction pour s'assurer qu'ils ne sont pas abîmés, notamment fendus ou usés par frottement.

3 Une détérioration des soufflets se traduira par des pertes de lubrifiant accompagnées d'une infiltration de saleté et d'eau avec une usure rapide des rotules ou du boîtier de direction en résultant.

4 Saisir chaque roue en haut et en bas (positions « 12 » et « 6 » heures) et essayer de la secouer (**voir illustration**). Un léger jeu peut être remarqué, mais s'il s'avère être important, procéder à un contrôle plus complet pour en déterminer l'origine. Pour cela, continuer à secouer la roue et demander à quelqu'un d'autre d'appuyer sur la pédale de frein en même temps. Si dans ces conditions, le jeu a disparu ou s'est trouvé considérablement amoindri, les roulements de moyeux sont à incriminer. Si le jeu persiste avec la pédale de frein enfoncée, il provient des articulations ou des fixations de suspension.

5 Saisir la roue à gauche et à droite (positions « 9 » et « 3 » heures) cette fois-ci et essayer de la secouer. Un jeu important peut à nouveau être dû à l'usure des roulements de moyeux ou des rotules de direction. Lorsqu'une rotule est usée, le jeu se remarquera très clairement de manière visuelle.

6 Se munir d'un tournevis grand modèle ou d'une barre à section plate et vérifier l'usure des silentblocs de suspension en faisant levier entre l'élément de suspension concerné et son point de

15.4 Contrôle du jeu dans un moyeu

fixation. Un léger jeu est susceptible d'exister du fait que les silentblocs sont en caoutchouc élastique mais un jeu excessivement important se remarquera immédiatement. Vérifier également les silentblocs visibles de l'extérieur afin de détecter la présence éventuelle de fentes, de fissures ou de dommages sur leur caoutchouc.

7 La voiture reposant au sol, demander à une autre personne de tourner légèrement le volant dans les deux sens, d'un huitième de tour environ, dans un mouvement de va-et-vient. Il peut exister un jeu libre très léger dans le volant et la direction. Si un jeu important est constaté, vérifier de près les rotules et les silentblocs ainsi que décrit plus haut et par ailleurs, contrôler les cardans de la colonne direction ainsi que la crémaillère et le pignon d'attaque pour une éventuelle usure.

Amortisseurs

8 Se livrer à un contrôle des amortisseurs intégrés aux jambes de suspension avant et des amortisseurs arrière pour déceler d'éventuelles traces de suintement d'huile sur leur corps ou au niveau d'un élément d'étanchéité en caoutchouc entourant leur tige. De tels suintements indiquent une défectuosité interne de l'amortisseur qui doit alors être changé. **Nota :** *Les jambes de suspension avant ou les amortisseurs arrière doivent toujours être remplacés des deux côtés du même essieu afin de ne pas compromettre la tenue de route.*

9 L'efficacité des amortisseurs se contrôle en secouant la voiture dans chaque coin. D'une façon générale, la caisse doit revenir dans sa position normale et se stabiliser après avoir appuyé. Si plus de deux rebonds sont constatés, l'amortisseur concerné est probablement hors d'usage. Examiner également le palier de fixation supérieur et la butée de rebond inférieure ou les silentblocs supérieur et inférieur des amortisseurs pour détecter une éventuelle usure à leur niveau.

Tous les 60 000 km

16 Courroie de distribution - remplacement

Voir descriptions correspondantes au chapitre 2A.

Tous les 60 000 km ou 2 ans, selon le terme échu en premier

17 Liquide de frein - renouvellement

 Danger : Le liquide de frein est un produit à manipuler avec précaution. Il peut causer de graves lésions des yeux et attaquer les surfaces peintes de la voiture. Ne pas utiliser de liquide de frein provenant d'un bidon entamé depuis un certain temps car il risque d'avoir pris l'humidité, ce qui peut conduire à une dégradation dangereuse de l'efficacité des freins

Nota : *Le circuit de commande hydraulique d'embrayage partageant le même réservoir de liquide que celui de freinage est également à vidanger (voir chapitre 6).*

1 Le renouvellement du liquide de frein s'effectue en opérant comme décrit pour la purge du circuit hydraulique de freinage au chapitre 9, si ce n'est que le réservoir de liquide doit préalablement être vidé en siphonnant le liquide avec une pipette ou une seringue puis le liquide usagé doit être évacué en purgeant une partie du circuit.

2 En opérant comme indiqué au chapitre 9, ouvrir la première vis de purge à se présenter dans l'ordre prescrit et appuyer doucement sur la pédale en pompant jusqu'à ce que presque tout le liquide usagé contenu dans le réservoir du maître-cylindre ait été évacué.

 info HAYNES *Le liquide de frein usagé est forcément plus foncé que le neuf, ce qui permet de distinguer aisément les deux dans le circuit*

3 Remplir le circuit de liquide neuf jusqu'au repère « MAXI. » du réservoir et continuer à pomper en actionnant la pédale jusqu'à ce que du liquide neuf parvienne à la vis de purge. Resserrer la vis de purge et compléter le niveau dans le réservoir pour arriver au repère « MAXI. ».

4 Procéder de la même manière sur toutes les autres vis de purge et cela dans l'ordre spécifié, jusqu'à ce que du liquide neuf parvienne à leur niveau. Veiller à maintenir en permanence le niveau de liquide au-dessus du repère « MINI. » dans le réservoir du maître-cylindre, sinon de l'air risque d'être admis dans le circuit, ce qui rallongerait considérablement le temps consacré aux opérations de purge.

5 Au terme de ces opérations, vérifier que toutes les vis de purge sont bien serrées et qu'elles sont équipées de leur capuchon de protection. Essuyer toute éclaboussure de liquide et recontrôler le niveau de liquide dans le réservoir.

6 Pour finir, s'assurer du bon fonctionnement des freins avant de prendre la route.

Tous les 60 000 km ou 4 ans, selon le terme échu en premier

18 Bougies - remplacement

1 Le bon fonctionnement des bougies est crucial pour obtenir un rendement satisfaisant du moteur. Il est impératif de monter des bougies de type approprié au véhicule (voir « *Caractéristiques* » au début du chapitre). Lorsque des bougies adéquates sont utilisées et que le moteur est en bon état de marche, les bougies ne nécessitent normalement aucune intervention particulière entre les échéances de remplacement prescrites. Le nettoyage des bougies est rarement nécessaire et ne doit pas être entrepris sans avoir à disposition un appareil prévu à cet effet, sinon on risque de les endommager au niveau de leurs électrodes où se produit l'étincelle.

2 Déposer le boîtier des bobines d'allumage (voir chapitre 5B).

3 Le démontage des bougies nécessite une clé à bougie articulée à cliquet ou à poignée (**voir illustration**). Veiller à bien maintenir le tube de la clé dans l'alignement de la bougie, sinon celle-ci risque d'être forcée sur le côté et la partie supérieure de son isolant réfractaire en céramique peut s'en trouver détériorée. Après dépose de chaque bougie, procéder aux contrôles suivants :

4 Examiner l'état extérieur de la bougie qui fournira une bonne indication sur le fonctionnement du moteur (**voir illustration**). Si le bec d'isolant est sec et blanchâtre, sans dépôts, cela dénotera un mélange gazeux trop pauvre ou un indice thermique trop bas (sur une bougie de type chaud, la dissipation de chaleur produite au niveau des électrodes s'effectue lentement alors qu'elle a lieu rapidement sur une bougie de type froid). Dans ce cas, essayer si possible de corriger la richesse du mélange ou s'assurer que l'indice de la bougie soit adapté au moteur.

5 Si l'extrémité et le bec d'isolant sont salis par des dépôts noirs fuligineux, cela est révélateur d'un mélange gazeux trop riche. Si la bougie est couverte de dépôts noirs luisants et gras, cela peut indiquer que le moteur est dans un état d'usure avancé ou que le mélange gazeux est trop riche.

6 Si le bec d'isolant présente un léger dépôt uniforme de couleur brun ou gris clair, la richesse du mélange est correctement réglée et le moteur est sans doute en bon état de fonctionnement.

7 L'écartement des électrodes de bougie joue un rôle très important dans la production d'étincelles. Afin de garantir une bonne efficacité des bougies, l'écartement de leurs électrodes doit être réglé à la valeur indiquée dans les « *Caractéristiques* ». **Nota :** *L'écartement des électrodes n'est pas réglable sur les bougies de type multi-électrode.*

8 Mesurer l'écartement des électrodes à l'aide de cales d'épaisseur et agir en la tordant sur l'électrode de masse pour obtenir la valeur d'écartement correcte (**voir illustration**). Ne jamais tordre l'électrode centrale au risque de casser l'isolant et de provoquer une défaillance de la bougie avec des conséquences fâcheuses pouvant en résulter. Pour que l'écartement soit correct, la

18.3 Démontage d'une bougie

18.4 L'examen des bougies permet de fournir une indication sur l'état de fonctionnement du moteur

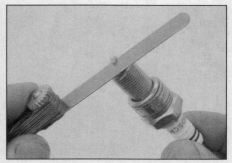
18.8 Contrôle de l'écartement des électrodes d'une bougie avec une cale d'épaisseur

info HAYNES

Il est souvent difficile de monter les bougies sans les engager de travers, ce qui peut être évité en emmanchant un morceau de tube en caoutchouc de diamètre approprié à leur extrémité. Le tube flexible servira à guider les bougies dans leur logement. Si la bougie vient à se visser de travers, le tube coulissera sur elle sous l'effet de la résistance, cela empêchant le filetage de la culasse de se trouver endommagé

cale de l'épaisseur appropriée doit glisser en frottant légèrement.

9 Il est possible de se procurer un outil spécial pour le réglage de l'écartement des électrodes de bougie dans la plupart des centres auto ou auprès des fournisseurs d'outillage pour l'automobile.

10 Avant de remonter les bougies, vérifier que leur embout métallique est bien fixé et ne présente pas de jeu puis s'assurer de la parfaite propreté de

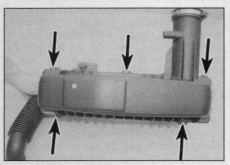

19.2a Vis de fixation du couvercle de boîtier de filtre à air . . .

leur surface extérieure et de la partie filetée du culot. Introduire la première bougie dans son puits et la visser, en veillant à ne pas l'engager de travers **(voir « info HAYNES »)**.

11 Enlever le tube en caoutchouc éventuellement utilisé puis serrer la bougie au couple prescrit avec une douille pour bougie et une clé dynamométrique. Procéder de la même manière pour monter les autres bougies.

12 Effectuer la repose du boîtier des bobines d'allumage, comme indiqué au chapitre 5B.

19 Filtre à air - remplacement de l'élément

1 Procéder à la dépose du boîtier de filtre à air (voir chapitre 4A).

2 Desserrer les cinq vis de fixation puis soulever le couvercle du boîtier et dégager l'élément filtrant, en veillant au préalable à bien repérer son sens de montage **(voir illustrations)**.

3 Nettoyer soigneusement l'intérieur du boîtier et le couvercle puis installer l'élément filtrant neuf, en s'assurant de le monter correctement.

4 Remettre en place le couvercle du boîtier et remonter les vis de fixation en les serrant convenablement.

5 Effectuer la repose du boîtier de filtre à air, en se reportant au chapitre 4A pour cette opération.

20 BV. manuelle - contrôle de niveau d'huile

Nota 1 : *Le déblocage du bouchon de remplissage-niveau de la boîte de vitesses nécessite une clé spéciale à bout carré de 8 mm à se procurer dans un centre auto ou auprès du service des pièces détachées d'un représentant du réseau Citroën.*

Nota 2 : *Le bouchon de remplissage-niveau est à équiper d'un joint neuf à sa repose.*

1 Garer la voiture sur une aire plane. Le relevé de niveau d'huile de la boîte de vitesses doit s'effectuer à froid, c'est-à-dire au moins cinq minutes après avoir arrêté le moteur. Si le niveau vient d'être vérifié immédiatement après avoir conduit la voiture, une certaine quantité d'huile

restera au niveau des organes de la boîte de vitesses, ce qui risque d'entraîner une imprécision du relevé.

2 Enfoncer légèrement ou soulever, suivant le type, leur goupille centrale puis extraire en faisant levier les rivets à expansion complets et déposer la coquille pare-boue du passage de roue avant gauche.

3 Nettoyer le pourtour du bouchon de remplissage-niveau implanté côté gauche de la boîte de vitesses. Dévisser et déposer le bouchon puis le nettoyer et mettre le joint au rebut **(voir illustration)**.

4 Le niveau d'huile doit affleurer le bord inférieur de l'orifice de remplissage-contrôle de niveau. De l'huile retenue derrière le bouchon de remplissage-niveau coulera en enlevant celui-ci, ce qui ne signifie **pas** obligatoirement que le niveau est correct. Pour contrôler le niveau, attendre que ce filet d'huile se soit tari puis injecter de l'huile jusqu'à ce qu'elle apparaisse par l'orifice de remplissage. Le niveau approprié est obtenu lorsque l'huile cesse de couler. Veiller à utiliser exclusivement une huile de bonne qualité et du type spécifié : voir *« Lubrifiants et fluides »* au début du manuel.

5 Le remplissage de la boîte de vitesses est une opération fastidieuse à laquelle il faut consacrer beaucoup de temps, compte tenu de la nécessité d'attendre que le niveau d'huile se stabilise avant de pouvoir le contrôler. Si la quantité d'huile correcte a été incorporée et que l'huile déborde par l'orifice de remplissage, remonter le bouchon de remplissage-niveau et effectuer un court trajet de telle façon que l'huile neuve se répartisse bien autour des organes de la boîte de vitesses puis recontrôler le niveau au retour.

6 En cas de trop-plein de la boîte de vitesses avec l'huile débordant par l'orifice de remplissage dès que le bouchon a été enlevé, vérifier que la voiture se trouve parfaitement de niveau (tant à l'avant et l'arrière que sur les deux côtés) et laisser l'excédent d'huile s'écouler en le récupérant dans un récipient adéquat.

7 Le niveau correct une fois obtenu, équiper le bouchon de remplissage-niveau d'un joint neuf et le reposer, en le serrant au couple prescrit. Essuyer les traces d'huile provenant de l'opération puis descendre la voiture au sol. Reposer ensuite la coquille pare-boue du passage de roue, en le fixant convenablement avec les rivets à expansion.

19.2b . . . dépose du couvercle . . .

19.2c . . . et de l'élément filtrant

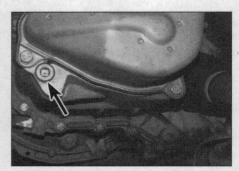

20.3 Bouchon de remplissage-niveau de BV. manuelle

21.2 Bouchon de remplissage de BV. automatique

21 BV. automatique - contrôle de niveau de fluide

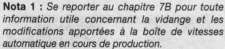

Nota 1 : *Se reporter au chapitre 7B pour toute information utile concernant la vidange et les modifications apportées à la boîte de vitesses automatique en cours de production.*
Nota 2 : *Le déblocage du bouchon de remplissage de la boîte de vitesses nécessite une clé spéciale à bout carré de 8 mm à se procurer dans un centre auto ou auprès du service des pièces détachées d'un représentant du réseau Citroën.*
1 Effectuer un court trajet sur route pour amener la boîte de vitesses à sa température normale de fonctionnement. Garer la voiture sur une aire plane puis serrer le frein à main et enclencher le rapport « P » de la boîte de vitesses.
2 Essuyer le pourtour du bouchon de remplissage qui est implanté au sommet de la boîte de vitesses, en dessous du boîtier de filtre à air qui est à déposer (voir chapitre 4A) pour y accéder. Dévisser et enlever le bouchon, en récupérant le joint **(voir illustration)**.
3 Incorporer avec précaution à l'aide d'un entonnoir et d'un tube un demi-litre de fluide répondant à la norme préconisée (voir « *Lubrifiants*

et fluides » au début du manuel) par l'orifice de remplissage. Equiper le bouchon d'un joint neuf et le remonter en le serrant au couple prescrit.
4 Dans le cas où il existe, desserrer ses vis de fixation et déposer le carénage de protection sous le moteur.
5 Disposer un récipient de contenance suffisante sous le bouchon de niveau situé en bas du carter principal de la boîte de vitesses. Sur les boîtes de vitesses première génération, le bouchon de niveau est regroupé avec celui de vidange tandis que sur les boîtes plus récentes, seul le bouchon de niveau a été conservé, le bouchon de vidange ayant été supprimé **(voir illustration)**.
Attention : Dans le cas d'une boîte de vitesses première génération, ne pas confondre le bouchon de niveau avec celui de vidange qui ne doit pas être enlevé
6 Mettre en marche le moteur et le laisser tourner au ralenti. Le moteur continuant de tourner, dévisser et enlever le bouchon de niveau de la boîte de vitesses tout en retenant celui de vidange (si prévu). Récupérer le joint.

⚠ *Danger : Prendre garde de ne pas se brûler au contact du fluide de boîte de vitesses*

7 Laisser couler le fluide en excès, tout d'abord sous la forme d'un filet, puis en goutte à goutte.
Nota : *Si le fluide ne coule pas ou si seules quelques gouttes sont évacuées en enlevant le bouchon, cela indiquera que le niveau de fluide est insuffisant. Remonter le bouchon de niveau puis arrêter le moteur. Ajouter un demi-litre supplémentaire de fluide dans la boîte de vitesses puis reposer le bouchon de remplissage et recontrôler le niveau (voir points 3 à 6).*
8 Le niveau correct est obtenu lorsque le fluide ne coule plus. Munir le bouchon de niveau d'un joint neuf et le remonter en le serrant au couple préconisé. Arrêter ensuite le moteur puis réinstaller le boîtier de filtre à air, comme décrit au chapitre 4A, ainsi qu'éventuellement le carénage de protection sous le moteur.

22 Système de gestion du moteur - contrôle

Ce contrôle qui est inclus dans le programme de révision du constructeur consiste à consulter la mémoire du calculateur électronique du système de gestion du moteur afin de vérifier la présence éventuelle de codes-défauts correspondant à des incidents intermittents de fonctionnement. Il nécessite un appareil électronique propre à la marque se branchant à la prise de diagnostic du système (voir chapitre 4A).
En réalité, ce contrôle n'est indispensable qu'en cas de dysfonctionnement du véhicule ou qu'en présence d'une anomalie signalée par le témoin de défaillance électronique au combiné d'instruments.

23 Liquide de refroidissement - renouvellement

⚠ *Danger : Attendre le refroidissement complet du moteur pour entreprendre les opérations qui suivent. L'antigel ne doit pas être mis au contact de la peau ni des surfaces peintes de la voiture. Laver abondamment à l'eau claire toute éclaboussure d'antigel. Ne jamais laisser traîner un bidon d'antigel débouché. De même, essuyer les flaques pouvant stagner au sol. Les enfants et les animaux sont attirés par l'odeur agréable de l'antigel qui peut cependant provoquer une grave intoxication en cas d'ingestion*

info HAYNES *Ne pas jeter le liquide de refroidissement à l'égout ou dans la nature - s'en débarrasser de manière responsable (voir « info HAYNES » en section 3), et ne pas le mélanger avec les huiles usagées afin de permettre leur recyclage. Transvaser dans un bidon le liquide provenant de la vidange et du rinçage du circuit de refroidissement, étiqueter le bidon et le porter dans une déchetterie*

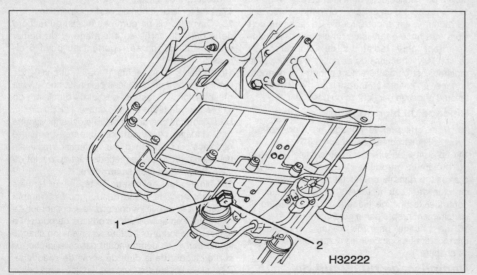

21.5a Bouchon de niveau (2) de BV. automatique, regroupé avec le bouchon de vidange (1) - 1er montage

21.5b Bouchon de niveau de BV. automatique - nouveau montage

23.4 Utilisation d'une pince pour comprimer et libérer le collier de la durit inférieure du radiateur

23.5a Vis de purge sur le raccord de durit de sortie de chauffage . . .

Vidange du circuit de refroidissement

1 Moteur froid, dévisser et enlever le bouchon du vase d'expansion.

2 Si prévu, déposer le carénage de protection sous le moteur en desserrant ses vis de fixation.

3 Disposer une bassine de vidange en dessous du raccordement de la durit inférieure, côté gauche du radiateur.

4 Libérer son collier en le comprimant à l'aide d'une pince multiprise puis débrancher la durit et laisser le liquide de refroidissement s'écouler dans la bassine **(voir illustration)**.

5 Pour faciliter la vidange, ouvrir les vis de purge du circuit de refroidissement, au nombre de deux, qui sont implantées sur le raccord de la durit de sortie de chauffage au niveau du tablier dans le compartiment moteur et sur le boîtier thermostatique, côté gauche de la culasse **(voir illustrations)**. En vue d'améliorer l'accès aux vis de purge, déposer le boîtier de filtre à air (voir chapitre 4A).

6 Si le circuit de refroidissement a été vidangé pour une raison autre que le renouvellement du liquide et si ce dernier est propre et n'a pas servi pendant plus de quatre ans, il pourra être réutilisé, bien que cela soit déconseillé.

7 Rebrancher la durit inférieure du radiateur, en serrant convenablement son collier.

Rinçage du circuit de refroidissement

8 Si le liquide de refroidissement n'a pas été régulièrement renouvelé à la fréquence prescrite ou si la solution antigel a perdu de ses propriétés assurant la protection du circuit, ce dernier risque de perdre progressivement de son efficacité du fait de l'entartrage et du colmatage par la rouille et d'autres sédiments de ses conduits. En tel cas, il y aura lieu de rincer le circuit de refroidissement pour le débarrasser des impuretés qu'il contient et lui restituer son efficacité.

9 Le radiateur doit être rincé séparément du bloc-moteur afin d'éviter une possible contamination.

Rinçage du radiateur

10 Débrancher les durits supérieure et inférieure

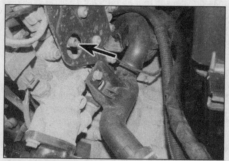

23.5b . . . et au niveau du boîtier thermostatique

du radiateur ainsi que celle reliée au vase d'expansion (voir chapitre 3).

11 Introduire l'extrémité d'un tuyau d'arrosage dans l'orifice de la durit supérieure du radiateur et faire circuler de l'eau dans le radiateur. Continuer le rinçage jusqu'à ce que l'eau sorte parfaitement propre par l'orifice de la durit inférieure.

12 Si au bout d'un certain moment, l'eau sortant du radiateur est encore trouble, le radiateur doit alors être rincé en utilisant un produit nettoyant-détartrant pour radiateurs du commerce, en suivant les instructions de sa notice d'emploi. Si le radiateur est particulièrement entartré et corrodé, le rincer à l'envers en introduisant l'extrémité du tuyau d'arrosage par l'orifice du bas.

Rinçage du bloc-moteur

13 Pour effectuer le rinçage du bloc-moteur, déposer le thermostat (voir chapitre 3).

14 La durit inférieure étant débranchée au niveau du radiateur, introduire l'extrémité d'un tuyau d'arrosage dans le boîtier thermostatique. Faire circuler de l'eau à travers le bloc-moteur et continuer le rinçage jusqu'à ce que l'eau sorte parfaitement propre par la durit inférieure.

15 Le rinçage une fois terminé, reposer le thermostat et rebrancher les durits comme indiqué au chapitre 3.

Remplissage du circuit de refroidissement

16 Avant de procéder au remplissage du circuit

23.19 « Collecteur de tête » installé sur le vase d'expansion

de refroidissement, s'assurer que toutes les durits et les colliers sont en bon état et bien serrés. A noter qu'une solution de refroidissement de type « quatre saisons » avec antigel incorporé doit être utilisée tout au long de l'année afin de prévenir la corrosion des organes du moteur (voir paragraphe ci-dessous à ce sujet).

17 Enlever le bouchon du vase d'expansion.

18 Ouvrir les vis de purge au niveau du raccord de la durit de sortie de chauffage et du boîtier thermostatique, en se reportant au point 5 ci-dessus.

19 Certains éléments du circuit de refroidissement étant situées plus haut que le vase d'expansion, il est nécessaire d'utiliser un « collecteur de tête » afin d'expulser l'air du circuit. Un cylindre de charge est prévu à cet effet comme outil d'atelier. A défaut, cet appareil peut être remplacé par un bidon (d'une contenance minimale de 2 litres) raccordé hermétiquement au goulot du vase d'expansion **(voir illustration)**.

20 Monter le « collecteur de tête » sur le vase d'expansion à la place du bouchon et remplir lentement le circuit, y compris le « collecteur de tête », tout en surveillant les orifices de purge. Le liquide parviendra tour à tour au niveau de chaque vis de purge, en commençant par celle implantée sur le raccord de la durit de sortie de chauffage. Dès que le liquide s'écoule par l'orifice, sans bulles d'air, fermer cette première vis et procéder de la même manière au niveau de la vis de purge sur le boîtier thermostatique. Veiller à bien serrer toutes les vis de purge.

21 Continuer d'incorporer du liquide dans le circuit jusqu'à disparition des bulles d'air dans le « collecteur de tête ». Pincer par de brèves pressions la durit inférieure du radiateur afin de faciliter l'évacuation de l'air retenu dans le circuit.

22 Après s'être assuré que le liquide ne contient plus de bulles d'air, vérifier que le niveau de liquide dans le « collecteur de tête » se situe au moins à mi-hauteur, soit une contenance minimale de 1 litre, puis mettre le moteur en marche et le faire tourner au ralenti accéléré (ne pas dépasser 2 000 tr/min) jusqu'à enclenchement et arrêt à DEUX reprises du motoventilateur de refroidissement, tout en maintenant le niveau dans le « collecteur de tête ». Arrêter ensuite le moteur.

Attention : Prendre garde de ne pas se brûler au contact du liquide chaud

23 Laisser refroidir le moteur puis vidanger le « collecteur de tête » et le déposer.

24 Le moteur étant froid, revérifier le niveau de liquide dans le vase d'expansion et le rétablir au besoin (voir « *Contrôles hebdomadaires* » au début du manuel). Reposer ensuite le bouchon du vase d'expansion, en le serrant bien. Rincer à l'eau froide les éclaboussures de liquide de refroidissement.

Solution antigel

25 Le liquide de refroidissement doit impérativement être renouvelé selon la périodicité spécifiée. Cela s'avère nécessaire non seulement pour que le liquide conserve ses propriétés antigel mais également pour prévenir la corrosion qui ne tarderait pas à se développer du fait d'une diminution progressive de l'efficacité des additifs anticorrosion contenus dans le liquide.

26 Il convient d'utiliser exclusivement un antigel avec additif du type préconisé par le constructeur (voir « *Lubrifiants et fluides* » au début du manuel). Les proportions d'antigel et d'eau déminéralisée à incorporer et le niveau de protection correspondant contre le gel sont donnés à titre indicatif dans les « *Caractéristiques* » au début du chapitre. Il convient toutefois de se conformer aux instructions de la notice d'emploi de l'antigel utilisé pour le dosage exact.

27 Avant d'ajouter de l'antigel, le circuit de refroidissement doit avoir subi une vidange complète et de préférence, avoir été rincé. L'état des durits ainsi que le serrage de leur raccordement doivent également être contrôlés.

28 Après remplissage du circuit de refroidissement, apposer sur le vase d'expansion une étiquette sur laquelle seront indiqués le type et la concentration d'antigel utilisés ainsi que la date de vidange. Tout appoint ultérieur de liquide dans le circuit de refroidissement doit être fait avec le même type et la même proportion d'antigel.

29 Ne pas utiliser d'antigel prévu pour le circuit de refroidissement des moteurs dans le lave-glace, ce qui risquerait d'endommager la peinture de la carrosserie. Ajouter un produit spécial lave-vitre du commerce dans l'eau du lave-glace en respectant les proportions indiquées sur la notice d'emploi ou bien utiliser un produit prêt à l'emploi.

Tous les 10 ans

24 Coussins gonflables et prétensionneurs de ceintures de sécurité - remplacement

D'après les prescriptions du constructeur, les coussins gonflables de sécurité (airbags) et les prétensionneurs de ceintures de sécurité sont à remplacer tous les 10 ans. Se reporter respectivement aux chapitres 12 et 11 pour ces opérations.

Chapitre 1 Partie B :
Entretien courant - modèles Diesel

Sommaire

Niveaux de difficulté

| **Facile,** pour les profanes de la mécanique | **Assez facile,** pour les débutants plus avisés | **Assez difficile,** pour les amateurs compétents | **Difficile,** pour les amateurs plus expérimentés | **Très difficile,** pour les initiés et les professionnels |

Lubrifiants et liquides préconisés . . . . Voir « *Contrôles hebdomadaires* »

Capacités - approximatives

Huile moteur
Avec filtre . . . . 3,75 litres
Différence entre repères « mini. » et « maxi. » de jauge . . . . 1,8 litre

Circuit de refroidissement
Modèles 8 soupapes . . . . 5,7 litres
Modèles 16 soupapes . . . . 5,6 litres

Boîte de vitesses
Boîte MA - modèles 8 soupapes . . . . 2 litres
Boîte BE - modèles 16 soupapes :
   Capacité totale . . . . 1,9 litres
   Après vidange . . . . 1,8 litres

Réservoir de carburant . . . . 45 litres

Circuit de refroidissement

	Antigel	Eau déminéralisée
Solution antigel :		
Protection jusqu'à -35 °C	50 %	50 %

Nota : *Se reporter à la notice d'emploi figurant sur le bidon de liquide de refroidissement utilisé quant aux niveaux de protection contre le gel garantis.*

Freins

Epaisseur mini des garnitures :	Origine	Minimale
Plaquettes de freins à disques AV.	13 mm	3 mm
Plaquettes de freins à disques AR.	Non communiqué	Non communiqué
Segments de freins à tambours	Non communiqué	1 mm

Pressions de gonflage des pneumatiques . . . . Voir « *Contrôles hebdomadaires* »

Couples de serrage
daN.m
Bouchon de vidange du moteur 1,6
Cloche de filtre à huile 2,5
Bouchon de remplissage-niveau de boîte de vitesses :
   Boîte MA - modèles 8 soupapes 2,5
   Boîte BE - modèles 16 soupapes 2
Vis de roues 9

Nota : *Le programme d'entretien qui suit constitue un guide établi sous la propre responsabilité de l'éditeur. S'adresser au service après-vente d'un représentant de la marque pour toute information utile concernant les préconisations officielles du constructeur.*

Les périodicités figurant dans le programme d'entretien sont données à titre indicatif pour vous permettre d'accomplir personnellement toutes les tâches qui vous incombent pour assurer la maintenance de votre véhicule. Il s'agit des échéances d'entretien de base, préconisées pour un usage quotidien du véhicule. Si vous êtes soucieux de maintenir votre voiture en parfait état de marche, vous serez peut-être désireux d'effectuer certaines opérations plus fréquemment. Nous ne saurions que trop vous encourager dans cette voie, car bien entretenu, un véhicule est à même de donner entière satisfaction à son propriétaire qui pourra de surcroît en obtenir un bon prix à la revente.

Un entretien plus fréquent est conseillé pour les voitures utilisées en atmosphère poussiéreuse, tractant une remorque ou une caravane, conduites régulièrement à vitesse réduite (ralentissements dans les embouteillages urbains) ou effectuant de courts trajets répétés.

Les voitures neuves doivent faire l'objet d'un suivi régulier assuré par un concessionnaire du réseau de la marque, dans le cadre de la garantie du constructeur.

Tous les 400 km ou une fois par semaine

☐ Voir « *Contrôles hebdomadaires* »

Tous les 15 000 km ou 12 mois, selon le terme échu en premier

☐ Vidanger le moteur et changer le filtre à huile (Section 3) *.
☐ Purger le filtre à gazole de l'eau qu'il contient (voir section 4) *.
☐ Vérifier l'état et l'étanchéité de toutes les durits et canalisations et s'assurer de l'absence de fuites (voir section 5).
☐ Vérifier l'état des soufflets et des joints homocinétiques de transmissions (voir section 6).
☐ Lubrifier toutes les charnières et serrures (voir section 7).
☐ Procéder à un essai sur route (voir section 8).
☐ Procéder à la remise à zéro de l'affichage de la périodicité d'entretien (voir section 9).

* Nota : *L'échéance normale pour ces procédures est fixée 20 000 km ou 2 ans, selon le terme échu en premier. Il est toutefois conseillé d'effectuer ces opérations, qui sont indispensables au maintien du moteur en bon état, à la périodicité indiquée ci-dessus, tout particulièrement dans le cas des véhicules utilisés principalement pour de courts trajets ou ne parcourant qu'un faible kilométrage.*

Tous les 30 000 km ou 2 ans, selon le terme échu en premier

☐ Contrôler le filtre à pollen (voir section 10).
☐ Vérifier l'état de la courroie d'accessoires et la changer s'il y a lieu (voir section 11).
☐ Vérifier l'état des plaquettes de freins AV. et AR., suivant équipement (voir section 12).
☐ Vérifier l'état des segments de freins AR. à tambours (voir section 13).
☐ Contrôler et régler s'il y a lieu le frein à main (voir section 14).
☐ Vérifier l'état de la ligne d'échappement (voir section 15).
☐ Contrôler les organes de direction et de suspension (voir section 16).

Tous les 60 000 km ou 2 ans, selon le terme échu en premier

☐ Renouveler le liquide de frein (voir section 17) *.

* Nota : *Le circuit de commande hydraulique d'embrayage partageant le même réservoir de liquide que celui de freinage est également à purger(voir chapitre 6).*

Tous les 60 000 km ou 4 ans, selon le terme échu en premier

☐ Changer l'élément du filtre à air (voir section 18).
☐ Changer le filtre à gazole (voir section 19).
☐ Vérifier le niveau d'huile de boîte de vitesses (voir section 20).
☐ Renouveler le liquide de refroidissement (voir section 21) *.

* Nota : *Le circuit de refroidissement est normalement rempli « à vie » et aucune échéance périodique de vidange n'est prévue par le programme d'entretien du constructeur.*

Tous les 120 000 km

☐ Changer la courroie de distribution (voir section 22) *.

* Nota : *Bien que l'échéance normale de remplacement de la courroie de distribution se situe à 240 000 km ou tous les 10 ans, selon le terme échu en premier, il est vivement recommandé de la ramener à 120 000 km, notamment pour les véhicules utilisés dans des conditions particulièrement difficiles telles que courts trajets répétés ou conduite imposant des « marche-arrêt » fréquents. La longévité de la courroie dépend dans une large mesure des conditions de conduite et partant de là, la fréquence de son remplacement est laissée à l'appréciation de chacun. Cela dit, il convient de prendre conscience des risques auxquels on s'expose, en particulier de sérieux dégâts du moteur, en cas de rupture de la courroie.*

Tous les 10 ans

☐ Changer les coussins gonflables de sécurité (airbags) et les prétensionneurs de ceintures de sécurité (voir 23).

Vue sous le capot - moteur 8 soupapes

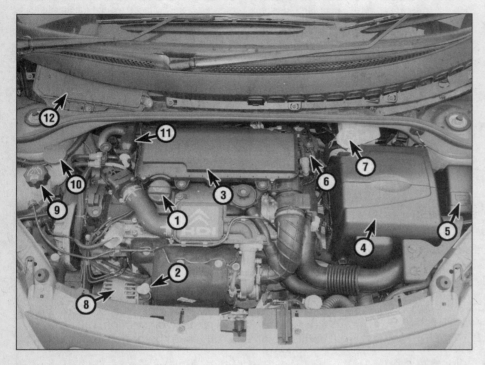

1 Bouchon de remplissage d'huile moteur
2 Jauge de niveau d'huile moteur
3 Filtre à air
4 Batterie
5 Boîtier à fusibles et relais
6 Filtre à gazole
7 Réservoir de liquide de frein et d'embrayage
8 Alternateur
9 Vase d'expansion de circuit de refroidissement
10 Réservoir de liquide de lave-glaces
11 Poire d'amorçage de circuit d'alimentation
12 Filtre à pollen

Vue sous le capot - moteur 16 soupapes

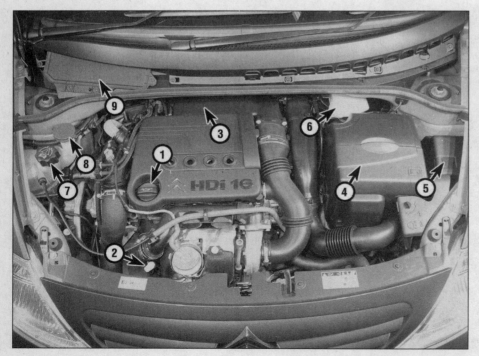

1 Bouchon de remplissage d'huile moteur
2 Jauge de niveau d'huile moteur
3 Filtre à air
4 Batterie
5 Boîtier à fusibles et relais
6 Réservoir de liquide de frein et d'embrayage
7 Vase d'expansion de circuit de refroidissement
8 Réservoir de liquide de lave-glaces
9 Filtre à pollen

Vue du soubassement avant

1 Bouchon de vidange du moteur
2 Compresseur de climatisation
3 Pot catalytique
4 Groupe motoventilateur de refroidissement
5 Bouchon de remplissage-niveau de boîte de vitesses
6 Etrier de frein
7 Triangle inférieur de suspension
8 Berceau
9 Joint homocinétique de transmission, côté boîte de vitesses
10 Barre anti-rapprochement
11 Rotule de biellette de direction
12 Biellette de liaison de barre stabilisatrice

Vue du soubassement arrière

1 Réservoir de carburant
2 Barre stabilisatrice
3 Essieu
4 Fixation inférieure d'amortisseur
5 Ressort hélicoïdal
6 Silencieux secondaire d'échappement
7 Câble de frein à main

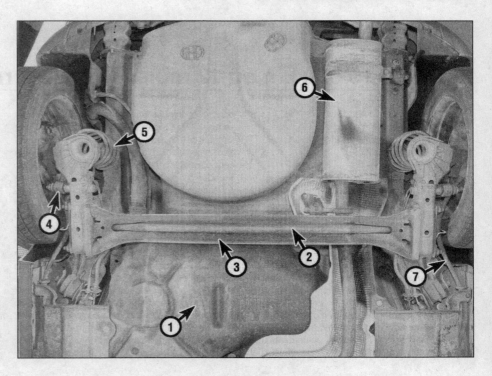

1 Généralités

Ce chapitre est destiné à aider les automobilistes à entretenir leur voiture par leurs propres moyens de façon à la maintenir en parfait état de marche, également dans un souci de lui assurer un fonctionnement économique et une durée de vie prolongée et à titre préventif, pour leur sécurité personnelle et celle d'autrui.

Y figurent un programme d'entretien périodique général et des sections traitant spécifiquement de chaque tâche à accomplir dans le cadre de ce programme qui implique des contrôles visuels, des réglages, des remplacements de pièces et des conseils qui peuvent se révéler précieux pour les profanes. Se reporter aux illustrations jointes représentant des vues du compartiment moteur et du soubassement pour repérer l'emplacement des différents éléments et organes concernés.

Un entretien régulièrement effectué aux intervalles prescrits garantira fiabilité et longévité à tous les véhicules. Le programme d'entretien est planifié de manière cohérente et le fait de prêter attention à certains points seulement tout en négligeant le reste risque de remettre en cause l'entretien périodique.

Au fur et à mesure que seront accomplies les opérations d'entretien, l'on s'apercevra que nombre d'interventions peuvent ou doivent être groupées du fait de la spécificité de certaines d'entre elles ou en raison de la proximité de deux éléments distincts accessibles conjointement. Par exemple, si la voiture vient à être mise sur chandelles pour une raison quelconque, l'échappement peut être inspecté en même temps que les organes de suspension et de direction.

La première chose à faire avant d'effectuer soi-même l'entretien de son véhicule est de bien se préparer. Il convient par conséquent de lire toutes les sections concernées par l'opération que l'on va entreprendre et d'établir une liste de toutes les pièces et des outils dont on aura besoin. En cas de problème, obtenir les conseils d'un spécialiste ou d'un magasinier du service des pièces détachées d'un représentant de la marque.

2 Entretien intensif

Lorsque la voiture est neuve, si le programme d'entretien périodique est scrupuleusement respecté et que des contrôles de niveaux de liquides et d'huiles ainsi que des pièces sujettes à usure rapide sont assurés comme indiqué tout au long du présent manuel, le moteur sera maintenu en bon état de marche et ne nécessitera normalement que des interventions supplémentaires minimes.

Un moteur mal entretenu est susceptible de présenter des anomalies de fonctionnement. Cela peut se remarquer en particulier sur le moteur d'un véhicule d'occasion n'ayant pas été entretenu régulièrement et qui devra subir des contrôles et des interventions en plus de celles prescrites dans le cadre de l'entretien périodique.

En cas de doute sur le degré d'usure d'un moteur, un contrôle de compression ou de fuites (voir chapitre 2B) fournira une valeur indicative intéressante sur l'efficacité d'ensemble des principaux organes internes. Cette vérification peut constituer une bonne base de départ pour déterminer la nature des interventions à pratiquer. Si par exemple, une usure avancée du moteur est constatée suite à un contrôle de compression, un entretien classique ainsi que décrit dans le présent chapitre ne sera pas en mesure d'améliorer de manière significative le rendement du moteur et peut se révéler être une perte de temps et d'argent si une remise en état générale de ce moteur n'est pas effectuée au préalable.

Sont indiquées ci-dessous les mesures les plus susceptibles d'améliorer le rendement d'un moteur au fonctionnement insatisfaisant.

Mesures d'ordre général

a) *Nettoyer, contrôler et tester la batterie (voir « Contrôles hebdomadaires »)*
b) *Vérifier et rétablir au besoin les niveaux de liquide et d'huile concernant directement le moteur (voir « Contrôles hebdomadaires »)*
c) *Contrôler l'état de toutes les durits et canalisations et s'assurer de l'absence de fuites de liquides (voir section 5)*
d) *Contrôler l'état de la courroie d'accessoires (voir section 11)*
e) *Contrôler l'état de l'élément du filtre à air et le changer au besoin (voir section 18)*
f) *Changer le filtre à gazole (voir section 19)*

Si suite à ces mesures, le rendement du moteur n'a pas connu d'amélioration, prendre les dispositions qui suivent :

Mesures complémentaires

Ces mesures sont à associer à celles d'ordre général indiquées ci-dessus.
a) *Contrôler le circuit de charge (voir chapitre 5A)*
b) *Contrôler le système de pré/postchauffage (voir chapitre 5C)*
c) *Contrôler le circuit d'alimentation en carburant (voir chapitre 4B)*

Tous les 15 000 km ou 12 mois, selon le terme échu en premier

3 Huile moteur et filtre - vidange et remplacement

Nota : *Le déblocage du bouchon de vidange du moteur nécessite une clé spéciale à bout carré de 8 mm à se procurer dans un centre auto ou auprès du service des pièces détachées d'un représentant du réseau Citroën.*

1 La vidange et le remplacement du filtre à huile sont des opérations d'entretien vitales pour maintenir le moteur en bon état. En effet, l'huile se dégrade, perd de ses qualités lubrifiantes en se fluidifiant et se charge de déchets au fur et à mesure de son vieillissement, ce qui ne peut qu'accélérer l'usure graduelle du moteur.

2 Avant de commencer, se munir des outils et du matériel nécessaires. Prévoir également une grande quantité de chiffons et du papier journal pour récupérer l'huile pouvant se répandre sous la voiture. Il est préférable de vidanger le moteur lorsqu'il est chaud ou encore tiède car l'huile est alors plus fluide, ce qui favorise son écoulement et cela permet d'éliminer le maximum de résidus. Prendre garde de ne pas toucher les pièces échauffées du moteur ou de l'échappement en se glissant sous la voiture. Afin de ne pas se brûler et se protéger contre les agents irritants pour la peau contenus dans l'huile, il est recommandé de porter des gants en caoutchouc. L'accès au soubassement peut être nettement facilité en se servant d'un pont élévateur, de plans inclinés ou de chandelles (voir « *Levage et soutien du véhicule* »). Quelle que soit la méthode utilisée, le véhicule doit rester de niveau ou tout du moins, le bouchon de vidange doit se trouver dans le sens de la déclivité. Dans le cas où il existe, desserrer ses vis de fixation et déposer le carénage de protection sous le moteur.

3 Enlever le bouchon de remplissage d'huile sur le couvre-culasse. Se glisser sous l'avant de la voiture et débloquer d'un demi-tour environ le bouchon de vidange (**voir illustration**). Disposer la bassine de récupération en dessous du bouchon

3.3 Dépose du bouchon de vidange du moteur

Alors que le bouchon de vidange se dégage du filetage dans le carter d'huile, l'enlever rapidement de façon à ce que l'huile s'écoule dans la bassine et non pas dans la manche de la personne sous la voiture !

de vidange puis finir de le dévisser en le maintenant plaqué contre le carter et l'enlever **(voir « info HAYNES »)**. Récupérer la rondelle d'étanchéité qui est à jeter.

4 Laisser l'huile s'écouler pendant quelques instants en ayant cependant à déplacer la bassine au besoin au bout d'un moment car le filet s'écoulant allant en s'amenuisant, l'huile de risque de couler à côté.

5 L'huile ne gouttant plus, essuyer le bouchon de vidange avec un chiffon propre ou de l'essuie-tout et l'équiper d'une rondelle d'étanchéité neuve. Nettoyer le filetage de l'orifice de vidange dans le carter d'huile puis reposer le bouchon et le bloquer au couple prescrit.

6 Déplacer la bassine à hauteur du filtre à huile, à l'avant du carter-cylindres.

7 Si besoin, déposer les conduits du boîtier de filtre à air (voir chapitre 4B) afin d'améliorer l'accès au filtre à huile.

8 A l'aide d'une clé à douille ou plate en prise sur son bossage six pans, débloquer la cloche contenant l'élément filtrant puis finir de la dévisser à la main pour la déposer **(voir illustrations)**.

9 Sortir l'élément filtrant puis récupérer le joint torique de la cloche et le mettre au rebut **(voir illustration)**.

10 Nettoyer soigneusement l'intérieur et l'extérieur de la cloche avec un chiffon propre ou de l'essuie-tout.

11 Installer l'élément filtrant neuf dans la cloche,

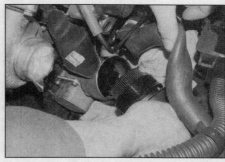

3.8a **Dévissage de la cloche de filtre à huile . . .**

en veillant à bien engager le clapet de retenue à la base dans le logement correspondant de la cuve **(voir illustrations)**.

12 Lubrifier légèrement à l'huile moteur propre le joint torique neuf et le mettre en place sur la cloche.

13 Visser la cloche à la main dans un premier temps puis la serrer au couple préconisé.

14 Récupérer l'huile usagée et les outils sous la voiture puis le cas échéant, descendre celle-ci au sol.

15 Sortir la jauge de niveau de son puits. Remplir le moteur d'une huile répondant aux normes prescrites (voir « Lubrifiants et fluides » au début du manuel), en procédant comme décrit à la rubrique « Contrôles hebdomadaires » pour l'appoint d'huile. Se servir si possible d'un bidon à embout verseur ou d'un entonnoir afin de ne pas répandre d'huile sur le moteur. Verser dans un premier temps la moitié de la quantité spécifiée puis attendre pendant quelques minutes pour que l'huile atteigne le carter dans la partie basse du moteur. Incorporer progressivement le reste de l'huile jusqu'à ce qu'elle arrive à hauteur du repère inférieur de la jauge. En ajoutant ensuite 1,8 litre d'huile supplémentaire, le niveau atteindra le repère supérieur de la jauge. Reposer le bouchon de l'orifice de remplissage.

16 Procéder à la repose des conduits du boîtier de filtre à air, comme décrit au chapitre 4B.

17 Mettre le moteur en marche et le laisser tourner quelques minutes au ralenti puis s'assurer de l'absence de fuites au niveau du filtre à huile et du bouchon de vidange. A noter que lors de la première mise en route du moteur après la vidange, le témoin de pression d'huile au tableau de bord peut rester allumé pendant quelques secondes suite au démarrage, le temps que l'huile commence à circuler dans les canaux de graissage

(3.8b caption area)

3.8b **. . . et dépose de la cloche avec le filtre**

du moteur ainsi que dans le filtre et avant mise sous pression du circuit de graissage.

18 Reposer éventuellement le carénage de protection sous le moteur, en veillant à bien serrer ses vis de fixation. Arrêter le moteur et attendre pendant quelques minutes de façon à permettre à l'huile de retomber dans le carter inférieur. L'huile neuve ayant alors circulé à travers tout le circuit de graissage et le filtre étant rempli, revérifier le niveau avec la jauge et le rétablir s'il y a lieu.

19 Prendre des précautions pour jeter l'huile usagée et le filtre : s'en débarrasser dans un endroit approprié.

---

info HAYNES **Jeter les huiles usagées à l'égout ou dans la nature, est un acte antisocial, contribuant à augmenter la pollution des milieux naturels et non recommandé. Les brûler ne constitue pas une meilleure solution : il se dégage généralement des fumées nocives pour l'environnement. Conserver l'huile de vidange dans un bidon. Prévoir plusieurs bidons séparés pour l'huile moteur, l'huile de boîte de vitesses (manuelle ou automatique) et pour les différents liquides hydrauliques, que l'on remettra à un garagiste, une station-service, un point de collecte ou une déchetterie. Pour obtenir l'adresse de la déchetterie la plus proche, contacter l'ADEME (Agence de l'Environnement et de la Maîtrise de l'Energie) au 0 800 38 39 40 (numéro vert, gratuit) ou par Internet : « www.ademe.fr » ou par Minitel au 3615 Idéal**

3.9 **Dépose du joint torique de la cloche de filtre à huile**

3.11a **Le clapet de retenue (flèche) de l'élément de filtre à huile . . .**

3.11b **. . . est à engager dans le logement de la cloche**

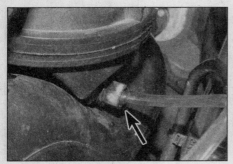

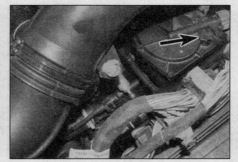

4.2a **Vis de purge de filtre à gazole sur moteur 8 soupapes . . .**

4.2b **. . . et sur moteur 16 soupapes**

info HAYNES

Les fuites du circuit de refroidissement se manifestent habituellement par des traces de couleur blanche ou de rouille sur leur zone environnante

4 Filtre à gazole - purge d'eau

1 Le boîtier de filtre à gazole est fixé sur un support qui est implanté côté gauche du moteur. Pour les versions à moteur 16 soupapes, déposer les conduits du boîtier de filtre à air (voir chapitre 4B) afin de permettre l'accès au filtre.

2 Disposer un récipient de récupération approprié sous le tube d'évacuation du filtre. Si celui-ci est dépourvu de tube d'évacuation, prendre les dispositions nécessaires pour éviter les projections de gazole sur le carter d'embrayage situé directement en dessous. Si possible, raccorder un tuyau en plastique transparent en sortie de la vis de purge et le diriger sous le moteur.

3 Ouvrir la vis de purge en la tournant dans le sens anti-horaire et laisser le contenu du filtre, avec l'eau et les impuretés, s'écouler par le tube d'évacuation dans le récipient, jusqu'à ce qu'il ne coule plus que du gazole. La vis de purge est située en bas du filtre dans le cas du moteur 8 soupapes et en haut du filtre pour le moteur 16 soupapes **(voir illustrations)**. Refermer ensuite la vis de purge, en la serrant convenablement.

4 Jeter le gazole provenant de la purge dans un endroit approprié.

5 Pour les versions à moteur 16 soupapes, réinstaller les conduits du boîtier de filtre à air, en se reportant au chapitre 4B pour cette opération.

6 Mettre le moteur en marche. Si des difficultés sont éprouvées au démarrage du moteur, procéder à la purge d'air du circuit d'alimentation (voir chapitre 4B).

5 Tuyauterie et étanchéité - contrôle

Circuit de refroidissement

⚠️ *Danger : Se reporter aux différentes mises en garde à la rubrique « Impératifs de sécurité » au début du manuel et au chapitre 3 avant toute intervention sur le circuit de refroidissement*

1 Examiner attentivement les durits du radiateur et de chauffage sur toute leur longueur. Changer toute durit fissurée, ballonnée ou abîmée. Des fissures ou des craquelures se remarqueront plus aisément en pressant la durit entre les doigts. Contrôler de près les colliers de serrage des durits du circuit de refroidissement. Ces colliers peuvent pincer ou couper les durits avec des pertes de liquide en découlant.

2 Contrôler tous les éléments constituants du circuit de refroidissement (durits, plans de joint, etc.) pour mettre en évidence d'éventuelles fuites **(voir « info HAYNES »)**.

3 En cas de défaut d'étanchéité au niveau de l'une des pièces du circuit de refroidissement, la changer ou le joint défectueux en se reportant au chapitre 3.

Circuit d'alimentation en carburant

⚠️ *Danger : Se reporter aux différentes mises en garde à la rubrique « Impératifs de sécurité » au début du manuel et au chapitre 4A avant toute intervention sur le circuit d'alimentation en carburant*

4 Contrôler toutes les canalisations de combustible au niveau de leur raccordement à la pompe d'injection, à la rampe d'alimentation commune, aux injecteurs et au filtre à gazole.

5 Examiner chacune des durits et des canalisations de combustible sur toute sa longueur pour déceler des fentes ou des fissures. S'assurer de l'absence de fuite au niveau des écrous de raccords et des jointures entre canalisations de combustible et filtre. Vérifier également l'étanchéité au niveau des injecteurs.

6 Pour contrôler l'étanchéité du circuit d'alimentation entre le réservoir de carburant et le compartiment moteur, lever la voiture au cric et la poser sur chandelles (voir « *Levage et soutien du véhicule* »). Vérifier que le réservoir et sa goulotte de remplissage ne sont pas percés, fissurés ni autrement endommagés. Le raccordement entre la goulotte de remplissage et le réservoir est un emplacement particulièrement sensible. La goulotte peut présenter un défaut d'étanchéité à ce niveau par suite d'une détérioration de sa matière.

7 Inspecter minutieusement toutes les durits et les canalisations métalliques issues du réservoir de carburant. Vérifier que les branchements sont bien serrés, que les durits ne sont pas détériorées et que les canalisations ne sont pas vrillées ni pincées. Examiner attentivement la durit de dégazage qui peut se trouver entortillée autour de la goulotte de remplissage et se boucher ou s'aplatir, ce qui empêchera le remplissage normal du réservoir. Suivre le cheminement des canalisations d'alimentation et de retour de carburant jusqu'à l'avant du véhicule, en les examinant de près sur toute leur longueur pour s'assurer qu'elles ne sont pas abîmées ni corrodées. Changer les canalisations si cela se montre nécessaire.

Huile moteur

8 Procéder à un contrôle d'étanchéité au niveau des plans de joint du couvre-culasse, de la culasse, du support de filtre à huile et du carter d'huile. De légers suintements peuvent être observés au bout d'un certain moment à hauteur de ces emplacements, ce qui ne doit pas être confondu avec des traces de fuites importantes qui dénoteront la défaillance d'un joint. Les suintements d'huile repérés à la base du carter de courroie de distribution ou sur le carter d'embrayage peuvent provenir d'une défectuosité de la bague d'étanchéité du vilebrequin ou de l'arbre primaire de boîte de vitesses. Changer la bague d'étanchéité à l'origine de la fuite en se reportant aux chapitres 2B et 7A.

Fluide frigorigène de climatisation

⚠️ *Danger : Se reporter aux différentes mises en garde à la rubrique « Impératifs de sécurité » au début du manuel et au chapitre 3 concernant le fluide frigorigène avant toute intervention sur le circuit de climatisation*

9 Le circuit de climatisation renferme un fluide frigorigène conditionné à haute pression. En cas de débranchement de l'une des canalisations et dépressurisation du circuit sans l'équipement prévu à cet effet, le fluide frigorigène se transforme en gaz qui est rejeté à l'air libre. Le contact du fluide frigorigène avec la peau peut causer de graves lésions. Le fluide frigorigène est par ailleurs nuisible à l'environnement et il ne doit jamais être libéré dans l'atmosphère.

10 En cas de doute de la bonne étanchéité du circuit frigorifique, faire examiner d'urgence la voiture dans un atelier du réseau Citroën ou par un spécialiste de la climatisation automobile. Une fuite se manifeste par une baisse régulière du niveau de fluide frigorigène dans le circuit.

11 A signaler que des gouttes d'eau peuvent être observées au niveau de la canalisation de purge du condenseur, en dessous de la voiture, immédiatement après la mise en service de la climatisation, ce qui est tout à fait normal et sans conséquence.

Liquide de frein (et d'embrayage)

 Danger : Se reporter aux différentes mises en garde à la rubrique « Impératifs de sécurité » au début du manuel et au chapitre 9, pour la manipulation du liquide de frein

12 En se reportant au chapitre 9, examiner le pourtour des raccords des canalisations de frein au niveau du maître-cylindre pour s'assurer de l'absence de fuite. Vérifier que le bas du réservoir du maître-cylindre ne présente pas de suintement de liquide, ce qui serait dû à une défectuosité d'un joint. Contrôler également les raccords des canalisations de freins au niveau du bloc hydraulique du système antiblocage des roues (ABS).

13 Si une fuite de liquide de frein est remarquée sans pouvoir localiser son origine dans le compartiment moteur, examiner avec soin les flexibles d'alimentation des étriers de freins ou les canalisations au niveau du soubassement en levant la voiture au cric et la posant sur chandelles (voir « Levage et soutien du véhicule »). Un défaut d'étanchéité du circuit de freinage constitue une anomalie sérieuse devant être traitée d'urgence.

14 S'assurer de l'absence de fuites au niveau des raccordements du circuit de commande hydraulique d'embrayage d'une part au niveau du flexible d'alimentation du maître-cylindre sur le tablier dans le compartiment moteur et d'autre part au niveau du flexible du cylindre récepteur qui est fixé par vis sur le carter d'embrayage (voir chapitre 6 pour davantage de précisions).

15 Le liquide de frein est un produit toxique de nature aqueuse. Il est quasiment incolore lorsqu'il est neuf mais prend une couleur plus foncée en vieillissant, au fur et à mesure de son utilisation.

Fuites de liquide d'origine indéterminée

16 En présence d'une fuite dont on ignore la provenance, étendre un morceau de carton suffisamment grand en dessous de la voiture et le laisser en place pendant une nuit entière, ce qui devrait permettre de localiser l'emplacement de la fuite, matérialisé par une tache sur le carton. Avec cette méthode, on pourra non seulement déterminer l'origine de la fuite mais également la nature du liquide en cause. Il convient toutefois de se rappeler que certaines fuites ne peuvent se manifester que lorsque le moteur tourne.

Tuyaux de dépression

17 Les freins sont à commande hydraulique et disposent en plus d'une assistance par servofrein qui agit en tant qu'amplificateur de la force exercée sur la pédale. Le servofrein est actionné par la dépression issue de la pompe à vide (voir chapitre 9). La dépression est communiquée au servofrein par une tuyauterie. Une fuite dans cette tuyauterie entraînera une diminution de l'efficacité du freinage.

18 Un certain nombre de dispositifs sont également commandés par la dépression en provenance de la pompe à vide par l'intermédiaire d'une tuyauterie, ce qui est le cas des systèmes antipollution. Un défaut d'étanchéité des tuyaux provoque une prise d'air qui est souvent difficile à détecter. On pourra par exemple utiliser un tuyau de dépression usagé comme « stéthoscope » : tenir l'extrémité du tuyau près de l'oreille et sonder l'endroit où la prise d'air est censée exister avec l'autre extrémité du tuyau. Un sifflement doit pouvoir être clairement perçu dans le tuyau à cet endroit précis. Prendre garde de ne pas toucher les pièces en mouvement ou échauffées du moteur, ce dernier devant en effet tourner pour effectuer ce contrôle. Remplacer tout tuyau de dépression manifestement défectueux.

6 Soufflets et joints homocinétiques de transmissions - contrôle

1 Le véhicule étant posé sur chandelles (voir « Levage et soutien du véhicule »), braquer la direction en butée et faire tourner lentement chacune des roues avant pour vérifier l'état du soufflet du joint homocinétique de transmission côté roue, en appuyant du doigt pour bien écarter ses plis **(voir illustration)**. S'assurer que le soufflet n'est pas fendu, coupé ni autrement endommagé, ce qui entraînerait l'admission d'eau et de gravillons dans le joint homocinétique. Vérifier également que les colliers du soufflet sont bien fixés et en bon état. Procéder au même contrôle au niveau du joint homocinétique côté boîte de vitesses de chaque côté. Changer systématiquement tout soufflet détérioré (voir chapitre 8 pour cette intervention).

2 Profiter de l'occasion pour vérifier l'état des joints homocinétiques. Dans un premier temps, immobiliser l'arbre de transmission et essayer de tourner la roue. Poursuivre le contrôle en immobilisant le joint homocinétique intérieur et essayant de tourner l'arbre de transmission. La présence d'un jeu sensible indiquera une usure des joints homocinétiques, des cannelures des arbres de transmission ou le desserrage d'un écrou de transmission.

6.1 Contrôle de l'état d'un soufflet de transmission

7 Charnières et serrures - lubrification

1 Lubrifier à tour de rôle les charnières du capot, des portes et du hayon avec une huile de graissage fluide.

2 Lubrifier de la même manière les serrures, les verrous et les gâches. Vérifier simultanément la fixation et le bon enclenchement de toutes les serrures, en procédant si besoin est à un réglage (voir chapitre 11).

3 Lubrifier légèrement avec de la graisse appropriée le mécanisme de déverrouillage du capot et la partie exposée du câble.

4 Vérifier l'état et le fonctionnement des vérins du hayon, en les changeant s'ils présentent des fuites ou ne soutiennent plus convenablement le hayon en position relevée.

8 Essai sur route

Instruments et équipement électrique

1 Contrôler le fonctionnement de tous les instruments au tableau de bord et de l'équipement électrique.

2 S'assurer que les instruments fournissent des indications exactes et faire fonctionner tous les appareils électriques pour vérifier leur bon état de marche.

Direction et suspensions

3 Procéder à un contrôle pour détecter d'éventuelles anomalies dans la direction, les suspensions, la conduite et la tenue de route.

4 Effectuer un parcours sur route pour s'assurer de l'absence de vibrations et de bruits anormaux.

5 Vérifier que la direction réagit normalement, sans jeu ni dureté excessifs et que les suspensions n'émettent pas de bruit dans les virages, sur les bosses et les dos d'âne.

Groupe motopropulseur

6 Contrôler le fonctionnement du moteur, de l'embrayage, de la boîte de vitesses et des transmissions.

7 Tenter de détecter tout bruit anormal provenant du moteur, de l'embrayage et de la boîte de vitesses.

8 Vérifier que le moteur prend bien ses tours au ralenti et qu'il ne présente pas de creux à l'accélération.

9 Vérifier que l'embrayage s'engage de manière normale et régulière, que la communication de la force motrice s'effectue sans à-coups et que la course de la pédale ne soit pas excessive. Repérer également tout bruit pouvant être émis en débrayant.

10 Sur les voitures équipées d'une boîte de vitesses manuelle, vérifier que les vitesses passent bien et sans bruit et que la commande des vitesses soit précise et « n'accroche » pas.

11 Prêter une oreille attentive pour détecter les claquements pouvant être perçus à l'avant du véhicule lorsque celui-ci décrit un arc de cercle à faible allure en braquant à fond la direction sur un côté. Se livrer à ce contrôle dans les deux sens. La présence de claquements indiquera un manque de lubrification ou une usure au niveau d'un joint homocinétique de transmission (voir chapitre 8).

Freins

12 Vérifier que la voiture ne tire pas sur un côté au freinage et que les roues ne se bloquent pas prématurément en freinant brusquement.

13 S'assurer de l'absence de vibrations dans la direction au freinage.

14 Vérifier que le frein à main fonctionne convenablement sans que son levier ait une course excessive et qu'il soit efficace lorsque le véhicule est garé en côte.

15 Se livrer à un contrôle de fonctionnement du servofrein en procédant comme suit : moteur arrêté, appuyer sur la pédale de frein à quatre ou cinq reprises successives pour faire évacuer la dépression résiduelle puis maintenir la pédale enfoncée et mettre le moteur en marche. Au démarrage du moteur, on doit sentir la pédale de frein s'enfoncer sensiblement, ce qui indique que la communication de la dépression s'effectue normalement. Laisser le moteur tourner pendant au moins deux minutes et l'arrêter. Si la pédale de frein vient ensuite à être enfoncée de nouveau, cela doit s'accompagner d'un « sifflement » caractéristique du servofrein. Après avoir actionné la pédale quatre ou cinq fois, le « sifflement » ne doit plus être perçu et une résistance nettement plus importante doit être constatée à la pédale.

9 Affichage de la périodicité d'entretien - remise à zéro

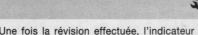

1 Une fois la révision effectuée, l'indicateur de maintenance doit être remis à zéro pour sa programmation à la prochaine échéance, en procédant comme suit :

2 Couper le contact puis appuyer sur le bouton de remise à zéro du compteur kilométrique journalier et le maintenir enfoncé.

3 Remettre le contact pour faire défiler l'affichage kilométrique et le faire revenir à l'indication « 0 » puis relâcher le bouton de remise à zéro du compteur kilométrique journalier et la clé symbole des opérations d'entretien disparaît.

4 Couper le contact.

5 Remettre le contact et vérifier que l'échéance kilométrique correcte jusqu'à la prochaine révision, conformément au plan d'entretien du constructeur, est affichée sur l'indicateur. **Nota :** *Si la batterie doit être débranchée après avoir effectué cette opération, verrouiller la voiture et observer un délai d'attente minimal de 5 minutes, sinon la procédure de remise à zéro de l'affichage risque de ne pas être validée.*

Tous les 30 000 km ou 2 ans, selon le terme échu en premier

10 Filtre à pollen - contrôle

1 Le filtre à pollen est monté sur un support, implanté sous le pare-brise, du côté droit, dans le compartiment moteur, et dissimulé par un cache en plastique.

2 Desserrer ses trois vis de fixation puis soulever et dégager le cache en plastique en le tirant vers l'avant **(voir illustration)**.

3 Dégager le volet devant le filtre avec un tournevis puis le basculer et l'extraire **(voir illustrations)**.

4 Dégager le filtre de son support **(voir illustration)**.

5 Vérifier l'état du filtre et le changer s'il est encrassé.

6 Nettoyer soigneusement le support avant de procéder à la remise en place du filtre, en veillant à bien respecter le sens de montage indiqué sur la tranche du filtre.

7 Remettre en place le volet et le cache en plastique.

10.2 Dépose du cache en plastique du filtre à pollen

10.3a Utilisation d'un tournevis pour dégager le volet du filtre à pollen . . .

10.3b . . . et dépose du volet

10.4 Dépose du filtre à pollen

11 Courroie d'accessoires - contrôle et remplacement

1 L'alternateur et suivant équipement, le compresseur de climatisation, sont entraînés par une courroie multipiste (type « Poly V ») à partir d'une poulie montée en bout de vilebrequin. La tension de la courroie est assurée dynamiquement par un tendeur automatique à galet.

Contrôle

2 Serrer le frein à main, débloquer les vis de la roue avant droite puis lever l'avant de la voiture au cric et le poser sur chandelles (voir « *Levage et soutien du véhicule* »). Déposer la roue.

3 Pour avoir accès au côté droit du moteur, extraire les rivets à expansion en plastique après avoir enfoncé légèrement ou soulevé, suivant le type, leur goupille centrale puis déposer la coquille pare-boue du passage de roue.

4 Tourner le vilebrequin à l'aide d'une clé à douille avec rallonge en prise sur la vis de fixation de sa poulie afin de pouvoir examiner la courroie sur toute sa longueur. Vérifier qu'elle n'est pas coupée, fendillée ni effilochée. S'assurer également qu'elle n'est pas lustrée et que ses plis ne sont pas dédoublés. Changer toute courroie visiblement usée ou endommagée.

5 Dans le cas où la courroie est dans un état satisfaisant, remettre en place la coquille pare-boue du passage de roue, en veillant à la fixer correctement avec ses rivets à expansion en plastique.

6 Reposer la roue puis descendre la voiture au sol et serrer les vis de la roue au couple prescrit.

Remplacement

7 Si ce n'est déjà fait, effectuer les opérations indiquées aux points 2 et 3 ci-dessus.

8 Agir sur le tendeur dans le sens horaire au moyen d'une clé plate en prise sur son bossage pour

11.8 Utilisation d'une clé plate en prise sur son bossage pour tourner le tendeur dans le sens horaire et détendre la courroie d'accessoires

détendre la courroie puis bloquer le galet dans cette position en introduisant une pige : broche ou foret de 3 mm de diamètre, dans le trou sur le corps du tendeur **(voir illustration)**. L'utilisation d'un miroir de poche permettra de faciliter l'observation des trous afin de s'assurer de leur bon alignement.

9 Dégager la courroie des poulies.

10 Veiller à bien se procurer la courroie de rechange du modèle adapté au véhicule.

11 Installer la courroie, en veillant à engager convenablement ses pistes dans les gorges des poulies et à respecter le trajet d'origine **(voir illustrations)**.

12 Immobiliser le tendeur au niveau de son bossage à l'aide d'une clé plate de manière à pouvoir dégager la pige de blocage puis relâcher la pression sur la clé afin que le galet reprenne automatiquement le jeu dans la courroie.

13 Remettre en place la coquille pare-boue du passage de roue, en veillant à la fixer correctement avec ses rivets à expansion en plastique.

14 Reposer la roue puis descendre la voiture au sol et serrer les vis de la roue au couple prescrit.

12 Plaquettes de freins - contrôle

1 Serrer le frein à main puis débloquer les vis des roues avant et lever l'avant de la voiture au cric (voir « Levage et soutien du véhicule »). Déposer les roues.

2 Les plaquettes peuvent être vérifiées par le regard dans le corps de chacun des étriers de freins avant. L'épaisseur de la garniture de friction des plaquettes mesurée avec une règle plate ne doit pas atteindre la valeur limite indiquée dans les « Caractéristiques ».

3 Si l'une des plaquettes atteint la limite d'usure, le jeu complet des quatre plaquettes de freins avant est à changer (voir chapitre 9 pour cette intervention).

4 Pour un examen plus complet de leur état, les plaquettes doivent être déposées et dépoussiérées. Profiter de l'occasion pour vérifier le fonctionnement de l'étrier et l'état du disque de frein au niveau de ses deux faces : se reporter au chapitre 9 pour davantage de précisions.

5 Au terme de ces opérations, reposer les roues,

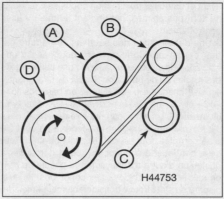

11.11a Trajet de la courroie d'accessoires - sans climatisation

A Galet tendeur C Galet de renvoi
B Alternateur D Vilebrequin

descendre la voiture au sol et serrer les vis des roues au couple prescrit.

6 Pour les modèles avec freins arrière à disques, débloquer les vis des roues arrière puis lever l'arrière de la voiture au cric (voir « Levage et soutien du véhicule »). Déposer les roues. Procéder comme décrit précédemment aux points 2 à 5 pour vérifier les plaquettes de freins arrière.

13 Segments de freins AR. à tambours - contrôle

1 Caler les roues avant puis lever l'arrière de la voiture au cric et le poser sur chandelles (voir « Levage et soutien du véhicule »).

2 L'épaisseur de la garniture de friction de l'un des segments de frein peut être mesurée par le regard de contrôle prévu au dos du plateau de frein après avoir enlevé l'obturateur. Utiliser une baguette présentant la même épaisseur que la valeur limite d'usure prescrite pour déterminer rapidement l'épaisseur de la garniture restant sur le segment, en se servant d'un petit miroir pour faciliter l'observation. En cas d'usure exagérée de l'un des segments, il y aura lieu de remplacer le jeu complet

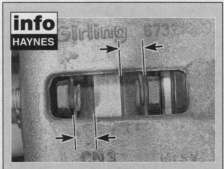

L'épaisseur de la garniture des plaquettes de freins peut être vérifiée rapidement par le regard dans le corps des étriers

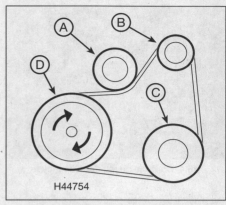

11.11b Trajet de la courroie d'accessoires - avec climatisation

A Galet tendeur C Compresseur de
B Alternateur   climatisation
                 D Vilebrequin

des quatre segments de freins arrière (voir chapitre 9 pour cette intervention).

3 Pour un contrôle plus complet de l'état des segments, les tambours doivent être déposés et dépoussiérés, ce qui permettra par la même occasion de les vérifier de près ainsi que les cylindres de freins arrière (voir chapitre 9).

14 Frein à main - contrôle et réglage

Vérifier que la course du levier ne dépasse pas 8 crans pour obtenir le serrage à fond du frein à main. Se reporter au chapitre 9 pour effectuer éventuellement un réglage de la commande de frein à main.

15 Echappement - contrôle

1 Moteur froid : arrêté depuis au moins une heure, vérifier la ligne complète d'échappement, du tube avant jusqu'à l'extrémité du tube en sortie du silencieux secondaire. Il est préférable de disposer le véhicule sur pont élévateur ou sur chandelles (voir « Levage et soutien du véhicule ») afin d'accéder plus aisément à l'ensemble des pièces de l'échappement.

2 Examiner les tubes d'échappement et leurs jointures pour s'assurer qu'ils ne présentent pas de signes apparents de fuites, de corrosion exagérée ou toute autre dommage. S'assurer que les supports élastiques sont en bon état et que les boulons d'assemblage sont bien serrés. La présence d'une fuite au niveau d'une jointure ou d'une autre partie de l'échappement se manifeste habituellement par des traces noires de nature fuligineuse.

3 La ligne d'échappement peut émettre des claquements et autres bruits anormaux, en particulier au niveau des supports. Dans ce cas, essayer d'agir d'un côté à l'autre sur les tubes et

16.4 Contrôle du jeu dans un moyeu

les silencieux. Si les pièces de l'échappement cognent contre la caisse ou les organes de suspension, changer les supports. Au besoin, dissocier les tubes (si possible) et les redresser afin de ménager un espace suffisant par rapport aux éléments attenants.

16 Direction et suspensions - contrôle

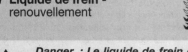

Direction et suspension avant

1 Lever l'avant de la voiture au cric et le poser sur chandelles (voir « *Levage et soutien du véhicule* »).
2 Procéder à un contrôle visuel des soufflets de protection des rotules de biellettes de direction, des rotules des triangles inférieurs de suspension avant et du boîtier de direction pour s'assurer qu'ils ne sont pas abîmés, notamment fendus ou usés par frottement.
3 Une détérioration des soufflets se traduira par des pertes de lubrifiant accompagnées d'une infiltration de saleté et d'eau avec une usure rapide des rotules ou du boîtier de direction en résultant.
4 Saisir chaque roue en haut et en bas (positions « 12 » et « 6 » heures) et essayer de la secouer (**voir illustration**). Un léger jeu peut être remarqué, mais s'il s'avère être important, procéder à un contrôle plus complet pour en déterminer l'origine. Pour cela, continuer à secouer la roue et demander à quelqu'un d'autre d'appuyer sur la pédale de frein en même temps. Si dans ces conditions, le jeu a disparu ou s'est trouvé considérablement amoindri, les roulements de moyeux sont à incriminer. Si le jeu persiste avec la pédale de frein enfoncée, il provient des articulations ou des fixations de suspension.
5 Saisir la roue à gauche et à droite (positions « 9 » et « 3 » heures) cette fois-ci et essayer de la secouer. Un jeu important peut à nouveau être dû à l'usure des roulements de moyeux ou des rotules de direction. Lorsqu'une rotule est usée, le jeu se remarquera très clairement de manière visuelle.
6 Se munir d'un tournevis grand modèle ou d'une barre à section plate et vérifier l'usure des silentblocs de suspension en faisant levier entre l'élément de suspension concerné et son point de fixation. Un léger jeu est susceptible d'exister du fait que les silentblocs sont en caoutchouc élastique mais un jeu excessivement important se remarquera immédiatement. Vérifier également les silentblocs visibles de l'extérieur afin de détecter la présence éventuelle de fentes, de fissures ou de dommages sur leur caoutchouc.
7 La voiture reposant au sol, demander à une autre personne de tourner légèrement le volant dans les deux sens, d'un huitième de tour environ, dans un mouvement de va-et-vient. Il peut exister un jeu libre très léger dans le volant et la direction. Si un jeu important est constaté, vérifier de près les rotules et les silentblocs ainsi que décrit plus haut et par ailleurs, contrôler les cardans de la colonne direction ainsi que la crémaillère et le pignon d'attaque pour une éventuelle usure.

Amortisseurs

8 Se livrer à un contrôle des amortisseurs intégrés aux jambes de suspension avant et des amortisseurs arrière pour déceler d'éventuelles traces de suintement d'huile sur leur corps ou au niveau d'un élément d'étanchéité en caoutchouc entourant leur tige. De tels suintements indiquent une défectuosité interne de l'amortisseur qui doit alors être changé. **Nota :** *Les jambes de suspension avant ou les amortisseurs arrière doivent toujours être remplacés des deux côtés du même essieu afin de ne pas compromettre la tenue de route.*
9 L'efficacité des amortisseurs se contrôle en secouant la voiture dans chaque coin. D'une façon générale, la caisse doit revenir dans sa position normale et se stabiliser après avoir appuyé. Si plus de deux rebonds sont constatés, l'amortisseur concerné est probablement hors d'usage. Examiner également le palier de fixation supérieur et la butée de rebond inférieure ou les silentblocs supérieur et inférieur des amortisseurs pour détecter une éventuelle usure à leur niveau.

Tous les 60 000 km ou 2 ans, selon le terme échu en premier

17 Liquide de frein - renouvellement

⚠️ *Danger : Le liquide de frein est un produit à manipuler avec précaution. Il peut causer de graves lésions des yeux et attaquer les surfaces peintes de la voiture. Ne pas utiliser de liquide de frein provenant d'un bidon entamé depuis un certain temps car il risque d'avoir pris l'humidité, ce qui peut conduire à une dégradation dangereuse de l'efficacité des freins*
Nota : *Le circuit de commande hydraulique d'embrayage partageant le même réservoir de liquide que celui de freinage est également à vidanger (voir chapitre 6).*
1 Le renouvellement du liquide de frein s'effectue en opérant comme décrit pour la purge du circuit hydraulique de freinage au chapitre 9, si ce n'est que le réservoir de liquide doit préalablement être vidé en siphonnant le liquide avec une pipette ou une seringue puis le liquide usagé doit être évacué en purgeant une partie du circuit.
2 En opérant comme indiqué au chapitre 9, ouvrir la première vis de purge à se présenter dans l'ordre prescrit et appuyer doucement sur la pédale en pompant jusqu'à ce que presque tout le liquide usagé contenu dans le réservoir du maître-cylindre ait été évacué.

 info HAYNES | *Le liquide de frein usagé est forcément plus foncé que le neuf, ce qui permet de distinguer aisément les deux dans le circuit*

3 Remplir le circuit de liquide neuf jusqu'au repère « MAXI. » du réservoir et continuer à pomper en actionnant la pédale jusqu'à ce que du liquide neuf parvienne à la vis de purge. Resserrer la vis de purge et compléter le niveau dans le réservoir pour arriver au repère « MAXI. ».
4 Procéder de la même manière sur toutes les autres vis de purge et cela dans l'ordre spécifié, jusqu'à ce que du liquide neuf parvienne à leur niveau. Veiller à maintenir en permanence le niveau de liquide au-dessus du repère « MINI. » dans le réservoir du maître-cylindre, sinon de l'air risque d'être admis dans le circuit, ce qui rallongerait considérablement le temps consacré aux opérations de purge.
5 Au terme de ces opérations, vérifier que toutes les vis de purge sont bien serrées et qu'elles sont équipées de leur capuchon de protection. Essuyer toute éclaboussure de liquide et recontrôler le niveau de liquide dans le réservoir.
6 Pour finir, s'assurer du bon fonctionnement des freins avant de prendre la route.

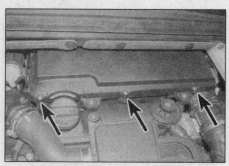

18.1a Vis de fixation du couvercle de boîtier de filtre à air . . .

18.1b . . . et dépose de l'élément filtrant - moteur 8 soupapes

18.4 Dépose du couvre-moteur - moteur 16 soupapes

18.5 Utilisation d'un tournevis pour déverrouiller les languettes de fixation des supports de la poire de pompe d'amorçage manuelle sur le couvercle du boîtier de filtre à air - moteur 16 soupapes

18.6a Desserrage d'un collier . . .

18.6b . . . et débranchement du conduit de liaison entre turbocompresseur et débitmètre d'air - moteur 16 soupapes

Tous les 60 000 km ou 4 ans, selon le terme échu en premier

18 Filtre à air - remplacement de l'élément

Moteur 8 soupapes

1 Desserrer les trois vis de fixation sur le bord avant puis soulever le couvercle et dégager l'élément filtrant du boîtier, en veillant à bien repérer son sens de montage (**voir illustrations**).
2 Installer l'élément filtrant neuf dans le boîtier et remettre en place le couvercle, en engageant correctement ses trois pattes arrière dans les logements du boîtier puis serrer convenablement les vis de fixation.

Moteur 16 soupapes

3 Débrancher la batterie (voir chapitre 5A).
4 Déposer le couvre-moteur en plastique en tirant vers le haut pour le déboîter (**voir illustration**).
5 Déverrouiller les quatre languettes de fixation des supports de la poire de pompe d'amorçage manuelle du circuit d'alimentation à l'avant du couvercle de boîtier de filtre à air au moyen d'un petit tournevis (**voir illustration**). Ecarter la poire légèrement vers l'avant pour la dégager du boîtier de filtre à air.
6 Desserrer les colliers et déposer le conduit de liaison entre le turbocompresseur et le débitmètre au niveau du couvercle de boîtier de filtre à air (**voir illustrations**).
7 Débrancher le connecteur électrique du débitmètre d'air (**voir illustration**).
8 Desserrer les trois vis de fixation sur le bord avant puis soulever le couvercle du boîtier de filtre à air avec le débitmètre, déboîter les pattes de maintien à l'arrière et déposer le couvercle (**voir illustrations**).

18.7 Débranchement du connecteur électrique du débitmètre d'air - moteur 16 soupapes

18.8a Vis de fixation du couvercle de boîtier de filtre à air - moteur 16 soupapes

18.8b Dépose du couvercle de boîtier de filtre à air avec le débitmètre - moteur 16 soupapes

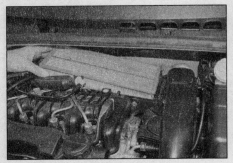

18.9 Dépose de l'élément de filtre à air - moteur 16 soupapes

9 Dégager l'élément filtrant du boîtier, en veillant à bien repérer son sens de montage (**voir illustration**).

10 Installer l'élément filtrant neuf dans le boîtier et remettre en place le couvercle, en engageant correctement ses pattes arrière dans les logements du boîtier puis serrer convenablement les vis de fixation.

11 Rebrancher le connecteur électrique du débitmètre puis reposer le conduit de liaison du turbocompresseur.

12 Remettre en place la poire de pompe d'amorçage manuelle puis reposer le couvre-moteur.

13 Rebrancher la batterie au terme de ces opérations.

19 Filtre à gazole - remplacement

⚠️ **Danger : Avant toute intervention sur le circuit d'alimentation en carburant, consulter les consignes indiquées au chapitre 4B, section 2**
Attention : La plus grande propreté est à observer pour toute intervention d'entretien, de démontage ou de remise en état du circuit d'alimentation en carburant des moteurs HDi. Il est en particulier impératif de veiller à ce qu'aucune impureté : poussière, eau, ou autre corps étranger, ne s'immisce dans le circuit. Après le débranchement de toute durit ou canalisation du circuit d'alimentation en

carburant, l'obturer immédiatement ainsi que l'orifice de raccordement correspondant pour empêcher l'admission d'impuretés : des bouchons prévus à cet effet peuvent être obtenus auprès d'un représentant de la marque
Nota : *Le filtre à gazole est constitué d'un boîtier compact indémontable.*

Moteur 8 soupapes

1 Débrancher la batterie (voir chapitre 5A). Desserrer les trois vis de fixation sur le bord avant puis soulever le couvercle du boîtier de filtre à air pour le déposer et libérer ainsi l'accès au filtre à gazole.

2 Nettoyer soigneusement avec un produit dégraissant approprié les raccords des durits d'arrivée et de sortie de combustible au niveau du filtre à gazole et la zone environnante.

3 Desserrer la vis de fixation, libérer la patte de retenue et écarter la canalisation de prise de dépression du servofrein sur le côté (**voir illustration**).

4 Disposer un récipient de récupération approprié sous le tube d'évacuation du filtre. Si celui-ci est dépourvu de tube d'évacuation, prendre les dispositions nécessaires pour éviter les projections de gazole sur le carter d'embrayage situé directement en dessous. Si possible, raccorder un tuyau en plastique transparent en sortie de la vis de purge et le diriger sous le moteur (**voir illustration 4.2a**).

5 Ouvrir la vis de purge en la tournant dans le sens anti-horaire et laisser le contenu du filtre, avec l'eau et les impuretés, s'écouler par le tube d'évacuation dans le récipient puis refermer la vis de purge.

6 Presser leurs boutons blancs pour déverrouiller les raccords rapides et débrancher les durits

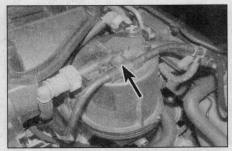

19.3 Vis de fixation de patte de retenue de canalisation de prise de dépression du servofrein - moteur 8 soupapes

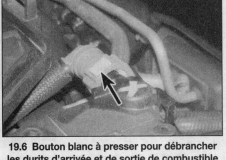

19.6 Bouton blanc à presser pour débrancher les durits d'arrivée et de sortie de combustible au niveau du filtre à gazole - moteur 8 soupapes

d'arrivée et de sortie de combustible sur le filtre (**voir illustration**). Obturer les durits et les orifices découverts afin d'éviter l'admission d'impuretés et d'arrêter l'écoulement de gazole. A signaler que des bouchons sont normalement fournis avec le filtre de rechange.

7 Desserrer sa vis de fixation et dégager le filtre de son support puis débrancher les connecteurs électriques du réchauffeur de combustible et du détecteur de présence d'eau (**voir illustrations**).

8 Récupérer ensuite le réchauffeur de combustible et le détecteur de présence d'eau sur le filtre. Mettre les joints toriques au rebut : ils ne doivent pas être réutilisés.

9 Monter le détecteur de présence d'eau et le réchauffeur de combustible, équipés de joints toriques neufs, sur le filtre de rechange, en les serrant correctement.

10 Installer le filtre et le fixer avec la vis.

11 Rebrancher les durits d'arrivée et de sortie de combustible ainsi que les connecteurs électriques.

12 Remettre en place la canalisation de prise de dépression du servofrein et le couvercle du boîtier de filtre à air.

13 Rebrancher la batterie puis procéder à la purge d'air du circuit d'alimentation, en se reportant au chapitre 4B pour cette opération.

Moteur 16 soupapes

14 Débrancher la batterie (voir chapitre 5A).

15 Déposer le conduit de liaison entre turbocompresseur et le débitmètre d'air au niveau du boîtier de filtre à air ainsi que le conduit d'aspiration d'air frais, comme décrit au chapitre 4B (**voir illustration**).

16 Nettoyer soigneusement avec un produit dégraissant approprié les raccords des durits

19.7a Vis de fixation du filtre à gazole . . .

19.7b . . . et dépose du filtre en dégageant la patte du support - moteur 8 soupapes

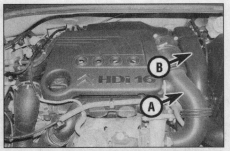

19.15 Conduits de liaison entre turbocompresseur et débitmètre d'air (A) et d'aspiration d'air frais (B) - moteur 16 soupapes

19.19 Débranchement des durits d'arrivée et de sortie de combustible au niveau du filtre à gazole - moteur 16 soupapes

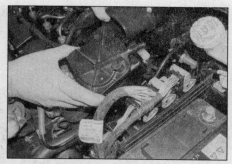

19.20 Débranchement du connecteur électrique du réchauffeur de combustible - moteur 16 soupapes

19.22a Soulever le filtre à gazole pour le dégager . . .

d'arrivée et de sortie de combustible au niveau du filtre à gazole et la zone environnante.

17 Disposer un récipient de récupération approprié en dessous du moteur, au niveau du tube d'évacuation du filtre. Si celui-ci est dépourvu de tube d'évacuation, prendre les dispositions nécessaires pour éviter les projections de gazole sur le carter d'embrayage situé directement en dessous. Si possible, raccorder un tuyau en plastique transparent en sortie de la vis de purge et le diriger sous le moteur **(voir illustration 4.2b)**.

18 Ouvrir la vis de purge en la tournant dans le sens anti-horaire et laisser le contenu du filtre, avec l'eau et les impuretés, s'écouler par le tube d'évacuation dans le récipient. Refermer ensuite la vis de purge, en la serrant convenablement.

19 Presser leurs boutons blancs pour déverrouiller les raccords rapides et débrancher les durits d'arrivée et de sortie de combustible sur le filtre **(voir illustration)**. Obturer les durits et les orifices découverts afin d'éviter l'admission d'impuretés et d'arrêter l'écoulement de gazole. A signaler que des bouchons sont normalement fournis avec le filtre de rechange.

20 Débrancher le connecteur électrique du réchauffeur de combustible implanté latéralement sur le boîtier de filtre à gazole **(voir illustration)**.

21 Décrocher les agrafes de chaque côté puis soulever légèrement le boîtier de filtre à air pour libérer les pattes d'ancrage inférieures et pouvoir dégager le filtre à gazole.

22 Appuyer sur la languette en plastique pour déverrouiller la fixation du filtre sur son support puis dégager le filtre en le soulevant et le tirant vers

19.22b . . . puis débrancher le connecteur électrique du détecteur de présence d'eau . . .

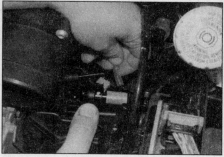

19.22c . . . et le tube d'évacuation d'eau - moteur 16 soupapes

l'extérieur, puis débrancher le connecteur électrique du détecteur de présence d'eau et le tube d'évacuation d'eau pour déposer le filtre **(voir illustrations)**.

23 Ouvrir la vis de purge de manière à vider complètement le filtre.

24 Appuyer sur la languette de verrouillage en plastique au moyen d'un tournevis tout en faisant coulisser le réchauffeur de combustible pour le dégager du boîtier de filtre **(voir illustrations)**.

25 Récupérer les deux joints toriques du réchauffeur de combustible et les mettre au rebut puis les remplacer par les joints neufs fournis avec le filtre de rechange **(voir illustration)**.

26 Enlever les bouchons obturateurs sur le filtre de rechange et remonter le réchauffeur de combustible, en veillant à le verrouiller correctement : jusqu'à ce qu'un bruit d'encliquetage soit clairement audible.

27 Installer le filtre de rechange, en opérant à l'inverse de la dépose.

28 Refermer la vis de purge d'eau et procéder à la purge d'air du circuit d'alimentation, comme décrit au chapitre 4B.

20 Boîte de vitesses - contrôle de niveau d'huile

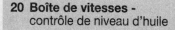

Nota 1 : *Pour les modèles 8 soupapes, le déblocage du bouchon de remplissage-niveau de la boîte de vitesses nécessite une clé spéciale à bout carré de 8 mm à se procurer dans un centre auto ou auprès du service des pièces détachées d'un représentant du réseau Citroën.*

Nota 2 : *Le bouchon de remplissage-niveau est à équiper d'un joint neuf à sa repose.*

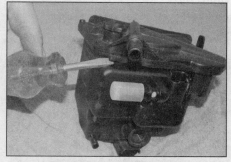

19.24a Appuyer sur la languette de verrouillage . . .

19.24b . . . tout en faisant coulisser le réchauffeur de combustible pour le dégager du filtre - moteur 16 soupapes

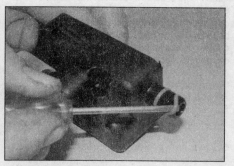

19.25 Remplacement des joints toriques du réchauffeur de combustible - moteur 16 soupapes

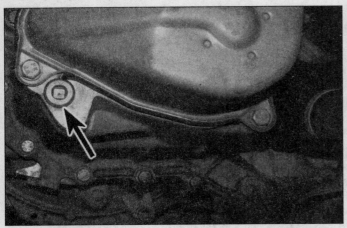

20.3a **Bouchon de remplissage-niveau de BV. - moteur 8 soupapes**

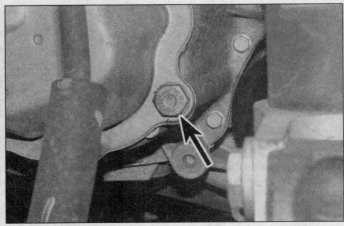

20.3b **Bouchon de remplissage-niveau de BV. - moteur 16 soupapes**

1 Garer la voiture sur une aire plane. Le relevé de niveau d'huile de la boîte de vitesses doit s'effectuer à froid, c'est-à-dire au moins cinq minutes après avoir arrêté le moteur. Si le niveau vient d'être vérifié immédiatement après avoir conduit la voiture, une certaine quantité d'huile restera au niveau des organes de la boîte de vitesses, ce qui risque d'entraîner une imprécision du relevé.

2 Enfoncer légèrement ou soulever leur goupille centrale, suivant le type, puis extraire en faisant levier les rivets à expansion complets et déposer la coquille pare-boue du passage de roue avant gauche.

3 Nettoyer le pourtour du bouchon de remplissage-niveau implanté côté gauche de la boîte de vitesses. Dévisser et déposer le bouchon puis le nettoyer et mettre le joint au rebut **(voir illustrations)**.

4 Le niveau d'huile doit affleurer le bord inférieur de l'orifice de remplissage-contrôle de niveau. De l'huile retenue derrière le bouchon de remplissage-niveau coulera en enlevant celui-ci, ce qui ne signifie **pas** obligatoirement que le niveau est correct. Pour contrôler le niveau, attendre que ce filet d'huile se soit tari puis injecter de l'huile jusqu'à ce qu'elle apparaisse par l'orifice de remplissage. Le niveau approprié est obtenu lorsque l'huile cesse de couler. Veiller à utiliser exclusivement une huile de bonne qualité et du type spécifié : voir *« Lubrifiants et fluides »* au début du manuel.

5 Le remplissage de la boîte de vitesses est une opération fastidieuse à laquelle il faut consacrer beaucoup de temps, compte tenu de la nécessité d'attendre que le niveau d'huile se stabilise avant de pouvoir le contrôler. Si la quantité d'huile correcte a été incorporée et que l'huile déborde par l'orifice de remplissage, remonter le bouchon de remplissage-niveau et effectuer un court trajet de telle façon que l'huile neuve se répartisse bien autour des organes de la boîte de vitesses puis recontrôler le niveau au retour.

6 En cas de trop-plein de la boîte de vitesses avec l'huile débordant par l'orifice de remplissage dès que le bouchon a été enlevé, vérifier que la voiture se trouve parfaitement de niveau (tant à l'avant et l'arrière que sur les deux côtés) et laisser

l'excédent d'huile s'écouler en le récupérant dans un récipient adéquat.

7 Le niveau correct une fois obtenu, équiper le bouchon de remplissage-niveau d'un joint neuf et le reposer, en le serrant au couple prescrit. Essuyer les traces d'huile provenant de l'opération puis descendre la voiture au sol. Reposer ensuite la coquille pare-boue du passage de roue, en la fixant convenablement avec les rivets à expansion.

8 La nécessité d'ajouter fréquemment de l'huile dans la boîte de vitesses dénotera une fuite qu'il conviendra de localiser et de traiter d'urgence.

21 Liquide de refroidissement - renouvellement

 Danger : Attendre le refroidissement complet du moteur pour entreprendre les opérations qui suivent. L'antigel ne doit pas être mis au contact de la peau ni des surfaces peintes de la voiture. Laver abondamment à l'eau claire toute éclaboussure d'antigel. Ne jamais laisser traîner un bidon d'antigel débouché. De même, essuyer les flaques pouvant stagner au sol. Les enfants et les animaux sont attirés par l'odeur agréable de l'antigel qui peut cependant provoquer une grave intoxication en cas d'ingestion

21.4 **Utilisation d'une pince pour comprimer et libérer le collier de la durit inférieure du radiateur**

info HAYNES *Ne pas jeter le liquide de refroidissement à l'égout ou dans la nature - s'en débarrasser de manière responsable (voir « info HAYNES » en section 3), et ne pas le mélanger avec les huiles usagées afin de permettre leur recyclage. Transvaser dans un bidon le liquide provenant de la vidange et du rinçage du circuit de refroidissement, étiqueter le bidon et le porter dans une déchetterie*

Vidange du circuit de refroidissement

1 Moteur froid, dévisser et enlever le bouchon du vase d'expansion.

2 Si prévu, déposer le carénage de protection sous le moteur en desserrant ses vis de fixation.

3 Disposer une bassine de vidange en dessous du raccordement de la durit inférieure, côté gauche du radiateur.

4 Libérer son collier en le comprimant à l'aide d'une pince multiprise puis débrancher la durit et laisser le liquide de refroidissement s'écouler dans la bassine **(voir illustration)**.

5 Pour faciliter la vidange, ouvrir la vis de purge du circuit de refroidissement qui est implantée sur le raccord de la durit de sortie de chauffage au niveau du tablier dans le compartiment moteur **(voir illustration)**.

21.5 **Vis de purge de circuit de refroidissement**

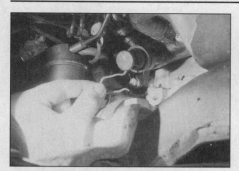

21.6a Extraction de l'épingle de retenue . . .

21.6b . . . et dépose du bouchon de vidange du bloc-moteur

21.21 « Collecteur de tête » installé sur le vase d'expansion

6 Pour la vidange du bloc-moteur, extraire l'épingle de retenue et enlever le bouchon situé au niveau du collecteur d'eau, à la partie arrière de la culasse **(voir illustrations)**. Le bouchon est à équiper d'une épingle et d'un joint torique neufs à sa repose.

7 Si le circuit de refroidissement a été vidangé pour une raison autre que le renouvellement du liquide et si ce dernier est propre et n'a pas servi pendant plus de quatre ans, il pourra être réutilisé, bien que cela soit déconseillé.

8 Rebrancher la durit inférieure du radiateur, en serrant convenablement son collier.

Rinçage du circuit de refroidissement

9 Si le liquide de refroidissement n'a pas été régulièrement renouvelé à la fréquence prescrite ou si la solution antigel a perdu de ses propriétés assurant la protection du circuit, ce dernier risque de perdre progressivement de son efficacité du fait de l'entartrage et du colmatage par la rouille et d'autres sédiments de ses conduits. En tel cas, il y aura lieu de rincer le circuit de refroidissement pour le débarrasser des impuretés qu'il contient et lui restituer son efficacité.

10 Le radiateur doit être rincé séparément du bloc-moteur afin d'éviter une possible contamination.

Rinçage du radiateur

11 Débrancher les durits supérieure et inférieure du radiateur ainsi que celle reliée au vase d'expansion (voir chapitre 3).

12 Introduire l'extrémité d'un tuyau d'arrosage dans l'orifice de la durit supérieure du radiateur et faire circuler de l'eau dans le radiateur. Continuer le rinçage jusqu'à ce que l'eau sorte parfaitement propre par l'orifice de la durit inférieure.

13 Si au bout d'un certain moment, l'eau sortant du radiateur est encore trouble, le radiateur doit alors être rincé en utilisant un produit nettoyant-détartrant pour radiateurs du commerce, en suivant les instructions de sa notice d'emploi. Si le radiateur est particulièrement entartré et corrodé, le rincer à l'envers en introduisant l'extrémité du tuyau d'arrosage par l'orifice du bas.

Rinçage du bloc-moteur

14 Pour effectuer le rinçage du bloc-moteur, remonter le bouchon de vidange au niveau du collecteur d'eau, à la partie arrière de la culasse, puis refermer la vis de purge.

15 Déposer le boîtier thermostatique (voir chapitre 3).

16 La durit inférieure étant débranchée au niveau du radiateur, introduire l'extrémité d'un tuyau d'arrosage dans le boîtier thermostatique. Faire circuler de l'eau à travers le bloc-moteur et continuer le rinçage jusqu'à ce que l'eau sorte parfaitement propre par la durit inférieure.

17 Le rinçage une fois terminé, reposer le boîtier thermostatique et rebrancher les durits comme indiqué au chapitre 3.

Remplissage du circuit de refroidissement

18 Avant de procéder au remplissage du circuit de refroidissement, s'assurer que toutes les durits et les colliers sont en bon état et bien serrés. A noter qu'une solution de refroidissement de type « quatre saisons » avec antigel incorporé doit être utilisée tout au long de l'année afin de prévenir la corrosion des organes du moteur (voir paragraphe ci-dessous à ce sujet).

19 Enlever le bouchon du vase d'expansion.

20 Ouvrir la vis de purge du circuit de refroidissement (voir point 5 ci-dessus).

21 Certains éléments du circuit de refroidissement étant situées plus haut que le vase d'expansion, il est nécessaire d'utiliser un « collecteur de tête » afin d'expulser l'air du circuit. Un cylindre de charge est prévu à cet effet comme outil d'atelier. A défaut, cet appareil peut être remplacé par un bidon (d'une contenance minimale de 2 litres) raccordé hermétiquement au goulot du vase d'expansion **(voir illustration)**.

22 Monter le « collecteur de tête » sur le vase d'expansion à la place du bouchon et remplir lentement le circuit, y compris le « collecteur de tête », tout en surveillant l'orifice de purge. Dès que le liquide s'écoule par l'orifice de purge, sans bulles d'air, fermer la vis : veiller à bien la serrer. Continuer d'incorporer du liquide dans le circuit jusqu'à disparition des bulles d'air dans le « collecteur de tête ». Pincer par de brèves pressions la durit inférieure du radiateur afin de faciliter l'évacuation de l'air retenu dans le circuit.

23 Après s'être assuré que le liquide ne contient plus de bulles d'air, vérifier que le niveau de liquide dans le « collecteur de tête » se situe au moins à mi-hauteur, soit une contenance minimale de 1 litre, puis mettre le moteur en marche et le faire tourner au ralenti accéléré (ne pas dépasser 2 000 tr/min) jusqu'à enclenchement et arrêt à

DEUX reprises du motoventilateur de refroidissement, tout en maintenant le niveau dans le « collecteur de tête ». Arrêter ensuite le moteur.

Attention : Prendre garde de ne pas se brûler au contact du liquide chaud

24 Laisser refroidir le moteur puis vidanger le « collecteur de tête » et le déposer.

25 Le moteur étant froid, revérifier le niveau de liquide dans le vase d'expansion et le rétablir au besoin (voir « *Contrôles hebdomadaires* » au début du manuel). Reposer ensuite le bouchon du vase d'expansion, en le serrant bien. Rincer à l'eau froide les éclaboussures de liquide de refroidissement.

Solution antigel

26 Le liquide de refroidissement doit impérativement être renouvelé selon la périodicité spécifiée. Cela s'avère nécessaire non seulement pour que le liquide conserve ses propriétés antigel mais également pour prévenir la corrosion qui ne tarderait pas à se développer du fait d'une diminution progressive de l'efficacité des additifs anticorrosion contenus dans le liquide.

27 Il convient d'utiliser exclusivement un antigel avec additif du type préconisé par le constructeur (voir « *Lubrifiants et fluides* » au début du manuel). Les proportions d'antigel et d'eau déminéralisée à incorporer et le niveau de protection correspondant contre le gel sont donnés à titre indicatif dans les « *Caractéristiques* » au début du chapitre. Il convient toutefois de se conformer aux instructions de la notice d'emploi de l'antigel utilisé pour le dosage exact.

28 Avant d'ajouter de l'antigel, le circuit de refroidissement doit avoir subi une vidange complète et de préférence, avoir été rincé. L'état des durits ainsi que le serrage de leur raccordement doivent également être contrôlés.

29 Après remplissage du circuit de refroidissement, apposer sur le vase d'expansion une étiquette sur laquelle seront indiqués le type et la concentration d'antigel utilisés ainsi que la date de vidange. Tout appoint ultérieur de liquide dans le circuit de refroidissement doit être fait avec le même type et la même proportion d'antigel.

30 Ne pas utiliser d'antigel prévu pour le circuit de refroidissement des moteurs dans le lave-glace, ce qui risquerait d'endommager la peinture de la carrosserie. Ajouter un produit spécial lave-vitre du commerce dans l'eau du lave-glace en respectant les proportions indiquées sur la notice d'emploi ou bien utiliser un produit prêt à l'emploi.

Tous les 120 000 km

| 22 **Courroie de distribution -** remplacement |

Voir descriptions correspondantes au chapitre 2B.

Tous les 10 ans

| 23 **Coussins gonflables et prétensionneurs de ceintures de sécurité -** remplacement |

D'après les prescriptions du constructeur, les coussins gonflables de sécurité (airbags) et les prétensionneurs de ceintures de sécurité sont à remplacer tous les 10 ans. Se reporter respectivement aux chapitres 12 et 11 pour ces opérations.

Chapitre 2 Partie A :
Opérations s'effectuant sans dépose des moteurs essence

Sommaire

Niveaux de difficulté

Facile, pour les profanes de la mécanique	**Assez facile,** pour les débutants plus avisés	**Assez difficile,** pour les amateurs compétents	**Difficile,** pour les amateurs plus expérimentés	**Très difficile,** pour les initiés et les professionnels

Caractéristiques

Généralités

	Type réglementaire	Code moteur
Désignation des moteurs : *		
Moteur 1,1 l	HFX	TU1JP, L4
Moteur 1,4 l	KFV	TU3JP, L4
Moteur 1,6 l	NFU	TU5JP4, L4

Puissance maxi. :
Moteur 1,1 l . . . . 44,1 kW (norme CEE)/61 ch (norme DIN) à 5 500 tr/min
Moteur 1,4 l . . . . 54 kW (norme CEE)/75 ch (norme DIN) à 5 400 tr/min
Moteur 1,6 l . . . . 80 kW (norme CEE)/110 ch (norme DIN) à 5 800 tr/min
Couple maxi. :
Moteur 1,1 l . . . . 9,4 daN.m à 3 700 tr/min
Moteur 1,4 l . . . . 11,8 daN.m à 3 300 tr/min
Moteur 1,6 l . . . . 14,7 daN.m à 4 000 tr/min
Alésage :
Moteur 1,1 l . . . . 72 mm
Moteur 1,4 l . . . . 75 mm
Moteur 1,6 l . . . . 78,5 mm
Course :
Moteur 1,1 l . . . . 69 mm
Moteur 1,4 l . . . . 77 mm
Moteur 1,6 l . . . . 82 mm
Cylindrée :
Moteur 1,1 l . . . . 1 124 cm³
Moteur 1,4 l . . . . 1 360 cm³
Moteur 1,6 l . . . . 1 587 cm³
Rapport volumétrique :
Moteurs 1,1 et 1,4 l . . . . 10,5 à 1
Moteur 1,6 l . . . . 11 à 1
Sens de rotation du vilebrequin . . . . Sens horaire (vu du côté droit du véhicule)
Emplacement du cylindre n° 1 . . . . Côté boîte de vitesses

* Nota : *Le meilleur moyen pour identifier un moteur consiste à vérifier les indications, accompagnées de différents codes barres, portées sur l'étiquette qui est apposée sur le carter de courroie de distribution. Si cela n'est plus possible, se reporter à la référence du moteur sur laquelle figure le numéro d'ordre de fabrication et le type réglementaire du moteur. Cette référence est gravée sur la face avant du bloc/carter-cylindres, à gauche du filtre à huile. Pour vérifier le niveau de norme antipollution (L4) du moteur, se reporter au 9e caractère du Numéro d'Identification du Véhicule/NIV (norme CEE) : voir « Numéros d'identification du véhicule » à la partie « Références » en fin de manuel. Muni de ce code, s'adresser au service après-vente d'une concession du réseau Citroën pour connaître le niveau de norme antipollution d'un moteur en particulier.*

Jeu aux soupapes (à froid)

Moteurs 1,1 et 1,4 l :
    Admission . . . . 0,2 mm
    Echappement . . . . 0,4 mm
Moteur 1,6 l . . . . Rattrapage automatique par poussoirs hydrauliques

Graissage

Pression d'huile mini. à 80 °C . . . . 4 bars à 4 000 tr/min
Pression d'allumage du témoin d'alerte . . . . 0,8 bar

Couples de serrage   daN.m

Ecrous/vis de couvre-culasse(s) 0,8
Vis de carters de courroie de distribution 0,8
Vis de fixation de poulie de vilebrequin :
    Moteurs 1,1 et 1,4 l 0,8
    Moteur 1,6 l 2,5
Vis de fixation de pignon de distribution de vilebrequin : *
    Moteurs 1,1 et 1,4 l 10
    Moteur 1,6 l :
        Phase 1 4
        Phase 2 . . . . Serrage angulaire de 45 ± 5°
Ecrous/vis de galets tendeur et de renvoi de courroie de distribution :
    Moteurs 1,1 et 1,4 l 2
    Moteur 1,6 l 2,2
Vis de pignons(s) d'arbre(s) à cames 8
Carter-chapeaux de paliers d'arbres à cames sur culasse - moteur 1,6 l :
    Phase 1 . . . . Serrage à la main
    Phase 2 . . . . Préserrage à 0,5
    Phase 3 1
Vis de cale de butée axiale d'arbre à cames (moteurs 1,1 et 1,4 l) 1,6
Vis de culasse :
    Moteurs 1,1 et 1,4 l :
        Phase 1 2
        Phase 2 . . . . Serrage angulaire de 240°
    Moteur 1,6 l :
        Phase 1 2
        Phase 2 . . . . Serrage angulaire de 260°
Ecrous de chapeaux de bielles * 4
Vis de flasque d'étanchéité côté droit du vilebrequin 0,8
Vis de chapeaux de paliers de vilebrequin (moteur 1,6 l) :
    Phase 1 2
    Phase 2 . . . . Serrage angulaire de 49°
Carter-chapeaux de paliers de vilebrequin (moteurs 1,1 et 1,4 l) :
    Vis M11 :
        Phase 1 2
        Phase 2 . . . . Serrage angulaire de 44°
    Vis M6 0,8
Vis de volant moteur * 7
Vis de disque d'entraînement 6,7
Vis d'assemblage moteur-boîte de vitesses . . . . Voir chapitre 7A ou 7B
Vis de fixation de pompe à huile 0,9
Cloche de filtre à huile . . . . Voir chapitre 1A
Support de filtre à huile sur bloc-cylindres (moteur 1,6 l) 1
Vis de gicleurs d'huile de fond de pistons (moteur 1,6 l) 1
Ecrous et vis de fixation de carter d'huile 0,8
Bouchon de vidange du moteur . . . . Voir chapitre 1A
Manocontact de pression d'huile . . . . Voir chapitre 5A
Supports et silentblocs du groupe motopropulseur :
    Côté droit :
        Vis de silentbloc sur caisse 5
        Vis de silentbloc sur support au niveau de la culasse 6
        Vis de support sur culasse 4,5
    Côté gauche :
        Vis de silentbloc sur support au niveau de la boîte de vitesses . . . 6
        Vis de silentbloc sur caisse 5,5
        Vis de support sur boîte de vitesses 5,5
    Arrière :
        Vis de biellette antibasculement sur support de boîte de vitesses . . 6
        Vis de biellette antibasculement sur berceau 6
Vis de roues . . . . Voir chapitre 1A

* Ecrous et vis à changer systématiquement à chaque démontage.

1 Généralités

Utilisation de ce chapitre

Cette première partie du chapitre 2 traite des opérations pouvant être effectuées sans dépose des moteurs essence. Si le moteur a été déposé pour subir une remise en état (voir partie C du chapitre), les opérations préliminaires de démontage décrites ici ne sont naturellement plus valables.

Bien qu'il soit théoriquement possible de déposer et reposer les ensembles bielle-piston avec le moteur demeurant en place, il est toutefois préférable de procéder à ces opérations avec le moteur hors de la voiture. Il est en effet nécessaire de prévoir plusieurs interventions supplémentaires, notamment le nettoyage des pièces et des canaux de graissage. Pour cette raison, elles sont décrites à la partie C de ce chapitre.

La partie C du chapitre est consacrée à la dépose du groupe motopropulseur et au démontage et à la remise état des différentes motorisations.

Particularités des moteurs

Ils s'agit de motorisations appartenant à la famille TU ayant déjà largement fait leurs preuves sur différents modèles Citroën et Peugeot, à quatre cylindres en ligne verticaux, simple arbre à cames en tête et culasse 8 soupapes (moteurs 1,1 et 1,4 l) ou double arbre à cames en tête et culasse 16 soupapes (moteur 1,6 l), disposées transversalement à l'avant de la voiture, avec la boîte de vitesses accouplée à leur côté gauche.

Le vilebrequin tourne sur cinq paliers pourvus de coussinets. Des cales de butée axiale implantées de chaque côté du tourillon n° 2 du vilebrequin dans le bloc/carter-cylindres assurent le réglage de son jeu longitudinal.

La tête des bielles est articulée sur le vilebrequin par des demi-coussinets. Les pistons sont accouplés aux bielles par l'intermédiaire d'axes tubulaires montés serrés dans leur pied. Les pistons en alliage d'aluminium sont garnis de trois segments dont deux de compression et un racleur.

Dans le cas des moteurs 1,1 et 1,4 l, à carter-cylindres en alliage d'aluminium, les alésages reçoivent des chemises de type humide et amovible. L'étanchéité à l'embase de chaque chemise est assurée par un joint torique empêchant l'admission de liquide de refroidissement dans le carter d'huile.

Sur le moteur 1,6 l, les fûts de cylindres sont usinés directement dans la matière du bloc-cylindres en fonte.

Les soupapes d'admission et d'échappement rappelées par un seul ressort hélicoïdal chacune, opèrent dans des guides emmanchés serrés dans la culasse et sont dotées de sièges en acier rapportés, également emmanchés dans la culasse et pouvant être changés séparément en cas d'usure.

Pour les moteurs 1,1 et 1,4 l, l'arbre à cames tournant sur cinq paliers directement usinés dans la culasse en alliage d'aluminium, est entraîné par une courroie crantée et commande les huit soupapes par l'intermédiaire de culbuteurs à rouleaux. Le jeu aux soupapes se règle au moyen d'un dispositif à vis et contre-écrou. La courroie de distribution assure également l'entraînement de la pompe à eau.

Dans le cas du moteur 1,6 l, les deux arbres à cames tournant sur cinq paliers usinés dans la matière de la culasse sont entraînés par une courroie crantée et commandent les seize soupapes par l'intermédiaire de poussoirs hydrauliques avec dispositif de rattrapage automatique du jeu intégré. Les arbres à cames sont coiffés par un carter-chapeaux de paliers assemblé par vis à la culasse. La courroie de distribution assure également l'entraînement de la pompe à eau.

La lubrification du moteur s'effectue sous pression par une pompe à engrenage entraînée par chaîne à partir du côté droit du vilebrequin. L'huile aspirée par la pompe à travers une crépine logée dans le carter d'huile se trouve ensuite admise de force après être passée par un filtre extérieur, dans les canaux de graissage du carter/bloc-cylindres, d'où elle est acheminée vers le vilebrequin (paliers) et le ou les arbres à cames. L'huile parvient aux coussinets de bielles par l'intermédiaire de perçages internes dans le vilebrequin. Les paliers du ou des arbres à cames reçoivent également de l'huile sous pression. Le moteur 1,6 l est pourvu de gicleurs montés sur le bloc-cylindres qui aspergent d'huile le fond des pistons en contribuant ainsi à leur refroidissement. Les bossages du ou des arbres à cames et les soupapes ainsi que tous les autres organes du moteur sont lubrifiés par barbotage.

Opérations pouvant être réalisées sans dépose du moteur

Les opérations qui suivent peuvent être accomplies sans avoir à déposer le moteur :

a) Contrôle des pressions de compression
b) Dépose et repose du ou des couvre-culasses
c) Dépose et repose des carters de courroie de distribution
d) Dépose, repose et réglage de tension de la courroie de distribution
e) Dépose et repose des pignons et des galets de courroie de distribution
f) Remplacement de la ou des bagues d'étanchéité du ou des arbres à cames
g) Dépose, contrôle et repose du ou des arbres à cames et des culbuteurs ou des poussoirs hydrauliques
h) Dépose et repose de la culasse
i) Décalaminage de la culasse et des pistons
j) Dépose et repose du carter d'huile
k) Dépose, contrôle et repose de la pompe à huile
l) Remplacement des bagues d'étanchéité de vilebrequin
m) Contrôle et remplacement des silentblocs du groupe motopropulseur
n) Dépose, contrôle et repose du volant moteur/disque d'entraînement

2 Pressions de compression - contrôle et analyse des résultats

1 En cas de perte de puissance du moteur ou si des ratés ne pouvant pas être attribués au circuit d'alimentation en carburant ou à celui d'allumage sont observés, un contrôle de compression est susceptible de fournir de précieux indices pour l'établissement d'un bilan de l'état du moteur. Cette vérification, si elle est pratiquée régulièrement, peut révéler l'existence d'anomalies latentes avant que celles-ci ne se manifestent par des symptômes apparents.
2 Pour réaliser ce contrôle, le moteur doit être à sa température normale de fonctionnement et la batterie doit être en état de pleine charge. Le concours d'un collaborateur est également nécessaire.
3 Déposer le boîtier des bobines d'allumage ainsi que les bougies (voir respectivement chapitres 5B et 1A pour ces opérations).
4 Raccorder l'embout du compressiomètre au trou de bougie du cylindre n° 1. Utiliser de préférence un compressiomètre muni d'un embout se vissant sur le trou fileté de bougie.
5 Demander à la deuxième personne assistant à l'opération d'accélérer à fond et de lancer le moteur au démarreur. Après un ou deux tours du moteur, la pression de compression doit augmenter pour atteindre son maximum et se stabiliser. Noter la valeur de compression la plus élevée ayant été obtenue.
6 Répéter ce contrôle sur les autres cylindres en notant les valeurs respectives observées.
7 Les pressions relevées sur tous les cylindres doivent se traduire par des valeurs très proches. Un écart de pression entre deux cylindres supérieur à 2 bars atteste la présence d'une anomalie à leur niveau. A noter que la compression doit s'élever rapidement sur un moteur en bon état de fonctionnement. Une pression insuffisante lors de la première phase, suivie d'une augmentation progressive durant les phases suivantes, indique une usure des segments de pistons. Une pression anormalement basse durant la première phase et ne s'élevant pas lors des phases suivantes, dénote une mauvaise étanchéité des soupapes ou un joint de culasse claqué (des fissures dans la culasse peuvent également être à l'origine de ce phénomène). Des dépôts de calamine sous la tête des soupapes peuvent également provoquer une insuffisance de compression.
8 Bien qu'aucune valeur de référence ne soit indiquée par le constructeur, on peut considérer qu'une pression inférieure à 10 bars constitue un indice du mauvais état d'un moteur. S'adresser aux services techniques d'un concessionnaire de la marque ou à un spécialiste en cas de doute sur une valeur de compression.
9 Si la pression de compression relevée au niveau d'un cylindre est insuffisante, se livrer à un test pour établir l'origine du phénomène. Verser une petite quantité d'huile moteur propre (la valeur d'un bouchon de bidon d'huile) par le trou de bougie et recommencer le contrôle de compression.
10 Si la valeur de compression s'améliore

momentanément après avoir incorporé de l'huile, cela dénote une usure de l'alésage du cylindre concerné ou du piston correspondant. Si aucune amélioration n'est constatée, cela témoigne d'un défaut d'étanchéité ou d'une brûlure des soupapes ou encore d'un joint de culasse claqué.

11 Si deux cylindres voisins présentent une pression de compression insuffisante, il est probable que le joint de culasse entre eux soit claqué. La présence de liquide de refroidissement dans l'huile du moteur confirmera cette hypothèse.

12 Si l'un des cylindres présente une pression de compression inférieure de 20 % environ à celle des autres cylindres et qu'un ralenti légèrement irrégulier du moteur est observé, cela peut être dû à l'usure d'une came.

13 Des valeurs de compression anormalement élevées indiqueront un calaminage exagéré des chambres de combustion. Dans ce cas, il conviendra de déposer la culasse et de procéder à son décalaminage (voir chapitre 2C).

14 Au terme de ces vérifications, reposer successivement les bougies et le boîtier des bobines d'allumage, comme décrit aux chapitres 1A et 5B.

3 Calage du moteur et de la distribution au PMH

Nota : *Ne pas faire tourner le moteur lorsque le vilebrequin et le ou les arbres se trouvent pigés en position de calage. Si le moteur doit demeurer dans cette position pendant un certain temps, il sera bon de le signaler au moyen de notes d'avertissement sous forme d'étiquettes par exemple que l'on placera dans l'habitacle de la voiture et dans le compartiment moteur. Cela contribuera à éviter que le moteur ne se trouve sollicité en actionnant le démarreur par inadvertance, ce qui risquerait de se traduire par des dégâts alors que les piges de blocage sont en place.*

1 Des trous de calage destinés à recevoir des piges sont prévus dans le ou les pignons du ou des arbres à cames et le volant moteur/disque d'entraînement du convertisseur de couple. Ils permettent de positionner convenablement le vilebrequin et le ou les arbres à cames au remontage du moteur (de façon à éviter tout risque de contact des soupapes avec les pistons à la repose de la culasse) ou pour effectuer la repose de la courroie de distribution. Lorsque les trous de

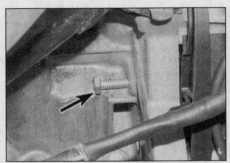

3.4 Volant moteur bloqué avec une pige de 6 mm de diamètre - moteurs 1,1 et 1,4 l

calage sont alignés avec les perçages correspondants dans la culasse et du bloc/carter-cylindres, des piges d'un diamètre approprié peuvent être engagées afin de bloquer en position le ou les arbres à cames et le vilebrequin, les empêchant ainsi de tourner. Pour réaliser cette opération, procéder comme décrit ci-dessous.

2 Déposer le carter supérieur de la courroie de distribution (voir section 5).

Moteurs 1,1 et 1,4 l

3 Tourner le vilebrequin de telle sorte à amener le trou de calage du pignon d'arbre à cames en vis-à-vis du perçage correspondant dans la culasse. L'alignement est obtenu en positionnant le trou dans le pignon en position « 2 heures », cela vu du côté droit du moteur. Le vilebrequin peut être tourné au moyen d'une clé plate ou à douille au niveau de la vis de fixation de son pignon de distribution. Pour avoir accès au côté droit du moteur, extraire les rivets à expansion en plastique après avoir enfoncé légèrement ou soulevé leur goupille centrale, suivant le type, puis déposer la coquille pare-boue du passage de roue. A noter que le vilebrequin ne doit être tourné que dans le sens horaire (cela vu du côté droit du moteur).

4 Le trou de calage dans le pignon d'arbre à cames étant convenablement positionné, introduire une pige constituée d'une tige ou d'une broche de 6 mm de diamètre et de 90 mm de long, soudée à une électrode de soudure courbée pour obtenir le profil adapté, à travers le perçage dans le rebord à l'avant gauche du carter-cylindres et l'engager dans le trou de calage à la partie arrière du volant moteur/disque d'entraînement **(voir illustration)**. Un outil d'atelier est prévu pour cette opération. A noter qu'il peut se révéler nécessaire de tourner

3.5 Pignon d'arbre à cames bloqué avec une vis-pige de 10 mm de diamètre - moteurs 1,1 et 1,4 l

légèrement le vilebrequin pour faire coïncider parfaitement les trous.

5 Le volant moteur/disque d'entraînement étant pigé en position de calage, insérer une pige (vis ou foret) de 10 mm de diamètre à travers le trou de calage du pignon d'arbre à cames et l'engager dans le perçage sur la culasse **(voir illustration)**.

Moteur 1,6 l

6 Tourner le vilebrequin à l'aide d'une clé plate ou à douille en prise sur la vis de fixation de son pignon de distribution de telle manière à amener les trous de calage des pignons d'arbres à cames en vis-à-vis des perçages correspondants dans la culasse. Pour cela, déposer la roue avant droite puis enfoncer légèrement ou soulever leur goupille centrale, suivant le type, extraire les rivets à expansion complets et déposer la coquille pare-boue du passage de roue. A noter que le vilebrequin ne doit être tourné que dans le sens horaire (cela vu du côté droit du moteur).

7 Les trous de calage dans les pignons d'arbres à cames étant correctement positionnés, introduire une pige constituée d'une tige ou d'une broche de 6 mm de diamètre et de 90 mm de long, soudée à une électrode de soudure courbée pour obtenir le profil adapté, à travers le perçage dans le rebord à l'avant gauche du bloc-cylindres et l'engager dans le trou de calage à la partie arrière du volant moteur **(voir illustrations)**. Un outil d'atelier est prévu pour cette opération. A noter qu'il peut se révéler nécessaire de tourner le vilebrequin légèrement pour faire coïncider parfaitement les trous.

8 Le volant moteur étant pigé en position de calage, insérer des piges (vis ou forets) de 8 mm de diamètre à travers les trous de calage des pignons d'arbres à cames et les engager dans les perçages sur la culasse **(voir illustration)**.

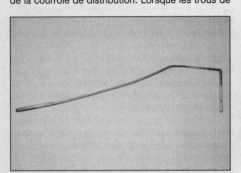

3.7a Broche de 90 mm de long et de 6 mm de diamètre soudée à une électrode de soudure . . .

3.7b . . . à engager dans le perçage sur le rebord du bloc-cylindres - moteur 1,6 l

3.8 Pignons d'arbres à cames bloqués avec des vis-piges de 10 mm de diamètre - moteur 1,6 l

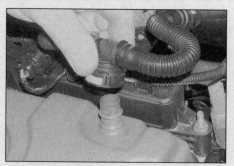

4.2 Débranchement du tuyau de dégazage du couvre-culasse

4.5a Entretoise à récupérer sur chaque goujon de fixation du couvre-culasse . . .

4.5b . . . et dépose du déflecteur d'huile

Moteurs tous types

9 Le vilebrequin et le ou les arbres à cames se trouvent ainsi immobilisés au point de calage, ce qui leur évite toute rotation accidentelle.

4 Couvre-culasse(s) - dépose et repose

Moteurs 1,1 et 1,4 l

Dépose

1 Débrancher la batterie (voir chapitre 5A).
2 Déverrouiller le raccord rapide en appuyant sur son bouton blanc pour débrancher le tuyau de dégazage du couvre-culasse (**voir illustration**).
3 Déposer le boîtier des bobines d'allumage (voir chapitre 5B).
4 Desserrer et enlever les deux écrous de fixation du couvre-culasse puis récupérer les rondelles sur les goujons. Dégager le couvre-culasse avec son joint. Examiner le joint pour s'assurer qu'il n'est pas abîmé : le changer au besoin.
5 Récupérer l'entretoise sur chacun des goujons de fixation du couvre-culasse puis dégager le déflecteur d'huile (**voir illustrations**).

Repose

6 Nettoyer soigneusement les plans de joint de la culasse et du couvre-culasse, en veillant à bien les dégraisser.
7 Equiper le couvre-culasse de son joint, en s'assurant de l'engager correctement sur tout le tour (**voir illustration**).

8 Procéder à la repose du déflecteur d'huile puis mettre en place les entretoises sur les goujons de fixation du couvre-culasse.
9 Installer avec précaution le couvre-culasse, en faisant attention de ne pas déboîter son joint.
10 Monter les rondelles sur les goujons et les écrous de fixation du couvre-culasse, à serrer au couple prescrit.
11 Reposer le boîtier des bobines d'allumage comme décrit au chapitre 5B puis rebrancher le tuyau de dégazage, en veillant à bien verrouiller son raccord sur la tubulure du couvre-culasse, et rebrancher la batterie, en procédant comme indiqué au chapitre 5A.

Moteur 1,6 l

Dépose

12 Débrancher la batterie et déposer le boîtier des bobines d'allumage (voir respectivement chapitres 5A et 5B pour ces opérations).
13 Desserrer progressivement et uniformément, en opérant en spirale de l'extérieur vers l'intérieur, les vis de fixation puis dégager les couvre-culasses. Récupérer les joints.

Repose

14 Nettoyer soigneusement les plans de joint de la culasse et des couvre-culasses, en veillant à bien les dégraisser.

15 Vérifier l'état du joint composite de chacun des couvre-culasses qui peut supporter plusieurs démontages. Si un joint est abîmé, il peut être réparé partiellement avec de la pâte d'étanchéité siliconée, genre « Loctite Auto Joint Or ».
16 Réinstaller les couvre-culasses, en serrant leurs vis de fixation dans l'ordre prescrit (**voir illustration**).
17 Procéder à la repose du boîtier des bobines d'allumage, comme décrit au chapitre 5B.
18 Rebrancher la batterie, en opérant comme indiqué au chapitre 5A.

5 Carters de courroie de distribution - dépose et repose

Carter supérieur

Moteurs 1,1 et 1,4 l

1 Desserrer et enlever les deux vis de fixation (une à l'avant et la seconde à l'arrière) puis dégager le carter supérieur de la culasse (**voir illustration**).

Moteur 1,6 l

2 Installer un cric rouleur sous le moteur, en veillant à interposer une cale de bois de façon à ne pas enfoncer le carter d'huile. Actionner le cric pour reprendre le poids du groupe motopropulseur.
3 Desserrer les trois vis de fixation sur le support au niveau du moteur et les deux vis de fixation sur la caisse puis déposer l'ensemble du silentbloc côté droit du groupe motopropulseur et récupérer

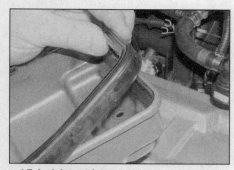

4.7 Le joint est à engager correctement sur tout le tour du couvre-culasse

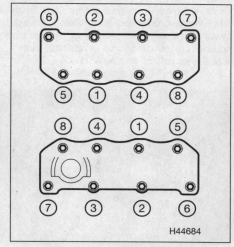

H44684

4.16 Ordre de serrage des vis des couvre-culasses - moteur 1,6 l

5.1 Vis de fixation du carter supérieur de la courroie de distribution - moteurs 1,1 et 1,4 l

5.3 Vis de fixation de l'ensemble du silentbloc côté droit du groupe motopropulseur - moteur 1,6 l

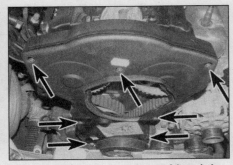

5.4 Vis de fixation du carter supérieur de la courroie de distribution - moteur 1,6 l

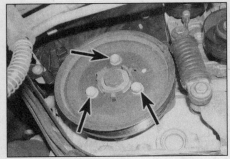

5.7a Vis de fixation à desserrer . . .

la patte de renfort **(voir illustration)**. Desserrer ensuite ses trois vis de fixation et dégager le support du moteur.

4 Desserrer les deux vis inférieures et les cinq vis supérieures puis dégager le carter supérieur **(voir illustration)**.

Carter inférieur

5 Procéder à la dépose du carter supérieur (voir opération précédente).

6 Déposer la courroie d'accessoires (voir chapitre 1A).

7 Desserrer ses trois vis de fixation et déposer la poulie de vilebrequin, en veillant à bien repérer au préalable son sens de montage **(voir illustrations)**.

8 Desserrer et enlever les vis de fixation puis dégager le carter inférieur **(voir illustration)**.

Carter intérieur - moteur 1,6 l

9 Déposer les pignons d'arbres à cames et le galet tendeur de courroie de distribution (voir section 7).

10 Desserrer ses vis de fixation et dégager le carter intérieur **(voir illustration)**.

Repose

Carter supérieur

11 La repose s'opère à l'inverse de la dépose, en serrant les vis de fixation du carter au couple prescrit. Dans le cas des versions à moteur 1,6 l, veiller à serrer les vis de fixation de l'ensemble

silentbloc et support côté droit du groupe motopropulseur aux couples préconisés.

Carter inférieur

12 Installer le carter inférieur puis monter ses vis de fixation et les serrer au couple préconisé.

13 Engager la poulie en bout de vilebrequin, en s'assurant de la monter dans le bon sens puis serrer ses vis de fixation au couple spécifié.

14 Effectuer la repose du carter supérieur.

15 Reposer et tendre la courroie d'accessoires, en se reportant au chapitre 1A pour ces opérations.

Carter intérieur - moteur 1,6 l

16 La repose s'effectue en sens inverse de dépose, en s'assurant d'engager correctement le bord inférieur en forme de coupelle du carter avec la gorge en haut du flasque d'étanchéité du vilebrequin.

---

6 Courroie de distribution - dépose et repose

1 La courroie de distribution entraîne le ou les arbres à cames et la pompe à eau à partir d'un pignon monté côté droit du vilebrequin. Si la courroie vient à lâcher ou à patiner en cours de fonctionnement du moteur, une collision risque de se produire entre les pistons et la tête des soupapes avec de sérieux et coûteux dégâts mécaniques pouvant en résulter.

2 La courroie de distribution doit être changée aux échéances prévues par le programme d'entretien périodique (voir chapitre 1A) ou prématurément si elle est imprégnée d'huile ou bruyante (bruit de « raclement » dû à une usure irrégulière).

3 En cas de dépose de la courroie de distribution, il est conseillé de profiter de l'occasion pour contrôler l'état de la pompe à eau (vérification pour détecter d'éventuelles fuites), ce qui évitera d'avoir à redéposer ultérieurement la courroie en cas de défectuosité de la pompe.

Dépose

4 Débrancher la batterie (voir chapitre 5A).

5 Aligner les trous de calage du moteur et de la distribution puis bloquer le volant moteur/disque d'entraînement et le ou les pignons d'arbre(s) à cames au point de calage avec des piges (voir section 3).

Attention : Ne pas faire tourner le vilebrequin avec les piges en place

6 Procéder à la dépose du carter inférieur de la courroie de distribution (voir section précédente).

Moteurs 1,1 et 1,4 l

7 Installer un cric rouleur sous le moteur, en veillant à interposer une cale de bois de façon à ne pas enfoncer le carter d'huile. Actionner le cric pour reprendre le poids du groupe motopropulseur.

8 Desserrer les trois vis de fixation sur le support au niveau du moteur et les deux vis de fixation sur la caisse puis déposer l'ensemble du silentbloc

5.7b . . . pour la dépose de la poulie de vilebrequin

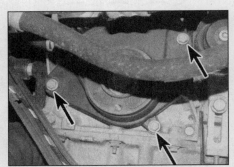

5.8 Vis de fixation du carter inférieur de la courroie de distribution

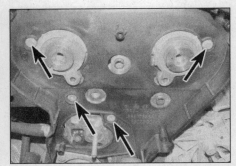

5.10 Vis de fixation du carter intérieur de la courroie de distribution - moteur 1,6 l

6.8 Vis de fixation de l'ensemble du silentbloc côté droit du groupe motopropulseur - moteurs 1,1 et 1,4 l

6.9 Détente de la courroie de distribution en faisant pivoter le galet tendeur dans le sens horaire - moteurs 1,1 et 1,4 l

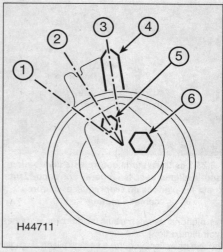

H44711

6.10 Tension de courroie de distribution - moteur 1,6 l

1 Position de tension minimale
2 Position de tension normale
3 Position de tension maximale
4 Index
5 Empreinte pour clé six pans
6 Vis de fixation du galet tendeur

côté droit du groupe motopropulseur et récupérer la patte de renfort **(voir illustration)**. Desserrer ensuite ses trois vis de fixation et dégager le support du moteur.

9 Débloquer son écrou de fixation puis faire pivoter le galet tendeur de 60° environ dans le sens horaire, à l'aide d'une clé Allen engagée dans l'empreinte au niveau de son moyeu pour détendre la courroie de distribution puis rebloquer l'écrou **(voir illustration)**.

Moteur 1,6 l

10 Débloquer sa vis de fixation puis agir sur le galet tendeur dans le sens horaire au moyen d'une clé Allen en prise dans l'empreinte au niveau de son excentrique de façon à amener l'index à la position de tension minimale et rebloquer la vis pour maintenir le galet en position détendue **(voir illustration)**.

Moteurs tous types

11 En cas de réutilisation de la courroie de distribution, veiller à bien repérer son sens de défilement en la marquant d'une touche de peinture blanche dans le cas où aucune flèche directionnelle n'est prévue d'origine. Dégager ensuite la courroie des pignons.

12 Ausculter la courroie de distribution pour s'assurer qu'elle ne présente pas d'usure irrégulière, qu'elle n'est pas fendue, écorchée au dos ni imprégnée d'huile. Prêter une attention particulière au bord d'attaque des crans qui ne doivent pas commencer à se détacher. Changer la courroie dans le moindre doute sur son état. Si le moteur est en cours de remise en état et que la courroie a atteint 60 000 km, la remplacer systématiquement, quel que soit son état apparent. Le coût d'une courroie neuve est minime par rapport à celui induit par des réparations si la courroie venait à céder en cours de fonctionnement du moteur. Si la courroie est imprégnée d'huile, localiser l'origine de la fuite responsable du phénomène et y remédier. Nettoyer avec un solvant-dégraissant approprié les emplacements se trouvant sur le passage de la courroie de distribution ainsi que toutes les pièces associées pour les débarrasser des traces huileuses.

13 Avant de procéder à la repose de la courroie de distribution, nettoyer soigneusement ses pignons. Vérifier que le galet tendeur tourne librement, sans points durs. Au besoin, remplacer

le galet comme indiqué en section suivante. S'assurer que les piges de blocage au point de calage sont bien en place, ainsi que décrit en section 3.

Repose

Moteurs 1,1 et 1,4 l

14 Installer la courroie de distribution, en veillant à ce que ses flèches soient dirigées dans le bon sens (sens horaire, vu du côté droit du moteur).

15 Ne pas plier la courroie en l'installant. Engager la courroie sur les pignons de vilebrequin et d'arbre à cames. S'assurer que son brin avant est bien tendu, c'est-à-dire que le jeu existant dans la courroie doit se situer sur le côté galet tendeur. Mettre la courroie en prise sur le pignon de pompe à eau et le galet tendeur. Veiller à ce que les crans de la courroie soient bien positionnés axialement sur les dents des pignons.

16 Enlever les piges de blocage au point de calage du volant moteur/disque d'entraînement et du pignon d'arbre à cames puis débloquer son écrou de fixation, agir sur le galet tendeur dans le sens anti-horaire au moyen d'une clé Allen de manière à amener son index à la position de tension maximale puis rebloquer l'écrou **(voir illustration)**.

17 Donner 4 tours complets au vilebrequin à l'aide d'une clé à douille en prise sur la vis de fixation de son pignon de distribution puis réinstaller la pige de blocage au point de calage du volant moteur/disque d'entraînement.

18 S'assurer du calage correct de la distribution en remontant la pige du pignon d'arbre à cames (voir section 3). Si la pige ne peut pas être engagée, redébloquer l'écrou de fixation du galet tendeur, redéposer la courroie de distribution, enlever les piges de blocage et reprendre les opérations de repose et de tension de la courroie, depuis le début (point 14).

19 Redéposer les piges de blocage au point de calage du volant moteur/disque d'entraînement et du pignon d'arbre à cames.

20 Tout en retenant le galet tendeur avec la clé Allen pour maintenir la courroie tendue, débloquer son écrou de fixation puis agir sur le galet de sorte à amener l'index à la position de tension normale **(voir illustration 6.16)**. Bloquer ensuite l'écrou de fixation du galet au couple préconisé.

21 Donner deux tours complets supplémentaires

au vilebrequin dans le sens horaire puis vérifier que le volant moteur/disque d'entraînement et le pignon d'arbre à cames se trouvent bien au point de calage en remontant les piges de blocage.

22 Réinstaller l'ensemble du support et silentbloc côté droit du groupe motopropulseur, en serrant ses vis de fixation aux couples prescrits. Procéder ensuite à la repose des carters de la courroie de distribution comme décrit en section précédente puis rebrancher la batterie, en se reportant au chapitre 5A pour cette opération.

Moteur 1,6 l

23 Installer la courroie de distribution, en veillant à ce que ses flèches soient dirigées dans le bon sens (sens horaire, vu du côté droit du moteur). A noter que les courroies neuves sont pourvues de trois traits à aligner avec les repères correspondants sur

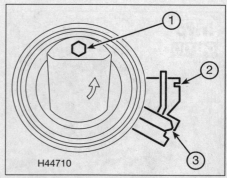

H44710

6.16 Tension de courroie de distribution - moteurs 1,1 et 1,4 l

1 Empreinte pour clé six pans
2 Position de tension normale
3 Position de tension maximale

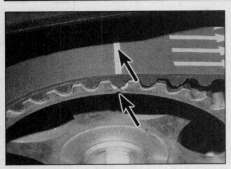

6.23 Les traits sur la courroie de distribution sont à aligner avec les repères correspondants sur les pignons de vilebrequin et d'arbres à cames - moteur 1,6 l

les pignons de vilebrequin et d'arbres à cames **(voir illustration)**.

24 Ne pas plier la courroie en l'installant. Engager la courroie sur les pignons d'arbres à cames, en commençant par celui d'admission, puis sur le galet de renvoi et le pignon de vilebrequin, en faisant coïncider ses traits avec les repères sur les pignons. S'assurer que le brin avant de la courroie est bien tendu, c'est-à-dire que le jeu existant doit se situer sur le côté galet tendeur. Retenir la courroie au niveau du pignon de vilebrequin en utilisant un collier en plastique. Mettre ensuite la courroie en prise sur le pignon de pompe à eau et le galet tendeur. Veiller à ce que les crans de la courroie soient bien positionnés axialement sur les dents des pignons. Enlever les piges de blocage au point de calage du volant moteur et des pignons d'arbres à cames puis détacher le collier en plastique.

25 Débloquer la vis de fixation et agir sur le galet tendeur au moyen de la clé Allen en prise dans l'empreinte de l'excentrique de façon à amener l'index à la position de tension maximale **(voir illustration 6.10)**. Rebloquer ensuite la vis de fixation du galet.

26 Donner quatre tours complets au vilebrequin dans le sens horaire et remonter la pige de blocage du volant moteur.

27 Débloquer la vis de fixation et agir sur le galet tendeur au moyen de la clé Allen de manière à amener l'index à la position de tension normale

info OUTIL

Blocage du pignon d'arbre à cames avec un outil improvisé pour desserrer sa vis de fixation (vue avec culasse déposée)

(voir illustration 6.10). Bloquer ensuite la vis de fixation du galet au couple prescrit.

28 Retirer la pige de blocage du volant moteur puis donner deux tours complets supplémentaires au vilebrequin dans le sens horaire et vérifier la position de l'index du galet tendeur : il ne doit pas être décalé de plus de 2 mm par rapport à la position de tension normale, sinon les opérations de repose de la courroie sont à reprendre depuis le début (point 23).

29 Effectuer la repose des carters de la courroie de distribution, comme décrit en en section précédente, puis rebrancher la batterie, en se reportant au chapitre 5A pour cette opération.

---

7 Pignons et galets de courroie de distribution - dépose, contrôle et repose

Dépose

Pignon d'arbre à cames - moteurs 1,1 et 1,4 l

1 Procéder à la dépose de la courroie de distribution (voir section précédente).

2 Enlever les piges de blocage au point de calage du volant moteur/disque d'entraînement et du pignon d'arbre à cames puis à l'aide d'une clé plate ou à douille en prise sur la vis de fixation de son pignon de distribution, faire revenir le vilebrequin en arrière (dans le sens anti-horaire) d'un quart de tour de façon à prévenir tout contact accidentel entre les pistons et les soupapes.

3 Desserrer et enlever la vis de fixation du pignon d'arbre à cames avec sa rondelle. L'arbre à cames doit être immobilisé, afin de l'empêcher de tourner, au déblocage de la vis de fixation de son pignon. A défaut de l'outil d'atelier prévu à cet effet, un équivalent peut être réalisé comme suit : assembler avec un boulon formant pivot deux morceaux d'acier plat (l'un étant plus long que l'autre) pour obtenir une fourche puis fixer avec des boulons les deux extrémités de la fourche au niveau des perçages du pignon **(voir « info OUTIL »)**.

Attention : Ne pas utiliser la pige de blocage au point de calage du pignon pour empêcher sa rotation au desserrage de la vis

4 Après avoir enlevé la vis de fixation, extraire le pignon en bout d'arbre à cames. Si la goupille de centrage du pignon s'est dégagée de son logement, la récupérer pour la ranger en lieu sûr.

7.8 Arbre à cames immobilisé avec une clé plate pour le déblocage de la vis de fixation de son pignon - moteur 1,6 l

Examiner la bague d'étanchéité d'arbre à cames pour s'assurer de l'absence de fuites. La remplacer si son état le justifie (voir section suivante).

Pignons d'arbres à cames - moteur 1,6 l

5 Déposer les deux couvre-culasses (voir section 4).

6 Déposer la courroie de distribution (voir section précédente).

7 Enlever les piges de blocage au point de calage du volant moteur et des pignons d'arbres à cames puis à l'aide d'une clé plate ou à douille en prise sur la vis de fixation de son pignon de distribution, faire revenir le vilebrequin en arrière (dans le sens anti-horaire) d'un quart de tour de façon à prévenir tout contact accidentel entre les pistons et les soupapes.

8 Immobiliser l'arbre à cames concerné par l'opération avec une clé plate au niveau de son empreinte carrée entre les cames pour pouvoir débloquer la vis de fixation du pignon **(voir illustration)**.

Attention : Ne pas utiliser la pige de blocage au point de calage du pignon pour empêcher sa rotation au desserrage de la vis

9 Après avoir enlevé la vis de fixation, extraire le pignon en bout d'arbre à cames. A noter que la clavette est intégrée au pignon. Examiner la bague d'étanchéité correspondante pour s'assurer de l'absence de fuites. La remplacer s'il y a lieu (voir section suivante).

Pignon de vilebrequin

10 Déposer la courroie de distribution (voir section précédente).

11 Débloquer la vis de fixation du pignon. Afin d'empêcher le vilebrequin de tourner au desserrage de la vis sur les véhicules à boîte de vitesses manuelle, enclencher le 5e rapport et demander à quelqu'un d'autre d'actionner à fond la pédale de frein. Si le moteur a été déposé du véhicule ou dans le cas des véhicules à boîte de vitesses automatique, il sera nécessaire d'immobiliser le volant moteur/disque d'entraînement (voir section 15).

Attention : Ne pas se servir de la pige de blocage au point de calage du volant moteur/disque d'entraînement pour empêcher la rotation du vilebrequin : enlever provisoirement la pige et la reposer suite au déblocage de la vis

12 Finir de desserrer la vis de fixation et l'enlever avec sa rondelle puis dégager le pignon en bout de vilebrequin **(voir illustrations)**.

7.12a Dépose de la vis de fixation avec sa rondelle . . .

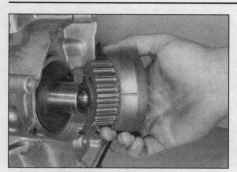

7.12b . . . et du pignon de vilebrequin

13 Si la clavette demi-lune a été délogée de sa rainure sur le vilebrequin, la récupérer et la ranger en lieu sûr avec le pignon. Si prévue, enlever également l'entretoise à embase à l'extrémité du vilebrequin **(voir illustration)**. Vérifier que la bague d'étanchéité de vilebrequin ne présente pas de signes de fuite. La changer au besoin (voir section 14).

Galet tendeur

14 Déposer le carter inférieur de la courroie de distribution (voir section 5).
15 Aligner les trous de calage du moteur et de la distribution puis bloquer le volant moteur/disque d'entraînement et le ou les pignons d'arbre(s) à cames au point de calage avec des piges (voir section 3).
16 Desserrer et enlever l'écrou ou la vis de fixation puis dégager le galet tendeur de son axe. Examiner l'axe : le changer s'il est en mauvais état.

Galet de renvoi - moteur 1,6 l

17 Déposer le carter inférieur de la courroie de distribution (voir section 5).
18 Bloquer le volant moteur et les pignons d'arbres à cames au point de calage avec des piges (voir section 3).
19 Débloquer la vis de fixation du galet tendeur afin de détendre la courroie de distribution.
20 Débloquer et enlever son écrou de fixation puis dégager le galet de renvoi de son axe. Examiner l'axe : le changer s'il est en mauvais état.

Contrôle

21 Nettoyer soigneusement les pignons et les remplacer s'ils présentent des signes manifestes d'usure, s'ils sont endommagés ou fêlés.

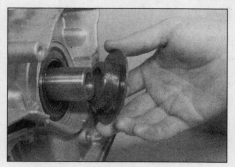

7.13 Dépose de l'entretoise (si prévue) en bout de vilebrequin

22 Nettoyer le galet tendeur et éventuellement le galet de renvoi, en évitant les solvants agressifs qui risqueraient de s'imprégner dans le roulement et de dissoudre le lubrifiant. Vérifier que le ou les galets tournent librement sur leur moyeu, sans points durs ni jeu exagéré. Remplacer le ou les galets dans le moindre doute sur leur état et s'ils sont visiblement usés ou détériorés.
23 Examiner la courroie de distribution (voir section précédente). Elle est à changer dans le moindre doute sur son état.

Repose

Pignon(s) d'arbre(s) à cames

24 Reposer éventuellement sa goupille de centrage puis réinstaller le pignon en bout d'arbre à cames. S'assurer de bien engager la goupille ou la clavette intégrée dans le logement à l'extrémité de l'arbre à cames. A signaler que dans le cas des versions à moteur 1,6 l, les pignons d'arbres d'échappement et d'admission sont repérés respectivement par les lettres « E » et « A » **(voir illustrations)**.
25 Remonter la vis de fixation du pignon munie de sa rondelle. Serrer la vis au couple prescrit tout en immobilisant l'arbre à cames par la méthode indiquée lors de la dépose.
26 Réaligner le ou les trous de calage du ou des pignons d'arbre(s) à cames avec le ou les perçages correspondants dans la culasse et remettre en place la ou les piges de blocage (voir section 3).
27 Tourner le vilebrequin d'un quart de tour dans le sens horaire de manière à ramener le moteur au point de calage et à pouvoir remonter la pige de blocage du volant moteur/disque d'entraînement.
28 Procéder à la repose de la courroie de

distribution, comme décrit en section précédente. Pour les versions à moteur 1,6 l, effectuer la repose des couvre-culasses, en se reportant à la section 4 pour cette opération.

Pignon de vilebrequin

29 Si elle a été déposée, remettre en place la clavette demi-lune sur le vilebrequin puis le cas échéant l'entretoise, en faisant coïncider sa rainure avec la clavette.
30 Faire coïncider le logement sur le pignon de vilebrequin avec la clavette demi-lune et engager le pignon.
31 Enlever provisoirement la pige de blocage du volant moteur/disque d'entraînement puis remonter la vis de fixation du pignon de vilebrequin pourvue de sa rondelle. Serrer la vis au couple préconisé tout en immobilisant le vilebrequin par la méthode employée lors de la dépose. Remettre en place la pige de blocage au point de calage du volant moteur/disque d'entraînement.
32 Effectuer la repose de la courroie de distribution, comme décrit en section précédente.

Galet de renvoi - moteur 1,6 l

33 Réinstaller le galet de renvoi sur son axe, remonter l'écrou de fixation et le serrer au couple prescrit.
34 S'assurer que le brin avant de la courroie de distribution est bien tendu, c'est-à-dire que le jeu existant dans la courroie doit se situer du côté galet tendeur, puis vérifier que les crans de la courroie sont bien positionnés axialement sur les dents de tous les pignons. Faire pivoter le galet tendeur dans le sens anti-horaire pour rattraper le jeu dans la courroie (voir section précédente pour la méthode) puis rebloquer l'écrou ou la vis tout en maintenant la position du galet.
35 Tendre ensuite la courroie de distribution, comme décrit en section précédente.
36 Procéder à la repose des carters de la courroie de distribution, comme indiqué en section 5.

Galet tendeur

37 Installer le galet, en veillant à bien faire coïncider sa fente avec l'axe, et remonter l'écrou ou la vis de fixation **(voir illustration)**.
38 S'assurer que le brin avant de la courroie de distribution est bien tendu, c'est-à-dire que le jeu existant dans la courroie doit se situer sur le côté galet tendeur. Veiller à ce que les crans de la courroie soient bien positionnés axialement sur les dents de tous les pignons. Faire pivoter le galet

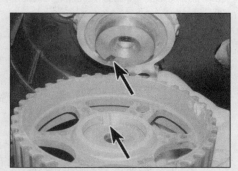

7.24a Logement et goupille de centrage de pignon d'arbre à cames - moteur 1,6 l

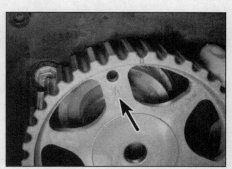

7.24b Pignon d'arbres à cames repéré « A » pour admission - moteur 1,6 l

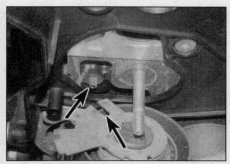

7.37 Axe de galet tendeur à faire coïncider avec la fente

tendeur dans le sens anti-horaire pour rattraper le jeu dans la courroie (voir section précédente pour la méthode) puis rebloquer l'écrou ou la vis tout en maintenant la position du galet.

39 Tendre ensuite la courroie de distribution, comme décrit en section précédente.

40 Reposer les carters de courroie de distribution, comme indiqué en section 5.

8 Bague(s) d'étanchéité d'arbre(s) à cames - remplacement

Nota : *En cas de fuite au niveau d'une bague d'étanchéité d'arbre à cames, vérifier que la courroie de distribution n'est pas imprégnée d'huile, auquel cas elle devra être changée. S'assurer de bien dégraisser les pignons et les zones environnantes avant d'installer la courroie neuve.*

1 Procéder à la dépose du pignon d'arbre à cames concerné (voir section précédente).

2 Amorcer au pointeau ou percer deux avant-trous à l'opposé l'un de l'autre dans la bague d'étanchéité et y fixer des vis à tôle sur lesquelles on tirera avec une pince pour l'extraire. En alternative, dégager avec précaution la bague d'étanchéité au moyen d'un tournevis à lame plate (voir illustration).

3 Nettoyer le logement de la bague d'étanchéité, en supprimant les bavures et les arêtes vives susceptibles d'avoir provoqué la défaillance de la bague d'origine.

4 Lubrifier la lèvre de la bague d'étanchéité neuve à l'huile moteur propre et la monter en l'enfonçant jusqu'à ce qu'elle vienne en butée contre l'épaulement. Utiliser un poussoir tubulaire, genre douille, portant uniquement contre le rebord extérieur dur de la bague. Veiller à ne pas abîmer la lèvre de la bague lors de sa mise en place. A noter que la lèvre de la bague est à orienter côté intérieur.

5 Effectuer la repose du pignon d'arbre à cames, comme décrit en section précédente.

9 Jeu aux soupapes - contrôle et réglage

Nota 1 : *Le jeu aux soupapes se contrôle et se règle moteur froid.*

Nota 2 : *Cette opération ne concerne que les versions à moteurs 1,1 et 1,4 l, celles à moteur 1,6 l étant équipées de poussoirs hydrauliques avec dispositif de rattrapage automatique du jeu intégré.*

1 Le réglage correct du jeu aux soupapes est une condition essentielle au bon fonctionnement du moteur. Si ce jeu est trop important, le moteur sera bruyant (claquements ou cognements caractéristiques) et son rendement s'en trouvera diminué du fait d'une ouverture trop tardive ou d'une fermeture prématurée des soupapes. Des conséquences nettement plus sérieuses peuvent résulter d'un jeu aux soupapes insuffisant. Dans ce cas, les soupapes risquent de ne pas se fermer complètement lorsque le moteur est chaud avec des dommages irréversibles s'en suivant (sièges de soupapes brûlés et/ou culasse déformée ou fêlée entre autres). Pour contrôler et régler le jeu aux soupapes, opérer comme suit :

2 Déposer le couvre-culasse (voir section 4).

3 Le vilebrequin doit être tourné à l'aide d'une clé à douille avec rallonge en prise sur la vis de fixation de son pignon de distribution. Pour y accéder, débloquer les vis de la roue avant droite, serrer le frein à main puis lever l'avant de la voiture au cric et le poser sur chandelles (voir « *Levage et soutien du véhicule* »). Déposer la roue puis extraire les rivets à expansion en plastique après avoir enfoncé légèrement ou soulevé leur goupille centrale, suivant le type, pour déposer la coquille pare-boue du passage de roue.

4 Il est impératif que le jeu à chaque soupape soit contrôlé et réglé alors que la soupape se trouve en position de pleine fermeture, avec son culbuteur reposant sur le talon (partie opposée au sommet) de la came correspondante. Pour être certain que ces conditions soient réunies, procéder dans l'ordre indiqué ci-dessous en notant que le cylindre n° 1 se trouve côté boîte de vitesses du moteur. Les valeurs de réglage sont données dans les « *Caractéristiques* » figurant au début du chapitre. L'emplacement des soupapes peut être déterminé à partir de la position du collecteur d'échappement et de la tubulure d'admission.

Soupape, pleine ouverture	Soupapes à régler
N° 1 Ech.	N° 3 Adm. et N° 4 Ech.
N° 3 Ech.	N° 4 Adm. et N° 2 Ech.
N° 4 Ech.	N° 2 Adm. et N° 1 Ech.
N° 2 Ech.	N° 1 Adm. et N° 3 Ech.

5 Tourner le vilebrequin pour amener la soupape d'échappement du cylindre n° 1 en position de pleine ouverture puis vérifier le jeu respectivement au niveau de la soupape d'admission du cylindre n° 3 et de celle d'échappement du cylindre n° 4 qui se trouveront alors en position de pleine fermeture. Ce contrôle s'effectue en glissant une cale de l'épaisseur prescrite entre la queue de soupape et la vis de réglage du culbuteur. La cale doit pouvoir passer en frottant légèrement, sans toutefois accrocher. En cas de nécessité, débloquer son contre-écrou et agir sur la vis de réglage pour ajuster le jeu (voir illustration). Le réglage correct une fois obtenu, maintenir la vis en position pour rebloquer le contre-écrou. Recontrôler le jeu à la soupape et le retoucher au besoin.

6 Tourner le vilebrequin pour amener la soupape d'échappement suivante dans l'ordre indiqué en pleine ouverture et contrôler le jeu aux deux soupapes correspondantes.

7 Répéter ces opérations jusqu'à ce que le jeu aux huit soupapes ait été contrôlé et éventuellement réglé puis remettre en place le couvre-culasse, en procédant comme décrit en section 4. Remettre en place la coquille pare-boue du passage de roue, en veillant à la fixer correctement avec ses rivets à expansion en plastique puis reposer la roue, descendre la voiture au sol et serrer les vis de la roue au couple prescrit.

10 Arbre(s) à cames et culbuteurs/poussoirs hydrauliques - dépose, contrôle et repose

1 Dans le cas des versions à moteur 1,6 l, les deux arbres à cames commandent les seize soupapes par l'intermédiaire de poussoirs hydrauliques à rattrapage automatique du jeu, interposés entre les cames et le haut des soupapes. Pour les versions à moteurs 1,1 et 1,4 l, l'arbre à cames commande les huit soupapes par le biais de culbuteurs à rouleaux. La rampe de culbuteurs est fixée sur le haut de la culasse par l'intermédiaire des vis de cette dernière. Bien qu'il soit théoriquement possible de desserrer les vis de culasse et de dégager la rampe de culbuteurs sans dépose de la culasse, cette façon de procéder n'est cependant pas recommandée compte tenu qu'après avoir enlevé les vis, le joint de culasse risque de bouger, ce qui se traduira presque à coup sûr par la suite par une fuite ou un claquage du joint. Pour cette raison, la dépose de la rampe de culbuteurs ne peut avoir lieu sans dépose de la culasse et remplacement de son joint.

2 Sur les versions à moteur 1,6 l, les arbres à cames se déposent par le haut de la culasse. Dans le cas des versions à moteurs 1,1 et 1,4 l, l'arbre à cames se dépose par le côté droit de la culasse et ne peut donc être dégagé sans dépose préalable de celle-ci par manque de recul.

Dépose

Rampe de culbuteurs - moteurs 1,1 et 1,4 l

3 Déposer la culasse (voir section suivante).

4 Pour démonter la rampe de culbuteurs, extraire en procédant avec précaution le jonc d'arrêt à l'extrémité droite de l'axe tout en retenant le palier

8.2 Dépose de la bague d'étanchéité d'arbre à cames - moteurs 1,1 et 1,4 l

9.5 Réglage du jeu à une soupape - moteurs 1,1 et 1,4 l

10.4 Rampe de culbuteurs démontée - moteurs 1,1 et 1,4 l

10.5 Utilisation de deux écrous pour desserrer le goujon de fixation du palier gauche de l'axe des culbuteurs

10.9 Cale de butée axiale d'arbre à cames

de façon à ce qu'il ne se trouve pas éjecté en bout d'axe. Déposer les différences pièces montées sur l'axe et les ranger dans l'ordre **(voir illustration)**. Veiller à bien repérer la position et le sens de montage de chaque pièce de sorte à pouvoir les remonter correctement par la suite. **Nota :** *Eviter tout contact direct des doigts avec la face d'appui des rouleaux de culbuteurs.*

5 Pour dissocier le palier gauche de l'axe, commencer par desserrer le goujon de fixation du couvre-culasse en haut du palier au moyen d'un arrache-goujons ou bien de deux écrous serrés l'un contre l'autre : après avoir enlevé le goujon, desserrer la vis sans tête sur le dessus du palier et dégager l'axe des culbuteurs **(voir illustration)**.

Arbre à cames - moteurs 1,1 et 1,4 l

6 Déposer la culasse (voir section suivante).
7 La culasse étant posée sur un établi, enlever sa pige de blocage au point de calage puis déposer le pignon d'arbre à cames (voir section 7).
8 Desserrer ses vis de fixation et déposer le boîtier thermostatique, côté gauche de la culasse.
9 Desserrer sa vis de fixation et enlever la cale de butée axiale de l'arbre à cames **(voir illustration)**.
10 A l'aide d'un tournevis grand modèle à lame plate, extraire avec précaution la bague d'étanchéité, côté droit de la culasse puis sortir l'arbre à cames **(voir illustrations)**. Mettre la bague d'étanchéité au rebut : elle est à changer systématiquement à chaque dépose.

Arbres à cames et poussoirs hydrauliques - moteur 1,6 l

11 Déposer les deux pignons d'arbres à cames

(voir section 7). Desserrer ses vis de fixation et dégager de la culasse le carter intérieur de la courroie de distribution.
12 En opérant en spirale, de l'extérieur vers l'intérieur, desserrer progressivement et uniformément ses vis de fixation puis soulever le carter-chapeaux de paliers d'arbres à cames pour le dégager de la culasse **(voir illustration)**.
13 Veiller à bien identifier les deux arbres à cames : celui d'admission se trouve à l'avant de la culasse et celui d'échappement à l'arrière. S'assurer également de bien repérer la position respective de chacun des arbres à cames au PMH.
14 Basculer les arbres à cames en appuyant sur leur côté boîte de vitesses pour libérer leur extrémité opposée des paliers puis les dégager de la culasse et récupérer la bague d'étanchéité côté distribution.
15 Se procurer seize bacs individuels en plastique propres ou une grande boîte à seize cases numérotées respectivement de 1 à 8 pour les côtés admission et échappement. Se servir d'une ventouse en caoutchouc pour extraire tour à tour chaque poussoir hydraulique puis les ranger dans le bon ordre. Ne pas intervertir les poussoirs au remontage, ce qui risque d'en accélérer l'usure.

Contrôle

Rampe de culbuteurs

16 Examiner la face d'appui du patin des culbuteurs au contact de la came pour s'assurer qu'elle pas entaillée ni creusée par usure. Remplacer tout culbuteur présentant un défaut de cette nature. Si la face d'appui d'un culbuteur est

anormalement marquée, examiner la came correspondante qui risque également d'être usée de la même manière. Vérifier que le rouleau de chacun des culbuteurs ne présente pas de points durs à la rotation, sinon les changer.
17 Contrôler l'extrémité des vis de réglage du jeu aux soupapes qui ne doit pas être usée ni détériorée. Changer les vis au besoin.
18 Si la rampe de culbuteurs a été démontée, examiner les alésages des culbuteurs et les portées de l'axe pour s'assurer de l'absence de marques d'usure. Si des signes manifestes d'usure sont constatés, il y aura lieu de changer le ou les culbuteurs concernés et/ou l'axe.

Arbre(s) à cames

19 Examiner l'état de surface des cames et des tourillons de l'arbre à cames qui ne doivent pas présenter de rayures ni de signes d'arrachement de métal. Remplacer l'arbre à cames si un défaut de cette nature est remarqué. Contrôler l'état des paliers dans la culasse. En cas d'usure exagérée des paliers, la culasse à changer. Evaluer l'usure des tourillons de l'arbre à cames par mesure directe de leur diamètre avec un palmer, en signalant que le tourillon n° 1 se situe côté boîte de vitesses de la culasse.
20 Pour les moteurs 1,1 et 1,4 l, vérifier l'état de la cale de butée axiale de l'arbre à cames pour déceler d'éventuels signes d'usure ou de détérioration. La remplacer au besoin.
21 Dans le cas d'un moteur 1,6 l, vérifier la face d'appui des poussoirs hydrauliques au contact des cames pour déceler la présence éventuelle de rayures ou de signes d'arrachement de métal.

10.10a Extraction de la bague d'étanchéité . . .

10.10b . . . et dépose de l'arbre à cames

10.12 Implantation des vis de fixation du carter-chapeaux de paliers d'arbres à cames - moteur 1,6 l

10.32 Encoches disposées en positions « 7 heures » et « 8 heures » en bout d'arbres à cames d'admission et d'échappement - moteur 1,6 l

Remplacer tout poussoir présentant de tels défauts. Si la face d'appui d'un poussoir est anormalement marquée, examiner la came correspondante qui risque également d'être usée. Changer les pièces éventuellement défectueuses.

Repose

Culbuteurs - moteurs 1,1 et 1,4 l

22 Si la rampe de culbuteurs a été démontée, engager l'axe sur le palier côté gauche en faisant coïncider son trou de positionnement avec le perçage du palier. Reposer la vis sans tête et bien la serrer. Remonter ensuite le goujon de fixation du couvre-culasse sur le palier et le serrer convenablement. Enduire légèrement d'huile moteur l'axe de culbuteurs puis remettre en place toutes le pièces en respectant leur position de montage d'origine. **Nota :** *Eviter tout contact direct des doigts avec la face d'appui des rouleaux de culbuteurs*. Les pièces étant en place sur l'axe, comprimer le palier gauche et reposer le jonc d'arrêt en s'assurant de bien l'encastrer correctement dans sa gorge sur l'axe.
23 Procéder à la repose de la culasse et de la rampe de culbuteurs, comme indiqué en section suivante.

Arbre à cames - moteurs 1,1 et 1,4 l

24 S'assurer de la parfaite propreté des tourillons de l'arbre à cames et de ses paliers sur la culasse. Huiler abondamment les tourillons et les cames puis installer l'arbre à cames dans la culasse.
25 Mettre en place la cale de butée axiale, côté gauche de l'arbre à cames, puis remonter sa vis de fixation et la serrer au couple prescrit.
26 S'assurer que les plans de joint de la culasse et du boîtier thermostatique sont parfaitement

propres et dégraissés. Répandre une fine couche de pâte d'étanchéité sur son plan de joint puis remettre en place le boîtier thermostatique, côté gauche de la culasse, en serrant bien ses vis de fixation.
27 Lubrifier la lèvre de la bague d'étanchéité neuve à l'huile moteur propre puis la monter en l'enfonçant de telle sorte à ce qu'elle vienne en butée contre l'épaulement. Pour cela, utiliser un poussoir tubulaire, genre douille, portant uniquement sur le rebord extérieur dur de la bague. Veiller à ne pas abîmer la lèvre de la bague lors de sa mise en place. A noter que la lèvre de la bague est à orienter côté intérieur.
28 Effectuer la repose du pignon d'arbre à cames, comme indiqué en section 7.
29 Procéder à la repose de la culasse, comme décrit en section suivante.

Arbres à cames et poussoirs hydrauliques - moteur 1,6 l

30 Avant de procéder à la repose des arbres à cames, assécher en passant un chiffon propre les trous taraudés de vis du carter-chapeaux de paliers dans la culasse pour les débarrasser de l'huile. S'assurer également que les plans de joint de la culasse et du carter-chapeaux de paliers sont parfaitement propres et dégraissés.
31 Lubrifier copieusement à l'huile les alésages dans la culasse et les poussoirs hydrauliques puis remettre ceux-ci en place, en veillant à respecter leur emplacement d'origine et à ne pas les présenter de travers. S'assurer de la libre rotation des poussoirs dans leur alésage.
32 Lubrifier abondamment à l'huile leurs paliers dans la culasse et les cames puis réinstaller les arbres à cames en respectant leur position initiale : l'encoche côté distribution est à disposer en position « 7 heures » dans le cas de l'arbre à cames d'admission et en position « 8 heures » pour celui d'échappement **(voir illustration)**.
33 Appliquer un cordon régulier de pâte d'étanchéité appropriée, genre « Loctite Autojoint Or », sur le pourtour du plan de joint du carter-chapeaux de paliers et autour des trous taraudés de vis sur la culasse **(voir illustration)**.
34 Remettre en place avec précaution le carter-chapeaux de paliers sur la culasse et remonter les vis de fixation. En opérant progressivement et dans l'ordre indiqué **(voir illustration)**, serrer toutes les vis à la main jusqu'à contact. Effectuer ensuite le serrage de la phase 2 à l'aide d'une clé dynamométrique (toujours en opérant progressivement et dans l'ordre indiqué), puis de la phase 3.

35 Equiper les arbres à cames de bagues d'étanchéité neuves, comme indiqué en section 8.
36 Procéder à la repose du carter intérieur de la courroie de distribution, comme décrit en section 5.
37 Effectuer la repose des pignons d'arbres à cames, en se reportant à la section 7 pour cette opération.

---

11 Culasse - dépose et repose

Nota : *La dépose de la culasse doit s'effectuer moteur froid.*

Dépose

1 Débrancher la batterie (voir chapitre 5A).
2 Vidanger le circuit de refroidissement (voir chapitre 1A).
3 Déposer le boîtier des bobines d'allumage et les bougies (voir respectivement chapitres 5B et 1A pour ces opérations).
4 Procéder à la dépose du ou des couvre-culasses (voir section 4.).
5 Déposer les carters supérieur et inférieur de la courroie de distribution (voir section 5).
6 Aligner les trous de calage du moteur et de la distribution puis bloquer le volant moteur/disque d'entraînement et le ou les pignons d'arbre(s) à cames au point de calage avec des piges (voir section 3).
Attention : Ne pas faire tourner le vilebrequin avec les piges de blocage en place
7 Les opérations qui suivent décrivent la dépose de la culasse avec la tubulure d'admission et le collecteur d'échappement restant assemblés. Cette méthode présente l'avantage de limiter les opérations de démontage avec cependant comme inconvénient majeur, le poids et l'encombrement de l'ensemble complet à manipuler. Si l'on souhaite déposer la tubulure d'admission et le collecteur d'échappement au préalable, se reporter au chapitre 4A.
8 Se reporter également au chapitre 4A pour effectuer les opérations suivantes :
a) *Désolidariser le tube avant d'échappement du collecteur. Débrancher ou libérer le câblage électrique des sondes lambda de façon à le soulager du poids de la ligne d'échappement*
b) *Déposer l'ensemble du boîtier de filtre à air et ses conduits*
c) *Débrancher la canalisation d'arrivée de*

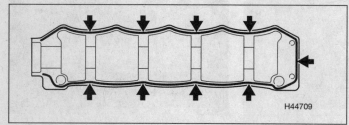

10.33 Application de pâte d'étanchéité sur le plan de joint du carter de chapeaux de paliers d'arbres à cames - moteur 1,6 l

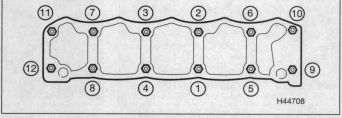

10.34 Ordre de serrage des vis du carter-chapeaux de paliers d'arbres à cames - moteur 1,6 l

carburant au niveau de la rampe d'alimentation : boucher la canalisation et l'orifice découvert sur la rampe afin d'arrêter l'écoulement d'essence et d'éviter l'admission d'impuretés dans le circuit d'alimentation

d) Débrancher toutes les connexions électriques et les tuyauteries de prise de dépression au niveau de la tubulure d'admission, en veillant à bien repérer au préalable leur position respective de raccordement

e) Dévisser le cas échéant la patte-support en bas de la tubulure d'admission

f) Désaccoupler éventuellement le câble d'accélérateur

9 Desserrer sa vis de fixation et déposer la partie supérieure du tube de guidage de la jauge de niveau d'huile.

10 Desserrer leur collier et débrancher les durits de liquide de refroidissement sur la culasse, en s'assurant de bien repérer au préalable leur position respective de raccordement. Débrancher également toutes les connexions électriques au niveau de la culasse.

Moteurs 1,1 et 1,4 l

11 Installer un cric rouleur sous le moteur, en veillant à interposer une cale de bois de façon à ne pas enfoncer le carter d'huile. Actionner le cric pour reprendre le poids du groupe motopropulseur.

12 Desserrer les trois vis de fixation sur le support au niveau du moteur et les deux vis de fixation sur la caisse puis déposer l'ensemble du silentbloc côté droit du groupe motopropulseur et récupérer la patte de renfort **(voir illustration 6.8)**.

13 Débloquer son écrou de fixation puis faire pivoter le galet tendeur de 60° environ dans le sens horaire, à l'aide d'une clé d'une clé à bout carré de 8 mm engagée dans l'empreinte au niveau de son excentrique pour détendre la courroie de distribution puis rebloquer l'écrou **(voir illustration 6.9)**.

14 Dégager la courroie de distribution du pignon d'arbre à cames et l'écarter, en veillant à ne pas le plier ni le vriller.

15 Desserrer progressivement les vis de la culasse en opérant par passes successives d'un demi-tour, dans l'ordre *inverse* de celui indiqué pour le serrage **(voir illustration 11.38a)**. Finir de desserrer les vis à la main et les enlever **(voir illustration)**.

16 Après avoir enlevé toutes les vis de la culasse, dégager la rampe de culbuteurs **(voir illustration)**. **Nota :** *Eviter tout contact direct des doigts avec la face d'appui des rouleaux de culbuteurs.* A noter que chacun des paliers de l'axe des culbuteurs est maintenu sur la culasse par des pions de centrage. Si l'un de ces pions a été délogé de la culasse ou un palier, le récupérer et le ranger en lieu sûr.

17 Le plan de joint entre culasse et carter-cylindres doit être décollé sans faire bouger les chemises. Pour cela, se munir de deux solides tournevis à engager dans les taraudages de chaque côté et basculer doucement la culasse vers l'avant de la voiture **(voir illustration)**. Ne pas faire pivoter la culasse sur le carter-cylindres : elle est maintenue en position par des douilles de centrage, ni sur le haut des chemises. **Nota :** *Si ces*

11.15 Desserrage d'une vis de culasse - moteurs 1,1 et 1,4 l

précautions ne sont pas prises et que les chemises viennent à bouger, les joints d'embase risquent également d'être délogés, ce qui se traduira ultérieurement par une mauvaise étanchéité. La culasse ayant été décollée, la déposer en opérant si possible à deux car il s'agit d'un ensemble lourd à manipuler pour une seule personne, surtout si le collecteur d'échappement et la tubulure d'admission sont restés assemblés.

18 Enlever le joint en haut du carter-cylindres, en notant la présence de deux douilles de centrage. Si les douilles ont été délogées, les récupérer et les ranger en lieu sûr avec la culasse. Ne pas jeter le joint : il servira à des fins d'identification (voir points 28 et 29 ci-dessous). Pour effectuer les opérations nécessitant la rotation du vilebrequin (par ex. nettoyage de la calotte des pistons), les chemises doivent être maintenues au moyen de brides **(voir illustration)**. A défaut des brides spéciales du constructeur, les chemises peuvent être immobilisées à l'aide de vis de longueur appropriée qui seront munies de grandes rondelles plates. En alternative, remonter provisoirement les vis de culasse avec leur tige équipée d'une entretoise adéquate.

19 Si un démontage de la culasse est prévu pour sa remise en état, déposer l'arbre à cames (voir section précédente) puis procéder comme décrit en partie C du chapitre.

Moteur 1,6 l

20 Déposer le carter intérieur de la courroie de distribution (voir section 5).

21 Desserrer progressivement les vis de la culasse en opérant par passes successives d'un demi-tour, dans l'ordre *inverse* de celui indiqué

11.17 Basculement de la culasse au moyen de deux tournevis pour la décoller du carter-cylindres - moteurs 1,1 et 1,4 l

11.16 Dépose de la rampe de culbuteurs - moteurs 1,1 et 1,4 l

pour le serrage **(voir illustration 11.38b)**. Finir de desserrer les vis à la main et les enlever.

22 Soulever la culasse pour la dégager du bloc-cylindres, en opérant si possible à deux car il s'agit d'un ensemble lourd à manipuler pour une seule personne, surtout si le collecteur d'échappement et la tubulure d'admission sont restés assemblés.

23 Récupérer le joint sur le bloc-cylindres, en notant la présence de deux douilles de centrage. Si les douilles ont été délogées, les récupérer et les ranger en lieu sûr avec la culasse. Ne pas jeter le joint : il servira à des fins d'identification (voir points 28 et 29 ci-dessous).

24 Si un démontage de la culasse est prévu pour sa remise en état, déposer les arbres à cames (voir section précédente) puis procéder comme décrit en partie C du chapitre.

Préparation de la culasse avant la repose

25 Les plans de joint de la culasse et du bloc/carter-cylindres doivent être rendus parfaitement propres avant de reposer la culasse. Il est conseillé d'utiliser un produit chimique de décapage approprié pour dissoudre les résidus de joint. Laisser agir le produit une dizaine de minutes sur la partie à nettoyer et gratter ensuite avec une spatule en bois ou en plastique. Nettoyer également la calotte des pistons en grattant de cette manière. **Nota :** *Dans le cas des moteurs 1,1 et 1,4 l, maintenir les chemises avec des brides pour effectuer la rotation du vilebrequin (voir point 18 ci-dessus).* Faire tout particulièrement attention au cours du nettoyage de ne pas endommager l'alliage d'aluminium, une matière très tendre et s'abîmant facilement : l'utilisation d'outils

11.18 Chemises de cylindres maintenues par des brides - moteurs 1,1 et 1,4 l

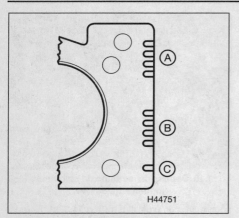

11.29 Repères d'identification du joint de culasse

A Repérage du code moteur
B Repérage du fournisseur
C Repérage d'épaisseur

tranchants est en conséquence à proscrire. Veiller en outre à ce que de la calamine ne puisse à aucun moment être admise dans les conduits de graissage et de refroidissement : cela est d'une importance cruciale surtout pour le circuit de graissage car la calamine pourrait entraver l'acheminement d'huile vers les organes du moteur. Utiliser du papier maintenu par du ruban adhésif pour boucher les orifices de passage d'eau et d'huile ainsi que les trous taraudés de vis dans le bloc/carter-cylindres. Pour empêcher l'admission de calamine dans l'intervalle entre les pistons et les alésages, garnir cet espace de graisse. Après nettoyage des pistons, éliminer la graisse et les débris de calamine à l'aide d'une petite brosse puis terminer en passant un chiffon propre.

26 Contrôler les plans de joint de la culasse et du bloc/carter-cylindres qui ne doivent pas être entaillés, présenter de rayures profondes ni être autrement marqués. Les défauts superficiels peuvent être rattrapés à la lime, en procédant toutefois avec précaution. Pour des défauts plus importants, la seule alternative possible sera la rectification, dans la limite des cotes prescrites, ou le remplacement.

27 En cas de doute de la bonne planéité du plan de joint de la culasse, mesurer sa déformation à l'aide d'une règle plate et de cales d'épaisseur (voir partie C du chapitre).

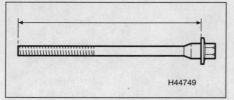

11.30 Contrôle de la longueur d'une vis de culasse

28 Lors de l'acquisition d'un joint de culasse de rechange, il est impératif d'obtenir un joint de l'épaisseur correcte. Pour les moteurs 1,1 et 1,4 l, il est proposé en deux différentes épaisseurs : en cote d'origine et en cote réparation majorée (+ 0,2 mm). Pour le moteur 1,6 l, il existe en trois différentes épaisseurs : en cote d'origine et en cotes réparation majorées (+ 0,2 et + 0,4 mm). L'épaisseur des joints peut être identifiée à partir d'un repérage spécifique comme suit :

29 Le joint étant monté dans le bon sens sur le bloc/carter-cylindres, il peut présenter un ou un deux crans de repère sur bord arrière gauche, servant à l'identification du code de moteur. Il peut également comporter une série de un à quatre crans au centre, indiquant le fournisseur et s'il contient ou non de l'amiante (ces repères n'ont en vérité que peu d'importance). Un autre cran de repère, d'une grande importance celui-ci, est susceptible de figurer en bas du joint. Si ce cran n'existe pas, il s'agit d'un joint standard prévu pour les culasses n'ayant pas subi de rectification. Si par contre sa présence est remarquée, il s'agit d'un joint à épaisseur majorée pour culasses ayant été rectifiées (voir illustration). S'assurer de bien se procurer un joint de rechange du type adéquat. Dans le moindre doute, apporter avec soi le joint usagé pour déterminer le type de joint à monter.

30 Vérifier l'état des vis de culasse tout particulièrement au niveau de leur filetage. Les nettoyer dans un solvant approprié et bien les sécher. Examiner chacune des vis pour déceler un éventuel défaut tel qu'une usure ou une détérioration manifeste. Les remplacer au besoin. Mesurer la longueur de chacune des vis, de l'extrémité de sa tige filetée jusqu'au dessous de la tête (voir illustration). Pour les moteurs 1,1 et 1,4 l, les vis neuves présentent une longueur nominale de 175,5 mm. Si la longueur de l'une des vis dépasse 176,5 mm, le jeu complet de vis est à changer. Dans le cas du moteur 1,6 l, la longueur

des vis ne doit pas dépasser 122,6 mm. Bien que cela ne soit pas expressément stipulé par le constructeur, il est vivement conseillé de remplacer systématiquement les vis à chaque dépose de celles-ci.

31 Pour les moteurs 1,1 et 1,4 l, contrôler le dépassement des chemises (voir partie C du chapitre, section 11) avant de procéder à la repose de la culasse.

Repose

Moteurs 1,1 et 1,4 l

32 Nettoyer soigneusement les plans de joint de la culasse et du carter-cylindres. S'assurer de la présence des deux douilles de centrage de chaque côté du carter-cylindres et le cas échéant, enlever les brides de maintien des chemises (voir illustration).

33 Installer un joint neuf sur le carter-cylindres, en veillant à le disposer dans le bon sens, c'est-à-dire avec ses crans de repère se trouvant côté gauche, et avec son inscription « TOP » sur le haut.

34 S'assurer que le volant moteur/disque d'entraînement et le pignon d'arbre à cames sont convenablement bloqués au point de calage avec les piges puis en opérant à deux, présenter la culasse sur le carter-cylindres, en l'encastrant sur les douilles de centrage.

35 S'assurer de la présence du pion de centrage à la base de chaque palier de l'axe puis reposer la rampe de culbuteurs sur la culasse.

36 Lubrifier légèrement à l'huile moteur le filetage et le dessous de la tête des vis de la culasse.

37 Monter avec précaution chacune des vis de culasse, en faisant attention de ne pas les laisser tomber, et les bloquer à la main.

38 Serrer les vis de la culasse en opérant progressivement et dans l'ordre indiqué pour atteindre le couple prescrit de la phase 1, à l'aide d'une clé dynamométrique et d'une douille de diamètre approprié (voir illustrations).

39 Effectuer ensuite le serrage de la phase 2, suivant l'angle indiqué et dans l'ordre prescrit, au moyen d'une clé à douille avec rallonge. Il est conseillé d'utiliser un secteur gradué (rapporteur) afin d'assurer la précision du serrage. A défaut, marquer des repères d'alignement à la peinture blanche sur la tête des vis et la culasse avant de procéder au serrage, ce qui permettra de vérifier que les vis ont bien été tournées selon l'angle préconisé.

11.32 Douilles de centrage de culasse

11.38a Ordre de serrage des vis de culasse - moteurs 1,1 et 1,4 l

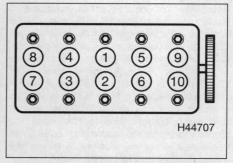

11.38b Ordre de serrage des vis de culasse - moteur 1,6 l

Moteur 1,6 l

40 Enlever la pige de blocage au point de calage du volant moteur puis à l'aide d'une clé plate ou à douille en prise sur la vis de fixation de son pignon de distribution, faire revenir le vilebrequin en arrière (dans le sens anti-horaire) d'un quart de tour de façon à prévenir tout contact accidentel entre les pistons et les soupapes lors de la repose de la culasse.

41 Vérifier que les arbres à cames sont correctement positionnés dans la culasse, c'est-à-dire avec l'encoche côté distribution disposée en position « 7 heures » dans le cas de l'arbre à cames d'admission et en position « 8 heures » pour celui d'échappement **(voir illustration 10.32)**. Repositionner au besoin les arbres à cames en les tournant au moyen d'une clé plate en prise sur l'empreinte carrée entre les cames.

42 Nettoyer soigneusement les plans de joint de la culasse et du bloc-cylindres. S'assurer de la présence des deux douilles de centrage de chaque côté du bloc-cylindres.

43 Installer un joint neuf sur le bloc-cylindres, en veillant à le disposer dans le bon sens, c'est-à-dire avec ses crans de repère se trouvant côté gauche, et avec son inscription « TOP » sur le haut.

44 Lubrifier légèrement à l'huile moteur leur filetage et le dessous de leur tête puis monter les vis de la culasse, en les serrant comme décrit ci-dessus aux points 37 à 39.

45 Procéder à la repose du carter intérieur de la courroie de distribution et des pignons d'arbres à cames, en se reportant respectivement aux sections 5 et 7 pour ces opérations.

Moteurs tous types

46 Remettre en place la courroie de distribution et la tendre, comme indiqué en section 6.

47 Rebrancher toutes les durits de liquide de refroidissement et les connexions électriques au niveau de la culasse, de la tubulure d'admission et du boîtier de papillon.

48 Effectuer ensuite les opérations suivantes, en se reportant au chapitre 4A :
  a) *Remettre en place tous les faisceaux électriques, les durits, les câbles de commande au niveau de la tubulure d'admission et des pièces du circuit d'alimentation en carburant*
  b) *S'il y a lieu, réaccoupler le câble d'accélérateur et effectuer son réglage.*

  c) *Réaccoupler le tube avant d'échappement au collecteur et rebrancher les connecteurs électriques des sondes lambda*
  d) *Procéder à la repose du boîtier de filtre à air et de ses conduits*

49 Pour les moteurs 1,1 et 1,4 l, contrôler et régler le jeu aux soupapes, comme décrit en section 9.

50 Procéder à la repose du ou des couvre-culasses, comme indiqué en section 4.

51 Effectuer la repose des bougies et du boîtier des bobines d'allumage, en se reportant respectivement aux chapitres 1A et 5B pour ces opérations.

52 Au terme de ces opérations, se reporter au chapitre 5A pour rebrancher la batterie et effectuer le remplissage du circuit de refroidissement, en opérant comme décrit au chapitre 1A.

12 Carter d'huile - dépose et repose

Dépose

1 Serrer le frein à main puis lever l'avant de la voiture au cric et le poser sur chandelles (voir « *Levage et soutien du véhicule* »). Dans le cas où il existe, desserrer ses vis de fixation et déposer le carénage de protection sous le moteur.

2 Vidanger le moteur puis reposer le bouchon de vidange muni d'une rondelle d'étanchéité neuve et le serrer au couple prescrit. Si l'échéance de remplacement périodique du filtre à huile est proche, il est recommandé de le changer à cette occasion. Suite à son remontage, le moteur pourra ainsi être rempli d'huile neuve (voir chapitre 1A).

3 Déposer le tube avant d'échappement (voir chapitre 4A).

4 Desserrer progressivement et enlever les écrous et vis de fixation du carter d'huile puis écarter le guide de câblage électrique du carter **(voir illustrations)**.

5 Décoller le carter d'huile en le frappant de la paume de la main puis l'abaisser et le dégager du dessous de la voiture. Pour les moteurs 1,1 et 1,4 l, si besoin est, passer avec précaution la lame d'un couteau de peintre ou d'une spatule le long de la jointure avec le carter-cylindres pour libérer le carter d'huile. Dans le cas du moteur 1,6 l, récupérer le joint.

6 Profiter de la dépose du carter d'huile pour vérifier que la crépine d'aspiration de la pompe à huile n'est pas colmatée ni fendue. Déposer au besoin la pompe comme décrit en section suivante et nettoyer ou changer la crépine.

Repose

7 Supprimer toute trace de produit d'étanchéité sur les plans d'assemblage du bloc/carter-cylindres et du carter d'huile puis les essuyer à l'intérieur avec un chiffon propre.

8 S'assurer de la parfaite propreté des plans d'assemblage du carter d'huile et du bloc/carter-cylindres puis pour les moteurs 1,1 et 1,4 l, enduire d'une couche de pâte d'étanchéité appropriée le plan du carter d'huile. Pour les moteurs 1,6 l, si le joint est en bon état, il peut être réutilisé, sinon le changer.

9 Installer le carter d'huile en l'engageant sur ses goujons puis remettre en place le guide de câblage électrique, remonter les écrous et vis de fixation du carter et les serrer progressivement et uniformément pour atteindre le couple prescrit.

10 Reposer le tube avant d'échappement, en se reportant au chapitre 4A pour cette opération puis remettre en place le carénage de protection sous le moteur.

11 Effectuer le plein du moteur en huile, comme décrit au chapitre 1A.

13 Pompe à huile - dépose, contrôle et repose

Dépose

1 Déposer le carter d'huile (voir section précédente).

2 Desserrer et enlever les trois vis de fixation de la pompe à huile sur le bloc/carter-cylindres **(voir illustration)**. Dégager son pignon de la chaîne d'entraînement puis déposer la pompe. Si la douille de centrage de la pompe a été délogée, la récupérer et la ranger en lieu sûr avec les vis de fixation.

Contrôle

3 Examiner le pignon de la pompe à huile pour déceler d'éventuels signes de détérioration ou d'usure tels que dents ébréchées ou manquantes.

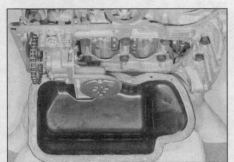

12.4a Dépose du carter d'huile - moteurs 1,1 et 1,4 l

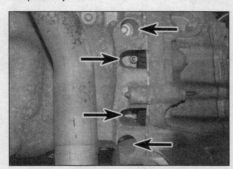

12.4b L'accès aux écrous/vis d'extrémité du carter d'huile s'effectue par les passages dans le carter - moteur 1,6 l

13.2 Desserrage d'une vis de fixation de la pompe à huile

Si le pignon est usé, il y aura lieu de changer la pompe complète compte tenu que le pignon n'est pas disponible en pièce de rechange séparée. Il est également recommandé de remplacer par la même occasion la chaîne ainsi que le pignon de commande de la pompe sur le vilebrequin. Sur les moteurs 1,1 et 1,4 l le remplacement de la chaîne et du pignon de commande de la pompe à huile est une opération nécessitant la dépose du carter-chapeaux de paliers de vilebrequin, ce qui ne peut pas être accompli avec le moteur en place. Dans le cas du moteur 1,6 l, le pignon de commande de la pompe à huile et la chaîne d'entraînement peuvent être déposés avec le moteur demeurant en place, après dépose du pignon de distribution et du flasque d'étanchéité du vilebrequin.

4 Desserrer et enlever les vis d'assemblage du couvercle de la crépine d'aspiration sur le corps de la pompe puis dégager le couvercle. Déposer successivement le piston, le ressort de rappel et l'axe de guidage (moteur 1,6 l) du clapet de décharge, en repérant bien leur sens de montage.

5 Examiner l'engrenage et le corps de la pompe qui ne doivent pas présenter de rayures importantes ni être marqués par usure. Si un défaut est constaté, la pompe complète est à changer.

6 Vérifier le piston du clapet de décharge pour s'assurer qu'il n'est pas usé ni endommagé. Le remplacer au besoin. L'état du ressort de rappel du clapet de décharge ne peut se contrôler qu'en le comparant à un ressort neuf. En cas de doute sur son état, il devra également être remplacé. Le piston et le ressort de rappel sont disponibles en pièces de rechange détaillées.

7 Nettoyer parfaitement la crépine d'aspiration dans un solvant approprié et vérifier qu'elle n'est pas colmatée ni fendue. Si la crépine présente un défaut quelconque, il y aura lieu de remplacer l'ensemble crépine-couvercle.

8 Mettre en place l'axe de guidage (moteur 1,6 l), le ressort de rappel et le piston du clapet de décharge sur le couvercle de la crépine d'aspiration puis reposer le couvercle sur le corps de la pompe. Faire coïncider le piston du clapet de décharge avec l'alésage de la pompe. Remonter les vis d'assemblage du couvercle et bien les serrer.

Repose

9 S'assurer que la douille de centrage est bien en place puis engager le pignon de la pompe sur la chaîne d'entraînement. Encastrer la pompe sur la

douille et remonter les vis de fixation puis les serrer au couple préconisé.

10 Procéder à la repose du carter d'huile, comme décrit en section précédente.

14 Bagues d'étanchéité de vilebrequin - remplacement

Côté droit

1 Déposer le pignon de distribution du vilebrequin et si prévue, l'entretoise à embase (voir section 7).

2 Repérer la profondeur de montage de la bague d'étanchéité dans son logement puis amorcer au pointeau ou percer deux avant-trous à l'opposé l'un de l'autre dans la bague et y fixer deux vis à tôle sur lesquelles on tirera avec une pince pour l'extraire. En alternative, la bague peut être dégagée au moyen d'un tournevis à lame plate, en faisant particulièrement attention de ne pas abîmer la portée du vilebrequin ni le logement **(voir illustration)**.

3 Nettoyer le logement en éliminant les bavures et les arêtes vives susceptibles d'avoir entraîné la défaillance de la bague d'étanchéité d'origine.

4 Lubrifier la lèvre de la bague neuve à l'huile moteur propre et l'enfiler avec précaution en bout de vilebrequin. A noter que la lèvre d'étanchéité de la bague doit se trouver vers l'intérieur. Veiller à ne pas abîmer la lèvre de la bague lors de sa mise en place.

5 Enfoncer la bague en la frappant par l'intermédiaire d'un poussoir tubulaire, genre douille, portant uniquement sur son rebord extérieur dur, jusqu'à la profondeur notée lors de la dépose. La face intérieure de la bague doit affleurer la paroi intérieure du bloc/carter-cylindres.

6 Essuyer les traces d'huile puis reposer l'entretoise (si prévue) et le pignon de distribution du vilebrequin, comme indiqué en section 7.

Côté gauche

7 Déposer le volant moteur/disque d'entraînement (voir section suivante).

8 Repérer la profondeur de montage de la bague d'étanchéité dans son logement. Amorcer au pointeau ou percer deux avant-trous à l'opposé l'un de l'autre dans la bague et y fixer deux vis à tôle sur lesquelles on tirera avec une pince pour l'extraire.

9 Nettoyer le logement puis éliminer les bavures et les arêtes vives ayant pu provoquer la défaillance de la bague d'étanchéité d'origine.

10 Lubrifier la lèvre de la bague neuve à l'huile moteur propre et l'enfiler avec précaution en bout de vilebrequin.

11 Enfoncer la bague en la frappant par l'intermédiaire d'un poussoir tubulaire, genre douille, venant en appui uniquement sur son rebord extérieur dur, jusqu'à la profondeur notée lors de la dépose.

12 Essuyer les traces d'huile puis procéder à la repose du volant moteur/disque d'entraînement, comme décrit en section suivante.

15 Volant moteur/disque d'entraînement - dépose, contrôle et repose

Volant moteur - BV manuelle

Dépose

1 Procéder à la dépose de la boîte de vitesses et du mécanisme d'embrayage (voir respectivement chapitres 7A et 6).

2 Immobiliser le volant moteur en le bloquant au niveau de la denture de la couronne de démarreur à l'aide d'un secteur cranté **(voir illustration)**. En alternative, fixer avec des vis une bride de maintien entre le volant moteur et le bloc/carter-cylindres.

Attention : Ne pas utiliser la pige de blocage au point de calage, décrite en section 3, pour immobiliser le volant moteur

3 Desserrer et enlever les vis de fixation du volant moteur. Mettre les vis au rebut : elles ne doivent pas être réutilisées.

4 Dégager le volant moteur du vilebrequin. S'agissant d'une pièce relativement lourde, veiller à ne pas le laisser tomber. Si le pion de centrage a été délogé sur la bride du vilebrequin, le récupérer et le ranger en lieu sûr avec le volant moteur.

Contrôle

5 S'assurer que la portée du disque d'embrayage n'est pas exagérément rayée ni creusée ou fissurée, ce qui impliquera le remplacement du volant moteur. Il peut toutefois être rectifié pour rattraper les petits défauts de surface : consulter les services techniques d'un représentant du réseau Citroën ou un spécialiste de la réfection des moteurs.

6 Si la denture de la couronne de démarreur est usée ou abîmée, il y aura lieu de la changer. Cette intervention est à confier à un spécialiste. En effet, la température à laquelle la couronne de rechange doit être chauffée pour son installation constitue un point difficile à maîtriser et si cela n'est pas accompli correctement, le traitement thermique de l'acier (trempe) de la denture risque d'être détruit.

Repose

7 Nettoyer les plans d'assemblage du volant moteur et de la bride du vilebrequin.

8 Si le filetage des vis de fixation de rechange n'est pas pré-enduit de produit-frein, y déposer quelques gouttes d'un produit de scellement approprié, genre « Loctite Frenetanch ».

14.2 Dépose de la bague d'étanchéité droite du vilebrequin

15.2 Blocage du volant moteur avec un secteur cranté

9 S'assurer de la présence du pion de centrage sur la bride du vilebrequin. Amener le volant moteur en place en l'engageant sur le pion puis monter les vis de fixation.

10 Immobiliser le volant moteur par la méthode décrite précédemment pour la dépose et serrer les vis de fixation progressivement et uniformément pour atteindre le couple prescrit.

11 Effectuer la repose du mécanisme d'embrayage, comme décrit au chapitre 6. Enlever l'outil de blocage du volant moteur et reposer la boîte de vitesses, en se reportant au chapitre 7A pour cette opération.

Disque d'entraînement - BV automatique

Dépose

12 Procéder à la dépose de la boîte de vitesses (voir chapitre 7B).

13 Bloquer le disque d'entraînement du convertisseur de couple au niveau de la denture de la couronne de démarreur avec un secteur cranté **(voir illustration 15.2)**. En alternative, fixer avec des vis une bride de maintien entre le disque d'entraînement et le bloc-cylindres.

Attention : Ne pas utiliser la pige de blocage au point de calage décrite en section 3 pour immobiliser le disque d'entraînement

14 Desserrer et enlever les vis de fixation du disque d'entraînement puis récupérer la cale extérieure et la platine de montage du convertisseur de couple.

15 Dégager le disque d'entraînement et la cale intérieure du vilebrequin. Si le pion de centrage a été délogé sur la bride du vilebrequin, le récupérer et le ranger en lieu sûr avec le disque d'entraînement. **Nota :** *Les cales intérieure et extérieure ne sont pas interchangeables.*

Contrôle

16 Vérifier que le disque d'entraînement et la platine de montage du convertisseur de couple ne présentent pas de signes manifestes d'usure ou de détérioration, auquel cas ils devront être remplacés, en sachant que la couronne de

démarreur au niveau du disque d'entraînement ne peut pas être changée séparément.

Repose

17 S'assurer que tous les plans d'assemblage sont propres et parfaitement dégraissés.

18 Débarrasser le filetage des vis de fixation des résidus de produit-frein puis y déposer quelques gouttes d'un produit de scellement approprié, genre « Loctite Frenétanch » préconisé par le constructeur.

19 S'assurer de la présence du pion de centrage puis reposer successivement la cale intérieure, le disque d'entraînement, la platine de montage du convertisseur de couple et la cale extérieure. Vérifier que toutes les pièces sont correctement engagées sur le pion puis remonter les vis de fixation.

20 Immobiliser le disque d'entraînement par la méthode décrite précédemment pour la dépose et serrer les vis de fixation progressivement et uniformément pour atteindre le couple prescrit.

21 Effectuer la repose de la boîte de vitesses, comme décrit au chapitre 7B.

16 Silentblocs du groupe motopropulseur - contrôle et remplacement

Contrôle

1 En vue de faciliter l'accès, lever l'avant de la voiture au cric et le poser sur chandelles (voir « *Levage et soutien du véhicule* »).

2 Contrôler l'état du silentbloc concerné pour déceler d'éventuelles fissures, un tassement ou un décollement du caoutchouc sur le métal. Remplacer tout silentbloc présentant un défaut de cette nature ou une détérioration manifeste.

3 Vérifier que les fixations des silentblocs sont bien serrées en faisant si possible appel à une clé dynamométrique.

4 Faire levier avec précaution sur chaque silentbloc à l'aide d'un tournevis grand modèle ou d'un pied-de-biche pour évaluer le jeu dû à l'usure.

Lorsque cela n'est pas possible, demander à un collaborateur d'exercer un mouvement de va-et-vient en secouant le groupe motopropulseur et observer en même temps le silentbloc concerné. Si un léger jeu est susceptible d'exister même sur des pièces neuves, une usure excessive se traduisant par un jeu important se remarquera immédiatement. Au cas où un jeu conséquent viendrait à être constaté, commencer par vérifier que les fixations sont bien serrées sinon remplacer le ou les éléments usés en procédant comme décrit ci-dessous.

Remplacement

Silentbloc droit

5 Dans le cas où il est prévu, desserrer ses vis de fixation et déposer le carénage de protection sous le moteur. Installer un cric rouleur en dessous du moteur, en veillant à interposer une cale de bois sur sa tête. Actionner le cric pour reprendre le poids du moteur.

6 Desserrer et enlever les vis de fixation du silentbloc sur la caisse et sur le support au niveau de la culasse puis déposer l'ensemble du silentbloc et récupérer la patte de renfort **(voir illustrations)**.

7 S'il y a lieu, desserrer les trois vis de fixation et dégager le support de la culasse.

8 Vérifier toutes les pièces pour s'assurer qu'elles ne sont pas usées ni abîmées et procéder à leur remplacement si leur état le justifie.

9 Pour effectuer le remontage, commencer par reposer le support sur la culasse, en serrant les vis de fixation au couple prescrit.

10 Réinstaller la patte de renfort et l'ensemble du silentbloc, en serrant les vis de fixation aux couples préconisés.

11 Dégager le cric du dessous du moteur et reposer éventuellement le carénage de protection.

Silentbloc gauche

12 Déposer la batterie et son support (voir chapitre 5A).

13 Dans le cas où il existe, desserrer ses vis de fixation et déposer le carénage de protection sous le moteur. Installer un cric rouleur en dessous de la boîte de vitesses, en prenant soin d'interposer une

16.6a Vis de fixation du silentbloc droit du groupe motopropulseur - moteurs 1,1 et 1,4 l

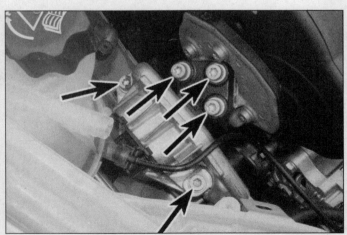

16.6b Vis de fixation du silentbloc droit du groupe motopropulseur - moteur 1,6 l

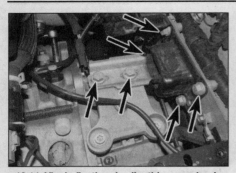

16.14 Vis de fixation du silentbloc gauche du groupe motopropulseur

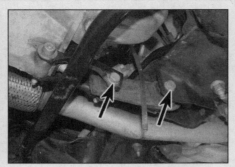

16.21 Vis de fixation de biellette antibasculement de support arrière du groupe motopropulseur

cale de bois sur sa tête. Actionner le cric pour reprendre le poids de la boîte de vitesses.

14 Desserrer et enlever les deux vis assurant la fixation sur le support au niveau de la boîte de vitesses et les quatre vis de fixation sur la caisse puis dégager l'ensemble du silentbloc et le sortir du compartiment moteur **(voir illustration)**.

15 Si besoin est, desserrer ses vis de fixation et dégager le support au niveau de la boîte de vitesses.

16 Vérifier toutes les pièces pour s'assurer qu'elles ne sont pas usées ni abîmées et procéder à leur remplacement si leur état le justifie.

17 Installer le support sur la boîte de vitesses, en serrant ses vis de fixation au couple indiqué.

18 Mettre en place l'ensemble du silentbloc puis monter les vis de fixation et les serrer aux couples prescrits.

19 Dégager le cric du dessous de la boîte de vitesses, reposer éventuellement le carénage de protection sous le moteur puis procéder à la repose de la batterie et de son support, comme indiqué au chapitre 5A.

Silentbloc arrière

20 Si ce n'est déjà fait, serrer le frein à main puis lever l'avant de la voiture au cric et le poser sur chandelles (voir « *Levage et soutien du véhicule* »). Dans le cas où il est prévu, desserrer ses vis de fixation et déposer le carénage de protection sous le moteur.

21 Desserrer et enlever les deux vis de fixation de la biellette antibasculement sur le berceau et le support au niveau de la boîte de vitesses **(voir illustration)**.

22 Dégager la biellette antibasculement par le dessous de la voiture.

23 Examiner la biellette antibasculement au niveau des silentblocs pour s'assurer qu'ils ne sont pas usés ni abîmés et si besoin est, procéder à son remplacement.

24 Reposer la biellette antibasculement en serrant ses vis de fixation au couple préconisé. Reposer éventuellement le carénage de protection sous le moteur.

25 Descendre la voiture au sol.

Chapitre 2 Partie B :
Opérations s'effectuant sans dépose des moteurs Diesel

Sommaire

Niveaux de difficulté

| **Facile,** pour les profanes de la mécanique | | **Assez facile,** pour les débutants plus avisés | | **Assez difficile,** pour les amateurs compétents | | **Difficile,** pour les amateurs plus expérimentés | | **Très difficile,** pour les initiés et les professionnels |

Caractéristiques

Généralités

	Type réglementaire	Code moteur
Désignation des moteurs : *		
Moteur 8 soupapes - modèles 1,4 HDi	8HX	DV4TD, L4
Moteur 16 soupapes - modèles 1,4 HDi 16V	8HY	DV4TED4, L4
Puissance maxi. :		
Moteur 8 soupapes	50 kW (norme CEE)/69 ch (norme DIN) à 4 000 tr/min	
Moteur 16 soupapes	66 kW (norme CEE)/92 ch (norme DIN) à 4 000 tr/min	
Couple maxi. :		
Moteur 8 soupapes	15 daN.m à 1 750 tr/min	
Moteur 16 soupapes	20 daN.m à 2 000 tr/min	
Alésage	73,7 mm	
Course	82 mm	
Cylindrée	1 398 cm^3	
Rapport volumétrique :		
Moteur 8 soupapes	17,9 à 1	
Moteur 16 soupapes	18,25 à 1	
Sens de rotation du vilebrequin	Sens horaire (vu du côté droit du véhicule)	
Emplacement du cylindre n° 1	Côté boîte de vitesses	

* Nota : Le meilleur moyen pour identifier un moteur consiste à vérifier les indications, accompagnées de différents codes barres, portées sur l'étiquette qui est apposée sur le carter de courroie de distribution. Si cela n'est plus possible, se reporter à la référence du moteur sur laquelle figure le numéro d'ordre de fabrication et le type réglementaire du moteur. Cette référence est gravée sur la face avant du carter-cylindres, à droite du filtre à huile. Pour vérifier le niveau de norme antipollution (L4) du moteur, se reporter au 9e caractère du Numéro d'Identification du Véhicule/NIV (norme CEE) : voir « Numéros d'identification du véhicule » à la partie « Références » en fin de manuel. Muni de ce code, s'adresser au service après-vente d'une concession du réseau Citroën pour connaître le niveau de norme antipollution d'un moteur en particulier.

Pressions de compression - à chaud

Normales .... 15 à 25 bars
Ecart maxi. entre deux cylindres .... 5 bars

Graissage

Pression d'huile mini. à 110 °C .... 2,3 bars à 2 000 tr/min, 3,5 bars à 4 000 tr/min
Pression d'allumage du témoin d'alerte .... 0,8 bar

Couples de serrage   daN.m

Moteur 8 soupapes

Vis de couvre-culasse 1
Vis de fixation de boîtier thermostatique .... Voir chapitre 3
Vis de pignon d'arbre à cames :
  Phase 1 2
  Phase 2 .... Serrage angulaire de 55°
Vis de carter-paliers d'arbre à cames 1
Ecrou de galet de renvoi de courroie de distribution 5
Vis de galet tendeur de courroie de distribution 3
Ecrou de pignon de pompe d'injection 5
Vis de capteur de position d'arbre à cames .... Voir chapitre 4B
Vis de culasse :
  Phase 1 2
  Phase 2 4
  Phase 3 .... Serrage angulaire de 230°
Vis de poulie de vilebrequin :
  Phase 1 3
  Phase 2 .... Serrage angulaire de 180°
Vis M6 de carter-chapeaux de paliers de vilebrequin :
  Phase 1 0,5
  Phase 2 1
Vis M11 de carter-chapeaux de paliers de vilebrequin : *
  Phase 1 1
  Phase 2 .... Desserrage de 180°
  Phase 3 3
  Phase 4 .... Serrage angulaire de 140°
Vis de chapeaux de bielles : *
  Phase 1 1
  Phase 2 .... Desserrage de 180°
  Phase 3 1,5
  Phase 4 .... Serrage angulaire de 100°
Vis de capteur de vilebrequin .... Voir chapitre 4B
Vis de pompe à huile sur carter-cylindres 1
Vis de gicleurs d'huile de fond de pistons 2
Vis et écrous de carter d'huile 1
Bouchon de vidange du moteur .... Voir chapitre 1B
Vis de volant moteur : *
  Phase 1 1,5
  Phase 2 .... Serrage angulaire de 75°
Vis d'assemblage moteur-boîte de vitesses .... Voir chapitre 7A
Supports et silentblocs du groupe motopropulseur :
  Côté droit :
    Vis de silentbloc sur caisse 4,5
    Vis de silentbloc sur support au niveau de la culasse 3
    Vis de support sur culasse 5,5
  Côté gauche :
    Vis de silentbloc sur support au niveau de la boîte de vitesses ... 6
    Vis de silentbloc sur caisse 5,5
    Vis de support sur boîte de vitesses 5,5
  Arrière :
    Vis de biellette antibasculement sur support de boîte de vitesses . 6
    Vis de biellette antibasculement sur berceau 6
Vis de roues .... Voir chapitre 1B

Moteur 16 soupapes

Vis de couvre-culasse 1
Vis de fixation de boîtier thermostatique .... Voir chapitre 3
Vis de pignon d'arbre à cames :
  Phase 1 2
  Phase 2 .... Serrage angulaire de 55°

Couples de serrage (suite)   daN.m

Moteur 16 soupapes (suite)

Goujons et vis de carter-paliers d'arbres à cames	1
Vis de chapeaux de paliers d'arbres à cames	1
Ecrou de galet de renvoi de courroie de distribution	3,7
Vis de galet tendeur de courroie de distribution	2,3
Vis de capteur de position d'arbre à cames	Voir chapitre 4B
Ecrou de pignon de pompe d'injection	5

Vis de culasse :

Phase 1	2
Phase 2	4
Phase 3	Serrage angulaire de 230°

Vis de poulie de vilebrequin :

Phase 1	3
Phase 2	Serrage angulaire de 180 °

Vis M6 de carter-chapeaux de paliers de vilebrequin :

Phase 1	0,5
Phase 2	1

Vis M11 de carter-chapeaux de paliers de vilebrequin : *

Phase 1	1
Phase 2	Desserrage de 180°
Phase 3	3
Phase 4	Serrage angulaire de 140°

Vis de chapeaux de bielles : *

Phase 1	1
Phase 2	Serrage angulaire de 180°
Phase 3	1,5
Phase 4	Serrage angulaire de 100°

Vis de capteur de vilebrequin	Voir chapitre 4B
Vis de pompe à huile sur carter-cylindres	1
Vis de gicleurs d'huile de fond de pistons	2
Vis et écrous de carter d'huile	1
Bouchon de vidange du moteur	Voir chapitre 1B

Vis de volant moteur : *

Phase 1	1,5
Phase 2	Serrage angulaire de 75°

Vis d'assemblage moteur-boîte de vitesses	Voir chapitre 7A

Supports et silentblocs du groupe motopropulseur :

Côté droit :

Vis de silentbloc sur caisse	6
Vis de silentbloc sur support au niveau de la culasse	6
Vis de support sur culasse	5,7

Côté gauche :

Vis de silentbloc sur support au niveau de la boîte de vitesses . . .	6
Vis de silentbloc sur caisse	5,5
Vis de support sur boîte de vitesses	5,5

Arrière :

Vis de biellette antibasculement sur support de boîte de vitesses .	6
Vis de biellette antibasculement sur berceau	6
Vis de roues	Voir chapitre 1B

* Ecrous et vis à changer systématiquement à chaque démontage.

1 Généralités

Utilisation de ce chapitre

Cette deuxième partie du chapitre 2 traite des opérations pouvant être effectuées sans dépose des moteurs Diesel. Si le moteur a été déposé pour subir une remise en état (voir partie C du chapitre), les opérations préliminaires de démontage décrites ici ne sont naturellement plus valables.

Bien qu'il soit théoriquement possible de déposer et reposer les ensembles bielle-piston avec le moteur demeurant en place, il est toutefois préférable de procéder à ces opérations avec le moteur hors de la voiture. Il est en effet nécessaire de prévoir plusieurs interventions supplémentaires, notamment le nettoyage des pièces et des canaux de graissage. Pour cette raison, elles sont décrites à la partie C de ce chapitre.

La partie C du chapitre est consacrée à la dépose du groupe motopropulseur et au démontage et à la remise état des différentes motorisations.

Particularités des moteurs

Les moteurs 1,4 l de la famille DV sont le fruit de la collaboration entre le groupe PSA et Ford.

Il s'agit de moteurs à injection directe haute pression (HDi), quatre cylindres en ligne verticaux, simple arbre à cames en tête et culasse 8 soupapes (type DV4TD) ou double arbre à cames en tête et culasse 16 soupapes (type DV4TED4), disposés transversalement à l'avant de la voiture, avec la boîte de vitesses accouplée à leur côté gauche.

Pour le moteur 8 soupapes, l'arbre à cames est

entraîné par une courroie crantée qui assure également l'entraînement de la pompe d'injection et de la pompe à eau. Il commande les soupapes via des linguets à rouleaux cylindriques et des poussoirs hydrauliques assurant le rattrapage automatique du jeu. L'arbre à cames tourne sur cinq paliers aménagés dans un carter en alliage léger constitué de deux parties.

Dans le cas du moteur 16 soupapes, l'arbre à cames d'admission est entraîné par une courroie crantée qui assure également l'entraînement de la pompe d'injection et de la pompe à eau. L'arbre à cames d'échappement est entraîné à partir de celui d'admission par une chaîne à tendeur hydraulique. Les deux arbres à cames commandent les soupapes via des linguets à rouleaux cylindriques et des poussoirs hydrauliques assurant le rattrapage automatique du jeu. Les arbres à cames tournent sur des paliers usinés dans un carter-paliers en alliage léger qui est assemblé par vis à la culasse et comportant des chapeaux individuels pour chaque palier.

Le carter-cylindres en alliage d'aluminium est garni de chemises « sèches » en fonte, insérées à la coulée.

La pompe d'injection a pour rôle de fournir du combustible conditionné à haute pression à la rampe commune le stockant pour alimenter les injecteurs pilotés électroniquement qui débouchent directement dans les chambres de combustion aménagées dans la tête des pistons. Cette configuration diffère de celle des moteurs Diesel à injection indirecte où la pompe haute pression distribue le combustible aux injecteurs via des canalisations, ce qui nécessite un tarage précis des injecteurs et le calage de la pompe, ces fonctions étant assurées par la pompe d'injection, les injecteurs et le calculateur électronique sur les moteurs à injection directe.

Le vilebrequin tourne sur cinq paliers équipés de coussinets. Deux demi-cales implantées au niveau du palier n° 2 assurent le réglage du jeu longitudinal au vilebrequin.

Les pistons en alliage d'aluminium sont accouplés aux bielles par l'intermédiaire d'axes tubulaires montés libres dans leur pied et arrêtés par deux joncs.

La pompe à huile à rotors est entraînée directement à partir de deux méplats en bout de vilebrequin.

Un échangeur thermique eau-huile (refroidisseur d'huile) en aluminium et fixé sur la face avant du carter-cylindres, où il sert de support au filtre à huile, contribue à stabiliser la température de l'huile par l'intermédiaire du circuit de refroidissement, quelles que soient les conditions de fonctionnement du moteur. Des gicleurs montés sur le carter-cylindres aspergent d'huile le fond des pistons en participant ainsi à leur refroidissement.

L'identification des motorisations concernées par ce chapitre peut, pour des raisons de nécessité, s'effectuer par leur type réglementaire (par exemple « 8HY ») figurant sur la référence du moteur qui est gravée sur la face avant du carter-cylindres, à droite du filtre à huile. Cette référence est également rappelée sur une étiquette, avec différents codes barres, apposée sur le carter de courroie de distribution.

Précautions à observer pour la réparation

Le moteur constitue un ensemble de haute technologie comportant de nombreux accessoires qui occupent le moindre espace disponible dans le compartiment moteur, ce qui rend difficile l'accès aux organes du moteur. Dans la plupart des cas, les accessoires doivent être déposés ou dégagés, et les câblages électriques ainsi que les différentes tuyauteries doivent être débranchés ou libérés de leurs brides et pattes de maintien.

Avant toute intervention, lire attentivement les descriptions correspondantes dans leur entier tout en les confirmant visuellement sur le moteur et la voiture pour se rendre compte si l'on possède l'outillage, la compétence et la patience indispensables. Prendre le temps nécessaire pour effectuer convenablement chaque opération. Les révisions majeures du moteur exigent une réelle maîtrise technique.

Compte tenu du manque de recul nécessaire, de nombreuses photos figurant dans le présent chapitre ont été prises avec le moteur déposé.

Danger : Il est impératif d'observer les plus grandes précautions pour intervenir sur le circuit d'alimentation en carburant. Préalablement à toute opération sur le circuit, consulter les mises en garde figurant au chapitre 4B, section 2

Opérations pouvant être réalisées sans dépose du moteur

Les opérations qui suivent peuvent être accomplies sans avoir à déposer le moteur :

a) *Contrôle des pressions de compression et de fuites*
b) *Dépose et repose du couvre-culasse*
c) *Dépose et repose de la poulie de vilebrequin*
d) *Dépose et repose des carters de courroie de distribution*
e) *Dépose, repose et tension de la courroie de distribution*
f) *Dépose et repose des pignons et des galets de courroie de distribution*
g) *Remplacement de la bague d'étanchéité droite d'arbre à cames*
h) *Dépose, contrôle et repose du ou des arbres à cames, des linguets et des poussoirs hydrauliques de soupapes*
i) *Dépose et repose du carter d'huile*
j) *Dépose, contrôle et repose de la pompe à huile*
k) *Remplacement des bagues d'étanchéité de vilebrequin*
l) *Contrôle et remplacement des silentblocs du groupe motopropulseur*
m) *Dépose, contrôle et repose du volant moteur*

| 2 | Pressions de compression et fuites - contrôle et analyse des résultats |

Contrôle de compression

Nota : *Ce contrôle nécessite un compressiomètre prévu pour les moteurs Diesel, en raison des pressions élevées devant être mesurées.*

1 En cas de perte de puissance du moteur ou si des ratés ne pouvant pas être attribués au circuit d'alimentation en carburant sont observés, un contrôle de compression est susceptible de fournir de précieux indices pour l'établissement d'un bilan de l'état du moteur. Cette vérification, si elle est pratiquée régulièrement, peut révéler l'existence d'anomalies latentes avant que celles-ci ne se manifestent par des symptômes apparents.

2 Le compressiomètre se branche par l'intermédiaire d'un embout adaptateur que l'on visse dans le puits de bougie de préchauffage ou dans l'orifice d'injecteur. Dans le cas des moteurs concernés, il est nécessaire d'utiliser un compressiomètre du type se raccordant aux puits de bougies de préchauffage pour ne pas avoir à intervenir sur les éléments du circuit d'alimentation en carburant. Il ne sera certainement pas intéressant d'acheter cet appareil vu le peu d'usage que l'on pourra en avoir mais il pourra par contre être loué ou emprunté : à défaut, faire accomplir le contrôle de compression dans un garage.

3 Sauf indications contraires de la notice d'emploi du compressiomètre, les conditions préalables suivantes doivent être remplies :

a) *La batterie doit être en bon état de charge, l'élément du filtre à air être propre et le moteur à sa température normale de fonctionnement*
b) *Toutes les bougies de préchauffage doivent être déposées pour effectuer le contrôle (voir chapitre 5C)*
c) *Les connecteurs électriques du calculateur électronique de gestion du moteur doivent être débranchés (voir chapitre 4B, section 11)*

4 Il convient d'attacher une plus grande importance à l'équilibre des pressions de compression entre les cylindres qu'aux valeurs absolues relevées. Les valeurs de référence devant être observées sont indiquées dans les « *Caractéristiques* ».

5 Les raisons d'une compression insuffisante sur les moteurs Diesel sont plus difficiles à déterminer que sur les moteurs à essence. La méthode de contrôle faisant appel à de l'huile versée dans les cylindres n'est pas concluante car l'huile risque de se déposer dans la chambre de combustion sur la calotte du piston au lieu d'atteindre les segments.

6 Tous les cylindres doivent présenter une valeur de compression très proche : toute différence entre deux cylindres supérieure à la valeur prescrite dans les « *Caractéristiques* » dénote l'existence d'une anomalie. A noter que la pression de compression doit s'élever rapidement dans un moteur en bon état et qu'une pression insuffisante durant la première phase, suivie d'une augmentation progressive lors des phases suivantes indique une usure des segments de pistons. Une pression anormalement basse durant la première phase et qui ne s'élève pas lors des phases suivantes, dénote une mauvaise étanchéité des soupapes ou un joint de culasse claqué (des fissures dans la culasse peuvent également être à l'origine de ce phénomène). Des dépôts de calamine sous la tête des soupapes peuvent également provoquer une insuffisance de compression.

7 Si deux cylindres voisins présentent une valeur de compression anormalement basse, il y a de

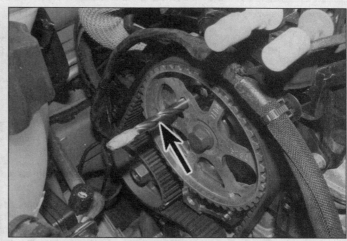

3.9 Pige (foret) de 5 mm de diamètre insérée dans le flasque du pignon de vilebrequin et engagée dans le perçage correspondant du carter de pompe à huile

3.10 Foret de 8 mm de diamètre engagé dans le trou de calage du pignon d'arbre cames et le perçage correspondant de la culasse

fortes chances que le joint de culasse entre eux soit claqué. La présence de liquide de refroidissement dans l'huile du moteur confirmera cette hypothèse.

8 Si la pression de compression est anormalement élevée, la culasse, les soupapes et les pistons doivent en toute probabilité être excessivement calaminés. En tel cas, il y aura lieu de déposer la culasse et de la décalaminer (voir chapitre 2C).

Contrôle de fuites

9 Le contrôle de fuites a pour objet de mesurer la déperdition d'air comprimé injecté dans un cylindre donné. Il s'agit d'une vérification effectuée à la place d'un contrôle de compression et cette méthode se révèle supérieure sur bien des plans car les fuites d'air permettent de localiser aisément l'origine d'une perte de pression (segments de pistons, soupapes ou joint de culasse).

10 Le matériel indispensable pour réaliser ce contrôle sera difficilement accessible pour un non-professionnel et en cas de doute sur la compression d'un moteur, faire procéder à un contrôle de fuites dans un garage équipé en conséquence.

3 Calage du moteur et de la distribution

Nota : *Ne pas faire tourner le moteur lorsque le vilebrequin et le ou les arbres à cames se trouvent bloqués avec des piges au point de calage. Si le moteur doit demeurer dans cette position pendant un certain temps, il sera bon de le signaler au moyen de notes d'avertissement sous forme d'étiquettes par exemple que l'on placera dans l'habitacle de la voiture et dans le compartiment moteur. Cela contribuera à éviter que le moteur ne se trouve sollicité en actionnant le démarreur par inadvertance, ce qui risquerait de se traduire par des dégâts alors que les piges de blocage sont en place.*

1 Des trous de calage destinés à recevoir des piges sont prévus dans le moyeu du pignon d'arbre à cames (d'admission dans le cas du moteur 16 soupapes) et dans le flasque de la poulie de vilebrequin. Ils permettent de positionner l'arbre à cames et le vilebrequin au PMH des cylindres nos 1 et 4 et les pistons à mi-course dans leur alésage et de s'assurer du bon calage de la distribution pour effectuer les opérations nécessitant la dépose et la repose de la courroie. Lorsque les trous de calage sont alignés avec les perçages correspondants dans la culasse et le carter-cylindres, les piges ou des vis de diamètre approprié peuvent être installées afin de bloquer en position le vilebrequin et l'arbre à cames, les empêchant ainsi de tourner.

2 A noter que dans le cas des moteurs Diesel HDi, la pompe d'injection ne contrôlant pas l'avance à l'injection, il n'est pas nécessaire de procéder à son calage. En conséquence, l'alignement du pignon de la pompe (et donc de la pompe elle-même) par rapport au vilebrequin et l'arbre à cames n'a aucune importance.

3 Pour effectuer le calage du moteur et de la distribution, procéder comme suit :

4 Serrer le frein à main, débloquer les vis de la roue avant droite, lever l'avant de la voiture au cric et le poser sur chandelles (voir « *Levage et soutien du véhicule* ») puis déposer la roue.

5 Pour avoir accès à sa poulie et tourner le vilebrequin, déposer la coquille pare-boue du passage de roue avant droit. Pour cela, extraire les rivets à expansion en plastique après avoir enfoncé légèrement ou soulevé leur goupille centrale, suivant le type. Dégager s'il y a lieu les durits du circuit de refroidissement dans le passage de roue en vue d'améliorer l'accès.

6 Déposer les carters supérieur et inférieur de la courroie de distribution (voir section 6).

7 Remonter la vis de fixation de la poulie de vilebrequin (sans la poulie) de façon à pouvoir tourner le vilebrequin au moyen d'une clé à douille avec rallonge.

8 Tourner le vilebrequin de telle manière à amener

le trou de calage dans le moyeu du pignon d'arbre à cames en vis-à-vis du perçage correspondant dans la culasse. A noter que le vilebrequin ne doit être tourné que dans le sens horaire (cela vu du côté droit du moteur). Utiliser si nécessaire un miroir de poche pour apercevoir le trou de calage du moyeu de pignon d'arbre à cames.

9 Insérer une pige : outil d'atelier ou à défaut, un foret de 5 mm de diamètre dans le flasque du pignon de distribution du vilebrequin et dans le perçage correspondant du carter de la pompe à huile, en tournant si nécessaire le vilebrequin légèrement dans un sens ou l'autre afin de bien engager la pige dans le trou de calage du carter-cylindres **(voir illustration)**.

10 Monter une pige : vis M8 ou foret, dans le trou de calage du moyeu de pignon d'arbre à cames et l'engager dans le perçage correspondant de la culasse **(voir illustration)**.

11 Le vilebrequin et le ou les arbres à cames se trouvent ainsi immobilisés au point de calage, ce qui leur évite toute rotation accidentelle.

4 Couvre-culasse - dépose et repose

⚠️ **Danger : Consulter la mise en garde figurant en section 1 avant toute intervention**

Dépose

Moteur 8 soupapes

Nota : *Le couvre-culasse constitue un ensemble regroupant la tubulure d'admission et le décanteur d'huile.*

1 Débrancher la batterie (voir chapitre 5A).

2 Déposer le boîtier de filtre à air complet (voir chapitre 4B).

3 Desserrer son collier et débrancher le raccord de sortie du turbocompresseur, à hauteur du bouchon

4.3 Raccord de sortie du turbocompresseur - moteur 8 soupapes

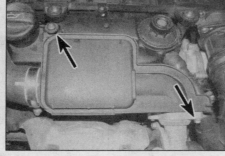

4.4a Vis à desserrer . . .

4.4b . . . pour dégager le résonateur du circuit d'admission d'air du turbocompresseur - moteur 8 soupapes

de remplissage d'huile moteur, sur le couvre-culasse (voir illustration).

4 Débrider la durit de liquide de refroidissement à l'avant du résonateur du circuit d'admission d'air, desserrer les deux vis de fixation puis soulever son côté droit pour dégager le résonateur et récupérer le joint torique (voir illustrations).

5 Déposer le filtre à gazole (voir chapitre 1B) puis desserrer ses trois vis de fixation et dégager le support du filtre.

6 Débrancher le connecteur électrique au niveau de chacun des injecteurs puis vérifier que tous les faisceaux électriques ont bien été dégagés de toute patte-support sur le couvre-culasse et la tubulure d'admission. Débrancher également toute tuyauterie de prise de dépression, en prenant soin au préalable de bien repérer leur position de raccordement.

7 Extraire leur agrafe de retenue et débrancher les canalisations de retour de carburant au niveau des injecteurs. Obturer tous les orifices découverts afin d'éviter d'admission d'impuretés.

8 Nettoyer soigneusement les raccords des canalisations d'alimentation et de retour de carburant, côté droit du couvre-culasse. Appuyer sur leur bouton blanc pour déverrouiller les raccords rapides et débrancher les deux canalisations (voir illustration).

9 Dégrafer la sonde de température de carburant de la patte de retenue puis écarter vers l'arrière l'ensemble canalisation et poire d'amorçage.

10 Desserrer les deux vis de fixation de la canalisation de recyclage des gaz d'échappement sur le couvre-culasse et la vis assurant le maintien de la canalisation à la partie arrière de la culasse (voir illustration).

11 Desserrer les deux vis de fixation de la vanne de recyclage des gaz d'échappement, côté gauche

de la culasse, débrancher le tuyau de dépression puis déposer la vanne avec la canalisation. Récupérer le joint torique sur la canalisation.

12 Desserrer les huit vis de fixation du couvre-culasse et de la tubulure d'admission à la partie avant ainsi que les deux vis sur le bord arrière, dégager l'ensemble couvre-culasse et tubulure d'admission puis récupérer les joints en caoutchouc de la tubulure (voir illustrations).

Moteur 16 soupapes

13 Déposer le couvre-moteur en plastique en tirant vers le haut pour le déboîter (voir illustration).

14 Desserrer les colliers et débrancher le conduit de liaison entre le turbocompresseur et le débitmètre au niveau du boîtier de filtre à air (voir illustration).

4.8 Boutons à presser pour débrancher les raccords rapides des canalisations d'alimentation et de retour de carburant sur le couvre-culasse - moteur 8 soupapes

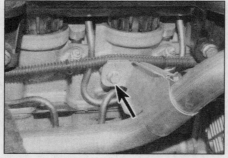

4.10 Vis de fixation de canalisation de recyclage des gaz d'échappement à la partie arrière de la culasse - moteur 8 soupapes

4.12a Vis de fixation à la partie avant . . .

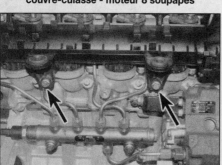

4.12b . . . et à la partie arrière du couvre-culasse - moteur 8 soupapes

4.13 Dépose du couvre-moteur - moteur 16 soupapes

4.14 Débranchement du conduit de liaison entre le turbocompresseur et le débitmètre d'air - moteur 16 soupapes

15 Desserrer ses sept vis de fixation et dégager le couvre-culasse. Etendre un chiffon propre sur le carter-paliers d'arbres à cames de façon à éviter l'admission d'impuretés.

Repose

16 La repose s'opère à l'inverse de la dépose, en tenant par ailleurs compte des points suivants :

a) *Examiner le ou les joints pour s'assurer qu'ils sont en bon état, sinon les changer. Dans le cas du moteur 8 soupapes, enduire légèrement d'huile moteur les joints de la tubulure d'admission*

b) *Serrer les vis de fixation du couvre-culasse au couple préconisé, en respectant l'ordre prescrit (voir illustrations)*

---

5 Poulie de vilebrequin - dépose et repose

Dépose

1 Effectuer la dépose de la courroie d'accessoires (voir chapitre 1B). Bloquer le tendeur en position détendue au moyen d'une pige de 3 mm de diamètre **(voir illustration)**.

2 Desserrer le collier d'assemblage et désolidariser le manchon flexible du tube intermédiaire d'échappement au niveau du pot catalytique (voir chapitre 4B).

3 Pour empêcher la rotation du vilebrequin, insérer la pige de blocage (outil réf. 0194-C) dans le perçage prévu à cet effet, côté boîte de vitesses du carter-cylindres, sous le moteur. Tourner le vilebrequin jusqu'à pouvoir engager la pige dans le trou correspondant du volant moteur. A défaut de l'outil d'atelier, utiliser une vis ou un foret de 12 mm de diamètre **(voir illustrations)**. Nota : *Le perçage du carter-cylindres et le trou dans le volant moteur sont prévus spécifiquement pour immobiliser le vilebrequin au desserrage de la vis de fixation de sa poulie, ils ne servent en aucun cas à positionner le moteur au point de calage.*

4 Débloquer la vis de fixation à l'aide d'une clé à douille avec rallonge puis l'enlever avec la rondelle et dégager la poulie en bout de vilebrequin **(voir illustrations)**.
Attention : Eviter de toucher directement avec les doigts la cible électromagnétique du capteur de vilebrequin sur le pignon de distribution et tout contact avec des particules métalliques

Repose

5 Réinstaller la poulie en bout de vilebrequin, en s'assurant de la claveter correctement sur le pignon de distribution **(voir illustration)**.

6 Nettoyer soigneusement les filets de la vis de fixation de la poulie et y déposer quelques gouttes de produit-frein, genre « Loctite Frenetanch » préconisé par le constructeur, à se procurer auprès du service des pièces détachées d'un représentant de la marque. A défaut, utiliser un équivalent de bonne qualité.

7 Remonter la vis de fixation de la poulie munie de sa rondelle et la serrer, en respectant les deux différentes phases prescrites, tout en immobilisant le vilebrequin par la méthode indiquée précédemment pour la dépose. Enlever ensuite la pige de blocage du volant moteur.

8 Réaccoupler le manchon flexible du tube intermédiaire d'échappement au pot catalytique.

9 Effectuer la repose de la courroie d'accessoires, en se reportant au chapitre 1B pour cette opération.

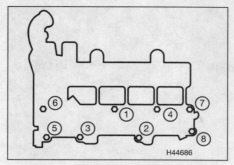

4.16a Ordre de serrage des vis du couvre-culasse - moteur 8 soupapes

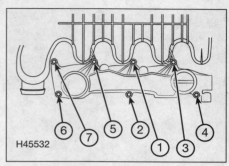

4.16b Ordre de serrage des vis du couvre-culasse - moteur 16 soupapes

5.1 Blocage du tendeur de courroie d'accessoires avec un foret

5.3a Vis-pige de blocage engagée à travers le perçage dans le carter-cylindres . . .

5.3b . . . et dans le trou correspondant du volant moteur

5.4a Dépose de la vis de fixation . . .

5.4b . . . et de la poulie de vilebrequin

5.5 Le cran de la poulie est à faire coïncider avec la clavette du pignon de vilebrequin

6.3 Les languettes latérales sont à presser pour déverrouiller les raccords rapides et débrancher les canalisations de carburant

6.4 Débranchement du connecteur électrique du capteur de pression d'air d'admission - moteur 16 soupapes

6.7 Dépose de l'ensemble du silentbloc côté droit du groupe motopropulseur

6 Carters de courroie de distribution - dépose et repose

 Danger : Se reporter à la mise en garde concernant le circuit d'alimentation en carburant à la section 1 avant toute intervention

Dépose

Carter supérieur

1 Débrancher la batterie (voir chapitre 5A).

6.8a Le faisceau électrique est à dégrafer . . .

2 Pour les versions à moteur 16 soupapes, déposer le couvre-moteur en plastique en tirant vers le haut pour le déboîter.

3 Nettoyer soigneusement les raccords des canalisations d'alimentation et de retour de carburant, à hauteur du carter supérieur de la courroie de distribution. Presser leurs languettes latérales pour déverrouiller les raccords rapides et débrancher les deux canalisations **(voir illustration)**. Obturer les canalisations et les orifices laissés libres afin d'éviter l'admission d'impuretés et d'arrêter l'écoulement de gazole.

4 Pour le moteur 16 soupapes, débrancher le connecteur électrique du capteur de pression au

6.8b . . . et les canalisations de carburant à débrider pour la dépose du carter supérieur de la courroie de distribution

niveau de la tubulure d'admission **(voir illustration)**.

5 Installer un cric rouleur sous le moteur, en veillant à interposer une cale de bois, puis l'actionner pour reprendre le poids du groupe motopropulseur.

6 Desserrer les trois vis assurant la fixation de l'ensemble du silentbloc côté droit du groupe motopropulseur sur le support au niveau du moteur et les deux vis de fixation sur la caisse.

7 Déposer l'ensemble du silentbloc côté droit du groupe motopropulseur et récupérer la patte de renfort **(voir illustrations)**.

8 Dégrafer le faisceau électrique puis débrider les canalisations de carburant au niveau du carter supérieur de la courroie de distribution **(voir illustrations)**.

9 Desserrer ses quatre vis de fixation puis écarter légèrement le support du groupe motopropulseur de la culasse de façon à pouvoir dégager le carter supérieur de la courroie de distribution.

10 Desserrer ses cinq vis de fixation et dégager le carter supérieur **(voir illustrations)**.

Carter inférieur

Dépose

11 Procéder à la dépose de la poulie de vilebrequin (voir section précédente).

6.10a Implantation des vis de fixation du carter supérieur de la courroie de distribution - moteur 8 soupapes

6.10b Implantation des vis de fixation du carter supérieur de la courroie de distribution - moteur 16 soupapes

12 Effectuer la dépose du carter supérieur (voir opération précédente).

13 Retenir le bras du tendeur de la courroie d'accessoires avec une clé plate de manière à pouvoir dégager la pige de blocage puis laisser le galet revenir en position relâchée.

14 Desserrer ses cinq vis de fixation de type indémontable et dégager le carter inférieur par le passage de roue **(voir illustrations)**.

Carter intérieur (moteur 16 soupapes)

15 Déposer le pignon de distribution du vilebrequin (voir section 8).

16 Desserrer l'écrou de fixation et dégager les connexions électriques au niveau du goujon à la partie arrière du carter intérieur.

17 Desserrer ses vis de fixation et dégager le carter intérieur de la culasse.

Repose

18 La repose a lieu à l'inverse de la dépose, en observant par ailleurs les points suivants :

a) *Veiller à réinstaller correctement les carters et bien serrer leurs vis de fixation*

b) *S'assurer de rebrancher convenablement les différentes canalisations et les conduits, en veillant à bien encliqueter les raccords ou serrer correctement les colliers*

c) *Serrer les vis de fixation du support et de l'ensemble du silentbloc côté droit du moteur aux couples prescrits*

d) *Avant de procéder à la repose de la courroie d'accessoires, comprimer le tendeur de manière à pouvoir remonter la pige de blocage*

e) *Rebrancher la batterie, comme décrit au chapitre 5A, puis effectuer la purge d'air du circuit d'alimentation en carburant, en se reportant au chapitre 4B pour cette opération*

---

7 Courroie de distribution - dépose, contrôle, repose et tension

1 La courroie de distribution entraîne le ou les arbres à cames, la pompe d'injection et la pompe à eau à partir d'un pignon monté côté droit du vilebrequin. Si la courroie vient à lâcher ou à patiner en cours de fonctionnement du moteur, cela risque d'entraîner une collision entre les pistons et la tête des soupapes avec de sérieux et coûteux dégâts mécaniques pouvant en résulter.

2 La courroie de distribution doit être changée aux

6.14a Desserrage d'une vis de fixation . . .

échéances prévues par le programme d'entretien périodique (voir chapitre 1B) ou prématurément si elle est imprégnée d'huile ou bruyante (bruit de « raclement » dû à une usure irrégulière).

3 En cas de dépose de la courroie de distribution, il est conseillé de profiter de l'occasion pour contrôler l'état de la pompe à eau (vérification pour détecter d'éventuelles fuites), ce qui évitera d'avoir à redéposer ultérieurement la courroie en cas de défectuosité de la pompe.

Dépose

4 Procéder à la dépose de la courroie d'accessoires (voir chapitre 1B).

5 Déposer la poulie de vilebrequin (voir section 5).

6 Déposer les carters supérieur et inférieur de la courroie de distribution (voir section précédente).

7 Desserrer sa vis de fixation et écarter sur le côté le capteur de vilebrequin, situé en regard du flasque de pignon de distribution **(voir illustration)**.

8 Desserrer sa vis de fixation et déposer le patin de protection de la courroie de distribution, également à hauteur du flasque de pignon de distribution **(voir illustration)**.

9 Positionner le moteur et la distribution au point de calage et les bloquer avec des piges (voir section 3). Si besoin est, remonter provisoirement la vis de fixation de sa poulie pour pouvoir tourner le vilebrequin.

10 Débloquer la vis de fixation du galet tendeur en retenant sa détente au moyen d'une clé Allen au niveau de l'empreinte six pans sur l'excentrique et laisser le galet revenir en position détendue **(voir illustration)**. La courroie une fois détendue, rebloquer provisoirement la vis de fixation du galet tendeur.

11 Dégager la courroie des pignons en veillant au

6.14b . . . et dépose du carter inférieur de la courroie de distribution

préalable à bien repérer son trajet.

Contrôle

12 Il est conseillé de remplacer systématiquement la courroie de distribution, quel que soit son état apparent. Le coût d'une courroie neuve est minime par rapport à celui induit par des réparations si la courroie venait à céder en cours de fonctionnement du moteur. Si la courroie est imprégnée d'huile, localiser l'origine de la fuite responsable du phénomène et y remédier. Nettoyer avec un solvant-dégraissant approprié les emplacements se trouvant sur le passage de la courroie de distribution ainsi que toutes les pièces associées pour les débarrasser des traces huileuses. S'assurer de la libre rotation, sans points durs, des galets tendeur et de renvoi : changer ces pièces au besoin (voir section suivante). **Nota :** *D'après les prescriptions du constructeur, les galets tendeur et de renvoi de la courroie de distribution sont de toute façon à remplacer obligatoirement, indépendamment de leur état général.*

Repose et tension

13 S'assurer en premier lieu que les piges de blocage au point de calage du volant moteur et du pignon d'arbre à cames sont bien en place (voir section 3).

14 Faire coïncider le trou de calage dans le pignon de pompe d'injection avec le perçage correspondant dans le support de la pompe puis immobiliser le pignon dans cette position en engageant une pige : broche ou foret, de 5 mm de diamètre dans les trous.

15 Engager la courroie de distribution sur le pignon au niveau du vilebrequin puis remonter le

7.7 Vis de fixation du capteur de vilebrequin

7.8 Vis de fixation du patin de protection de la courroie de distribution

7.10 Empreinte six pans sur l'excentrique du galet tendeur de courroie de distribution

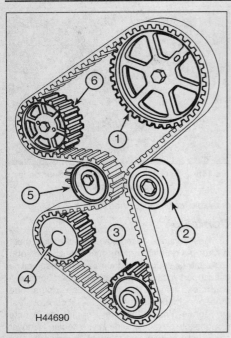

7.16a Trajet de la courroie de distribution

1 Pignon d'arbre à cames
2 Galet de renvoi
3 Pignon de vilebrequin
4 Pignon de pompe à eau
5 Galet tendeur
6 Pignon de pompe d'injection

patin de protection, en serrant convenablement sa vis de fixation.

16 Veiller à maintenir le brin de la courroie bien tendu pour l'installer successivement sur le galet de renvoi, le pignon d'arbre à cames, le pignon de pompe d'injection, le pignon de pompe à eau et le galet tendeur **(voir illustrations)**.

17 Retirer la pige de blocage du pignon de pompe d'injection.

18 Débloquer sa vis de fixation puis agir sur le galet tendeur dans le sens anti-horaire au moyen d'une clé en prise au niveau de l'empreinte six pans sur l'excentrique, afin de déplacer l'index

Le pignon d'arbre à cames peut être bloqué avec un outil à fourche improvisé, constitué de deux morceaux d'acier plat assemblés par un boulon et courbés à angle droit à leur extrémité

7.16b Installation de la courroie de distribution

dans le sens horaire et de l'aligner par rapport à l'axe **(voir illustration)**.

19 Enlever les piges de blocage au point de calage du volant moteur et du pignon d'arbre à cames puis à l'aide d'une clé à douille en prise sur la vis de fixation de sa poulie, donner dix tours complets au vilebrequin et réinstaller les piges.

20 Vérifier que l'index du galet tendeur se situe bien au milieu de la zone définie **(voir illustration 7.18)**, sinon les opérations de repose et de tension de la courroie sont à reprendre depuis le début (point 13).

21 La courroie de distribution une fois correctement tendue, remonter le capteur de vilebrequin, en serrant sa vis de fixation au couple prescrit.

22 Procéder à la repose des carters inférieur et supérieur de la courroie de distribution et de la poulie de vilebrequin, en se reportant respectivement aux sections 6 et 5 pour ces opérations.

23 Effectuer la repose de la courroie d'accessoires, comme décrit au chapitre 1B.

---

8 Pignons et galets de courroie de distribution - dépose et repose

Pignon d'arbre à cames

Dépose

1 Procéder à la dépose de la courroie de distribution (voir section précédente).

2 Enlever la pige de blocage au point de calage puis débloquer la vis de fixation du pignon, en

8.3 Dépose de la vis de fixation du pignon d'arbre à cames

7.18 L'index (A) du galet tendeur de courroie de distribution est à aligner avec l'axe (B)

immobilisant l'arbre à cames au moyen de l'outil d'atelier prévu à ce effet ou à défaut, d'un équivalent improvisé **(voir « Info OUTIL 1 »)**. *Ne pas* se servir de la pige de blocage au point de calage pour empêcher la rotation du pignon.

3 Finir de desserrer et enlever la vis de fixation puis dégager le pignon en bout d'arbre à cames **(voir illustration)**. Examiner la bague d'étanchéité pour s'assurer de l'absence de fuites. La remplacer si son état le justifie (voir section 14).

4 Nettoyer soigneusement le pignon et le contrôler : le changer s'il présente des signes manifestes d'usure, de détérioration ou des fêlures.

Repose

5 Réinstaller le pignon, en veillant à bien engager sa clavette dans le cran correspondant en bout d'arbre à cames **(voir illustration)**.

6 Remonter la vis de fixation du pignon et la serrer au couple prescrit, tout en immobilisant l'arbre à cames par la méthode indiquée lors de la dépose.

7 Faire coïncider le trou de calage du moyeu de pignon d'arbre à cames avec le perçage correspondant de la culasse puis remonter la pige de blocage.

8 Procéder à la repose de la courroie de distribution, comme décrit en section précédente.

Pignon de vilebrequin

Dépose

9 Déposer la courroie de distribution (voir section précédente).

10 Enlever la vis de fixation de la poulie si elle a remontée provisoirement pour pouvoir tourner le vilebrequin.

11 Dégager le pignon en bout de vilebrequin et

8.5 La clavette du pignon est à engager dans le cran en bout d'arbre à cames

8.11a Dépose du pignon de vilebrequin . . .

8.11b . . . et de sa clavette demi-lune

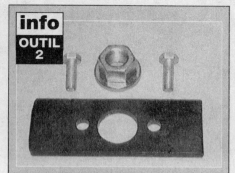

info OUTIL 2

Pour réaliser une plaquette d'extraction de pignon de pompe d'injection, utiliser un morceau d'acier plat percé de deux trous coïncidant avec les taraudages du pignon pour le montage des vis de fixation et d'un perçage central d'un diamètre suffisant pour pouvoir engager les pans de l'écrou de fixation du pignon

récupérer la clavette demi-lune **(voir illustrations)**.
12 Examiner la bague d'étanchéité pour s'assurer de l'absence de fuites. La remplacer si son état le justifie (voir section 14).
13 Nettoyer soigneusement le pignon, et le contrôler : le changer s'il présente des signes manifestes d'usure, de détérioration ou des fêlures.

Repose

14 Remettre en place la clavette demi-lune dans sa rainure sur le vilebrequin puis réinstaller le pignon avec son embase côté poulie.
15 Effectuer la repose de la courroie de distribution, comme décrit en section précédente.

Pignon de pompe d'injection

Dépose

16 Déposer la courroie de distribution (voir section précédente).
17 Débloquer l'écrou de fixation du pignon de pompe d'injection, tout en immobilisant le pignon à

l'aide d'un outil à fourche en prise dans ses perçages, du type utilisé précédemment pour la dépose du pignon d'arbre à cames **(voir « info OUTIL 1 »)**.
18 Le pignon doit ensuite être décollé du cône sur l'axe de la pompe d'injection au moyen d'un extracteur. L'outil d'atelier prévu à cet effet peut être remplacé par un équivalent improvisé **(voir « info OUTIL 2 »)**.
19 Débloquer l'écrou de fixation puis visser la plaquette d'extraction au moyen de deux vis appropriées dans les taraudages sur le pignon **(voir illustrations)**. Serrer les vis uniformément de manière à forcer la plaquette pour l'amener au contact de l'écrou puis desserrer celui-ci afin de dégager le pignon de l'axe de la pompe. Démonter ensuite la plaquette d'extraction, enlever l'écrou de fixation et déposer le pignon.
20 Nettoyer soigneusement le pignon et le changer s'il présente des signes manifestes d'usure, de détérioration ou des fêlures.

Repose

21 Installer le pignon puis remonter son écrou de fixation à serrer au couple préconisé, tout en immobilisant le pignon au moyen de l'outil utilisé lors de la dépose.
22 Procéder à la repose de la courroie de distribution, en se reportant à la section précédente pour cette opération.

Pignon de pompe à eau

23 Le pignon est intégré à la pompe et en est indissociable. Se reporter au chapitre 3 pour la dépose éventuelle de la pompe à eau.

Galet tendeur

Dépose

24 Déposer la courroie de distribution (voir section précédente).
25 Enlever la vis de fixation puis dégager le galet tendeur.
26 Nettoyer le galet tendeur en évitant les solvants agressifs qui risqueraient de s'imprégner dans le roulement et de dissoudre la graisse. Vérifier que le galet tourne librement sur son moyeu, sans points durs ni jeu exagéré. Remplacer le galet dans le moindre doute sur son état ou s'il est manifestement usé ou détérioré.

Repose

27 Installer le galet tendeur, en s'assurant de bien engager sa fourchette sur l'axe de positionnement **(voir illustration)**.
28 Effectuer la repose de la courroie de distribution, comme indiqué en section précédente.

Galet de renvoi

Dépose

29 Procéder à la dépose de la courroie de distribution (voir section précédente).
30 Desserrer et enlever l'écrou de fixation puis dégager le galet de renvoi de son axe **(voir illustration)**.
31 Nettoyer le galet de renvoi en évitant les solvants agressifs qui risqueraient de s'imprégner dans le roulement et de dissoudre la graisse.

8.19a Monter l'extracteur sur l'écrou de fixation du pignon et serrer ses deux vis

8.19b L'extracteur étant en place, bloquer le pignon puis dévisser son écrou de fixation pour le décoller de l'axe de la pompe d'injection

8.27 Axe de positionnement de la fourchette du galet tendeur de courroie de distribution

8.30 Dépose de l'écrou de fixation du galet de renvoi de courroie de distribution

9.4 Vis de fixation de pompe à vide d'assistance de freinage - moteur 8 soupapes

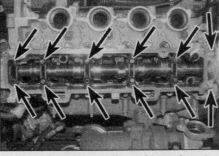

9.6 Vis de fixation de partie supérieure du carter-paliers d'arbre à cames - moteur 8 soupapes

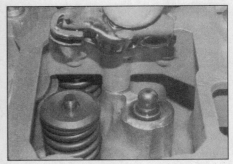

9.10 Dépose d'un linguet de soupape - moteur 8 soupapes

Vérifier que le galet tourne librement sur son moyeu, sans points durs ni jeu exagéré. Remplacer le galet dans le moindre doute sur son état ou s'il est visiblement usé ou détérioré.

Repose

32 Installer le galet de renvoi sur son axe et remonter l'écrou de fixation, en le serrant au couple préconisé.

33 Reposer la courroie de distribution, comme décrit en section précédente.

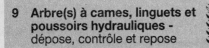

9 Arbre(s) à cames, linguets et poussoirs hydrauliques - dépose, contrôle et repose

Dépose

Moteur 8 soupapes

1 Déposer le couvre-culasse (voir section 4).

2 Déposer le pignon d'arbre à cames (voir section précédente).

3 L'ensemble du silentbloc côté droit doit être réinstallé, sans toutefois bloquer ses vis de fixation, pour assurer le soutien du groupe motopropulseur au cours de la dépose de l'arbre à cames.

4 Desserrer ses vis de fixation puis dégager la pompe à vide d'assistance de freinage, côté gauche de la culasse, et récupérer les joints toriques **(voir illustration)**.

5 Débrancher le connecteur électrique, desserrer sa vis de fixation et dégager le capteur de position d'arbre à cames du carter-paliers.

6 Desserrer progressivement et uniformément, en opérant en spirale, ses vis de fixation puis soulever avec précaution la partie supérieure du carter-paliers d'arbre à cames pour la dégager **(voir illustration)**.

7 En veillant au préalable à bien repérer son sens d'orientation, soulever l'arbre à cames pour le dégager de la partie inférieure du carter-paliers puis récupérer la bague d'étanchéité côté distribution et la mettre au rebut.

8 Pour procéder à la dépose des linguets et des poussoirs hydrauliques de soupapes, desserrer ses treize vis de fixation et déposer la partie inférieure du carter-paliers d'arbre à cames.

9 Se procurer huit bacs individuels en plastique propres ou une grande boîte à huit cases numérotées de 1 à 8.

10 Soulever tour à tour chaque linguet pour le libérer du poussoir hydraulique puis le ranger dans

sa case respective **(voir illustration)**.

11 Prévoir ensuite une boîte compartimentée, suffisamment grande, pour accueillir les poussoirs hydrauliques suite à leur dépose. Récupérer les poussoirs et les ranger dans l'ordre dans les cases correspondantes. Remplir d'huile moteur propre les cases de manière à recouvrir entièrement les poussoirs pour éviter les prises d'air.

12 Récupérer les cinq joints toriques intercalés entre la partie inférieure du carter-paliers d'arbre à cames et la culasse.

Moteur 16 soupapes

13 Déposer le couvre-culasse (voir section 4).

14 Déposer la tubulure d'admission (voir chapitre 4B).

15 Déposer les injecteurs (voir chapitre 4B).

16 Déposer le pignon de l'arbre à cames d'admission (voir section précédente).

17 L'ensemble du silentbloc côté droit doit être réinstallé, sans toutefois bloquer ses vis de fixation,

9.18 Dégagement des connexions électriques au niveau du carter intérieur de la courroie de distribution - moteur 16 soupapes

9.21 Dépose du carter intérieur de la courroie de distribution - moteur 16 soupapes

pour assurer le soutien du groupe motopropulseur au cours de la dépose des arbres à cames.

18 Desserrer l'écrou de cosse et dégager les connexions électriques au niveau de la borne à la partie arrière du carter intérieur de la courroie de distribution **(voir illustration)**.

19 Débrancher le tuyau de prise de dépression au niveau de la pompe à vide d'assistance de freinage implantée côté gauche de la culasse. Desserrer ses vis de fixation puis dégager la pompe et récupérer les joints toriques.

20 Déposer le filtre à gazole (voir chapitre 1B) puis desserrer ses trois vis de fixation et déposer le support du filtre **(voir illustration)**.

21 Desserrer ses vis de fixation et déposer le carter intérieur de la courroie de distribution **(voir illustration)**.

22 Desserrer sa vis de fixation et dégager le capteur de position d'arbre à cames du carter-paliers **(voir illustration)**.

23 Desserrer ses six vis de fixation et déposer

9.20 Vis de fixation du support de filtre à gazole - moteur 16 soupapes

9.22 Vis de fixation du capteur de position d'arbre à cames - moteur 16 soupapes

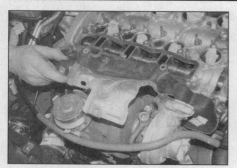

9.24 Dépose de l'écran thermique supérieur du collecteur d'échappement et du turbocompresseur - moteur 16 soupapes

9.25 Dépose du carter-paliers d'arbres à cames - moteur 16 soupapes

9.27 Dépose d'un linguet de soupape . . .

l'écran thermique inférieur, à l'avant du pot catalytique.

24 Desserrer ses trois vis de fixation et dégager l'écran thermique supérieur (**voir illustration**).

25 Desserrer progressivement et uniformément, dans l'ordre *inverse* de celui préconisé pour le serrage sur l'illustration 9.72, les vis extérieures et les goujons intérieurs puis soulever le carter-paliers pour le dégager avec les arbres à cames de la culasse (**voir illustration**). Poser le carter-paliers sur un établi avec les arbres à cames sur le haut.

26 Se procurer seize bacs individuels en plastique propres ou une grande boîte à seize cases numérotées respectivement de 1 à 8 pour les côtés admission et échappement.

27 Soulever tour à tour chaque linguet pour le libérer du poussoir hydraulique puis le ranger dans sa case respective (**voir illustration**).

28 Prévoir ensuite une boîte compartimentée, suffisamment grande, pour accueillir les poussoirs hydrauliques suite à leur dépose. Récupérer les poussoirs et les ranger dans l'ordre dans les cases correspondantes. Remplir d'huile moteur propre les cases de manière à recouvrir entièrement les poussoirs pour éviter les prises d'air (**voir illustration**).

29 S'assurer de la présence de repères sur les chapeaux de paliers qui doivent normalement être identifiés par les inscriptions « A1 à A4 » pour l'arbre à cames d'admission et « E1 à E4 » pour celui d'échappement (**voir illustration**). Egalement, bien repérer le sens de montage des chapeaux de paliers : leur bossage circulaire au centre doit être orienté côté collecteur d'échappement du moteur. En l'absence de repères ou si le sens de montage ne peut pas être déterminé, marquer chacun des chapeaux de paliers pour bien identifier leur position de montage respective.

30 Desserrer progressivement les vis de tous les chapeaux de paliers ainsi que les deux vis assurant la fixation du tendeur de chaîne d'entraînement puis enlever les vis et soulever les deux arbres à cames pour les dégager avec la chaîne de distribution et le tendeur (**voir illustration**). Récupérer la bague d'étanchéité au niveau de l'arbre à cames d'échappement, dégager le tendeur puis la chaîne des pignons d'arbres à cames.

31 Extraire à l'aide d'un outil à crochet les joints des quatre injecteurs au niveau du carter-paliers (**voir illustration**). A noter que des joints de

rechange accompagnés de protecteurs (n° de pièce 198260) sont à prévoir au remontage.

Contrôle

32 Les plans de joint de la culasse et du carter-paliers d'arbre(s) à cames doivent être rendus parfaitement propres avant de reposer la culasse. Il est conseillé d'utiliser un produit chimique de décapage approprié (à se procurer auprès du service des pièces détachées d'un représentant du réseau Citroën) pour dissoudre les résidus de pâte d'étanchéité. Laisser agir le produit une dizaine de minutes sur la partie à nettoyer et gratter ensuite avec une spatule en bois ou en plastique, l'utilisation d'outils métalliques tranchants étant à proscrire, ce qui risquerait d'endommager les plans de joint. Ceux-ci étant dépourvus de joint, leur nettoyage est à effectuer avec le plus grand soin.

9.28 . . . et d'un poussoir hydraulique - moteur 16 soupapes

9.30 Dépose des arbres à cames avec la chaîne de distribution et le tendeur - moteur 16 soupapes

33 Dégraisser et nettoyer parfaitement toutes les pièces avec un solvant adéquat puis les essuyer avec un chiffon propre, non pelucheux. S'assurer que les canaux de graissage sont d'une propreté irréprochable.

34 Examiner l'état de surface des cames et des tourillons du ou des arbres à cames qui ne doivent pas présenter de rayures ni de signes d'arrachement de métal, ce qui indiquerait un manque de lubrification. Si le traitement de surface (trempe) des cames est arraché, l'usure risque de s'accélérer. **Nota :** *Si un tel défaut est remarqué au niveau du sommet des cames, contrôler les linguets correspondants qui risquent de présenter les mêmes signes d'usure.*

35 Contrôler l'état des paliers dans le carter-paliers. En cas d'usure exagérée des paliers, la culasse et le carter-paliers qui constituent des

9.29 Repère d'identification sur chapeau de palier n° 1 d'arbre à cames d'admission - moteur 16 soupapes

9.31 Extraction d'un joint d'injecteur à l'aide d'un outil à crochet - moteur 16 soupapes

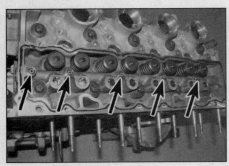

9.43 Joints toriques neufs en place et cordon de pâte d'étanchéité déposé sur le plan de joint de la culasse - moteur 8 soupapes

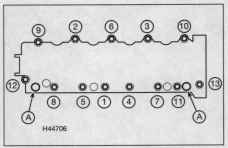

9.44 Perçages pour les axes de guidage (A) et ordre de serrage des vis de la partie inférieure du carter-paliers d'arbre à cames - moteur 8 soupapes

9.47 Repose de l'arbre à cames avec cordon de pâte d'étanchéité déposé sur le plan de joint de la partie inférieure du carter-paliers - moteur 8 soupapes

ensembles appariés sont à changer en même temps.

36 Examiner les linguets et les poussoirs hydrauliques pour s'assurer qu'ils ne présentent pas de signes d'arrachement de métal, de fêlures ou tout autre défaut susceptible d'exister. Les changer s'il y a lieu. Contrôler les alésages des poussoirs dans la culasse qui doit être remplacée en cas d'usure des alésages.

37 Pour le moteur 16 soupapes, vérifier l'état de la chaîne de distribution, des pignons au niveau des arbres à cames et du tendeur. Remplacer toute pièce visiblement usée ou endommagée.

38 Changer systématiquement tous les joints déposés. Une pâte d'étanchéité appropriée, genre « Loctite Autojoint Noir » préconisée par le constructeur, est à prévoir pour les plans d'assemblage dépourvus de joint.

Repose

Moteur 8 soupapes

39 S'assurer que le vilebrequin se trouve bien pigé au point de calage (voir section 3) afin d'éviter toute interférence entre les soupapes et les pistons au cours des opérations de repose.

40 Lubrifier copieusement à l'huile moteur propre les alésages de poussoirs hydrauliques dans la culasse.

41 Remettre en place les poussoirs hydrauliques, en respectant leur emplacement initial s'il s'agit des pièces d'origine.

42 Lubrifier les linguets à l'huile moteur et les installer sur leurs poussoir et queue de soupape respectifs.

43 Déposer un cordon de pâte d'étanchéité

siliconée appropriée sur le pourtour du plan de joint de la partie inférieure du carter-paliers d'arbre à cames sur la culasse puis installer les cinq joints toriques neufs **(voir illustration)**.

44 Monter deux axes (broches ou forets) de 12 mm de long dans les perçages correspondants sur la culasse afin de guider la partie inférieure du carter-paliers d'arbre à cames lors de sa mise en place. Des outils d'atelier : réf. 194-N, à se procurer auprès d'un représentant du réseau Citroën, sont prévus pour cette opération. Présenter la partie inférieure du carter-paliers sur les axes de guidage et la culasse puis remonter les vis de fixation, en les bloquant à la main dans l'ordre indiqué **(voir illustration)**.

45 Enlever les axes de guidage puis serrer les vis de fixation de la partie inférieure du carter-paliers d'arbre à cames au couple préconisé, en respectant l'ordre indiqué précédemment.

46 Lubrifier ses tourillons à l'huile moteur propre puis installer l'arbre à cames sur la partie inférieure du carter-paliers.

47 Déposer un cordon de pâte d'étanchéité siliconée appropriée sur le pourtour du plan de joint au niveau de la partie inférieure du carter-paliers d'arbre à cames **(voir illustration)**.

48 Monter deux axes (broches ou forets) de 12 mm de long dans les perçages correspondants sur la partie inférieure du carter-paliers d'arbre à cames afin de guider la partie supérieure lors de sa mise en place. Des outils d'atelier : réf. 194-N, à se procurer auprès d'un représentant du réseau Citroën, sont prévus pour cette opération.

49 Présenter la partie supérieure du carter-paliers d'arbre à cames sur les axes de guidage et la partie inférieure puis remonter les vis de fixation, en les

serrant à la main, progressivement et uniformément dans l'ordre indiqué, jusqu'au contact des plans de joint **(voir illustration)**.

50 Enlever les axes de guidage puis serrer les vis de fixation de la partie supérieure du carter-paliers d'arbre à cames au couple prescrit, en respectant l'ordre indiqué précédemment.

51 Equiper l'arbre à cames d'une bague d'étanchéité neuve sur son côté distribution (voir section 14).

52 Procéder à la repose du pignon d'arbre à cames, en veillant à bien engager sa clavette dans le cran correspondant puis remonter la vis de fixation et la serrer au couple prescrit, tout en immobilisant l'arbre à cames par la méthode indiquée en section précédente.

53 Reposer le capteur de position sur la partie supérieure du carter-paliers d'arbre à cames puis ajuster l'entrefer entre le capteur et le pignon à une valeur de 1,2 mm s'il s'agit du capteur d'origine et dans le cas d'un capteur neuf, son téton doit toute juste être au contact de l'une des trois cibles du pignon **(voir illustration)**. Serrer ensuite la vis de fixation du capteur au couple préconisé.

54 Orienter le pignon d'arbre à cames de telle façon à pouvoir engager la pige de blocage au point de calage puis effectuer la repose de la courroie de distribution, en se reportant à la section 7 pour cette opération.

55 La suite des opérations de repose s'effectue à l'inverse de celles de dépose.

Moteur 16 soupapes

56 S'assurer que le vilebrequin se trouve bien pigé au point de calage (voir section 3) afin d'éviter toute interférence entre les soupapes et les pistons au cours des opérations de repose.

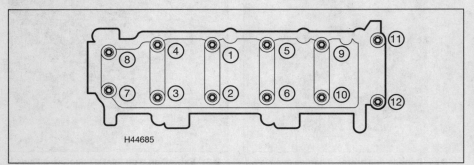

9.49 Ordre de serrage de la partie supérieure du carter-paliers d'arbre à cames - moteur 8 soupapes

9.53 Réglage de l'entrefer du capteur de position d'arbre à cames - moteur 8 soupapes

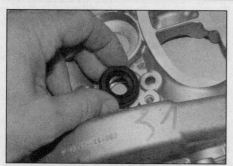

9.60a Installation d'un joint d'injecteur neuf dans le carter-paliers d'arbres à cames . . .

9.60b . . . et utilisation d'une douille pour le repousser à fond - moteur 16 soupapes

9.61a Maillon noir ou cuivre de chaîne de distribution . . .

9.61b . . . à faire coïncider avec le repère sur chaque pignon d'arbre à cames - moteur 16 soupapes

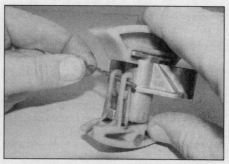

9.62a Tendeur maintenu comprimé avec un foret . . .

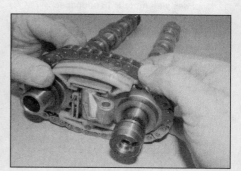

9.62b . . . pour l'installer entre les deux arbres à cames - moteur 16 soupapes

57 Lubrifier copieusement à l'huile moteur propre les alésages de poussoirs hydrauliques dans la culasse.

58 Remettre en place les poussoirs hydrauliques, en respectant leur emplacement initial s'il s'agit des pièces d'origine.

59 Lubrifier les linguets à l'huile moteur et les installer sur leurs poussoir et queue de soupape respectifs.

60 Installer les joints d'injecteurs neufs dans le carter-paliers d'arbres à cames, avec leur face plate sur le haut. Repousser ensuite à fond les joints à l'aide d'une douille de diamètre approprié **(voir illustrations)**.

61 Mettre en prise la chaîne de distribution sur les pignons au niveau des arbres à cames, en faisant correspondre ses deux maillons noirs ou cuivre avec les repères sur les pignons **(voir illustrations)**.

62 Comprimer le tendeur et engager une pige, genre foret, de faible diamètre à travers le corps et le patin du tendeur pour immobiliser l'ensemble des pièces dans cette position puis installer le tendeur entre les deux arbres à cames **(voir illustrations)**.

63 Lubrifier les paliers dans le carter-paliers à l'huile moteur propre puis installer les arbres à cames avec la chaîne de distribution et le tendeur. Vérifier que les maillons noirs ou cuivre de la chaîne se trouvent bien engagés au niveau des repères sur les pignons **(voir illustrations)**.

64 Lubrifier les paliers des arbres à cames au niveau des chapeaux puis les installer sur le carter-paliers, en veillant à respecter leur position et leur sens de montage d'origine.

65 Remonter les vis de fixation des chapeaux de paliers et les bloquer à la main dans un premier temps puis les serrer au couple préconisé, en opérant progressivement et dans l'ordre prescrit **(voir illustration)**.

66 Fixer le tendeur de chaîne de distribution avec ses deux vis, en les serrant bien, puis revérifier que les maillons noirs ou cuivre de la chaîne se trouvent en regard des repères sur les pignons puis enlever

9.63a Lubrification des paliers d'arbre à cames sur le carter-paliers- moteur 16 soupapes

9.63b Les maillons noirs ou cuivre de la chaîne de distribution doivent être engagés au niveau des repères (flèches) sur les pignons - moteur 16 soupapes

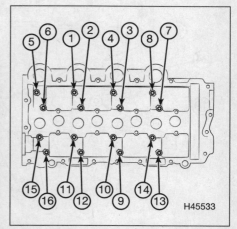

H45533

9.65 Ordre de serrage des chapeaux de paliers d'arbres à cames - moteur 16 soupapes

9.66 Dépose de la pige de blocage du tendeur de chaîne de distribution après l'avoir fixé avec ses vis - moteur 16 soupapes

9.68a Graissage de la lèvre intérieure d'un joint d'injecteur . . .

9.68b . . . et montage du protecteur - moteur 16 soupapes

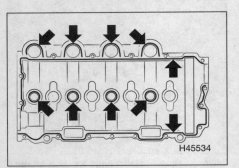

9.69 Zones d'application de pâte d'étanchéité sur le plan de joint du carter-paliers d'arbres à cames - moteur 16 soupapes

la pige de blocage pour relâcher le tendeur **(voir illustration)**.

67 Remonter le pignon de la courroie de distribution au niveau de l'arbre à cames d'admission, en serrant modérément sa vis de fixation. Tourner les arbres à cames 40 fois de suite

et recontrôler le bon alignement des maillons noirs ou cuivre de la chaîne de distribution par rapport aux repères des pignons, sinon, reprendre les opérations de repose depuis le point 61 ci-dessus. Redéposer ensuite le pignon de la courroie de distribution.

68 Enduire légèrement de graisse multi-usage leur lèvre intérieure puis équiper les joints des injecteurs des protecteurs, en les laissant dépasser de 1 mm environ **(voir illustrations)**.

69 Appliquer de la pâte d'étanchéité siliconée appropriée sur le plan de joint du carter-paliers d'arbres à cames, aux emplacements représentés sur le dessin joint, en évitant le trou de graissage du tendeur de chaîne **(voir illustration)**.

70 Installer le carter-paliers d'arbres à cames sur la culasse puis remonter les goujons et les vis de fixation, en les serrant à la main uniquement.

71 Le carter-paliers d'arbres à cames étant dépourvu de douilles de centrage, pour assurer son bon positionnement, réinstaller provisoirement la pompe à vide d'assistance de freinage puis

l'engager avec l'arbre à cames d'admission et vérifier conjointement que les bords du carter-paliers et de la culasse sont bien alignés par rapport au logement de la bague d'étanchéité.

72 Serrer les goujons et les vis de fixation du carter-paliers d'arbres à cames au couple préconisé, en opérant progressivement et dans l'ordre prescrit **(voir illustration)**. Redéposer ensuite la pompe à vide d'assistance de freinage.

73 Enlever leur protecteur et s'assurer que les joints des injecteurs sont bien en place **(voir illustration)**.

74 Equiper l'arbre à cames d'admission d'une bague d'étanchéité neuve sur son côté distribution, comme décrit en section 14.

75 Réinstaller le carter intérieur de la courroie de distribution, en serrant convenablement ses vis de fixation.

76 Remettre en place les connexions électriques au niveau de la borne à la partie arrière du carter intérieur de la courroie de distribution puis remonter et bien serrer l'écrou de cosse.

77 Mettre en place le pignon en bout d'arbre à cames d'admission, en veillant à bien engager sa clavette dans le cran correspondant.

78 Remonter la vis de fixation du pignon d'arbre à cames et la serrer au couple prescrit, tout en immobilisant l'arbre à cames par la méthode indiquée en section précédente.

79 Reposer le capteur de position sur le carter-paliers d'arbre à cames puis ajuster l'entrefer entre le capteur et le pignon à une valeur de 1,2 mm s'il s'agit du capteur d'origine et dans le cas d'un capteur neuf, son téton doit toute juste être au contact de l'une des trois cibles du pignon. Serrer

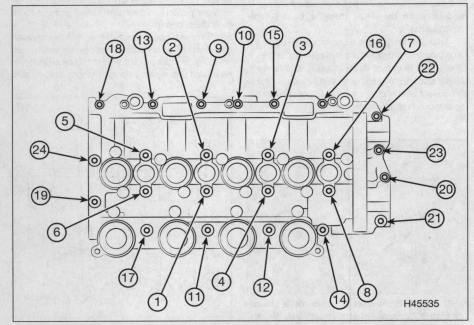

9.72 Ordre de serrage des vis et goujons de fixation du carter-paliers d'arbres à cames - moteur 16 soupapes

9.73 Dépose du protecteur d'un joint d'injecteur - moteur 16 soupapes

ensuite la vis de fixation du capteur au couple préconisé.

80 Faire coïncider le trou de calage dans le moyeu du pignon d'arbre à cames avec le perçage correspondant dans la culasse puis bloquer l'arbre à cames dans cette position en engageant une pige (voir section 3).

81 Effectuer la repose des écrans thermiques supérieur et inférieur au niveau du turbocompresseur et du pot catalytique.

82 Procéder à la repose de la pompe à vide d'assistance de freinage, comme indiqué au chapitre 9.

83 Réinstaller le support du filtre à gazole, en serrant bien ses trois vis de fixation puis reposer le filtre, comme décrit au chapitre 1B.

84 Reposer la courroie de distribution, en se reportant à la section 7 pour cette opération.

85 Reposer les injecteurs ainsi que la tubulure d'admission, comme décrit au chapitre 4B.

---

10 Culasse - dépose et repose

Nota : *La repose et la repose de la culasse constituent des interventions à ne pas entreprendre sans préparation sérieuse. Il est conseillé de lire attentivement les descriptions données avant d'entamer les opérations. En vue du remontage, bien repérer la position respective de toutes les pattes de maintien ainsi que le trajet des tuyauteries et des câbles.*

Dépose

1 Serrer le frein à main, débloquer les vis de la roue avant droite, lever l'avant de la voiture au cric et le poser sur chandelles (voir « *Levage et soutien du véhicule* ») Déposer ensuite la roue. Déposer ensuite la coquille pare-boue du passage de roue. Pour cela, extraire les rivets à expansion en plastique après avoir enfoncé légèrement ou soulevé leur goupille centrale, suivant le type. Desserrer ses vis de fixation et déposer le carénage de protection sous le moteur.

2 Procéder à la dépose de la batterie (voir chapitre 5A).

3 Vidanger le circuit de refroidissement (voir chapitre 1B) puis déposer le capot moteur (voir chapitre 11) en vue d'améliorer l'accès.

Moteur 8 soupapes

4 Déposer le couvre-culasse (voir section 4).

5 Déposer la courroie de distribution (voir section 7).

6 Désolidariser le manchon flexible du tube intermédiaire d'échappement au niveau du pot catalytique (voir chapitre 4B, section 19). **Nota :** *Prendre garde de ne pas soumettre le manchon flexible du tube d'échappement à des contraintes excessives au risque de l'endommager.*

7 Déposer les bougies de préchauffage (voir chapitre 5C).

8 Desserrer ses trois vis de fixation et déposer le tendeur de courroie d'accessoires **(voir illustration)**.

9 Déposer le pot catalytique (voir chapitre 4B).

10 Déposer l'alternateur (voir chapitre 5A) et son support supérieur.

11 Desserrer les vis creuses des raccords et débrancher la canalisation d'alimentation en huile au niveau du carter-cylindres et du turbocompresseur. Récupérer les joints des raccords.

12 Desserrer son collier et débrancher la canalisation de retour d'huile du turbocompresseur au niveau du carter-cylindres.

13 Desserrer et enlever les vis de fixation du support gauche ainsi que la vis supérieure du support droit de la pompe d'injection **(voir illustrations)**.

14 Déposer les injecteurs (voir chapitre 4B).

15 Desserrer les vis de fixation du boîtier thermostatique, côté gauche de la culasse puis les deux vis de fixation du support en haut du carter d'embrayage et écarter légèrement le boîtier de la culasse, sans débrancher les durits **(voir illustration)**.

16 Débrancher le connecteur électrique puis desserrer sa vis de fixation et dégager le capteur de position d'arbre à cames de la partie supérieure du carter-paliers d'arbre à cames.

17 Desserrer les treize vis de fixation de la partie inférieure sur la culasse puis dégager l'ensemble du carter-paliers avec l'arbre à cames. Récupérer les cinq joints toriques sur la culasse.

18 Se procurer huit bacs individuels en plastique propres ou une grande boîte à huit cases numérotées de 1 à 8.

19 Soulever tour à tour chaque linguet pour le libérer du poussoir hydraulique puis le ranger dans sa case respective **(voir illustration 9.10)**.

20 Prévoir ensuite une boîte compartimentée,

10.8 Vis de fixation de tendeur de courroie d'accessoires - moteur 8 soupapes

suffisamment grande, pour accueillir les poussoirs hydrauliques suite à leur dépose. Récupérer les poussoirs et les ranger dans l'ordre dans les cases correspondantes. Remplir d'huile moteur propre les cases de manière à recouvrir entièrement les poussoirs pour éviter les prises d'air.

21 Desserrer les vis de la culasse en opérant dans l'ordre *inverse* de celui indiqué pour le serrage sur l'illustration 10.53.

Moteur 16 soupapes

22 Déposer les arbres à cames, les linguets et les poussoirs hydrauliques de commande des soupapes (voir section précédente).

23 Desserrer ses trois vis de fixation et déposer le tendeur de courroie d'accessoires.

24 Déposer le pot catalytique et son écran thermique intérieur (voir chapitre 4B, section 17).

25 Déposer l'alternateur (voir chapitre 5A).

26 Desserrer la vis de fixation du tube de guidage de la jauge de niveau d'huile moteur sur le support d'alternateur puis desserrer ses quatre vis de fixation et déposer le support.

27 Déposer le pignon de pompe d'injection (voir section 8).

28 Desserrer la vis de fixation supérieure côté gauche et la vis de fixation supérieure côté droit du support de la pompe d'injection sur la culasse **(voir illustrations)**.

29 Desserrer les deux vis de fixation inférieures du support puis écarter légèrement la pompe d'injection de la culasse **(voir illustration)**.

30 Déposer le turbocompresseur (voir chapitre 4B).

31 Desserrer les vis de fixation du boîtier thermostatique côté gauche de la culasse puis les deux vis de fixation du support en haut du carter d'embrayage et écarter légèrement le boîtier de la

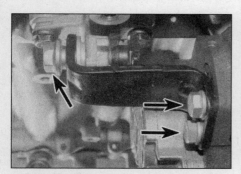

10.13a Vis de fixation du support gauche . . .

10.13b . . . et vis de fixation supérieure du support droit de pompe d'injection - moteur 8 soupapes

10.15 Vis de fixation de boîtier thermostatique - moteur 8 soupapes

10.28a Vis de fixation supérieure côté gauche . . .

10.28b . . . et supérieure côté droit de pompe d'injection - moteur 16 soupapes

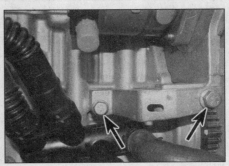

10.29 Vis de fixation inférieures du support de pompe d'injection - moteur 16 soupapes

culasse, sans débrancher les durits **(voir illustration 10.15)**.

32 S'assurer que toutes les connexions électriques et les tuyauteries ont bien été débranchées au niveau de la culasse pour pouvoir la déposer puis desserrer les vis de la culasse en opérant dans l'ordre *inverse* de celui indiqué pour le serrage sur l'illustration 10.53.

Moteurs tous types

33 Des outils d'atelier sont prévus pour décoller la culasse : ils consistent en des leviers coudés à angle droit à leur extrémité permettant de basculer la culasse **(voir illustration)**. Ne pas faire levier au niveau de la jointure avec le carter-cylindres au risque d'endommager les plans de joint.

34 Dégager la culasse du carter-cylindres en opérant à deux et récupérer le joint.

35 S'il y a lieu, dissocier la tubulure d'admission et le collecteur d'échappement de la culasse (voir chapitre 4B).

Préparation de la culasse avant la repose

36 Les plans de joint de la culasse et du carter-cylindres doivent être rendus parfaitement propres avant de reposer la culasse. Il est conseillé d'utiliser un produit chimique de décapage approprié pour dissoudre les résidus de joint. Laisser agir le produit une dizaine de minutes sur la partie à nettoyer et gratter ensuite avec une spatule en bois ou en plastique. Nettoyer également la calotte des pistons en grattant de cette manière. Faire tout particulièrement attention au cours du nettoyage de ne pas endommager l'alliage d'aluminium, une matière très tendre et s'abîmant facilement : l'utilisation d'outils tranchants est en conséquence

à proscrire. Veiller en outre à ce que de la calamine ne puisse à aucun moment être admise dans les conduits de graissage et de refroidissement : cela est d'une importance cruciale surtout pour le circuit de graissage car la calamine pourrait entraver l'acheminement d'huile vers les organes du moteur. Utiliser du papier maintenu par du ruban adhésif pour boucher les orifices de passage d'eau et d'huile ainsi que les trous taraudés de vis dans le carter-cylindres. Pour empêcher l'admission de calamine dans l'intervalle entre les pistons et les alésages, garnir cet espace de graisse. Après nettoyage des pistons, éliminer la graisse et les débris de calamine à l'aide d'une petite brosse puis terminer en passant un chiffon propre.

37 Contrôler les plans de joint de la culasse et du carter-cylindres qui ne doivent pas être entaillés, présenter de rayures profondes ni être autrement marqués. Les défauts superficiels peuvent être rattrapés à la lime, en procédant toutefois avec précaution. Pour des défauts plus importants, la seule alternative possible sera la rectification, dans la limite des cotes prescrites, ou le remplacement. En cas de doute de la bonne planéité du plan de joint de la culasse, mesurer sa déformation à l'aide d'une règle plate et de cales d'épaisseur (voir chapitre 2C).

38 Nettoyer soigneusement les trous taraudés de vis de la culasse dans le carter-cylindres. Engager les vis dans les taraudages et les serrer pour vérifier leur libre rotation, sans points durs. Il est indispensable de s'assurer de l'absence d'eau ou d'huile dans les trous taraudés : les assécher s'il y a lieu avec un chiffon et un tournevis.

Choix du joint de culasse

39 Enlever le pige de blocage au point de calage

du volant moteur puis tourner le vilebrequin de façon à amener les pistons des cylindres n°s 1 et 4 au PMH, installer un comparateur sur le carter-cylindres à hauteur du piston du cylindre n° 1 et l'étalonner à zéro sur le plan du carter. Positionner ensuite la touche du comparateur sur la calotte du piston, à 10 mm de son bord arrière, et tourner lentement le vilebrequin dans un sens et dans l'autre, dans un mouvement de va-et-vient, au-delà du PMH puis relever la valeur de dépassement la plus élevée affichée par le comparateur (cote A).

40 Répéter cette mesure mais à 10 mm du bord avant de la calotte du piston du cylindre n° 1 cette fois-ci (cote B).

41 Additionner les cotes A et B et diviser le résultat de cette opération par deux pour obtenir la moyenne de dépassement.

42 Recommencer les mesures précédentes au niveau du piston du cylindre n° 4 puis tourner le vilebrequin d'un demi-tour (180°) et effectuer successivement la mesure du dépassement des pistons des cylindres n°s 2 et 3 **(voir illustration)**. S'assurer qu'il n'existe pas un écart de dépassement supérieur à 0,07 mm entre deux pistons.

43 A défaut de comparateur, le dépassement des pistons peut être mesuré à l'aide d'une règle plate et de cales d'épaisseur ou d'un pied à coulisse. Cette méthode, nettement moins précise, est toutefois déconseillée.

44 Déterminer ensuite à partir de la valeur de dépassement des pistons ayant été obtenue, l'épaisseur du joint de culasse à monter, en se servant du tableau figurant ci-dessous. Le joint de culasse est pourvu d'un ou de plusieurs crans d'identification d'épaisseur sur son bord avant **(voir illustration)**.

10.33 Basculement de la culasse à l'aide de leviers coudés pour la décoller

10.42 Contrôle du dépassement d'un piston avec un comparateur

10.44 Crans d'identification d'épaisseur de joint de culasse

Dépassement de pistons	Identification d'épaisseur
0,611 à 0,720 mm	2 crans
0,721 à 0,770 mm	3 crans
0,771 à 0,820 mm	1 cran
0,821 à 0,870 mm	4 crans
0,871 à 0,977 mm	5 crans

Contrôle des vis de culasse

45 Examiner avec soin les vis de culasse pour s'assurer qu'elles ne sont pas abîmées au niveau de leur pas et de leur tête et qu'elles ne présentent pas de signes de corrosion. Si les vis sont en bon état, mesurer leur longueur de l'extrémité de la tige filetée jusqu'au dessous de la tête. Les vis peuvent être réutilisées si leur longueur n'atteint pas 149 mm **(voir illustration)**. **Nota :** *Compte tenu des contraintes auxquelles sont soumises les vis de culasse, il est vivement conseillé de les remplacer systématiquement, quel que soit leur état apparent, à chaque démontage.*

Repose

46 Tourner le vilebrequin dans son sens normal de rotation pour amener les pistons des cylindres nos 1 et 4 au PMH puis de cette position, le faire revenir d'un quart de tour (90°) en arrière.

47 Nettoyer soigneusement les plans de joint de la culasse et du carter-cylindres.

48 S'assurer de la présence des douilles de centrage puis installer le joint neuf sur le carter-cylindres, en veillant à le disposer dans le bon sens **(voir illustration)**.

49 Reposer s'il y a lieu le collecteur d'échappement sur la culasse, en opérant comme décrit au chapitre 4B.

50 Présenter avec précaution la culasse sur le joint et le carter-cylindres, en s'assurant de l'encastrer convenablement sur les douilles de centrage.

51 Lubrifier légèrement le filetage et le dessous de la tête des vis de la culasse avec de la graisse, genre « Molykote G Rapid Plus » préconisé par le constructeur, à se procurer auprès du service des pièces détachées d'un représentant de la marque. A défaut, utiliser une graisse au bisulfure de molybdène (haute température) de bonne qualité.

52 Monter avec précaution chacune des vis de la culasse, en faisant attention *de ne pas les laisser tomber*, et les bloquer à la main.

53 Serrer les vis de la culasse en opérant progressivement et dans l'ordre indiqué pour atteindre le couple prescrit de la phase 1, à l'aide d'une clé dynamométrique et d'une douille de diamètre approprié **(voir illustration)**.

54 Appliquer ensuite le couple préconisé de la phase 2, puis, en opérant dans l'ordre prescrit, procéder au serrage angulaire de la phase 3 pour lequel il est conseillé d'utiliser un secteur gradué (rapporteur) afin d'assurer la précision du serrage. A défaut, marquer des repères d'alignement à la peinture blanche sur la tête des vis et la culasse avant de procéder au serrage, ce qui permettra de vérifier que les vis ont bien été tournées selon l'angle préconisé. **Nota :** *Les vis de culasse n'exigent pas de resserrage après avoir fait tourner le moteur.*

55 La suite des opérations de repose a lieu à l'inverse de celles de dépose, en observant par ailleurs les points suivants :

a) *Effectuer la repose des poussoirs hydrauliques, des linguets et du carter-paliers d'arbre(s) à cames, en se reportant à la section précédente pour ces opérations*

b) *Procéder à la repose de la courroie de distribution, comme décrit en section 7*

c) *Equiper le boîtier thermostatique d'un joint neuf*

d) *Il est conseillé de remplacer le thermostat à la repose de la culasse*

e) *Après sa repose, procéder au réglage de l'entrefer du capteur de position d'arbre à cames, comme indiqué au chapitre 4B, section 11*

f) *Serrer toutes les fixations aux couples éventuellement indiqués*

g) *Effectuer le remplissage du circuit de refroidissement, comme décrit au chapitre 1B*

h) *Un fonctionnement irrégulier du moteur peut être constaté au cours des premiers kilomètres, le temps que s'effectue le reparamétrage du système de gestion du moteur*

11 Carter d'huile - dépose et repose

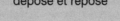

Dépose

1 Vidanger le moteur puis reposer le bouchon de vidange muni d'une rondelle d'étanchéité neuve et le serrer au couple prescrit. Si l'échéance de remplacement périodique du filtre à huile est proche, il est recommandé de le changer à cette occasion. Suite à son remontage, le moteur pourra ainsi être rempli d'huile neuve (voir chapitre 1B).

2 Serrer le frein à main puis lever l'avant de la voiture au cric et le poser sur chandelles (voir « Levage et soutien du véhicule »). Déposer le carénage de protection sous le moteur en desserrant ses vis de fixation.

3 Désolidariser le manchon flexible du tube intermédiaire d'échappement au niveau du pot catalytique (voir chapitre 4B). Desserrer les vis de fixation et abaisser la ligne d'échappement à sa partie avant pour avoir accès au carter d'huile.

4 Desserrer progressivement et enlever toutes les vis et les écrous de fixation du carter d'huile. Les vis étant de longueur différente, veiller à bien repérer leur position respective : les déposer une par une, et les ranger dans l'ordre sur un présentoir en carton pour éviter tout risque d'interversion au remontage.

5 Frapper le carter d'huile de la paume de la main pour décoller son plan de joint puis l'abaisser et le dégager du dessous de la voiture. Si besoin est, passer la lame d'un couteau de peintre le long de la jointure avec le carter-cylindres pour libérer le carter d'huile. Profiter de la dépose du carter pour vérifier que la crépine d'aspiration de la pompe à huile n'est pas colmatée ni fendue. Déposer au besoin la pompe comme décrit en section suivante et nettoyer ou changer la crépine.

Repose

6 Supprimer toute trace de produit d'étanchéité sur les plans d'assemblage du carter-cylindres et du carter d'huile puis les essuyer à l'intérieur avec un chiffon propre.

7 S'assurer de la parfaite propreté des plans d'assemblage du carter d'huile et du carter-cylindres puis enduire d'une fine couche de pâte d'étanchéité appropriée le plan du carter d'huile.

8 Installer le carter d'huile puis remonter ses vis et écrous de fixation, en respectant l'emplacement initial des vis et les serrer progressivement et uniformément pour atteindre le couple prescrit.

9 Remettre en place la ligne d'échappement, en se reportant au chapitre 4B pour cette opération.

10 Descendre la voiture au sol puis effectuer le plein d'huile du moteur, comme décrit au chapitre 1B.

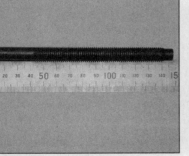

10.45 Mesure de la longueur d'une vis de culasse

10.48 Mise en place du joint de culasse au niveau d'une douille de centrage

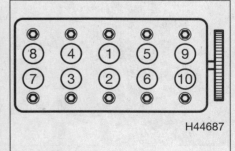

H44687

10.53 Ordre de serrage des vis de culasse

12.4 Vis de fixation de crépine d'aspiration de pompe à huile

12.5 Vis de fixation de la pompe à huile

12.6 Dépose du couvercle de la pompe à huile

12.7a Extraction du circlip . . .

12.7b . . . dépose du bouchon . . .

12.7c . . . du ressort de rappel . . .

12 Pompe à huile - dépose, contrôle et repose

Dépose

1 Procéder à la dépose du carter d'huile (voir section précédente).

2 Déposer le pignon de vilebrequin et récupérer la clavette (voir section 8).

3 Débrancher le connecteur électrique puis desserrer ses vis de fixation et déposer le capteur de vilebrequin, côté distribution du carter-cylindres.

4 Desserrer les trois vis Allen de fixation puis dégager de la pompe à huile et du carter-cylindres la crépine d'aspiration avec le tube de guidage de la jauge de niveau **(voir illustration)**. Mettre le joint au rebut : il ne doit pas être réutilisé.

5 Desserrer ses huit vis de fixation et dégager la pompe à huile **(voir illustration)**.

Contrôle

6 Desserrer et enlever les vis Torx d'assemblage puis dégager le couvercle de la pompe à huile **(voir illustration)**. Examiner les rotors et le corps de la pompe pour déceler d'éventuels signes d'usure ou de détérioration, ce qui nécessiterait le remplacement de la pompe complète.

7 Extraire le circlip puis dégager le bouchon, le ressort de rappel et le piston du clapet de décharge, en repérant bien leur sens de montage **(voir illustrations)**. L'état du ressort de rappel du clapet de décharge ne peut se contrôler qu'en le comparant à un ressort neuf. Il doit être remplacé dans le moindre doute sur son état.

8 Remettre en place le piston du clapet de décharge et le ressort de rappel, en les arrêtant au

moyen du circlip.

9 Remonter le couvercle sur le corps de la pompe, en serrant convenablement ses vis d'assemblage.

10 Amorcer la pompe en la remplissant d'huile moteur propre avant de procéder à sa repose.

Repose

11 Supprimer toute trace de pâte d'étanchéité et nettoyer soigneusement les plans de joint de la pompe à huile et du carter-cylindres.

12 Etaler un cordon de 4 mm de large de pâte d'étanchéité siliconée sur le plan d'assemblage de la pompe sur le carter-cylindres, en veillant à ne pas en déposer dans les taraudages du carter-cylindres **(voir illustration)**.

13 Après avoir installé le joint neuf, remettre en place la pompe, en faisant coïncider les méplats de son pignon d'entraînement et ceux sur le vilebrequin **(voir illustrations)**. A noter que les

12.7d . . . et du piston de clapet de décharge de pompe à huile

12.12 Cordon de pâte d'étanchéité déposé sur le plan d'assemblage de la pompe à huile sur le carter-cylindres

12.13a Installation du joint neuf . . .

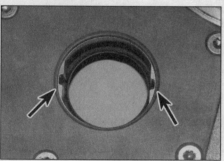

12.13b . . . et du pignon de la pompe à huile en faisant coïncider ses méplats . . .

12.13c . . . avec ceux sur le vilebrequin

13.4a Vis de fixation du refroidisseur d'huile . . .

pompes de rechange sont fournies avec un joint neuf déjà monté et avec un manchon qui se monte en bout de vilebrequin pour protéger le joint à la mise en place de la pompe.

14 Remonter les vis de fixation de la pompe, en les serrant au couple préconisé.

15 Reposer la crépine d'aspiration, munie d'un joint torique neuf, sur le corps de la pompe et le carter-cylindres, en s'assurant d'installer correctement le tube de guidage de la jauge de niveau d'huile.

16 Remettre en place la clavette demi-lune dans sa rainure sur le vilebrequin puis engager le pignon de distribution

17 La suite des opérations de repose s'opère à l'inverse de celles de dépose.

13 Refroidisseur d'huile - dépose et repose

Dépose

1 Serrer le frein à main puis lever l'avant de la voiture au cric et le poser sur chandelles (voir « Levage et soutien du véhicule »). Déposer le carénage de protection sous le moteur en desserrant ses vis de fixation.

2 Le refroidisseur d'huile est implanté sur la face avant du carter-cylindres, où il sert de support au filtre à huile. Procéder à la vidange du circuit de refroidissement (voir chapitre 1B).

3 Vidanger le moteur (voir chapitre 1B) ou prendre des dispositions pour récupérer l'huile appelée à couler.

4 Desserrer ses vis de fixation et dégager le refroidisseur d'huile puis récupérer les joints **(voir illustrations)**.

Repose

5 Installer les joints neufs dans les logements sur le boîtier de filtre à huile puis reposer le refroidisseur d'huile, en serrant bien ses vis de fixation.

6 Suivant le cas, effectuer le plein du circuit de refroidissement et du moteur en huile ou rétablir leur niveau respectif, en se reportant au chapitre 1B ou à la rubrique « Contrôles hebdomadaires » pour ces opérations. Mettre le moteur en marche et vérifier que le refroidisseur ne présente pas de fuites d'huile ni de liquide de refroidissement.

14 Bagues d'étanchéité - remplacement

Vilebrequin

Côté droit

1 Déposer le pignon de distribution du vilebrequin (voir section 8).

2 Repérer la profondeur de montage de la bague d'étanchéité dans son logement.

3 Extraire la bague d'étanchéité à l'aide d'un outil à crochet. En alternative, percer un avant-trou dans la bague et y fixer une vis à tôle sur laquelle on tirera avec une pince pour la dégager **(voir illustration)**.

4 Nettoyer le logement de la bague d'étanchéité et la portée sur le vilebrequin.

5 La lèvre de la bague d'étanchéité qui est en

Téflon ne doit pas être lubrifiée et elle doit également être protégée pour ne pas risquer de l'endommager. A cet effet, les bagues d'étanchéité de rechange sont livrées avec un manchon qui se monte en bout de vilebrequin. Le manchon étant en place, monter la bague d'étanchéité dans le logement du flasque avec son côté ouvert à l'intérieur puis l'enfoncer à la profondeur d'origine en la frappant par l'intermédiaire d'un poussoir tubulaire ou d'une douille.

6 Enlever le manchon de protection en bout de vilebrequin.

7 Effectuer la repose du pignon de distribution du vilebrequin, comme indiqué en section 8.

Côté gauche

8 Déposer le volant moteur (voir section 16).

9 Repérer la profondeur de montage de la bague d'étanchéité en place.

10 Extraire la bague d'étanchéité à l'aide d'un outil à crochet. En alternative, percer un avant-trou dans la bague et y fixer une vis à tôle sur laquelle on tirera avec une pince pour la dégager **(voir illustration 14.3)**.

11 Nettoyer le logement de la bague d'étanchéité et la portée sur le vilebrequin.

12 La lèvre de la bague d'étanchéité qui est en Téflon ne doit pas être lubrifiée et elle doit également être protégée pour ne pas risquer de l'endommager. A cet effet, les bagues d'étanchéité de rechange sont fournies avec un manchon qui se monte en bout de vilebrequin **(voir illustration)**. Le manchon étant en place, monter la bague d'étanchéité dans le logement du flasque avec son côté ouvert à l'intérieur puis l'enfoncer à la profondeur d'origine en la frappant par

13.4b . . . et dépose d'un joint

14.3 Dépose de la bague d'étanchéité droite du vilebrequin avec une pince

14.12 Manchon de protection de bague d'étanchéité se montant en bout de vilebrequin

14.19 Manchon de protection de bague d'étanchéité se montant en bout d'arbre à cames

l'intermédiaire d'un poussoir tubulaire ou d'une douille.

13 Enlever le manchon de protection en bout de vilebrequin.

14 Effectuer la repose du volant moteur, comme indiqué en section 16.

Arbre à cames

15 Déposer le pignon d'arbre à cames (voir section 8). A noter qu'il n'est en principe pas nécessaire de déposer la courroie de distribution mais celle-ci doit être maintenue à l'écart des projections d'huile. Si la courroie vient à être imprégnée d'huile, elle doit être changée.

16 Pour le moteur 16 soupapes, déposer le carter intérieur de la courroie de distribution (voir section 6).

17 Extraire la bague d'étanchéité à l'aide d'un outil à crochet. En alternative, percer un avant-trou dans la bague et y fixer une vis à tôle sur laquelle on tirera avec une pince pour la dégager **(voir illustration 14.3)**.

18 Nettoyer le logement de la bague d'étanchéité et la portée sur l'arbre à cames.

19 La lèvre de la bague d'étanchéité qui est en Téflon ne doit pas être lubrifiée et elle doit également être protégée pour ne pas risquer de l'endommager. A cet effet, les bagues d'étanchéité de rechange sont fournies avec un manchon qui se monte en bout d'arbre à cames **(voir illustration)**. Le manchon étant en place, monter la bague d'étanchéité dans le logement du flasque avec son côté ouvert à l'intérieur puis l'enfoncer à la profondeur d'origine en la frappant par l'intermédiaire d'un poussoir tubulaire ou d'une

douille portant uniquement sur le rebord extérieur dur.

20 Dans le cas du moteur 16 soupapes, reposer le carter intérieur de la courroie de distribution, comme décrit en section 6.

21 Effectuer la repose du pignon d'arbre à cames, comme indiqué en section 8.

22 Changer au besoin la courroie de distribution, en se reportant à la section 7 pour cette opération.

15 Manocontact de pression et sonde de niveau d'huile - dépose et repose

Manocontact de pression d'huile

1 Le manocontact est implanté sur la face avant du carter-cylindres, à hauteur du tube de guidage de la jauge de niveau d'huile. L'accès peut dans certains cas être amélioré en levant l'avant de la voiture au cric et le posant sur chandelles (voir « Levage et soutien du véhicule ») puis déposer le carénage de protection sous le moteur en desserrant ses vis de fixation, ce qui permettra d'atteindre le manocontact par le dessous.

2 Dégager éventuellement la gaine de protection puis débrancher le connecteur électrique du manocontact.

3 Nettoyer soigneusement son pourtour puis dévisser le manocontact et récupérer le joint **(voir illustration)**. Prévoir un écoulement d'huile. Si le manocontact ne doit pas être reposé dans l'immédiat, boucher l'orifice découvert sur le carter-cylindres afin d'éviter l'admission d'impuretés.

Sonde de niveau d'huile

4 La sonde de niveau d'huile est implantée au niveau de la face arrière du carter-cylindres. Pour y avoir accès, lever l'avant de la voiture au cric et le poser sur chandelles (voir « Levage et soutien du véhicule »). Déposer ensuite le carénage de protection sous le moteur en desserrant ses vis de fixation.

5 Accéder entre la transmission et le carter-cylindres pour débrancher le connecteur électrique de la sonde **(voir illustration)**.

6 Dévisser la sonde à l'aide d'une clé plate.

Repose

Manocontact de pression d'huile

7 Examiner le joint et le changer s'il est en mauvais état.

8 Remonter le manocontact muni de son joint, en le serrant au couple prescrit (voir chapitre 5A). Rebrancher le connecteur électrique du manocontact.

9 Reposer le carénage de protection sous le moteur, descendre la voiture au sol puis vérifier le niveau d'huile moteur et le rétablir au besoin comme indiqué à la rubrique « Contrôles hebdomadaires » au début du manuel.

Sonde de niveau d'huile

10 Enduire légèrement de pâte d'étanchéité siliconée son filetage puis remonter la sonde sur le carter-cylindres, en la serrant bien.

11 Rebrancher le connecteur électrique de la sonde.

12 Reposer le carénage de protection sous le moteur puis ramener la voiture au sol.

16 Volant moteur - dépose, contrôle et repose

Dépose

1 Procéder à la dépose de la boîte de vitesses et du mécanisme d'embrayage (voir respectivement chapitres 7A et 6).

2 Immobiliser le volant moteur en insérant une pige : broche ou foret, de 12 mm de diamètre dans le perçage prévu à cet effet, côté boîte de vitesses du carter-cylindres, sous le moteur et l'engageant dans le trou correspondant du volant moteur **(voir illustrations 5.3a et 5.3b)**.

3 Repérer la position respective du volant moteur et du vilebrequin, desserrer et enlever ses vis de fixation puis dégager le volant moteur. S'agissant d'une pièce relativement lourde, veiller à ne pas la laisser tomber. Mettre les vis de fixation au rebut : elles sont à changer systématiquement à chaque démontage.

Contrôle

4 S'assurer que la portée du disque d'embrayage n'est pas exagérément rayée ni creusée, ce qui impliquera le remplacement du volant moteur. Il peut dans certains cas être rectifié pour rattraper les défauts superficiels, bien qu'il soit préférable de le changer : consulter les services techniques d'un concessionnaire Citroën ou un spécialiste de la réfection des moteurs. Si sa denture usée ou abîmée, la couronne de démarreur peut être changée séparément. Cette intervention est à confier à un spécialiste. En effet, la température à laquelle la couronne de rechange doit être chauffée pour son installation constitue un point difficile à maîtriser et si cela n'est pas accompli correctement, le traitement thermique de l'acier (trempe) de la denture risque d'être détruit.

Repose

5 Nettoyer les plans d'assemblage du volant moteur et de la bride du vilebrequin. Eliminer les résidus de produit-frein sur le filetage des trous de vis du vilebrequin en passant un taraud de diamètre approprié.

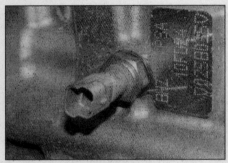

15.3 Implantation du manocontact de pression d'huile

15.5 Sonde de niveau d'huile

info HAYNES A défaut de taraud, réaliser deux rainures en longueur dans le filetage d'une des vis usagées du volant moteur et l'utiliser pour débarrasser les trous filetés du produit-frein

6 Si le filetage des vis de fixation de rechange n'est pas pré-enduit de produit-frein, y déposer quelques gouttes d'un produit de scellement approprié, genre « Loctite Frenetanch » **(voir illustration).**

7 Installer le volant moteur, en faisant coïncider les repères réalisés précédemment à la dépose et monter les vis de fixation de rechange **(voir illustration).**

8 Immobiliser le volant moteur par la méthode décrite précédemment pour la dépose et serrer les vis de fixation, en respectant les deux différentes phases prescrites.

9 Procéder à la repose du mécanisme d'embrayage, comme décrit au chapitre 6. Enlever la pige de blocage du volant moteur puis reposer la boîte de vitesses en se reportant au chapitre 7A pour cette opération.

---

17 Silentblocs du groupe motopropulseur - contrôle et remplacement

Contrôle

1 En vue de faciliter l'accès, lever l'avant de la voiture au cric et le poser sur chandelles (voir « Levage et soutien du véhicule »).

2 Contrôler l'état du silentbloc concerné pour déceler d'éventuelles fissures, un tassement ou un décollement du caoutchouc sur le métal. Remplacer tout silentbloc présentant un défaut de cette nature ou une détérioration manifeste.

3 Vérifier que les fixations des silentblocs sont bien serrées en faisant si possible appel à une clé dynamométrique.

4 Faire levier avec précaution sur chaque silentbloc à l'aide d'un tournevis grand modèle ou d'un pied-de-biche pour évaluer le jeu dû à l'usure. Lorsque cela n'est pas possible, demander à un collaborateur d'exercer un mouvement de va-et-vient en secouant le groupe motopropulseur et observer en même temps le silentbloc concerné. Si un léger jeu est susceptible d'exister même sur des pièces neuves, une usure excessive se traduisant par un jeu important se remarquera immédiatement. Au cas où un jeu conséquent viendrait à être constaté, commencer par vérifier que les fixations sont bien serrées sinon remplacer le ou les éléments usés en procédant comme décrit ci-dessous.

Remplacement

Silentbloc droit

5 Dans le cas où il est prévu, desserrer ses vis de fixation et déposer le carénage de protection sous le moteur. Installer un cric rouleur en dessous du moteur, en veillant à interposer une cale de bois sur sa tête. Actionner le cric pour reprendre le poids du moteur.

6 Desserrer et enlever les trois vis de fixation du silentbloc sur le support au niveau de la culasse et les deux vis de fixation sur la caisse puis déposer l'ensemble du silentbloc et récupérer la patte de renfort **(voir illustrations).**

7 S'il y a lieu, desserrer les trois vis de fixation et dégager le support de la culasse.

8 Vérifier toutes les pièces pour s'assurer qu'elles ne sont pas usées ni abîmées et procéder à leur remplacement si leur état le justifie.

9 Pour effectuer le remontage, commencer par reposer le support sur la culasse, en serrant les vis de fixation au couple prescrit.

10 Réinstaller la patte de renfort et l'ensemble du silentbloc, en serrant les vis de fixation aux couples préconisés.

11 Dégager le cric du dessous du moteur et reposer éventuellement le carénage de protection.

Silentbloc gauche

12 Déposer la batterie et son support (voir chapitre 5A).

13 Dans le cas où il existe, desserrer ses vis de fixation et déposer le carénage de protection sous le moteur. Installer un cric rouleur en dessous de la boîte de vitesses, en prenant soin d'interposer une cale de bois sur sa tête. Actionner le cric pour reprendre le poids de la boîte de vitesses.

14 Desserrer et enlever les deux vis assurant la fixation sur le support au niveau de la boîte de vitesses et les quatre vis de fixation sur la caisse puis dégager l'ensemble du silentbloc et le sortir du compartiment moteur **(voir illustration).**

15 Si besoin est, desserrer ses vis de fixation et dégager le support au niveau de la boîte de vitesses.

16 Vérifier toutes les pièces pour s'assurer qu'elles ne sont pas usées ni abîmées et procéder à leur remplacement si leur état le justifie.

17 Installer le support sur la boîte de vitesses, en serrant ses vis de fixation au couple indiqué.

16.6 Application de produit-frein sur le filetage des vis de fixation neuves du volant moteur . . .

17.6a Vis de fixation du silentbloc droit du groupe motopropulseur sur le support au niveau de la culasse

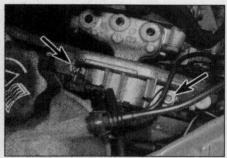

17.6b . . . et de fixation sur la caisse

17.6c Dépose de l'ensemble du silentbloc droit du groupe motopropulseur . . .

17.6d . . . et de la patte de renfort

17.14 Vis de fixation du silentbloc gauche du groupe motopropulseur

18 Mettre en place l'ensemble du silentbloc puis monter les vis de fixation et les serrer aux couples prescrits.

19 Dégager le cric du dessous de la boîte de vitesses, reposer éventuellement le carénage de protection sous le moteur puis procéder à la repose de la batterie et de son support, comme indiqué au chapitre 5A.

Silentbloc arrière

20 Si ce n'est déjà fait, serrer le frein à main puis lever l'avant de la voiture au cric et le poser sur chandelles (voir « *Levage et soutien du véhicule* »). Dans le cas où il est prévu, desserrer ses vis de fixation et déposer le carénage de protection sous le moteur.

21 Desserrer et enlever les deux vis de fixation de la biellette antibasculement sur le berceau et le support au niveau de la boîte de vitesses **(voir illustration)**.

22 Dégager la biellette antibasculement par le dessous de la voiture.

23 Examiner la biellette antibasculement au niveau des silentblocs pour s'assurer qu'ils ne sont pas usés ni abîmés et si besoin est, procéder à son remplacement.

24 Reposer la biellette antibasculement en serrant ses vis de fixation au couple préconisé. Reposer éventuellement le carénage de protection sous le moteur.

25 Descendre la voiture au sol.

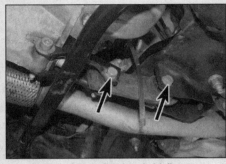

17.21 Vis de fixation de biellette antibasculement de support arrière du groupe motopropulseur

Chapitre 2 Partie C :
Dépose et démontage du moteur

Sommaire

Niveaux de difficulté

| **Facile,** pour les profanes de la mécanique | | **Assez facile,** pour les débutants plus avisés | | **Assez difficile,** pour les amateurs compétents | | **Difficile,** pour les amateurs plus expérimentés | | **Très difficile,** pour les initiés et les professionnels | |

Caractéristiques

Culasse

Défaut de planéité maxi. du plan de joint :
  Moteurs tous types sauf Diesel 16 soupapes . . . . 0,05 mm
  Moteur Diesel 16 soupapes . . . . 0,03 mm
Hauteur nominale :
  Moteurs essence :
    1,1 et 1,4 l . . . . 111,2 mm
    1,6 l . . . . 135,8 mm
  Moteurs Diesel :
    8 soupapes . . . . 88 mm
    16 soupapes . . . . 124 ± 0,05 mm
Hauteur mini. après rectification :
  Moteurs essence :
    1,1 et 1,4 l . . . . 111 mm
    1,6 l . . . . 135,6 mm
  Moteurs Diesel :
    8 soupapes . . . . 87,6 mm
    16 soupapes . . . . NC
Dépassement maxi. de têtes de soupapes par rapport au plan de
  joint de culasse - moteurs Diesel . . . . 1,25 mm

Soupapes

Diamètre de tête :	Admission	Echappement
Moteurs essence :		
1,1 et 1,4 l	36,7 mm	29,4 mm
1,6 l	31,3 mm	24,5 mm
Moteurs Diesel	32,8 mm	30,3 mm
Diamètre de queue :		
Moteurs essence :		
1,1 et 1,4 l	6,965 à 6,98 mm	6,945 à 6,96 mm
1,6 l	5,965 à 5,98 mm	5,965 à 5,98 mm
Moteurs Diesel :		
8 soupapes	5,47 à 5,485 mm	5,46 à 5,475 mm
16 soupapes	NC	NC

Bloc/carter-cylindres

Diamètre des alésages de cylindres/chemises - origine :

Moteurs essence :

    1,1 l ....   72 mm

    1,4 l ....   75 mm

    1,6 l ....   78,5 mm

  Moteurs Diesel ....   73,7 mm

Dépassement des chemises - moteurs essence 1,1 et 1,4 l :

  Standard ....   0,03 à 0,1 mm

  Ecart maxi. de dépassement entre deux chemises ....   0,05 mm

Diamètre des pistons - origine

Moteurs essence :

    1,1 l ....   71,95 mm

    1,4 l ....   74,95 mm

    1,6 l ....   78,455 mm

Moteurs Diesel ....   73,52 mm

Nota : *Consulter le service des pièces détachées d'un représentant de la marque concernant la disponibilité de pistons en cote réparation.*

Vilebrequin

Jeu longitudinal :

  Moteurs essence ....   0,07 à 0,27 mm

  Moteurs Diesel ....   0,1 à 0,3 mm

Diamètre des tourillons :

  Moteurs essence ....   49,965 à 49,981 mm

  Moteurs Diesel ....   49,962 à 49,981 mm

Diamètre des manetons :

  Moteurs essence ....   44,975 à 44,991 mm

  Moteurs Diesel ....   44,975 à 44,991 mm

Segments de pistons

Jeu à la coupe :

  Moteurs essence :

    Segment supérieur (coup de feu) ....   0,2 à 0,45 mm

    Segment intermédiaire (étanchéité) ....   0,3 à 0,5 mm

    Segment racleur ....   0,3 à 0,5 mm

  Moteurs Diesel :

    Segment supérieur (coup de feu) ....   0,2 à 0,35 mm

    Segment intermédiaire (étanchéité) ....   0,2 à 0,4 mm

    Segment racleur ....   0,8 à 1 mm

Couples de serrage

Moteur essence ....   Voir « *Caractéristiques* » au chapitre 2A.

Moteurs Diesel ....   Voir « *Caractéristiques* » au chapitre 2B.

1 Généralités

Cette troisième partie du chapitre 2 traite des opérations de dépose du groupe motopropulseur, de démontage et de remise en état générale de la culasse, du bloc/carter-cylindres et des organes internes du moteur.

Les informations figurant dans ce sous-chapitre sont de plusieurs ordres. Tout d'abord des conseils relatifs aux opérations préliminaires à accomplir avant de procéder au démontage du moteur et à l'acquisition de pièces de rechange. D'autre part, des descriptions détaillées, étape par étape, des opérations de dépose, contrôle, remise en état et repose des organes du moteur.

Toutes les interventions postérieures à la section 5 impliquent la dépose du moteur. En ce qui concerne les opérations pouvant être réalisées sans avoir à déposer le moteur ainsi que celles ayant trait aux accessoires extérieurs devant être déposés dans le cadre de la remise en état du moteur, se reporter à la partie A ou B du chapitre, et à la section 5 plus loin. Ne pas tenir compte des opérations de démontage préliminaires décrites en partie A ou B, qui ne sont naturellement plus valables lorsque le moteur a été déposé.

Hormis les couples de serrage figurant au début de la partie A ou B, suivant le cas, toutes les caractéristiques détaillées nécessaires à la remise en état du moteur sont données au début de cette partie du chapitre 2.

2 Démontage du moteur - généralités

Il n'est pas toujours aisé de déterminer les critères pouvant amener à la conclusion qu'un moteur nécessite un démontage général pour une remise en état de l'un de ses organes, cette décision dépendant en effet de nombreux facteurs.

Un kilométrage élevé ne signifie pas obligatoirement qu'un moteur soit à démonter et à l'inverse, il n'est pas exclu qu'un moteur à faible kilométrage puisse nécessiter un démontage. En réalité, cela est grandement conditionné par la fréquence d'entretien du véhicule. Un moteur ayant été vidangé avec changement du filtre à huile à échéances régulières et les autres opérations d'entretien courant ayant été également effectuées régulièrement, pourra fonctionner sans problème des milliers de kilomètres durant sans subir d'interventions majeures. Un moteur dont l'entretien aura été négligé sera au contraire susceptible de subir un démontage prématuré nécessité par son état.

Une consommation excessive d'huile peut dénoter une usure des segments de pistons, des joints de queues de soupapes et/ou des guides de soupapes. S'assurer toutefois avant d'incriminer ces éléments qu'une fuite d'huile n'est pas à l'origine de ce phénomène. Contrôler les pressions de compression des cylindres en procédant comme décrit en partie A ou B du chapitre afin de déterminer la cause de cette surconsommation d'huile.

Contrôler la pression d'huile en branchant un manomètre à la place du manocontact, après l'avoir déposé comme décrit au chapitre 5A, et s'assurer que le relevé n'est pas inférieur à la valeur minimale indiquée dans les « *Caractéristiques* » en partie A ou B du chapitre. En cas de pression extrêmement basse, les coussinets de paliers de vilebrequin et de têtes de bielles et/ou la pompe à huile doivent probablement être usés.

Si le moteur a perdu de sa puissance, s'il prend mal ses tours, si des cliquetis ou des bruits anormaux sont perçus, si la distribution est excessivement bruyante et si une consommation de carburant très élevée est notée, le moteur nécessite une révision, tout particulièrement lorsque ces symptômes apparaissent en même temps. Si une mise au point complète du moteur se révèle inefficace, il conviendra alors d'entreprendre des réparations mécaniques majeures.

Le démontage du moteur a lieu dans le but de remettre à neuf ses organes internes. Pour la réfection générale d'un moteur, les cylindres doivent si nécessaire être réalésés ou les chemises changées (moteurs essence 1,1 et 1,4 l), ce qui implique le remplacement des pistons et des segments. Les coussinets de vilebrequin et de têtes de bielles sont généralement changés et au besoin, le vilebrequin doit être rectifié afin de remettre en état ses portées. Les soupapes nécessitent également une intervention car elles doivent se trouver détériorées du fait du mauvais état général du moteur. Il est également impératif de contrôler avec soin la pompe à huile et de la changer dans le moindre doute concernant son état de fonctionnement. Le résultat de ces différentes opérations doit se traduire par une remise à neuf du moteur qui pourra alors repartir pour des milliers de kilomètres exempts de troubles majeurs.

Des pièces sensibles du circuit de refroidissement : durits, thermostat, pompe à eau notamment sont à changer lors de la remise en état générale d'un moteur. Le radiateur doit quant à lui être examiné avec la plus grande attention pour déceler un éventuel colmatage ou une fuite.

Avant d'entreprendre le démontage du moteur, lire attentivement les instructions relatives aux différentes opérations à réaliser, cela afin de bien les assimiler et de se faire une idée de l'ampleur de la tâche à accomplir. La remise en état d'un moteur ne présente pas de difficultés particulières si les consignes données sont scrupuleusement respectées, si l'on dispose de l'outillage et de l'équipement requis et si l'on se conforme à toutes les caractéristiques et les spécifications fournies. Il peut néanmoins s'agir d'une tâche de longue haleine. Compter sur un délai d'immobilisation minimal de deux semaines du véhicule, surtout si certains organes doivent être rectifiés par un spécialiste. S'assurer que les pièces de rechange nécessaires sont disponibles et veiller à se procurer à l'avance les outils et l'équipement spécifiques que l'on aura peut être difficulté à

trouver. La plupart des opérations peuvent être effectuées en utilisant des outils courants bien que certaines interventions et vérifications exigent le recours à des instruments de mesure de précision. Certains ateliers de mécanique générale assurent non seulement le contrôle des pièces mais ils peuvent également fournir des conseils quant à la démarche à suivre concernant ces pièces : soit les rectifier ou bien les remplacer.

Attendre d'avoir démonté toutes les pièces et organes du moteur et de les avoir contrôlés, notamment le bloc/carter-cylindres et le vilebrequin, avant de décider de confier les réparations à un spécialiste. L'état de ces pièces se révèlera être le critère le plus important pour déterminer si le moteur vaut la peine d'être remis en état ou si au contraire, il vaut mieux le remplacer dans le cadre d'un échange standard. Pour cette raison, ne pas acheter de pièces de rechange ou faire remettre à neuf des organes tant que le bloc/carter-cylindres et le vilebrequin n'auront pas été inspectés dans leurs moindres détails. En règle générale, le temps passé à effectuer les différentes opérations constitue le « coût » le plus important pour remettre en état un moteur. Il n'est donc pas rentable d'utiliser des pièces usagées ou de mauvaise qualité qui entraîneront une nouvelle remise en état du moteur sous peu.

Dernière remarque, afin d'assurer une durée de vie optimale et un bon fonctionnement à un moteur remis en état, il convient d'accomplir toutes les opérations d'assemblage avec le plus grand soin et de travailler dans des conditions de propreté irréprochables.

3 Dépose du groupe motopropulseur - méthodes et précautions

Avant de procéder à la dépose d'un moteur en vue de le remettre en état, un certain nombre de conditions préalables s'imposent.

Il est indispensable de choisir un emplacement de travail adéquat et de prévoir suffisamment d'espace pour accueillir la voiture. Faute de garage, s'installer sur une aire de travail plane, de niveau et propre.

Nettoyer le compartiment moteur et le groupe motopropulseur avant d'entamer les opérations de démontage, ce qui permettra d'y voir plus clair et de conserver les outils en bon état de propreté.

Prévoir un palan ou une grue d'atelier. Vérifier que ces équipements ont une capacité suffisante. Il convient de s'entourer des plus grandes précautions de sécurité vu les risques encourus lors du levage du groupe motopropulseur.

En cas de dépose du groupe motopropulseur par un profane de la mécanique, celui-ci doit se faire aider par quelqu'un d'autre, en particulier par une personne ayant de l'expérience et compétente. En effet, certaines manœuvres devant être effectuées pour soulever et déposer le groupe motopropulseur ne peuvent pas être accomplies par une seule personne.

La dépose du groupe motopropulseur doit se planifier à l'avance : prévoir notamment tous les outils et les équipements nécessaires en les achetant ou les

louant. Afin de travailler dans des conditions de sécurité maximales et sans faire d'efforts superflus, en dehors d'un palan de levage ou d'une grue d'atelier, se munir d'un cric rouleur, d'un jeu complet de clés et de douilles (voir « *Outillage et équipement* » en fin de manuel), de cales de bois, de chiffons en quantité suffisante et de produit solvant-dégraissant pour éliminer les taches d'huile, de liquide de refroidissement et d'essence ou de gazole. Si le palan doit être loué, s'y prendre suffisamment à l'avance pour le réserver et avant d'en prendre possession, effectuer toutes les opérations n'exigeant pas son utilisation, ce qui permettra de réduire à la fois le coût de la location et de gagner du temps.

Prévoir un certain délai d'immobilisation du véhicule. Un certain nombre d'opérations nécessitant un équipement spécial doivent être pratiquées par un atelier de mécanique générale : ces établissements sont souvent débordés de travail et il est conseillé de prendre contact avec eux avant de déposer ou démonter le moteur de façon à connaître leurs délais pour accomplir l'intervention qui leur sera confiée.

Il est indispensable au cours des différentes opérations de bien repérer la position de montage de toutes les pattes de maintien, des colliers et brides de faisceaux électriques et de câbles et l'emplacement des points de mise à la masse, notamment. Veiller également à bien noter la disposition dans le compartiment moteur des faisceaux électriques et des tuyauteries ainsi que des raccordements de connexions électriques. Il peut par exemple se révéler très utile de photographier les différents composants et pièces avant de procéder à leur débranchement ou à leur dépose. Un simple appareil jetable conviendra parfaitement à l'usage.

S'entourer de toutes les précautions de sécurité qui s'imposent lors de la dépose et la repose du groupe motopropulseur. Des actes irréfléchis peuvent se traduire par de sérieuses blessures. En s'organisant à l'avance et en prenant son temps, l'on s'apercevra qu'il est possible de mener à bien une tâche d'une ampleur aussi importante que celle de la dépose d'un moteur.

La dépose du groupe motopropulseur s'effectue par le dessous de la voiture pour toutes les versions de la gamme traitée par ce manuel.

4 Groupe motopropulseur - dépose, séparation et repose

Nota : *Du fait de la relative complexité de montage du groupe motopropulseur et des spécificités propres à certains véhicules, notamment en fonction de leur niveau d'équipement optionnel, les opérations qui suivent s'attachent à décrire les principes généraux, valables pour tous les modèles. Pour toute opération particulière nécessitant la dépose d'un certain nombre de pièces supplémentaires, non incluses dans la procédure générale, prendre soin de bien repérer le détail de leur montage en vue du remontage.*

 Danger : Il est impératif d'observer les plus grandes précautions pour intervenir sur

le circuit d'alimentation en carburant, notamment dans sa partie haute pression. Préalablement à toute opération sur le circuit, consulter les mises en garde figurant au chapitre 4B, section 2

Dépose

1 Déposer la batterie et son support (voir chapitre 5A).

2 Serrer le frein à main, débloquer les vis des deux roues avant puis lever l'avant de la voiture au cric et le poser sur chandelles (voir « Levage et soutien du véhicule »). Déposer les roues. Dans le cas où il existe, desserrer ses vis de fixation et déposer le carénage de protection sous le moteur.

3 Suivant équipement, déposer le couvre-moteur.

4 En vue d'améliorer l'accès, déposer le capot moteur (voir chapitre 11).

5 Procéder à la vidange du circuit de refroidissement (voir chapitre 1A ou 1B).

6 Suivant équipement, effectuer la vidange de la boîte de vitesses manuelle puis remonter le bouchon de vidange, équipé d'un joint neuf, et le serrer au couple prescrit (voir chapitre 7A).

7 Si un démontage du moteur est prévu, le vidanger et déposer le filtre à huile puis remonter le bouchon de vidange nettoyé et muni d'une rondelle d'étanchéité neuve, en le serrant au couple prescrit (voir chapitre 1A ou 1B).

8 Déposer la coquille pare-boue du passage de roue avant de chaque côté : pour cela, extraire les rivets à expansion en plastique après avoir enfoncé légèrement ou soulevé leur goupille centrale, suivant le type.

9 Déposer la courroie d'accessoires (voir chapitre 1A ou 1B).

10 Déposer le groupe motoventilateur de refroidissement (voir chapitre 3).

11 Déposer les deux transmissions (voir chapitre 8).

12 Pour les versions à moteur Diesel 16 soupapes, déposer les conduits reliant le turbocompresseur et la tubulure d'admission à l'échangeur thermique air-air.

13 Déposer le boîtier de filtre à air et ses conduits (voir chapitre 4A ou 4B).

14 Débrancher les durits supérieure et inférieure au niveau du radiateur, les durits de chauffage au niveau du tablier et la durit du vase d'expansion ainsi que les durits du refroidissement de fluide de boîte de vitesses automatique le cas échéant.

15 Suivant équipement, desserrer ses vis de fixation puis dégager le compresseur de climatisation de son support (voir chapitre 3). **Ne pas** débrancher les canalisations du circuit frigorifique. Soutenir le compresseur ou l'attacher à l'écart du moteur.

16 Déposer la ligne d'échappement (voir chapitre 4A ou 4B).

17 Bien repérer leur position respective de raccordement et le trajet des faisceaux avant de débrancher toutes les connexions électriques concernées au niveau de la boîte de vitesses. Étiqueter au besoin les connecteurs pour les identifier en les débranchant.

18 Débrancher les connecteurs électriques du faisceau moteur au niveau du boîtier à fusibles et sur les versions à motorisation Diesel, les trois connexions au niveau du boîtier de pré/postchauffage, sous le projecteur avant gauche. Débrider le faisceau électrique sur le carter de la courroie de distribution, côté droit du moteur (suivant montage).

19 Débrancher les fils de masse au niveau de la boîte à fusibles dans le passage de roue avant gauche et au niveau du longeron gauche.

20 Débrancher le tuyau de dépression au niveau de la pompe à vide, côté gauche de la culasse (moteurs Diesel) ou la canalisation de dépression du servofrein (moteurs essence) - voir chapitre 9.

21 Si prévu, désaccoupler le câble d'accélérateur (voir chapitre 4A).

22 Débrancher les durits d'arrivée et de retour du circuit d'alimentation en carburant. Boucher les durits et les orifices découverts afin d'éviter l'admission d'impuretés. Débrider les durits au niveau du moteur et les écarter sur le côté.

23 Désaccoupler les câbles de commande des vitesses ou le câble de sélection au niveau de la boîte de vitesses (voir chapitre 7A ou 7B).

24 Sur les véhicules à boîte de vitesses manuelle, desserrer les vis de fixation du cylindre récepteur d'embrayage puis débrider la canalisation de liquide hydraulique. Dégager le cylindre récepteur et l'attacher sur le côté sans débrancher sa canalisation de liquide hydraulique (voir chapitre 6). Entourer le cylindre d'un bracelet élastique afin d'éviter l'éjection du piston.

25 Déposer le berceau du train avant (voir chapitre 10).

26 Reprendre le poids du groupe motopropulseur à l'aide d'un palan ou d'une grue d'atelier en prise sur les pattes de levage au niveau de la culasse.

27 Procéder à la dépose des silentblocs et supports, côtés droit et gauche du groupe motopropulseur (voir chapitre 2A ou 2B).

28 Effectuer une ultime vérification pour s'assurer que toutes les connexions électriques et les tuyauteries ont bien été débranchées afin de ne pas entraver la dépose du groupe motopropulseur.

29 Descendre le groupe motopropulseur dans le compartiment moteur, en opérant avec précaution afin de ne pas accrocher de pièces au passage. L'idéal serait d'utiliser un cric rouleur pour dégager le groupe motopropulseur du dessous de la voiture. Décrocher le palan ou la grue d'atelier.

Séparation

30 Poser le groupe motopropulseur sur un établi ou à défaut, sur une surface propre au sol, en le soutenant avec des cales de bois.

31 Si prévue, desserrer ses vis de fixation et déposer la tôle de fermeture du volant moteur/disque d'entraînement, en dessous de la boîte de vitesses.

32 Desserrer et enlever ses vis de fixation puis dégager le démarreur de la boîte de vitesses.

33 Débrancher toute connexion électrique restant raccordée à la boîte de vitesses puis écarter le faisceau électrique principal du moteur sur le côté.

34 Dans le cas d'une boîte de vitesses automatique, tourner le vilebrequin à l'aide d'une clé à douille avec rallonge au niveau de la vis de fixation de son pignon de distribution de façon à rendre accessible par le regard à l'arrière, en bas du carter-cylindres, l'un des écrous d'assemblage du convertisseur de couple sur son disque d'entraînement. Desserrer ce premier écrou puis tourner le vilebrequin pour exposer au fur et à mesure les deux autres écrous d'assemblage.

35 S'assurer que le groupe motopropulseur est convenablement soutenu puis desserrer les vis d'assemblage entre moteur et boîte de vitesses, en repérant bien leur position respective de montage ainsi que celle de toute patte de maintien assujettie à leur niveau.

36 Extraire avec précaution la boîte de vitesses du moteur, en veillant à ne pas laisser son poids reposer sur l'arbre primaire alors qu'il est engagé sur le disque d'embrayage (cas d'une boîte de vitesses manuelle) ou à ce que le convertisseur de couple ne se dégage pas de l'arbre d'entrée (cas d'une boîte de vitesses automatique).

37 Si elles ont été délogées, récupérer les douilles de centrage sur le moteur ou sur le carter d'embrayage ou du convertisseur de couple, suivant le cas, et les ranger en lieu sûr.

Repose

38 Si la boîte de vitesses n'a pas été dissociée du moteur, passer directement au point 45, sinon procéder comme suit :

39 Dans le cas d'une boîte de vitesses manuelle, enduire légèrement de graisse haute température, genre « Molykote BR2 Plus » préconisé par le constructeur, les cannelures de l'arbre primaire de boîte de vitesses : veiller à ne pas appliquer une trop quantité de graisse qui risquerait de se répandre sur la garniture de friction du disque d'embrayage.

40 S'assurer de la présence des douilles de centrage sur le moteur, le carter d'embrayage ou le carter de convertisseur de couple, suivant le cas.

41 Présenter avec précaution la boîte de vitesses sur le moteur de façon à bien encastrer les douilles de centrage : dans le cas d'une boîte de vitesses manuelle, s'assurer de ne pas laisser reposer le poids de la boîte sur l'arbre primaire en l'engageant sur le disque d'embrayage. Pour une boîte de vitesses automatique, s'assurer d'engager correctement les goujons du convertisseur de couple dans les trous correspondants du disque d'entraînement.

42 Remonter les vis d'assemblage entre moteur et boîte de vitesses, en réinstallant correctement toute patte de maintien éventuellement prévue, puis les serrer au couple prescrit.

43 Procéder à la repose du démarreur, en serrant ses vis de fixation au couple préconisé (voir chapitre 5A).

44 Dans le cas où elle existe, reposer la tôle de fermeture du volant/disque d'entraînement, en serrant convenablement ses vis de fixation.

45 Mettre en prise le palan ou la grue d'atelier aux pattes de levage sur la culasse, puis soulever le groupe motopropulseur pour l'amener en place dans le compartiment moteur, en opérant à deux : veiller à procéder avec précaution pour ne rien abîmer au passage.

46 Réinstaller les silentblocs et supports côtés droit et gauche du groupe motopropulseur, comme décrit au chapitre 2A ou 2B.

47 Décrocher le palan ou la grue d'atelier.

48 Effectuer la repose du berceau du train avant, en se reportant au chapitre 10 pour cette opération.

49 La suite des opérations de repose s'effectue dans l'ordre inverse de celles de dépose, en tenant par ailleurs compte des points suivants :
a) S'assurer de réinstaller et de fixer correctement le faisceau électrique et de bien enficher les connecteurs
b) Veiller à rebrancher convenablement les durits du circuit de refroidissement, en serrant bien leur collier
c) Effectuer le plein d'huile du moteur et de la boîte de vitesses, comme indiqué respectivement aux chapitres 1A ou 1B et 7A
d) Procéder au remplissage du circuit de refroidissement, comme décrit au chapitre 1A ou 1B
e) Remettre sous pression/réamorcer le circuit d'alimentation en carburant, comme indiqué au chapitre 4A (moteurs essence) ou 4B (moteurs Diesel)
f) Réinitialiser le calculateur électronique de gestion du moteur Pour cela, faire démarrer le moteur et le laisser tourner jusqu'à ce qu'il atteigne sa température normale de fonctionnement puis effectuer un essai sur route au cours duquel il conviendra d'enclencher le 3e rapport de boîte de vitesses, de stabiliser le régime du moteur à 1 000 tr/min et d'accélérer ensuite à fond pour atteindre 3 500 tr/min

5 Démontage du moteur - conseils pratiques

Les opérations de démontage du moteur se trouveront nettement facilitées si celui-ci est placé sur un banc mobile. Ce type d'équipement peut se trouver chez un spécialiste de la location d'outillage. Avant de monter le moteur sur le banc, le volant moteur/disque d'entraînement du convertisseur de couple doit être déposé de sorte que les vis du banc puissent être serrées sur le bloc/carter-cylindres pour maintenir ce dernier.

A défaut, le moteur pourra être désassemblé sur un établi en veillant à bien le caler ou encore à même le sol. Faire tout particulièrement attention de ne pas le faire basculer ni de le faire tomber lorsque l'on ne travaille pas sur un banc.

Si l'on doit obtenir un moteur en échange standard, tous les accessoires extérieurs sont à déposer en premier lieu pour les remonter sur le moteur de remplacement (vu leur accès, ces éléments auraient de toute manière été déposés en premier s'il avait fallu démonter le moteur pour le remettre en état sans échange standard). Parmi ces éléments, figurent normalement les suivants :
a) Supports des accessoires (filtre à huile, démarreur, alternateur, pompe de direction assistée, etc.)
b) Thermostat et son boîtier (voir chapitre 3)
c) Tube de guidage de jauge et sonde de niveau d'huile
d) Contacteurs, sondes et capteurs
e) Suivant le cas, tubulure d'admission, collecteur d'échappement et turbocompresseur (voir chapitre 4A ou 4B)

f) Le cas échéant, boîtier des bobines d'allumage et bougies (voir chapitres 5B et 1A)
g) Volant moteur ou disque d'entraînement du convertisseur de couple (voir chapitre 2A ou 2B)

Nota : Lors du déshabillage du moteur de ses accessoires extérieurs, prêter la plus grande attention au détail de leur montage, ce qui peut se révéler fort utile et nécessaire pour le remontage. Repérer la position des joints, bagues d'étanchéité, entretoises, goupilles, rondelles, vis et de toutes les autres petites pièces.

Si le moteur fourni en échange standard est « nu » (c'est-à-dire qu'il ne comporte que le bloc/carter-cylindres, le vilebrequin, les pistons et les bielles montés), il conviendra alors de récupérer sur le moteur usagé la culasse, le carter d'huile et la pompe à huile.

Si un démontage complet du moteur est prévu, il peut avoir lieu dans l'ordre suivant :
a) Le cas échéant, tubulure d'admission et collecteur d'échappement (voir chapitre 4A ou 4B)
b) Courroie de distribution, pignons et galet(s)
c) Culasse
d) Volant moteur/disque d'entraînement
e) Carter d'huile
f) Pompe à huile
g) Ensembles bielle-piston (voir section 9). **Nota :** Dans le cas des moteurs Diesel, le vilebrequin est à déposer avant les pistons
h) Vilebrequin (voir section 10)

Avant d'entamer les opérations de démontage et de remise en état du moteur, s'assurer de disposer de tout l'outillage nécessaire. Se reporter à « Outillage et équipement » en fin de manuel pour de plus amples informations à ce sujet.

6 Culasse - démontage

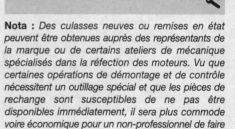

Nota : Des culasses neuves ou remises en état peuvent être obtenues auprès des représentants de la marque ou de certains ateliers de mécanique spécialisés dans la réfection des moteurs. Vu que certaines opérations de démontage et de contrôle nécessitent un outillage spécial et que les pièces de rechange sont susceptibles de ne pas être disponibles immédiatement, il sera plus commode voire économique pour un non-professionnel de faire l'acquisition d'une culasse en échange standard que de démonter, contrôler et remettre en état la culasse du moteur de sa voiture par ses propres moyens.

1 Déposer la culasse (voir chapitre 2A ou 2B, suivant la motorisation).
2 Si ce n'est déjà fait, procéder à la dépose de la tubulure d'admission et du collecteur d'échappement (voir chapitre 4A ou 4B). Déposer toute patte de maintien ou boîtier restant en place sur la culasse.
3 Suivant le type de moteur, effectuer la dépose du ou des arbres à cames, des linguets et/ou des poussoirs hydrauliques de soupapes (voir chapitre 2A ou 2B).
4 Si ce n'est déjà fait dans le cas d'une motorisation essence, déposer les bougies (voir chapitre 1A).
5 Si ce n'est pas encore fait dans le cas d'une motorisation Diesel, déposer les bougies de préchauffage (voir chapitre 5C).
6 Comprimer tour à tour chacun des ressorts de soupapes à l'aide d'un lève-soupape de façon à pouvoir enlever les demi-clavettes. Relâcher l'outil et dégager la coupelle d'appui supérieure et le ressort **(voir illustrations)**.

6.6a Compression du ressort d'une soupape à l'aide d'un lève-soupape . . .

6.6b . . . dépose des demi-clavettes . . .

6.6c . . . de la coupelle d'appui supérieure . . .

6.6d . . . et du ressort de soupape . . .

6.8a Dépose d'une soupape . . .

6.8b . . . et d'un joint de queue de soupape avec une pince. Sur les moteurs Diesel, la coupelle d'appui inférieure du ressort est intégrée au joint

6.9 Pièces de soupapes rangées dans un sachet en plastique

7 Si le lève-soupape ne permet pas de dégager les demi-clavettes, taper doucement sur le haut de l'outil, directement au-dessus de la coupelle d'appui avec un maillet, ce qui aura pour effet de libérer la coupelle.

8 Sortir la soupape par la chambre de combustion. Récupérer le joint de queue de soupape en haut du guide puis enlever la coupelle d'appui inférieure, si prévue, en notant que sur les moteurs Diesel, le joint sert de coupelle d'appui inférieure **(voir illustrations)**.

9 Il est impératif de regrouper chaque soupape avec ses pièces respectives : demi-clavettes, ressort et coupelle(s) d'appui. Les soupapes doivent également être rangées dans l'ordre correct, à moins qu'elles ne présentent une usure exagérée, auquel cas il y aura lieu de les remplacer. En cas de réutilisation des pièces de soupapes, les conserver dans des bacs individuels ou des sachets en plastique numérotés en fonction des cylindres desservis **(voir illustration)**. A noter que le nº 1 est attribué au cylindre situé côté boîte de vitesses (volant moteur/disque d'entraînement) du moteur.

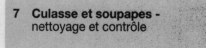

7 Culasse et soupapes - nettoyage et contrôle

1 Le nettoyage de la culasse et des pièces de soupapes, suivi d'une inspection minutieuse, permettront de déterminer la nature des interventions à pratiquer éventuellement sur les soupapes dans le cadre de la remise en état générale du moteur. **Nota :** *Si le moteur a été soumis à des conditions sévères de surchauffe, il y aura lieu d'envisager une déformation de la*

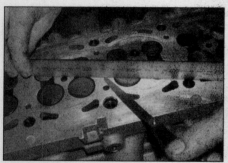

7.5 Contrôle de la planéité du plan de joint de la culasse

culasse : se livrer à une vérification approfondie de la culasse pour déceler d'éventuels signes confirmant cette hypothèse.

Nettoyage

2 Supprimer les débris de l'ancien joint subsistant sur la culasse. Il est conseillé d'utiliser un produit chimique de décapage approprié pour dissoudre les résidus de joint. Laisser agir le produit une dizaine de minutes sur la partie à nettoyer et gratter ensuite avec une spatule en bois ou en plastique : les outils tranchants qui pourraient endommager l'alliage d'aluminium sont à proscrire.

3 Décalaminer les chambres de combustion et les conduits en grattant au moyen d'une lame non tranchante. Nettoyer et dégraisser ensuite la culasse en utilisant du pétrole lampant ou un solvant approprié.

4 Supprimer en grattant les dépôts de calamine ou les traces de gommage sur les soupapes puis utiliser une brosse métallique montée sur une perceuse électrique pour finir d'enlever les dépôts sur la tête et la queue des soupapes.

Contrôle

Nota : *Veiller à bien réaliser tous les contrôles ci-dessous avant de faire appel à un spécialiste pour rectifier la culasse. Noter tous les points devant faire l'objet d'une attention particulière.*

Culasse

5 Se livrer à une vérification minutieuse de la culasse pour déceler la présence de fêlures, de traces de fuite de liquide de refroidissement ou de tout autre dommage susceptible d'exister. Si des fêlures sont repérées, la culasse est à changer.

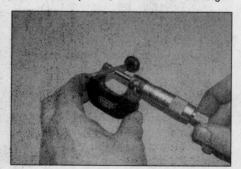

7.10 Contrôle du diamètre de la queue d'une soupape

Contrôler ensuite la planéité du plan de joint de la culasse à l'aide d'une règle plate et de cales d'épaisseur **(voir illustration)**. Si un défaut de planéité supérieur à la valeur limite indiquée est constaté, le plan de joint peut être rectifié, à condition que la tolérance de hauteur de la culasse ne soit pas atteinte.

6 Examiner les sièges de soupapes rapportés dans la culasse. S'ils présentent des piqûres, des craquelures ou des brûlures sérieuses, il y aura lieu de les changer ou de les faire rectifier par un spécialiste de la remise en état des moteurs. En présence de piqûres superficielles, celles-ci peuvent être supprimées en rodant les têtes et les sièges de soupapes (voir description correspondante ci-dessous).

7 Evaluer l'usure des guides en introduisant leur soupape respective et en vérifiant leur jeu diamétral. Un très léger jeu pourra être considéré comme acceptable. Si un jeu important est noté, déposer la soupape et mesurer son diamètre de queue avec un palmer (voir point 10 ci-dessous). En cas de conformité de la valeur de diamètre mesurée, c'est le guide qui étant usé sera à l'origine du jeu, auquel cas il conviendra de le changer. Le remplacement des guides nécessite une presse et un mandrin de diamètre approprié et il est par ailleurs impératif de respecter les cotes de montage prescrites. Pour toutes ces raisons et afin de ne pas risquer d'endommager la culasse, il sera préférable de confier cette intervention à un spécialiste. S'adresser aux services techniques d'un représentant du réseau Citroën dans le cas des moteurs pour lesquels la valeur de référence de diamètre de la queue des soupapes n'a pas été communiquée.

8 Le remplacement des guides implique obligatoirement la rectification des sièges de soupapes.

Soupapes

9 Examiner la tête de chacune des soupapes qui ne doit pas être piquée, brûlée, fêlée ni présenter de signes d'usure et vérifier l'état de la queue de soupape qui ne doit pas être marquée ni comporter de stries dues à l'usure. Faire tourner la soupape et vérifier qu'elle n'est pas déformée. Contrôler l'extrémité de queue de soupape pour se rendre compte si elle n'est pas piquée ni usée. Remplacer toute soupape présentant de tels défauts.

10 Si suite aux contrôles précédents, aucun défaut n'est remarqué, mesurer le diamètre de la queue de soupape à différentes hauteurs à l'aide d'un palmer **(voir illustration)**. Toute différence

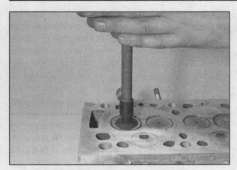

7.13 Rodage d'une soupape

7.17 Contrôle de la rectitude d'un ressort de soupape

significative dans les relevés effectués indiquera une usure de la queue de soupape qu'il conviendra alors de changer.

11 Si les soupapes sont en bon état ou en cas de montage de soupapes neuves, elles doivent faire l'objet d'un rodage dans leur siège respectif afin d'assurer une bonne étanchéité. Si le siège n'est que légèrement piqué ou s'il a été rectifié, utiliser exclusivement de la pâte à roder à grain fin. La pâte à gros grain ne doit pas être utilisée à moins que les sièges soient sérieusement brûlés ou piqués en profondeur, auquel cas il y aura lieu de faire examiner la culasse et les soupapes par un spécialiste afin de déterminer si une rectification des sièges ou leur remplacement ainsi que celui des soupapes s'imposent éventuellement.

12 Le rodage des soupapes s'effectue comme indiqué ci-dessous. Pour cela, retourner la culasse sur un établi, en la soutenant avec des cales.

13 Enduire d'une fine couche de pâte à roder de grade approprié la portée du siège de la soupape et fixer l'outil de rodage à ventouse sur la tête de soupape. En procédant par demi-tours alternatifs, roder la tête de soupape en la soulevant de temps à autre de son siège pour répartir la pâte à roder **(voir illustration)**. Un ressort à faible tarage monté sous sa tête aidera à soulever la soupape et facilitera grandement l'opération de rodage.

14 En cas d'utilisation de pâte à roder à gros grain, opérer jusqu'à obtention d'une impression uniforme d'aspect gris mat au niveau du siège et de la soupape puis éliminer les traces de pâte à roder et recommencer l'opération avec de la pâte à grain fin. Lorsqu'une impression en forme d'anneau continu, d'aspect gris mat, est obtenue sur le siège et la soupape, l'opération de rodage est terminée. *Ne pas* poursuivre le rodage plus que nécessaire,

ce qui conduirait les sièges à s'enfoncer prématurément dans la culasse.

15 Après rodage de toutes les soupapes, veiller à bien supprimer *toutes* les traces de pâte avec un chiffon imbibé de pétrole lampant ou d'un solvant approprié avant de procéder au remontage de la culasse.

Pièces de soupapes

16 Examiner les ressorts de soupapes pour déceler d'éventuels signes de détérioration et de décoloration. Aucune valeur limite de longueur libre des ressorts n'étant fournie par le constructeur, la seule possibilité d'en évaluer l'usure consistera à les comparer à des ressorts neufs.

17 Poser chaque ressort sur une surface plane et s'assurer qu'il n'est pas déformé **(voir illustration)**. Le ressort doit être parfaitement vertical, ce qui se vérifie avec une équerre. Si l'un des ressorts est endommagé, déformé ou tassé, changer tous les autres ressorts en même temps. Il est de toute manière logique de changer systématiquement les ressorts de soupapes dans le cadre de la remise en état générale du moteur.

18 Les joints de queues de soupapes sont à remplacer obligatoirement, quel que soit leur état apparent.

8 Culasse - remontage

1 Dans le cas où elle existe, reposer la coupelle d'appui inférieure du ressort de la première soupape. Tremper le joint de queue de soupape neuf dans de l'huile moteur propre et le mettre en place sur le guide puis l'emmancher à fond au

moyen d'une douille de diamètre approprié **(voir illustrations)**. A signaler que pour les moteurs Diesel, le joint de queue de soupape est intégré à la coupelle d'appui inférieure.

2 Lubrifier sa queue à l'huile moteur propre puis introduire la soupape dans son guide **(voir illustration)**.

3 Installer le ressort de soupape et monter ensuite la coupelle d'appui supérieure.

4 Comprimer le ressort avec le lève-soupape puis monter les demi-clavettes dans leur rainure sur la queue de soupape. Démonter le lève-soupape puis procéder de la même manière sur les autres soupapes, en veillant à respecter leur emplacement d'origine. En cas de montage de soupapes de rechange, présenter chacune des soupapes dans le logement pour lequel elle a été rodée.

 info HAYNES *Retenir les demi-clavettes en les plaquant avec une petite quantité de graisse sur la queue de soupape pour dégager le lève-soupape*

5 Après avoir installé toutes les soupapes, poser la culasse à plat sur l'établi et utiliser un marteau, en veillant à interposer une cale de bois, pour frapper l'extrémité de la queue de chacune des soupapes afin de bien mettre en place les différentes pièces.

6 Suivant le type de moteur, effectuer la repose du ou des arbres à cames, des poussoirs hydrauliques et des linguets de soupapes, comme décrit au chapitre 2A ou 2B.

7 Remonter les autres pièces de la culasse, en opérant à l'inverse des opérations de démontage et utilisant au besoin des joints neufs.

8 Procéder à la repose de la culasse, en se reportant au chapitre 2A ou 2B pour cette opération.

9 Ensembles bielle-piston - dépose

1 Déposer la culasse, le carter d'huile et la pompe à huile (voir chapitre 2A ou 2B, suivant le cas).

2 En présence d'une arête prononcée en haut de l'alésage du fût de cylindre ou de chemise, il peut se révéler nécessaire de la supprimer avec un grattoir ou un alésoir afin de ne pas endommager le piston au cours de sa dépose. Une telle arête dénote une usure exagérée de l'alésage.

3 Repérer chaque bielle et son chapeau en les

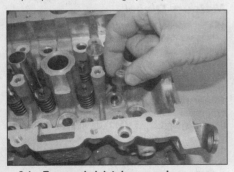

8.1a Engager le joint de queue de soupape neuf sur le guide . . .

8.1b . . . et l'emmancher à fond avec une douille

8.2 La queue de soupape est à lubrifier avant de l'introduire dans son guide

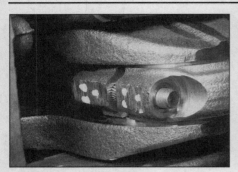

9.3 Repérage sur bielle et son chapeau (nº 3 représenté)

9.5 Dépose d'un chapeau de bielle avec son demi-coussinet

marquant à la peinture, en fonction du numéro de cylindre auquel ils appartiennent, au niveau de leur face usinée plate. Si le moteur a déjà subi un démontage, veiller à bien noter les repères d'identification réalisés auparavant **(voir illustration)**. A signaler que le cylindre nº 1 se situe côté boîte de vitesses (volant moteur/disque d'entraînement).

4 Tourner le vilebrequin de façon à amener les pistons des cylindres nᵒˢ 1 et 4 au PMB (point mort bas). Dans le cas des moteurs Diesel, déposer le carter-chapeaux de paliers de vilebrequin (voir section suivante).

5 Desserrer les écrous ou les vis de fixation du chapeau de bielle du cylindre nº 1. Enlever le chapeau et récupérer le demi-coussinet inférieur **(voir illustration)**. En cas de réutilisation des demi-coussinets, les regrouper avec leur chapeau respectif, en les collant avec du ruban adhésif.

6 Dans le cas où le chapeau est fixé par des écrous, afin de ne pas endommager le maneton du vilebrequin et l'alésage, enrober de ruban adhésif le filetage des vis au niveau de la tête de bielle **(voir illustration)**.

7 Repousser à l'aide du manche d'un marteau le piston vers le sommet de l'alésage et le sortir par le haut du bloc/carter-cylindres. Récupérer le demi-coussinet et le coller avec du ruban adhésif sur la bielle pour ne pas le perdre.

8 Reposer le chapeau de bielle sans bloquer ses écrous ou vis de fixation, ce qui permettra de conserver les pièces dans le bon ordre.

9 Déposer l'ensemble bielle-piston du cylindre nº 4, en procédant de la même manière.

10 Tourner le vilebrequin d'un demi-tour de façon à amener les pistons des cylindres nᵒˢ 2 et 3 au PMB (point mort bas) et effectuer la dépose des

ensembles bielle-piston correspondants comme indiqué précédemment.

10 Vilebrequin - dépose

1 Déposer le pignon de distribution du vilebrequin et la pompe à huile (voir chapitre 2A ou 2B).

2 Déposer les ensembles bielle-piston (voir section précédente). Si aucune intervention n'est envisagée sur les pistons et les bielles, il n'est pas nécessaire de déposer la culasse ni de repousser les pistons pour les sortir des alésages de cylindres ou de chemises. Il suffit de remonter suffisamment les pistons de façon à juste les dégager des manetons du vilebrequin. **Nota :** *Dans le cas des moteurs Diesel, le carter-chapeaux de paliers de vilebrequin est à déposer préalablement aux ensembles bielle-piston.*

3 Contrôler le jeu longitudinal au vilebrequin (voir section 13) puis procéder comme suit :

Moteurs essence 1,1 et 1,4 l

4 En opérant sur tout le tour, desserrer les seize petites vis (M6) de fixation du carter-chapeaux de paliers de vilebrequin sur l'embase du carter-cylindres. Repérer la profondeur de montage des bagues d'étanchéité droite et gauche du vilebrequin dans le carter-cylindres et le carter-chapeaux de paliers.

5 Desserrer en opérant en croix, progressivement et uniformément d'un tour à la fois, les dix grandes vis (M11) de fixation du carter-chapeaux de paliers de vilebrequin. Finir de desserrer les vis et les enlever.

9.6 Vis de tête de bielle enrobée avec du ruban adhésif pour ne pas rayer les manetons du vilebrequin (suivant montage)

10.16 Dépose du bouchon d'accès à une vis de fixation côté volant moteur du carter-chapeaux de paliers de vilebrequin - moteurs Diesel

6 Après avoir enlevé toutes les vis de fixation, soulever le carter-chapeaux de paliers de vilebrequin pour le dégager de l'embase du carter-cylindres. Récupérer les demi-coussinets inférieurs et les fixer avec du ruban adhésif dans leur emplacement respectif sur le carter-chapeaux de paliers. Si les deux douilles de centrage ont été délogées, les enlever et les ranger en lieu sûr avec le carter-chapeaux de paliers.

7 Soulever le vilebrequin pour le déposer et enlever les deux bagues d'étanchéité à mettre au rebut. Dégager la chaîne d'entraînement de la pompe à huile du pignon de commande sur le vilebrequin. S'il y a lieu, déposer le pignon en bout de vilebrequin et récupérer la clavette demi-lune.

8 Récupérer les demi-coussinets supérieurs de paliers et les ranger en les maintenant appariés avec les demi-coussinets inférieurs. Enlever également les deux demi-cales de butée axiale de chaque côté du palier nº 2 sur le carter-cylindres.

Moteur essence 1,6 l

9 Desserrer leurs vis de fixation et dégager de chaque côté du bloc-cylindres les flasques d'étanchéité du vilebrequin, en veillant au préalable à bien repérer la position de montage des douilles de centrage. Si les douilles ont été délogées, les récupérer et les ranger en lieu sûr avec les flasques d'étanchéité.

10 Dégager la chaîne d'entraînement de la pompe à huile au niveau du pignon de commande en bout de vilebrequin, déposer le pignon et récupérer la clavette demi-lune, en la rangeant en lieu sûr avec le pignon.

11 Les chapeaux de paliers de vilebrequin doivent normalement être numérotés de 1 à 5, en partant du côté boîte de vitesses du moteur. Dans le cas contraire, les marquer à la peinture.

12 Desserrer leurs vis de fixation et déposer chacun des chapeaux de paliers de vilebrequin. Récupérer les demi-coussinets inférieurs de paliers et les fixer avec du ruban adhésif sur leur chapeau respectif pour les ranger en lieu sûr.

13 Soulever avec précaution le vilebrequin pour le déposer, en veillant à ne pas déloger les demi-coussinets supérieurs de paliers.

14 Récupérer les demi-coussinets supérieurs de paliers sur le bloc-cylindres et les coller avec du ruban adhésif sur leur chapeau respectif pour ne pas les perdre. Enlever les demi-cales de butée axiale de chaque côté du palier nº 2 et les ranger avec les chapeaux de paliers correspondants.

Moteurs Diesel

15 En opérant sur tout le tour, desserrer les petites vis (M6) de fixation du carter-chapeaux de paliers de vilebrequin sur l'embase du carter-cylindres. Repérer la profondeur de montage de la bague d'étanchéité gauche du vilebrequin dans le carter-cylindres et le carter-chapeaux de paliers.

16 Desserrer en opérant en croix, progressivement et uniformément d'un tour à la fois, les grandes vis (M11) de fixation du carter-chapeaux de paliers de vilebrequin. Finir de desserrer les vis et les enlever. **Nota :** *Les deux bouchons côté volant moteur du carter-chapeaux de paliers sont à déposer pour atteindre les deux vis d'extrémité* **(voir illustration)**.

11.1 Pastilles de dessablage du bloc/carter-cylindres

11.3 Gicleur d'huile de fond de piston

11.9 Nettoyage d'un orifice fileté du bloc/carter-cylindres avec un taraud

17 Après avoir enlevé toutes les vis de fixation, soulever le carter-chapeaux de paliers de vilebrequin pour le dégager de l'embase du carter-cylindres. Récupérer les demi-coussinets inférieurs et les fixer avec du ruban adhésif dans leur emplacement respectif sur le carter-chapeaux de paliers. Si les deux douilles de centrage ont été délogées, les enlever et les ranger en lieu sûr avec le carter-chapeaux de paliers.

18 Soulever le vilebrequin pour le déposer et enlever les deux bagues d'étanchéité à mettre au rebut.

19 Récupérer les demi-coussinets supérieurs de paliers et les ranger en les maintenant appariés avec les demi-coussinets inférieurs. Enlever également les deux demi-cales de butée axiale de chaque côté du palier n° 2 sur le carter-cylindres.

11 Bloc/carter-cylindres - nettoyage et contrôle

Nettoyage

1 Déshabiller le bloc/carter-cylindres de tous ses accessoires extérieurs, des contacteurs, capteurs et sondes. Pour un nettoyage complet du bloc/carter-cylindres, les pastilles de dessablage doivent de préférence être déposées **(voir illustration)**. Pour cela, percer un avant-trou dans la pastille, y monter une vis à tôle et extraire la pastille en tirant sur la vis avec une pince-étau ou en faisant appel à une masse à coulisse.

2 Dans le cas des moteurs essence 1,1 et 1,4 l, déposer les chemises des cylindres (voir point 18 plus bas).

3 Le cas échéant, desserrer leur vis de fixation et dégager les gicleurs d'huile de fond de pistons du bloc/carter-cylindres **(voir illustration)**.

4 Supprimer en grattant avec précaution les débris de joint sur le bloc/carter-cylindres ainsi qu'éventuellement sur le carter-chapeaux de paliers de vilebrequin. Il est conseillé d'utiliser un produit chimique de décapage approprié (à se procurer auprès du service des pièces détachées d'un représentant du réseau Citroën) pour dissoudre les résidus de joint. Laisser agir le produit une dizaine de minutes sur la partie à nettoyer et gratter ensuite avec une spatule en bois ou en plastique, l'utilisation d'outils métalliques tranchants étant à proscrire, ce qui risquerait d'endommager les plans de joint.

5 Si prévus, enlever les bouchons des conduits de graissage. Ces bouchons sont généralement montés serrés et il peut être nécessaire de les perforer et de retarauder leur orifice fileté. Utiliser des bouchons neufs au remontage du moteur.

6 Si le bloc/carter-cylindres est extrêmement sale, le nettoyer au jet de vapeur.

7 Retourner ensuite le bloc/carter-cylindres et renettoyer tous les orifices et conduits de graissage. Rincer tous les conduits internes à l'eau chaude jusqu'à ce qu'elle sorte limpide. Bien laisser sécher et enduire d'une pellicule d'huile tous les plans de joint et les alésages afin les préserver de la rouille. Dans le cas d'un bloc-cylindres en fonte, si l'on peut accéder à une source d'air comprimé, l'utiliser pour accélérer le séchage et pour déboucher tous les orifices et conduits de graissage.

Danger : Se protéger les yeux lors de l'utilisation d'air comprimé !

8 Si le bloc/carter-cylindres n'est pas tellement sale, il pourra être nettoyé à l'eau chaude savonneuse (la plus chaude possible) et avec une brosse à poils durs. Consacrer suffisamment de temps à ce nettoyage qui doit être effectué avec soin. Quelle que soit la méthode de nettoyage adoptée, veiller à bien nettoyer tous les orifices et conduits de graissage et à bien sécher toutes les pièces. Protéger les alésages en les enduisant d'huile.

9 Les orifices filetés dans le bloc/carter-cylindres doivent également être nettoyés afin de pouvoir bien serrer les éléments venant s'y fixer au remontage. Passer un taraud de diamètre approprié dans chaque orifice afin de supprimer les débris de rouille, de corrosion, de produit-frein ou la boue pouvant s'y être accumulée et de refaire les filetages endommagés **(voir illustration)**. Dans la mesure du possible, chasser des orifices les résidus provenant de l'opération précédente à l'air comprimé.

10 Enduire les bouchons neufs des conduits de graissage de pâte d'étanchéité appropriée et les monter sur le bloc/carter-cylindres, en prenant soin de bien les bloquer. Après avoir enduit leur plan de contact de produit d'étanchéité adéquat, monter les pastilles de dessablage neuves, en veillant à ne pas les installer de travers et à bien les emboîter, en les frappant par l'intermédiaire d'un tube métallique ou d'une douille.

11 Suivant la version de moteur, nettoyer le filetage des vis de fixation des gicleurs d'huile de

fond de pistons et y déposer quelques gouttes de produit-frein approprié. Remonter les gicleurs sur le bloc/carter-cylindres en serrant leur vis de fixation au couple prescrit.

12 Si le moteur ne doit pas être réassemblé dans l'immédiat, couvrir le bloc/carter-cylindres d'une bâche en matière plastique pour le protéger de la poussière. Préserver également de la rouille les surfaces usinées et les alésages en les enduisant d'huile.

Contrôle

Tous moteurs sauf essence 1,1 et 1,4 l

13 Contrôler visuellement le bloc/carter-cylindres qui ne doit pas être fissuré, rouillé ni corrodé. Examiner les trous taraudés dont le filetage ne doit pas être arraché ni foiré. Si des pertes internes d'eau ont été notées dans le passé, il vaut mieux faire examiner le bloc/carter-cylindres par un spécialiste. Si des défauts sont remarqués, faire réparer le bloc/carter-cylindres si cela est possible ou le changer.

14 Vérifier que les alésages de cylindres ne sont pas éraflés ni marqués. S'assurer de l'absence d'une arête prononcée en haut des alésages, ce qui indiquerait une usure exagérée.

15 La mesure du diamètre des alésages de cylindres nécessite un équipement spécifique (comparateur d'alésage) et une certaine compétence et pour ces raisons, il est conseillé de la confier à un spécialiste de la réfection des moteurs qui pourra également fournir des pistons en cote réparation si un réalésage s'impose.

16 Si les alésages de cylindres et les pistons sont en relativement bon état et ne présentent pas d'usure exagérée, et si le jeu piston-cylindre déterminé par différence entre l'alésage et le diamètre du piston se situe dans les tolérances, il suffira de changer uniquement les segments. Dans ce cas, les alésages doivent être rodés afin de permettre un bon ajustement des segments et de garantir la meilleure étanchéité possible. Cette opération peut être réalisée pour un coût raisonnable par un spécialiste de la remise en état des moteurs.

17 S'adresser au service des pièces détachées d'une concession du réseau Citroën concernant la disponibilité des pistons à cote majorée pour tous les moteurs. Si des pistons à cote réparation sont disponibles, les cylindres peuvent être réalésés, sinon, en cas d'usure des alésages, le

remplacement du bloc/carter-cylindres semble être la seule solution envisageable.

Moteurs essence 1,1 et 1,4 l

18 Enlever les brides de maintien puis chasser chacune des chemises du carter-cylindres en la frappant par l'intermédiaire d'un mandrin en bois dur. Après dégagement de toutes les chemises, basculer le carter-cylindres sur le côté et déposer chaque chemise par le haut. Coller du ruban adhésif de masquage sur la face gauche du carter (côté boîte de vitesses) et y inscrire le numéro de cylindre correspondant, en notant que le cylindre n° 1 se trouve côté boîte de vitesses/volant moteur. Récupérer le joint torique d'embase de chaque chemise et le mettre au rebut **(voir illustrations)**.

19 Contrôler chacune des chemises pour déceler la présence éventuelle d'éraflures et de marques. La présence d'une arête en haut de la chemise dénotera une usure exagérée de son alésage.

20 Confier les chemises aux services techniques d'un représentant du réseau Citroën ou à un spécialiste de la réfection des moteurs pour la mesure de leur alésage afin de déterminer si leur état d'usure nécessite un remplacement.

21 Avant de procéder à la repose définitive des chemises, mesurer leur dépassement par rapport à la face supérieure du carter-cylindres. Pour cela, nettoyer soigneusement les plans de joint des logements dans le carter-cylindres et des chemises puis installer celles-ci. En cas de réutilisation des chemises d'origine, veiller à respecter leur emplacement initial. Les quatre chemises étant convenablement montées, vérifier à l'aide d'un comparateur (ou d'une règle plate et d'une cale d'épaisseur) que le dépassement de chaque chemise est conforme à la valeur de référence indiquée dans les « *Caractéristiques* ». L'écart dans la valeur de dépassement entre deux chemises ne doit pas excéder la cote maximale prescrite. **Nota :** *En cas de montage de chemises neuves, il est permis de les permuter afin de ramener l'écart de dépassement dans les tolérances. Se rappeler toutefois que chaque piston doit demeurer apparié à sa chemise.* En cas de non conformité des valeurs de dépassement des chemises, consulter les services techniques d'un représentant de la marque ou un spécialiste de la réfection des moteurs avant de poursuivre le remontage du moteur.

22 Le dépassement une fois vérifié, redéposer les chemises et les équiper d'un joint torique d'embase neuf. Lubrifier avec de l'huile moteur le

bas des chemises pour faciliter la mise en place de leur joint.

23 Introduire tour à tour chaque chemise dans le carter-cylindres, en prenant garde de ne pas détériorer le joint torique et l'enfoncer le plus loin possible à la main. Utiliser ensuite un marteau et une cale de bois pour frapper légèrement la chemise afin de l'amener en butée contre son épaulement de positionnement. S'il s'agit des chemises provenant du démontage, veiller à bien respecter leur position initiale.

24 Nettoyer ensuite et huiler sans excès toutes les surfaces exposées des chemises afin d'éviter que la rouille ne s'installe. Remonter si nécessaire les brides de maintien des chemises.

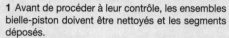

12 Ensembles bielle-piston - contrôle

1 Avant de procéder à leur contrôle, les ensembles bielle-piston doivent être nettoyés et les segments déposés.

2 Ecarter avec précaution les becs des segments pour les dégager : l'opération peut être facilitée en se servant de cales d'épaisseur usagées pour empêcher les segments de glisser dans les gorges vides de ceux ayant été déposés **(voir illustration)**. Veiller à ne pas rayer le piston avec les becs des segments. Ne pas trop écarter la coupe des segments qui risquent d'être éjectés ou de se casser. Se protéger les mains afin de ne pas se blesser. A noter que le segment racleur, celui du bas, comporte un élément central à ressort. Les segments doivent toujours être déposés par le haut du piston. Conserver chaque jeu de segment avec son piston respectif en cas de réutilisation.

3 Eliminer au grattoir les dépôts de calamine sur la calotte des pistons, en opérant avec précaution. Utiliser une brosse métallique (ou de la toile émeri fine) après avoir enlevé le gros des dépôts pour parfaire le nettoyage.

4 Supprimer les traces de calamine et de gommage dans les gorges des segments sur le piston à l'aide d'un segment usagé. Pour cela, casser le segment en deux (se protéger les mains : les segments peuvent couper). Prendre garde de n'enlever que les dépôts : ne pas entamer le métal ni entailler ou rayer les gorges.

5 Après avoir procédé à leur décalaminage, nettoyer les pistons et les bielles au pétrole

lampant ou avec un solvant-dégraissant approprié et bien les sécher. S'assurer que les trous de retour d'huile dans les gorges de segments ne sont pas bouchés.

6 Si les pistons et les alésages de cylindres ou de chemises ne sont pas détériorés ni exagérément usés et si le bloc/carter-cylindres (suivant le cas) ne nécessite pas de réalésage, les pistons peuvent être réutilisés. Une usure normale des pistons se manifeste habituellement par des marques verticales et régulières sur leurs faces de poussée et par un léger jeu du segment supérieur (coup de feu) dans sa gorge. Au remontage du moteur, il est impératif d'utiliser des segments de pistons neufs.

7 Vérifier minutieusement chaque piston qui ne doit pas être fissuré ou craquelé au niveau de sa jupe, des bossages d'axe et des espaces entre les gorges de segments.

8 Examiner par ailleurs la jupe des pistons qui ne doit pas être marquée ni éraflée puis vérifier que la calotte n'est pas trouée et qu'elle ne présente pas de signes de brûlure sur ses bords. Si la jupe est marquée ou présente des traces de grippage, cela indique que le moteur a dû fonctionner dans des conditions de surchauffe et/ou de combustion anormale se traduisant par des températures de fonctionnement excessivement élevées. Les circuits de refroidissement et de graissage doivent également être contrôlés de près. Des brûlures légères sur le flanc des pistons dénotent une fuite des gaz de combustion. Un trou dans la calotte du piston ou des brûlures sur les bords de la calotte sont susceptibles d'indiquer une anomalie de combustion (préallumage, cliquetis ou détonations). Si l'on constate l'un de ces défauts, ses causes : les plus probables seront un injecteur défectueux ou une anomalie de fonctionnement du système de gestion du moteur, doivent être identifiées et les corrections nécessaires être effectuées, sinon les mêmes causes produiront les mêmes effets.

9 La corrosion d'un piston se manifestant sous la forme de petits trous ou cratères dénotera des fuites de liquide de refroidissement qui se trouvera admis dans la chambre de combustion et/ou le carter-moteur. L'origine de ce problème doit être localisée afin que le même phénomène ne se reproduise pas sur le moteur remis en état.

10 Dans le cas des moteurs essence 1, 1 et 1,4 l, les pistons ne peuvent pas être remplacés séparément : ils font partie d'ensembles de

11.18a Dépose d'une chemise de cylindre . . .

11.18b . . . et de son joint torique d'embase - moteurs essence 1,1 et 1,4 l

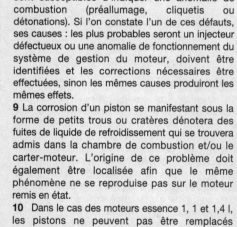

12.2 Dépose d'un segment de piston avec une cale d'épaisseur

12.15a Extraction d'un jonc d'arrêt . . .

12.15b . . . et dépose de l'axe d'un piston

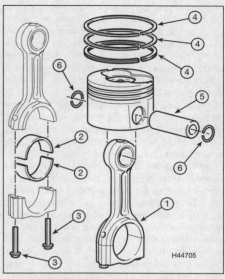

12.19 Embiellage - moteurs Diesel

1	*Bielle*	4	*Segments*
2	*Demi-coussinets*	5	*Axe de piston*
3	*Vis de chapeau*	6	*Joncs d'arrêt*

rechange appariés comprenant également des segments et une chemise (voir section précédente). Pour les autres moteurs, les pistons sont disponibles séparément en pièces de rechange.

11 Se livrer à un contrôle minutieux de chaque bielle pour tenter de repérer d'éventuels signes de détérioration tels que des fêlures ou des craquelures au niveau de leur tête et de leur pied. Contrôler l'équerrage des bielles pour s'assurer qu'elles ne sont pas déformées ni vrillées. Les bielles sont des pièces d'une grande résistance et il est peu probable qu'elles se trouvent endommagées d'une manière quelconque à moins qu'elles soient grippées ou qu'elles aient été exposées à une surchauffe importante. Un contrôle poussé des bielles doit être effectué dans un atelier du réseau Citroën ou par un spécialiste de la remise en état des moteurs qui disposera de l'équipement nécessaire.

12 Les écrous ou les vis de fixation des chapeaux de bielles sont à changer systématiquement à chaque démontage. Bien cela ne soit pas expressément spécifié par le constructeur, il est conseillé de remplacer les vis au niveau des têtes de bielles en même temps que les écrous (suivant montage).

13 Sur les moteurs essence, l'axe des pistons est monté serré dans le pied des bielles. Le désassemblage des pistons et des bielles doit de ce fait être confié à un atelier du réseau Citroën ou à un spécialiste disposant de l'outillage indispensable pour chasser et installer l'axe des pistons.

14 Sur les moteurs Diesel, l'axe des pistons est monté libre et maintenu par deux joncs d'arrêt. Dans ce cas, les pistons et les bielles peuvent être désassemblés au besoin en procédant comme suit :

15 A l'aide d'un petit tournevis à lame plate, extraire les joncs d'arrêt et chasser l'axe du piston en le poussant : une pression du doigt doit normalement suffire **(voir illustrations)**. Repérer le piston, l'axe et la bielle afin d'assurer leur remontage correct. Mettre les joncs d'arrêt au rebut : ils sont à changer d'office à chaque démontage.

16 Ausculter l'axe du piston et l'alésage de la bague de pied de bielle pour déceler d'éventuels signes d'usure ou de détérioration. En cas d'usure, il y aura lieu de changer à la fois l'axe et la bague (si possible) ou bien la bielle. Le remplacement de la

bague doit être confié à un spécialiste compte tenu de la nécessité de disposer d'une presse hydraulique. La bague neuve doit également être alésée avec précision.

17 Les bielles ne nécessitent normalement pas de remplacement à moins qu'elles se trouvent grippées ou affectées d'un défaut mécanique sérieux. Contrôler visuellement l'alignement des bielles et si elles ne sont pas rectilignes, il conviendra de les faire examiner par un spécialiste de la réfection des moteurs.

18 Contrôler toutes les pièces et se procurer au besoin les pièces de rechange nécessaires. Les pistons neufs sont fournis avec leur axe et suivant montage, des joncs d'arrêt bien que ces derniers puissent également être achetés séparément.

19 S'assurer que le piston et la bielle sont correctement positionnés l'un par rapport à l'autre puis lubrifier l'axe à l'huile moteur propre et l'engager dans le piston et à travers le pied de bielle **(voir illustration)**. Vérifier que le piston pivote librement dans la bielle puis retenir l'axe avec les deux joncs d'arrêt neufs, en veillant à bien les encastrer dans la gorge des bossages de l'axe du piston.

---

13 Vilebrequin - contrôles

Contrôle du jeu longitudinal

1 Pour procéder au contrôle de son jeu longitudinal, le vilebrequin doit être en place dans le bloc/carter-cylindres et pouvoir tourner librement.

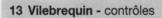

13.2 Contrôle du jeu longitudinal au vilebrequin avec un comparateur . . .

2 Le jeu longitudinal se vérifie au moyen d'un comparateur dont la touche est au contact de l'extrémité du vilebrequin. Repousser ce dernier à fond sur un côté puis étalonner le comparateur à zéro. Repousser ensuite le vilebrequin à fond dans l'autre sens et relever le jeu affiché par le comparateur **(voir illustration)**. Comparer la valeur obtenue à celle prescrite afin de déterminer si les cales de butée axiale doivent être changées.

3 A défaut de comparateur, utiliser des cales d'épaisseur. Pour cela, repousser le vilebrequin à fond vers le côté volant moteur et mesurer le jeu existant entre le bras du maneton n° 2 et la cale de butée axiale **(voir illustration)**.

Contrôle de l'état

4 Nettoyer le vilebrequin au pétrole lampant ou avec un produit solvant-dégraissant approprié et bien le sécher, de préférence à l'air comprimé. Veiller à nettoyer les orifices de graissage avec un cure-pipe ou un instrument similaire, afin de les déboucher éventuellement.

⚠️ *Danger : Se protéger les yeux lors de l'utilisation d'air comprimé !*

13.3 . . . et avec des cales d'épaisseur

5 Contrôler les tourillons et les manetons du vilebrequin qui ne doivent pas présenter d'usure inégale ni être piqués, marqués et craquelés.

6 L'usure des manetons (portées de têtes de bielles) s'accompagne de cliquetis métalliques caractéristiques du moteur, se remarquant tout particulièrement lors des reprises à bas régime et par une baisse de la pression d'huile.

7 L'usure des tourillons (portées de paliers) se manifeste par des vibrations importantes et des grondements du moteur : phénomène s'aggravant avec l'augmentation du régime moteur, et là aussi, par une baisse de la pression d'huile.

8 Vérifier que les tourillons et les manetons du vilebrequin ne présentent pas de rugosité en passant un doigt sur leur surface. Si un tel défaut (qui s'accompagnera d'une usure évidente des paliers) est constaté, il faudra faire rectifier le vilebrequin si cela est possible ou le remplacer.

9 Vérifier les portées des bagues d'étanchéité aux deux extrémités du vilebrequin. Ces surfaces ne doivent pas être usées ni marquées. Si l'une des portées est creusée, obtenir l'avis d'un spécialiste pour savoir si ce défaut peut être rattrapé ou bien si le vilebrequin doit être changé.

10 Confier le vilebrequin aux services techniques d'un représentant du réseau Citroën ou à un spécialiste de la réfection des moteurs pour faire mesurer le diamètre des tourillons et des manetons et déterminer ainsi l'état d'usure du vilebrequin qui devra selon le cas, être rectifié si cela est encore possible ou changé.

11 Si le vilebrequin a fait l'objet d'une rectification, vérifier qu'il ne présente pas de bavures au niveau de ses orifices de graissage (ces orifices sont normalement chanfreinés et les bavures ne doivent pas en principe poser problème à moins que la rectification ait été effectuée sans prendre de précautions). Supprimer les bavures pouvant exister avec une lime fine ou un grattoir puis nettoyer soigneusement les orifices de graissage ainsi qu'évoqué plus haut.

12 S'adresser au service des pièces détachées d'un représentant du réseau Citroën concernant la disponibilité de demi-coussinets de paliers de vilebrequin et de têtes de bielles en cotes réparation pour un type de moteur en particulier. Le

vilebrequin doit être remplacé s'il présente une usure se situant au-delà des tolérances prescrites et si des demi-coussinets en cotes réparation sont indisponibles.

14 Coussinets de paliers de vilebrequin et de bielles - contrôle

1 Bien que les coussinets de paliers de vilebrequin et de bielles soient normalement à changer dans le cadre de la remise en état d'un moteur, les coussinets provenant du démontage doivent être conservés pour leur examen. Ils peuvent en effet fournir des indications intéressantes sur l'état général du moteur **(voir illustration)**. Les coussinets existent en plusieurs classes d'épaisseur identifiables par un repère de couleur.

2 Une défaillance des coussinets peut se produire du fait d'un manque de lubrification, de la présence de saleté ou de tout autre corps étranger, d'une surcharge du moteur ou de la corrosion. Quelle que soit la cause de cette défectuosité, celle-ci doit être corrigée avant de procéder au réassemblage du moteur afin que cela ne se reproduise pas.

3 Pour examiner les coussinets, les déposer du bloc/carter-cylindres, du carter-chapeaux de paliers ou des chapeaux de paliers de vilebrequin, des bielles et de leur chapeau, et les ranger sur une surface propre dans le même ordre que celui sur le moteur, ce qui permettra de repérer les défauts éventuels en rapport avec les tourillons et manetons correspondants du vilebrequin. *Ne pas toucher la portée des coussinets directement avec les doigts pour les contrôler, ce qui risquerait de la rayer.*

4 La saleté et les corps étrangers s'infiltrent dans le moteur de diverses manières. Il peuvent se trouver introduits au remontage du moteur ou être admis par les filtres ou par le circuit de dégazage du carter-moteur. Ils peuvent également être contenus dans l'huile de graissage et atteindre les coussinets. La présence de copeaux de métal provenant de l'usinage et de l'usure normale du moteur est souvent notée. Des produits abrasifs demeurent parfois sur les organes du moteur après

la remise en état de celui-ci, en particulier lorsque les pièces n'ont pas fait l'objet d'un nettoyage en règle. Quelle que soit leur provenance, ces matières étrangères s'incrustent souvent dans le métal tendre des coussinets où elles peuvent être observées. Les particules plus importantes ne s'accumulent pas au niveau des coussinets mais les rayent ou les creusent ainsi que les portées de vilebrequin. La meilleure parade pour éviter ces problèmes est de nettoyer soigneusement les pièces et de les maintenir dans cet état de propreté lors du remontage du moteur. Il est également recommandé d'effectuer des vidanges et de changer le filtre à huile à intervalles réguliers et fréquemment.

5 Un manque de graissage (ou une avarie du circuit de graissage) peut avoir des causes multiples et souvent liées les unes aux autres. Une surchauffe (qui fluidifie l'huile), une surcharge (qui prive d'huile les portées) et des fuites d'huile (provenant d'un jeu excessif aux coussinets, d'une pompe à huile usée ou d'un surrégime du moteur), tous ces facteurs contribuent à une déficience de graissage. Des conduits de graissage obstrués résultant habituellement d'un mauvais alignement des trous de graissage priveront également d'huile les coussinets en les détériorant par la même occasion. Lorsqu'un manque de graissage est à l'origine d'une défaillance d'un coussinet, la matière revêtant la surface de celui-ci se trouve dégradée ou enlevée. Le métal peut virer au bleu au point où se produit un échauffement.

6 Le style de conduite peut également influer sur la durée de vie des coussinets. Une conduite sportive ou au contraire exagérément lente (faisant peiner le moteur) sollicite fortement les coussinets qui ont alors tendance à être insuffisamment graissés. Toutes ces charges répétées auront pour effet de faire fléchir les coussinets qui développeront de fines craquelures (rupture de fatigue). Dans certains cas, le revêtement peut céder et se séparer de son support en métal.

7 Des trajets courts répétés entraîneront la corrosion des coussinets du fait d'une élévation de température insuffisante qui ne pourra pas résorber la condensation et dissiper les gaz corrosifs. Ces matières s'accumulent dans l'huile du moteur où elles se transforment à la fois en acides et en dépôts boueux. Lorsque l'huile vient à atteindre les coussinets, ceux-ci se trouvent alors attaqués et corrodés par les acides.

8 Un mauvais montage des coussinets au réassemblage du moteur est également susceptible de conduire à une défaillance de ceux-ci. Des coussinets montés trop serrés ne permettront pas un passage normal de l'huile et se trouveront privés de graissage. Des saletés ou un corps étranger agglutinés derrière un coussinet constitueront autant d'obstacles à la circulation de l'huile et se traduiront par une défaillance de celui-ci.

9 *Ne pas* toucher la portée des coussinets avec les doigts pour les installer, ce qui risquerait de la rayer ou de la salir.

10 Ainsi que mentionné au début de la section, les coussinets sont à remplacer systématiquement lors d'une remise en état du moteur : ne pas les remplacer sous prétexte de leur coût constituerait une fausse économie.

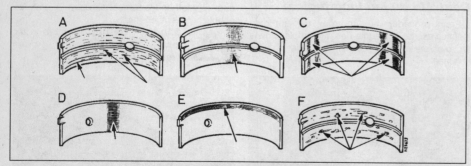

14.1 Défauts caractéristiques des coussinets

A *Rayures* - dues aux particules de saleté incrustées dans le métal tendre du coussinet
B *Revêtement frotté* - dû à un manque de graissage
C *Portions brillantes (polies)* - dues à un coussinet mal positionné
D *Revêtement enlevé en totalité* - usure complète
E *Usure sur le bord* - portée sur un tourillon ou maneton atteint d'une conicité importante
F *Fissures, craquelures, cratères et trous* - dus à la fatigue

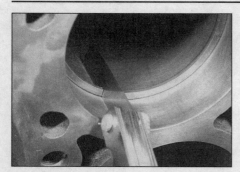

16.5 Contrôle du jeu à la coupe d'un segment de piston

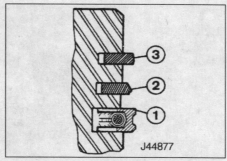

16.9a Formes et disposition type des segments de piston - moteurs essence

1 Segment racleur
2 Segment intermédiaire (étanchéité)
3 Segment supérieur (coup de feu)

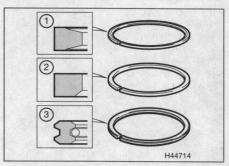

16.9b Formes et disposition des segments de piston - moteurs Diesel

1 Segment supérieur (coup de feu)
2 Segment intermédiaire (étanchéité)
3 Segment racleur

15 Remontage du moteur - généralités

Avant d'entreprendre le remontage du moteur, s'assurer que l'on possède bien toutes les pièces de rechange nécessaires ainsi que l'outillage indispensable pour mener à bien cette tâche. Lire toutes les informations fournies afin de se familiariser avec les opérations devant être menées à bien et de vérifier que l'on dispose de tout le matériel requis. Prévoir du produit-frein pour les filets de vis. Se munir également d'un tube de pâte d'étanchéité appropriée pour les plans d'assemblage ne disposant pas de joint. Il est conseillé d'utiliser des produits spécifiquement formulés pour ces opérations par le constructeur.

Afin de procéder d'une manière rationnelle et d'éviter les complications inutiles, les opérations de remontage se dérouleront dans l'ordre suivant :

a) Vilebrequin (voir section 17). **Nota :** Dans le cas des moteurs Diesel, les ensembles bielle-piston sont à reposer préalablement au vilebrequin
b) Ensembles bielle-piston (voir section 18)
c) Pompe à huile (voir chapitre 2A ou 2B)
d) Carter d'huile (voir chapitre 2A ou 2B)
e) Volant moteur/disque d'entraînement (voir chapitre 2A ou 2B)
f) Culasse (voir chapitre 2A ou 2B)
g) Pompe d'injection et support - moteurs Diesel (voir chapitre 4B)
h) Pignons, galet(s), et courroie de distribution (voir chapitre 2A ou 2B)
i) Accessoires extérieurs du moteur

A ce stade des opérations, les organes du moteur doivent être parfaitement propres et dégraissés et tous les défauts et anomalies doivent avoir été corrigés. Les pièces doivent être posées sur une surface d'une propreté irréprochable (ou rangées dans des bacs individuels).

16 Segments de pistons - repose

1 Avant de monter des segments neufs, mesurer leur jeu à la coupe en procédant comme suit :
2 Regrouper les ensembles bielle-piston et les jeux de segments neufs de façon à les maintenir appariés lors du contrôle du jeu à la coupe et du remontage du moteur.
3 Introduire le segment supérieur dans le premier cylindre ou chemise et l'enfoncer dans l'alésage à l'aide de la calotte du piston de façon à le présenter bien perpendiculairement aux parois. Positionner le segment au fond de l'alésage, à hauteur de la limite inférieure de course. A noter que les segments supérieur (coup de feu) et intermédiaire (d'étanchéité) présentent un profil différent : le deuxième se distinguant par le fait qu'il possède une face extérieure conique et sur les moteurs essence, il est étagé sur son plan inférieur. Pour les moteurs Diesel, le segment supérieur comporte un chanfrein extérieur au niveau de sa face supérieure.
4 Le jeu à la coupe se mesure en glissant des cales d'épaisseur entre les becs du segment.
5 Recommencer l'opération avec le segment positionné en haut de l'alésage, au niveau de la limite supérieure de course, cette fois-ci et s'assurer que le jeu relevé corresponde à la valeur de référence donnée dans les « Caractéristiques » **(voir illustration)**. En cas de valeur non conforme, s'assurer que les segments utilisés sont bien adaptés au type de moteur et au diamètre de l'alésage.
6 Effectuer ces contrôles sur les autres segments du premier cylindre ou chemise puis sur ceux des trois autres cylindres. Veiller à bien maintenir appariés les segments, les pistons et les cylindres ou chemises.
7 Après vérification du jeu à la coupe de tous les segments, monter ceux-ci sur les pistons.

17.5 Les demi-coussinets rainurés se montent au niveau des paliers nos 2 et 4 - moteurs essence 1,1 et 1,4 l

8 Installer le segment racleur en montant, si prévu, l'élément à ressort en premier.
9 Monter ensuite dans l'ordre les segments intermédiaire et supérieur, en veillant pour le premier à disposer sa face repérée par l'inscription « TOP » pour « haut » sur le dessus **(voir illustrations)**. Espacer les coupes des segments en les décalant de 120° les unes par rapport aux autres. **Nota :** Observer les consignes de montage de la notice d'emploi des segments neufs : ces consignes peuvent varier suivant la marque. Ne pas intervertir les segments supérieur et intermédiaire qui possèdent une section de profil différent.

17 Vilebrequin - repose

Choix des demi-coussinets

1 S'adresser à un spécialiste de la réfection des moteurs pour faire évaluer l'état d'usure du vilebrequin, en faisant en particulier mesurer le diamètre de ses tourillons et manetons, ce qui permettra de déterminer si le vilebrequin doit être rectifié ou non, et équipé au besoin de demi-coussinets en cote réparation.

Repose du vilebrequin

2 S'assurer éventuellement que les gicleurs d'huile de fond de pistons sont bien en place sur le bloc/carter-cylindres.

Moteurs essence 1,1 et 1,4 l

3 Plaquer avec de la graisse pour les maintenir en place les demi-cales de butée axiale de chaque côté du palier n° 2, en veillant à disposer leur face rainurée à l'extérieur.
4 Nettoyer soigneusement le dos des demi-coussinets et les paliers sur le carter-cylindres ainsi que sur le carter-chapeaux de paliers.
5 Poser les demi-coussinets, en veillant à bien encastrer leur ergot de positionnement dans le cran correspondant sur le carter-cylindres ou sur le carter-chapeaux de paliers. Prendre garde à ne pas toucher directement avec les doigts la portée des demi-coussinets. A noter que les demi-coussinets rainurés se montent au niveau des paliers nos 2 et 4 **(voir illustration)**.

17.7 Installation du pignon de commande de la pompe à huile avec la chaîne d'entraînement - moteurs essence 1,1 et 1,4 l

17.8 Application de pâte d'étanchéité sur le plan de joint du carter-chapeaux de paliers de vilebrequin sur le carter-cylindres - moteurs essence 1,1 et 1,4 l

17.10 Serrage d'une vis de M11 du carter-chapeaux de paliers de vilebrequin au couple prescrit de phase 1 - moteurs essence 1,1 et 1,4 l

6 Lubrifier copieusement à l'huile moteur propre les demi-coussinets en place sur le carter-cylindres.

7 Reposer la clavette demi-lune dans la rainure sur le vilebrequin puis réinstaller le pignon de commande de la pompe à huile et mettre en prise la chaîne d'entraînement **(voir illustration)**. Réinstaller le vilebrequin de telle façon que les manetons des cylindres nos 2 et 3 se trouvent en position point mort haut (PMH), ceux des cylindres nos 1 et 4 seront alors en position point mort bas (PMB), ce qui permettra de monter le piston du cylindre no 1. Contrôler le jeu longitudinal au vilebrequin comme décrit en section 13.

8 Dégraisser soigneusement les plans de joint du carter-cylindres et du carter-chapeaux de paliers puis appliquer de la pâte d'étanchéité siliconée appropriée, genre « AUTOJOINT OR 2 » sur le plan du carter-cylindres, en veillant à bien l'étaler de façon à former une couche régulière **(voir illustration)**.

9 S'assurer de la présence des douilles de centrage puis lubrifier à l'huile moteur propre les demi-coussinets en place et présenter le carter-chapeaux de paliers sur le carter-cylindres, en veillant à ne pas déloger les demi-coussinets.

10 Monter les grandes vis de fixation (M11) du carter-chapeaux de paliers en les approchant à la main dans un premier puis en opérant en spirale, de l'intérieur vers l'extérieur, les serrer progressivement et uniformément pour atteindre le couple prescrit de la phase 1. Procéder ensuite au serrage angulaire de la phase 2, à l'aide d'une clé à douille avec rallonge. Il est conseillé d'utiliser un

secteur gradué (rapporteur) afin d'assurer la précision du serrage **(voir illustration)**. A défaut, marquer des repères d'alignement à la peinture blanche sur la tête des vis et le carter-chapeaux de paliers avant de procéder au serrage, ce qui permettra de vérifier que les vis ont bien été tournées selon l'angle préconisé.

11 Remonter les petites vis (M6) assurant la fixation du carter-chapeaux de paliers sur l'embase du carter-cylindres et les serrer au couple prescrit. S'assurer ensuite de la libre rotation du vilebrequin.

12 Procéder à la repose des ensembles bielle-piston, en se reportant à la section suivante pour cette opération.

13 En s'assurant au préalable que la chaîne d'entraînement est bien engagée sur le pignon de commande au niveau du vilebrequin, reposer la pompe et le carter d'huile, comme décrit au chapitre 2A.

14 Equiper le vilebrequin de bagues d'étanchéité neuves, comme indiqué au chapitre 2A.

15 Effectuer la repose du volant moteur/disque d'entraînement, en se reportant au chapitre 2A pour cette opération.

16 Reposer éventuellement la culasse ainsi que le pignon de vilebrequin et la courroie de distribution, en se reportant aux descriptions correspondantes du chapitre 2A.

Moteur essence 1,6 l

17 Plaquer avec de la graisse pour les maintenir en place les demi-cales de butée axiale de chaque côté du palier no 2, en veillant à disposer leur face rainurée à l'extérieur **(voir illustration)**.

18 Installer les demi-coussinets dans leur emplacement respectif, comme indiqué plus haut aux points 4 et 5 **(voir illustration)**. S'il s'agit de demi-coussinets neufs, s'assurer de bien de bien les débarrasser de leur couche protectrice de graisse avec du pétrole lampant. Essuyer soigneusement les demi-coussinets et les bielles avec un chiffon non-pelucheux. Lubrifier copieusement à l'huile moteur propre les demi-coussinets en place sur le bloc-cylindres.

19 Réinstaller le vilebrequin de telle façon que les manetons des cylindres nos 2 et 3 se trouvent en position point mort haut (PMH), ceux des cylindres nos 1 et 4 seront alors en position point mort bas (PMB), ce qui permettra de monter le piston du cylindre no 1. Contrôler le jeu longitudinal au vilebrequin comme décrit en section 13.

20 Lubrifier les demi-coussinets inférieurs à l'huile moteur propre. S'assurer que leur ergot de positionnement est engagé correctement dans le cran correspondant sur les chapeaux de paliers.

21 Mettre en place les chapeaux de paliers dans leur emplacement respectif, en veillant à les disposer dans le bon sens : les crans de positionnement des demi-coussinets dans le bloc-cylindres et les chapeaux doivent se trouver du même côté.

22 Lubrifier légèrement à l'huile moteur le filetage et le dessous de leur tête puis remonter les vis de fixation des chapeaux de paliers et les serrer en procédant en spirale, de l'intérieur vers l'extérieur, progressivement et uniformément pour atteindre le couple prescrit de la phase 1. Appliquer ensuite le serrage angulaire de la phase 2 au moyen d'une clé à douille avec rallonge. Il est conseillé d'utiliser un secteur gradué (rapporteur) afin d'assurer la précision du serrage. A défaut, marquer des repères d'alignement à la peinture blanche sur la tête des vis et les chapeaux avant de procéder au serrage, ce qui permettra de vérifier que les vis ont bien été tournées selon l'angle préconisé.

23 Vérifier la libre rotation du vilebrequin.

24 Effectuer la repose des ensembles bielle-piston, comme indiqué en section suivante.

25 Remettre en place la clavette demi-lune dans sa rainure sur le vilebrequin puis installer le pignon de commande de pompe à huile et engager la chaîne d'entraînement.

26 S'assurer que les plans de joint du flasque d'étanchéité côté droit du vilebrequin et du bloc-

17.17 Repose d'une demi-cale de butée axiale au niveau du palier no 2 de vilebrequin - moteur essence 1,6 l

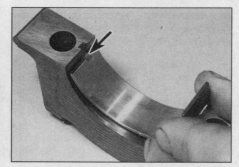

17.18 L'ergot du demi-coussinet est à engager correctement dans le cran correspondant sur le chapeau de palier - moteur essence 1,6 l

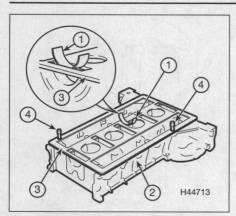

17.34 Montage des demi-coussinets de paliers de vilebrequin - moteurs Diesel

1 Demi-coussinet
2 Carter-chapeaux de paliers
3 Outil d'atelier Réf. 0194-Q
4 Axes de centrage

cylindres sont parfaitement propres et dégraissés puis bien repérer sa profondeur de montage et extraire la bague d'étanchéité du flasque en faisant levier au moyen d'un tournevis grand modèle à lame plate.

27 Enduire de pâte d'étanchéité appropriée son plan de joint puis en vérifiant au préalable que les douilles de centrage sont bien en place, installer le flasque d'étanchéité en l'engageant en bout de vilebrequin et le positionnant sur le bloc-cylindres. Remonter ensuite les vis de fixation du flasque, en les serrant convenablement.

28 Procéder comme indiqué précédemment pour réinstaller le flasque d'étanchéité côté gauche du vilebrequin.

29 Equiper le vilebrequin de bagues d'étanchéité neuves, comme décrit au chapitre 2A.

30 En s'assurant au préalable que la chaîne d'entraînement est bien engagée sur le pignon de commande au niveau du vilebrequin, reposer la pompe et le carter d'huile : se reporter chapitre 2A pour ces opérations.

31 Effectuer la repose du volant moteur, en se reportant aux descriptions correspondantes du chapitre 2A.

32 Reposer éventuellement la culasse ainsi que le pignon de vilebrequin et la courroie de distribution, comme indiqué au chapitre 2A.

Moteurs Diesel

33 Nettoyer soigneusement le dos des demi-coussinets et les paliers sur le carter-cylindres ainsi que sur le carter-chapeaux de paliers. S'il s'agit de demi-coussinets neufs, s'assurer de bien de bien les débarrasser de leur couche protectrice de graisse avec du pétrole lampant. Essuyer les demi-coussinets avec un chiffon non-pelucheux pour bien les sécher.

34 Poser les demi-coussinets, en veillant à bien encastrer leur ergot de positionnement dans le cran correspondant sur le bloc-cylindres ou sur le carter-chapeaux de paliers. Prendre garde à ne pas toucher directement avec les doigts la portée des demi-coussinets. A noter que les demi-coussinets supérieurs sont rainurés tandis que les demi-coussinets inférieurs sont lisses. Il est impératif de centrer correctement les demi-coussinets inférieurs sur le carter-chapeaux de paliers, ce qui peut être obtenu en montant l'outil d'atelier et insérant les demi-coussinets dans les fentes de l'outil **(voir illustration)**.

35 Lubrifier abondamment à l'huile moteur propre les demi-coussinets en place sur le carter-cylindres puis réinstaller le vilebrequin.

36 Monter les demi-cales de butée axiale de chaque côté du palier n° 2 sur le carter-cylindres et les orienter de façon à disposer leur bord horizontalement. Veiller à bien placer la face rainurée des demi-cales côté extérieur. Procéder ensuite à la repose des ensembles bielle-piston, comme décrit en section suivante.

37 Dégraisser parfaitement les plans de joint du carter-cylindres et du carter-chapeaux de paliers. Répandre une fine couche de pâte d'étanchéité siliconée, genre « Loctite Autojoint Noir » préconisé par le constructeur, sur le plan de joint du carter-chapeaux de paliers. Utiliser les deux axes de centrage prévus à cet effet (outillage d'atelier) montés au niveau des taraudages sur le plan du carter-chapeaux de paliers pour le positionner correctement **(voir illustration 17.34)**.

38 Lubrifier les demi-coussinets inférieurs à l'huile moteur propre puis réinstaller le carter-chapeaux de paliers, en faisant attention de ne pas déloger les demi-coussinets, et en s'assurant de bien l'encastrer sur les douilles de centrage. Démonter les axes de centrage du carter-chapeaux de paliers.

39 Remonter les grandes vis (M11) et les petites vis (M6) assurant la fixation du carter-chapeaux de

paliers, en les serrant simplement de façon à ce qu'elles contactent le carter. A noter que les vis M11 doivent être neuves.

40 Serrer toutes les vis au couple prescrit de la phase 1, en opérant dans l'ordre indiqué en figure jointe **(voir illustration)**.

41 Desserrer ensuite d'un demi-tour, soit 180° (phase 2) les vis M11, appliquer le couple préconisé de la phase 3, également dans l'ordre prescrit, puis procéder successivement au serrage des phases 3 et 4. Enduire de pâte d'étanchéité les deux bouchons neufs des vis d'extrémité et les monter sur le côté volant moteur du carter-chapeaux de paliers, en les frappant pour bien les emboîter.

42 Pour finir, serrer les vis M6 au couple préconisé de la phase 2.

43 Le carter-chapeaux de paliers une fois installé, s'assurer de la libre rotation du vilebrequin.

44 Effectuer la repose de la pompe à huile et du carter d'huile, comme décrit au chapitre 2B.

45 Equiper le vilebrequin d'une bague d'étanchéité côté gauche neuve puis procéder à la repose du volant moteur, en se reportant aux descriptions correspondantes du chapitre 2B.

46 Procéder éventuellement à la repose de la culasse, du pignon de vilebrequin et de la courroie de distribution, en se reportant au chapitre 2B pour ces opérations.

18 Ensembles bielle-piston - repose

Nota : *Les écrous ou vis de fixation, suivant montage, des chapeaux de bielles sont à remplacer systématiquement à chaque démontage.*

1 Les opérations qui suivent s'accomplissent après avoir reposé les chemises dans le carter-cylindres pour les moteurs essence 1,1 et 1,4 l (voir section 11) ainsi que le vilebrequin et les chapeaux de paliers ou les carter-chapeaux de paliers de vilebrequin (voir section précédente), sauf dans le cas des moteurs Diesel pour lesquels le vilebrequin est à reposer suite aux ensembles bielle-piston.

2 Nettoyer le dos des demi-coussinets ainsi que leur emplacement au niveau des chapeaux et des têtes de bielles.

Moteurs essence

3 Installer les demi-coussinets, en veillant à encastrer correctement leur ergot de positionnement dans le cran correspondant sur les têtes de bielles et les chapeaux et évitant tout contact direct des doigts avec leur portée **(voir illustration)**.

Moteurs tous types

4 Lubrifier les alésages de cylindres ou de chemises, les pistons et leurs segments puis monter chaque ensemble bielle-piston dans son emplacement respectif.

5 En commençant par l'ensemble n° 1, s'assurer que les coupes des segments de pistons sont bien décalées comme indiqué en section 16 puis brider les segments avec un collier de maintien prévu à cet effet.

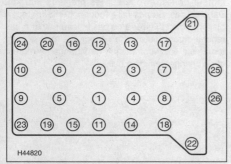

17.40 Ordre de serrage des vis de fixation du carter-chapeaux de paliers de vilebrequin - moteurs Diesel

18.3 Ergot de demi-coussinet à engager correctement dans le cran correspondant sur la tête de bielle

18.7 Introduction d'un ensemble bielle-piston dans le cylindre correspondant

18.8 Installation d'un chapeau de bielle

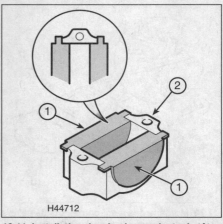

H44712

18.11 Installation des demi-coussinets de têtes de bielles - moteurs Diesel

1   Outil d'atelier Réf. 0194-P
2   Demi-coussinet

6 Introduire l'ensemble bielle-piston par le haut du cylindre ou de la chemise n° 1, en veillant à orienter correctement le piston comme suit :

a) *Pour les moteurs essence, la flèche sur la calotte du piston doit être dirigée vers le côté distribution du moteur*

b) *Dans le cas des moteurs Diesel, le repère « DIST » ou la flèche sur la calotte du piston est à orienter côté distribution du moteur*

7 Frapper l'ensemble avec une cale de bois ou le manche d'un marteau au niveau de la calotte du piston pour l'enfoncer dans l'alésage jusqu'à affleurement du bord supérieur du fût de cylindre ou de la chemise **(voir illustration).**

Moteurs essence

8 Vérifier que le demi-coussinet en place est toujours bien installé. Lubrifier abondamment à l'huile le maneton et les deux demi-coussinets. En prenant garde de ne pas marquer l'alésage, tirer l'ensemble bielle-piston pour le faire descendre et l'accoupler au maneton. Reposer le chapeau de bielle en approchant ses écrous de fixation neufs à la main dans un premier temps **(voir illustration).** A noter que les ergots de positionnement des demi-coussinets sur le chapeau et la tête de bielle doivent se trouver du même côté.

9 Serrer les écrous de fixation du chapeau de bielle progressivement et uniformément, pour atteindre le couple prescrit.

Moteurs Diesel

10 Sur ces moteurs, les bielles sont de type monobloc et le chapeau est doté d'un détrompeur ne permettant qu'une seule position de montage, ce qui contribue à renforcer la rigidité du montage. En conséquence, les bielles et leur chapeaux sont dépourvus de crans de positionnement pour les demi-coussinets.

11 Un outillage d'atelier spécifique est prévu pour assurer le centrage des demi-coussinets au niveau de la tête de bielle et du chapeau. Ces outils en

forme de demi-lune se montent de chaque côté de la tête de bielle et du chapeau pour centrer exactement les demi-coussinets **(voir illustration).** Installer les demi-coussinets puis les lubrifier abondamment à l'huile moteur propre.

12 Tirer l'ensemble bielle-piston pour le faire descendre dans l'alésage et l'accoupler au maneton. Installer le chapeau et monter les vis de fixation neuves.

13 Procéder au serrage des vis de fixation du chapeau de bielle au couple prescrit de la phase 1 puis les redesserrer d'un demi-tour (phase 2). Appliquer ensuite le couple préconisé de la phase 3 puis effectuer le serrage angulaire de la phase 4.

14 Procéder ensuite à la repose des demi-coussinets de paliers de vilebrequin et du carter-chapeaux de paliers, comme décrit en section précédente.

Moteurs tous types

15 S'assurer de la libre rotation du vilebrequin. Une certaine résistance peut être notée si des pièces neuves ont été montées mais on ne doit pas constater de blocage ni de points durs.

16 Reposer les trois autres ensembles bielle-piston en opérant de la même manière puis la culasse et la pompe à huile en procédant comme décrit au chapitre 2A ou 2B, suivant le cas.

---

19 Moteur - première mise en marche après démontage et remise en état

1 Le groupe motopropulseur ayant été reposé sur la voiture, revérifier les niveaux d'huile et de liquide de refroidissement. Effectuer un ultime contrôle pour s'assurer que les faisceaux électriques, câbles, etc. ont été bien rebranchés et que rien n'a été laissé, outils et chiffons notamment, dans le compartiment moteur.

2 Mettre le contact et lancer immédiatement le

moteur en actionnant le démarreur (sans attendre l'allumage du témoin de préchauffage dans le cas des moteurs Diesel) jusqu'à extinction du témoin de pression d'huile.

3 Mettre sous pression le circuit d'alimentation en carburant (voir chapitre 4A, section 7 ou chapitre 4B, section 3) puis faire démarrer le moteur, ce qui peut prendre un peu plus longtemps que d'habitude, le temps que le circuit d'alimentation se réamorce.

4 Le moteur tournant au ralenti, procéder à un contrôle d'étanchéité pour déceler d'éventuelles fuites de carburant, d'eau et d'huile. Ne pas s'inquiéter si une odeur particulière et de la fumée sont remarqués au niveau de certains organes du moteur, ce qui proviendra de dépôts d'huile en train de se consumer sur des pièces échauffées.

5 Si tout s'avère satisfaisant, laisser le moteur tourner au ralenti jusqu'à ce qu'une circulation d'eau chaude soit perçue dans la durit supérieure du radiateur puis arrêter le moteur.

6 Laisser le moteur refroidir pendant quelques minutes puis recontrôler les niveaux d'huile et de liquide de refroidissement, en faisant l'appoint au besoin (voir « *Contrôles hebdomadaires* » au début du manuel).

7 Si des pistons, segments ou coussinets de paliers de vilebrequin neufs ont été montés, le moteur doit être rodé sur les premiers 800 km. Dans ce cas, *ne pas* faire fonctionner le moteur à plein régime et veiller à ne pas le faire peiner à bas régime durant toute cette période. Le rodage étant terminé, il est recommandé de vidanger le moteur et de changer le filtre à huile.

Chapitre 3
Refroidissement, chauffage et climatisation

Sommaire

Niveaux de difficulté

Facile, pour les profanes de la mécanique		**Assez facile,** pour les débutants plus avisés		**Assez difficile,** pour les amateurs compétents		**Difficile,** pour les amateurs plus expérimentés		**Très difficile,** pour les initiés et les professionnels	

Caractéristiques

Généralités
Pression maxi. du circuit pour contrôle .... 1,4 bar

Thermostat
Température d'ouverture du clapet :
  Moteurs essence .... 89 °C
  Moteurs Diesel .... 83 °C

Couples de serrage   daN.m
Vis de pompe à eau 1
Vis de fixation de boîtier thermostatique :
  Phase 1 0,3
  Phase 2 0,7

1 Description générale et précautions

Le circuit de refroidissement est du type étanche sous pression. Il se compose principalement d'une pompe à eau entraînée par la courroie de distribution, d'un radiateur à faisceau horizontal en aluminium, d'un vase d'expansion, d'un motoventilateur électrique, d'un thermostat, d'un radiateur de chauffage, de différentes durits de circulation de liquide et d'une ou de deux sondes de température.

Le principe de fonctionnement du circuit est le suivant : le liquide refroidi provenant du radiateur est dirigé par l'intermédiaire de sa durit inférieure directement vers la pompe à eau qui le refoule dans les conduits aménagés autour du bloc/carter-cylindres et de la culasse. Après avoir refroidi les alésages de cylindres, les surfaces de combustion et les sièges de soupapes, le liquide parvient à la base du thermostat dont le clapet est initialement fermé. Il circule ensuite à travers le circuit de chauffage et retourne à la pompe à eau via le bloc/carter-cylindres.

Lorsque le moteur est froid, le liquide circule uniquement à travers le bloc/carter-cylindres, la culasse et le circuit de chauffage. Dès qu'une température déterminée est atteinte, le clapet du thermostat s'ouvre et le liquide chaud parvient au radiateur par l'intermédiaire de sa durit supérieure pour être refroidi par le flux d'air s'engouffrant à travers le faisceau du radiateur lorsque la voiture roule. La circulation d'air est renforcée par le motoventilateur électrique lorsqu'elle devient insuffisante pour refroidir de manière efficace le liquide. Après admission du liquide refroidi dans la partie basse du radiateur, le cycle décrit ci-dessus se répète.

Le liquide de refroidissement transite également par l'échangeur thermique eau-huile (refroidisseur d'huile) dans le cas des moteurs Diesel ainsi qu'éventuellement, par le refroidisseur de fluide de boîte de vitesses automatique.

Le groupe motoventilateur est piloté par le calculateur électronique de gestion du moteur.

Précautions

 Danger : Ne pas retirer le bouchon du vase d'expansion ni intervenir sur l'un quelconque des éléments du circuit de refroidissement lorsque le moteur est encore chaud au risque de se faire sérieusement brûler par les projections de liquide. Si pour une raison indéterminée, il est nécessaire d'enlever le bouchon avant que le moteur ait complètement refroidi, ce qui est toutefois déconseillé, par mesure de précaution l'entourer d'un chiffon épais et le dévisser lentement jusqu'à ce qu'un sifflement soit perçu. Le sifflement ayant cessé, ce qui indiquera que la pression a été évacuée, finir de desserrer le bouchon et l'enlever. Si le sifflement reprend, patienter jusqu'à ce qu'il ait complètement disparu avant de dévisser le bouchon à

fond. Dans tous les cas, se tenir éloigné le plus possible du vase d'expansion lors de son ouverture et se protéger les mains

 Danger : Faire en sorte de ne pas mettre d'antigel au contact de la peau ni de la peinture de la voiture. Rincer immédiatement et abondamment à l'eau claire les éclaboussures d'antigel. Ne jamais laisser traîner un bidon d'antigel débouché et essuyer les flaques pouvant stagner au sol. Les enfants et les animaux sont attirés par l'odeur agréable de l'antigel qui peut cependant provoquer une grave intoxication en cas d'ingestion. Consulter immédiatement un médecin ou contacter un Centre Anti-Poison en cas d'urgence

 Danger : Lorsque le moteur est chaud, le motoventilateur peut s'enclencher à tout moment même si le moteur est arrêté. Il convient donc d'être extrêmement prudent et de faire attention en particulier de ne pas exposer les mains, les cheveux et les vêtements amples lors d'une intervention dans le compartiment moteur

 Danger : Se reporter à la section 11 quant aux précautions à observer pour les véhicules équipés de la climatisation

2 Durits du circuit de refroidissement - débranchement et remplacement

Nota : *Consulter les consignes de sécurité indiquées en section précédente avant toute intervention. Attendre que le moteur ait refroidi suffisamment pour débrancher les durits afin de ne pas se brûler au contact du liquide chaud.*

1 Si l'un des contrôles pratiqués au chapitre 1A ou 1B révèle l'existence d'une durit défectueuse, celle-ci est à changer. Pour cela :

2 Vidanger le circuit de refroidissement, en récupérant le liquide dans un récipient propre s'il peut être réutilisé (voir chapitre 1A ou 1B).

3 Pour débrancher une durit, procéder comme décrit ci-dessous en fonction du type de raccord.

2.5 Desserrage du collier d'une durit avec une pince

Raccords classiques

4 Dans ce cas, la durit est fixée par des colliers qui peuvent être de plusieurs types : standard à bande métallique et vis, à ressort ou serti. Ce dernier type de collier n'est pas réutilisable et il doit être remplacé par le type standard à bande métallique et vis suite à son démontage.

5 Libérer les colliers aux deux extrémités de la durit concernée, en desserrant leur vis ou comprimant leurs languettes avec une pince, suivant montage. Ecarter les colliers puis déboîter la durit de ses tubulures de raccordement en procédant avec précaution. Les durits se débranchent normalement sans problème lorsqu'elles sont relativement neuves, ce qui n'est pas le cas lorsqu'elles sont anciennes **(voir illustration)**.

6 Si la durit est collée, essayer de la détacher en la tordant et tirant en même temps ou bien soulever son extrémité au moyen d'un outil à bout non tranchant, genre tournevis à lame plate, en veillant toutefois à ne pas trop forcer au risque de l'endommager ainsi que la tubulure. Si on ne parvient pas à dégager la durit, la couper avec un cutter à ras de la tubulure puis fendre la partie restée sur la tubulure dans le sens de la longueur pour l'enlever. Faire très attention de ne pas endommager la tubulure au cours de cette opération. Cette méthode présente l'inconvénient de sacrifier une durit qui aurait pu encore servir mais cela vaut toutefois mieux que de changer le radiateur par exemple.

7 Equiper la durit neuve de ses colliers puis la raccorder aux tubulures. Si les colliers d'origine sont du type serti, il convient de les remplacer par des colliers à bande métallique et vis.

 Avant de raccorder la durit, enduire sa tubulure avec un peu d'eau savonneuse ou bien, assouplir son extrémité en la faisant tremper dans de l'eau chaude, afin de pouvoir l'emmancher plus facilement. Ne pas utiliser d'huile ni de graisse qui risqueraient d'attaquer le caoutchouc

8 La durit étant bien emmanchée sur ses tubulures, vérifier qu'elle emprunte le trajet correct, puis ajuster les colliers aux deux extrémités et les serrer convenablement.

9 Effectuer le remplissage du circuit de refroidissement, comme indiqué au chapitre 1A ou 1B.

10 Veiller à contrôler avec soin les raccordements de la durit remplacée pour s'assurer de l'absence de fuites.

Raccords encliquetables

Nota : *Les raccords sont à équiper d'un joint torique neuf lors de leur rebranchement.*

11 Certaines durits du circuit de refroidissement peuvent être munies de raccords encliquetables. Pour débrancher ce type de raccord, opérer comme suit :

12 Extraire avec précaution l'épingle de retenue du raccord puis tirer sur la durit pour débrancher son embout de la tubulure de raccordement et récupérer le joint torique **(voir illustration)**. Reposer ensuite l'épingle sur l'embout femelle du raccord.

13 S'assurer que l'épingle de retenue est bien engagée dans la gorge sur l'embout femelle puis équiper le raccord d'un joint torique neuf à enduire légèrement d'eau savonneuse de façon à faciliter sa mise en place **(voir illustration)**. Pousser la durit jusqu'à encliquetage de son embout.

14 Vérifier que le raccord est bien retenu par l'épingle puis effectuer le remplissage du circuit de refroidissement, comme indiqué au chapitre 1A ou 1B.

15 Contrôler avec soin le raccordement de la durit pour s'assurer de l'absence de fuites.

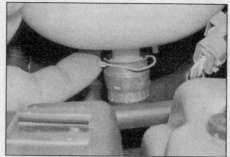

2.12 Dépose de l'épingle de retenue d'un raccord encliquetable de durit

4 Libérer le vase d'expansion de ses pattes de fixation et le dégager.

5 Débrancher la dernière durit restant raccordée pour déposer le vase d'expansion.

Repose

6 La repose s'opère à l'inverse de la dépose, en s'assurant de rebrancher correctement les durits. Rétablir ensuite le niveau de liquide de refroidissement, comme décrit à la rubrique « *Contrôles hebdomadaires* » au début du manuel.

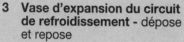

3 Vase d'expansion du circuit de refroidissement - dépose et repose

Dépose

1 Vidanger partiellement le circuit de refroidissement, en opérant comme décrit au chapitre 1A ou 1B, de façon à vider le vase d'expansion : il n'est pas nécessaire de vidanger entièrement le circuit.

2 Extraire l'étrier de retenue puis tirer sur les durits en plastique pour les débrancher du vase d'expansion **(voir illustrations)**.

3 Suivant équipement, débrancher le connecteur électrique de la sonde de niveau de liquide de refroidissement sur le côté du vase d'expansion.

4 Radiateur - dépose, contrôle et repose

Nota : *Si l'on envisage de déposer le radiateur pour un éventuel défaut d'étanchéité, il sera bon d'essayer au préalable un produit anti-fuites pour*

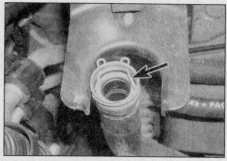

2.13 Joint torique et épingle de retenue de raccord encliquetable de durit

radiateurs du commerce, qui peut se révéler efficace pour traiter les microfuites.

Dépose

1 Vidanger le circuit de refroidissement (voir chapitre 1A ou 1B).

2 Procéder à la dépose du groupe motoventilateur (voir section 6).

3 Débrancher la durit supérieure du radiateur.

4 Desserrer les deux vis assurant la fixation du verrou de capot moteur sur le support du radiateur puis dégager le verrou et décrocher le câble de déverrouillage **(voir illustrations)**.

5 Desserrer la dernière vis de fixation et déposer le support du verrou de capot moteur **(voir illustration)**.

6 Libérer le collier de retenue puis tirer sur la durit en plastique reliée au vase d'expansion pour la débrancher au niveau du raccord, côté droit du radiateur **(voir illustration)**.

7 A l'aide de deux tournevis, appuyer sur les

3.2a Extraction de l'étrier de retenue . . .

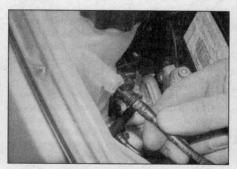

3.2b . . . pour débrancher une durit du vase d'expansion

4.4a Vis de fixation du verrou de capot moteur sur le support du radiateur

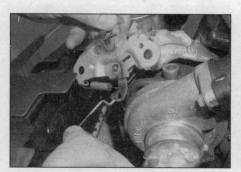

4.4b Désaccouplement du câble de déverrouillage du capot moteur

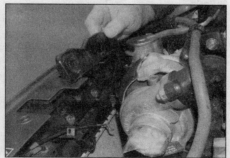

4.5 Dépose du support de verrou de capot moteur

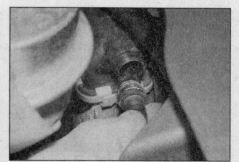

4.6 Débranchement de la durit du vase d'expansion au niveau du radiateur

languettes de chaque côté de ses pattes de fixation supérieures en plastique pour les déverrouiller puis tirer le haut du radiateur vers le moteur pour décrocher les pattes **(voir illustration)**.

8 Soulever le radiateur pour libérer les pattes de fixation inférieures et sortir le radiateur du compartiment moteur, en veillant à ne pas abîmer ses ailettes **(voir illustration)**. Récupérer les blocs amortisseurs inférieurs en caoutchouc.

Contrôle

9 Si le radiateur a été déposé pour un éventuel colmatage ou un entartrage, le rincer à l'envers (voir chapitre 1A ou 1B). Débarrasser la saleté et les débris pris dans les ailettes du radiateur à l'air comprimé (se protéger les yeux pour effectuer cette opération) ou à l'aide d'une brosse à poils souples. Procéder avec précaution pour le nettoyage afin ne pas endommager les ailettes du radiateur qui sont fragiles.

10 Confier si nécessaire le radiateur à un spécialiste qui procédera à un « test de circulation de liquide » pour établir si un état de colmatage interne existe.

11 Un radiateur présentant des fuites doit être réparé par un spécialiste. Ne pas effectuer de soudure pour tenter de colmater une fuite, au risque de détériorer la boîte à eau en plastique du radiateur.

12 Contrôler les blocs amortisseurs en caoutchouc du radiateur et les changer s'ils sont en mauvais état.

Repose

10 La repose s'opère à l'inverse de la dépose, en observant par ailleurs les points suivants :

 a) *S'assurer d'engager correctement les pattes inférieures du radiateur dans les blocs amortisseurs en caoutchouc sur la traverse*

 b) *Se reporter à la section 2 pour rebrancher les durits, équipées éventuellement d'un joint torique neuf*

 c) *Reposer le groupe motoventilateur, comme décrit en section 6*

 d) *Effectuer le remplissage du circuit de refroidissement, comme indiqué au chapitre 1A ou 1B*

4.7 Dépose du radiateur en appuyant sur les languettes des supports et en tirant le haut vers le moteur

4.8 Dépose du radiateur

5 Thermostat - dépose, contrôle et repose

Dépose

1 Vidanger le circuit de refroidissement (voir chapitre 1A ou 1B).

Moteurs essence

2 Le thermostat est implanté au niveau du couvercle du boîtier thermostatique (de sortie d'eau), côté gauche de la culasse **(voir illustration)**. En vue d'améliorer l'accès sur les versions à moteur 1,6 l, déposer le boîtier de filtre à air (voir chapitre 4A).

3 Le thermostat est intégré au couvercle du boîtier thermostatique et en est indissociable. Le cas échéant, débrider les faisceaux électriques attenants puis débrancher la durit supérieure du radiateur au niveau du couvercle, desserrer les deux vis de fixation et dégager l'ensemble du couvercle avec le thermostat. Récupérer ensuite le joint.

Moteurs Diesel

4 Le thermostat est intégré au boîtier thermostatique (de sortie d'eau), implanté côté gauche la culasse.

5 Sur les versions à moteur 16 soupapes, déposer le couvre-moteur en plastique en tirant vers le haut pour le déboîter.

6 Déposer le conduit de liaison entre le turbocompresseur et le débitmètre d'air ainsi que le conduit d'aspiration d'air frais au niveau du boîtier de filtre à air (voir chapitre 4B).

7 Débrancher les durits et le connecteur électrique de la sonde de température de liquide de refroidissement sur le boîtier thermostatique. A noter que certaines durits se débranchent en poussant vers le bas leur bouton blanc pour le déverrouiller ou après extraction de leur petite épingle de retenue en plastique. Desserrer ses quatre vis de fixation et dégager le boîtier thermostatique **(voir illustrations)**.

Contrôle

8 Un contrôle simple de fonctionnement du thermostat consistera à l'attacher au bout d'une ficelle et à le suspendre au-dessus d'un récipient contenant de l'eau de façon à ce qu'il soit immergé dans celle-ci, sans toutefois toucher les parois et le fond du récipient. Chauffer l'eau et la porter à ébullition : le clapet doit s'ouvrir lorsque l'eau viendra à bouillir, sinon le thermostat sera à changer.

9 Si l'on peut disposer d'un thermomètre, il sera possible de déterminer avec précision la température à laquelle le clapet du thermostat s'ouvre et la valeur notée sera comparée à celle prescrite, indiquée dans les « *Caractéristiques* » au début du chapitre. La température d'ouverture est également gravée sur le thermostat.

10 Un thermostat dont le clapet ne se ferme pas avec le refroidissement de l'eau est également à remplacer.

5.2 Couvercle de boîtier thermostatique sur motorisation essence

5.7a Débranchement d'une durit au niveau du boîtier thermostatique en poussant le bouton blanc vers le bas

5.7b Vis de fixation du boîtier thermostatique

6.3 Débranchement du conduit d'aspiration d'air frais au niveau du support de la batterie

6.5 Débranchement d'un connecteur électrique au niveau de la buse du motoventilateur

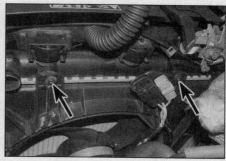

6.6a Vis de fixation supérieures à desserrer . . .

Repose

11 La repose a lieu à l'inverse de la dépose, en observant par ailleurs les points suivants :

a) *Le cas échéant, s'assurer que le joint n'est pas abîmé, sinon le changer. Pour les moteurs Diesel, serrer les vis de fixation du boîtier thermostatique en respectant les deux différentes phases prescrites*

b) *Se reporter au chapitre 4A ou 4B pour procéder à la repose du boîtier de filtre à air ou des conduits d'air*

c) *Effectuer le remplissage du circuit de refroidissement, comme décrit au chapitre 1A ou 1B*

6 Groupe motoventilateur - dépose et repose

Dépose

1 Vidanger le circuit de refroidissement (voir chapitre 1A ou 1B).

2 Sur les versions à motorisation essence, déposer le boîtier de filtre à air et ses conduits (voir chapitre 4A). Pour les versions à moteur Diesel, déposer le conduit de liaison entre le turbocompresseur et le débitmètre d'air ainsi que le conduit d'aspiration d'air frais au niveau du boîtier de filtre à air (voir chapitre 4B).

3 Débrancher le conduit d'aspiration d'air frais au niveau du support de la batterie et l'écarter sur le côté **(voir illustration)**.

4 Desserrer ses colliers et déposer la durit supérieure du radiateur.

5 Débrancher les deux connecteurs électriques en haut de la buse du motoventilateur **(voir illustration)**. Suivant montage, dégager le relais du groupe motoventilateur au niveau de la buse et l'écarter sur le côté.

6 Desserrer les deux vis de fixation supérieures, soulever la buse pour dégager les pattes inférieures et sortir le groupe motoventilateur du compartiment moteur **(voir illustrations)**.

Repose

7 La repose s'opère à l'inverse de la dépose, en tenant par ailleurs compte des points suivants :

a) *Se reporter au chapitre 4A ou 4B pour procéder à la repose du boîtier de filtre à air complet ou des conduits d'air*

b) *Effectuer le remplissage du circuit de refroidissement, comme décrit au chapitre 1A ou 1B*

7 Sonde(s) de température de liquide de refroidissement - dépose et repose

1 Les versions essence disposent de deux sondes de température de liquide de refroidissement, l'une implantée côté gauche de la culasse et affectée à l'indicateur de température et l'autre vissée sur le boîtier thermostatique, destinée à informer le calculateur électronique de gestion du moteur. Pour les versions Diesel, il n'existe qu'une seule

sonde de température de liquide de refroidissement qui est située au niveau du boîtier thermostatique, côté gauche de la culasse : l'indicateur de température au combiné d'instruments et le groupe motoventilateur sont commandés par le calculateur électronique de gestion du moteur à partir des informations fournies par cette sonde **(voir illustrations)**.

Dépose

Nota : *Attendre le refroidissement complet du moteur pour effectuer la dépose de la sonde.*

2 Pour les versions essence, déposer le boîtier de filtre à air et ses conduits (voir chapitre 4A). Dans le cas des versions Diesel, déposer le conduit de liaison entre le turbocompresseur et le débitmètre d'air ainsi que le conduit d'aspiration d'air frais au niveau du boîtier de filtre à air (voir chapitre 4B).

3 Vidanger partiellement le circuit de refroidissement de façon à ce que le niveau de liquide se situe en dessous de celui occupé par la sonde (voir chapitre 1A ou 1B). En alternative, obturer l'orifice découvert avec un bouchon suite à la dépose de la sonde, en faisant toutefois particulièrement attention de ne pas endommager le logement de la sonde et d'éviter l'admission d'impuretés dans le circuit de refroidissement.

4 Débrancher le connecteur électrique de la sonde.

5 Pour les moteurs essence, dévisser la sonde concernée et récupérer son joint, si prévu. Obturer l'orifice découvert si le circuit de refroidissement n'a pas été vidangé afin d'arrêter l'écoulement de liquide.

6 Dans le cas des moteurs Diesel, extraire l'épingle de retenue et dégager la sonde puis récupérer le

6.6b . . . pour la dépose du groupe motoventilateur

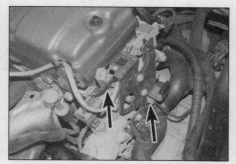

7.1a Sondes de température de liquide de refroidissement sur motorisation essence . . .

7.1b . . . et sonde unique sur motorisation Diesel

7.6 Epingle de retenue de sonde de température de liquide de refroidissement sur motorisation Diesel

joint sur le boîtier thermostatique **(voir illustration)**. Boucher l'orifice découvert si le circuit de refroidissement n'a pas été vidangé afin d'arrêter l'écoulement de liquide.

Repose

7 Pour les moteurs essence, si la sonde a été montée d'origine à la pâte d'étanchéité, nettoyer soigneusement son filetage et l'enduire de pâte d'étanchéité appropriée, sinon équiper la sonde d'un joint neuf. Monter la sonde, en la serrant convenablement.
8 Dans le cas des moteurs Diesel, munir la sonde d'un joint neuf puis l'installer en la poussant fermement et la fixer avec l'épingle de retenue, en s'assurant de bien l'engager dans la rainure du boîtier.
9 Rebrancher le connecteur électrique de la sonde puis suivant le cas, procéder à la repose du boîtier de filtre à air et de ses conduits ou des conduits d'air, en se reportant au chapitre 4A ou 4B pour cette opération.
10 Effectuer le remplissage du circuit de refroidissement, comme décrit au chapitre 1A ou 1B ou bien, rétablir le niveau de liquide, suivant le cas.

8 Pompe à eau - dépose et repose

Dépose

1 Vidanger le circuit de refroidissement (voir chapitre 1A ou 1B).

2 Procéder à la dépose de la courroie de distribution, comme indiqué au chapitre 2A ou 2B.
3 Desserrer et enlever ses vis de fixation, dégager la pompe à eau de son carter ou du bloc/carter-cylindres, suivant montage, puis récupérer le joint à mettre au rebut : il ne doit pas être réutilisé **(voir illustrations)**. A noter que pour certains moteurs, le joint n'est pas disponible en pièce de rechange détaillée : s'adresser au service des pièces détachées d'un représentant de la marque pour toute information complémentaire.

Repose

4 S'assurer que les plans de joint de la pompe et de son carter ou du bloc/carter-cylindres sont parfaitement propres et dégraissés.
5 Equiper la pompe d'un joint neuf puis la réinstaller, en serrant ses vis de fixation au couple prescrit.
6 Effectuer la repose de la courroie de distribution, comme décrit au chapitre 2A ou 2B.
7 Procéder au remplissage du circuit de refroidissement, comme indiqué au chapitre 1A ou 1B.

9 Chauffage-ventilation - description

Nota : *Se reporter à la section 11 pour toute information utile concernant l'équipement de climatisation.*

Chauffage-ventilation à régulation manuelle

Le système de chauffage-ventilation est constitué d'un motoventilateur à quatre vitesses (logé derrière la planche de bord), d'aérateurs centraux et latéraux sur la planche de bord et de buses d'air vers les pieds des passagers avant.

Les commandes sur la planche de bord agissent sur des volets qui dirigent et mélangent l'air admis par les différents éléments du circuit. Les volets sont incorporés dans un bloc agissant en tant que centrale de distribution et assurant la répartition de l'air vers les conduits et les aérateurs.

L'air frais est admis dans le circuit par la grille d'auvent. L'air extérieur, avant de pénétrer dans l'habitacle, est débarrassé des particules de poussière et du pollen des fleurs. La circulation d'air peut être amplifiée au besoin par un bloc de

soufflerie et l'air est dirigé vers les divers conduits en fonction de la position occupée par les commandes. L'air vicié de l'habitacle est évacué par des conduits situés à l'arrière de la voiture. Si de l'air chaud est souhaité, l'air froid passe par un radiateur chauffé par le liquide de refroidissement du moteur.

Une commande spécifique permet d'interrompre l'admission d'air extérieur, ce qui s'avère fort pratique pour éviter que des odeurs désagréables ou de la poussière ne pénètrent à l'intérieur de la voiture lors de la traversée d'une zone polluée ou d'un tunnel. Cette fonction ne doit être utilisée que très brièvement vu qu'elle peut provoquer un léger embuage ou l'apparition d'odeurs dues à l'air non renouvelé.

Certaines versions à motorisation Diesel disposent d'un réchauffeur électrique implanté au niveau du bloc de chauffage-ventilation. Il a pour rôle de réchauffer l'air avant son passage par le radiateur de chauffage, en contribuant ainsi à accélérer sa montée en température à froid, ce qui permet de disposer d'air chaud dans l'habitacle dès le démarrage.

Chauffage-ventilation à régulation automatique

Certains modèles sont équipés en option d'un système de chauffage-ventilation à régulation automatique. Il présente la même configuration de base que le système à régulation manuelle, si ce n'est que les volets de réglage de température et de répartition d'air sont actionnés par des moteurs électriques au lieu de câbles.

Le fonctionnement du système est régi par un module de commande électronique intégré à la platine des commandes sur la façade centrale de la planche de bord et associé aux sondes suivantes :
a) *Sonde de température de l'habitacle : informe le module de commande électronique de la température de l'air dans l'habitacle*
b) *Sonde de température d'évaporateur : informe le module de commande électronique de la température de l'évaporateur*
c) *Sonde de température du radiateur de chauffage : informe le module de commande électronique de la température du radiateur de chauffage*

Le module de commande électronique détermine, à partir des données fournies par les sondes précédentes, les réglages appropriés pour les volets de commande du bloc de chauffage-ventilation afin

8.3a Dépose de la pompe à eau . . .

8.3b . . . et de son joint sur motorisation essence

8.3c Vis de fixation de pompe à eau sur motorisation Diesel

10.2a Le vide-poches se dépose en le poussant vers l'extérieur par le logement de l'autoradio . . .

10.2b . . . pour libérer la patte de retenue de chaque côté

10.3a Pousser le haut de la platine des commandes de chauffage-ventilation vers l'intérieur pour libérer les pattes de retenue supérieures . . .

de maintenir l'ambiance dans l'habitacle conformément à la température sélectionnée.

En cas de dysfonctionnement du système, le véhicule doit être confié à un atelier du réseau Citroën pour faire établir un diagnostic complet à l'aide d'un appareil électronique se branchant à la prise prévue à côté de la platine à fusibles.

<table>
<tr><td>**10**</td><td>**Chauffage-ventilation -** dépose et repose des éléments constituants</td></tr>
</table>

Platine des commandes

Dépose

1 Déposer l'autoradio (voir 12).
2 Suivant équipement, pousser le vide-poches de l'intérieur du logement de l'autoradio vers l'extérieur pour déverrouiller la patte de retenue de chaque côté et le déposer (**voir illustrations**).

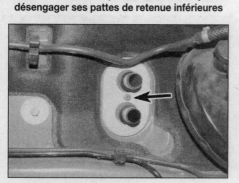

10.3b . . . et tirer la platine vers le haut pour désengager ses pattes de retenue inférieures

3 Pousser le haut de la platine des commandes de chauffage-ventilation vers l'intérieur de façon à déverrouiller les deux pattes de retenue supérieures puis tirer la platine vers le haut pour libérer les pattes de retenue inférieures (**voir illustrations**).
4 Sur les modèles avec système de chauffage-ventilation à régulation manuelle, débrancher les connexions électriques au dos de la platine. Bien repérer la position de montage de chaque câble de commande : leur embout est repéré par une couleur distinctive, puis dégrafer les câbles et sortir la platine des commandes par le logement de l'autoradio.
5 Sur les modèles avec système de chauffage-ventilation à régulation automatique, débrancher les connexions électriques et sortir la platine des commandes par le logement de l'autoradio.

Repose

6 Procéder à l'inverse de la dépose pour effectuer la repose. Dans le cas des modèles avec système

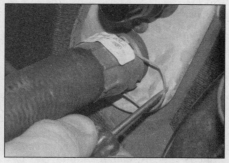

10.12 Extraction de l'épingle métallique des durits de chauffage

de chauffage-ventilation à régulation manuelle, veiller à bien agrafer les câbles de commande : vérifier le bon fonctionnement des commandes avant de réinstaller la platine.

Câbles de commande

Dépose

7 Procéder à la dépose de la planche de bord (voir chapitre 11).
8 Dégrafer le câble concerné au dos de la platine des commandes et au niveau du bloc de chauffage-ventilation puis le déposer, en repérant bien son trajet au préalable.

Repose

9 La repose a lieu à l'inverse de la dépose, en veillant à bien agrafer le câble. S'assurer du bon fonctionnement des commandes de chauffage-ventilation avant d'effectuer la repose de la planche de bord, comme indiqué au chapitre 11.

Radiateur de chauffage

Dépose

10 En vue d'améliorer l'accès aux raccords des durits de chaufffage au niveau du tablier dans le compartiment moteur, déposer le boîtier de filtre à air et/ou ses conduits (voir chapitre 4A ou 4B).
11 Vidanger le circuit de refroidissement (voir chapitre 1A ou 1B) ou bien, poser des pinces sur les durits de chauffage, le plus près possible du radiateur, pour limiter les pertes de liquide de refroidissement.
12 Desserrer les colliers et débrancher les durits au niveau du raccord double des conduites du radiateur de chauffage (**voir illustration**).
13 Desserrer et enlever sa vis de fixation sur le tablier puis dégager la bride de retenue des conduites du radiateur de chauffage avec le joint (**voir illustration**).
14 Déposer l'habillage inférieur de la planche de bord, côté conducteur (voir chapitre 11, section 27).
15 Disposer un récipient en dessous des conduites du radiateur de chauffage, côté gauche du bloc de chauffage-ventilation, afin de récupérer le liquide de refroidissement.
16 Dégrafer le faisceau électrique sur le côté des conduites du radiateur de chauffage puis desserrer les vis de fixation du radiateur et des conduites sur le bloc de chauffage-ventilation (**voir illustration**).
17 Dégager le radiateur du bloc de chauffage-

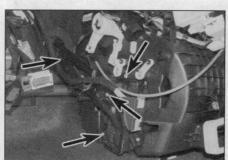

10.13 Vis de fixation de bride de retenue des conduites du radiateur de chauffage

10.16 Vis de fixation du radiateur et de ses conduites sur le bloc de chauffage-ventilation

ventilation puis désaccoupler les conduites, en recueillant le liquide de refroidissement dans le récipient. Récupérer les joints toriques équipant les raccords des conduites et les mettre au rebut : ils sont à changer systématiquement. Prendre garde de ne pas perdre le joint du tablier ni la bride de retenue des conduites.

Repose

18 S'assurer que le joint du tablier et la bride de retenue sont bien en place sur les conduites puis munir les raccords de joints toriques neufs.

19 Installer les conduites et le radiateur, en engageant les conduites sur le tablier et le radiateur. Remonter les vis de fixation et bien agrafer le faisceau électrique.

20 Remettre en place le joint et la bride de retenue sur les conduites du radiateur de chauffage dans le compartiment moteur puis remonter la vis de fixation sur le tablier, en la serrant bien. Enlever éventuellement les pinces sur les durits puis les rebrancher au raccord double des conduites du radiateur, en serrant convenablement leur collier.

21 Remettre en place les pièces du circuit d'alimentation en air ayant été déposées pour permettre l'accès (voir chapitre 4A ou 4B).

22 Effectuer le remplissage du circuit de refroidissement, comme décrit au chapitre 1A ou 1B ou bien, rétablir le niveau de liquide, suivant le cas.

Motoventilateur de chauffage

Dépose

23 Le motoventilateur est monté sur le bloc de chauffage-ventilation, côté gauche de celui-ci.

24 Déposer l'habillage inférieur de la planche de bord, côté conducteur (voir chapitre 11, section 27).

25 Dans le cas où elle existe, desserrer et enlever la vis de fixation du motoventilateur sur le bloc de chauffage-ventilation.

26 Débrancher la connexion électrique du motoventilateur.

27 Tourner le motoventilateur dans le sens horaire pour le dégager et l'extraire de son logement dans le carter du bloc de chauffage-ventilation (voir illustration).

Repose

28 La repose s'effectue en procédant à l'inverse de la dépose. Si le motoventilateur en est dépourvu d'origine, le fixer au moyen d'une vis à tôle sur le carter du bloc de chauffage-ventilation, au niveau du perçage prévu à cet effet.

Bloc de chauffage-ventilation

Sans climatisation - dépose

29 En vue d'améliorer l'accès aux raccords des durits de chauffage au niveau du tablier dans le compartiment moteur, déposer le boîtier de filtre à air et/ou ses conduits (voir chapitre 4A ou 4B).

30 Vidanger le circuit de refroidissement (voir chapitre 1A ou 1B) ou bien, poser des pinces sur les durits de chauffage, le plus près possible du radiateur, pour limiter les pertes de liquide de refroidissement.

31 Desserrer les colliers et débrancher les durits au niveau du raccord double des conduites du radiateur de chauffage (voir illustration 10.12).

32 Desserrer et enlever sa vis de fixation sur le tablier puis dégager la bride de retenue des conduites du radiateur de chauffage avec le joint (voir illustration 10.13).

33 Desserrer et enlever la vis assurant la fixation du bloc de chauffage-ventilation sur le tablier (voir illustration).

34 Procéder à la dépose de la planche de bord (voir chapitre 11).

35 Débrancher les différentes connexions électriques puis dégager avec précaution l'ensemble du bloc de chauffage-ventilation et le sortir de l'habitacle : tenir le bloc de telle manière à ce que le raccord double des conduites du radiateur de chauffage se trouve en haut afin de ne pas renverser de liquide refroidissement.

36 Récupérer le joint et la bride de retenue sur les conduites du radiateur de chauffage ainsi que le joint de la fixation du bloc de chauffage-ventilation. Changer les joints s'ils sont en mauvais état.

Sans climatisation - repose

37 La repose a lieu à l'inverse de la dépose, en s'assurant de bien remettre en place les joints sur les conduites du radiateur de chauffage et sur la fixation du bloc de chauffage-ventilation. Effectuer ensuite le remplissage du circuit de refroidissement, en se reportant au chapitre 1A ou 1B, ou bien rétablir le niveau de liquide de refroidissement, suivant le cas.

Avec climatisation - dépose

⚠️ **Danger : Se reporter à la section suivante quant aux précautions à observer pour les véhicules équipés de la climatisation. Ne pas entreprendre les opérations qui suivent sans avoir préalablement fait vidanger le circuit frigorifique par un spécialiste**

38 Faire vidanger le circuit frigorifique par un spécialiste de la climatisation automobile et boucher les orifices découverts et les canalisations du circuit suite à leur débranchement.

39 Effectuer les opérations indiquées plus haut, aux points 29 à 32.

40 Desserrer les deux écrous de fixation du raccord des canalisations du circuit frigorifique sur le tablier dans le compartiment moteur (voir illustration). Dissocier les canalisations de l'évaporateur puis boucher immédiatement les canalisations et les orifices découverts sur l'évaporateur afin d'éviter l'admission d'impuretés et d'humidité dans le circuit frigorifique. Mettre les joints toriques au rebut : ils sont à changer systématiquement.

Attention : Si les orifices de raccordement du circuit frigorifique ne sont pas obturés, le déshydrateur risque de se trouver saturé, ce qui nécessitera son remplacement

41 Procéder à la dépose du bloc de chauffage-ventilation, comme décrit précédemment aux points 33 à 36, puis récupérer le joint sur l'évaporateur.

Avec climatisation - repose

42 S'assurer que les joints de tablier sont correctement en place sur l'évaporateur, les conduites du radiateur de chauffage et la fixation du bloc de chauffage-ventilation. Amener le bloc en place, en engageant convenablement la durit d'évacuation d'eau dans le trou au plancher.

43 Remonter sans la bloquer la vis de fixation du bloc de chauffage-ventilation sur le tablier puis remettre en place la bride de retenue des conduites du radiateur de chauffage, en serrant légèrement sa vis de fixation.

44 Lubrifier les joints toriques neufs à l'huile pour compresseur puis enlever les bouchons et installer les joints en rebranchant immédiatement le raccord des canalisations du circuit frigorifique sur l'évaporateur. S'assurer que les canalisations et l'évaporateur sont bien jointifs puis remonter les écrous de fixation du raccord des canalisations sur le tablier dans le compartiment moteur, en les serrant bien.

45 Bloquer ensuite la vis de fixation des conduites du radiateur de chauffage ainsi que celle du bloc de chauffage-ventilation.

10.27 Le motoventilateur est à tourner dans le sens horaire pour le dégager de son logement dans le carter du bloc de chauffage-ventilation

10.33 Vis de fixation du bloc de chauffage-ventilation sur le tablier

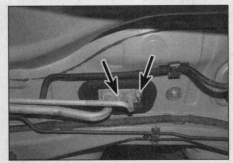

10.40 Ecrous de fixation du raccord des canalisations du circuit frigorifique sur le tablier

46 La suite des opérations de repose s'effectue à l'inverse de celles de dépose. Pour finir, effectuer le remplissage du circuit de refroidissement, comme décrit au chapitre 1A ou 1B ou bien, rétablir le niveau de liquide de refroidissement, suivant le cas.

Sonde de température dans l'habitacle

47 Cette sonde est implantée en bas de la platine des commandes de chauffage-ventilation, côté droit de l'autoradio.
48 Déposer le combiné autoradio (voir chapitre 12).
49 Suivant équipement, déposer le vide-poches au niveau de la façade centrale de la planche de bord et la platine des commandes de chauffage-ventilation (voir points 2 et 3 plus haut).
50 Dégager ensuite la sonde et débrancher le connecteur électrique.
51 La repose s'opère en sens inverse de dépose.

Réchauffeur additionnel - moteurs Diesel

Dépose

52 Déposer l'habillage inférieur de la planche de bord, côté conducteur (voir chapitre 11, section 27).
53 Débrancher le connecteur électrique puis desserrer sa vis de fixation, libérer la patte de retenue en bas et dégager le réchauffeur du bloc de chauffage-ventilation.

Repose

54 La repose a lieu à l'inverse de la dépose.

11 Climatisation - généralités et précautions

Généralités

Certaines versions de la gamme traitée dans cette étude disposent de la climatisation en équipement de série ou optionnel. Elle permet d'abaisser artificiellement la température de l'air admis dans l'habitacle. Elle réduit également le taux d'humidité de l'air soufflé à l'intérieur de la voiture, ce qui accélère le désembuage des vitres et offre un confort accru.

La partie refroidissement du système fonctionne suivant le même principe qu'un réfrigérateur domestique. Le fluide frigorigène basse pression est aspiré par un compresseur entraîné par courroie qui le comprime à haute pression et se trouve admis dans le condenseur à ailettes situé à l'avant du radiateur de refroidissement, où il est refroidi et liquéfié. Le fluide à l'état liquide parvient ensuite à un déshydrateur chargé de retenir l'humidité qu'il contient puis à un détendeur qui fera chuter sa pression pour aboutir à un évaporateur. Le fluide passé à l'état gazeux à basse pression et à basse température traverse ensuite l'évaporateur en récupérant la chaleur de l'habitacle et abaissant ainsi la température. Le fluide frigorigène retourne ensuite au compresseur pour accomplir un nouveau cycle dans le circuit.

L'air soufflé par l'évaporateur est dirigé vers le bloc de répartition où il est mélangé à l'air chaud soufflé par le radiateur de chauffage afin d'atteindre la température souhaitée dans l'habitacle.

La partie chauffage du système est identique à celle des versions non climatisées (voir section 9).

L'équipement de climatisation est commandé électroniquement. Pour tout dysfonctionnement ou panne, le système doit faire l'objet d'un contrôle par les services techniques d'un représentant de la marque.

Précautions

Il est nécessaire d'observer certaines précautions pour intervenir sur le circuit frigorifique ou sur l'un des éléments associés. Le fluide frigorigène utilisé (type R134a) est potentiellement dangereux et doit être manipulé uniquement par des spécialistes. Il ne doit pas être rejeté de manière inconsidérée à l'air libre car il participe à la destruction de la couche d'ozone.

a) *En cas de contact avec la peau, le fluide frigorigène peut occasionner de graves lésions*
b) *Le fluide frigorigène est plus lourd que l'air et contribue de ce fait au déplacement de l'oxygène : il peut entraîner une insuffisance respiratoire en cas d'intervention dans un local insuffisamment aéré. Il est en plus inodore et incolore, ce qui le rend imperceptible dans l'atmosphère*
c) *Le fluide frigorigène n'est pas toxique en tant que tel, mais en présence d'une flamme nue, y compris celle d'une cigarette allumée, il se transforme en gaz toxique qui peut provoquer des maux de tête et des nausées*

 Danger : Ne jamais débrancher les canalisations sans avoir préalablement fait vidanger le circuit frigorifique par un spécialiste de la climatisation automobile. Suite aux interventions ayant nécessité le débranchement des canalisations, faire effectuer le remplissage du circuit avec le fluide frigorigène du type préconisé

 Danger : Il convient de toujours boucher les orifices découverts du circuit frigorifique après avoir débranché les canalisations, sinon le déshydrateur risque de se trouver saturé, ce qui nécessitera son remplacement. Il est également impératif de changer systématiquement tous les joints toriques déposés
Attention : Ne pas faire fonctionner la climatisation lorsque le circuit s'est avéré manquer de fluide frigorigène, ce qui pourrait endommager le compresseur

12 Climatisation - dépose et repose des éléments constituants

 Danger : Se reporter à la section précédente quant aux consignes de sécurité à observer et faire vidanger le circuit frigorifique par un spécialiste de la climatisation automobile avant toute intervention

Compresseur

Dépose

1 Faire vidanger le circuit frigorifique.
2 Déposer la courroie d'accessoires (voir chapitre 1A ou 1B, suivant le cas).
3 Débrancher le connecteur électrique du compresseur.
4 Desserrer les écrous de fixation des brides de raccordement puis dissocier les canalisations basse et haute pression du compresseur (**voir illustration**). Boucher immédiatement les canalisations et les orifices découverts sur le compresseur pour empêcher l'admission d'impuretés et d'humidité dans le circuit frigorifique. Mettre les joints toriques au rebut : ils sont à remplacer systématiquement.
Attention : Si les orifices de raccordement du circuit frigorifique ne sont pas obturés, le déshydrateur risque de se trouver saturé, ce qui nécessitera son remplacement
5 Desserrer ses vis de fixation puis dégager le compresseur de son support (**voir illustration**).

Repose

6 Installer le compresseur sur son support puis remonter les vis de fixation et les serrer correctement, en opérant progressivement et en croix.
7 Lubrifier les joints toriques neufs à l'huile pour

12.4 Ecrous de fixation des brides de raccordement des canalisations sur le compresseur

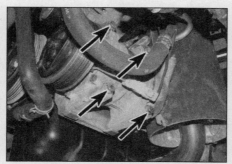

12.5 Vis de fixation du compresseur

compresseur puis enlever les bouchons et installer les joints en rebranchant immédiatement les canalisations haute et basse pression sur le compresseur. S'assurer que les canalisations et le compresseur sont bien jointifs puis remonter les écrous de fixation des brides de raccordement, en les serrant bien.

8 Rebrancher le connecteur électrique du compresseur puis reposer la courroie d'accessoires, en se reportant au chapitre 1A ou 1B pour cette opération.

9 Faire procéder au remplissage du circuit frigorifique par un spécialiste avec le fluide de la qualité préconisée.

Condenseur

Dépose

10 Faire vidanger le circuit frigorifique par un spécialiste de la climatisation automobile.

11 Déposer le bouclier pare-chocs avant et sa traverse (voir chapitre 11).

12 Déposer le projecteur côté gauche (voir chapitre 12).

13 Desserrer les écrous de fixation des brides de raccordement et débrancher les canalisations côté droit du condenseur puis récupérer les joints toriques à mettre au rebut. Obturer les canalisations et les orifices découverts sur le condenseur afin d'éviter l'admission d'impuretés et d'humidité dans le circuit frigorifique.

Attention : Si les orifices de raccordement du circuit frigorifique ne sont pas obturés, le déshydrateur risque de se trouver saturé, ce qui nécessitera son remplacement

14 Appuyer sur les languettes de chaque côté du support supérieur à l'aide de deux tournevis puis tirer le haut du condenseur vers l'avant pour dégager le support. A noter qu'il peut dans certains cas, exister deux supports supérieurs.

15 Soulever le condenseur pour libérer les pattes inférieures puis l'incliner vers l'avant pour le déposer. Récupérer les blocs amortisseurs inférieurs en caoutchouc.

Repose

16 La repose s'opère à l'inverse de la dépose, en tenant par ailleurs compte des points suivants :

a) *S'assurer que le ou les supports supérieurs et les blocs amortisseurs en caoutchouc inférieurs sont bien en place puis installer le condenseur sur la façade avant*

b) *Lubrifier les joints toriques neufs à l'huile pour compresseur puis enlever les bouchons et installer les joints en rebranchant immédiatement les canalisations sur le condenseur. Serrer convenablement les écrous de fixation des brides de raccordement des canalisations et s'assurer que la canalisation provenant du compresseur est bien jointive*

c) *Procéder à la repose du projecteur et du bouclier pare-chocs avant, en se reportant respectivement aux chapitres 12 et 11 pour ces opérations*

d) *Faire procéder au remplissage du circuit frigorifique par un spécialiste avec le fluide de la qualité préconisée*

Déshydrateur

Dépose

17 Le déshydrateur est situé côté gauche du condenseur.

18 Déposer le condenseur (voir opération précédente).

19 Desserrer la vis de la bride de maintien et dévisser la cartouche filtrante à l'aide d'un embout Torx.

Attention : Avant de desserrer la bride, nettoyer le déshydrateur et bien l'essuyer afin d'éviter l'admission d'humidité et d'impuretés dans le circuit frigorifique

Repose

20 La repose s'effectue à l'inverse de la dépose, en observant par ailleurs les points suivants :

a) *Lubrifier les joints de la cartouche filtrante avec de l'huile pour compresseur*

b) *Faire procéder au remplissage du circuit frigorifique par un spécialiste avec le fluide de la qualité préconisée*

Evaporateur

Dépose

21 Faire vidanger le circuit frigorifique par un spécialiste de la climatisation automobile.

22 Déposer le bloc de chauffage-ventilation (voir section 9).

23 Dégrafer et dissocier les deux parties du carter du bloc de chauffage-ventilation.

24 Dégager ensuite l'évaporateur du carter.

Repose

25 La repose a lieu en sens inverse de dépose.

Chapitre 4 Partie A :
Alimentation et échappement - moteurs essence

Sommaire

Niveaux de difficulté

Facile, pour les profanes de la mécanique		**Assez facile,** pour les débutants plus avisés		**Assez difficile,** pour les amateurs compétents		**Difficile,** pour les amateurs plus expérimentés		**Très difficile,** pour les initiés et les professionnels	

Caractéristiques

Affectation des systèmes de gestion du moteur
Moteur 1,1 l . . . .   Magneti-Marelli MM48.P2
Moteur 1,4 l . . . .   Sagem S2000 PM1
Moteur 1,6 l . . . .   Bosch Motronic ME7.4.4

Alimentation
Pression d'alimentation . . . .   3,5 ± 0,2 bars
Régime de ralenti prescrit . . . .   850 ± 100 tr/min (non réglable : géré électroniquement)
Taux de CO au ralenti (richesse) . . . .   Inférieur à 1 % (non réglable : géré électroniquement)

Essence préconisée
Indice d'octane mini. . . . .   RON 95, carburant sans plomb **exclusivement**

Couples de serrage   daN.m
Ecrous de collecteur d'échappement sur culasse   2
Ecrous de tubulure d'admission :
    M6   1
    M8   2
Vis de roues . . . .   Voir chapitre 1A

1 Description générale et précautions

Le circuit d'alimentation en carburant se compose principalement d'un réservoir en matière plastique, monté sous le plancher arrière de la voiture, devant l'essieu, avec pompe à commande électrique immergée et de canalisations d'amenée et de retour de carburant. L'essence aspirée à partir du réservoir par la pompe est acheminée vers la rampe d'alimentation servant de réserve pour les quatre injecteurs électromagnétiques.

Se reporter à la section 6 pour de plus amples précisions concernant les différents systèmes de gestion du moteur et à la section 16 au sujet de l'échappement.

 Danger : Nombre d'interventions décrites dans ce chapitre impliquent le débranchement des canalisations d'alimentation, ce qui peut amener de l'essence à se répandre. Avant de procéder à toute opération sur le circuit d'alimentation, se reporter à la rubrique « Impératifs de sécurité » au début du manuel et observer impérativement les consignes données. L'essence est une substance extrêmement volatile et inflammable qui doit être manipulée avec les plus grandes précautions

Nota : *Il subsistera une pression résiduelle dans les canalisations d'alimentation, cela même après une durée d'immobilisation prolongée du véhicule. Avant de débrancher l'une quelconque des canalisations, faire chuter la pression dans le circuit d'alimentation de la manière décrite en section 7.*

2 Boîtier de filtre à air et conduits - dépose et repose

Dépose

1 Desserrer le collier de fixation du couvercle de boîtier de filtre à air sur le boîtier de papillon **(voir illustration)**.

2 Pincer l'embout du raccord rapide pour le déverrouiller et débrancher le tuyau de dégazage du moteur au niveau du couvercle du boîtier de filtre à air **(voir illustration)**.

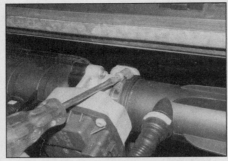

2.1 Desserrage du collier de fixation du couvercle de boîtier de filtre à air sur le boîtier de papillon

2.3 Débranchement du tuyau d'entrée d'air en matière plastique

3 Débrancher le tuyau d'entrée d'air en matière plastique au niveau du conduit d'admission ou du résonateur, suivant montage **(voir illustration)**.

4 Déverrouiller la fixation en plastique du boîtier de filtre à air sur le support en la tournant d'un quart de tour **(voir illustration)**.

5 Dégager le couvercle au niveau du boîtier de papillon tout en soulevant le boîtier de filtre à air pour libérer son ancrage inférieur puis tirer légèrement le boîtier pour le dégager latéralement et le sortir du compartiment moteur **(voir illustrations)**. Récupérer le joint du boîtier de papillon sur le couvercle.

6 S'il y a lieu, déposer le conduit d'admission ou le résonateur, suivant montage, en déverrouillant sa patte de retenue et le soulevant pour le sortir du compartiment moteur.

Repose

7 La repose s'opère à l'inverse de la dépose, en

2.2 Débranchement du tuyau de dégazage au niveau du couvercle de boîtier de filtre à air en pinçant l'embout de son raccord rapide

2.4 Déverrouillage de la fixation du boîtier de filtre à air en la tournant d'un quart de tour

s'assurant de rebrancher correctement tous les conduits et de bien serrer les différentes fixations.

3 Câble d'accélérateur - dépose, repose et réglage

Nota : *Seules les versions à moteur 1,1 l disposent d'un câble d'accélérateur.*

Dépose

1 Décrocher l'embout du câble d'accélérateur de la came de commande de papillon puis sortir la gaine du câble de la butée au niveau de la patte d'arrêt et récupérer l'épingle de réglage sur le manchon de la gaine **(voir illustration)**.

2 Libérer le câble des brides et colliers de maintien dans le compartiment moteur, tout en repérant son trajet.

2.5a Dégager le couvercle au niveau du boîtier de papillon . . .

2.5b . . ., et soulever le boîtier de filtre à air pour le déposer

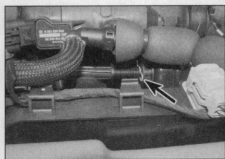

3.1 Dépose de l'épingle de réglage du câble d'accélérateur

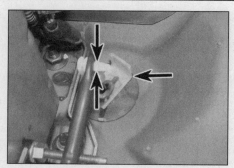

3.4 Embout de câble d'accélérateur raccordé à la pédale et agrafe de fixation de bague passe-cloison sur le tablier

3 Déposer l'habillage inférieur de la planche de bord, côté conducteur (voir chapitre 11, section 27).
4 En opérant de l'arrière de la planche de bord dans l'habitacle, décrocher l'embout du câble en haut de la pédale d'accélérateur en pinçant ses languettes puis extraire l'agrafe de fixation de la bague passe-cloison sur le tablier **(voir illustration)**.
5 Attacher un morceau de ficelle à l'extrémité du câble.
6 Revenir au compartiment moteur pour déboîter la bague passe-cloison du tablier puis sortir le câble en le tirant. Dès que l'extrémité du câble apparaît, détacher la ficelle et la laisser sur place : elle servira à la repose du câble.

Repose

7 Attacher la ficelle laissée sur place à l'extrémité du câble et l'utiliser pour tirer le câble et le faire passer à travers le tablier. Dès que l'extrémité du câble est sortie, détacher la ficelle et réaccoupler l'embout du câble à la pédale d'accélérateur.
8 Fixer la bague passe-cloison sur le tablier avec l'agrafe.
9 Vérifier que la gaine du câble est correctement engagée dans la bague passe-cloison du tablier dans le compartiment moteur puis assujettir le câble avec ses brides et colliers de maintien, en s'assurant de respecter le trajet initial.
10 Engager la gaine du câble dans la butée au niveau de la patte d'arrêt puis réaccoupler l'embout du câble à la came de commande de papillon. Procéder ensuite au réglage du câble comme suit :

Réglage

11 Enlever l'épingle de réglage sur le manchon de la gaine du câble **(voir illustration 3.1)**. Vérifier que la came de commande de papillon se trouve positionnée à fond contre sa butée puis tirer le câble doucement pour supprimer le jeu existant.
12 Tout en maintenant le câble dans cette position, remonter l'épingle de réglage dans le dernier cran visible sur le manchon à l'avant de la butée. L'épingle étant en place et la gaine étant relâchée, il ne doit subsister qu'un très léger jeu dans le câble.
13 Tandis qu'un collaborateur actionne la pédale d'accélérateur, vérifier que la came de commande de papillon s'ouvre complètement, jusqu'en butée en accélérant à fond, puis revienne sans à-coups en position de butée de ralenti en relâchant l'accélérateur.

---

4 Pédale d'accélérateur - dépose et repose

Dépose

Versions avec câble d'accélérateur

1 Décrocher l'embout du câble en haut de la pédale d'accélérateur (voir section précédente).
2 Extraire l'agrafe de fixation puis dégager la pédale de son axe d'articulation et récupérer les deux bagues-paliers.

Versions sans câble d'accélérateur

3 Déposer l'habillage inférieur de la planche de bord, côté conducteur (voir chapitre 11, section 27)
4 Débrancher le connecteur électrique du capteur de position en haut de la pédale d'accélérateur.
5 Desserrer ses trois écrous de fixation et déposer l'ensemble de la pédale **(voir illustration)**.

Repose

6 La repose s'effectue à l'inverse de la dépose, en lubrifiant légèrement l'articulation de la pédale avec de la graisse universelle. Le cas échéant, procéder ensuite au réglage du câble d'accélérateur, comme décrit en section précédente.

---

5 Essence sans plomb - généralités et utilisation

Nota : *Les données figurant dans ce manuel sont valables au moment de sa mise sous presse. S'adresser au service après-vente d'une concession Citroën pour toute mise à jour éventuelle. En cas de voyage à l'étranger, se renseigner auprès d'un club d'automobilistes ou d'un organisme compétent concernant les qualités d'essence disponibles localement et les équivalences d'indice d'octane.*

Toutes les versions à motorisation essence de la gamme traitée dans cette étude sont prévues pour fonctionner au carburant à indice RON 95. Elles sont équipées de moteurs catalysés et en aucun cas du carburant plombé ne doit être utilisé, ce qui risquerait d'endommager le pot catalytique.

Il est également possible d'utiliser du carburant sans plomb à indice RON 98, bien que cela ne présente aucun avantage particulier, si ce n'est sa disponibilité à toutes les stations-service.

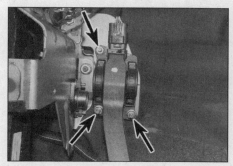

4.5 Ecrous de fixation de pédale d'accélérateur

---

6 Systèmes de gestion du moteur - description

Nota : *Le calculateur électronique de gestion du moteur est du type « auto-adaptatif » dans le sens où il contrôle et enregistre les paramètres essentiels pour assurer un rendement optimal du moteur, quelles que soient les conditions de fonctionnement. Lorsque la batterie vient à être débranchée, tous ces paramètres sont annulés et le calculateur revient à sa cartographie initiale. Au redémarrage, cela peut se traduire par un fonctionnement ou un ralenti instables du moteur, le temps que le calculateur reconstitue les paramètres fonctionnels. Afin de faciliter cette procédure, effectuer un trajet sur route d'un quart d'heure environ, en faisant varier le régime et les conditions de charge du moteur : se cantonner essentiellement à une plage comprise entre 2 500 et 3 500 tr/min.*

Tous les moteurs de la gamme essence sont équipés d'un dispositif de gestion régissant à la fois l'injection et l'allumage. Les différents systèmes montés de marques Bosch, Magneti Marelli et Sagem, sont très proches dans leur conception de base, les seules différences notables résidant dans le logiciel du calculateur électronique et dans le montage de certains composants. Ces systèmes sont associés à un pot catalytique à trois voies et à un système de recyclage des vapeurs d'essence afin de répondre aux normes antipollution en vigueur. Se reporter au chapitre 5B pour toute information utile concernant la partie allumage du système.

La pompe électrique immergée en permanence dans le réservoir, ce qui participe à son refroidissement, aspire le carburant qui est refoulé vers la rampe d'alimentation montée directement au-dessus des injecteurs et servant de réserve de carburant.

La pression d'alimentation est maintenue constante par un régulateur implanté à proximité de la pompe, dans le réservoir. Le régulateur comporte un clapet rappelé par ressort qui se soulève lorsque la valeur de pression optimale est atteinte, notamment à bas régime et en cours de fonctionnement à faible charge, afin de permettre à l'excédent d'essence de revenir au réservoir.

Les injecteurs électromagnétiques à téton de type « bijet », au nombre de quatre : un par cylindre, opèrent sous la férule du calculateur électronique. Ils sont fixés sur la rampe d'alimentation et disposés angulairement de telle manière à pulvériser directement le carburant en amont des sièges de soupapes d'admission. Le calculateur régit le débit de carburant injecté en faisant varier la durée d'ouverture des injecteurs. L'injection est du type séquentiel dans la mesure où les quatre injecteurs sont commandés séparément dans l'ordre des cylindres.

L'équipement de commande électronique du système est constitué principalement d'un calculateur allié aux composants suivants :
a) *Capteur de position de papillon : constitué d'un ou deux potentiomètres, suivant le système de gestion équipant le moteur, il informe le calculateur de la position angulaire du papillon*
b) *Sonde de température de liquide de*

refroidissement : informe le calculateur de la température du moteur.

c) *Capteur de pression d'air d'admission avec sonde de température d'air : informe le calculateur de la charge sur le moteur par la quantité d'air aspiré (dépression régnant dans la tubulure d'admission) et de la température de l'air admis dans le moteur*

d) *Sondes lambda : informent le calculateur de la teneur en oxygène des gaz d'échappement (voir chapitre 4C pour davantage de précisions)*

e) *Capteur de vilebrequin : informe le calculateur du régime moteur et de la position angulaire du vilebrequin*

f) *Capteur de vitesse du véhicule : informe le calculateur de la vitesse sur route*

g) *Capteur de cliquetis : informe le calculateur de la présence de bruits d'impact caractéristiques dans chaque cylindre (voir chapitre 5B)*

h) *Capteur de position d'accélérateur : informe le calculateur du degré d'accélération (systèmes Sagem et Bosch)*

i) *Moteur de commande de papillon : permet au calculateur de gérer l'ouverture du papillon (systèmes Sagem et Bosch)*

Toutes ces informations sont exploitées par le calculateur électronique qui choisit la réponse appropriée en fonction des paramètres qui lui ont été transmis et commande l'injection en conséquence (faisant varier la largeur d'impulsion : durée pendant laquelle les injecteurs sont maintenus ouverts, pour enrichir ou appauvrir le mélange, suivant le cas). La richesse varie constamment sous l'impulsion du calculateur électronique afin de fournir les meilleurs réglages à l'allumage-démarrage (que le moteur soit chaud ou froid) et à la montée en température du moteur, au ralenti, à régime intermédiaire et lors des accélérations.

Le calculateur gère intégralement le régime de ralenti via un moteur pas-à-pas monté sur le boîtier de papillon, dont le boisseau régule la section de passage d'un canal d'air additionnel en dérivation du papillon pour le système Magneti Marelli ou directement par l'intermédiaire du papillon motorisé dans le cas des systèmes Sagem et Bosch pour lesquels un capteur est affecté à la détection du degré d'accélération implanté au niveau de la pédale et le câble d'accélérateur est supprimé. Le calculateur a également pour rôle d'ajuster avec précision le régime de ralenti par modification du point d'avance à l'allumage afin

d'augmenter ou de diminuer le couple du moteur, ce qui contribue à stabiliser le ralenti lorsque des charges électriques ou mécaniques : phares, climatisation, assistance de direction, etc., sont mises en service ou hors service.

Le calculateur assure également le pilotage des dispositifs de traitement secondaire des gaz d'échappement et de recyclage des vapeurs d'essence (voir chapitre 4C).

En cas de défaillance d'un actionneur, d'un capteur ou de lui-même, le calculateur électronique met en œuvre un système de secours. Si cela survient, il fait appel à des valeurs de rechange pré-programmées qui permettent au moteur de continuer à fonctionner mais en mode dégradé, par exemple limitation du régime moteur. En tel cas, le témoin de défaillance électronique au tableau de bord, commandé par le calculateur via le boîtier de servitude intelligent, s'allume et le code-défaut correspondant est sauvegardé dans la mémoire du calculateur.

Si le témoin de défaillance électronique s'allume en cours de route, il convient de faire examiner la voiture le plus rapidement possible dans un atelier Citroën qui procédera à un contrôle approfondi du système de gestion du moteur à l'aide d'un appareil se branchant à la prise de diagnostic du système, située à gauche de la planche de bord dans l'habitacle, et permettant de lire les codes-défauts enregistrés dans la mémoire du calculateur.

7 Circuit d'alimentation - dépressurisation et mise sous pression

Nota : *Consulter la note d'avertissement en section 1 avant toute intervention.*

Dépressurisation

⚠️ **Danger : Les opérations qui suivent feront simplement chuter la pression à l'intérieur du circuit d'alimentation : se rappeler que de l'essence subsistera dans les canalisations du circuit et prendre les précautions nécessaires pour débrancher l'une quelconque de ces canalisations**

1 Le circuit d'alimentation en carburant se compose d'une pompe électrique immergée dans le réservoir, de quatre injecteurs, d'une rampe d'alimentation, de canalisations métalliques et de durits reliant les différents éléments du circuit entre

eux. Tous ces éléments contiennent de l'essence sous pression lorsque le moteur tourne ou lorsque le contact est mis. Le circuit demeure sous pression pendant un certain temps après avoir coupé le contact et il convient de faire chuter cette pression résiduelle avant d'entreprendre toute intervention sur l'un des éléments du circuit. Pour cela :

2 La rampe d'alimentation est équipée d'une valve de type « Schrader » permettant de mettre hors pression le circuit avant d'intervenir sur celui-ci **(voir illustration)**. Dans ce cas, dévisser et enlever le capuchon de la valve puis disposer un récipient en dessous. Etendre un chiffon sur la valve et ses environs immédiats puis appuyer sur l'obus avec un tournevis à travers le chiffon. S'assurer de disposer d'un chiffon suffisamment grand pour pouvoir éponger l'essence. Maintenir la pression sur l'obus de la valve jusqu'à ce que l'essence ne gicle plus puis reposer le capuchon.

Mise sous pression

3 Après une intervention ayant nécessité l'ouverture du circuit d'alimentation, celui-ci doit être remis sous pression, en procédant comme suit :

4 Accélérer à fond puis mettre le contact. Maintenir la pédale d'accélérateur complètement enfoncée pendant une seconde environ puis la relâcher : le calculateur doit ensuite mettre en service la pompe à essence pendant 20 à 30 secondes pour le réamorçage du circuit d'alimentation. La pompe ayant cessé de fonctionner, couper le contact.

8 Pompe à essence - dépose et repose

Dépose

1 La pompe à essence est logée dans le réservoir, à l'arrière droit du véhicule. Elle est accessible par une ouverture dans le plancher de l'habitacle. Basculer ou déposer l'assise de la banquette arrière (voir chapitre 11, section 23).

2 Déverrouiller avec précaution au moyen d'un tournevis les trois pattes de retenue matérialisées par des flèches sur la trappe d'accès à la pompe dans le plancher et déposer la trappe **(voir illustration)**.

3 Débrancher le connecteur électrique en haut de la pompe à essence et le fixer sur le plancher en le collant avec du ruban adhésif pour l'empêcher de tomber derrière le réservoir **(voir illustration)**.

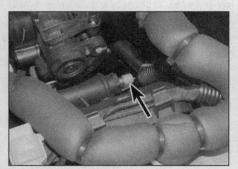

7.2 Valve « Schrader » de mise hors pression sur la rampe d'alimentation - moteurs 1,1 et 1,4 l

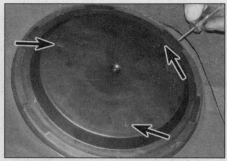

8.2 Points de déverrouillage de trappe d'accès à la pompe à essence

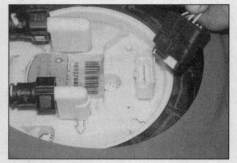

8.3 Débranchement du connecteur électrique de la pompe à essence

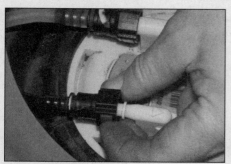

8.4 Débranchement de la canalisation d'alimentation de la pompe à essence

8.5 Déblocage de la bague de fixation de la pompe à essence à l'aide d'un tournevis

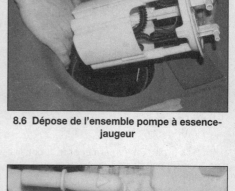

8.6 Dépose de l'ensemble pompe à essence-jaugeur

4 Déverrouiller le raccord rapide en appuyant sur son bouton pour débrancher la canalisation d'alimentation en haut de la pompe à essence : tenir compte des consignes indiquées en section précédente pour faire chuter la pression dans le circuit **(voir illustration)**. Boucher ensuite la canalisation afin d'arrêter l'écoulement d'essence et d'éviter l'admission d'impuretés dans le circuit.

5 Noter la position respective des repères d'alignement sur le réservoir, le couvercle de la pompe et la bague de fixation puis dévisser celle-ci et la déposer. L'outil d'atelier prévu à cet effet est recommandé pour effectuer cette opération. Il peut toutefois être remplacé en utilisant un tournevis avec sa lame calée contre l'une des nervures de la bague et en frappant avec précaution sur le manche pour tourner la bague dans le sens anti-horaire et la débloquer **(voir illustration)**.

6 Sortir avec précaution l'ensemble pompe-jaugeur du réservoir, en prenant garde de ne pas endommager le bras de flotteur du jaugeur ni à répandre d'essence dans l'habitacle, puis récupérer le joint et le mettre au rebut : il est à changer systématiquement à chaque dépose **(voir illustration)**.

7 A signaler que la pompe n'est disponible qu'en ensemble de rechange complet avec le jaugeur, aucune pièce détaillée n'étant proposée pour la réparation.

Repose

8 Installer le joint neuf en haut du réservoir **(voir illustration)**.

9 Introduire avec précaution l'ensemble pompe-jaugeur dans le réservoir, en faisant attention de ne pas abîmer le bras du flotteur.

10 Faire coïncider la flèche sur le couvercle de la pompe avec le repère correspondant sur le réservoir puis bien engager l'ensemble pompe-jaugeur dans le réservoir.

11 Remonter la bague de fixation et la serrer par la méthode indiquée précédemment pour la dépose, de telle façon que sa flèche d'alignement se trouve en regard de celle sur le couvercle de la pompe **(voir illustration)**.

12 Rebrancher la canalisation d'alimentation en haut de la pompe, en veillant à verrouiller convenablement l'embout du raccord rapide.

8.8 Installation d'un joint neuf en haut du réservoir de carburant

Rebrancher ensuite le connecteur électrique de la pompe.

13 Mettre le circuit d'alimentation sous pression de la manière décrite en section précédente puis faire démarrer le moteur et procéder à un contrôle d'étanchéité pour s'assurer de l'absence de fuites au niveau du raccordement de la canalisation d'alimentation.

14 Reposer la trappe d'accès à la pompe, en s'assurant de disposer sa languette de positionnement à l'avant.

15 Redresser ou reposer l'assise de la banquette arrière, en se reportant au chapitre 11 pour cette opération.

9 Jaugeur de carburant - dépose et repose

Le jaugeur est intégré à la pompe à essence et en est indissociable. Se reporter à la section précédente pour la dépose et la repose de l'ensemble.

10 Réservoir de carburant - dépose et repose

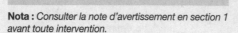

Nota : *Consulter la note d'avertissement en section 1 avant toute intervention.*

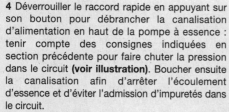

8.11 Flèches d'alignement sur le couvercle de la pompe à essence et sa bague de fixation

Dépose

1 Pour procéder à sa dépose, le réservoir doit être vidé au préalable. Le réservoir ne possédant pas de bouchon de vidange, il est préférable d'attendre qu'il soit presque vide pour effectuer l'opération. Il peut au besoin être vidé, en débranchant tout d'abord la batterie (voir chapitre 5A) puis en siphonnant ou pompant à la main le carburant restant à l'intérieur.

2 Déposer l'assise de la banquette arrière (voir chapitre 11) puis déverrouiller avec précaution au moyen d'un tournevis les trois pattes de retenue matérialisées par des flèches sur la trappe d'accès à la pompe à essence dans le plancher et déposer la trappe **(voir illustration 8.2)**.

3 Débrancher le connecteur électrique de la pompe à essence et le coller avec du ruban adhésif sur le plancher pour l'empêcher de tomber derrière le réservoir **(voir illustration 8.3)**.

4 Déverrouiller le raccord rapide en appuyant sur son bouton pour débrancher la canalisation d'alimentation en haut de la pompe à essence : tenir compte des consignes indiquées en section précédente pour faire chuter la pression dans le circuit **(voir illustration 8.4)**. Boucher ensuite la canalisation afin d'arrêter l'écoulement d'essence et d'éviter l'admission d'impuretés dans le circuit.

5 Débloquer les vis de la roue arrière droite, caler les roues avant puis lever l'arrière de la voiture au cric et le poser sur chandelles (voir « Levage et soutien du véhicule »). Déposer la roue.

6 Extraire les rivets à expansion après avoir enfoncé légèrement ou soulevé leur goupille

10.6a Extraction d'un rivet de fixation . . .

10.6b . . . et dépose de la coquille pare-boue du passage de roue AR. D.

10.11 Vis de fixation de la goulotte de remplissage du réservoir de carburant dans le passage de roue

centrale, suivant le type, et déposer la coquille pare-boue du passage de roue arrière droit **(voir illustrations)**.

7 Déposer les ressorts de suspension arrière (voir chapitre 10).

8 Déposer la ligne d'échappement (voir section 16).

9 Dévisser les écrous de fixation puis dégrafer et déposer les carénages de protection en matière plastique de chaque côté du réservoir.

10 Dévisser les écrous de fixation et déposer l'écran thermique sous le réservoir.

11 Desserrer la vis de fixation de la goulotte de remplissage du réservoir dans le passage de roue **(voir illustration)**.

12 Déposer la butée de rebond au niveau du bras tiré d'essieu arrière côté gauche.

13 Installer un cric rouleur avec cale de bois interposée sur sa tête en dessous puis actionner le cric pour reprendre le poids du réservoir.

14 Desserrer et enlever les quatre écrous de fixation du réservoir sur la caisse **(voir illustrations)**. Récupérer le joint de la goulotte de remplissage sur la caisse au niveau de l'orifice du bouchon de remplissage.

15 Descendre lentement le réservoir, en guidant avec précaution la goulotte de remplissage pour la sortir, et dégager l'ensemble du dessous de la voiture, en débranchant la canalisation de retour des vapeurs d'essence au niveau du réservoir : pincer l'embout du raccord rapide pour le déverrouiller.

16 Si le réservoir contient des sédiments ou de l'eau, le rincer à l'essence propre. Le réservoir en matière plastique est à changer s'il est endommagé. Il est toutefois possible dans certains cas de le réparer s'il présente notamment des

micro-fuites ou des dégâts mineurs. Consulter un spécialiste à ce sujet.

17 La goulotte de remplissage est indissociable du réservoir et si elle est abîmée, l'ensemble complet est à changer.

Repose

18 La repose a lieu à l'inverse de la dépose, en observant par ailleurs les points suivants :

a) S'assurer de rebrancher correctement le connecteur électrique et les canalisations, en veillant à bien verrouiller l'embout de leur raccord rapide pour ces dernières. Veiller à ne pas coincer les canalisations et le câblage électrique entre la caisse et le réservoir en soulevant celui-ci pour l'installer

b) Se reporter au chapitre 10 pour procéder à la repose des ressorts de suspension arrière

c) Effectuer la repose de la ligne d'échappement, comme indiqué en section 16

d) Au terme des opérations de repose, remplir suffisamment le réservoir et mettre sous pression le circuit d'alimentation de la manière décrite en section 7 puis procéder à un contrôle d'étanchéité pour s'assurer de l'absence de fuites d'essence avant de prendre la route

---

11 Système de gestion du moteur - contrôle et réglage

Contrôle

1 En cas de dysfonctionnement du système de gestion du moteur, vérifier tout d'abord que tous les connecteurs électriques du circuit sont bien

enfichés et ne sont pas corrodés. S'assurer que l'incident ne provienne pas d'un entretien négligé : élément de filtre à air encrassé, bougies en mauvais état ou écartement de leurs électrodes mal réglé, pressions de compression incorrectes, tuyauterie de dégazage du carter-moteur obstrué ou endommagé. Se reporter aux sections correspondantes des chapitres 1A, 2A et 5B pour remédier aux conditions indiquées ci-dessus.

2 Si les contrôles réalisés précédemment ne permettent pas d'élucider la cause du dysfonctionnement, la voiture doit être examinée dans un atelier du réseau Citroën équipé en conséquence. Le système de gestion du moteur comporte une prise située à gauche de la planche de bord dans l'habitacle et à laquelle peut être branché un appareil de diagnostic qui sera en mesure de localiser rapidement et aisément l'origine de l'anomalie par lecture du code-défaut correspondant enregistré dans la mémoire du calculateur **(voir illustration)**. L'appareil de lecture des codes-défauts liés à des pannes intermittentes dispense des vérifications fastidieuses à accomplir séparément sur chaque composant du système, en évitant ainsi les pertes de temps inutiles et les risques de détérioration du calculateur électronique.

Réglage

3 Il est indispensable de posséder à la fois une bonne connaissance des systèmes d'injection et de l'équipement nécessaire (comprenant entre autres un compte-tours de qualité et un analyseur de gaz d'échappement étalonné avec précision) pour contrôler la teneur en CO (richesse) des gaz d'échappement et le régime de ralenti. Si ces valeurs ne sont pas conformes, la voiture *doit* être confiée à

10.14a Ecrous de fixation côté gauche . . .

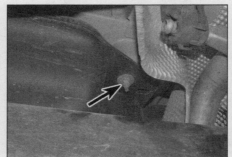

10.14b . . . et côté droit du réservoir de carburant

11.2 Prise de diagnostic dans l'habitacle

12.3 Débranchement du connecteur électrique du capteur de position de papillon

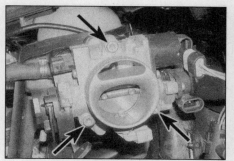

12.4a Vis de fixation à desserrer . . .

12.4b . . . pour déposer le boîtier de papillon et récupérer le joint - moteur 1,1 l

un atelier du réseau Citroën. Aucun réglage n'est possible : en cas de ralenti et de taux de CO incorrects, le problème doit être lié à une anomalie de fonctionnement du système de gestion du moteur.

12 Boîtier de papillon - dépose et repose

Dépose

1 Déposer le boîtier de filtre à air complet (voir section 2).
2 Suivant montage, décrocher l'embout du câble d'accélérateur au niveau de la came de commande de papillon.
3 En veillant au préalable à bien repérer leur position respective de raccordement, débrancher les différents connecteurs électriques au niveau du boîtier de papillon **(voir illustration)**.
4 Desserrer et enlever les vis de fixation puis dégager le boîtier de papillon de la tubulure d'admission **(voir illustrations)**. Récupérer le joint sur la tubulure et le mettre au rebut : il ne doit pas être réutilisé.

Repose

5 La repose s'effectue à l'inverse de la dépose, en tenant par ailleurs compte des points suivants :
a) Equiper la tubulure d'admission d'un joint neuf puis remettre en place le boîtier de papillon, en serrant bien ses vis de fixation
b) S'assurer de réinstaller convenablement les câblages électriques et de bien enficher les connecteurs
c) Le cas échéant, procéder au réglage du câble d'accélérateur, comme décrit en section 3

13 Gestion électronique du moteur - dépose et repose des éléments constituants

Rampe d'alimentation et injecteurs

Nota 1 : *Consulter la note d'avertissement en section 1 avant toute intervention.*
Nota 2 : *En cas de dysfonctionnement présumé ou avéré des injecteurs, avant de procéder à leur remplacement, il sera bon d'essayer un nettoyant spécial pour injecteurs du commerce, à ajouter dans le réservoir d'essence.*

Moteurs 1,1 et 1,4 l

1 Déposer le boîtier des bobines d'allumage (voir chapitre 5B).
2 Suivant montage, décrocher l'embout du câble d'accélérateur de la came de commande sur le boîtier de papillon puis sortir la gaine du câble de la butée au niveau de la patte d'arrêt et récupérer l'épingle de réglage sur le manchon de la gaine **(voir illustration 3.1)**.
3 Desserrer ses vis de fixation et dégager la patte d'arrêt de gaine du câble d'accélérateur au niveau de la tubulure d'admission et de la culasse.
4 En tenant compte des consignes indiquées en section 7 pour faire chuter la pression dans le circuit d'alimentation, débrancher la canalisation d'arrivée de carburant côté droit de la rampe d'alimentation, en pinçant l'embout de son raccord rapide pour le déverrouiller **(voir illustration)**. Obturer la canalisation ainsi que l'orifice découvert avec des bouchons appropriés afin d'éviter l'admission d'impuretés.
5 Desserrer et enlever les deux vis de fixation de la

rampe d'alimentation sur la culasse et l'écrou de fixation sur la tubulure d'admission. Desserrer ensuite la vis de fixation sur la tubulure d'admission et dégager la patte-support centrale de la rampe : à noter que la patte-support est échancrée, ce qui contribue à faciliter sa dépose **(voir illustrations)**.
6 Débrancher le connecteur du faisceau électrique d'injection puis débrider le connecteur à la partie arrière de la tubulure d'admission. Débrancher ensuite les différentes connexions électriques au niveau du boîtier de papillon et écarter le faisceau de la tubulure d'admission de façon à ne pas entraver la dépose de la rampe d'alimentation.
7 Dégager avec précaution la rampe d'alimentation de la culasse avec les injecteurs. Récupérer le joint à l'extrémité de chacun des injecteurs et les mettre au rebut : ils sont à changer systématiquement à chaque démontage **(voir illustration)**.

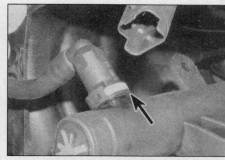

13.4 Embout de raccord rapide à pincer pour débrancher la canalisation d'arrivée de carburant sur la rampe d'alimentation - moteurs 1,1 et 1,4 l

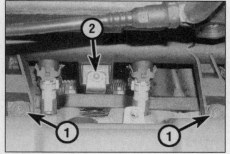

13.5a Vis (1) et écrou (2) de fixation de la rampe d'alimentation . . .

13.5b . . . et vis de fixation de sa patte-support centrale - moteurs 1,1 et 1,4 l

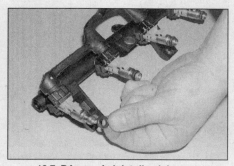

13.7 Dépose du joint d'un injecteur

13.11 Vis de fixation de rampe d'alimentation - moteur 1,6 l

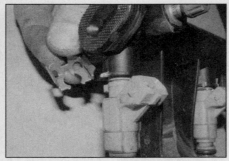

13.12 Dépose de l'étrier de retenue d'un injecteur - moteur 1,6 l

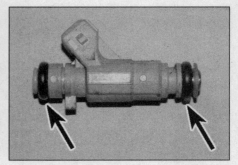

13.13 Les injecteurs sont à équiper de joints neufs - moteur 1,6 l

8 Extraire son étrier de retenue et dégager chacun des injecteurs de la rampe d'alimentation, en récupérant le joint torique supérieur, également à jeter.

9 La repose a lieu dans l'ordre inverse de la dépose, en observant par ailleurs les points suivants :

a) *Changer systématiquement tous les joints*

b) *Enduire les joints d'huile moteur afin de faciliter la mise en place.puis installer la rampe d'alimentation avec les injecteurs, en veillant à ne pas déloger les joints*

c) *Effectuer la mise sous pression du circuit d'alimentation, de la manière décrite en section 7, puis faire démarrer le moteur et procéder à un contrôle d'étanchéité pour s'assurer de l'absence de fuites d'essence*

Moteur 1,6 l

10 Déposer la tubulure d'admission (voir section suivante).

11 Desserrer les deux vis de fixation puis dégager avec précaution la rampe d'alimentation de la tubulure d'admission avec les injecteurs **(voir illustration)**.

12 Débrancher les connecteurs électriques puis extraire son étrier de retenue et dégager chacun des injecteurs de la rampe d'alimentation, en récupérant le joint à mettre au rebut **(voir illustration)**.

13 La repose s'opère à l'inverse de la dépose, en tenant par ailleurs compte des points suivants :

a) *Changer systématiquement tous les joints* **(voir illustration)**

b) *Enduire les joints d'huile moteur afin de faciliter la mise en place puis installer la rampe d'alimentation avec les injecteurs, en veillant à ne pas déloger les joints*

c) *Effectuer la mise sous pression du circuit d'alimentation, comme indiqué en section 7,*

puis faire démarrer le moteur et procéder à un contrôle d'étanchéité pour s'assurer de l'absence de fuites d'essence

Régulateur de pression d'alimentation

14 Le régulateur de pression d'alimentation est situé dans le réservoir de carburant et se dépose avec l'ensemble pompe à essence-jaugeur (voir section 8).

Capteur de position de papillon

15 Débrancher le connecteur électrique du capteur de position de papillon en pressant son arrêtoir pour le déverrouiller **(voir illustration)**.

16 Desserrer et enlever ses deux vis de fixation puis dégager le capteur de position de l'axe de papillon **(voir illustration)**.

17 La repose a lieu à l'inverse de la dépose.

18 Veiller à engager correctement le capteur de position sur l'axe de papillon.

Calculateur électronique

Nota : *Le calculateur électronique de gestion du moteur est programmé avec le code de sécurité du système antidémarrage. En cas de remplacement, le calculateur de rechange qui est livré non codé doit être configuré avec le code du véhicule sinon le moteur ne pourra pas démarrer. Cette opération qui nécessite un appareil spécifique est à confier aux services techniques d'un représentant du réseau Citroën ou à un spécialiste équipé en conséquence.*

19 Le calculateur électronique est implanté côté gauche du compartiment moteur.

20 En vue d'améliorer l'accès, déposer la batterie (voir chapitre 5A).

21 Déverrouiller les loquets pour débrancher les connecteurs électriques du calculateur électronique **(voir illustration)**.

22 Décrocher les pattes de retenue du support puis soulever le calculateur électronique et son support pour le dégager du support de la batterie **(voir illustration)**.

23 Desserrer les vis d'assemblage et dissocier le calculateur électronique de son support.

24 La repose s'opère à l'inverse de la dépose, en veillant à rebrancher correctement les connecteurs électriques.

Moteur de régulation de ralenti

Nota : *Sur les moteurs 1,4 et 1,6 l, le régulateur de*

13.15 Débranchement du connecteur électrique . . .

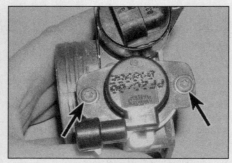

13.16 . . . et vis de fixation du capteur de position de papillon - moteur 1,1 l

13.21 Déverrouillage du loquet d'un connecteur électrique du calculateur électronique de gestion du moteur

13.22 Dépose de l'ensemble calculateur électronique et support

13.26 Connecteur électrique (flèche) du moteur de régulation de ralenti - moteur 1,1 l

13.27 Vis de fixation du moteur de régulation de ralenti - moteur 1,1 l

13.30a Capteur de pression d'air d'admission sur moteurs 1,1 et 1,4 l . . .

ralenti est intégré au boîtier de papillon et en est indissociable.

25 Le moteur de régulation de ralenti est monté sur la face arrière du boîtier de papillon.

26 Débrancher le connecteur électrique du moteur de régulation de ralenti (voir illustration).

27 Desserrer et enlever ses vis de fixation puis dégager le moteur du boîtier de papillon (voir illustration). Déposer si nécessaire le capteur de position de papillon pour faciliter l'accès à la vis de fixation inférieure du moteur.

28 La repose a lieu à l'inverse de la dépose, en s'assurant que le joint est en bon état.

Capteur de pression d'air d'admission

29 Ce capteur est monté sur la face avant de la tubulure d'admission.

30 Débrancher le connecteur électrique puis desserrer la vis de fixation et dégager le capteur de la tubulure d'admission (voir illustrations).

31 La repose s'effectue dans l'ordre inverse de dépose, en vérifiant au préalable que le joint est en bon état.

Sonde de température de liquide de refroidissement

32 Voir chapitre 3, section 7.

Sonde de température d'air d'admission

33 Cette sonde est regroupée avec le capteur de pression d'air d'admission et en est indissociable.

Capteur de vilebrequin

34 Le capteur affecté à la détection du régime du

moteur et de la position angulaire du vilebrequin est monté sur la face avant du carter d'embrayage, en regard d'une cible usinée sur le volant moteur.

35 Débrancher le connecteur électrique du capteur et débrider le câblage. Desserrer ensuite la vis de fixation puis dégager l'ensemble du capteur avec le support du carter d'embrayage (voir illustrations).

36 La repose a lieu en sens inverse de dépose.

Capteur de vitesse du véhicule

37 Sur les véhicules sans antiblocage des roues (ABS), ce capteur est intégré à la prise d'entraînement du compteur de vitesse. Se reporter au chapitre 7A pour procéder à la dépose et à la repose du boîtier de prise d'entraînement du compteur de vitesse. Pour les véhicules avec antiblocage des roues, le calculateur électronique reçoit les informations concernant la vitesse du véhicule par les capteurs de roues du système ABS via le calculateur de ce dernier.

Capteur de cliquetis

38 Voir chapitre 5B.

Pressostat de climatisation

39 Ce contacteur permettant au calculateur de gérer la mise en service du compresseur de climatisation est implanté au niveau de la canalisation haute pression, côté droit du compartiment moteur. Sa dépose nécessite de faire vidanger le circuit frigorifique (voir chapitre 3).

Moteur de commande de papillon

40 Ce dispositif, équipant les moteurs 1,4 et 1,6 l,

est intégré au boîtier de papillon et en est indissociable.

Capteur de position d'accélérateur

41 Ce capteur, équipant certains moteurs est intégré à l'ensemble de la pédale d'accélérateur et en est indissociable (voir section 4).

14 Tubulure d'admission - dépose et repose

Dépose

Nota : Consulter la note d'avertissement en section 1 avant toute intervention.

Moteurs 1,1 et 1,4 l

1 Déposer le boîtier de filtre à air complet (voir section 2).

2 Procéder à la dépose de la rampe d'alimentation avec les injecteurs (voir section précédente).

3 Si ce n'est déjà fait, débrancher les différentes connexions électriques au niveau du boîtier de papillon puis débrider le faisceau et l'écarter de la tubulure d'admission.

Moteur 1,6 l

4 Effectuer la dépose du boîtier de papillon (voir section 12).

Moteurs tous types

5 Déverrouiller leur raccord rapide en pinçant l'embout pour débrancher la canalisation de prise de dépression du servofrein et celle de

13.30b . . . et sur moteur 1,6 l

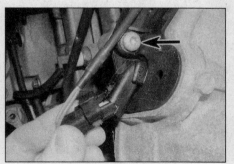

13.35a Vis de fixation à desserrer . . .

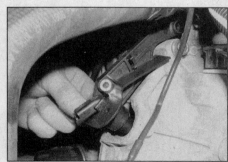

13.35b . . . pour déposer le capteur de vilebrequin

14.5a Canalisation de prise de dépression du servofrein . . .

14.5b . . . et canalisation de l'électrovanne de purge de recyclage des vapeurs d'essence sur la tubulure d'admission - moteur 1,6 l

14.9a Ecrous de fixation de tubulure d'admission - moteurs 1,1 et 1,4 l

14.9b Patte-support centrale de tubulure d'admission - moteur 1,6 l

14.10 Joints neufs installés sur la tubulure d'admission

l'électrovanne de purge du système de recyclage des vapeurs d'essence au niveau de la tubulure d'admission (voir illustrations).

6 Débrancher toutes les connexions électriques sur la tubulure d'admission, en prenant soin au préalable de bien repérer leur position respective de raccordement. Libérer le câblage de toute bride de maintien.

7 Appuyer sur le bouton pour le déverrouiller et débrancher la canalisation d'alimentation puis l'écarter de la tubulure d'admission.

8 S'il y a lieu, desserrer ses vis de fixation et dégager la patte-support en dessous de la tubulure d'admission.

9 Desserrer les écrous l'assemblant à la culasse puis dégager la tubulure d'admission et la sortir du compartiment moteur. Récupérer les quatre joints et les mettre au rebut : ils ne doivent pas être réutilisés (voir illustrations).

Repose

10 La repose s'effectue à l'inverse de la dépose, en observant par ailleurs les points suivants :

a) S'assurer que les plans d'assemblage de la tubulure d'admission et de la culasse sont parfaitement propres et dégraissés puis installer les joints neufs (voir illustration).

Remettre en place la tubulure puis remonter ses écrous, en les serrant aux couples prescrits

b) S'assurer de rebrancher convenablement toutes les tuyauteries, en veillant à bien verrouiller leur raccord

c) Veiller à réinstaller correctement le faisceau électrique et à bien enficher les connecteurs

d) Suivant équipement, procéder au réglage du câble d'accélérateur, en se reportant à la section 3 pour cette opération

15 Collecteur d'échappement - dépose et repose

Dépose

1 Débrancher la batterie (voir chapitre 5A).

2 Desserrer ses vis de fixation et dégager l'écran thermique du collecteur d'échappement. Il peut se révéler nécessaire de déposer la patte de levage du moteur côté gauche de la culasse puis de desserrer la vis de fixation et de dégager le tube de guidage de la jauge de niveau d'huile (voir illustrations).

3 Serrer le frein à main puis lever l'avant de la voiture au cric et le poser sur chandelles (voir « Levage et soutien du véhicule »). Dans le cas où il

15.2a Vis de fixation de l'écran thermique du collecteur d'échappement . . .

15.2b . . . et vis de fixation du tube de guidage de jauge de niveau d'huile

existe, desserrer ses vis de fixation et déposer le carénage de protection sous le moteur.

4 Sur certaines versions, un second écran thermique est prévu en dessous de la tubulure d'admission. Pour le déposer, desserrer ses vis de fixation.

5 Suivre le cheminement du câblage électrique des sondes lambda jusqu'aux connecteurs et les débrancher.

6 Desserrer les écrous assemblant le pot catalytique au collecteur puis la vis de fixation du tube avant sur la patte-support. Désolidariser le pot catalytique du collecteur, en récupérant le joint.

7 Desserrer les écrous l'assemblant à la culasse puis dégager le collecteur d'échappement et le sortir du compartiment moteur. Récupérer le joint à mettre au rebut.

Repose

8 La repose s'opère dans l'ordre inverse de dépose, en tenant par ailleurs compte des points suivants :

a) *Examiner les goujons du collecteur d'échappement pour s'assurer qu'ils ne sont pas endommagés ni corrodés. Au besoin, débarrasser soigneusement le filetage des goujons de toute trace de rouille et réparer ou changer tout goujon abîmé*

b) *S'assurer que les plans de joint du collecteur d'échappement et de la culasse sont parfaitement propres et ne présente pas de défaut de planéité puis poser le joint neuf et réinstaller le collecteur. Remonter les écrous d'assemblage à serrer au couple préconisé*

c) *Réaccoupler le pot catalytique au collecteur, en se reportant à la section suivante pour cette opération*

d) *Le cas échéant, changer le joint torique du tube de guidage de la jauge de niveau d'huile*

---

16 Echappement - dépose et repose des pièces

1 En équipement d'origine, l'échappement se compose uniquement de deux parties : un tube avant avec pot catalytique intégré et le reste de la ligne d'échappement comprenant un tube intermédiaire avec un silencieux primaire (sauf moteur 1,1 l) et un tube arrière avec le silencieux secondaire. Le pot catalytique est assemblé au

16.10 Boulons d'assemblage entre tubes avant et intermédiaire d'échappement

collecteur par des écrous et la jonction entre tubes avant et intermédiaire est réalisée par des boulons avec des ressorts, ce qui permet le débattement de la ligne d'échappement.

2 Il est possible d'obtenir des sections séparées pour les tubes intermédiaire et arrière en pièces de rechange, ce qui nécessite toutefois de scinder la ligne d'échappement d'origine avec une scie pour pouvoir accoupler le tube de rechange à l'aide d'un manchon de raccordement.

3 La ligne d'échappement est suspendue sur toute sa longueur par des supports élastiques en caoutchouc.

4 Pour déposer l'échappement complet ou l'une de ses parties constituantes, lever au préalable l'avant ou l'arrière de la voiture au cric et le poser sur chandelles (voir « *Levage et soutien du véhicule* »). En alternative, placer la voiture au-dessus d'une fosse d'entretien ou sur un pont élévateur. Pour la dépose de la ligne complète, il est nécessaire d'abaisser l'essieu arrière de manière à pouvoir la dégager du dessous de la voiture.

Dépose et repose

Pot catalytique/tube avant

5 Suivre le trajet du câblage électrique de la sonde lambda en aval du pot catalytique jusqu'au connecteur à débrancher puis débrider le câblage de façon à pouvoir déposer la sonde avec l'ensemble pot catalytique/tube avant d'échappement.

6 Dévisser et enlever les écrous des deux boulons d'assemblage, récupérer les ressorts et les coupelles d'appui, extraire les vis puis dissocier les tubes avant et intermédiaire.

7 Desserrer les écrous assemblant le pot catalytique au collecteur d'échappement et la vis de fixation sur la patte-support. Désolidariser le pot catalytique du collecteur, récupérer le joint puis dégager l'ensemble du dessous de la voiture.

8 La repose a lieu à l'inverse de la dépose, en veillant à la parfaite propreté des plans d'assemblage et en utilisant un joint neuf.

Echappement complet (sans l'ensemble pot catalytique/tube avant)

9 Déposer les ressorts de suspension arrière puis abaisser le plus possible l'essieu (voir chapitre 10).

10 Dévisser et enlever les écrous des deux boulons d'assemblage, récupérer les ressorts et les coupelles d'appui, extraire les vis puis dissocier les tubes avant et intermédiaire (**voir illustration**).

11 Desserrer les écrous de fixation des supports sur le soubassement puis soulever la ligne d'échappement pour la dégager par-dessus l'essieu.

12 La repose s'opère à l'inverse de la dépose, en observant par ailleurs les points suivants :

a) *Examiner les supports élastiques en caoutchouc pour s'assurer qu'ils ne sont pas abîmés et les changer au besoin*

b) *Avant de serrer les fixations de l'échappement, vérifier que tous les supports élastiques en caoutchouc sont correctement positionnés et qu'il existe un dégagement suffisant entre l'échappement et le soubassement de la voiture*

c) *Se reporter au chapitre 10 pour effectuer la repose des ressorts de suspension arrière*

Tube intermédiaire (section de remplacement)

13 Si l'échappement comporte un tube intermédiaire monté en section de remplacement, dévisser et enlever les écrous des deux boulons d'assemblage, récupérer les ressorts et les coupelles d'appui, extraire les vis puis dissocier les tubes avant et intermédiaire.

14 Dévisser les écrous du support du tube intermédiaire sur le soubassement puis desserrer les boulons du manchon de raccordement, désaccoupler le tube intermédiaire du manchon et le dégager du dessous de la voiture.

15 La repose a lieu à l'inverse de la dépose, en s'assurant que le support élastique en caoutchouc est en bon état, sinon le remplacer.

16 Pour l'installation d'un tube intermédiaire en section de remplacement sur l'échappement d'origine, repérer l'emplacement où doit avoir lieu la séparation, juste en avant de l'essieu. Le point de sectionnement est indiqué par quatre repères circulaires marqués au pointeau sur le côté du tube.

17 Sectionner le tube d'échappement au moyen d'une scie à métaux.

18 Dévisser et enlever les écrous des deux boulons d'assemblage, récupérer les ressorts et les coupelles d'appui, extraire les vis puis dissocier les tubes avant et intermédiaire.

19 Dévisser les écrous du support du tube intermédiaire sur le soubassement et le dégager du dessous de la voiture.

20 Vérifier que le support élastique en caoutchouc n'est pas abîmé, sinon le remplacer ou bien s'il est en bon état, le transférer sur le tube intermédiaire de rechange.

21 A l'aide d'un stylo feutre, tracer un repère sur le tube arrière (partie restant en place), à 40 mm du point de sectionnement puis installer le manchon de raccordement sur le tube arrière, jusqu'à hauteur du repère, monter les boulons de fixation et les serrer sans les bloquer, de façon à juste retenir le manchon.

22 Engager le tube intermédiaire sur le manchon de raccordement puis remonter les écrous de fixation du support, en les bloquant à la main uniquement à ce stade.

23 Monter les boulons d'assemblage équipés des ressorts et des coupelles d'appui, en les serrant correctement.

24 Vérifier que le manchon de raccordement est bien aligné par rapport au repère effectué précédemment et que le tube intermédiaire est engagé à fond puis bloquer correctement les boulons de fixation du manchon et les écrous de fixation du support.

Tube arrière avec silencieux secondaire (section de remplacement)

25 Si l'échappement comporte un tube arrière avec silencieux secondaire monté en section de remplacement, dévisser les écrous de fixation des supports sur le soubassement puis les boulons de fixation du manchon de raccordement, désaccoupler le tube arrière et le dégager du dessous de la voiture.

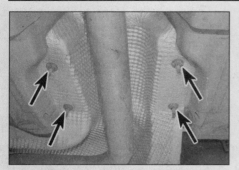

16.34 Ecrous de fixation d'écran thermique arrière d'échappement

26 La repose s'opère à l'inverse de la dépose, en s'assurant que les supports élastiques en caoutchouc son en bon état, sinon les remplacer.

27 Pour l'installation d'un tube arrière en section de remplacement sur l'échappement d'origine, repérer l'emplacement où doit avoir lieu la séparation, juste en avant de l'essieu. Le point de sectionnement est indiqué par quatre repères circulaires marqués au pointeau sur le côté du tube.

28 Sectionner le tube d'échappement au moyen d'une scie à métaux.

29 Dévisser les écrous des supports du tube arrière avec le silencieux secondaire sur le soubassement et le dégager du dessous de la voiture.

30 Vérifier que les supports élastiques en caoutchouc ne sont pas abîmés, sinon les remplacer ou bien s'ils sont en bon état, les transférer sur le tube arrière de rechange.

31 A l'aide d'un stylo feutre, tracer un repère sur le tube intermédiaire (partie restant en place), à 40 mm du point de sectionnement puis installer le manchon de raccordement sur le tube intermédiaire, jusqu'à hauteur du repère, monter les boulons de fixation et les serrer sans les bloquer, de façon à juste retenir le manchon.

32 Engager le tube arrière sur le manchon de raccordement puis remonter les écrous de fixation des supports, en les bloquant à la main uniquement à ce stade.

33 Vérifier que le manchon de raccordement est bien aligné par rapport au repère effectué précédemment et que le tube arrière est engagé à fond puis bloquer correctement les boulons de fixation du manchon et les écrous de fixation des supports.

Ecrans thermiques

34 Les écrans thermiques sont retenus au soubassement au moyen d'écrous ou de rivets **(voir illustration)**. Pour procéder à la dépose d'un écran pour accéder à un élément dissimulé derrière lui, dévisser les écrous ou enlever les rivets : dévisser la goupille centrale et extraire le rivet complet. Il peut dans certains cas être nécessaire de dégager la ligne d'échappement de ses fixations pour obtenir le recul suffisant pour pouvoir déposer l'écran le plus grand.

Chapitre 4 Partie B :
Alimentation et échappement - moteurs Diesel

Sommaire

Niveaux de difficulté

Facile, pour les profanes de la mécanique		**Assez facile,** pour les débutants plus avisés		**Assez difficile,** pour les amateurs compétents		**Difficile,** pour les amateurs plus expérimentés		**Très difficile,** pour les initiés et les professionnels	

Caractéristiques

Généralités

Marque et type de système de gestion :
Moteur 8 soupapes . . . . Siemens SID 802 (HDi)
Moteur 16 soupapes . . . . Delphi C6 (HDi)
Ordre d'injection . . . . 1-3-4-2 (n° 1 côté boîte de vitesses)
Pression de fonctionnement du système . . . . 1 600 bars

Carburant préconisé

Type . . . . Gazole pour véhicules de tourisme
Nota : *Toutes les versions à moteur Diesel de la gamme traitée dans cette étude sont prévues pour fonctionner au gazole mélangé avec diester - teneur maxi. de 5 %. S'adresser au service après-vente d'un représentant du réseau Citroën pour toute mise à jour éventuelle.*

Pompe d'injection

Marque et type :
Moteur 8 soupapes . . . . Siemens CRV FTP 6198-10/F
Moteur 16 soupapes . . . . Delphi RRT - 258

Turbocompresseur

Pression de suralimentation . . . . 1 bar à 3 000 tr/min environ

Couples de serrage   daN.m

Vis/écrou de fixation de rampe d'alimentation 2,3
Vis de capteur de position d'arbre à cames 0,5
Colliers de pot catalytique 2,5
Vis de capteur de vilebrequin 0,5
Vis de couvre-culasse . . . . Voir chapitre 2B
Ecrous de collecteur d'échappement 2
Vis/écrous de brides de retenue des injecteurs 2,5
Ecrous de raccords de canalisations haute pression * 2,3
Fixations de la pompe d'injection 2,3
Ecrou de pignon de pompe d'injection . . . . Voir chapitre 2B
Vis de tubulure d'admission (moteur 16 soupapes) 1
Vis de capteur de cliquetis 2
Ecrous de turbocompresseur 2,5
Vis de raccords de canalisation d'alimentation en huile du turbocompresseur :
Moteur 8 soupapes 2
Moteur 16 soupapes 3
Vis de roues . . . . Voir chapitre 1B
* Couple de serrage avec adaptateurs à pince spécifiques au constructeur : voir section 2.

1 Description générale et précautions

Description générale

Le circuit d'alimentation est constitué d'un réservoir en matière plastique monté sous le plancher arrière droit de la voiture, devant l'essieu, d'un filtre avec séparateur d'eau intégré et d'un refroidisseur de carburant, situé à droite sous la caisse et incorporé au circuit de retour en combustible entre la pompe d'injection et le réservoir. Le circuit est couplé à un système d'injection directe à haute pression (HDi) géré électroniquement et à un turbocompresseur.

Le moteur est pourvu d'un pot catalytique d'oxydation associé à un système de recyclage des gaz d'échappement qui contribuent à réduire les émissions polluantes du moteur (voir chapitre 4C pour davantage de précisions).

Le système d'injection HDi est construit autour d'une rampe d'alimentation commune aux injecteurs. La pompe d'injection classique de type en ligne à distributeur rotatif est remplacée par une pompe fournissant une très haute pression, pouvant atteindre 1 600 bars, à la rampe servant de réserve de carburant dont la pression est contrôlée par un régulateur. Les injecteurs de type multitrous et à commande électromagnétique sont pilotés par le calculateur électronique gérant l'ensemble du système.

Outre les différents capteurs et sondes équipant les systèmes d'injection classiques, l'injection par rampe commune dispose d'un capteur de pression permettant au calculateur électronique de déterminer la durée d'injection.

Principe de l'injection HDi

Le système peut être divisé en trois parties : un circuit basse pression, un circuit haute pression et le système de gestion électronique.

Circuit basse pression

Il est constitué des éléments suivants :
a) Réservoir
b) Refroidisseur de carburant
c) Filtre avec réchauffeur de carburant
d) Canalisations d'alimentation basse pression

Il a pour rôle d'assurer l'alimentation en carburant du circuit haute pression.

Circuit haute pression

Il se compose des éléments suivants :
a) Pompe d'injection avec régulateur
b) Rampe d'alimentation
c) Injecteurs
d) Canalisations haute pression

Après son passage par le filtre, le combustible atteint la pompe qui le refoule à très haute pression dans la rampe d'alimentation. Le gazole présentant une certaine élasticité, la pression régnant dans la rampe demeure constante, même lorsque du combustible se trouve débité par les injecteurs lors de leur mise en service. La pression d'alimentation est également maintenue dans des limites prédéterminées par un régulateur monté sur la pompe haute pression.

L'ouverture du régulateur de pression est commandée par le calculateur électronique pour faire revenir l'excédent de combustible de la pompe vers le réservoir via le filtre par une canalisation de retour. Afin de permettre le pilotage du régulateur par le calculateur, un capteur détecte la pression régnant dans la rampe d'alimentation.

Les injecteurs électromagnétiques, commandés individuellement par les signaux du calculateur, pulvérisent directement le carburant dans les chambres de combustion. La disponibilité en permanence d'une pression élevée dans la rampe d'alimentation confère à la fois une grande précision et une grande flexibilité à la loi d'injection comparé à un système d'injection classique : par exemple, la combustion au cours du processus d'injection principale peut être nettement améliorée, en réduisant également les bruits, par la pré-injection de petites quantités de combustible.

Système de gestion électronique

Il comprend les éléments suivants :
a) Calculateur
b) Capteur de vilebrequin
c) Capteur de position d'arbre à cames
d) Capteur de position d'accélérateur
e) Sonde de température de liquide de refroidissement
f) Sonde de température de carburant
g) Capteur de pression atmosphérique intégré au calculateur (moteur 8 soupapes)
h) Capteur de pression d'air d'admission (moteur 16 soupapes)
i) Capteur de cliquetis (moteur 16 soupapes)
j) Débitmètre d'air
k) Capteur de pression d'alimentation
l) Injecteurs
m) Régulateur de pression d'alimentation
n) Boîtier de pré/postchauffage
o) Electrovanne de recyclage des gaz d'échappement

Les paramètres concernant le fonctionnement du moteur, fournis par les différents capteurs et sondes, permettent au calculateur de déterminer, à partir de sa cartographie, le débit et le début de l'injection ainsi que les quantités de carburant à pourvoir lors des phases de pré et de post-injection pour chaque cylindre respectif.

Le calculateur assure également une fonction d'autosurveillance du système en enregistrant dans sa mémoire les incidents de fonctionnement, même intermittents, ce qui permet de diagnostiquer rapidement et aisément les pannes à l'aide du lecteur de codes-défauts approprié.

Principaux éléments du système

Pompe d'injection

Elle occupe la place normalement prévue pour une pompe d'injection à distributeur rotatif classique sur le moteur. Elle est entraînée à une vitesse de rotation de moitié inférieure à celle du vilebrequin par l'intermédiaire de la courroie de distribution et lubrifiée par le combustible aspiré.

La haute pression nécessaire au système, est engendrée par trois pistons radiaux à l'intérieur de la pompe d'injection. Les pistons sont actionnés par un excentrique monté sur l'axe d'entraînement de la pompe. Lorsque le piston descend, le combustible

pénètre dans le cylindre par un clapet d'admission. Lorsque le piston atteint le point mort bas (PMB) de sa course, le clapet se ferme et le piston remonte dans le cylindre, ce qui a pour effet de comprimer le combustible. La pression dans le cylindre ayant atteint celle dans la rampe d'alimentation, le clapet de refoulement s'ouvre et le combustible est évacué de force dans la rampe. Lorsque le piston atteint le point mort (PMH), le clapet de refoulement se ferme du fait de la chute de pression correspondante et le cycle décrit précédemment se répète. La présence de plusieurs cylindres contribue à assurer la régularité du débit, en réduisant les variations dans les impulsions de commande et la pression.

La pompe devant fournir un débit de combustible suffisant en conditions de pleine charge, un excédent de combustible se produit forcément pendant les phases de ralenti et de charge partielle : cet excédent est évacué du circuit haute pression vers le circuit basse pression (réservoir) par le régulateur.

La pompe haute pression comporte un désactivateur (électrovanne de mise hors service) de 3e piston servant essentiellement à réduire la puissance absorbée par la pompe en cas de faible charge sur le moteur, à limiter la pression en cas d'incident et à diminuer l'échauffement du combustible pour restreindre l'effet de laminage. Lorsque l'électrovanne est alimentée, la pompe fonctionne sur 2 pistons au lieu de 3.

Rampe d'alimentation

La rampe d'alimentation sert comme réserve de combustible et contribue à éviter les variations de pression. Elle est fournie en combustible par la pompe d'injection et raccordée à chacun des injecteurs par des canalisations métalliques. Le capteur de pression d'alimentation est monté sur la rampe et celle-ci est également reliée au régulateur de pression de la pompe.

Régulateur de pression d'alimentation

Le régulateur est piloté par le calculateur électronique. Il est intégré à la pompe d'injection et en est indissociable.

En cas de surpression par rapport à la valeur de consigne, le régulateur s'ouvre et l'excédent de combustible revient au réservoir. Lorsque la pression est insuffisante, le régulateur se ferme pour permettre à la pompe de l'augmenter.

Le régulateur comporte un clapet à bille à commande électromagnétique. La bille est rappelée sur son siège, en contrant la pression d'alimentation, par un ressort taré ainsi que par un électroaimant dont la force magnétique est directement proportionnelle à l'intensité du courant appliqué sur lui par le calculateur. La pression d'alimentation peut ainsi être modulée en fonction de l'intensité du courant appliqué sur l'électro-aimant. Les variations de pression sont amorties par le ressort.

Capteur de pression d'alimentation

Il est monté sur la rampe d'alimentation et informe avec précision le calculateur électronique de la pression régnant dans la rampe.

Injecteurs

Les injecteurs sont installés dans le même emplacement que sur un moteur Diesel classique.

Ils sont à commande électromagnétique et pilotés par le calculateur électronique. La pression d'injection correspond à celle existant dans la rampe d'alimentation. Les injecteurs constituent des pièces de haute précision, usinés suivant des tolérances de fabrication extrêmement rigoureuses.

Le combustible en provenance de la rampe d'alimentation est admis dans l'injecteur par un clapet et un papillon d'admission, et l'aiguille de l'injecteur se soulève de son siège sous l'action d'un électro-aimant pour permettre le refoulement d'un jet de combustible vers la chambre de combustion. Les injecteurs sont également asservis hydrauliquement : les forces résultantes à l'intérieur liées à la pression du combustible amplifient les effets de l'électro-aimant dont la force n'est pas suffisante pour provoquer directement l'ouverture de l'injecteur. Le principe de fonctionnement des injecteurs est le suivant :

La conjonction de cinq effets est nécessaire pour actionner les injecteurs.

a) *Un ressort repousse l'aiguille de la buse contre le siège au fond de l'injecteur, en empêchant ainsi le combustible de pénétrer dans la chambre de combustion*

b) *Le ressort du clapet en haut de l'injecteur repousse la bille pour condamner l'orifice de sortie, ce qui empêche le refoulement du combustible par le canal de retour*

c) *Lorsque l'électro-aimant se trouve excité, une force surpassant celle du ressort est générée, ce qui a pour effet de faire décoller la bille du clapet de son siège et d'entraîner ainsi le début d'injection, avec le combustible pénétrant dans le corps du clapet*

d) *La pression du combustible dans le corps du clapet s'exerce sur le piston, cette force venant s'ajouter à celle du ressort de la buse*

e) *Une section conique à la partie inférieure de la buse contribue à ce que le combustible dans la chambre de pression agisse sur l'aiguille*

Lorsque les forces s'équilibrent, l'injecteur se trouve en position de repos, et lorsqu'une tension électrique est appliquée sur l'électro-aimant, les forces agissent pour provoquer la levée de l'aiguille de la buse, en permettant le refoulement du combustible dans la chambre de combustion. Les injecteurs fonctionnent suivant quatre phases distinctes :

a) *Position de repos - toutes les forces s'équilibrent. L'orifice de refoulement de la buse est fermé par l'aiguille et le ressort du clapet repousse la bille contre son siège*

b) *Ouverture - l'électro-aimant est excité, ce qui entraîne l'ouverture de la buse pour initier le processus d'injection. La force du ressort permet à la bille de décoller de son siège. Le combustible provenant de la chemise du clapet revient au réservoir par la canalisation de retour. L'ouverture du clapet occasionne une chute de la pression dans la chemise et une réduction de la force agissant sur le piston. La pression sur l'aiguille de la buse demeure toutefois inchangée sous l'action du papillon d'admission. La force résultante dans la chemise du clapet est suffisante pour faire décoller la buse de son siège pour le début de l'injection*

c) *Injection - le courant d'excitation de l'électro-aimant se trouve réduit en courant minimal de*

fonctionnement en quelques millièmes de seconde. La buse est à présent en pleine ouverture et le combustible est injecté dans la chambre de combustion à la valeur de pression régnant dans la rampe d'alimentation

d) *Fermeture - l'électro-aimant est désexcité et le ressort du clapet repousse la bille contre son siège, et la pression régnant dans la chemise est égale à celle au niveau de l'aiguille de la buse. La force sur le piston du clapet augmente et l'aiguille ferme l'orifice de la buse. Les forces se rééquilibrent pour ramener l'injecteur en position de repos, jusqu'à la prochaine séquence d'injection*

Calculateur électronique, capteurs et sondes

Voir « *Système de gestion électronique* » plus haut dans cette section.

Turbocompresseur

Le turbocompresseur est du type à géométrie fixe sur le moteur 8 soupapes tandis qu'il est à géométrie variable pour le moteur 16 soupapes.

---

2 Injection HDi - consignes spéciales

Mises en garde et précautions

Il est indispensable d'observer des précautions particulières lors de toute intervention sur les éléments du système d'injection, notamment sur le circuit haute pression. Avant toute opération, consulter les consignes indiquées à la rubrique « Impératifs de sécurité » au début du manuel ainsi que celle figurant ci-dessous.

Ne pas intervenir sur le circuit haute pression si l'on ne dispose pas des compétences requises et du matériel nécessaire. Il convient également de s'entourer de toutes les conditions de sécurité qui s'imposent

Pour procéder à une intervention sur le circuit d'alimentation, observer un délai d'attente minimal de 30 secondes après avoir arrêté le moteur afin de permettre au circuit de revenir à la pression atmosphérique

Ne jamais opérer sur le circuit d'alimentation haute pression moteur tournant

Se tenir éloigné le plus possible du moteur lors de son démarrage après avoir effectué une réparation afin de pas s'exposer à une éventuelle fuite qui pourrait provoquer un jet de combustible à une pression extrêmement élevée, avec des blessures sérieuses pouvant s'en suivre

Ne jamais approcher les mains et une partie quelconque du corps près d'une fuite dans le circuit d'alimentation haute pression

Ne pas utiliser de nettoyeur haute pression ni d'air comprimé pour effectuer le nettoyage du moteur ou des pièces du circuit d'alimentation en carburant

Réparations et interventions

Une propreté irréprochable doit être observée lors de toute intervention sur le circuit d'alimentation en carburant, ce qui est également valable pour le plan de travail, les opérateurs ou le personnel et les pièces en cours de réparation. Il est impératif de veiller à ce qu'aucune impureté : poussière, eau, ou autre corps étranger, ne s'immisce dans le circuit.

La plus grande propreté est exigée notamment pour les pièces sensibles suivantes du circuit :

a) *Filtre à gazole*
b) *Pompe d'injection*
c) *Rampe d'alimentation*
d) *Injecteurs*
e) *Canalisations haute pression*

ATTENTION : Avant de procéder à une intervention sur les pièces du circuit d'alimentation en carburant, celles-ci doivent être nettoyées le plus à fond possible en utilisant un produit de substitution au gazole, genre kerdane dilué ou pétrole lampant, l'air comprimé et les chiffons ordinaires étant PROSCRITS : les lingettes spéciales « RESISTEL » disponibles auprès des représentants du réseau Citroën étant le seul moyen de nettoyage autorisé. Par ailleurs, avant d'opérer sur des pièces de la partie haute pression du circuit : pompe d'injection, rampe d'alimentation, injecteurs, etc., le constructeur recommande d'utiliser un aspirateur pour débarrasser les zones environnantes des poussières et autres débris et de nettoyer soigneusement les pièces concernées à l'aide d'un pinceau et d'un produit dégraissant type « SODIMAC Nº 35 » ou « MECANET », à se procurer auprès d'un représentant du réseau Citroën, préalablement à leur démontage. NE PAS employer d'appareil haute pression pour le nettoyage du moteur : utiliser les moyens indiqués précédemment

Après débranchement des canalisations d'alimentation en carburant ou démontage de pièces, les orifices découverts doivent être obturés immédiatement afin d'éviter l'admission d'impuretés dans le circuit. Des bouchons et capuchons en matière plastique sont prévus à cet effet par le constructeur **(voir illustration)**. Des

2.4 Jeu de bouchons et de capuchons d'obturation de canalisations et de circuit haute pression

2.7 Adaptateurs à pince pour le serrage des raccords de canalisations haute pression

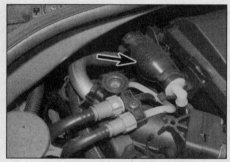

3.1a Poire de pompe d'amorçage manuelle sur moteur 8 soupapes . . .

3.1b . . . et sur moteur 16 soupapes

doigts découpés dans des gants en caoutchouc jetables (disponibles dans la plupart des stations-service) et fixés avec des bracelets élastiques peuvent être utilisés pour protéger les canalisations d'alimentation, les injecteurs et les connecteurs électriques.

Le débranchement ou la dépose de l'une ou l'autre des canalisations haute pression implique obligatoirement son remplacement.

Après toute intervention ou réparation sur le circuit d'alimentation haute pression, il est recommandé d'utiliser un produit spécial pour la détection des fuites du type « ARDROX 9D1 BRENT » préconisé par le constructeur. Il s'agit d'une poudre à appliquer sur les raccords de canalisations, qui devient blanche en séchant. La présence d'une fuite provoquera un noircissement du produit à son niveau.

Il est impératif de respecter scrupuleusement les couples de serrage prescrits, ce qui est particulièrement important pour les raccords des canalisations haute pression. Pour permettre l'utilisation d'une clé dynamométrique pour le serrage des raccords de canalisations, deux adaptateurs en forme de pince sont prévus : outils d'atelier **(voir illustration)**. Des équivalents peuvent être obtenus auprès d'un fournisseur d'outillage pour l'automobile.

3 Circuit d'alimentation - réamorçage et purge d'air

Après débranchement de l'une des canalisations, suite à une panne sèche ou en cas de prise d'air dans le circuit d'alimentation, il est nécessaire de réamorcer le circuit et de le purger, ce qui s'effectue en appuyant sur la poire de la pompe d'amorçage manuelle dans le compartiment moteur jusqu'a ce qu'une résistance soit perçue **(voir illustrations)**. Pour accéder à la pompe d'amorçage, déposer le couvre-moteur dans le cas du moteur 16 soupapes.

Actionner ensuite le contacteur à clé jusqu'à ce que le moteur démarre. Si le moteur ne démarre pas du premier coup, observer un délai d'attente de 15 secondes avant une seconde tentative.

4 Boîtier de filtre à air et conduits - dépose et repose

Boîtier de filtre à air et conduits - dépose

Moteur 8 soupapes
1 Débrancher la batterie (voir chapitre 5A).
2 Dégager la poire de pompe d'amorçage manuelle de ses supports, côté droit du boîtier de filtre à air.
3 Desserrer le collier de fixation et débrancher le conduit d'entrée d'air au niveau du turbocompresseur **(voir illustration)**.
4 Débrancher son connecteur électrique puis desserrer la vis de fixation du débitmètre sur le conduit d'aspiration d'air frais du boîtier de filtre à air **(voir illustration)**.
5 Desserrer les deux vis de fixation du boîtier de filtre à air sur le couvre-culasse **(voir illustration)**.
6 Débrancher le tuyau de dégazage du moteur au niveau du couvre-culasse puis soulever le boîtier de filtre à air pour désengager les pattes d'ancrage arrière des blocs amortisseurs en caoutchouc.
7 Desserrer le collier de fixation et débrancher le conduit d'aspiration d'air frais à la partie arrière du boîtier.
8 Sortir le boîtier de filtre à air du compartiment moteur, en débranchant toute connexion électrique à son niveau.
9 Pour déposer le conduit d'aspiration d'air frais, procéder tout d'abord à la dépose du boîtier de filtre à air.
10 Tourner la fixation d'un quart de tour pour dégager le déflecteur d'air à la partie avant du conduit d'aspiration d'air frais **(voir illustration)**.
11 Soulever la goupille centrale pour extraire le

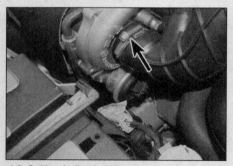

4.3 Collier de fixation du conduit d'entrée d'air au niveau du turbocompresseur - moteur 8 soupapes

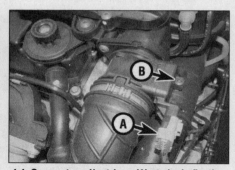

4.4 Connecteur électrique (A) et vis de fixation (B) du débitmètre d'air - moteur 8 soupapes

4.5 Vis de fixation du boîtier de filtre à air - moteur 8 soupapes

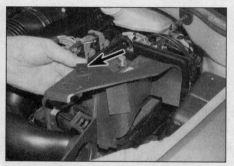

4.10 Fixation du déflecteur d'air à tourner d'un quart de tour pour la déverrouiller - moteur 8 soupapes

4.11 Dépose du rivet de fixation de la buse de prélèvement d'air frais - moteur 8 soupapes

4.13 Dépose du couvre-moteur - moteur 16 soupapes

4.16 Axe de fixation de la partie centrale du conduit d'aspiration d'air frais - moteur 16 soupapes

rivet de fixation en plastique de la buse de prélèvement d'air frais au niveau de la traverse avant (voir illustration).

12 Soulever l'avant du conduit d'aspiration d'air frais pour libérer la patte d'ancrage à l'avant du support de la batterie puis manœuvrer l'arrière du conduit pour le dégager du dessous du filtre à gazole et le sortir du compartiment moteur. En vue d'améliorer l'accès, desserrer sa vis de fixation et écarter légèrement le filtre à gazole de son support.

Moteur 16 soupapes

13 Débrancher la batterie (voir chapitre 4A) puis déposer le couvre-moteur en plastique en tirant vers le haut pour le déboîter (voir illustration).

14 Déposer le déflecteur d'air à la partie avant du conduit d'aspiration d'air frais (voir illustration 4.10).

15 Extraire le rivet de fixation de la buse de prélèvement d'air frais au niveau de la traverse avant (voir illustration 4.11).

16 Soulever l'avant du conduit d'aspiration d'air frais pour libérer sa patte d'ancrage à l'avant du support de la batterie tout en désengageant la partie centrale du conduit au niveau de l'axe de fixation à l'avant du filtre à gazole (voir illustration).

17 Libérer le tuyau de prise de dépression du servofrein sur le côté du conduit d'aspiration d'air frais, à sa partie arrière, puis soulever le conduit pour le dégager du coude sur le boîtier de filtre à air et le sortir du compartiment moteur (voir illustrations).

18 Desserrer les colliers de fixation et débrancher le conduit de liaison entre le débitmètre au niveau

du couvercle du boîtier de filtre à air et le turbocompresseur (voir illustration).

19 Débrancher le connecteur électrique du débitmètre d'air (voir illustration).

20 Déverrouiller les quatre languettes de fixation des supports de la poire de pompe d'amorçage manuelle du circuit d'alimentation à l'avant du couvercle de boîtier de filtre à air au moyen d'un petit tournevis (voir illustration). Ecarter la poire légèrement vers l'avant pour la dégager du boîtier de filtre à air.

21 Desserrer les trois vis de fixation sur le bord avant puis soulever le couvercle du boîtier de filtre à air avec le débitmètre, déboîter les pattes d'ancrage à l'arrière et déposer le couvercle (voir illustration). Dégager l'élément filtrant du boîtier, en veillant à bien repérer son sens de montage.

4.17a Libérer le tuyau de prise de dépression du servofrein sur le côté . . .

4.17b . . . puis soulever le conduit d'aspiration d'air frais pour le dégager du coude sur le boîtier de filtre à air - moteur 16 soupapes

4.18 Dépose du conduit de liaison entre le débitmètre d'air et le turbocompresseur - moteur 16 soupapes

4.19 Débranchement du connecteur électrique du débitmètre d'air - moteur 16 soupapes

4.20 Poire de pompe d'amorçage manuelle dégagée du couvercle de boîtier de filtre à air - moteur 16 soupapes

4.21 Dépose du couvercle de boîtier de filtre à air - moteur 16 soupapes

4.22 Dépose du support d'embase du boîtier de filtre à air - moteur 16 soupapes

4.23a Dépose du boîtier de filtre à air - moteur 16 soupapes

4.23b Séparation des deux parties du boîtier de filtre à air - moteur 16 soupapes

22 Dégager le support d'embase du boîtier de filtre (voir illustration).

23 Soulever le boîtier de filtre à air pour libérer les pattes d'ancrage inférieures puis décrocher les agrafes de chaque côté, dissocier les deux parties du boîtier et déposer la partie avant puis la partie arrière (voir illustrations).

Résonateur d'admission - dépose

Moteur 8 soupapes

24 Desserrer le collier de fixation et débrancher le conduit de sortie du turbocompresseur au niveau de la tubulure d'admission (voir illustration).

25 Débrider la durit de liquide de refroidissement à la partie avant du résonateur.

26 Desserrer la vis assurant la fixation du résonateur sur le couvre-culasse et celle de fixation sur la bride de sortie du turbocompresseur (voir illustration).

27 Faire pivoter le côté droit du résonateur vers le haut pour le dégager de l'axe sur la bride du turbocompresseur puis sortir le résonateur du compartiment moteur et récupérer le joint torique (voir illustration).

Moteur 16 soupapes

28 Desserrer le collier de fixation et débrancher le conduit issu de l'échangeur thermique air-air, côté droit du résonateur.

29 Débrider la durit de liquide de refroidissement au niveau du résonateur (voir illustration).

30 Débrancher le tuyau de dépression de la capsule de régulation de pression de suralimentation (voir illustration).

31 Desserrer la vis assurant la fixation du

4.24 Collier de fixation du conduit de sortie du turbocompresseur sur la tubulure d'admission - moteur 8 soupapes

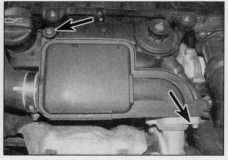

4.26 Vis de fixation du résonateur . . .

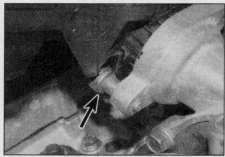

4.27 . . . et dépose du résonateur en faisant pivoter son côté droit pour le dégager de l'axe sur la bride du turbocompresseur - moteur 8 soupapes

4.29 La durit de liquide de refroidissement est à débrider au niveau du résonateur pour sa dépose - moteur 16 soupapes

résonateur sur la bride de sortie du turbocompresseur (voir illustration).

32 A l'aide d'un tournevis ou d'un outil approprié, soulever le côté droit du résonateur pour dégager

sa bague de fixation du téton de positionnement (voir illustration).

33 Faire pivoter le côté droit du résonateur vers le haut pour le dégager de l'axe de positionnement

4.30 Débranchement du tuyau de dépression de la capsule de régulation de pression de suralimentation - moteur 16 soupapes

4.31 Dépose de la vis de fixation du résonateur sur la bride de sortie du turbocompresseur - moteur 16 soupapes

4.32 Le côté droit du résonateur est à soulever pour dégager sa bague de fixation du téton de positionnement - moteur 16 soupapes

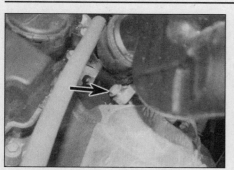

4.33 Axe de positionnement du résonateur sur la bride du turbocompresseur - moteur 16 soupapes

7.2 Ecrous de fixation du refroidisseur de carburant

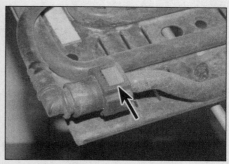

7.3 Bouton blanc à presser pour déverrouiller le raccord rapide et débrancher la durit de retour de carburant au niveau du refroidisseur

sur la bride du turbocompresseur puis sortir le résonateur du compartiment moteur et récupérer le joint torique **(voir illustration)**.

Repose

34 La repose s'opère à l'inverse de la dépose, en veillant au préalable à bien vérifier l'état des joints et des colliers de fixation, à changer au besoin.

5 Pédale d'accélérateur - dépose et repose

Voir chapitre 4A.

6 Jaugeur de carburant - dépose et repose

Les opérations de dépose et de repose s'effectuent de la même manière que pour l'ensemble pompe à essence-jaugeur sur les versions à motorisation essence (voir chapitre 4A, section 8), si ce n'est que pour les versions à motorisation Diesel, seul le jaugeur est prévu.

7 Réservoir et refroidisseur de carburant - dépose et repose

Réservoir de carburant

Voir descriptions correspondantes au chapitre 4A, section 10.

Refroidisseur de carburant

Dépose

1 Le refroidisseur de carburant est implanté sous la caisse, à l'arrière droit, au niveau du circuit de retour en combustible. Il est constitué d'un serpentin permettant l'échange thermique entre le combustible et l'air. Pour y accéder, lever l'arrière de la voiture au cric et le poser sur chandelles (voir « Levage et soutien du véhicule »).
2 Desserrer ses deux écrous de fixation et dégager le refroidisseur de ses trous de positionnement **(voir illustration)**.
3 Appuyer sur le bouton blanc de leur raccord

rapide pour le déverrouiller et débrancher les durits d'alimentation et de retour de carburant au niveau du refroidisseur **(voir illustration)**. Prévoir un écoulement de combustible et prendre les dispositions qui s'imposent pour le récupérer. Boucher les durits et les orifices découverts sur le refroidisseur afin d'éviter l'admission d'impuretés.

Repose

4 La repose s'opère en sens inverse de dépose.

8 Pompe d'injection - dépose et repose

⚠️ **Danger : Consulter les consignes indiquées en section 2 avant toute intervention sur la pompe d'injection**

Nota : *La canalisation haute pression reliant la pompe d'injection à la rampe d'alimentation est à remplacer systématiquement suite à son débranchement.*

Dépose

Attention : La pompe d'injection est une pièce usinée suivant des tolérances de fabrication extrêmement rigoureuses et elle ne doit pas être démontée. Ne jamais dévisser l'ajutage de la canalisation haute pression sur la pompe. De même, ne pas démonter le régulateur haute pression

d'alimentation ni le désactivateur de 3e piston de la pompe. Egalement, ne pas enlever le joint sur l'axe de la pompe. Aucune pièce de rechange détaillée n'est prévue pour la réparation de la pompe : en cas de défectuosité, elle est à changer

Moteur 8 soupapes

1 Débrancher la batterie (voir chapitre 5A).
2 Effectuer les opérations suivantes en se reportant au chapitre 2B :
a) *Dépose du couvre-culasse*
b) *Dépose de la courroie de distribution, en remontant ensuite provisoirement l'ensemble du silentbloc côté droit du groupe motopropulseur, sans bloquer les vis de fixation*
c) *Dépose du pignon de pompe d'injection*
3 Appuyer sur le bouton blanc de leur raccord rapide pour le déverrouiller et débrancher les durits d'alimentation et de retour de carburant au niveau de la pompe d'injection **(voir illustration)**. Obturer les durits afin d'empêcher l'admission d'impuretés dans le circuit.
4 Nettoyer soigneusement les raccords puis desserrer les écrous et débrancher la canalisation haute pression au niveau de la pompe et de la rampe d'alimentation et la déposer : retenir l'ajutage sur la pompe avec une seconde clé plate de façon à ne pas le dévisser au desserrage de l'écrou de raccord **(voir illustration)**. Obturer les orifices découverts sur la pompe et la rampe d'alimentation afin d'empêcher l'admission d'impuretés. Mettre la canalisation au rebut : elle ne doit pas être réutilisée. **Nota :** *Toute canalisation*

8.3 Boutons blancs à presser pour déverrouiller leur raccord rapide et débrancher les durits d'alimentation et de retour de carburant au niveau de la pompe d'injection - moteur 8 soupapes

8.4 Desserrage de l'écrou de raccord de la canalisation HP. au niveau de la pompe d'injection - moteur 8 soupapes

8.7 Vis de fixation côté droit de la pompe d'injection - moteur 8 soupapes

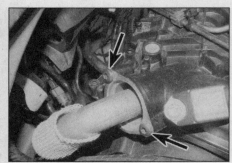

8.11a Vis de fixation de la canalisation de recyclage des gaz d'échappement sur la tubulure d'admission . . .

8.11b . . . et à la partie arrière de la culasse - moteur 16 soupapes

débranchée doit être remplacée systématiquement afin d'éviter que des particules métalliques ne s'immiscent à l'intérieur au resserrage des écrous de raccords, ce qui pourrait entraîner le grippage des injecteurs et par voie de conséquence le refoulement incontrôlé de carburant à haute pression dans les chambres de combustion.

5 Débrancher les différentes connexions électriques au niveau de la pompe, en veillant au préalable à bien repérer leur position respective de raccordement.

6 Desserrer l'écrou et les vis de fixation puis déposer le support côté gauche de la pompe.

7 Desserrer ses trois vis de fixation au niveau du support côté droit et dégager la pompe **(voir illustration)**.

Moteur 16 soupapes

8 Débrancher la batterie (voir chapitre 5A).

8.12 Canalisation de recyclage des gaz d'échappement dégagée à la partie arrière du moteur - moteur 16 soupapes

8.15 Raccords (A) et vis de fixation de bride (B) de canalisation HP. entre pompe d'injection et rampe d'alimentation - moteur 16 soupapes

9 Déposer le boîtier de filtre à air avec ses conduits (voir section 4).

10 Effectuer les opérations suivantes en se reportant au chapitre 2B :
a) *Dépose de la courroie de distribution, en remontant ensuite provisoirement l'ensemble du silentbloc côté droit du groupe motopropulseur, sans bloquer les vis de fixation*
b) *Dépose du pignon de pompe d'injection*

11 Desserrer les deux vis de fixation de la canalisation de recyclage des gaz d'échappement sur la tubulure d'admission et la vis de fixation de la canalisation à la partie arrière de la culasse **(voir illustrations)**.

12 Enlever le collier de fixation de la canalisation de recyclage des gaz d'échappement sur la vanne. S'il s'agit du collier d'origine de type serti, le

8.13 Dépose du support de boîtier de filtre à air - moteur 16 soupapes

8.17 Vis de fixation côté gauche de la pompe d'injection - moteur 16 soupapes

sectionner : il sera à remplacer par un collier à bande métallique et vis au remontage. Dans le cas d'un collier à vis, le desserrer et l'écarter puis dégager la canalisation de l'arrière du moteur et récupérer le joint torique **(voir illustration)**.

13 Desserrer l'écrou et la vis de fixation puis dégager le support du boîtier de filtre à air à l'arrière de la culasse **(voir illustration)**.

14 Pincer l'embout de leur raccord rapide pour le déverrouiller et débrancher les durits d'alimentation et de retour de carburant au niveau de la pompe d'injection. Obturer les durits afin d'empêcher l'admission d'impuretés dans le circuit.

15 Nettoyer soigneusement les raccords puis desserrer les écrous et débrancher la canalisation haute pression au niveau de la pompe et de la rampe d'alimentation et la déposer : retenir l'ajutage sur la pompe avec une seconde clé plate de façon à ne pas le dévisser au desserrage de l'écrou de raccord. Desserrer ensuite la vis de fixation de la bride puis dégager la canalisation **(voir illustration)**. Obturer les orifices découverts sur la pompe et la rampe d'alimentation afin d'empêcher l'admission d'impuretés. Mettre la canalisation au rebut : elle ne doit pas être réutilisée. **Nota :** *Toute canalisation débranchée doit être remplacée systématiquement afin d'éviter que des particules métalliques ne s'immiscent à l'intérieur au resserrage des écrous de raccords, ce qui pourrait entraîner le grippage des injecteurs et par voie de conséquence le refoulement incontrôlé de carburant à haute pression dans les chambres de combustion.*

16 Débrancher le connecteur électrique du régulateur de débit de la pompe d'injection.

17 Desserrer la vis de fixation de la pompe sur le support côté gauche **(voir illustration)**.

18 Desserrer ses trois vis de fixation au niveau du support côté droit et dégager la pompe **(voir illustration 8.7)**.

Repose - moteurs tous types

19 Installer la pompe sur le support côté droit et remonter les trois vis de fixation à serrer au couple prescrit.

20 Remettre en place le support côté gauche de la pompe, en serrant l'écrou et les vis de fixation au couple spécifié.

21 Enlever les bouchons sur la pompe et la rampe d'alimentation puis installer la canalisation haute pression neuve, en approchant les écrous de raccords à la main.

22 Serrer ensuite les écrous de raccords de la canalisation haute pression au couple prescrit à l'aide d'une clé dynamométrique munie de l'adaptateur à pince prévu à cet effet. Retenir l'ajutage sur la pompe avec une clé plate pour le serrage de l'écrou de raccord.

23 Rebrancher les différentes connexions électriques et les durits d'alimentation et de retour de carburant de la pompe d'injection.

24 Sur les versions à moteur 8 soupapes, procéder à la repose du pignon de la pompe d'injection, de la courroie de distribution et du couvre-culasse, en se reportant au chapitre 2B pour ces opérations.

25 Pour les versions à moteur 16 soupapes, reposer successivement la canalisation de recyclage des gaz d'échappement, le support du boîtier de filtre à air, le pignon de la pompe d'injection et la courroie de distribution, comme décrit au chapitre 2B. Effectuer ensuite la repose du boîtier de filtre à air et de ses conduits, comme indiqué en section 4.

26 Après avoir remonté et rebranché toutes les pièces, mettre le moteur en marche en observant les consignes de sécurité indiquées en section 2 puis le laisser tourner au ralenti. Effectuer un contrôle d'étanchéité pour s'assurer de l'absence de fuites au niveau des raccords de la canalisation haute pression avec le moteur tournant au ralenti. Si aucune anomalie n'est constatée, augmenter le régime du moteur pour atteindre 4 000 tr/min puis recontrôler l'étanchéité.

27 Effectuer ensuite un court trajet sur route et vérifier au retour la bonne étanchéité de la canalisation haute pression. Si des traces de fuite sont détectées, changer la canalisation. **Ne pas** resserrer les écrous de raccords de la canalisation pour tenter de colmater une fuite. En cours de route, réinitialiser le calculateur électronique de gestion du moteur : pour cela, enclencher le 3e rapport de boîte de vitesses et laisser le régime du moteur se stabiliser à 1 000 tr/min puis accélérer à fond pour atteindre 3 500 tr/min.

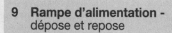

9 Rampe d'alimentation - dépose et repose

⚠️ *Danger : Consulter les consignes indiquées en section 2 avant toute intervention sur la rampe d'alimentation*

Nota : *Les canalisations haute pression sont à remplacer systématiquement suite à leur débranchement.*

Dépose

Moteur 8 soupapes

1 Débrancher la batterie (voir chapitre 5A).
2 Déposer le couvre-culasse (voir chapitre 2B).
3 Nettoyer soigneusement le pourtour des raccords de la canalisation haute pression au niveau de la rampe d'alimentation et de la pompe d'injection puis desserrer les écrous et débrancher la canalisation haute pression au niveau de la pompe et de la rampe d'alimentation et la déposer : retenir l'ajutage sur la pompe avec une

9.4 Desserrage d'un écrou de raccord de canalisation HP. au niveau d'un injecteur - moteur 8 soupapes

seconde clé plate de façon à ne pas le dévisser au desserrage de l'écrou de raccord **(voir illustration 8.4)**. Obturer les ajutages sur la pompe et la rampe d'alimentation afin d'empêcher l'admission d'impuretés. **Nota :** *Toute canalisation débranchée doit être remplacée systématiquement afin d'éviter que des particules métalliques ne s'immiscent à l'intérieur au resserrage des écrous de raccords, ce qui pourrait entraîner le grippage des injecteurs et par voie de conséquence le refoulement incontrôlé de carburant à haute pression dans les chambres de combustion.*

4 Procéder ensuite de la même manière pour les canalisations haute pression reliant la rampe d'alimentation aux injecteurs, en utilisant une seconde plate pour retenir les ajutages au niveau des injecteurs afin de ne pas les dévisser **(voir illustration)**. Dégager les canalisations, en veillant au préalable à bien repérer leur position respective de raccordement.

5 Obturer les orifices découverts sur la rampe d'alimentation et les injecteurs de façon à éviter l'admission d'impuretés.

6 Débrancher le connecteur électrique du capteur de pression d'alimentation au niveau de rampe **(voir illustration)**.

7 Écarter les durits de liquide de refroidissement sur le côté afin de permettre l'accès aux vis de fixation de la rampe d'alimentation. Desserrer ses deux vis et dégager la rampe **(voir illustration)**. **Nota :** *Toute dépose du capteur de pression d'alimentation est proscrite par le constructeur.*

Moteur 16 soupapes

8 Débrancher la batterie (voir chapitre 5A).

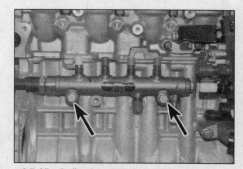

9.7 Vis de fixation de rampe d'alimentation - moteur 8 soupapes

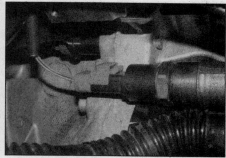

9.6 Débranchement du connecteur électrique du capteur de pression d'alimentation - moteur 8 soupapes

9 Déposer le boîtier de filtre à air et ses conduits (voir section 4).

10 Desserrer les deux vis de fixation de la canalisation de recyclage des gaz d'échappement sur la tubulure d'admission et la vis de fixation de la canalisation à la partie arrière de la culasse **(voir illustrations 8.11a et 8.11b)**.

11 Enlever le collier de fixation de la canalisation de recyclage des gaz d'échappement sur la vanne. S'il s'agit du collier d'origine de type serti, le sectionner : il sera à remplacer par un collier à bande métallique et vis au remontage. Dans le cas d'un collier à vis, le desserrer et l'écarter puis dégager la canalisation de l'arrière du moteur et récupérer le joint torique **(voir illustration 8.12)**.

12 Desserrer l'écrou et la vis de fixation puis dégager le support du boîtier de filtre à air à l'arrière de la culasse **(voir illustration 8.13)**.

13 Desserrer les deux vis assurant la fixation des brides de maintien des canalisations haute pression sur le haut de la tubulure d'admission **(voir illustration)**.

14 Nettoyer soigneusement les raccords puis desserrer les écrous et débrancher la canalisation haute pression au niveau de la pompe et de la rampe d'alimentation et la déposer : retenir l'ajutage sur la pompe avec une seconde clé plate de façon à ne pas le dévisser au desserrage de l'écrou de raccord. Desserrer ensuite la vis de fixation de la bride puis dégager la canalisation **(voir illustration 8.15)**. Obturer les orifices découverts sur la pompe et la rampe d'alimentation afin d'empêcher l'admission d'impuretés. Mettre la canalisation au rebut : elle ne doit pas être réutilisée. **Nota :** *Toute canalisation débranchée*

9.13 Vis de fixation des brides de maintien des canalisations HP. sur la tubulure d'admission - moteur 16 soupapes

9.15 Desserrage d'un écrou de raccord de canalisation HP. d'un injecteur avec un adaptateur à pince - moteur 16 soupapes

9.17 Débranchement du connecteur électrique du capteur de pression d'alimentation - moteur 16 soupapes

doit être remplacée systématiquement afin d'éviter que des particules métalliques ne s'immiscent à l'intérieur au resserrage des écrous de raccords, ce qui pourrait entraîner le grippage des injecteurs et par voie de conséquence le refoulement incontrôlé de carburant à haute pression dans les chambres de combustion.

15 Procéder ensuite à la dépose des canalisations haute pression reliant la rampe d'alimentation aux injecteurs, ce qui vu le manque de recul, nécessite un adaptateur à pince pour dévisser les écrous de raccords **(voir illustration)**. Dégager les canalisations, en veillant au préalable à bien repérer leur position respective de raccordement.

16 Obturer les orifices découverts sur la rampe d'alimentation et les injecteurs de façon à éviter l'admission d'impuretés.

17 Débrancher le connecteur électrique du capteur de pression d'alimentation en bout de rampe **(voir illustration)**.

18 Ecarter les durits de liquide de refroidissement sur le côté afin de permettre l'accès aux fixations de la rampe d'alimentation. Desserrer l'écrou et la vis puis dégager la rampe **(voir illustration)**. **Nota :** *Toute dépose du capteur de pression d'alimentation est proscrite par le constructeur.*

Repose

19 Remettre en place la rampe d'alimentation, en approchant ses fixations à la main.

9.18 Dépose de la rampe d'alimentation - moteur 16 soupapes

20 Rebrancher le connecteur électrique du capteur de pression d'alimentation.

21 Installer la canalisation haute pression neuve entre rampe d'alimentation et pompe d'injection. Monter ensuite les écrous de raccords et les serrer au couple prescrit. Retenir l'ajutage au niveau de la pompe avec une clé plate pour le serrage de l'écrou de raccord.

22 Installer les canalisations neuves entre rampe d'alimentation et injecteurs, en approchant les écrous de raccords à la main.

23 Serrer les fixations de la rampe d'alimentation au couple prescrit.

24 Procéder ensuite au serrage au couple préconisé des écrous de raccords des canalisations entre rampe d'alimentation et injecteurs, en retenant les ajutages au niveau des injecteurs avec une clé plate dans le cas du moteur 8 soupapes.

25 La suite des opérations de repose s'effectue à l'inverse de celles de dépose, en tenant par ailleurs compte des points suivants :

a) *Se reporter au chapitre 2B pour effectuer la repose du couvre-culasse pour le moteur 8 soupapes*

b) *Procéder à la repose de la canalisation de recyclage des gaz d'échappement, du support, du boîtier de filtre à air et des conduits, comme décrit en section 4, dans le cas du moteur 16 soupapes*

c) *S'assurer de réinstaller correctement et de bien enficher toutes les connexions électriques*

d) *Se reporter au chapitre 5A pour rebrancher la batterie*

e) *Mettre le moteur en marche en observant les consignes de sécurité indiquées en section 2 puis le laisser tourner au ralenti. Effectuer un contrôle d'étanchéité pour s'assurer de l'absence de fuites au niveau des raccords des canalisations haute pression avec le moteur tournant au ralenti. Si aucune anomalie n'est constatée, augmenter le régime du moteur pour atteindre 4 000 tr/min puis recontrôler l'étanchéité. Effectuer ensuite un court trajet sur route et vérifier au retour la bonne étanchéité des canalisations haute pression. Si des traces de fuite sont détectées, changer les*

*canalisations. **Ne pas** resserrer les écrous de raccords des canalisations pour tenter de colmater une fuite. En cours de route, réinitialiser le calculateur électronique de gestion du moteur : pour cela, enclencher le 3e rapport de boîte de vitesses et laisser le régime du moteur se stabiliser à 1 000 tr/min puis accélérer à fond pour atteindre 3 500 tr/min*

---

10 Injecteurs - dépose et repose

 Danger : Consulter les consignes indiquées en section 2 avant toute intervention sur la rampe d'alimentation

Nota : *Dans les opérations qui suivent sont décrites la repose et la dépose du jeu complet des quatre injecteurs qui peuvent toutefois être déposés individuellement. Les rondelles d'étanchéité, les coupelles d'appui, les écrous (suivant montage) des brides de retenue et les canalisations haute pression des injecteurs sont à remplacer systématiquement à chaque dépose.*

Dépose

Attention : Les injecteurs sont des pièces usinées suivant des tolérances de fabrication extrêmement rigoureuses et ils ne doivent pas être démontés. Ne pas dévisser l'embout de raccordement de la canalisation haute pression ni désassembler le corps des injecteurs. Ne pas nettoyer la buse des injecteurs pour la débarrasser des dépôts de calamine ni procéder à un contrôle sous pression ou par ultrasons des injecteurs

Moteur 8 soupapes

1 Déposer le couvre-culasse (voir chapitre 2B).

2 Nettoyer soigneusement le pourtour des raccords des canalisations haute pression au niveau de la rampe d'alimentation et des injecteurs puis desserrer les écrous et débrancher les canalisations : retenir les ajutages sur les injecteurs

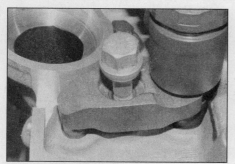

10.4a Desserrage de la vis de fixation . . .

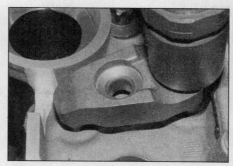

10.4b . . . et dépose de la bride de retenue d'un injecteur - moteur 8 soupapes

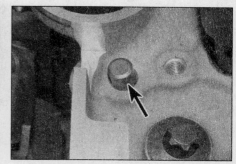

10.4c Dépose du pion d'appui d'un injecteur - moteur 8 soupapes

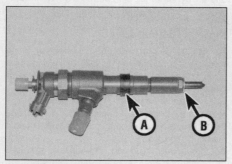

10.6 Coupelle d'appui (A) et rondelle en cuivre (B) d'un injecteur - moteur 8 soupapes

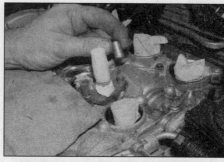

10.9a Desserrage d'un écrou de fixation . . .

10.9b . . . et dépose de la bride de retenue d'un injecteur - moteur 16 soupapes

avec une seconde clé plate de façon à ne pas les dévisser au desserrage des écrous de raccords **(voir illustration 9.4)**. Obturer les ajutages sur la pompe et la rampe d'alimentation afin d'empêcher l'admission d'impuretés. **Nota :** *Toute canalisation débranchée doit être remplacée systématiquement afin d'éviter que des particules métalliques ne s'immiscent à l'intérieur au resserrage des écrous de raccords, ce qui pourrait entraîner le grippage des injecteurs et par voie de conséquence le refoulement incontrôlé de carburant à haute pression dans les chambres de combustion.*

3 Extraire l'épingle de retenue et débrancher le tube de retour de fuite au niveau de chacun des injecteurs.

4 Desserrer la vis de fixation puis dégager la bride de retenue de chacun des injecteurs, en récupérant le pion d'appui sur la culasse s'il a été délogé **(voir illustrations)**.

5 Dégager ensuite les injecteurs de la culasse, en tirant ou faisant levier. Ne pas agir au niveau de la carcasse du solénoïde de commande en haut des injecteurs pour les déloger.

6 Récupérer la rondelle d'étanchéité en cuivre et la coupelle d'appui sur chaque injecteur ou sur la culasse si elles sont restées en place et les mettre au rebut : elles sont à changer systématiquement à chaque dépose **(voir illustration)**. Boucher les orifices des injecteurs dans la culasse afin d'empêcher l'admission d'impuretés.

7 Examiner les injecteurs pour s'assurer qu'ils ne présentent pas de signes manifestes de détérioration. Remplacer tout injecteur apparemment défectueux.

Moteur 16 soupapes

8 Déposer la tubulure d'admission (voir section 12).

9 Dévisser les deux écrous de fixation et enlever la bride de retenue de chaque injecteur **(voir illustrations)**. A signaler que les écrous doivent être changés systématiquement.

10 A l'aide d'une clé plate en prise sur ses méplats, agir sur l'injecteur d'un côté à l'autre tout en tirant vers le haut pour le libérer et le déposer **(voir illustration)**. Obturer ensuite le puits de l'injecteur dans la culasse afin d'éviter l'admission d'impuretés.

10.10a Utilisation d'une clé plate pour agir d'un côté à l'autre sur l'injecteur et le libérer . . .

10.10b . . . pour le déposer - moteur 16 soupapes

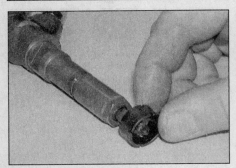

10.12a Les injecteurs sont à équiper d'une coupelle d'appui neuve . . .

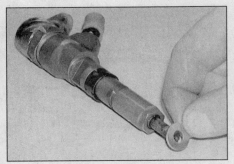

12.12b . . . et d'une rondelle en cuivre également neuve - moteur 8 soupapes

10.18 Serrage de l'écrou de raccord de canalisation HP. au niveau d'un injecteur avec une clé dynamométrique munie d'un adaptateur à pince - moteur 8 soupapes

11 Récupérer la rondelle d'étanchéité en cuivre et la coupelle d'appui sur chaque injecteur ou sur la culasse si elles sont restées en place et les mettre au rebut : elles sont à changer systématiquement à chaque dépose.

Repose

Moteur 8 soupapes

12 Equiper le corps de chaque injecteur d'une coupelle d'appui neuve puis installer une rondelle d'étanchéité en cuivre neuve sur la buse **(voir illustrations)**.

13 Remettre en place les pions d'appui des brides de retenue des injecteurs sur la culasse.

14 Encastrer la bride de retenue dans la gorge sur leur corps puis remettre en place les injecteurs dans leur puits sur la culasse, en engageant la bride sur le pion d'appui. S'assurer que la coupelle d'appui des injecteurs est bien en place sur la culasse.

15 Equiper la bride de retenue de chaque injecteur de sa vis de fixation, à bloquer uniquement à la main à ce stade.

16 En opérant successivement au niveau de chacun des injecteurs, enlever les bouchons obturant leur raccord et l'ajutage correspondant sur la rampe d'alimentation. Installer la canalisation haute pression neuve en serrant les écrous de raccords. Prendre garde de ne pas visser de travers les écrous ni de forcer les canalisations. Les écrous étant engagés sur le filetage des raccords, les serrer sans les bloquer pour le moment.

17 Les canalisations haute pression étant installées, serrer la vis de la bride de retenue des injecteurs au couple prescrit.

18 Serrer les écrous de raccords des canalisations haute pression au couple préconisé, en utilisant une clé dynamométrique pourvue d'un adaptateur à pince prévu à cet effet **(voir illustration)**. Retenir les ajutages au niveau des injecteurs avec une clé plate pour le serrage des écrous.

19 La suite des opérations de repose s'opère à l'inverse de celles de dépose, en observant par ailleurs les points suivants :

a) *Se reporter au chapitre 2B pour effectuer la repose du couvre-culasse*

b) *S'assurer de réinstaller correctement et de bien enficher toutes les connexions électriques*

c) *Se reporter au chapitre 5A pour rebrancher la batterie*

d) *Mettre le moteur en marche en observant les consignes de sécurité indiquées en section 2 puis le laisser tourner au ralenti. Effectuer un contrôle d'étanchéité pour s'assurer de l'absence de fuites au niveau des raccords des canalisations haute pression avec le moteur tournant au ralenti. Si aucune anomalie n'est constatée, augmenter le régime du moteur pour atteindre 4 000 tr/min puis recontrôler l'étanchéité. Effectuer ensuite un court trajet sur route et vérifier au retour la bonne étanchéité des canalisations haute pression. Si des traces de fuite sont détectées, changer les canalisations. **Ne pas** resserrer les écrous de raccords des canalisations pour tenter de colmater une fuite. En cours de route, réinitialiser le calculateur électronique de gestion du moteur : pour cela, enclencher le 3e rapport de boîte de vitesses et laisser le régime du moteur se stabiliser à 1 000 tr/min puis accélérer à fond pour atteindre 3 500 tr/min*

Moteur 16 soupapes

20 Equiper le corps de chaque injecteur d'une coupelle d'appui neuve puis installer une rondelle d'étanchéité en cuivre neuve sur la buse **(voir illustrations)**.

21 Réinstaller les injecteurs sur la culasse puis remonter les brides de retenue munies d'écrous de fixation neufs à bloquer à la main uniquement à ce stade.

22 Rebrancher le tube de retour de fuite au niveau de chacun des injecteurs **(voir illustration)**. Remettre provisoirement en place la tubulure d'admission et le couvre-culasse et s'assurer qu'il existe une distance suffisante entre ces pièces et les tuyaux de retour de fuite, sinon tourner le corps des injecteurs pour les écarter.

23 Les injecteurs une fois correctement installés, serrer les écrous de fixation des brides de retenue des injecteurs au couple préconisé.

24 La suite des opérations de repose s'opère à l'inverse de celles de dépose, en tenant par ailleurs compte des points suivants :

a) *Se reporter à la section 12 pour effectuer la repose de la tubulure d'admission*

b) *S'assurer de réinstaller correctement et de bien enficher toutes les connexions électriques*

c) *Se reporter au chapitre 5A pour rebrancher la batterie*

d) *Mettre le moteur en marche en observant les consignes de sécurité indiquées en section 2 puis le laisser tourner au ralenti. Effectuer un contrôle d'étanchéité pour s'assurer de l'absence de fuites au niveau des raccords des canalisations haute pression avec le moteur*

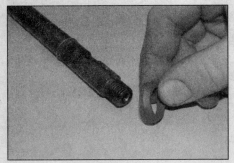

10.20a Les injecteurs sont à équiper d'une coupelle d'appui neuve . . .

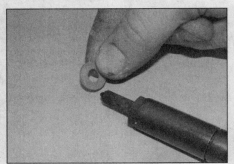

12.20b . . . et d'une rondelle en cuivre également neuve - moteur 16 soupapes

10.22 Rebranchement du tube de retour de fuite au niveau d'un injecteur - moteur 16 soupapes

11.3 Implantation de la prise de diagnostic dans l'habitacle

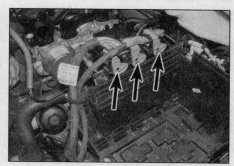

11.6 Loquets des connecteurs électriques du calculateur électronique de gestion du moteur

11.7 Dépose du calculateur électronique et de son support

tournant au ralenti. Si aucune anomalie n'est constatée, augmenter le régime du moteur pour atteindre 4 000 tr/min puis recontrôler l'étanchéité. Effectuer ensuite un court trajet sur route et vérifier au retour la bonne étanchéité des canalisations haute pression. Si des traces de fuite sont détectées, changer les canalisations. **Ne pas** resserrer les écrous de raccords des canalisations pour tenter de colmater une fuite. En cours de route, réinitialiser le calculateur électronique de gestion du moteur : pour cela, enclencher le 3e rapport de boîte de vitesses et laisser le régime du moteur se stabiliser à 1 000 tr/min puis accélérer à fond pour atteindre 3 500 tr/min

11 Gestion électronique du moteur - contrôle, dépose et repose des composants

Contrôle

1 En cas de dysfonctionnement du système de gestion du moteur, vérifier tout d'abord que tous les connecteurs électriques sont bien enfichés et ne sont pas corrodés. S'assurer que l'incident n'est pas de nature mécanique ou ne provienne pas d'un entretien négligé : élément de filtre à air encrassé, pressions de compression incorrectes, tuyauterie de dégazage du carter-moteur obstruée ou endommagée. Se reporter aux sections correspondantes des chapitres 1B et 2B pour remédier aux conditions indiquées ci-dessus.

2 Si les contrôles réalisés précédemment ne permettent pas d'élucider la cause du dysfonctionnement, la voiture doit être examinée dans un atelier du réseau Citroën équipé en conséquence.

3 Une prise, située à gauche de la planche de bord dans l'habitacle, permet de brancher un appareil de diagnostic qui sera en mesure de localiser rapidement et aisément l'origine de l'anomalie par lecture du code-défaut correspondant enregistré dans la mémoire du calculateur **(voir illustration)**. L'appareil de lecture des codes-défauts liés à des pannes intermittentes dispense des vérifications fastidieuses à accomplir séparément sur chaque composant du système, en évitant ainsi les pertes de temps inutiles et les risques de détérioration du calculateur électronique.

Calculateur électronique

Nota 1 : Le calculateur électronique de gestion du moteur est programmé avec le code de sécurité du système antidémarrage. En cas de remplacement, le calculateur de rechange qui est livré non codé doit être configuré avec le code du véhicule sinon le moteur ne pourra pas démarrer. Cette opération qui nécessite un appareil spécifique est à confier aux services techniques d'un représentant du réseau Citroën ou à un spécialiste équipé en conséquence.

Nota 2 : Pour procéder à la dépose du calculateur, la batterie est à débrancher au préalable (voir chapitre 5A).

4 Le calculateur électronique est monté sur le côté du support de la batterie, côté gauche du compartiment moteur.

5 En vue d'améliorer l'accès, déposer la batterie (voir chapitre 5A).

6 Déverrouiller leur loquet et débrancher les connecteurs électriques du calculateur **(voir illustration)**. Défaire le collier et dégager le faisceau électrique sur le côté du calculateur.

7 Désengager les pattes de retenue inférieures du support puis soulever l'ensemble support et calculateur pour le dégager du support de la batterie **(voir illustration)**.

8 Desserrer les vis d'assemblage et dissocier le calculateur de son support.

9 La repose s'effectue à l'inverse de la dépose, en veillant à verrouiller correctement les connecteurs électriques.

Capteur de vilebrequin

10 Le capteur affecté à la détection du régime du

moteur et de la position du vilebrequin est monté sur le carter de la pompe à huile, côté droit du moteur, en regard du pignon de distribution du vilebrequin qui est équipé d'une cible électromagnétique. Pour y accéder, débloquer les vis de la roue avant droite, lever l'avant de la voiture au cric et le poser sur chandelles (voir « Levage et soutien du véhicule ») puis déposer la roue.

11 Déposer la coquille pare-boue du passage de roue. Pour cela, extraire les rivets à expansion après avoir enfoncé légèrement ou soulevé leur goupille centrale, suivant le type.

12 Débrancher le connecteur électrique du capteur **(voir illustration)**.

13 Desserrer sa vis de fixation et dégager le capteur.

14 La repose s'opère à l'inverse de la dépose, en veillant à serrer la vis de fixation au couple prescrit.

Capteur de position d'arbre à cames

15 Ce capteur est monté sur le carter-paliers d'arbre(s) à cames, côté distribution, en regard d'une cible solidaire du moyeu du pignon d'arbre à cames.

16 Déposer le carter supérieur de la courroie de distribution (voir chapitre 2B).

17 Débrancher le connecteur électrique du capteur.

18 Desserrer sa vis de fixation et dégager le capteur du carter-paliers d'arbre(s) à cames **(voir illustration)**.

19 A la repose, ajuster l'entrefer entre le capteur et le pignon d'arbre à cames à une valeur de 1,2 mm s'il s'agit du capteur d'origine et dans le cas

11.12 Débranchement du connecteur électrique du capteur de vilebrequin

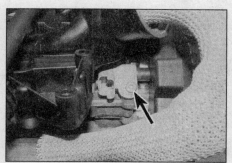

11.18 Vis de fixation du capteur de position d'arbre à cames

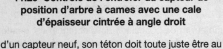

11.20 Contrôle de l'entrefer du capteur de position d'arbre à cames avec une cale d'épaisseur cintrée à angle droit

11.25 Débitmètre d'air - moteur 8 soupapes

11.32 Utilisation d'un tournevis pour déverrouiller les languettes de fixation des supports de la poire de pompe d'amorçage manuelle sur le couvercle du boîtier de filtre à air - moteur 16 soupapes

d'un capteur neuf, son téton doit toute juste être au contact de l'une des trois cibles du pignon.

20 Compte tenu de la difficulté d'accès avec la courroie de distribution et le pignon d'arbre à cames en place, il est nécessaire de cintrer à angle droit la cale d'épaisseur pour pouvoir la faire passer par le perçage du pignon et la mettre en appui contre la face intérieure de la cible (voir illustration).

21 La cale d'épaisseur reposant contre la cible, déplacer le capteur vers le pignon de manière à l'amener au contact de la cale puis le maintenir dans cette position pour bloquer sa vis de fixation au couple prescrit.

22 Rebrancher ensuite le connecteur électrique du capteur et effectuer la repose du carter supérieur de la courroie de distribution, comme indiqué au chapitre 2B.

Capteur de position d'accélérateur

23 Ce capteur est intégré à l'ensemble de la pédale d'accélérateur dont la dépose et la repose sont décrites au chapitre 4A.

Sonde de température de liquide de refroidissement

24 Voir chapitre 3, section 7.

Débitmètre d'air

Moteur 8 soupapes

25 Le débitmètre d'air est implanté à l'avant du boîtier de filtre à air, au niveau du conduit d'entrée d'air du turbocompresseur (voir illustration).

26 Déposer le boîtier de filtre à air (voir section 4).

27 Desserrer le collier et débrancher le conduit

d'entrée d'air du turbocompresseur sur le débitmètre.

28 Desserrer ses vis de fixation et dégager le débitmètre du boîtier de filtre à air.

29 La repose s'opère en sens inverse de dépose.

Moteur 16 soupapes

30 Le débitmètre est implanté à l'avant du couvercle de boîtier de filtre à air.

31 Déposer le couvre-moteur en plastique en tirant vers le haut pour le déboîter.

32 Déverrouiller les quatre languettes de fixation des supports de la poire de pompe d'amorçage manuelle du circuit d'alimentation à l'avant du couvercle de boîtier de filtre à air au moyen d'un petit tournevis (voir illustration). Écarter la poire légèrement vers l'avant pour la dégager du boîtier de filtre à air.

33 Desserrer les colliers de fixation et débrancher le conduit de liaison entre le débitmètre au niveau du couvercle du boîtier de filtre à air et le turbocompresseur (voir illustration).

34 Débrancher le connecteur électrique du débitmètre (voir illustration).

35 Desserrer les trois vis de fixation sur le bord avant puis soulever le couvercle du boîtier de filtre à air avec le débitmètre, déboîter les pattes d'ancrage à l'arrière et déposer le couvercle (voir illustration).

36 Desserrer ses vis de fixation et dégager le débitmètre du couvercle de boîtier de filtre à air.

37 La repose a lieu à l'inverse de la dépose.

Capteur de pression d'alimentation

38 Ce capteur implanté sur la rampe d'alimentation en est indissociable : toute dépose du capteur est proscrite par le constructeur.

Capteur de pression d'air d'admission

39 Ce capteur, prévu uniquement sur le moteur 16 soupapes, est fixé côté droit de la tubulure d'admission (voir illustration).

40 Déposer le couvre-moteur en plastique en tirant vers le haut pour le déboîter.

41 Débrancher le connecteur électrique, desserrer la vis de fixation et dégager le capteur de la tubulure d'admission.

42 La repose s'effectue à l'inverse de la dépose.

11.33 Dépose du conduit de liaison entre turbocompresseur et débitmètre d'air - moteur 16 soupapes

11.34 Débranchement du connecteur électrique du débitmètre d'air - moteur 16 soupapes

11.35 Dépose du couvercle de boîtier de filtre à air - moteur 16 soupapes

11.39 Implantation du capteur de pression d'air d'admission - moteur 16 soupapes

Capteur de cliquetis

43 Ce capteur, prévu uniquement sur le moteur 16 soupapes, est fixé sur la face arrière du carter-cylindres, juste en dessous de la rampe d'alimentation. L'accès est plus aisé par le dessous.

44 Serrer le frein à main, lever l'avant de la voiture au cric et le poser sur chandelles (voir « *Levage et soutien du véhicule* »).

45 Déposer le carénage de protection sous le moteur, dans le cas où il existe.

46 Suivre le câblage électrique en partant du capteur jusqu'au connecteur et le débrancher.

47 Desserrer sa vis de fixation et dégager le capteur du carter-cylindres.

48 La repose s'opère à l'inverse de la dépose. Veiller à la parfaite propreté du capteur et de son plan d'appui sur le carter-cylindres et serrer la vis de fixation du capteur au couple préconisé. Ces points sont à observer impérativement afin que le capteur puisse détecter correctement les impulsions engendrées par la présence de cliquetis, sinon la correction d'avance à l'injection nécessaire risque de ne pas avoir lieu, ce qui peut entraîner de sérieux dégâts du moteur.

Régulateur de pression d'alimentation

49 Il est intégré à la pompe d'injection et en est indissociable.

Boîtier de pré/postchauffage

50 Voir chapitre 5C.

Electrovanne de recyclage des gaz d'échappement

51 Voir chapitre 4C, section 2.

Capteur de vitesse du véhicule

52 L'information concernant la vitesse du véhicule est fournie au calculateur électronique par les capteurs de roues du système antiblocage des roues (ABS). Se reporter au chapitre 9, section 23, pour la dépose et la repose de ces capteurs.

---

12 Tubulure d'admission - dépose et repose

Moteur 8 soupapes

1 La tubulure d'admission est intégrée au couvre-culasse dont la dépose et la repose sont décrites au chapitre 2B.

Moteur 16 soupapes

Dépose

2 Déposer le boîtier de filtre à air avec ses conduits et le résonateur d'admission (voir section 4).

3 Nettoyer soigneusement les raccords des canalisations d'alimentation et de retour de carburant au-dessus du carter supérieur de la courroie de distribution puis pincer l'embout de leur raccord rapide et débrancher les deux canalisations (**voir illustration**). Obturer les canalisations et les orifices laissés libres afin d'éviter l'admission d'impuretés et d'arrêter l'écoulement de gazole. Débrider ensuite les canalisations sur la tubulure.

4 Débrancher le connecteur électrique du capteur de pression d'air d'admission au niveau de la tubulure (**voir illustration**).

5 Desserrer le collier de fixation et débrancher le conduit de sortie de l'échangeur thermique air-air sur la tubulure (**voir illustration**).

6 Débrancher le connecteur du faisceau électrique principal du moteur à l'arrière de la tubulure. Le connecteur est retenu par un demi-segment d'arrêt à déverrouiller en tirant latéralement (**voir illustration**). Desserrer les vis de fixation et libérer le support de la douille du connecteur à la partie arrière de la tubulure.

7 Suivre le trajet du câblage électrique en partant de la douille jusqu'à l'électrovanne de recyclage des gaz d'échappement à l'arrière du moteur. Débrancher le connecteur électrique de l'électrovanne puis écarter le faisceau électrique et les tuyauteries d'alimentation et de dépression de la tubulure.

8 Desserrer les deux vis de fixation de la canalisation de recyclage des gaz d'échappement sur la tubulure et la vis de fixation de la canalisation à la partie arrière de la culasse (**voir illustrations 8.11a et 8.11b**).

9 Enlever le collier de fixation de la canalisation de recyclage des gaz d'échappement sur la vanne. S'il s'agit du collier d'origine de type serti, le sectionner : il sera à remplacer par un collier à bande métallique et vis au remontage. Dans le cas d'un collier à vis, le desserrer et l'écarter puis dégager la canalisation de l'arrière du moteur et récupérer le joint torique (**voir illustration 8.12**).

10 Desserrer la vis de fixation du côté droit de la tubulure d'admission sur la culasse (**voir illustration**).

11 Desserrer les deux vis assurant la fixation des brides de maintien des canalisations haute pression sur le haut de la tubulure d'admission (**voir illustration 9.13**).

12 Nettoyer soigneusement les raccords puis desserrer les écrous et débrancher les canalisations haute pression au niveau des injecteurs et de la rampe d'alimentation, en utilisant

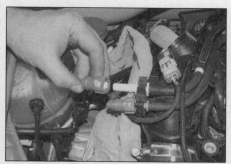

12.3 Débranchement d'une canalisation de carburant au-dessus du carter supérieur de la courroie de distribution - moteur 16 soupapes

12.4 Débranchement du connecteur électrique du capteur de pression d'air d'admission - moteur 16 soupapes

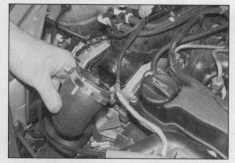

12.5 Débranchement du conduit de sortie de l'échangeur thermique air-air sur la tubulure d'admission - moteur 16 soupapes

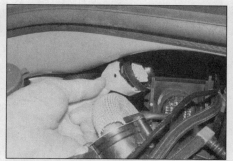

12.6 Débranchement du connecteur électrique du faisceau moteur - moteur 16 soupapes

12.10 Desserrage de la vis de fixation côté droit de la tubulure d'admission sur la culasse - moteur 16 soupapes

12.13 Dépose du couvre-culasse - moteur 16 soupapes

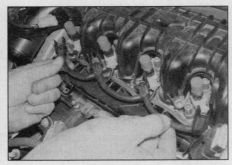

12.14 Dépose du tube de retour de fuite des injecteurs - moteur 16 soupapes

12.15 Débranchement du connecteur électrique d'un injecteur en appuyant sur les cotés de son arrêtoir avec deux tournevis - moteur 16 soupapes

un adaptateur à pince puis dégager les canalisations, en veillant au préalable à bien repérer leur position respective de raccordement **(voir illustration 9.15)**. **Nota :** *Toute canalisation débranchée doit être remplacée systématiquement afin d'éviter que des particules métalliques ne s'immiscent à l'intérieur au resserrage des écrous de raccords, ce qui pourrait entraîner le grippage des injecteurs et par voie de conséquence le refoulement incontrôlé de carburant à haute pression dans les chambres de combustion.* Boucher les orifices découverts sur la rampe d'alimentation et les injecteurs afin d'empêcher l'admission d'impuretés.

13 Desserrer ses sept vis de fixation et dégager le couvre-culasse du carter-paliers d'arbres à cames **(voir illustration)**. Etendre un chiffon propre sur le carter-paliers d'arbres à cames de façon à éviter l'admission d'impuretés.

14 Débrancher le raccord du tube de retour de fuite au niveau de chacun des injecteurs et déposer l'ensemble du tube **(voir illustration)**.

15 A l'aide de deux petits tournevis, appuyer sur les côtés de leur arrêtoir pour le déverrouiller et débrancher les connecteurs électriques des injecteurs puis écarter le faisceau d'injection de la tubulure **(voir illustration)**.

16 Desserrer les deux dernières vis de fixation à l'arrière puis dégager la tubulure de la culasse et récupérer les joints toriques qui sont remplacer systématiquement **(voir illustrations)**.

17 Vérifier l'état du joint du couvre-culasse et le changer s'il est manifestement abîmé.

Repose

18 Nettoyer soigneusement les conduits d'admission dans la culasse puis équiper la tubulure de joints toriques neufs et les lubrifier légèrement à l'huile moteur propre.

19 Installer la tubulure sur la culasse puis remonter les deux vis de fixation arrière et la vis de fixation à l'avant droit de la tubulure, sans les bloquer à ce stade.

20 Rebrancher les connecteurs électriques et les raccords du tube de retour de fuite des injecteurs

21 Remettre en place le couvre-culasse puis remonter ses vis de fixation et les serrer au couple préconisé, dans l'ordre prescrit **(voir illustration)**. Serrer ensuite les trois vis de fixation de la tubulure au couple spécifié.

22 Installer les canalisations haute pression neuves au niveau de la rampe d'alimentation et des injecteurs, en approchant les écrous de raccords à la main.

23 Serrer les écrous de raccords des canalisations haute pression au couple préconisé.

24 Remonter les deux vis de fixation des brides de maintien des canalisations haute pression sur le dessus de la tubulure d'admission.

25 La suite des opérations de repose s'opère à l'inverse de celles de dépose, en tenant par ailleurs compte des points suivants :

a) S'assurer de réinstaller correctement et de bien enficher toutes les connexions électriques
b) Se reporter au chapitre 5A pour rebrancher la batterie
c) Mettre le moteur en marche en observant les

consignes de sécurité indiquées en section 2 puis le laisser tourner au ralenti. Effectuer un contrôle d'étanchéité pour s'assurer de l'absence de fuites au niveau des raccords des canalisations haute pression avec le moteur tournant au ralenti. Si aucune anomalie n'est constatée, augmenter le régime du moteur pour atteindre 4 000 tr/min puis recontrôler l'étanchéité. Effectuer ensuite un court trajet sur route et vérifier au retour la bonne étanchéité des canalisations haute pression. Si des traces de fuite sont détectées, changer les canalisations. *Ne pas* resserrer les écrous de raccords des canalisations pour tenter de colmater une fuite. En cours de route, réinitialiser le calculateur électronique de gestion du moteur : pour cela, enclencher le 3e rapport de boîte de vitesses et laisser le régime du moteur se stabiliser à 1 000 tr/min puis accélérer à fond pour atteindre 3 500 tr/min

13 Collecteur d'échappement - dépose et repose

Dépose

1 Procéder à la dépose du turbocompresseur (voir section 15).

2 Desserrer ses écrous d'assemblage, enlever les entretoises puis dégager le collecteur

12.16a Dépose de la tubulure d'admission . . .

12.16b . . . et de l'un de ses joints toriques - moteur 16 soupapes

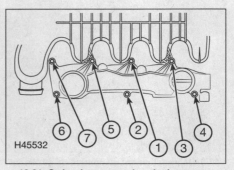

12.21 Ordre de serrage des vis du couvre-culasse - moteur 16 soupapes

d'échappement de la culasse et récupérer le joint **(voir illustrations)**.

Repose

3 La repose s'opère à l'inverse de la dépose, en observant par ailleurs les points suivants :
  a) S'assurer de la propreté des plans d'assemblage du collecteur d'échappement et de la culasse, en particulier de l'absence de résidus de joint
  b) Equiper le collecteur d'un joint neuf et serrer les écrous d'assemblage au couple prescrit
  c) Procéder à la repose du turbocompresseur, en se reportant à la section 15 pour cette opération

13.2a Dépose du collecteur d'échappement . . .

13.2b . . . et de son joint

14 Turbocompresseur - généralités et précautions

Généralités

Le turbocompresseur augmente la puissance développée par le moteur en élevant la pression dans la tubulure d'admission au-dessus de la pression atmosphérique. L'air au lieu d'être simplement aspiré dans les cylindres se trouve comprimé préalablement à son arrivée dans ceux-ci.

L'énergie nécessaire au fonctionnement du turbocompresseur provient des gaz d'échappement qui circulent à travers un carter spécialement profilé (carter de turbine) et actionnent ainsi la roue de la turbine. Cette dernière est montée sur un arbre au bout duquel se trouve une seconde roue à aubes appelée roue de compresseur qui tourne dans son propre carter et comprime l'air à destination de la tubulure d'admission.

La pression de suralimentation (pression régnant dans la tubulure d'admission) est limitée par une soupape mettant les gaz d'échappement en dérivation de la roue de turbine par action d'une capsule à pression commandant un volet. Dans le cas des versions à moteur 16 soupapes, le turbocompresseur à géométrie variable est muni d'un déflecteur à aubes conférant une meilleure efficacité de la suralimentation à bas régime du moteur.

L'arbre du turbocompresseur est lubrifié par une canalisation d'huile issue de la rampe de graissage principale. L'arbre « flotte » sur un bain d'huile. Une canalisation de retour ramène l'huile au carter inférieur du moteur.

Précautions

Le turbocompresseur fonctionne à des vitesses et des températures extrêmement élevées. Certaines précautions doivent être observées afin d'éviter une avarie prématurée du turbocompresseur ou des blessures accidentelles.

Ne pas faire fonctionner le turbocompresseur avec l'un de ses organes étant exposé : un objet tombant sur les aubes pourra entraîner de sérieux dommages et s'il venait à se trouver éjecté, il pourrait occasionner des blessures.

Ne pas pousser le moteur immédiatement après démarrage, tout particulièrement à froid. Attendre quelques secondes pour que la circulation d'huile s'effectue.

Attendre que le moteur revienne à son régime de ralenti avant de l'arrêter : ne pas solliciter l'accélérateur en coupant le contact, ce qui amènerait le turbocompresseur à tourner en étant privé de lubrification.

Laisser le moteur tourner au ralenti pendant quelques minutes avant de couper le contact après avoir accompli un trajet à vitesse élevée.

Respecter les échéances prescrites pour la vidange du filtre à huile, et utiliser une huile de bonne qualité et répondant à la norme préconisée. Le non-respect des périodicités de vidange et l'utilisation d'huile moteur de mauvaise

qualité sont susceptibles d'engendrer la formation de carbone sur l'arbre du turbocompresseur avec une panne pouvant s'en suivre.

15 Turbocompresseur - dépose, contrôle et repose

Dépose

1 Débrancher la batterie (voir chapitre 5A).
2 Serrer le frein à main puis lever l'avant de la voiture au cric et le poser sur chandelles (voir « Levage et soutien du véhicule »). Dans le cas où il est prévu, déposer le carénage de protection sous le moteur en desserrant ses vis de fixation.
3 Déposer le résonateur d'admission (voir section 4).
4 Déposer le pot catalytique (voir section 17).
5 Sur les versions à moteur 16 soupapes, desserrer le collier de fixation et débrancher le conduit de sortie de l'échangeur thermique air-air au niveau de la tubulure d'admission.
6 Déposer la calandre (voir chapitre 11).
7 Desserrer les quatre vis de fixation et déposer la traverse avant supérieure **(voir illustrations)**.
8 Desserrer la vis de chaque côté assurant la fixation du support du radiateur et de l'échangeur thermique air-air (suivant montage) sur les ailes avant puis soulever le support pour libérer les pattes de retenue inférieures et l'écarter le plus possible vers l'avant, autant que les durits et les accessoires le permettent **(voir illustration)**.

15.7a Desserrage d'une vis de fixation . . .

15.7b . . . et dépose de la traverse avant supérieure

15.8 Dépose d'une vis de fixation du support de radiateur

15.9 Dépose de l'écran thermique supérieur du collecteur d'échappement

15.10a Vis creuse du raccord banjo de canalisation d'alimentation en huile au niveau du carter-cylindres . . .

15.10b . . . et du turbocompresseur

9 Desserrer ses trois vis de fixation et dégager l'écran thermique supérieur du collecteur d'échappement **(voir illustration)**.

10 Desserrer les vis creuses des raccords banjo de la canalisation d'alimentation en huile et récupérer les joints **(voir illustrations)**.

11 Desserrer son collier et débrancher la canalisation de retour d'huile au niveau du turbocompresseur **(voir illustration)**.

12 Desserrer ses quatre écrous d'assemblage et dissocier le turbocompresseur du collecteur d'échappement **(voir illustrations)**.

Contrôle

13 Après dépose du turbocompresseur, examiner son carter pour s'assurer qu'il ne présente pas de fêlures ni de signes de détérioration.

14 Faire tourner la roue de turbine ou de compresseur pour vérifier que l'arbre est bon en état et ne présente pas de jeu ni de dureté excessifs à la rotation. Un certain jeu est toutefois normal compte tenu que l'arbre du turbocompresseur « flotte » sur un bain d'huile. Examiner les aubes des roues pour s'assurer qu'elles ne sont pas abîmées.

15 Si les conduits d'échappement de gaz chaud et d'admission d'air filtré sont imprégnés d'huile, cela peut être dû à une défaillance des joints de l'arbre du turbocompresseur.

16 Le turbocompresseur n'est pas réparable : il est à remplacer en cas de défectuosité.

Repose

17 La repose a lieu à l'inverse de la dépose, en observant par ailleurs les points suivants :

a) *Changer les écrous d'assemblage et les joints du turbocompresseur et serrer les écrous au couple prescrit*

b) *En cas de montage d'un turbocompresseur neuf, vidanger le moteur et changer le filtre à huile. Remplacer également le filtre au niveau de la canalisation d'alimentation en huile du turbocompresseur. Les vis creuses des raccords banjo de la canalisation d'alimentation en huile sont à serrer au couple préconisé*

c) *Amorcer le turbocompresseur en le remplissant d'huile moteur propre par le raccord de la canalisation d'alimentation en huile avant son rebranchement*

16 Echangeur thermique air-air
- dépose et repose

Nota : *Seules les versions à moteur 16 soupapes disposent d'un échangeur thermique air-air.*

Dépose

1 L'échangeur thermique air-air est situé à l'avant du compartiment moteur, à droite du radiateur de refroidissement. Pour y accéder, serrer le frein à main puis lever l'avant de la voiture au cric et le poser sur chandelles (voir « *Levage et soutien du véhicule* »). Dans le cas où il existe, desserrer ses vis de fixation et déposer le carénage de protection sous le moteur.

3 Déposer la calandre (voir chapitre 11).

4 Desserrer les quatre vis de fixation et déposer la traverse avant supérieure **(voir illustrations 15.7a et 15.7b)**.

5 Desserrer la vis de chaque côté assurant la fixation du support du radiateur et de l'échangeur thermique air-air sur les ailes avant puis soulever le support pour libérer les pattes de retenue inférieures et l'écarter le plus possible vers l'avant, autant que les durits et les accessoires le permettent **(voir illustration 15.8)**.

6 A l'aide de deux tournevis, appuyer sur les languettes de retenue de chaque côté du support en plastique supérieur puis tirer le haut de l'échangeur thermique air-air vers le moteur de façon à libérer le support puis dégager le téton de

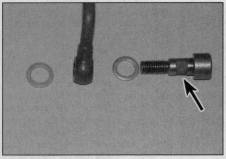

15.10c Raccord banjo de canalisation d'alimentation en huile du turbocompresseur avec filtre incorporé à la vis creuse et joints

15.11 Collier de fixation de canalisation de retour d'huile du turbocompresseur

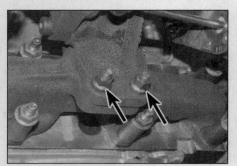

15.12a Ecrous d'assemblage inférieurs . . .

15.12b . . . et supérieurs du turbocompresseur

positionnement de l'échangeur thermique air-air **(voir illustration)**.

7 Soulever l'échangeur thermique pour libérer ses pattes d'ancrage inférieures et le sortir du compartiment moteur **(voir illustration)**. Récupérer les blocs amortisseurs en caoutchouc.

Repose

8 La repose s'opère en sens inverse de dépose.

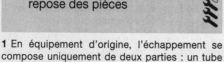

17 Echappement - dépose et repose des pièces

1 En équipement d'origine, l'échappement se compose uniquement de deux parties : un tube avant avec pot catalytique intégré et le reste de la ligne d'échappement comprenant un tube intermédiaire et un tube arrière avec le silencieux. Le pot catalytique est assemblé au turbocompresseur et au manchon flexible au niveau du tube intermédiaire par des colliers.

2 Il est possible d'obtenir des sections séparées pour les tubes intermédiaire et arrière en pièces de rechange, ce qui nécessite toutefois de scinder la ligne d'échappement d'origine avec une scie pour pouvoir accoupler le tube de rechange à l'aide d'un manchon de raccordement.

3 La ligne d'échappement est suspendue sur toute sa longueur par des supports élastiques en caoutchouc et la partie avant est dotée d'un manchon flexible afin de permettre un certain débattement.

4 Pour déposer l'échappement complet ou l'une de ses parties constituantes, lever au préalable l'avant ou l'arrière de la voiture au cric et le poser sur chandelles (voir « *Levage et soutien du véhicule* »). En alternative, placer la voiture au-dessus d'une fosse d'entretien ou sur un pont élévateur. Pour la dépose de la ligne complète, il est nécessaire d'abaisser l'essieu arrière de manière à pouvoir la dégager du dessous de la voiture.

Dépose et repose

Pot catalytique

5 Dans le cas où il existe, desserrer ses vis de fixation et déposer le carénage de protection sous le moteur.

6 Desserrer ses six vis de fixation et déposer

16.6 Déverrouillage du support en plastique supérieur au moyen de deux tournevis . . .

l'écran thermique inférieur à l'avant du pot catalytique.

7 Desserrer les colliers assemblant le pot catalytique au turbocompresseur et au manchon flexible au niveau du tube intermédiaire **(voir illustrations)**. Prendre garde de ne pas abîmer le manchon flexible.

8 Desserrer les deux écrous de fixation sur le carter-cylindres puis dégager le pot catalytique par le bas **(voir illustration)**.

9 Récupérer l'entretoise et l'écran thermique intérieur sur les goujons au niveau du carter-cylindres **(voir illustrations)**.

10 La repose s'effectue à l'inverse de la dépose, en veillant à serrer les colliers d'assemblage au couple prescrit.

Echappement complet (sans le pot catalytique)

11 Déposer les ressorts de suspension arrière puis abaisser le plus possible l'essieu (voir chapitre 10).

17.7a Colliers d'assemblage entre pot catalytique et turbocompresseur . . .

16.7 . . . et dépose de l'échangeur thermique air-air

12 Desserrer le collier d'assemblage entre le manchon flexible du tube intermédiaire et le pot catalytique.

13 Desserrer les écrous de fixation des supports sur le soubassement puis soulever la ligne d'échappement pour la dégager par-dessus l'essieu.

14 La repose s'opère à l'inverse de la dépose, en observant par ailleurs les points suivants :

a) Examiner les supports élastiques en caoutchouc pour s'assurer qu'ils ne sont pas abîmés et les changer au besoin

b) Avant de serrer les fixations de l'échappement, vérifier que tous les supports élastiques en caoutchouc sont correctement positionnés et qu'il existe un dégagement suffisant entre l'échappement et le soubassement de la voiture

c) Se reporter au chapitre 10 pour effectuer la repose des ressorts de suspension arrière

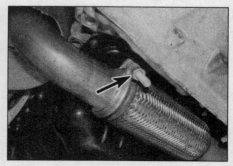

17.7b . . . et tube intermédiaire d'échappement

17.8 Ecrous de fixation du pot catalytique sur le carter-cylindres

17.9a Dépose de l'entretoise . . .

17.9b . . . et de l'écran thermique intérieur

Tube intermédiaire (section de remplacement)

15 Si l'échappement comporte un tube intermédiaire monté en section de remplacement, desserrer le collier assemblant le manchon flexible au pot catalytique.

16 Dévisser les écrous des supports du tube intermédiaire sur le soubassement puis desserrer les boulons du manchon de raccordement, désaccoupler le tube intermédiaire du manchon et le dégager du dessous de la voiture.

17 La repose a lieu à l'inverse de la dépose, en s'assurant que les supports élastiques en caoutchouc sont en bon état, sinon les remplacer.

18 Pour l'installation d'un tube intermédiaire en section de remplacement sur l'échappement d'origine, repérer l'emplacement où doit avoir lieu la séparation, juste en avant de l'essieu. Le point de sectionnement est indiqué par quatre repères circulaires marqués au pointeau sur le côté du tube.

19 Sectionner le tube d'échappement au moyen d'une scie à métaux.

20 Desserrer le collier assemblant le manchon flexible du tube intermédiaire au pot catalytique.

21 Dévisser les écrous des supports du tube intermédiaire sur le soubassement et le dégager du dessous de la voiture.

22 Vérifier que les supports élastiques en caoutchouc ne sont pas abîmés, sinon les remplacer ou bien s'ils sont en bon état, les transférer sur le tube intermédiaire de rechange.

23 A l'aide d'un stylo feutre, tracer un repère sur le tube arrière (partie restant en place), à 40 mm du point de sectionnement puis installer le manchon de raccordement sur le tube arrière, jusqu'à hauteur du repère, monter les boulons de fixation et les serrer sans les bloquer, de façon à juste retenir le manchon.

24 Engager le tube intermédiaire sur le manchon de raccordement puis remonter les écrous de fixation des supports, en les bloquant à la main uniquement à ce stade.

25 Monter le collier assemblant le manchon flexible du tube intermédiaire au pot catalytique et bien le serrer.

26 Vérifier que le manchon de raccordement est bien aligné par rapport au repère effectué précédemment et que le tube intermédiaire est engagé à fond puis bloquer correctement les boulons de fixation du manchon et les écrous de fixation des supports.

Tube arrière avec silencieux (section de remplacement)

27 Si l'échappement comporte un tube arrière avec silencieux monté en section de remplacement, dévisser les écrous de fixation des supports sur le soubassement puis les boulons de fixation du manchon de raccordement, désaccoupler le tube arrière et le dégager du dessous de la voiture.

28 La repose s'opère à l'inverse de la dépose, en s'assurant que les supports élastiques en caoutchouc son en bon état, sinon les remplacer.

29 Pour l'installation d'un tube arrière en section de remplacement sur l'échappement d'origine, repérer l'emplacement où doit avoir lieu la séparation, juste en avant de l'essieu. Le point de sectionnement est indiqué par quatre repères circulaires marqués au pointeau sur le côté du tube.

30 Sectionner le tube d'échappement au moyen d'une scie à métaux.

31 Dévisser les écrous des supports du tube arrière avec le silencieux sur le soubassement et le dégager du dessous de la voiture.

32 Vérifier que les supports élastiques en caoutchouc ne sont pas abîmés, sinon les remplacer ou bien s'ils sont en bon état, les transférer sur le tube arrière de rechange.

33 A l'aide d'un stylo feutre, tracer un repère sur le tube intermédiaire (partie restant en place), à 40

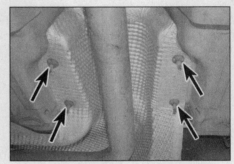

17.36 Ecrous de fixation d'écran thermique arrière d'échappement

mm du point de sectionnement puis installer le manchon de raccordement sur le tube intermédiaire, jusqu'à hauteur du repère, monter les boulons de fixation et les serrer sans les bloquer, de façon à juste retenir le manchon.

34 Engager le tube arrière sur le manchon de raccordement puis remonter les écrous de fixation des supports, en les bloquant à la main uniquement à ce stade.

35 Vérifier que le manchon de raccordement est bien aligné par rapport au repère effectué précédemment et que le tube arrière est engagé à fond puis bloquer correctement les boulons de fixation du manchon et les écrous de fixation des supports.

Ecrans thermiques

36 Les écrans thermiques sont retenus au soubassement au moyen d'écrous ou de rivets **(voir illustration)**. Pour procéder à la dépose d'un écran pour accéder à un élément dissimulé derrière lui, dévisser les écrous ou enlever les rivets : dévisser la goupille centrale et extraire le rivet complet. Il peut dans certains cas être nécessaire de dégager la ligne d'échappement de ses fixations pour obtenir le recul suffisant pour pouvoir déposer l'écran le plus grand.

Chapitre 4 Partie C :
Dispositifs antipollution

Sommaire

Niveaux de difficulté

Facile, pour les profanes de la mécanique	**Assez facile,** pour les débutants plus avisés	**Assez difficile,** pour les amateurs compétents	**Difficile,** pour les amateurs plus expérimentés	**Très difficile,** pour les initiés et les professionnels

1 Description générale

Toutes les versions à motorisation essence de la gamme traitée dans cette étude sont conçues pour rouler au carburant sans plomb et leur moteur est piloté par un système de gestion couplée de l'injection et de l'allumage qui garantit le meilleur compromis possible entre confort de conduite, consommation et propreté. Sont par ailleurs prévus différents dispositifs antipollution : dégazage du carter-moteur, pot catalytique et recyclage des vapeurs d'essence.

Les versions à motorisation Diesel sont également conçues pour répondre aux normes imposées par la législation antipollution. Elles sont notamment dotées d'un système de dégazage du carter-moteur, d'un pot catalytique d'oxydation (2 voies) et d'un système de recyclage des gaz d'échappement.

Ces différents équipements sont décrits ci-dessous.

Versions à motorisation essence
Dégazage du carter-moteur

Afin de réduire les rejets à l'air libre des gaz provenant du carter-moteur, le moteur est scellé et les gaz de fuite et les vapeurs d'huile sont prélevés de l'intérieur du carter-moteur et passent par un décanteur pour être ensuite réintroduits par l'intermédiaire d'une tuyauterie dans le circuit d'admission et brûlés au cours du processus normal de combustion.

Les gaz se trouvent expulsés de force par la pression, sensiblement plus élevée que dans le circuit d'admission, régnant en permanence dans le carter-moteur. Si le moteur est usé, la pression augmente dans le carter-moteur (du fait du volume accru de gaz de fuite), ce qui fait qu'une partie des gaz revient quelles que soient les conditions prévalant dans la tubulure d'admission.

Traitement des gaz d'échappement

Le pot catalytique du type à boucle fermée et à trois voies assure le traitement secondaire des gaz d'échappement. Il a pour but de limiter les quantités de polluants rejetés par le moteur. Les sondes lambda incorporées à l'échappement informent en permanence le calculateur électronique de gestion du moteur de la teneur en oxygène des gaz d'échappement, ce qui permet au calculateur d'ajuster la richesse afin de favoriser la combustion et de fournir ainsi les conditions optimales pour le fonctionnement du pot catalytique.

Les sondes lambda sont pourvues d'une résistance électrique interne commandée par le calculateur électronique via un relais, qui permet de chauffer la céramique de la sonde et de l'amener rapidement à sa température de fonctionnement. La pointe de la sonde sensible à l'oxygène communique au calculateur une tension variant en fonction du taux d'oxygène dans les gaz d'échappement : si le mélange air-carburant est trop riche, les gaz d'échappement contiennent peu d'oxygène et la sonde transmet un signal basse tension ; la tension augmente avec l'appauvrissement du mélange et l'accroissement correspondant de la concentration d'oxygène dans les gaz d'échappement. Le traitement des agents polluants se révèle le plus efficace lorsque les proportions chimiques du mélange air-carburant sont optimales et permettent une combustion complète du carburant, soit une composition de 14,7 volumes (au poids) d'air pour 1 volume d'essence (rapport stœchiométrique). La tension en sortie de la sonde varie amplement en fonction de ces paramètres, le calculateur électronique se basant sur ces variations de signal pour corriger le mélange air-carburant en conséquence, en modifiant la largeur d'impulsion d'injection (durée d'ouverture des injecteurs).

Recyclage des vapeurs d'essence

Le rôle de ce dispositif est de réduire le rejet des hydrocarbures imbrûlés dans l'atmosphère. Le bouchon du réservoir de carburant est dépourvu de mise à air libre et un filtre à charbon situé dans le passage de roue avant droit, récupère les vapeurs d'essence provenant du réservoir lorsque le moteur est arrêté. Les vapeurs sont ensuite évacuées par une électrovanne de purge (pilotée par le calculateur électronique du système de gestion du moteur) dans le circuit d'admission pour être brûlées pendant la phase normale de combustion.

Afin d'assurer un bon fonctionnement du moteur à froid ainsi qu'au ralenti et de protéger le pot catalytique des effets néfastes d'un mélange trop riche, l'électrovanne de purge n'est activée par le calculateur électronique que lorsque le moteur a été échauffé et qu'une charge s'exerce sur lui. L'électrovanne est ainsi mise en circuit et hors circuit successivement afin de permettre aux vapeurs stockées dans le réservoir à charbon actif de passer dans le circuit d'admission.

Versions à motorisation Diesel

Dégazage du carter-moteur

Voir description correspondante pour les versions à motorisation essence.

Traitement des gaz d'échappement

Les versions à motorisation Diesel sont équipées d'un pot catalytique d'oxydation destiné à réduire le niveau des rejets polluants émis par le moteur à l'échappement.

Le pot catalytique consiste en une enveloppe en acier renfermant un support alvéolé avec revêtement actif à travers lequel circulent les gaz d'échappement. Il a pour fonction d'accélérer l'oxydation du monoxyde de carbone (CO) et des

hydrocarbures imbrûlés (HC), en diminuant ainsi la quantité des agents nuisibles pour l'environnement contenus dans les gaz d'échappement.

Recyclage des gaz d'échappement

Ce dispositif a pour but de remettre en circulation une partie des gaz d'échappement dans le circuit d'admission et de la réintégrer dans le processus de combustion. Il contribue à abaisser la température de combustion et partant de là, à diminuer la concentration d'oxydes d'azote (NO_X) dans les gaz d'échappement.

Le dispositif est piloté par le calculateur de gestion du moteur par l'intermédiaire d'une électrovanne.

Le clapet (vanne pneumatique) permettant ou non le recyclage d'une partie des gaz est commandé par la dépression issue de la pompe à vide via l'électrovanne.

Est également prévu un boîtier doseur implanté entre le conduit d'air de sortie du turbocompresseur et la tubulure d'admission et pourvu d'un volet actionné par une vanne via une électrovanne spécifique et commandée par le calculateur électronique de gestion du moteur. L'électrovanne est raccordée au tuyau reliant la vanne du boîtier doseur et le circuit de dépression de la pompe à vide. Ce dispositif a pour rôle d'assurer le dosage du rapport entre la quantité d'air admise et le taux de gaz d'échappement recyclés.

2 Dispositifs antipollution - contrôle et remplacement des pièces

Moteurs essence

Dégazage du carter-moteur

1 Le dispositif ne nécessite aucune attention particulière, à part un contrôle régulier de la tuyauterie pour s'assurer qu'elle n'est pas obstruée ni abîmée.

Recyclage des vapeurs d'essence - contrôle

2 En cas de doute quant au bon fonctionnement du dispositif, débrancher les durits au niveau du réservoir à charbon actif et de l'électrovanne de purge, et vérifier qu'elles ne sont pas obstruées : les déboucher éventuellement à l'air comprimé. En

cas de défectuosité de l'électrovanne de purge ou du réservoir à charbon actif, les changer.

Réservoir à charbon actif - remplacement

3 Le réservoir à charbon actif est situé dans le passage de roue avant droit. Pour y accéder, débloquer les vis de la roue, serrer le frein à main, lever l'avant de la voiture au cric et le poser sur chandelles (voir « *Levage et soutien du véhicule* »). Déposer la roue et la coquille pare-boue du passage de roue : extraire les rivets à expansion en plastique après avoir enfoncé légèrement ou soulevé leur goupille centrale, suivant le type.

4 Desserrer les deux écrous de fixation et dégager le réservoir à charbon actif dans le passage de roue (**voir illustration**).

5 Bien repérer leur position respective de raccordement et débrancher les durits d'arrivée de carburant et de retour des vapeurs d'essence en appuyant sur le bouton blanc de leur raccord rapide pour le déverrouiller et déposer le réservoir à charbon actif.

6 La repose a lieu à l'inverse de la dépose, en veillant à raccorder correctement les durits.

Electrovanne de purge - remplacement

7 L'électrovanne de purge est montée sur un support, côté droit de la culasse (**voir illustrations**).

8 Débrancher le connecteur électrique ainsi que les durits de retour des vapeurs d'essence au niveau de l'électrovanne. Si les durits sont équipées de colliers de type serti, les sectionner et les remplacer par des colliers de type classique à bande métallique et vis au remontage.

9 Dégager l'électrovanne de son support et la sortir du compartiment moteur.

10 La repose s'opère à l'inverse de la dépose.

Traitement des gaz d'échappement - contrôle

11 L'efficacité du pot catalytique ne peut se vérifier qu'en contrôlant la composition des gaz d'échappement au moyen d'un analyseur de gaz de bonne qualité et étalonné avec précision. L'analyseur doit être branché et utilisé conformément aux instructions de sa notice d'emploi.

12 Si le taux de CO en sortie du tube arrière de l'échappement est excessif, il y aura lieu de confier la voiture à un atelier du réseau Citroën afin de faire

2.4 Ecrous de fixation du réservoir à charbon actif de recyclage des vapeurs d'essence

2.7a Electrovanne de purge de recyclage des vapeurs d'essence - moteurs 1,1 et 1,4 l . . .

2.7b . . . et sur moteur 1,6 l

2.14a Sonde lambda implantée sur le collecteur d'échappement . . .

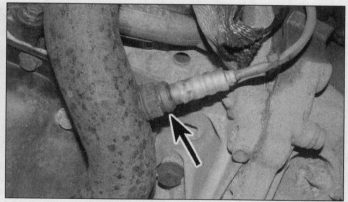

2.14b . . . et sur le tube avant d'échappement, en aval du pot catalytique

vérifier de manière approfondie le système de gestion du moteur au moyen de l'appareil électronique prévu à cet effet. Si ce contrôle ne permet pas de mettre en évidence des défauts dans le système, la cause du dysfonctionnement proviendra du pot catalytique qui sera à changer.

Pot catalytique - remplacement

13 Voir chapitre 4A.

Sondes lambda - remplacement

Nota : *Les sondes lambda sont à manipuler avec précaution. Prendre garde de ne pas les laisser tomber, les cogner ni interrompre leur alimentation électrique, ce qui risquerait de les endommager irrémédiablement. De même, ne pas utiliser de solvant-dégraissant pour leur nettoyage.*

14 Suivre le trajet du câblage électrique en partant des sondes (la première étant située au niveau du collecteur d'échappement et la seconde, en amont du pot catalytique) jusqu'aux connecteurs et les débrancher puis libérer le câblage de toute bride ou collier de maintien **(voir illustrations)**.

15 Dévisser la sonde concernée et la dégager du tube avant ou du collecteur d'échappement avec sa rondelle-joint.

16 La repose a lieu à l'inverse de la dépose, en équipant la sonde d'une rondelle-joint neuve. Avant de remettre en place la sonde, enduire légèrement son filetage de graisse haute température et la remonter en la serrant bien. Veiller à réinstaller convenablement le câblage électrique de manière à ce qu'il ne risque pas de toucher la ligne d'échappement ni le moteur.

Moteurs Diesel

Dégazage du carter-moteur - contrôle

17 Le dispositif ne nécessite aucune attention particulière, à part un contrôle régulier de la tuyauterie pour s'assurer qu'elle n'est pas obstruée ni abîmée.

Traitement des gaz d'échappement - contrôle

18 L'efficacité du pot catalytique ne peut se vérifier qu'en contrôlant la composition des gaz d'échappement au moyen d'un analyseur de gaz de bonne qualité et étalonné avec précision. L'analyseur doit être branché et utilisé conformément aux instructions de sa notice d'emploi.

19 En cas de dépassement des valeurs réglementaires, avant de conclure à une défaillance du pot catalytique, s'assurer que le problème n'est pas lié à des injecteurs défectueux ou à une anomalie du système d'injection ou de gestion du moteur : consulter les services techniques d'un concessionnaire de la marque.

Pot catalytique - remplacement

20 Voir chapitre 4B.

Recyclage des gaz d'échappement - contrôle

21 Le contrôle du dispositif de recyclage des gaz d'échappement qui nécessite une pompe à vide et un manomètre est à confier aux services techniques d'un concessionnaire Citroën.

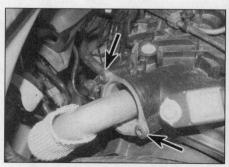

2.23a Vis de fixation de la canalisation de recyclage des gaz d'échappement sur la tubulure d'admission . . .

2.24a Collier de fixation sur la vanne . . .

Vanne - remplacement

22 Procéder à la dépose du boîtier de filtre à air (voir chapitre 4B).

23 Desserrer les deux vis de fixation de la canalisation de recyclage des gaz d'échappement sur la tubulure d'admission et la vis de fixation de la canalisation à la partie arrière de la culasse **(voir illustrations)**.

24 Enlever le collier de fixation de la canalisation de recyclage des gaz d'échappement sur la vanne. S'il s'agit du collier d'origine de type serti, le sectionner : il sera à remplacer par un collier à bande métallique et vis au remontage. Dans le cas d'un collier à vis, le desserrer et l'écarter puis dégager la canalisation de l'arrière du moteur et récupérer le joint torique **(voir illustrations)**.

2.23b . . . et à la partie arrière de la culasse

2.24b . . . et dépose de la canalisation de recyclage des gaz d'échappement

25 Débrancher son tuyau de dépression puis desserrer les deux vis de fixation et dégager la vanne à la partie arrière du moteur.

26 Procéder à l'inverse de la dépose pour effectuer la repose.

Electrovanne - remplacement

27 L'électrovanne est montée sur la face avant du carter-cylindres dans le cas du moteur 8 soupapes et sur la face arrière du carter-cylindres, à sa partie inférieure, pour le moteur 16 soupapes.

28 Pour la dépose de l'électrovanne, débrancher les deux tuyaux de dépression et le connecteur électrique puis desserrer les vis ou écrous de fixation du support et la dégager **(voir illustrations)**.

29 La repose s'opère en sens inverse de dépose.

3 Pot catalytique - généralités et précautions

Le pot catalytique est un dispositif à la fois simple et fiable ne nécessitant pas d'entretien particulier, mais le propriétaire d'une voiture en étant équipée doit observer un certain nombre de règles générales pour lui assurer un bon fonctionnement et une durée de vie prolongée.

Moteurs essence

a) *NE PAS utiliser de carburant plombé sur une voiture équipée d'un pot catalytique : le plomb peut se déposer sur les métaux précieux qui risquent ainsi de perdre leur efficacité en tant que catalyseur et le pot catalytique peut se trouver irrémédiablement endommagé*

2.28a Ecrous de fixation d'électrovanne de recyclage des gaz d'échappement - moteur Diesel 8 soupapes . . .

b) *Veiller à maintenir les circuits d'allumage et d'alimentation en bon état de marche, conformément au programme d'entretien du constructeur*

c) *Si le moteur a des ratés (détonations), ne pas utiliser la voiture (ou le moins possible) jusqu'à ce que la cause de ces ratés soit traitée*

d) *NE PAS pousser ni remorquer la voiture pour la faire démarrer : cela aura pour conséquence de noyer le pot catalytique de carburant imbrûlé, entraînant une surchauffe du pot au démarrage*

e) *NE PAS couper le contact lorsque le moteur tourne à haut régime, c'est-à-dire ne pas accélérer à fond avant d'arrêter le moteur*

f) *NE PAS incorporer d'additifs dans le carburant ni dans l'huile du moteur : il peuvent contenir des substances nocives pour le pot catalytique*

g) *NE PAS continuer à utiliser la voiture si le moteur consomme de l'huile au point de dégager des traînées de fumée bleutée*

h) *Se rappeler que le pot catalytique fonctionne à*

2.28b . . . et vis de fixation - moteur Diesel 16 soupapes

très haute température. Par conséquent, NE PAS se garer sur des broussailles sèches, des herbes hautes ni sur un tas de feuilles mortes après un long trajet

i) *Se rappeler que le pot catalytique est FRAGILE : ne pas le cogner avec des outils pendant les opérations d'entretien*

j) *Dans certains cas, lorsque la voiture est neuve, une odeur sulfureuse (rappelant celle des œufs pourris) peut être remarquée au niveau de l'échappement. Cette particularité se rencontre sur beaucoup de voitures équipées d'un pot catalytique. La voiture ayant parcouru plusieurs milliers de kilomètres, cet inconvénient disparaîtra de lui-même*

k) *Si le pot catalytique vient à se montrer inefficace, il doit être remplacé*

Moteurs Diesel

Les consignes indiquées ci-dessus aux points f), g), h), et i) s'appliquent au pot catalytique équipant les moteurs Diesel.

Chapitre 5 Partie A :
Circuits de démarrage et de charge

Sommaire

Niveaux de difficulté

Facile, pour les profanes de la mécanique	Assez facile, pour les débutants plus avisés	Assez difficile, pour les amateurs compétents	Difficile, pour les amateurs plus expérimentés 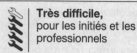	Très difficile, pour les initiés et les professionnels

Caractéristiques

Batterie
Etat de charge :
Faible	12,5 V
Normal	12,6 V
Bon	12,7 V

Alternateur
Marque	Denso, Valeo ou Mitsubishi (suivant motorisation)

Intensité nominale débitée :
Motorisations essence	60, 70, 80 ou 90 A
Motorisations Diesel	80 ou 150 A

Démarreur
Marque   Mitsubishi, Valeo, Ducellier, Iskra ou Bosch (suivant motorisation)

Couples de serrage
	daN.m
Vis de fixation d'alternateur	4
Manoconctact de pression d'huile	3
Vis de fixation de démarreur	3,5

---

1 Description générale et précautions

Description générale

Les circuits de charge et de démarrage étant rattachés au moteur par leurs fonctions, ils sont traités séparément des autres appareils électriques tels que l'éclairage, les instruments au tableau de bord, etc., qui sont quant à eux abordés au chapitre 12. Se reporter à la partie B du chapitre en ce qui concerne le circuit d'allumage des moteurs essence et à la partie C quant au système de pré/postchauffage des moteurs Diesel.

Le circuit électrique est du type fonctionnant sous 12 V avec mise à la masse négative.

La batterie qui peut être du type à faible entretien ou « sans entretien » (scellée à vie) est chargée par l'alternateur qui est entraîné par une courroie à partir d'une poulie montée en bout de vilebrequin.

Le démarreur est du type série à aimant permanent, à lanceur et flasque extérieur, commandé par solénoïde. Au démarrage, le solénoïde agit sur le pignon lanceur qui vient s'engrener sur la couronne du volant moteur/disque d'entraînement avant que le démarreur ne se trouve amorcé. Après démarrage du moteur, une roue libre empêche que l'induit ne soit entraîné par le moteur jusqu'à ce que le pignon se désengrène de la couronne.

Précautions

Se reporter aux sections correspondantes du chapitre pour les différentes opérations pouvant être réalisées sur les éléments des circuits de charge et de démarrage. Bien qu'une réparation puisse effectuée dans certains cas, il sera préférable en cas de défectuosité d'un composant de changer celui-ci.

Il convient de faire preuve d'une grande prudence lors de toute intervention sur le circuit électrique du véhicule afin de ne pas endommager les semi-conducteurs (diodes et transistors) et d'éviter de se blesser. Outre les précautions indiquées à la rubrique « Impératifs de sécurité » au début du manuel, observer les consignes suivantes lors d'une opération quelle qu'elle soit sur le circuit électrique :

• *Toujours retirer les accessoires : bagues, montre, etc. avant d'entreprendre toute intervention sur le circuit. Même lorsque la batterie est débranchée, il peut se produire une décharge capacitive si une borne sous tension d'un composant vient à être mise à la masse par l'intermédiaire d'un objet métallique, ce qui est susceptible de provoquer un choc dû à une décharge électrique ou une brûlure sérieuse*

• *Ne pas intervertir les branchements de la batterie, ce qui risquerait d'endommager irrémédiablement les composants de l'alternateur, des boîtiers de commande électroniques ou tout autre élément comportant des semi-conducteurs*

• *Si le moteur doit être mis en marche avec des câbles de démarrage volants et une batterie d'appoint, relier les batteries de positif à positif et de négatif à négatif (voir « Démarrage à l'aide d'une batterie de secours » au début du manuel). Cela s'applique également au branchement d'un chargeur de batterie*

• *Ne jamais débrancher les cosses de la batterie, le câblage de l'alternateur ni les fils d'un appareil de contrôle lorsque le moteur tourne*

Ne pas actionner le démarreur lorsque l'alternateur est débranché, ce qui serait susceptible de l'entraîner

• *Ne jamais « tester » la tension en sortie d'alternateur en mettant le fil de sortie à la masse*

• *Ne jamais utiliser d'ohmmètre du type comportant une génératrice à manivelle pour effectuer le contrôle du circuit et de la continuité*

• *Débrancher systématiquement le câble de masse (-) de la batterie avant d'entreprendre une intervention sur le circuit électrique*

• *Pour effectuer une soudure électrique sur le véhicule, débrancher la batterie,* *l'alternateur et les équipements sensibles, notamment les différents calculateurs et boîtiers électroniques afin d'éviter qu'ils ne se trouvent endommagés*

2 Recherche de pannes électriques - généralités

Voir chapitre 12.

3 Batterie - contrôle et mise en charge

Contrôle

Batteries traditionnelles et à faible entretien

1 Si le véhicule ne parcourt qu'un faible kilométrage annuel, il est bon de contrôler la densité de l'électrolyte tous les trois mois afin de déterminer l'état de la charge de la batterie. Pour effectuer ce contrôle, utiliser un pèse-acide et comparer les valeurs relevées à celles prescrites indiquées ci-dessous. A noter que les relevés de densité supposent une température normalisée de 15 °C. Pour chaque 10° en dessous de 15 °C, déduire 0,007 g/ml. Pour chaque 10° au-dessus de 15 °C, ajouter 0,007 g/ml.

	+ de 25 °C	- de 25 °C
Pleine charge	*1,210 à 1,230*	*1,270 à 1,290*
Charge à 70 %	*1,170 à 1,190*	*1,230 à 1,250*
Décharge totale	*1,050 à 1,070*	*1,110 à 1,130*

2 Si l'état de la batterie est sujet à doute, contrôler en premier lieu la densité de l'électrolyte dans chaque élément. Une différence de l'ordre de 0,040 g/ml ou supérieure entre les éléments indiquera une perte d'électrolyte ou une détérioration des plaques internes de la batterie.

3 En cas de différence supérieure à 0,040 g/ml entre les éléments, la batterie est à remplacer. Si la différence entre éléments demeure acceptable et que la batterie est déchargée, elle doit être mise en charge en opérant comme décrit plus loin dans cette section.

Batterie sans entretien

4 Si la voiture est équipée d'une batterie de type « sans entretien » (scellée à vie), il n'est pas possible de rétablir le niveau d'électrolyte ni d'en contrôler la densité. La seule solution pour évaluer l'état de la batterie consistera à la tester à l'aide d'un indicateur de charge ou d'un voltmètre.

5 Certaines batteries « sans entretien » de marque Delco sont pourvues d'un indicateur de charge situé sur le couvercle du bac. Il permet de connaître l'état de charge de la batterie par la couleur qu'il affiche. Ainsi, lorsqu'il est au vert, l'état de charge est bon. Lorsqu'il vire à une couleur plus foncée pouvant aller jusqu'au noir, la batterie doit être rechargée. Lorsqu'il tourne à une couleur claire à nuance jaune, le niveau

d'électrolyte dans la batterie est insuffisant pour que celle-ci puisse encore servir auquel cas, elle devra être changée.

Attention : Lorsque la couleur claire est affichée par l'indicateur, ne pas mettre la batterie en charge ni l'assister à l'aide d'une batterie de secours avec des câbles volants pour le démarrage du moteur

Batteries tous types

6 Pour procéder au contrôle de la batterie au moyen d'un voltmètre, le brancher à ses bornes. Cette vérification n'est valable que si la batterie n'a pas été soumise à une charge durant les six heures précédentes y compris celle de l'alternateur. Si tel n'est pas le cas, allumer les phares pendant 30 secondes puis attendre quatre à cinq minutes après les avoir éteints avant d'effectuer le contrôle de la batterie. Tous les autres circuits électriques doivent être hors tension et vérifier notamment que les portes et le hayon sont bien fermés (les plafonniers et l'éclairage de coffre ne devant pas être allumés).

7 Si la tension relevée est inférieure à 12,2 V, la batterie est déchargée alors qu'une tension comprise entre 12,2 et 12,4 V indiquera un état de décharge partielle.

8 Pour recharger la batterie, la déposer (voir section suivante) et la mettre en charge ainsi qu'indiqué ci-dessous.

Mise en charge

Nota : *Les opérations suivantes sont décrites à titre indicatif uniquement. Il convient de suivre les instructions du fabricant de la batterie (le plus souvent indiquées sur l'étiquette apposée sur son bac) pour sa mise en charge.*

Batteries traditionnelles et à faible entretien

9 La charge doit s'effectuer à un régime équivalent à 10 % de la capacité nominale de la batterie (par exemple, 5 A pour une batterie dont la capacité est de 50 Ah) et l'interrompre lorsque la densité de l'électrolyte n'augmente plus dans un délai de 4 heures.

10 Un chargeur d'entretien délivrant un courant de 1,5 A peut également être utilisé sans risque de surcharge pendant une nuit entière.

11 Les chargeurs dits « rapides » aptes à rétablir la charge de la batterie en une ou deux heures sont à déconseiller car ils risquent de détériorer sérieusement ses plaques internes par surchauffe.

12 Durant la charge, la température de l'électrolyte ne doit jamais dépasser 37,8 °C.

Batterie sans entretien

13 Ce type de batterie nécessite un temps de recharge nettement plus long que celui des batteries de type traditionnel. Cette durée dépend du degré de décharge. Elle peut aller jusqu'à trois jours.

14 Il faut utiliser un chargeur de type à tension constante comprise entre 13,9 et 14,9 V avec un courant de charge inférieur à 25 A. Cette méthode permet d'utiliser la batterie dans les trois heures qui suivent à une tension de 12,5 V, ce qui constitue toutefois un état de charge partiel, et comme indiqué précédemment, il faudra prévoir

une durée nettement plus longue pour une recharge complète.

15 Si la batterie est complètement à plat (tension inférieure à 12,2 V), la faire recharger dans un garage ou par un électricien automobile vu qu'un régime de charge plus élevé étant nécessaire, il convient d'assurer une surveillance constante durant la recharge.

4 Batterie - débranchement, dépose et repose

Nota 1 : *Le combiné autoradio/lecteur de cassettes/lecteur et changeur de CD monté en équipement de série par le constructeur est programmé avec le code de sécurité propre au véhicule. En cas d'interruption de l'alimentation électrique, cet équipement se reprogramme automatiquement de lui-même. Par contre, il ne peut pas être utilisé avec un autre véhicule.*

Nota 2 : *Pour débrancher la batterie, observer un délai d'attente minimal de deux minutes après avoir coupé le contact.*

Batterie

Débranchement

1 La batterie est située côté gauche du compartiment moteur.

2 Avant de procéder au débranchement de la batterie, fermer toutes les vitres et le toit ouvrant (suivant équipement) et s'assurer que le système d'alarme du véhicule est bien désactivé (voir notice d'emploi du véhicule).

3 Suivant équipement, déposer le petit cache en avant de la batterie en tournant sa vis de fixation d'un quart de tour puis déposer la partie avant du couvercle de la batterie en tirant simplement dessus pour le dégager et procéder ensuite de la même manière pour la dépose de la partie arrière du couvercle **(voir illustrations)**.

4 Desserrer le boulon du collier et débrancher la cosse du câble de masse (-) de la batterie **(voir illustration)**.

5 Soulever le levier de déverrouillage rapide et débrancher la cosse du câble positif (+) de la batterie.

Rebranchement

6 Enduire de vaseline les surfaces de contact des

4.3a Dépose de la partie avant . . .

4.3b . . . et de la partie arrière du couvercle de la batterie

bornes de la batterie et des cosses de ses câbles avant de les rebrancher, ce qui ralentira la corrosion sans faire obstruction au passage du courant. Le câble positif de la batterie est à rebrancher en premier.

7 La batterie une fois rebranchée, mettre le contact et observer un délai d'attente minimal d'une minute avant de faire démarrer le moteur afin de réinitialiser les calculateurs et boîtiers électroniques du véhicule.

8 Verrouiller et déverrouiller le hayon de façon à rétablir le fonctionnement correct du mécanisme de serrure.

9 Reprogrammer les stations radio et reparamétrer l'affichage multifonction.

10 Réinitialiser la fonction « antipincement » des glaces électriques, en opérant comme suit :

a) *Appuyer sur la commande pour ouvrir la glace à fond*

b) *Appuyer sur la commande pour refermer la glace qui commence à remonter et s'arrête.*

c) *Appuyer de nouveau sur la commande jusqu'à ce que la glace se ferme complètement*

11 Suivant équipement, réinitialiser le mécanisme de commande du toit ouvrant en procédant comme suit :

a) *Placer le commutateur en position d'ouverture maximale du toit ouvrant*

b) *Maintenir enfoncée la commande pendant une seconde supplémentaire le toit ouvrant ayant atteint la position d'ouverture maximale*

Dépose

12 Débrancher la batterie en opérant comme décrit précédemment.

13 Sur les versions à motorisation Diesel, déposer le déflecteur d'air à la partie avant du conduit d'aspiration d'air frais en tournant sa fixation d'un quart de tour (voir chapitre 4B, section 4).

14 Appuyer sur le loquet en plastique sur le côté du support pour le libérer en bas de la batterie **(voir illustration)**. **S**oulever légèrement la batterie pour désengager les pattes de retenue inférieures et la dégager de son support puis la sortir du compartiment moteur.

Repose

15 La repose s'effectue à l'inverse de la dépose, en s'assurant d'installer correctement la batterie sur son support, puis la rebrancher en opérant comme indiqué précédemment.

Support de batterie

Dépose

16 Procéder à la dépose de la batterie (voir opération précédente).

17 Suivant le type de moteur, déposer le boîtier de filtre à air et/ou ses conduits pour permettre l'accès au support de la batterie (voir chapitre 4A ou 4B, suivant le cas).

18 Suivant montage, débrancher le conduit d'aspiration d'air frais au niveau du support de la batterie puis débrider le faisceau électrique **(voir illustration)**.

19 Déposer le calculateur électronique du système de gestion du moteur (voir chapitre 4A ou 4B, suivant le cas).

20 Dégager la cloison en plastique au niveau du support de la batterie, à l'avant du calculateur

4.4 Débranchement de la cosse du câble de masse (-) de la batterie

4.14 Déverrouillage du loquet en bas de la batterie

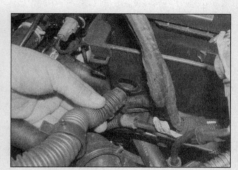

4.18 Débranchement du conduit d'aspiration d'air frais au niveau du support de la batterie

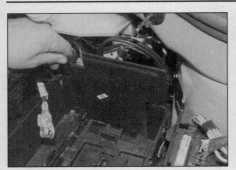

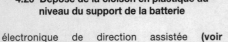

4.20 Dépose de la cloison en plastique au niveau du support de la batterie

4.21a Extraire l'épingle de retenue . . .

4.21b . . . puis tirer le loquet vers l'extérieur pour le désenclencher et débrancher le connecteur électrique du calculateur de direction assistée

électronique de direction assistée **(voir illustration)**.

21 Débrancher les trois connecteurs électriques du calculateur électronique de direction assistée. Pour débrancher le plus grand connecteur, extraire l'épingle de retenue puis tirer le loquet vers l'extérieur pour le désenclencher **(voir illustrations)**.

22 Desserrer ses deux vis de fixation puis tirer le support de la batterie vers l'avant pour déverrouiller les deux pattes d'ancrage arrière et dégager le support avec le calculateur électronique de direction assistée.

Repose

23 La repose a lieu à l'inverse de la dépose.

5 Circuit de charge - contrôle

Nota : *Consulter les mises en garde figurant à la rubrique « Impératifs de sécurité » au début du manuel et en section 1 avant toute intervention*

1 Si le témoin de charge au tableau de bord ne s'allume pas lorsque le contact est mis, s'assurer en premier lieu que les connexions électriques de l'alternateur sont correctement enfichées.

2 Si le témoin de charge demeure allumé alors que le moteur tourne, l'arrêter et contrôler que la courroie d'accessoires est bien tendue (voir chapitre 1A ou 1B) et que les connexions électriques de l'alternateur sont bien fixées. Si aucune anomalie

n'est notée sur les points précédents, confier l'alternateur à un électricien automobile pour son contrôle et une réparation éventuelle.

3 En cas de doute du bon fonctionnement de l'alternateur et cela même si le témoin de charge opère correctement, la tension en sortie de l'alternateur est à contrôler en procédant comme suit :

4 Relier un voltmètre aux bornes de la batterie et mettre le moteur en marche.

5 Augmenter le régime du moteur jusqu'à ce que le voltmètre indique une valeur stabilisée comprise entre 12 et 13 V, sans dépasser 14 V.

6 Mettre en circuit le maximum d'accessoires électriques (phares, lunette arrière dégivrante, motoventilateur de chauffage, etc.) et vérifier que la tension régulée de l'alternateur se maintient entre 13 et 14 V.

7 Si la tension régulée n'est pas conforme aux indications précédentes, cela peut être dû à une usure des balais, à des ressorts de balais détendus, à un régulateur de tension défectueux, à une diode défectueuse, à un déphasage important ou à des bagues collectrices usées : dans ce cas, l'alternateur doit être changé ou confié à un électricien automobile pour son contrôle et sa remise en état.

6 Courroie d'alternateur - dépose et repose

Procéder comme décrit au chapitre 1A ou 1B pour la courroie d'accessoires.

7 Alternateur - dépose et repose

Dépose

1 Débrancher la batterie (voir section 4).

2 Déposer la courroie d'accessoires (voir chapitre 1A ou 1B).

3 Suivant montage, desserrer les trois vis de fixation et déposer l'ensemble du tendeur de courroie d'accessoires ou desserrer ses vis de fixation et dégager le support du galet de renvoi de la courroie **(voir illustration)**.

4 Enlever le capuchon en caoutchouc puis desserrer l'écrou de cosse et débrancher les connexions électriques sur la borne au dos de l'alternateur **(voir illustration)**. Libérer le faisceau électrique côté gauche de l'alternateur.

5 Desserrer les vis de fixation de l'alternateur et le cas échéant, celle de la patte de tendeur. A noter que la ou les vis du côté gauche sont munies d'une bague de centrage avec éventuellement une entretoise conique **(voir illustrations)**. Pour avoir accès à la vis inférieure du côté gauche, desserrer ses vis de fixation et écarter le compresseur de climatisation sur le côté, **sans** débrancher les canalisations du circuit frigorifique (suivant équipement).

6 Dégager l'alternateur de ses supports et le sortir du compartiment moteur.

7.3 Vis de fixation de tendeur de courroie d'accessoires

7.4 Dépose du capuchon de l'écrou de cosse des connexions électriques de l'alternateur

7.5a Vis de fixation côté droit . . .

7.5b . . . et côté gauche de l'alternateur

7.5c Vis côté gauche de l'alternateur avec bague de centrage et entretoise conique

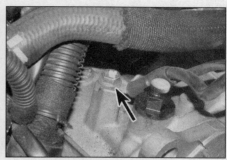

9.3 Connexion de câble de masse du groupe motopropulseur

Repose

7 La repose a lieu à l'inverse de la dépose, en serrant en premier la ou les vis de fixation du côté gauche avec bague de centrage. Procéder ensuite à la repose de la courroie d'accessoires, comme décrit au chapitre 1A ou 1B. Veiller à serrer les vis de fixation de l'alternateur au couple prescrit.

8 Alternateur - contrôle et remise en état

En cas de défectuosité de l'alternateur, celui-ci doit être déposé et confié à un électricien automobile pour son contrôle et une éventuelle remise en état. Le remplacement des balais est une intervention pouvant normalement être effectuée pour un coût raisonnable. Il est toutefois prudent de se renseigner au sujet du coût de la réparation car il peut, dans certains cas, se révéler plus économique de faire l'acquisition d'un alternateur neuf ou d'occasion.

9 Circuit de démarrage - contrôle

Nota : *Consulter les mises en garde figurant à la rubrique « Impératifs de sécurité » au début du manuel et en section 1 avant toute intervention.*

1 Si le démarreur ne tourne pas en actionnant la clé de contact, les causes probables peuvent en être les suivantes :

a) Antidémarrage défectueux
b) Batterie défectueuse
c) Mauvais passage du courant provenant de la batterie et destiné au démarreur via la masse au niveau des branchements électriques entre le commutateur d'allumage-démarrage, le solénoïde, la batterie et le démarreur
d) Solénoïde défectueux
e) Panne mécanique ou électrique du démarreur

2 Contrôler la batterie en allumant les phares. Si l'intensité lumineuse de ceux-ci vient à baisser après quelques secondes, cela indique que la batterie est déchargée : en tel cas, la recharger (voir section 3) ou la remplacer. Si l'intensité lumineuse des phares se maintient normalement, actionner le démarreur et noter l'effet produit sur les phares. Si ceux-ci connaissent alors une baisse de leur intensité

lumineuse, cela signifie que le courant parvient au démarreur et par conséquent, que celui-ci présente un défaut de fonctionnement. Si la lumière émise par les phares ne faiblit pas (et qu'aucun « claquement » n'est perçu au niveau du solénoïde du démarreur), cela prouve l'existence d'une anomalie au sein du circuit ou du solénoïde : voir les paragraphes ci-dessous à ce sujet. Si le démarreur tourne paresseusement lorsqu'il est actionné et que la batterie est en bon état, cela dénote alors soit que le démarreur est défectueux ou bien qu'il existe une forte résistance à l'intérieur du circuit.

3 En cas de doute quant au bon fonctionnement du démarreur, débrancher les câbles de la batterie (y compris la mise à la masse sur la caisse), le câblage électrique du démarreur-solénoïde et le câble de mise à la masse du groupe motopropulseur au niveau du carter de la boîte de vitesses **(voir illustration)**. Nettoyer parfaitement les contacts et rebrancher les câbles et les fils électriques. Utiliser un voltmètre ou une lampe-témoin pour vérifier que la tension de la batterie parvient au branchement de son câble positif sur le solénoïde et que la mise à la masse est bien assurée. Enduire de vaseline les bornes de la batterie comme mesure préventive contre la corrosion : des connexions corrodées sont souvent à l'origine d'un mauvais fonctionnement du circuit électrique.

4 Si la batterie et tous les branchements électriques sont en bon état, contrôler le circuit en débranchant le fil électrique au niveau de la borne du solénoïde. Relier un voltmètre ou une lampe-témoin entre l'extrémité du fil et un point quelconque assurant une bonne mise à la masse (par exemple, la borne négative de la batterie) et vérifier que le fil se trouve mis sous tension en amenant la clé de contact sur la position « contact mis ». Si un passage de courant est noté, le circuit fonctionne normalement. En cas contraire, contrôler le câblage électrique du circuit en opérant comme décrit au chapitre 12.

5 Les contacts du solénoïde se vérifient en reliant un voltmètre ou une lampe-témoin entre le branchement d'arrivée du câble positif de batterie sur le côté démarreur du solénoïde et la mise à la masse. En amenant la clé de contact à la position « contact mis », un passage de courant doit être constaté sur le voltmètre ou la lampe-témoin doit s'allumer. Si tel n'est pas le cas, le solénoïde est défectueux et il est à remplacer.

6 Si le circuit et le solénoïde s'avèrent en bon état de fonctionnement, le défaut réside dans le démarreur qui peut être remis en état par un

électricien automobile. Vérifier préalablement le coût des pièces détachées car il peut se révéler plus avantageux d'acquérir un démarreur neuf ou d'occasion.

10 Démarreur - dépose et repose

Dépose

1 Débrancher la batterie (voir section 4).
2 Afin de pouvoir atteindre le démarreur à la fois par le haut et par le bas, serrer le frein à main puis lever l'avant de la voiture au cric et le poser sur chandelles (voir « Levage et soutien du véhicule »). Si prévu, desserrer ses vis de fixation et déposer le carénage de protection sous le moteur.

Moteurs essence

3 Déposer le boîtier de filtre à air complet (voir chapitre 4A).
4 Desserrer et enlever les deux écrous de cosses puis débrancher les connexions électriques du solénoïde de démarreur : récupérer les rondelles sous les écrous.
5 Desserrer et enlever les trois vis de fixation : deux à l'arrière et la troisième en haut du carter de boîte de vitesses, tout en soutenant le démarreur **(voir illustration)**. Récupérer les rondelles des vis et veiller à bien repérer la position respective de toute patte de maintien de câblage électrique ou de tuyauterie retenue par les vis.
6 Dégager le démarreur par le dessous du moteur et récupérer éventuellement la ou les douilles de centrage sur la boîte de vitesses.

10.5 Vis de fixation de démarreur - essence

Moteurs Diesel

Nota : *L'accès au démarreur par le haut ou par le bas est extrêmement limité et il nécessaire de débrancher ou d'écarter sur le côté les différentes tuyauteries et les faisceaux électriques afin de pouvoir dégager le démarreur.*

7 Déposer le boîtier de filtre à air avec ses conduits (voir chapitre 4B).

8 Désolidariser le manchon flexible au niveau du tube intermédiaire d'échappement au niveau du pot catalytique (voir chapitre 4B).

9 Pour les versions à moteur 16 soupapes, bien repérer la position de raccordement des tuyaux de prise de dépression au niveau du réservoir à vide en dessous du démarreur. Débrancher les tuyaux puis desserrer les deux écrous de fixation et déposer le réservoir.

10 Desserrer et enlever les deux écrous de cosses puis débrancher les connexions électriques du solénoïde de démarreur : récupérer les rondelles sous les écrous. Débrider ensuite le faisceau électrique puis desserrer la vis de fixation du support de faisceau au-dessus du démarreur **(voir illustrations)**.

11 Desserrer et enlever les trois vis de fixation : deux à l'arrière et la troisième en haut du carter de boîte de vitesses, tout en soutenant le démarreur **(voir illustration 10.5)**. Récupérer les rondelles des vis et veiller à bien repérer la position respective de toute patte de maintien de câblage électrique ou de tuyauterie retenue par les vis.

12 Ecarter la ligne d'échappement légèrement sur la gauche puis dégager le démarreur par le dessous du moteur et récupérer éventuellement la ou les douilles de centrage sur la boîte de vitesses.

Repose

13 La repose a lieu à l'inverse de la dépose, en s'assurant au préalable que la ou les douilles de centrage sont bien en place. Veiller également à réinstaller correctement toute patte de maintien de câblage électrique ou de tuyauterie au niveau des vis de fixation et serrer celles-ci au couple prescrit.

11 Démarreur - contrôle et remise en état

En cas de défectuosité du démarreur, celui-ci doit être déposé et confié à un électricien automobile pour son contrôle et une éventuelle remise en état. Le remplacement des balais est une intervention pouvant normalement être effectuée pour un coût raisonnable. Il est toutefois prudent de se renseigner au sujet du coût de la réparation car il peut, dans certains cas, se révéler plus économique de faire l'acquisition d'un démarreur neuf ou d'occasion.

10.10a Ecrous de cosses de connexions électriques du solénoïde de démarreur - Diesel

12 Commutateur d'allumage-démarrage - dépose et repose

Le commutateur d'allumage-démarrage est intégré au combiné antivol de direction et se dépose comme décrit au chapitre 10.

13 Manocontact de pression d'huile - dépose et repose

1 L'implantation du manocontact de pression d'huile varie suivant les motorisations :
  a) *Moteurs essence : en dessous du filtre à huile*
  b) *Moteur Diesel : à hauteur du tube de guidage de la jauge de niveau d'huile sur le carter-cylindres*

L'accès peut dans certains cas être amélioré en levant l'avant de la voiture au cric et le posant sur chandelles (voir « *Levage et soutien du véhicule* »), et déposant ensuite le carénage de protection sous le moteur dans le cas où il existe, ce qui permettra d'atteindre le manocontact par le dessous.

2 Dégager éventuellement la gaine de protection puis débrancher le connecteur électrique du manocontact.

3 Nettoyer soigneusement son pourtour puis dévisser le manocontact et récupérer le joint **(voir illustration)**. Prévoir un écoulement d'huile. Si le

13.3 Manocontact de pression d'huile implanté sur la face avant du carter-cylindres

10.10b Vis de fixation de support de faisceau électrique au-dessus du démarreur - Diesel

manocontact ne doit pas être reposé dans l'immédiat, boucher l'orifice découvert sur le support du filtre à huile ou le carter-cylindres, suivant le cas, afin d'éviter l'admission d'impuretés.

Repose

4 Examiner le joint et le changer s'il est en mauvais état.

5 Remonter le manocontact muni de son joint, en le serrant au couple prescrit, puis rebrancher le connecteur électrique.

6 Descendre la voiture au sol puis vérifier le niveau d'huile moteur et le rétablir au besoin comme indiqué à la rubrique « *Contrôles hebdomadaires* » au début du manuel.

14 Sonde de niveau d'huile - dépose et repose

1 L'implantation de la sonde de niveau d'huile varie en fonction des motorisations :
  Moteurs essence : face avant du bloc/carter-cylindres, à hauteur du boîtier de filtre à huile
  Moteurs Diesel : face arrière du carter-cylindres, entre les cylindres n°s 2 et 3

2 La dépose et la repose de la sonde ont lieu de la manière décrite pour le manocontact de pression d'huile, en section précédente. L'accès s'effectue plus aisément par le dessous de la voiture **(voir illustration)**.

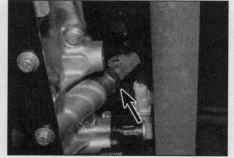

14.2 Sonde de niveau d'huile

Chapitre 5 Partie B :
Allumage - moteurs essence

Sommaire

Niveaux de difficulté

Facile, pour les profanes de la mécanique	**Assez facile,** pour les débutants plus avisés	**Assez difficile,** pour les amateurs compétents	**Difficile,** pour les amateurs plus expérimentés	**Très difficile,** pour les initiés et les professionnels

Caractéristiques

Généralités

Ordre d'allumage . . . . 1-3-4-2 (cylindre n° 1 côté boîte de vitesses)
Bougies . . . . Voir « *Caractéristiques* » au chapitre 1A
Avance à l'allumage . . . . Gérée électroniquement

Couple de serrage
                                    daN.m
Vis de fixation de capteur de cliquetis 2

---

1 Description générale

Le circuit d'allumage est couplé au système d'injection pour former un dispositif de gestion intégrale du moteur piloté par un calculateur électronique (voir chapitre 4A pour davantage de précisions). La partie allumage du système est du type sans distributeur et se compose de deux bobines à double sortie regroupées dans un boîtier monobloc monté directement sur les bougies, ce qui élimine la nécessité d'un faisceau haute tension.

Les bobines, commandées par le calculateur électronique, opèrent sur le principe dit de « l'étincelle perdue » dans le sens où se produisent deux étincelles pour chaque cycle complet du moteur : lors de la phase de compression et lors de celle d'échappement, seule la première de ces étincelles possède une réelle fonction d'allumage.

Le calculateur exploite les signaux qui lui sont communiqués par les différents capteurs et sondes pour déterminer la loi d'avance à l'allumage et la durée de charge des bobines, en fonction de la température, de la charge et du régime du moteur. Au ralenti, le calculateur fait varier l'avance pour adapter le couple du moteur et gérer ainsi le régime de ralenti. Ce système fonctionne de pair avec le régulateur de ralenti (voir chapitre 4A).

Un capteur de cliquetis, monté sur le bloc/carter-cylindres, sert à détecter les bruits d'impact caractéristiques du moteur liés à une combustion détonante avant que ceux-ci ne soient perçus. En présence de cliquetis, le calculateur électronique opère une correction du point d'allumage dans le sens retard jusqu'à ce que l'état d'allumage prématuré cesse.

2 Circuit d'allumage - contrôle

Danger : La tension générée par les circuits d'allumage électroniques est sans commune mesure avec celle engendrée par les circuits d'allumage traditionnels. Il convient en conséquence d'être extrêmement prudent lorsqu'il s'agit d'intervenir sur le circuit avec le contact mis. Les porteurs de stimulateur cardiaque

2.2 Implantation de la prise de diagnostic dans l'habitacle

3.1a ... Débranchement de la tuyauterie de dégazage au niveau du couvercle de boîtier de filtre à air ...

3.1b ... bouton blanc à presser pour débrancher la tuyauterie sur le couvre-culasse ...

doivent se tenir éloignés du circuit d'allumage et des appareils utilisés pour le contrôle de celui-ci

En cas de dysfonctionnement du système de gestion du moteur, vérifier tout d'abord que les connexions électriques du circuit sont convenablement enfichées. S'assurer ensuite que l'incident ne provienne pas d'un entretien négligé : élément de filtre à air encrassé, bougies en mauvais état ou écartement de leurs électrodes mal réglé notamment et vérifier que les pressions de compression sont correctes et que la tuyauterie de dégazage du carter-moteur n'est pas obstruée ou endommagée, en se reportant aux chapitres 1A et 2A pour ces différentes opérations.

Si les contrôles réalisés précédemment ne permettent pas d'élucider la cause du dysfonctionnement, la voiture doit être examinée

dans un atelier du réseau Citroën équipé en conséquence. Le système de gestion du moteur comporte une prise, située à gauche de la planche de bord dans l'habitacle, au-dessus de la platine à fusibles, à laquelle peut être branché un appareil de diagnostic qui sera en mesure de localiser rapidement et aisément l'origine de l'anomalie par lecture du code-défaut correspondant enregistré dans la mémoire du calculateur **(voir illustration)**. L'appareil de lecture des codes-défauts liés à des pannes intermittentes dispense des vérifications fastidieuses à accomplir séparément sur chaque composant du système, en évitant ainsi les pertes de temps inutiles et les risques de détérioration du calculateur électronique.

Les contrôles pouvant être pratiqués sur le circuit d'allumage par un particulier se limitent aux bougies (voir chapitre 1A).

3 Bobines d'allumage - dépose, contrôle et repose
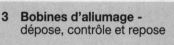

Dépose

Moteurs 1,1 et 1,4 l

1 Débrancher la tuyauterie de dégazage du carter-moteur au niveau du couvercle du boîtier de filtre à air, du couvre-culasse et de la tubulure d'admission, en appuyant sur le bouton blanc des raccords rapides pour les déverrouiller **(voir illustrations)**. Ecarter la tuyauterie sur le côté.
2 Débrancher le connecteur électrique en haut du boîtier des bobines d'allumage **(voir illustration)**. Débrider ensuite le faisceau électrique au niveau du boîtier.
3 Desserrer de chaque côté l'écrou de fixation du boîtier des bobines d'allumage, en signalant que les goujons risquent de se dévisser en même temps que les écrous. Dégager le câble de masse au niveau du goujon côté gauche et l'électrovanne de purge de recyclage des vapeurs d'essence au niveau du goujon côté droit **(voir illustrations)**.
4 Soulever le boîtier des bobines d'allumage pour le dégager des goujons de fixation, tout en déboîtant avec précaution les raccords haute tension en haut des bougies, puis le sortir du compartiment moteur **(voir illustration)**.

Moteur 1,6 l

5 Desserrer ses six vis de fixation et déposer le cache-style interposé entre les deux couvre-culasses.

3.1c ... et sur la tubulure d'admission

3.2 Débranchement du connecteur électrique du boîtier de bobines d'allumage

3.3a Ecrou de fixation côté gauche du boîtier de bobines d'allumage et du câble de masse ...

3.3b ... et côté droit avec maintien de l'électrovanne de purge

3.4 ... dépose du boîtier de bobines d'allumage

6 Débrancher le connecteur électrique côté gauche du boîtier des bobines d'allumage (**voir illustration**).

7 Appuyer sur le bouton blanc de leur raccord rapide pour le déverrouiller et débrancher les deux canalisations de dégazage du carter-moteur entre les couvre-culasses (**voir illustration**).

8 Desserrer les quatre vis de fixation du boîtier des bobines d'allumage (**voir illustration**).

9 Soulever le boîtier des bobines d'allumage pour le dégager tout en déboîtant avec précaution les raccords haute tension en haut des bougies, puis le sortir du compartiment moteur.

Contrôle

12 La conception des bobines d'allumage et de leur boîtier ne permet pas d'isoler une bobine en particulier du reste du système de gestion du moteur pour son contrôle individuel et d'obtenir un diagnostic concluant pour une anomalie quelconque. En cas de doute du bon fonctionnement d'une bobine, faire contrôler le système de gestion du moteur par les services techniques d'un représentant de la marque (voir section précédente).

Repose

13 La repose a lieu à l'inverse de la dépose, en veillant à rebrancher correctement le connecteur électrique.

4 Avance à l'allumage - contrôle et réglage

Le volant moteur/disque d'entraînement ainsi que la poulie de vilebrequin étant dépourvus de repères de calage, il est impossible de contrôler le point d'avance initiale à l'allumage. La loi d'avance à l'allumage est régie intégralement par le calculateur électronique du système de gestion du

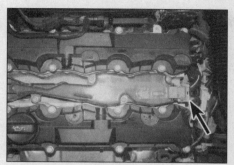

3.6 Connecteur électrique du boîtier de bobines d'allumage - moteur 1,6 l

moteur et il est de ce fait impossible pour un non-professionnel de la contrôler.

La seule possibilité de contrôle de l'avance consiste à utiliser un appareil électronique se branchant à la prise de diagnostic du système de gestion du moteur (voir chapitre 4A pour davantage de précisions).

5 Capteur de cliquetis - dépose et repose

Dépose

1 Ce capteur est fixé sur la face arrière du bloc/carter-cylindres.

2 Pour avoir accès au capteur, serrer le frein à main puis lever l'avant de la voiture au cric et le poser sur chandelles (voir « Levage et soutien du véhicule »). Dans le cas où il existe, desserrer ses vis de fixation et déposer le carénage de protection sous le moteur.

3 Suivre le trajet du câblage électrique en partant du capteur jusqu'au connecteur et le débrancher du faisceau principal.

4 Desserrer la vis de fixation et dégager le capteur du bloc/carter-cylindres.

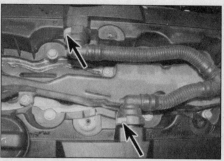

3.7 Boutons blancs de raccords rapides à presser pour débrancher les canalisations de dégazage - moteur 1,6 l

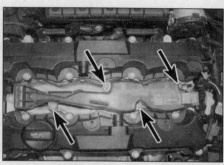

3.8 Vis de fixation du boîtier de bobines d'allumage - moteur 1,6 l

Repose

5 La repose s'opère à l'inverse de la dépose. Veiller à la parfaite propreté du capteur et de son plan d'appui sur le bloc/carter-cylindres et serrer la vis de fixation du capteur au couple préconisé. Ces points sont à observer impérativement afin que le capteur puisse détecter correctement les impulsions engendrées par la présence de cliquetis, sinon la correction d'avance à l'allumage nécessaire risque de ne pas avoir lieu, ce qui peut entraîner de sérieux dégâts du moteur.

Notes

Chapitre 5 Partie C :
Système de pré/postchauffage - moteurs Diesel

Sommaire

Niveaux de difficulté

Facile, pour les profanes de la mécanique	**Assez facile,** pour les débutants plus avisés	**Assez difficile,** pour les amateurs compétents	**Difficile,** pour les amateurs plus expérimentés	**Très difficile,** pour les initiés et les professionnels

Caractéristiques

Bougies de préchauffage
Résistance (valeur type) . . . . 1 Ω environ
Marque et type . . . . NGK YE04

Couple de serrage   daN.m
Bougies de préchauffage 1

---

1 Système de pré/postchauffage - description et contrôle

Description

1 Pour assister leur démarrage à froid, les moteurs Diesel sont équipés d'un système de préchauffage constitué de quatre bougies à incandescence (une par cylindre), d'un boîtier de commande indépendant, d'un témoin au tableau de bord, du calculateur électronique de gestion du moteur et d'un faisceau électrique associé.
2 Les bougies de type « crayon » sont des éléments constitués d'un filament chauffant électrique maintenu dans un culot métallique avec une pointe à incandescence à une extrémité et une tige de connexion à l'autre bout. Chaque conduit d'admission est surmonté d'une bougie avec sa pointe à incandescence se trouvant directement dans l'alignement du jet de combustible. Lorsque la bougie vient à être alimentée électriquement, le combustible circulant à sa hauteur se trouve vaporisé et chauffé, ce qui lui permet d'atteindre rapidement une température de combustion optimale.
3 Dès la mise du contact, le calculateur électronique commande le témoin au combiné d'instruments via le boîtier de servitude intelligent et le boîtier de préchauffage auquel est intégré un relais, mais uniquement lorsque la température du liquide de refroidissement est inférieure à 20 °C et lorsque le moteur est entraîné à plus de 70 tr/min pendant 0,2 seconde. Le témoin en s'allumant indique que les bougies de préchauffage sont en circuit. Lorsqu'il s'éteint, le moteur a atteint sa température de démarrage, mais les bougies de préchauffage demeurent sous tension jusqu'à ce que le moteur ait démarré. Si dans ces conditions, le démarreur n'est pas actionné, l'alimentation électrique aux bougies est interrompue après 10 secondes afin de ne pas solliciter la batterie et de ne pas provoquer de surchauffe des bougies.
4 Le boîtier de préchauffage et le témoin sont pilotés par le calculateur électronique du système de gestion du moteur en fonction de la température du liquide de refroidissement.

2.2 Ecrous de cosses de connexions électriques de bougies de préchauffage

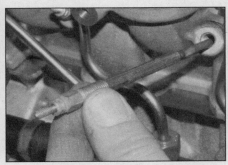

2.4 Dépose d'une bougie de préchauffage

3.4 Connexions électriques du boîtier de pré/postchauffage

5 La fonction postchauffage qui se déclenche à partir du moment où la clé de contact est relâchée de la position démarrage, permet de prolonger le fonctionnement des bougies pendant 3 minutes maximum après le démarrage, ce qui contribue à améliorer la combustion pendant la montée en température du moteur, en atténuant les bruits, procurant un meilleur agrément de conduite et participant à la diminution des émissions polluantes. Le postchauffage est interrompu dès que la température du moteur atteint 50 °C, que le régime du moteur dépasse 3 500 tr/min ou que le débit d'injection est supérieur à un certain seuil.

Contrôle

6 En cas de dysfonctionnement du système de préchauffage, une méthode de contrôle à appliquer en dernier ressort consistera à monter des pièces de rechange en bon état pour se rendre compte de l'effet produit. Certaines vérifications préalables peuvent cependant être effectuées en procédant comme suit :

7 Pour avoir accès aux bougies de préchauffage pour leur contrôle, déposer, suivant le cas, les éléments suivants :

Moteur 8 soupapes :
a) *Ensemble couvre-culasse et tubulure d'admission (voir chapitre 2B, section 4)*

Moteur 16 soupapes :
b) *Boîtier de filtre à air et conduits (voir chapitre 4B)*
c) *Canalisation de recyclage des gaz d'échappement (voir chapitre 4C)*
d) *Support du boîtier de filtre à air à l'arrière de la culasse après avoir desserré son écrou et sa vis de fixation*

8 Débrancher le câble d'alimentation électrique principal et le fil de connexion en parallèle sur le haut des bougies. Veiller à ne pas laisser tomber les écrous ni les rondelles.

9 A l'aide d'un ohmmètre ou d'une lampe-témoin sous 12 V, reliée à la borne positive de la batterie, vérifier la présence d'une continuité entre la borne de chaque bougie de préchauffage et la masse. La résistance d'une bougie en bon état est très faible : inférieure à 1 Ω. Si la lampe-témoin ne s'allume pas ou si la résistance affichée par l'ohmmètre est élevée, la bougie concernée est en toute probabilité défectueuse.

10 Pour une ultime vérification, déposer les bougies de préchauffage et les contrôler comme

indiqué en section suivante. Au terme de ces vérifications, remettre en place les éléments ayant été déposés pour permettre l'accès.

---

2 Bougies de préchauffage -
dépose, contrôle et repose

Attention : Les bougies de préchauffage peuvent atteindre une température extrêmement élevée si elles viennent de fonctionner ou si le moteur vient de tourner

Dépose

1 Afin de permettre l'accès aux bougies de préchauffage, procéder à la dépose des éléments indiqués en section précédente, point 7.

2 Desserrer et enlever l'écrou de cosse de la connexion d'alimentation électrique au niveau de la borne de chaque bougie et récupérer la rondelle **(voir illustration)**. Veiller à ne pas laisser tomber les écrous et les rondelles. Débrancher le câble d'alimentation électrique principal et le fil de connexion en parallèle sur le haut des bougies.

3 Dégager si nécessaire les tuyauteries et les câblages électriques attenants pour pouvoir atteindre les bougies de préchauffage.

4 Dévisser la bougie et la sortir de son puits dans la culasse **(voir illustration)**.

Contrôle

5 Contrôler l'état de chaque bougie. Une pointe de bougie brûlée ou corrodée peut être due à un mauvais réglage directionnel de pulvérisation de l'injecteur. Faire vérifier les injecteurs si des défauts de cette nature sont remarqués.

6 Si les bougies sont apparemment en bon état, les contrôler sur le plan électrique à l'aide d'une lampe-témoin sous 12 V ou d'un ohmmètre comme décrit en section précédente.

7 Activer les bougies en leur appliquant une tension de 12 V afin de vérifier qu'elles chauffent de manière progressive et dans le délai imparti. Pour réaliser ce contrôle, observer les précautions suivantes :
a) *Maintenir la bougie en la serrant avec précaution dans un étau ou avec une pince-étau. Attention ! La bougie va chauffer et devenir extrêmement chaude*

b) *S'assurer que le cordon d'alimentation ou d'essai comporte un fusible ou un disjoncteur à maxima afin d'assurer une protection contre les courts-circuits*
c) *Le contrôle une fois terminé, laisser la bougie refroidir pendant quelques minutes avant de la manipuler*

8 Une bougie de préchauffage en bon état de fonctionnement s'embrasera à sa pointe après avoir absorbé du courant pendant 5 secondes environ. Toute bougie mettant plus de temps à s'embraser ou s'embrasant en son centre au lieu de sa pointe, est défectueuse.

Repose

9 La repose a lieu en sens inverse de dépose. Enduire de graisse haute température à base de cuivre le filetage des bougies et les serrer au couple prescrit. Ne pas les serrer exagérément au risque d'endommager leur filament chauffant.

10 Remettre en place les éléments ayant été déposés pour permettre l'accès.

---

3 Boîtier de pré/postchauffage
- dépose et repose

Dépose

1 Le boîtier de pré/postchauffage est monté côté gauche du compartiment moteur, derrière le projecteur.

2 Débrancher la batterie (voir chapitre 5A).

3 Déposer le bouclier pare-chocs avant et le projecteur côté gauche (voir respectivement chapitres 11 et 12 pour ces opérations).

4 Desserrer et enlever les deux écrous de cosses et débrancher les fils de « + permanent » et d'alimentation électrique des bougies sur les bornes puis le connecteur électrique du boîtier **(voir illustration)**.

5 Desserrer son écrou de fixation sur le support puis dégager le boîtier.

Repose

6 La repose a lieu à l'inverse de la dépose, en s'assurant de rebrancher convenablement les connexions électriques. Procéder ensuite à la repose du projecteur et du bouclier pare-chocs, comme décrit respectivement aux chapitres 12 et 11.

Chapitre 6
Embrayage

Sommaire

Niveaux de difficulté

Facile, pour les profanes de la mécanique	**Assez facile,** pour les débutants plus avisés	**Assez difficile,** pour les amateurs compétents	**Difficile,** pour les amateurs plus expérimentés	**Très difficile,** pour les initiés et les professionnels

Caractéristiques

Couples de serrage   **daN.m**

Vis de fixation du mécanisme :
   Moteurs essence 1,1 et 1,4 l 1,2
   Moteurs essence 1,6 l et Diesel 2

1 Description générale

L'embrayage se compose d'un disque de friction, d'un mécanisme-plateau de pression à diaphragme, d'une butée et d'une fourchette de débrayage, le tout étant logé dans un grand carter en alliage d'aluminium, intercalé entre le moteur et la boîte de vitesses. Il est à commande hydraulique avec maître-cylindre et cylindre récepteur pour toutes les versions de la gamme traitée dans cette étude.

Le disque qui est interposé entre le volant moteur et le plateau de pression coulisse librement sur les cannelures de l'arbre primaire de boîte de vitesses.

Le mécanisme-plateau de pression est assemblé par vis au volant moteur. Lorsque le moteur tourne, la force motrice est communiquée dans un premier temps du vilebrequin au disque par l'intermédiaire du volant moteur (ces pièces étant maintenues serrées l'une contre l'autre par le plateau de pression) puis du disque à l'arbre primaire de boîte de vitesses.

Pour interrompre la transmission de la force motrice, le plateau de pression doit s'écarter, ce qui est obtenu par le mécanisme de débrayage du type poussé, où la butée à billes en appui constant, disposée concentriquement autour de l'arbre primaire de boîte de vitesses est repoussée contre le mécanisme-plateau de pression au moyen de la fourchette par l'action de la tige de poussée du cylindre récepteur.

La pédale est reliée au maître-cylindre par une tige

de poussée. Le maître-cylindre monté au niveau du tablier dans le compartiment moteur, en face du poste de conduite, est alimenté en liquide hydraulique à partir du réservoir de compensation du circuit de freinage. Le piston du maître-cylindre se trouve entraîné vers l'avant en actionnant la pédale, ce qui a pour résultat de forcer le liquide dans la canalisation d'embrayage aboutissant au cylindre récepteur dont le piston se déplace vers l'avant sous l'effet de la pression hydraulique engendrée par l'arrivée du liquide, ce qui lui permet d'agir sur la fourchette de débrayage par sa tige de poussée. La fourchette pivote sur sa rotule, ce qui amène son extrémité opposée à comprimer la butée contre le diaphragme du mécanisme qui se déforme et a pour effet de relâcher l'effort du plateau de pression.

Le jeu dû à l'usure de la garniture du disque est rattrapé automatiquement par la commande hydraulique.

2 Circuit hydraulique - purge

 Danger : Le liquide hydraulique (de frein) est une substance à manipuler avec précaution. En cas de contact avec la peau, se laver immédiatement. En cas de contact avec les yeux ou d'ingestion, consulter d'urgence un médecin ou contacter le Centre Anti-Poisons le plus proche. Certains types de liquides sont inflammables. Dans le doute sur la nature

du liquide, lors de toute intervention sur le circuit hydraulique, il est préférable de prendre les mêmes mesures de sécurité que s'il s'agissait d'essence. Le liquide hydraulique attaque également les surfaces peintes et les matières plastiques. Si du liquide a été renversé, laver immédiatement et en abondance les éclaboussures à l'eau claire. Enfin, le liquide de frein est hygroscopique, c'est-à-dire qu'il absorbe l'humidité de l'air, ce qui le rend inutilisable. Lors d'une remise à niveau ou d'une vidange du circuit hydraulique, veiller à utiliser exclusivement le liquide préconisé et s'assurer qu'il provient d'un bidon récemment entamé et ayant été maintenu parfaitement bouché

1 Se munir d'un bocal en verre propre, d'un tube en caoutchouc ou en plastique transparent pouvant être raccordé à la vis de purge du cylindre récepteur et d'un bidon de liquide hydraulique (de frein) répondant à la norme préconisée (voir « *Lubrifiants et fluides* » au début du manuel). La présence d'un collaborateur est également nécessaire, bien qu'elle puisse être remplacée avantageusement par un purgeur pour circuits de freinage (voir chapitre 9, section 2, pour davantage de précisions concernant ce type d'appareil).

2 Dévisser et enlever le bouchon du réservoir de compensation commun aux maîtres-cylindres de freinage et d'embrayage, et ajouter si nécessaire du liquide pour remplir le réservoir. Pendant toute la durée des opérations de purge, veiller à maintenir le niveau dans le réservoir.

3 Enlever le capuchon de la vis de purge du

2.3 Capuchon de vis de purge du cylindre récepteur

3.6 Débranchement de la canalisation de pression du maître-cylindre après avoir extrait l'agrafe

3.8 Dépose du maître-cylindre en le tournant d'un quart de tour dans le sens horaire

cylindre récepteur situé sur la face avant, en bas du carter d'embrayage **(voir illustration)**.

4 Brancher le tube à la vis de purge et plonger son autre extrémité dans du liquide hydraulique contenu dans le bocal. Veiller à ce que le bout du tube soit bien immergé dans le liquide afin d'éviter les prises d'air.

5 Ouvrir la vis de purge en la desserrant d'un demi-tour. Demander à la personne assistant à l'opération d'actionner la pédale d'embrayage et de la relâcher lentement par la suite. Renouveler l'opération jusqu'à ce que le liquide hydraulique évacué par le tube ne contienne plus aucune bulle d'air. Refermer la vis de purge de purge avec la pédale enfoncée en fin de course. S'assurer de bien surveiller le niveau de liquide dans le réservoir, en le complétant régulièrement de manière à ce qu'il ne descende pas trop bas, sinon de l'air risque d'être aspiré dans le circuit.

6 Vérifier le bon fonctionnement de la pédale : elle doit réagir normalement après l'avoir actionné plusieurs fois de suite. Si elle demeure spongieuse, élastique, de l'air doit encore se trouver dans le circuit et une purge supplémentaire s'impose.

7 Débrancher le tube puis reposer le capuchon de la vis de purge. Rétablir au besoin le niveau de liquide dans le réservoir et reposer le bouchon, en le serrant convenablement. Ne pas réutiliser le liquide provenant de la purge qui est susceptible de contenir de l'air ou de l'eau, ou d'être contaminé par des impuretés.

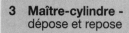

3 Maître-cylindre - dépose et repose

Nota : *Consulter la mise en garde figurant au début de la section précédente avant toute intervention.*

Dépose

1 Déposer l'habillage inférieur de la planche de bord, côté conducteur (voir chapitre 11, section 27).
2 Déposer la batterie et son support (voir chapitre 5A).
3 Appuyer sur la pédale puis dégager l'embout de la tige de poussée du maître-cylindre de l'axe des pédales en faisant levier au moyen d'un petit tournevis **(voir illustration 5.2)**.
4 Afin de limiter les pertes de liquide hydraulique au cours des opérations qui suivent, enlever le bouchon du réservoir de compensation du maître-cylindre du circuit de freinage puis le remettre en place après avoir intercalé un film étirable en plastique, ce qui offrira une bonne étanchéité à l'air.

5 Etendre des chiffons sous le maître-cylindre pour récupérer le liquide hydraulique.
6 Débrider la canalisation de pression du maître-cylindre au niveau du tablier dans le compartiment moteur puis extraire l'agrafe et débrancher la canalisation sur le maître-cylindre **(voir illustration)**. Obturer avec un bouchon approprié la canalisation afin d'arrêter l'écoulement de liquide et d'empêcher l'admission d'impuretés dans le circuit.
7 Débrancher le flexible d'alimentation du maître-cylindre et le boucher.
8 Tourner le maître-cylindre d'un quart de tour dans le sens horaire pour le dégager du tablier **(voir illustration)**.

Repose

8 La repose s'opère à l'inverse de la dépose, en observant par ailleurs les points suivants :
a) Veiller à bien brider la canalisation de pression et à engager correctement l'agrafe
b) Effectuer la purge du circuit hydraulique, en se reportant à la section précédente pour cette opération
c) Remettre en place les différents éléments ayant été déposés pour permettre l'accès, en se reportant aux chapitres correspondants

4 Cylindre récepteur - dépose et repose

Nota : *Consulter la mise en garde figurant au début de la section 2 avant toute intervention.*

Dépose

1 Afin de limiter les pertes de liquide hydraulique au cours des opérations qui suivent, enlever le bouchon

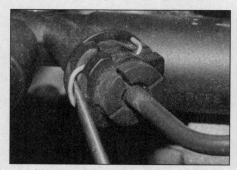

4.4 L'agrafe est à écarter pour débrancher la canalisation du cylindre récepteur

du réservoir de compensation du maître-cylindre du circuit de freinage puis le remettre en place après avoir intercalé un film étirable en plastique, ce qui offrira une bonne étanchéité à l'air.

2 Etendre des chiffons sous le cylindre récepteur monté sur la face avant, en bas du carter d'embrayage, pour récupérer le liquide hydraulique.
3 Si besoin est, pour dégager l'accès, débrider le faisceau électrique et l'écarter du cylindre récepteur.
4 Ecarter légèrement l'agrafe à l'aide d'un tournevis puis débrancher la canalisation de liquide hydraulique sur le côté du cylindre récepteur **(voir illustration)**. Obturer la canalisation avec un bouchon approprié afin d'arrêter l'écoulement de liquide et d'éviter l'admission d'impuretés dans le circuit.
5 Desserrer ses deux vis de fixation puis dégager le cylindre récepteur du carter d'embrayage **(voir illustration)**.

Repose

6 La repose s'effectue à l'inverse de la dépose, en tenant par ailleurs compte des points suivants :
a) Enduire légèrement de graisse au bisulfure de molybdène, genre « Molykote BR2 Plus », l'embout de la tige de poussée du cylindre récepteur
b) Effectuer la purge du circuit hydraulique, en se reportant à la section 2 pour cette opération

5 Pédale - dépose et repose

Dépose

1 Déposer l'habillage inférieur de la planche de bord, côté conducteur (voir chapitre 11, section 27).

4.5 Vis de fixation du cylindre récepteur

5.2 Utilisation d'un tournevis pour dégager l'embout de la tige de poussée du maître-cylindre de l'axe des pédales

5.4 Axe de pédales d'embrayage et de frein

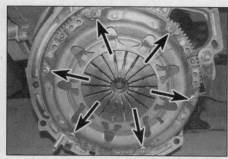

6.3 Vis de fixation du mécanisme d'embrayage

2 Appuyer sur la pédale d'embrayage de façon à ce que l'embout de la tige de poussée du maître-cylindre soit accessible par l'orifice latéral sur le support de pédalier. Dégager l'embout de la tige de poussée de l'axe des pédales à l'aide d'un tournevis **(voir illustration)**.

3 Comprimer légèrement le ressort d'assistance au moyen d'un tournevis et le décrocher de la pédale et du support de pédalier.

4 Desserrer et enlever l'écrou puis extraire l'axe des pédales **(voir illustration)**.

5 Dégager la pédale du support et récupérer la bague-palier sur l'articulation.

6 Vérifier l'état de la pédale, de la bague-palier et du ressort d'assistance. Remplacer ces pièces si nécessaire.

Repose

7 Lubrifier l'axe avec de la graisse universelle puis installer la pédale, remonter l'axe et l'équiper de l'écrou à serrer convenablement.

8 Ancrer le ressort d'assistance à la pédale et au support de pédalier.

9 Actionner la pédale deux ou trois fois de suite pour s'assurer du bon fonctionnement de la commande d'embrayage.

10 Reposer l'habillage inférieur de la planche de bord.

---

6 Embrayage - dépose, contrôle et repose

⚠️ *Danger : La poussière engendrée par l'usure de l'embrayage et se déposant sur ses organes est susceptible de contenir de l'amiante, une matière nocive pour la santé. NE PAS utiliser d'air comprimé pour le nettoyage et ne pas inhaler cette poussière. NE PAS utiliser d'essence ni de solvants à base de pétrole pour éliminer la poussière. Un nettoyant spécifique pour freins ou de l'alcool éthylique dénaturé (à brûler) doivent être employés pour évacuer la poussière dans un récipient convenant pour l'usage. Après avoir essuyé les organes avec des chiffons, mettre ceux-ci ainsi que le produit de nettoyage dans une boîte que l'on bouchera et jettera dans un endroit approprié*
Nota : *Bien que le disque d'embrayage ne renferme normalement plus d'amiante, il est*

toutefois plus prudent dans la doute sur la qualité du disque monté, de prendre les mêmes précautions que s'il s'agissait d'un disque contenant de l'amiante

Dépose

1 A moins que le groupe motopropulseur ait été déposé et démonté pour en effectuer la remise en état (voir chapitre 2C), l'accès à l'embrayage s'effectue en déposant la boîte de vitesses séparément ainsi que décrit au chapitre 7A.

2 Préalablement à la dépose de l'embrayage, repérer à la craie ou au stylo feutre la position de montage respective du mécanisme et du volant moteur.

3 Desserrer en opérant en croix et par passes successives d'un demi-tour les vis de fixation du mécanisme d'embrayage de façon à relâcher progressivement la pression et à pouvoir finir de les desserrer à la main **(voir illustration)**.

4 Dégager le mécanisme de ses douilles de centrage et récupérer le disque en repérant bien son sens de montage.

Contrôle

Nota : *Compte tenu du grand nombre d'opérations impliquées dans la dépose et la repose des pièces de l'embrayage, il est en général recommandé, pour des raisons pratiques évidentes, de changer en même temps le disque, l'ensemble mécanisme-plateau de pression et la butée de débrayage, même si une seule de ces pièces présente en fait une usure justifiant son remplacement. Il est préférable de changer systématiquement toutes les pièces de l'embrayage comme mesure préventive suite à la dépose du groupe motopropulseur pour une raison quelconque.*

5 Avant de procéder au nettoyage des pièces de l'embrayage, voir la mise en garde figurant au début de la section. Eliminer la poussière avec un chiffon propre et sec. Effectuer cette opération à l'extérieur ou dans un local parfaitement aéré.

6 Contrôler les faces du disque d'embrayage qui ne doivent pas présenter de signes d'usure et de détérioration ni être recouvertes de traces graisseuses. Si la garniture est fissurée, brûlée ou marquée ou si elle est imprégnée d'huile ou de graisse (ce qui se manifeste par des traces noires luisantes), il y aura lieu de changer le disque.

7 Si l'état du disque demeure satisfaisant pour que celui-ci puisse être réutilisé, vérifier que ses cannelures centrales ne sont pas usées, que ses ressorts de moyeu amortisseur ne sont pas tassés

ni détachés et que tous ses rivets ne présentent pas de jeu. Remplacer le disque si des défauts de cette nature sont constatés.

8 Des traces d'huile sur la garniture de friction peuvent résulter d'une fuite au niveau de la bague d'étanchéité gauche du vilebrequin ou de la bague d'étanchéité de l'arbre primaire de boîte de vitesses ou bien encore, d'un défaut d'étanchéité au niveau de la jointure entre carter d'huile et bloc/carter-cylindres. Dans ce cas, remplacer la bague d'étanchéité concernée ou réparer les plans de joint, suivant le cas, en procédant comme décrit à la partie correspondante du chapitre 2 ou bien au chapitre 7A, avant de monter un disque d'embrayage neuf.

9 Contrôler l'ensemble mécanisme d'embrayage-plateau de pression pour déceler d'éventuels signes d'usure ou de détérioration. Secouer l'ensemble pour s'assurer qu'aucun rivet n'est desserré et que les bagues d'appui ne présentent pas de jeu. Vérifier que les brides assurant la fixation du plateau de pression sur le mécanisme ne comportent pas de traces de surchauffe (telles que des marques de décoloration jaunes ou bleues). Si le diaphragme est usé ou endommagé ou s'il n'assure plus de pression dans un sens ou l'autre, le mécanisme-plateau de pression est à remplacer.

10 Ausculter la portée du plateau de pression et celle du volant moteur qui doivent être propres, parfaitement planes et ne doivent pas présenter de rayures ni de marques. Changer toute pièce décolorée par la surchauffe, fissurée ou craquelée. Les défauts superficiels peuvent dans certains cas être rattrapés en passant du papier émeri.

11 Vérifier que la butée de débrayage pivote librement et aisément, sans bruits ni points durs, et que sa surface est lisse, sans aspérités ni marques d'usure et n'est pas fissurée, piquée, rayée ni autrement marquée. Dans le moindre doute quant à l'état de la butée de débrayage, celle-ci doit être remplacée (voir section suivante).

Repose

12 Pour procéder au remontage, s'assurer que les faces d'appui du volant moteur et du plateau de pression sont parfaitement sèches, lisses et exemptes de traces graisseuses. Eliminer le film de graisse protecteur sur les pièces neuves avec un produit solvant-dégraissant.

13 Installer le disque d'embrayage en mettant son côté avec moyeu amortisseur à ressorts à l'extérieur, c'est-à-dire à l'opposé du volant moteur (voir illustration). Il peut dans certains cas exister un repère indiquant le sens de montage du disque.

14 Reposer l'ensemble mécanisme d'embrayage-plateau de pression, en faisant correspondre les repères réalisés à la dépose en cas de réutilisation du mécanisme d'origine et veillant à bien l'encastrer sur ses trois douilles de centrage. Monter les vis de fixation et les approcher à la main uniquement de façon à pouvoir encore bouger sans difficulté le mécanisme.

15 Il convient ensuite de centrer l'embrayage de sorte qu'à la repose de la boîte de vitesses, son arbre primaire puisse s'accoupler aux cannelures centrales du disque.

16 Cette opération peut s'effectuer en engageant un tournevis ou une barre à travers le disque et dans le trou usiné en bout de vilebrequin, ce qui permettra d'agir sur le disque et de le centrer par rapport au mécanisme. Le centrage du disque d'embrayage peut dans certains cas se révéler difficile à réaliser et l'opération se trouvera facilitée en utilisant un mandrin prévu à cet effet (voir illustration). Cet outil est à se procurer auprès d'un fournisseur d'outillage pour l'automobile ou d'un centre auto.

info OUTIL *Un mandrin de centrage peut être confectionné à partir d'une tige métallique ou d'une baguette de bois de diamètre approprié à enrober de ruban adhésif pour son adaptation au trou cannelé du moyeu du disque*

17 Après avoir centré le disque, serrer les vis de fixation du mécanisme de manière uniforme et en procédant en croix pour atteindre le couple prescrit.

18 Enduire d'une **fine** couche de graisse au

6.13 Installation du disque d'embrayage

bisulfure de molybdène, genre « Molykote BR2 Plus » préconisé par le constructeur, les cannelures du disque d'embrayage et de l'arbre primaire de boîte de vitesses ainsi que l'alésage de la butée et la rotule d'articulation de la fourchette de débrayage.

19 Procéder à la repose de la boîte de vitesses, en se reportant au chapitre 7A pour cette opération.

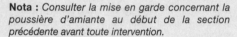

7 Mécanisme de débrayage - dépose, contrôle et repose

Nota : *Consulter la mise en garde concernant la poussière d'amiante au début de la section précédente avant toute intervention.*

Dépose

1 A moins que le groupe motopropulseur ait été déposé et démonté pour en effectuer la remise en état (voir chapitre 2C), l'accès au mécanisme de

6.16 Centrage du disque d'embrayage

débrayage peut s'effectuer en déposant la boîte de vitesses séparément ainsi que décrit au chapitre 7A.

2 Pincer les agrafes pour désaccoupler la fourchette de débrayage de la rotule d'articulation puis récupérer la cale éventuellement prévue et dévisser la rotule pour la dégager du carter d'embrayage (voir illustrations).

3 Dégager la butée de débrayage du manchon de guidage au niveau de l'arbre primaire de boîte de vitesses puis la décrocher de la fourchette (voir illustration).

Contrôle

4 S'assurer que la butée pivote librement et aisément, sans bruits ni points durs, que sa surface est lisse, sans aspérités ni marques d'usure, fissures, rayures ni piqûres. La remplacer dans le moindre doute sur son état.

5 Vérifier attentivement les portées et les points de contact de la fourchette et de la rotule d'articulation, en changeant toute pièce manifestement usée ou endommagée.

Repose

6 Enduire légèrement de graisse au bisulfure de molybdène, genre « Molykote BR2 Plus », la rotule d'articulation.

7 Engager l'extrémité extérieure de la fourchette dans le soufflet en caoutchouc sur le carter d'embrayage.

8 Ancrer la fourchette à la butée puis monter celle-ci sur le manchon de guidage.

9 Installer la cale au niveau des agrafes puis engager la fourchette sur la rotule en la poussant fermement pour bien verrouiller les agrafes (voir illustration).

10 Procéder à la repose de la boîte de vitesses, comme indiqué au chapitre 7A.

7.2a Utilisation d'une pince pour presser les agrafes de la fourchette de débrayage . . .

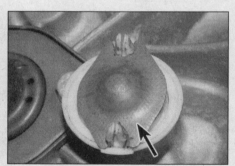

7.2b . . . cale . . .

7.2c . . . et rotule d'articulation

7.3 Dépose de la butée de débrayage

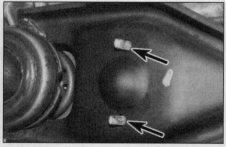

7.9 Agrafes de fixation de la fourchette de débrayage

Chapitre 7 Partie A :
Boîte de vitesses manuelle

Sommaire

Niveaux de difficulté

| **Facile,** pour les profanes de la mécanique | **Assez facile,** pour les débutants plus avisés | **Assez difficile,** pour les amateurs compétents | **Difficile,** pour les amateurs plus expérimentés | **Très difficile,** pour les initiés et les professionnels |

Caractéristiques

Généralités

Affectation des boîtes de vitesses :
Moteurs essence 1,1 et 1,4 l MA/5N/M5
Moteur essence 1,6 l MA/5S/M5
Moteurs Diesel :
    8 soupapes MA/5O/M5
    16 soupapes BE4/5L/M5
Indice des boîtes de vitesses :
Moteurs essence :
    1,1 l 20CF14
    1,4 l 20CF15, 20CF16
    1,6 l 20CN40
Moteurs Diesel :
    8 soupapes 20CN33, 20CN36
    16 soupapes 20DM25, 20DM26

Nota : *La référence de la boîte de vitesses comportant l'indice et le numéro de fabrication est gravée sur la face avant du carter principal de la boîte de vitesses*

Graissage

Capacité d'huile .... Voir chapitre 1A ou 1B
Huile préconisée .... Voir « *Lubrifiants et fluides* »

Couples de serrage   **daN.m**

Type MA

Vis de manchon de guidage de butée de débrayage 1,2
Vis d'assemblage moteur-boîte de vitesses :
    Moteurs essence 4
    Moteurs Diesel 4,5
Ecrous de fixation de levier de vitesses 0,8
Silentbloc côté gauche du groupe motopropulseur .... Voir chapitre 2A ou 2B
Biellette antibasculement de support AR. du groupe motopropulseur . Voir chapitre 2A ou 2B
Bouchon de vidange de boîte de vitesses 2,5
Bouchon de remplissage-niveau de boîte de vitesses .... Voir chapitre 1A ou 1B
Contacteur de feux de recul 2,5
Support de pignon d'attaque de prise d'entraînement de compteur
  de vitesse 1
Vis de roues .... Voir chapitre 1A ou 1B

Couples de serrage (suite)   daN.m

Type BE4

Vis de manchon de guidage de butée de débrayage 1,2
Vis d'assemblage moteur-boîte de vitesses 4,5
Ecrous de fixation de levier de vitesses 0,8
Silentbloc côté gauche du groupe motopropulseur . . . . Voir chapitre 2B
Biellette antibasculement de support AR. du groupe motopropulseur . Voir chapitre 2B
Bouchon de vidange de boîte de vitesses 3,5
Bouchon de remplissage-niveau de boîte de vitesses . . . . Voir chapitre 1B
Contacteur de feux de recul 2,5
Vis de prise d'entraînement de compteur de vitesse 1,5
Vis de roues . . . . Voir chapitre 1B

1 Description générale

La boîte de vitesses logée dans un carter en alliage d'aluminium qui est assemblé par vis au moteur, du côté gauche, se compose d'une pignonnerie de commande et d'un différentiel-pont. Elle est du type à cinq rapports de marche avant synchronisés et un rapport de marche arrière.

La force motrice est transmise par l'intermédiaire de l'embrayage à l'arbre primaire de boîte présentant une partie cannelée à laquelle vient s'accoupler le disque d'embrayage et tournant sur deux roulements à rouleaux coniques. De l'arbre primaire la force est ensuite communiquée successivement à l'arbre secondaire tournant sur un roulement à rouleaux cylindriques à son extrémité droite et sur un roulement à billes à son extrémité gauche, à la couronne de différentiel tournant sur des roulements à rouleaux coniques dans un carter et aux satellites qui entraînent les planétaires et les arbres de transmission. La rotation des planétaires sur leur arbre permet à la roue intérieure de tourner moins vite que la roue extérieure en virage.

Les arbres primaire et secondaire de boîte sont disposés côte à côte et parallèlement au vilebrequin et aux arbres de transmission, de telle façon que les dents de leurs pignons sont constamment en prise. Au point mort, les pignons de l'arbre secondaire tournent librement de sorte que la force d'entraînement n'est pas communiquée à la couronne du différentiel.

Le changement des vitesses s'effectue au moyen d'un levier monté au plancher et d'un mécanisme de sélection et de passage des vitesses constitué de câbles (voir illustration). Le mécanisme de sélection agit sur la fourchette concernée par la vitesse enclenchée pour déplacer le synchroniseur correspondant sur l'arbre de boîte et bloquer le pignon sur son moyeu synchroniseur. Les moyeux synchroniseurs étant accouplés par cannelures sur l'arbre secondaire, cela a pour effet d'immobiliser le pignon et de permettre à la force motrice d'être transmise. Afin d'assurer un passage des vitesses rapide et silencieux, tous les rapports de marche avant sont synchronisés. Les dispositifs de synchronisation consistent en des moyeux avec des pignons baladeurs. Les cônes de synchronisation sont profilés sur les faces d'appui des moyeux et des pignons baladeurs.

Les versions à moteur essence 1,6 l peuvent être équipées d'une boîte de vitesses robotisée « Sensodrive » pour laquelle la commande des vitesses est assurée par deux actionneurs électromagnétiques : un pour l'embrayage et le débrayage et le second pour la sélection et le passage des rapports, pilotés par un calculateur électronique spécifique. Cet équipement n'est pas traité par le présent manuel.

2 Boîte de vitesses - vidange et remplissage

Nota : *Le déblocage des bouchons de remplissage-niveau et de vidange de la boîte de vitesses nécessite une clé spéciale à bout carré de 8 mm à se procurer dans un centre auto ou auprès du service des pièces détachées d'un représentant du réseau Citroën.*

1 La vidange se trouvera facilitée et s'effectuera de manière plus complète car l'huile sera alors plus fluide si l'ensemble moteur-boîte de vitesses a atteint sa température normale de fonctionnement après avoir parcouru un trajet suffisamment long.
2 La voiture étant stationnée sur sol plat et de niveau, couper le contact puis serrer le frein à main. En vue d'améliorer l'accès au côté gauche du groupe motopropulseur, lever l'avant de la voiture au cric et le poser sur chandelles (voir « *Levage et soutien du véhicule* »). Il est à noter que la voiture doit impérativement reposer sur un plan bien horizontal afin de ne pas fausser le relevé lors du remplissage et du contrôle de niveau d'huile de la boîte de vitesses. Dans le cas où il existe, desserrer ses vis de fixation et déposer le carénage de protection sous le moteur.
3 Extraire les rivets à expansion en plastique après avoir enfoncé légèrement leur goupille centrale puis déposer la coquille pare-boue du passage de roue avant gauche.
4 Nettoyer le pourtour du bouchon de remplissage-niveau implanté côté gauche, à hauteur du carter arrière de la boîte de vitesses.

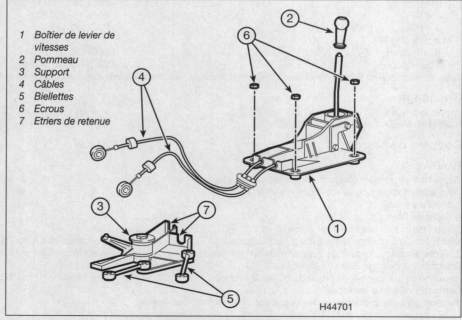

1 Boîtier de levier de vitesses
2 Pommeau
3 Support
4 Câbles
5 Biellettes
6 Ecrous
7 Etriers de retenue

1.4 **Commande des vitesses - type BE4**

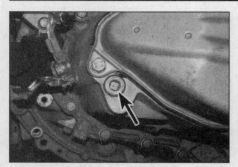

2.4a Bouchon de remplissage-niveau - type MA5

2.4b Bouchon de remplissage-niveau - type BE4

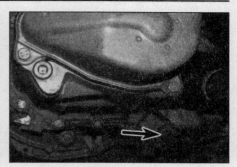

2.5a Bouchon de vidange - type MA5

Dévisser et déposer le bouchon puis récupérer le joint **(voir illustrations)**.

5 Disposer une bassine sous le bouchon de vidange, implanté à la partie arrière de la boîte de vitesses, sur le carter d'embrayage (type MA) ou sous le carter de différentiel (type BE4), puis le dévisser et l'enlever, en récupérant le joint **(voir illustrations)**.

6 Laisser l'huile s'écouler dans la bassine, en veillant à ne pas se brûler à son contact. Bien nettoyer les bouchons de remplissage-niveau et de vidange, en prenant soin en particulier d'éliminer la limaille de fer sur leur partie aimantée. Mettre les joints au rebut : ils sont à changer systématiquement à chaque dépose des bouchons.

7 L'huile ne gouttant plus, nettoyer le filetage du bouchon de vidange et celui de l'orifice sur le carter. Equiper le bouchon de vidange d'un joint neuf et le remonter en le serrant au couple prescrit. Reposer le carénage de protection sous le moteur puis descendre la voiture au sol.

8 Le remplissage de la boîte de vitesses est une opération fastidieuse à laquelle il faut consacrer beaucoup de temps, compte tenu de la nécessité d'attendre que le niveau d'huile se stabilise avant de pouvoir le contrôler. A noter également que la voiture doit impérativement rester sur un plan horizontal pour la précision du contrôle de niveau.

9 Procéder au remplissage de la boîte de la vitesses, en injectant lentement la quantité prescrite d'huile avec un bidon par l'orifice du bouchon de remplissage-niveau. Utiliser exclusivement une huile répondant à la norme préconisée (voir *Lubrifiants et fluides* » au début du manuel). Parfaire ensuite le niveau d'huile de la manière décrite au chapitre 1A ou 1B. Si la quantité correcte d'huile a été incorporée dans la boîte de vitesses et qu'un débordement important se produit lors de la vérification du niveau, remonter le bouchon de remplissage-niveau puis

effectuer un trajet sur route de façon à ce que l'huile neuve se répartisse bien autour des pièces de la boîte de vitesses et recontrôler le niveau au retour. Le niveau correct une fois obtenu, remonter le bouchon de remplissage-niveau muni d'un joint neuf, en le serrant au couple préconisé. Essuyer soigneusement toute éclaboussure d'huile puis réinstaller la coquille pare-boue du passage de roue.

3 Commande des vitesses -
dépose et repose

Dépose

1 Serrer le frein à main puis lever l'avant de la voiture au cric et le poser sur chandelles (voir « *Levage et soutien du véhicule* »).
2 Déposer la console centrale (voir chapitre 11).
3 Desserrer les quatre écrous de fixation du boîtier de levier de vitesses au plancher **(voir illustration)**.

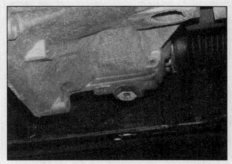

2.5b Bouchon de vidange - type BE4

4 Déposer le boîtier de filtre à air et ses conduits (voir chapitre 4A ou 4B).
5 Déposer la batterie et son support (voir chapitre 5A).
6 En veillant à bien repérer au préalable leur position respective de raccordement, déboîter avec précaution au moyen d'un tournevis à lame plate les rotules des câbles de sélection et de passage des vitesses des leviers de commande dans le compartiment moteur.
7 En opérant du dessous de la voiture, enlever les fixations puis dégager l'écran thermique du soubassement pour le laisser reposer sur le tube d'échappement.
8 Appuyer sur les ergots supérieurs des étriers de retenue à l'aide d'un tournevis pour dégager l'arrêt de gaine de chacun des câbles du support en le tirant vers le haut **(voir illustrations)**.
9 Appuyer sur ses languettes de retenue pour libérer le passe-câble du plancher puis dégager l'ensemble du boîtier de levier de vitesses avec les câbles **(voir illustration)**.

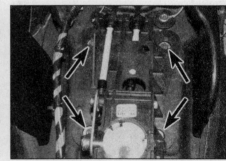

3.3 Ecrous de fixation de boîtier de levier de vitesses sur le plancher

3.8a Utilisation d'un tournevis pour appuyer sur les ergots de l'étrier de retenue d'arrêt de gaine de câble sur le support

3.8b Ergots d'étrier de retenue d'arrêt de gaine vus après dépose du câble

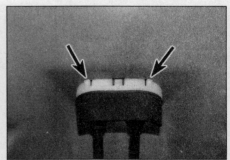

3.9 Languettes de retenue du passe-câble sur le plancher

10 Pour désaccoupler les câbles au niveau du boîtier de levier de vitesses, faire levier sur leur rotule pour la déboîter puis pousser les pattes métalliques avec un tournevis et dégager les câbles **(voir illustrations)**.

11 Le levier de vitesses est intégré à son boîtier et en est indissociable.

Repose

12 La repose a lieu à l'inverse de la dépose, en observant par ailleurs les points suivants :
 a) *Attacher les câbles ensemble pour faciliter leur passage à travers le plancher et les réinstaller correctement*
 b) *Enduire de graisse les rotules des câbles avant de les réaccoupler*
 c) *Aucun réglage des câbles de sélection et de passage de vitesses n'est possible*

---

4 Bagues d'étanchéité - remplacement

Bagues d'étanchéité de sortie de différentiel

1 Procéder à la dépose de la transmission du côté concerné (voir chapitre 8).

2 Extraire avec précaution la bague d'étanchéité de son logement dans le carter au moyen d'un tournevis grand modèle à lame plate **(voir illustration)**.

3 Supprimer soigneusement la saleté autour du logement de la bague puis graisser légèrement la lèvre extérieure de la bague neuve et monter celle-

4.2 Dépose d'une bague d'étanchéité de sortie de différentiel

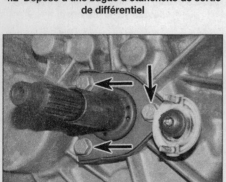

4.7 Vis de fixation de manchon de guidage de butée de débrayage

3.10a Utilisation d'une pince pour déboîter la rotule du câble . . .

ci dans le logement en l'enfonçant bien pour l'amener en butée contre son épaulement d'arrêt. Utiliser un poussoir tubulaire (genre douille) ou une cale de bois portant uniquement sur le rebord extérieur dur de la bague pour la frapper et la mettre en place **(voir illustration)**.

4 Répandre une fine couche de graisse sur la lèvre de la bague d'étanchéité.

5 Effectuer la repose de la transmission, en se reportant au chapitre 8 pour cette opération.

Bague d'étanchéité d'arbre primaire

6 Procéder à la dépose de la boîte de vitesses et du mécanisme de débrayage (voir respectivement section 7 et chapitre 6 pour ces opérations).

7 Desserrer les trois vis de fixation et dégager le manchon de guidage de la butée de débrayage de l'arbre primaire avec son joint **(voir illustration)**. Récupérer les rondelles de calage restées

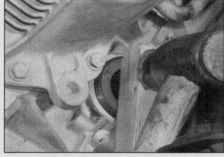

4.3 Installation d'une bague d'étanchéité neuve de sortie de différentiel en la frappant

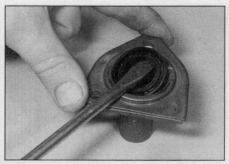

4.8 Dépose de la bague d'étanchéité de l'arbre primaire de boîte de vitesses

3.10b . . . et d'un tournevis pour pousser une des pattes métalliques de retenue du câble au niveau du boîtier de levier de vitesses

éventuellement collées à l'arrière du manchon et les remettre en place sur l'arbre primaire.

8 Extraire avec précaution la bague d'étanchéité du manchon de guidage à l'aide d'un tournevis à lame plate **(voir illustration)**.

9 Avant de monter une bague d'étanchéité neuve, vérifier que la portée sur l'arbre primaire ne comporte pas de bavures, de rayures ni d'autres défauts ayant conduit à une défaillance de la bague d'origine. Les marques superficielles de cette nature peuvent être rattrapées au papier abrasif fin mais si des défauts exagérés sont constatés, l'arbre primaire de boîte de vitesses doit être changé. S'assurer de la bonne propreté de l'arbre primaire et vérifier également qu'il est enduit d'une couche suffisante de graisse comme mesure de protection des lèvres de la bague d'étanchéité lors de sa mise en place.

10 Tremper la bague d'étanchéité neuve dans de l'huile moteur propre et l'installer sur le manchon de guidage de la butée de débrayage.

11 Equiper le manchon de guidage d'un joint neuf puis l'engager avec précaution sur l'arbre primaire et remonter les vis de fixation en les serrant au couple préconisé **(voir illustration)**.

12 Profiter de l'occasion pour contrôler les pièces de l'embrayage, si ce n'est déjà fait (voir chapitre 6). Effectuer ensuite la repose de la boîte de vitesses, en se reportant à la section 7 pour cette opération.

Bague d'étanchéité d'axe de sélection

Boîte MA

13 Le remplacement de la bague d'étanchéité de l'axe de sélection implique le démontage de la

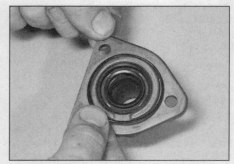

4.11 Installation d'un joint neuf sur le manchon de guidage de butée de débrayage

5.5 Contacteur de feux de recul

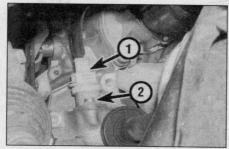

6.2 Connecteur électrique (1) de capteur de vitesse et vis de fixation (2) de prise d'entraînement de compteur de vitesse

boîte de vitesses. Cette intervention est de ce fait à confier aux services techniques d'un représentant du réseau Citroën ou à un spécialiste de la réfection des boîtes de vitesses.

Boîte BE4

14 Serrer le frein à main, débloquer les vis de fixation de la roue avant gauche puis lever l'avant de la voiture au cric et le poser sur chandelles (voir « Levage et soutien du véhicule »). Déposer la roue puis extraire les rivets à expansion en plastique après avoir enfoncé légèrement leur goupille centrale et déposer la coquille pare-boue du passage de roue.

15 Déboîter avec précaution sa rotule au moyen d'un tournevis à lame plate pour désaccoupler la biellette de l'axe de sélection.

16 Extraire ensuite avec précaution à l'aide d'un tournevis la bague d'étanchéité du carter et la dégager en bout d'axe de sélection.

17 Avant de monter une bague d'étanchéité neuve, vérifier que la portée sur l'axe de sélection ne comporte pas de bavures, de rayures ni d'autres défauts ayant conduit à une défaillance de la bague d'origine. Les marques superficielles de cette nature peuvent être rattrapées au papier abrasif fin mais si des défauts exagérés sont constatés, l'axe de sélection doit être changé.

18 Enduire légèrement de graisse le bord extérieur et la lèvre de la bague d'étanchéité neuve puis l'enfiler avec précaution sur l'axe de sélection et l'engager à fond dans le carter de boîte de vitesses.

19 Réaccoupler la biellette à l'axe de sélection, en veillant à bien emboîter la rotule.

20 Reposer la coquille pare-boue du passage de roue et la roue puis descendre la voiture au sol et serrer les vis de la roue au couple prescrit.

5 Contacteur de feux de recul - contrôle, dépose et repose

Contrôle

1 Le circuit électrique des feux de recul est commandé par un contacteur du type à piston vissé sur le dessus du carter d'embrayage ou de pignonnerie de la boîte de vitesses, suivant le type de boîte. En cas de dysfonctionnement du circuit, commencer par vérifier que le fusible correspondant dans l'habitacle n'est pas claqué (voir chapitre 12).

2 Pour avoir accès au contacteur, déposer le boîtier de filtre à air et ses conduits (voir chapitre 1A ou 1B).

3 Pour contrôler le fonctionnement du contacteur, débrancher son connecteur électrique et utiliser un multimètre (réglé sur sa fonction « ohmmètre ») ou une lampe-témoin sous 12 V pour constater qu'un état de continuité (passage de courant) entre les bornes du contacteur ne s'établit que lorsque la marche arrière est enclenchée. Si tel n'est pas le cas et que les fils d'alimentation électrique ne sont pas rompus ni autrement endommagés, le contacteur est défectueux et doit être remplacé.

Dépose

4 En vue d'améliorer l'accès, déposer le boîtier de filtre à air et ses conduits (voir chapitre 4A ou 4B).

5 Débrancher son connecteur électrique puis dévisser et dégager le contacteur avec sa rondelle d'étanchéité du carter d'embrayage ou de pignonnerie de la boîte de vitesses (voir illustration).

Repose

6 Equiper le contacteur d'une rondelle d'étanchéité neuve et le visser sur le dessus du carter d'embrayage ou de pignonnerie de la boîte de vitesses, en le serrant au couple prescrit. Rebrancher le connecteur électrique et recontrôler le fonctionnement du circuit. Remettre en place les différents éléments ayant déposés pour permettre l'accès.

6 Prise d'entraînement du compteur de vitesse - dépose et repose

Nota : Seules les versions sans antiblocage des roues (ABS) sont équipées d'une prise d'entraînement pour le compteur de vitesse, sinon l'information concernant la vitesse du véhicule est fournie au calculateur électronique de gestion du moteur par les capteurs de roues du système ABS via le calculateur de ce dernier (voir chapitre 9, section 23).

Dépose

1 Serrer le frein puis lever l'avant de la voiture au cric et le poser sur chandelles (voir « Levage et soutien du véhicule »). La prise d'entraînement du compteur de vitesse à laquelle est intégrée le capteur de vitesse du véhicule est montée sur le

carter de différentiel, à hauteur de l'accouplement de la transmission droite. Desserrer ses vis de fixation et déposer le carénage de protection sous le moteur, dans le cas où il existe.

2 Débrancher le connecteur électrique du capteur de vitesse (voir illustration).

3 Desserrer et enlever la vis de fixation ainsi que l'écran thermique éventuellement prévu. Dégager ensuite l'ensemble du capteur de vitesse et du pignon mené de la prise d'entraînement du compteur de vitesse avec le joint torique.

4 S'il y a lieu, dissocier le pignon mené de la prise d'entraînement du compteur de vitesse et récupérer le joint torique. Examiner le pignon mené pour s'assurer qu'il n'est pas détérioré : le changer au besoin. Le joint torique est à remplacer systématiquement.

5 Si le pignon mené est usé ou détérioré, contrôler également l'état du pignon d'attaque dans le carter de différentiel qui est susceptible de présenter les mêmes défauts.

6 Le remplacement du pignon d'attaque nécessite le démontage de la boîte de vitesses et la dépose du différentiel, des opérations à confier à un atelier du réseau Citroën ou à un spécialiste de la réfection des boîtes de vitesses.

Repose

7 Enduire légèrement de graisse la lèvre de la bague d'étanchéité ainsi que l'axe du pignon mené puis engager celui-ci sur la prise d'entraînement du compteur de vitesse.

8 Munir la prise d'entraînement du compteur de vitesse d'un joint torique neuf puis la reposer. S'assurer que les pignons mené et d'attaque sont convenablement engrenés. Remonter la vis de fixation de la prise d'entraînement, avec le cas échéant l'écran thermique, et bien la serrer.

9 Rebrancher le connecteur électrique du capteur de vitesse du véhicule. Reposer éventuellement le carénage de protection sous le moteur et descendre la voiture au sol.

7 Boîte de vitesses - dépose et repose

Dépose

1 Caler les roues arrière, serrer le frein à main puis débloquer les vis de fixation des deux roues avant. Lever l'avant de la voiture au cric et le poser sur chandelles (voir « Levage et soutien du véhicule »). Déposer les roues.

2 Vidanger la boîte de vitesses, en remontant les bouchons de vidange et de remplissage-niveau à équiper de joints neufs et à serrer au couple prescrit (voir section 2).

3 Déposer le boîtier de filtre à air et ses conduits (voir chapitre 4A ou 4B).

4 Déposer la batterie et son support (voir chapitre 5A).

5 Déposer le pot catalytique (moteurs essence) ou la ligne d'échappement complète : sans le pot catalytique (moteurs Diesel). Se reporter au chapitre 4A ou 4B pour ces opérations.

6 Procéder à la dépose des deux transmissions (voir chapitre 8).

7 Déposer le démarreur (voir chapitre 5A).

8 Désolidariser le cylindre récepteur d'embrayage de la boîte de vitesses sans débrancher la canalisation de liquide hydraulique (voir chapitre 6).

9 Désaccoupler les câbles de sélection et de passage des vitesses des leviers sur la boîte de vitesses et du support (voir section 3).

10 En veillant à bien repérer au préalable leur position respective de raccordement, débrancher toutes les connexions électriques au niveau de la boîte de vitesses. Ecarter ensuite le faisceau sur le côté, après avoir bien repéré son trajet.

11 Dans le cas où elle est prévue, desserrer ses vis de fixation et déposer la tôle de fermeture du volant moteur, en dessous du carter d'embrayage.

12 Installer un cric rouleur avec cale de bois interposée en dessous du moteur pour reprendre son poids ou mettre en prise un palan ou une poutre de soutènement aux pattes de levage sur la culasse.

13 Installer ensuite un cric rouleur en dessous de la boîte de vitesses pour soulager son poids, en prenant soin d'interposer une cale de bois sur la tête du cric.

14 Desserrer et enlever les deux vis de fixation de l'ensemble du silentbloc côté gauche du groupe motopropulseur sur le support au niveau de la boîte de vitesses **(voir illustration)**. Desserrer ensuite les quatre vis de fixation sur la caisse et dégager l'ensemble du silentbloc.

15 Desserrer et enlever les deux vis de fixation de la biellette antibasculement du support arrière du groupe motopropulseur sur le berceau et sur le support au niveau de la boîte de vitesses **(voir illustration)**.

16 La boîte de vitesses étant convenablement soutenue du dessous par le cric rouleur, desserrer et enlever les dernières vis l'assemblant au moteur. Veiller à bien repérer la position respective de montage de chacune des vis ainsi que celle de toute patte de maintien. Sur les versions Diesel, dévisser et déposer le goujon de fixation côté gauche du pot catalytique pour avoir accès à la vis d'assemblage avant **(voir illustration)**.

17 Effectuer une ultime vérification pour s'assurer que tous les éléments susceptibles d'entraver la dépose de la boîte de vitesses ont bien été débranchés, désaccouplés ou dégagés.

18 Manœuvrer ensuite la boîte de vitesses vers la gauche au moyen du cric rouleur pour l'extraire des douilles de centrage. Faire descendre légèrement le moteur pour pouvoir désolidariser la boîte de vitesses.

Attention : Prendre garde de ne pas endommager le radiateur en abaissant le moteur : le protéger avec un morceau de carton glissé par derrière. Sur les véhicules climatisés, il convient également de faire attention de ne pas détériorer avec les poulies de la courroie d'accessoires les canalisations du circuit frigorifique implantées côté droit du compartiment moteur

19 La boîte de vitesses une fois dissociée du moteur, l'abaisser avec le cric rouleur et la dégager du dessous de la voiture. Récupérer les douilles de centrage sur la boîte de vitesses ou le moteur si elles ont été délogées et les ranger en lieu sûr.

Repose

20 La repose de la boîte de vitesses s'opère à l'inverse de la dépose, en tenant par ailleurs compte des points suivants :

a) *Avant de réinstaller la boîte de vitesses, contrôler les pièces de l'embrayage et du mécanisme de débrayage, comme indiqué au chapitre 6. Lubrifier le manchon de guidage de la butée de débrayage avec de la graisse haute température, genre « Molykote BR2 Plus », préconisé par le constructeur. Veiller à ne pas appliquer une trop grande quantité de graisse au risque d'en imprégner le disque d'embrayage. Ne pas enduire de graisse les cannelures de l'arbre primaire de boîte de vitesses ni celles du moyeu du disque d'embrayage*

b) *S'assurer que les douilles de centrage sont bien en place avant de présenter la boîte de vitesses*

c) *Serrer les vis d'assemblage de la boîte de vitesses ainsi que toutes les fixations aux couples prescrits*

d) *Changer les bagues d'étanchéité de sortie de différentiel avant de procéder à la repose des transmissions (voir chapitre 8)*

e) *Se reporter au chapitre 6 pour procéder à la repose du cylindre récepteur d'embrayage*

f) *Effectuer le plein d'huile de la boîte de vitesses, comme décrit en section 2*

8 Démontage et remise en état de la boîte de vitesses - généralités

Le démontage et la remise en état d'une boîte de vitesses constituent des interventions difficiles (et souvent coûteuses) pour un non-professionnel. Elles impliquent non seulement le démontage et le réassemblage de pièces de petites dimensions, mais également le contrôle précis du jeu de certains éléments qui peut subir au besoin un réglage en choisissant des cales et des entretoises appropriées. Les organes internes de la boîte de vitesses sont souvent difficiles à obtenir en pièces de rechange et sont dans bien des cas d'un coût dissuasif. Pour toutes ces raisons, si un dysfonctionnement de la boîte de vitesses vient à être constaté ou si celle-ci est anormalement bruyante, la décision la plus sage est de faire réviser la boîte par un spécialiste ou de monter une boîte de vitesses complète en échange standard.

Il ne s'avère cependant pas impossible pour un mécanicien plus expérimenté de démonter la boîte de vitesses dans la mesure où il dispose de l'outillage indispensable et qu'il procède suivant un ordre logique de façon à ne rien négliger.

L'outillage nécessaire comprend des pinces à circlips internes et externes, des extracteurs de roulements, une masse à coulisse, un jeu de chasse-goupilles, un comparateur micrométrique et dans la mesure du possible, une presse hydraulique. Prévoir par ailleurs un établi solide ainsi qu'un étau.

Au cours des opérations de désassemblage, bien repérer l'emplacement et la position de montage de chaque pièce de la boîte et prendre au besoin des notes afin de faciliter le réassemblage.

Avant de procéder au démontage de la boîte de vitesses, il sera utile de savoir d'où provient le défaut de fonctionnement ayant conduit à la décision de la désassembler. Certains problèmes peuvent être localisés dans un endroit spécifique de la boîte, auquel cas l'examen et le remplacement éventuel des pièces pourront s'en trouver facilités (voir section « Diagnostic » à la partie « Références » en fin de manuel).

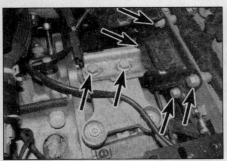

7.14 Vis de fixation du silentbloc côté gauche du groupe motopropulseur

7.15 Vis de fixation de la biellette antibasculement du support AR. du groupe motopropulseur

7.16 Goujon de fixation du pot catalytique occultant la vis d'assemblage AV. entre moteur et boîte de vitesses - moteurs Diesel

Chapitre 7 Partie B :
Boîte de vitesses automatique

Sommaire

Niveaux de difficulté

Facile, pour les profanes de la mécanique		Assez facile, pour les débutants plus avisés		Assez difficile, pour les amateurs compétents		Difficile, pour les amateurs plus expérimentés		Très difficile, pour les initiés et les professionnels	

Caractéristiques

Généralités
Désignation du type de boîte de vitesses AL4

Graissage
Fluide préconisé . . . . Voir « *Lubrifiants et fluides* »
Capacité de fluide . . . . Voir chapitre 1A

Couples de serrage   daN.m
Vis creuse de refroidisseur de fluide 5
Bouchon de vidange de boîte de vitesses 3,3
Bouchons de remplissage et de niveau de boîte de vitesses . . . . Voir chapitre 1A
Vis de fixation de contacteur multifonction 1
Vis de capteur de pression de ligne 0,9
Vis de capteur de régime d'entrée de boîte de vitesses 1
Vis de capteur de sortie de boîte de vitesses 1
Silentbloc côté gauche du groupe motopropulseur . . . . Voir chapitre 2A
Biellette antibasculement de support AR. du groupe motopropulseur . Voir chapitre 2A
Ecrous d'assemblage convertisseur de couple-disque d'entraînement :
   Phase 1 1
   Phase 2 3
Vis d'assemblage moteur-boîte de vitesses 5,2
Vis de roues . . . . Voir chapitre 1A

1 Description générale

La boîte de vitesses automatique prévue en équipement optionnel sur les versions à moteur essence 1,4 l, à commande électronique intégrale, est constituée d'un convertisseur de couple, d'un train épicycloïdal, d'embrayages et de freins à commande hydraulique. Elle est pilotée par le calculateur électronique via les électrovannes intégrées au bloc hydraulique de commande.

Le convertisseur de couple dispose d'un dispositif de verrouillage par lequel le moteur et la boîte peuvent être reliés directement, sans glissement, sur les deux derniers rapports de marche avant, au bénéfice de l'efficacité et de la consommation.

Deux touches distinctes « D » et « M » au niveau du levier sélecteur permettent de rouler respectivement en mode automatique ou semi-manuel. Dans ce premier mode de fonctionnement, outre la conduite normale au cours de laquelle le passage des rapports s'effectue à des régimes relativement bas du moteur avec changement précoce des rapports supérieurs et rétrogradation tardive, ce qui s'accompagne d'une consommation modérée, deux autres programmes : « neige » et « sport » peuvent être sélectionnés au niveau de touches situées à gauche du levier sélecteur. Le programme « sport » (« S ») privilégie la performance avec des reprises plus dynamiques, le passage des rapports ayant lieu à des régimes soutenus du moteur. Le programme « neige » (symbolisé par un flocon) permet une conduite souple sur routes glissantes afin d'améliorer la motricité et la stabilité du véhicule. En mode de fonctionnement semi-manuel, le changement des rapports s'obtient en agissant sur le levier : vers le signe « + » pour passer à la vitesse supérieure et vers le signe « - » pour le passage à la vitesse inférieure. Les programmes « sport » et « neige » sont inopérants en mode de fonctionnement semi-manuel.

Une fonction de verrouillage interdit le passage d'un rapport à partir de la position « P » du levier sélecteur tant que le contact n'est pas mis et que la pédale de frein n'est pas actionnée.

Le fluide de boîte de vitesses est refroidi par un échange thermique avec le circuit de refroidissement du moteur.

Le calculateur électronique de la boîte de vitesses est pourvu d'une fonction de surveillance de ses périphériques par laquelle il conserve en mémoire les anomalies de fonctionnement éventuelles. Le calculateur peut déclencher une procédure d'urgence permettant à la boîte de vitesses de continuer à fonctionner, mais en mode dégradé. Dans ce cas, des à-coups peuvent être ressentis dans le passage des rapports à partir des positions « N » ou « R » ou bien, un blocage en 3e hydraulique peut avoir lieu : absence de passage des rapports. En tel cas, la voiture doit être confiée aux services techniques d'une concession Citroën pour faire procéder à un contrôle au moyen de l'appareil prévu à cet effet, permettant de consulter la mémoire du calculateur dans laquelle sont enregistrés les codes-défauts correspondant à des incidents de fonctionnement précis.

Compte tenu de la complexité de la boîte de vitesses automatique, sa réparation et son démontage doivent être confiés à un atelier Citroën disposant de l'équipement nécessaire pour le diagnostic des défauts de fonctionnement et la réparation. Les interventions décrites ci-dessous se limitent en conséquence à la dépose et à la repose de la boîte de vitesses ainsi qu'à certaines opérations spécifiques pouvant être accomplies par les particuliers. **Nota :** *La boîte de vitesses est du type « autoadaptative », ce qui signifie qu'elle prend en compte le style de conduite et modifie en conséquence les points de passage des rapports pour optimiser son rendement et la consommation. Lorsque la batterie vient à être débranchée, les paramètres fonctionnels enregistrés dans la mémoire du calculateur sont effacés et la boîte de vitesses revient à un programme de fonctionnement préétabli. Dans ce cas, durant les premiers kilomètres, des différences notables par rapport au comportement normal de la boîte de vitesses peuvent être observées, le temps qu'elle se réadapte au style de conduite habituel.*

2 Boîte de vitesses - vidange et remplissage

Nota 1 : *Le déblocage du bouchon de remplissage de la boîte de vitesses nécessite une clé spéciale à bout carré de 8 mm à se procurer dans un centre auto ou auprès du service des pièces détachées d'un représentant du réseau Citroën.*
Nota 2 : *Le calculateur électronique de la boîte de vitesses automatique dispose d'un programme permettant de déterminer l'usure du fluide et lorsque celui-ci est à renouveler, les témoins « Sport » et « Neige » au niveau du combiné d'instruments clignotent simultanément. Le capteur lié à cette fonction doit être réinitialisé suite à la vidange et au remplissage de la boîte de vitesses, ce qui nécessite l'appareil de diagnostic spécifique à la marque.*

Généralités

1 Différentes modifications ont été apportées à la boîte de vitesses automatique de type AL4 en cours de production, notamment concernant le montage des bouchons de vidange et de niveau et également au sujet des opérations de vidange et de remplissage.
2 Les versions plus récentes sont dépourvues de bouchon de vidange et dans ce cas, la boîte de vitesses est lubrifiée à vie. Les descriptions qui suivent ne concernent en conséquence que les versions les plus anciennes. Il est conseillé de se renseigner auprès du service après-vente d'un représentant de la marque quant aux consignes à observer pour la vidange de la boîte de vitesses automatique sur un véhicule en particulier.

Vidange

Nota : *Les opérations qui suivent ne sont possibles que sur la boîte de vitesses automatique de première génération (voir point précédent).*
3 La vidange se trouvera facilitée et s'effectuera de manière plus complète si l'ensemble moteur-boîte de vitesses a atteint sa température normale de fonctionnement après avoir parcouru un trajet suffisamment long.
4 La voiture étant stationnée sur une aire plane, couper le contact et serrer le frein à main. Afin d'améliorer l'accès, lever l'avant de la voiture au cric et le poser sur chandelles (voir « Levage et soutien du véhicule »). Dans le cas où il existe, desserrer ses vis de fixation et déposer le carénage de protection sous le moteur.
5 Disposer une bassine de récupération d'une contenance suffisante en dessous du bouchon de vidange implanté en bas du carter principal de la boîte de vitesses. A noter que les bouchons de vidange et de niveau sont regroupés, le second étant situé au centre et le plus petit des deux **(voir illustration)**. Dévisser et enlever le bouchon de vidange puis récupérer le joint. Laisser le fluide s'écouler dans la bassine le plus longtemps possible.

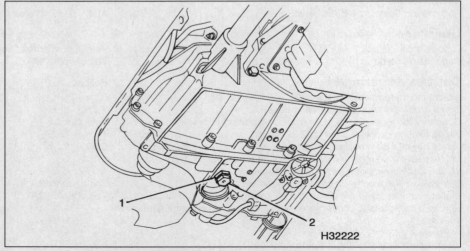

H32222

2.5 Bouchons de vidange (1) et de niveau (2) - BV. 1re génération

2.9 Bouchon de remplissage de boîte de vitesses

  Danger : Prendre garde de ne pas se brûler au contact du fluide chaud

6 Nettoyer soigneusement le bouchon de vidange, en veillant en particulier à bien le débarrasser des particules métalliques au niveau de sa partie aimantée. Mettre le joint au rebut : il est à changer systématiquement à chaque dépose du bouchon.

7 Le fluide ne gouttant plus, nettoyer l'orifice fileté du carter puis équiper le bouchon de vidange d'un joint neuf et le remonter en le serrant au couple prescrit. Si le véhicule a été levé pour procéder à la vidange, le redescendre au sol.

Remplissage

8 En vue d'améliorer l'accès au bouchon de remplissage de la boîte de vitesses, déposer le boîtier de filtre à air complet (voir chapitre 4A).

9 Nettoyer soigneusement le pourtour du bouchon de remplissage qui est implanté au sommet de la

4.3 Butée de gaine du câble de sélection dégagée à la partie avant du boîtier de levier sélecteur

4.8a Les languettes centrales de la rotule du câble de sélection sont à presser . . .

3.3 Arrêtoir en plastique jaune d'embout de câble de sélection à soulever pour déverrouiller le système de réglage de la commande des vitesses

boîte de vitesses, derrière le levier de la commande **(voir illustration)**. Dévisser et enlever le bouchon puis récupérer le joint.

Attention : Ne pas desserrer la vis de l'axe de sélection située à la partie avant du levier de commande sur la boîte de vitesses

10 Procéder au remplissage de la boîte de la vitesses, en incorporant à l'aide d'un entonnoir et d'un tube la quantité prescrite de fluide répondant à la norme préconisée (voir « *Lubrifiants et fluides* » au début du manuel) par l'orifice de remplissage. Remonter le bouchon de remplissage, muni d'un joint neuf, et le serrer au couple prescrit. Reposer ensuite le boîtier de filtre à air (voir chapitre 4A).

11 Effectuer un trajet suffisant long sur route pour amener la boîte de vitesses à sa température normale de fonctionnement.

12 Au retour, vérifier le niveau de fluide de la boîte de vitesses, de la manière décrite au chapitre 1A.

4.2 Languettes à presser pour désaccoupler la rotule du câble de la sphère sur le levier sélecteur

4.8b . . . pour la désaccoupler de la sphère sur la biellette de renvoi de la boîte de vitesses

3 Câble de sélection - réglage

1 Pour avoir accès au côté boîte de vitesses du câble de sélection, déposer le boîtier de filtre à air complet (voir chapitre 4A).

2 Amener le levier sélecteur dans l'habitacle à la position « P ».

3 Soulever l'arrêtoir en plastique jaune au niveau de l'embout du câble pour déverrouiller le système de réglage de la commande des vitesses **(voir illustration)**.

4 S'assurer que le levier de commande de la boîte de vitesses est bien positionné au maximum vers l'avant du véhicule puis appuyer sur l'arrêtoir en plastique jaune pour verrouiller le système de réglage.

5 Vérifier le bon fonctionnement du levier sélecteur avant de procéder à la repose du boîtier de filtre à air, comme décrit au chapitre 4A.

4 Levier sélecteur et câble - dépose et repose

Dépose

1 Déposer la console centrale (voir chapitre 11) puis amener le levier sélecteur à la position « P ».

2 Appuyer sur les languettes centrales pour désaccoupler la rotule du câble de la sphère sur le levier sélecteur **(voir illustration)**.

3 A l'aide d'une pince à becs pointus, extraire l'épingle de retenue et dégager la butée de gaine du câble à la partie avant du boîtier de levier sélecteur **(voir illustration)**.

4 En veillant au préalable à bien repérer leur position respective de raccordement, débrancher toutes les connexions électriques au niveau du boîtier de levier sélecteur.

5 Desserrer ses quatre écrous de fixation et dégager l'ensemble du boîtier de levier sélecteur.

6 Serrer le frein à main puis lever l'avant de la voiture au cric et le poser sur chandelles (voir « *Levage et soutien du véhicule* »).

7 Déposer le boîtier de filtre à air complet (voir chapitre 4A).

8 Appuyer sur les languettes centrales pour désaccoupler la rotule du câble de la sphère au niveau de la biellette de renvoi sur la boîte de vitesses **(voir illustrations)**.

9 Extraire l'épingle de retenue et dégager la butée de gaine du câble de la patte d'arrêt sur la boîte de vitesses puis déboîter le passe-câble au niveau du plancher et sortir le câble de l'habitacle.

Repose

10 La repose a lieu à l'inverse de la dépose, en effectuant ensuite le réglage du câble comme décrit en section précédente avant de remettre en place les éléments ayant été déposés pour permettre l'accès.

5 Prise d'entraînement du compteur de vitesse - dépose et repose

Voir chapitre 7A, section 6.

6 Bagues d'étanchéité - remplacement

Bagues d'étanchéité de sortie de différentiel

1 Procéder à la dépose de la transmission du côté concerné (voir chapitre 8).

Côté droit

2 Récupérer le joint torique sur l'axe du planétaire de différentiel puis extraire avec précaution la bague d'étanchéité de son logement, en veillant à ne pas endommager l'axe ni le carter. Pour déposer la bague, percer ou amorcer deux avant-trous à l'opposé de l'un de l'autre et y fixer des vis à tôle sur lesquelles on tirera avec une pince.

3 Supprimer soigneusement la saleté autour du logement de la bague puis graisser légèrement le bord extérieur et la lèvre de la bague neuve et monter celle-ci sur l'axe du planétaire, en veillant à ne pas abîmer sa lèvre, puis dans le logement. Enfoncer la bague en utilisant un poussoir tubulaire (genre douille) portant uniquement sur son rebord extérieur dur pour la frapper et la mettre en place.

4 Installer le joint torique neuf sur l'axe du planétaire de différentiel et l'amener en appui sur la bague d'étanchéité.

5 Effectuer la repose de la transmission, en se reportant au chapitre 8 pour cette opération.

Côté gauche

6 Extraire avec précaution la bague d'étanchéité de son logement dans le carter au moyen d'un tournevis à lame plate.

7 Supprimer soigneusement la saleté autour du logement de la bague puis graisser légèrement la lèvre extérieure de la bague neuve et monter celle-ci dans le logement. Enfoncer la bague en utilisant un poussoir tubulaire (genre douille) portant uniquement sur son rebord extérieur dur pour la frapper et l'amener en butée contre l'épaulement d'arrêt. Si la bague de rechange est munie d'un protecteur en plastique, ne l'enlever qu'après avoir reposé la transmission.

8 Enduire d'une fine couche de graisse la lèvre de la bague d'étanchéité.

9 Effectuer la repose de la transmission, comme indiqué au chapitre 8.

Bague d'étanchéité d'axe de sélection

10 Pour avoir accès à l'axe de sélection, déposer le boîtier de filtre à air complet (voir chapitre 4A).

11 Amener le levier sélecteur dans l'habitacle à la position « P ».

12 Desserrer et enlever le boulon de bridage du levier de commande sur l'axe de sélection. Effectuer des repères de montage puis désaccoupler le levier de commande de l'axe.

13 Extraire l'épingle de retenue puis dégager la butée de gaine du câble de sélection de la patte d'arrêt sur la boîte de vitesses. Ecarter le câble de l'axe de sélection.

14 Réaliser des repères de montage puis desserrer ses vis de fixation sur la boîte de vitesses et dégager le contacteur multifonction de l'axe de sélection.

15 Extraire avec précaution la bague d'étanchéité de son logement, en veillant à ne pas endommager l'axe de sélection ni le carter. Pour déposer la bague, percer ou amorcer deux avant-trous à l'opposé de l'un de l'autre et y fixer des vis à tôle sur lesquelles on tirera avec une pince.

16 Supprimer soigneusement la saleté autour du logement de la bague puis graisser légèrement le bord extérieur et la lèvre de la bague neuve et monter celle-ci sur l'axe de sélection, en veillant à ne pas abîmer sa lèvre, et l'enfoncer dans le logement.

17 Remettre en place le contacteur multifonction sur l'axe de sélection puis faire coïncider les repères réalisés lors de la dépose et remonter les vis de fixation à serrer au couple prescrit.

18 Engager la butée du câble de sélection sur la patte d'arrêt puis accoupler le levier de commande à l'axe de sélection. Vérifier que les repères effectués préalablement sont convenablement alignés puis remonter le boulon de bridage en le serrant bien.

19 Procéder au réglage du câble de sélection, comme indiqué en section 3, puis remettre en place les éléments ayant été déposés pour permettre l'accès.

Bague d'étanchéité de convertisseur de couple

20 Déposer la boîte de vitesses (voir section 9).

21 Dégager avec précaution le convertisseur de couple de l'arbre de boîte de vitesses. Prévoir un écoulement de fluide au cours de cette opération.

22 Repérer la position de montage de la bague d'étanchéité dans le carter pus l'extraire avec précaution, en faisant attention de ne pas marquer le carter ni l'arbre.

23 Nettoyer soigneusement le pourtour du logement puis installer la bague d'étanchéité neuve, en disposant sa lèvre côté intérieur, et l'enfoncer.

24 Accoupler le convertisseur de couple aux cannelures de l'arbre de boîte de vitesses puis l'engager à fond, en prenant garde de ne pas abîmer la bague d'étanchéité.

25 Procéder à la repose de la boîte de vitesses, comme indiqué en section 9.

7 Refroidisseur de fluide - dépose et repose

Attention : Prendre garde à ne pas laisser d'impuretés pénétrer dans la boîte de vitesses au cours des opérations qui suivent

Dépose

1 Le refroidisseur de fluide est monté à l'arrière du carter principal de la boîte de vitesses. Pour y accéder, déposer la batterie et son support (voir chapitre 5A).

2 Nettoyer soigneusement le pourtour du refroidisseur de fluide avant toute intervention.

3 Poser des pinces sur les deux durits raccordées au refroidisseur de fluide afin de limiter les pertes de liquide de refroidissement en les débranchant.

4 Libérer leur collier et débrancher les deux durits du refroidisseur de fluide : prévoir un écoulement de liquide de refroidissement (**voir illustration**). Laver immédiatement à l'eau froide toute éclaboussure de liquide et bien sécher les pièces attenantes avant de poursuivre les opérations.

5 Desserrer et enlever sa vis creuse et dégager le refroidisseur de fluide du carter de la boîte de vitesses. Récupérer le joint de la vis ainsi que les deux joints au dos du refroidisseur et les mettre au rebut : ils sont à changer systématiquement à chaque dépose (**voir illustration**).

Repose

6 Lubrifier les joints neufs avec du fluide de boîte de vitesses avant de les monter au dos du refroidisseur et sur sa vis de fixation creuse.

7 Remettre en place le refroidisseur de fluide sur le carter principal de la boîte de vitesses puis remonter sa vis de fixation creuse et la serrer au couple préconisé.

8 Rebrancher les durits de liquide de refroidissement, en veillant à fixer correctement leur collier, et enlever les pinces.

9 Remettre en place la batterie et son support, comme indiqué au chapitre 5A.

10 Rétablir le niveau de liquide de refroidissement

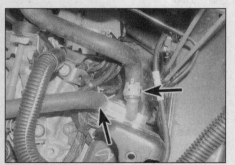

7.4 Colliers de fixation de durits de liquide de refroidissement raccordées au refroidisseur de fluide

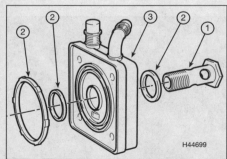

7.5 Refroidisseur de fluide

1 Vis creuse 2 Joints 3 Refroidisseur

puis contrôler le niveau de fluide de boîte de vitesses, en se reportant respectivement à la rubrique « Contrôles hebdomadaires » et au chapitre 1A pour ces opérations.

8 Gestion électronique de la boîte de vitesses - dépose et repose des composants

Calculateur électronique

Nota : *Le bon fonctionnement du système de commande électronique de la boîte de vitesses dépend de la bonne coordination dans l'échange d'informations entre le calculateur qui lui est propre et celui de gestion du moteur. Si l'un des calculateurs a été remplacé, les deux calculateurs doivent être réinitialisés et synchronisés, ce qui nécessite l'appareil électronique spécifique au constructeur et il est de ce fait conseillé de confier cette intervention aux services techniques d'un représentant de la marque ou à un spécialiste.*

Dépose

1 Le calculateur est monté sur la face avant de la boîte de vitesses, en dessous de la durit supérieure du radiateur.

2 Débrancher la batterie (voir chapitre 5A).

3 Serrer le frein à main puis lever l'avant de la voiture au cric et le poser sur chandelles (voir « Levage et soutien du véhicule »). Dans le cas où il existe, desserrer ses vis de fixation et déposer le carénage de protection sous le moteur.

4 En opérant du dessous de la voiture, déverrouiller les pattes de retenue inférieures puis dégager le cache en matière plastique du calculateur (voir illustration).

5 Tirer le levier de blocage vers l'extérieur pour le déverrouiller et débrancher le connecteur électrique du calculateur (voir illustration).

6 Libérer le faisceau électrique au niveau du support du calculateur puis desserrer les trois vis de fixation du support sur la boîte de vitesses : une à l'avant et les deux autres sur le côté (voir illustration).

7 Dégager l'ensemble du calculateur avec son support de la boîte de vitesses. Pour dissocier le support du calculateur, desserrer les écrous d'assemblage.

Repose

8 La repose a lieu à l'inverse de la dépose, en veillant à bien verrouiller le connecteur électrique.

Capteur de régime de sortie de boîte de vitesses

Attention : Prendre garde à ne pas laisser d'impuretés pénétrer dans la boîte de vitesses au cours des opérations qui suivent

Dépose

9 Ce capteur est monté à la partie arrière de la boîte de vitesses.

10 Pour y accéder, serrer le frein à main puis lever l'avant de la voiture au cric et le poser sur chandelles (voir « Levage et soutien du véhicule »). Dans le cas où il existe, desserrer ses vis de fixation et déposer le carénage de protection sous le moteur.

11 Suivre le trajet du câblage électrique en partant du capteur jusqu'au connecteur attenant à celui du faisceau principal de la boîte de vitesses. Libérer le connecteur de sa patte-support et le débrancher.

12 Nettoyer soigneusement la zone environnante du capteur. Desserrer et enlever la vis de fixation puis dégager le capteur avec son joint à mettre au rebut : il ne doit pas être réutilisé.

Repose

13 La repose s'opère à l'inverse de la dépose, en observant par ailleurs les points suivants :

a) Équiper le capteur d'un joint neuf et serrer sa vis de fixation au couple préconisé

b) Suite à la repose du capteur, vérifier le niveau de fluide de la boîte de vitesses comme décrit au chapitre 1A

Capteur de régime d'entrée de boîte de vitesses

Attention : Prendre garde à ne pas laisser d'impuretés pénétrer dans la boîte de vitesses au cours des opérations qui suivent

Dépose

14 Ce capteur est monté côté gauche de la boîte de vitesses.

15 Pour y accéder, serrer le frein à main puis lever l'avant de la voiture au cric et le poser sur chandelles (voir « Levage et soutien du véhicule »).

16 Déposer la batterie et son support (voir chapitre 5A).

17 Soulever son arrêtoir et débrancher le bloc de connexion électrique principal au sommet de la boîte de vitesses.

18 Desserrer ses deux vis de fixation et dégager le bloc de connexion électrique principal de la boîte de vitesses. Sectionner le collier de fixation du câblage puis dégrafer et déposer le cache du bloc de connexion.

19 Suivre le trajet du câblage électrique en partant du capteur, en le libérant au fur et à mesure des colliers et attaches, jusqu'au bloc de connexion principal. Dégrafer avec précaution et dégager le connecteur du capteur à la partie arrière du bloc de connexion principal, en veillant au préalable à bien repérer son sens de montage.

20 Nettoyer soigneusement la zone environnante du capteur. Desserrer et enlever la vis de fixation puis dégager le capteur avec son joint à mettre au rebut : il ne doit pas être réutilisé.

Repose

21 La repose a lieu à l'inverse de la dépose, en tenant par ailleurs compte des points suivants :

a) Munir le capteur d'un joint neuf et serrer sa vis de fixation au couple prescrit

b) S'assurer de réinstaller correctement le câblage électrique du capteur et de bien le fixer au moyen des attaches et colliers prévus à cet effet

c) Fixer le connecteur sur le bloc de connexion principal, en s'assurant de l'installer dans le bon sens. Remettre en place le cache du bloc de connexion puis assujettir le câblage au moyen d'un collier neuf. Remonter ensuite le bloc de connexion principal sur la boîte de vitesses, en serrant bien ses vis de fixation

d) Suite à la repose du capteur, vérifier le niveau de fluide de la boîte de vitesses comme décrit au chapitre 1A

Capteur de pression de ligne

Attention : Prendre garde à ne pas laisser d'impuretés pénétrer dans la boîte de vitesses au cours des opérations qui suivent.

Dépose

22 Ce capteur est implanté en bas de la boîte de vitesses.

23 Pour y accéder, serrer le frein à main puis lever l'avant de la voiture au cric et le poser sur chandelles (voir « Levage et soutien du véhicule »).

24 Déposer la batterie et son support (voir chapitre 5A).

25 Desserrer ses deux vis de fixation et dégager le bloc de connexion électrique principal de la boîte de vitesses. Sectionner le collier de fixation du

8.4 Dépose du cache de calculateur de boîte de vitesses

8.5 Levier de blocage du connecteur électrique du calculateur de boîte de vitesses

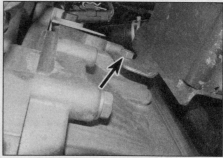

8.6 Vis de fixation avant du calculateur de boîte de vitesses

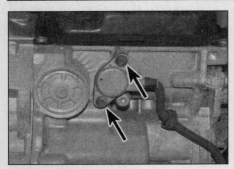

8.27 Vis de fixation du capteur de pression de ligne

câblage puis dégrafer et déposer le cache du bloc de connexion.

26 Suivre le trajet du câblage électrique en partant du capteur, en le libérant au fur et à mesure des colliers et attaches, jusqu'au bloc de connexion principal. Dégrafer avec précaution et dégager le connecteur vert 3 voies du capteur à la partie arrière du bloc de connexion principal, en veillant au préalable à bien repérer son sens de montage.

27 Nettoyer soigneusement la zone environnante du capteur. Desserrer et enlever les vis de fixation puis dégager le capteur avec son joint à mettre au rebut : il ne doit pas être réutilisé **(voir illustration)**. Prendre les dispositions nécessaires pour récupérer le fluide et boucher l'orifice laissé libre pour arrêter l'écoulement de fluide.

Repose

28 La repose a lieu à l'inverse de la dépose, en observant par ailleurs les points suivants :

a) Equiper le capteur d'un joint neuf et serrer ses vis de fixation au couple préconisé

b) S'assurer de réinstaller correctement le câblage électrique du capteur et de bien le fixer au moyen des attaches et colliers prévus à cet effet

c) Fixer le connecteur sur le bloc de connexion principal, en s'assurant de l'installer dans le bon sens. Remettre en place le cache du bloc

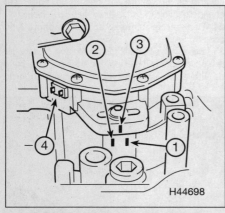

8.46 Réglage du contacteur multifonction

1 1er repère de position
2 2e repère de position
3 Repère de position de contacteur
4 Contacts extérieurs

de connexion puis assujettir le câblage au moyen d'un collier neuf. Remonter ensuite le bloc de connexion principal sur la boîte de vitesses, en serrant bien ses vis de fixation

d) Suite à la repose du capteur, vérifier le niveau de fluide de la boîte de vitesses comme indiqué au chapitre 1A

Contacteur multifonction

Nota : *Le contacteur multifonction est pourvu de boutonnières pour permettre son réglage qui nécessite un multimètre (voir description correspondante ci-dessous).*

Dépose

29 Déposer la batterie et son support (voir chapitre 5A).

30 Amener le levier sélecteur à la position « P ».

31 Desserrer et enlever le boulon de bridage du levier de commande sur l'axe de sélection. Effectuer des repères de montage puis désaccoupler le levier de commande de l'axe.

32 Extraire l'épingle de retenue puis dégager la butée de gaine du câble de sélection de la patte d'arrêt sur la boîte de vitesses. Ecarter le câble de l'axe de sélection.

33 Desserrer ses deux vis de fixation et dégager le bloc de connexion électrique principal de la boîte de vitesses. Sectionner le collier de fixation du câblage puis dégrafer et déposer le cache du bloc de connexion.

34 Suivre le trajet du câblage électrique en partant du contacteur, en le libérant au fur et à mesure des colliers et attaches, jusqu'au bloc de connexion principal. Dégrafer avec précaution et dégager le connecteur vert 12 voies du contacteur à la partie arrière du bloc de connexion principal, en veillant au préalable à bien repérer son sens de montage.

35 Repérer précisément la position de montage du contacteur sur la boîte de vitesses puis desserrer ses vis de fixation et dégager le contacteur de l'axe de sélection.

Repose

36 Engager le contacteur sur l'axe de sélection puis faire coïncider les repères réalisés à la dépose et remonter les vis de fixation à serrer au couple préconisé.

37 Fixer le connecteur du contacteur sur le bloc de connexion principal, en s'assurant de l'installer dans le bon sens. Remettre en place le cache du bloc de connexion puis assujettir le câblage au moyen d'un collier neuf. Remonter ensuite le bloc de connexion principal sur la boîte de vitesses, en serrant bien ses vis de fixation.

38 Rebrancher le bloc de connexion principal de la boîte de vitesses.

39 Engager la butée de gaine du câble de sélection sur la patte d'arrêt puis accoupler le levier de commande à l'axe de sélection. Vérifier que les repères effectués préalablement sont convenablement alignés puis remonter le boulon de bridage en le serrant bien.

40 Fixer la butée de gaine du câble de sélection avec l'épingle de retenue puis procéder à son réglage, en se reportant à la section 3 pour cette opération. Effectuer ensuite le réglage du contacteur multifonction en opérant comme suit :

Réglage

41 Desserrer ses vis de fixation et tourner le contacteur à fond dans le sens anti-horaire.

42 Régler le multimètre sur sa fonction ohmique et le relier aux bornes extérieures du contacteur.

43 Tourner lentement le contacteur dans le sens horaire jusqu'à la fermeture du circuit entre les contacts : résistance nulle affichée par le multimètre.

44 Dans cette position, réaliser un repère de position entre le contacteur et le carter de la boîte de vitesses.

45 Poursuivre la rotation du contacteur dans le sens horaire jusqu'à l'ouverture du circuit entre les contacts : résistance infinie affichée par le multimètre.

46 Dans cette position, effectuer un second repère de position entre le carter de la boîte de vitesses et le premier repère réalisé précédemment sur le contacteur **(voir illustration)**.

47 Revenir en arrière de façon à positionner le contacteur exactement entre les deux repères sur le carter de la boîte de vitesses. Maintenir cette position pour serrer les vis de fixation du contacteur au couple préconisé.

48 Reposer la batterie et son support, comme décrit au chapitre 5A.

49 Vérifier la correspondance entre la position du levier sélecteur et l'afficheur au combiné.

9 Boîte de vitesses - dépose et repose

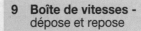

Dépose

1 Caler les roues arrière puis serrer le frein à main. Débloquer les vis de fixation des deux roues avant puis lever l'avant de la voiture au cric et le poser sur chandelles (voir « Levage et soutien du véhicule »). Déposer les roues.

2 Déposer le boîtier de filtre à air et ses conduits (voir chapitre 4A).

3 Déposer la batterie et son support (voir chapitre 4A).

4 Déposer le calculateur électronique de la boîte de vitesses (voir section précédente).

5 Déposer le pot catalytique (voir chapitre 4A).

6 Déposer les deux transmissions (voir chapitre 8).

7 Déposer le démarreur (voir chapitre 5A).

8 Desserrer et enlever le boulon de bridage du levier de commande sur l'axe de sélection. Effectuer des repères de montage puis désaccoupler le levier de commande de l'axe.

9 Extraire l'épingle de retenue puis dégager la butée de gaine du câble de sélection de la patte d'arrêt et écarter le câble de la boîte de vitesses.

10 Poser des pinces sur les deux durits raccordées au refroidisseur de fluide afin de limiter les pertes de liquide de refroidissement en les débranchant. Libérer leur collier et débrancher les deux durits du refroidisseur de fluide : prévoir un écoulement de liquide de refroidissement. Laver immédiatement à l'eau froide toute éclaboussure de liquide et bien sécher les pièces attenantes avant de poursuivre les opérations.

11 Soulever son arrêtoir et débrancher le bloc de

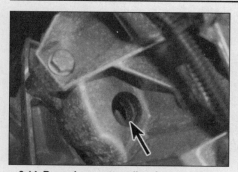

9.14 Regard permettant l'accès aux écrous d'assemblage entre convertisseur et disque d'entraînement

connexion électrique principal au sommet de la boîte de vitesses. Débrancher également le connecteur électrique du capteur de régime de sortie au niveau du bloc de connexion principal puis écarter le faisceau électrique de la boîte de vitesses.

12 Desserrer les fixations et débrancher les câbles de mise à la masse en haut du carter principal de la boîte de vitesses. Libérer le câblage électrique de toute bride de maintien et l'écarter de la boîte de vitesses.

13 Desserrer ses vis de fixation et déposer la tôle de fermeture en dessous du disque d'entraînement du convertisseur de couple (si prévue).

14 L'accès aux écrous d'assemblage du convertisseur de couple sur son disque d'entraînement s'effectue par un regard à la partie arrière en bas du carter-cylindres, à hauteur de l'accouplement de la transmission droite **(voir illustration)**. A l'aide d'une clé à douille avec rallonge en prise sur la vis de fixation de son pignon de distribution, tourner le vilebrequin jusqu'à ce que le premier écrou d'assemblage soit visible par le regard. Dévisser et enlever cet écrou puis tourner le vilebrequin de 120° à chaque fois pour atteindre successivement les deux autres écrous d'assemblage du convertisseur de couple et pouvoir les enlever. Mettre les écrous au rebut : ils ne doivent pas être réutilisés.

15 Afin d'éviter que le convertisseur de couple ne se dégage en déposant la boîte de vitesses, le fixer à l'aide d'un morceau d'acier plat vissé au niveau de l'un des trous de vis du démarreur.

16 Installer un cric rouleur avec cale de bois interposée en dessous du moteur pour reprendre son poids ou mettre en prise un palan ou une poutre de soutènement aux pattes de levage sur la culasse.

17 Installer ensuite un cric rouleur en dessous de la boîte de vitesses pour soulager son poids, en prenant soin d'interposer une cale de bois sur la tête du cric.

18 Desserrer et enlever les deux vis de fixation de l'ensemble du silentbloc côté gauche du groupe motopropulseur sur le support au niveau de la boîte de vitesses. Desserrer ensuite les quatre vis de fixation sur la caisse et dégager l'ensemble du silentbloc.

19 Desserrer et enlever les deux vis de fixation de la biellette antibasculement du support arrière du groupe motopropulseur sur le berceau et sur le support au niveau de la boîte de vitesses.

20 La boîte de vitesses étant convenablement soutenue du dessous par le cric rouleur, desserrer et enlever les dernières vis l'assemblant au moteur. Veiller à bien repérer la position respective de montage de chacune des vis ainsi que celle de toute patte de maintien. Effectuer une ultime vérification pour s'assurer que tous les éléments susceptibles d'entraver la dépose de la boîte de vitesses ont bien été débranchés, désaccouplés ou dégagés.

21 Manœuvrer ensuite la boîte de vitesses vers la gauche au moyen du cric rouleur pour l'extraire des douilles de centrage. Faire descendre légèrement le moteur pour pouvoir désolidariser la boîte de vitesses.

22 La boîte de vitesses une fois dissociée du moteur, l'abaisser avec le cric rouleur et la dégager du dessous de la voiture. Récupérer les douilles de centrage sur la boîte de vitesses ou le moteur si elles ont été délogées et les ranger en lieu sûr.

Repose

23 Vérifier que la bague centrale du vilebrequin est en bon état puis enduire légèrement de graisse au bisulfure de molybdène, genre « Molykote BR2 », l'axe de centrage du convertisseur de couple.

Attention : Veiller à ne pas appliquer une trop grande quantité de graisse sur l'axe de centrage au risque d'en imprégner le convertisseur de couple

24 S'assurer de la présence des douilles de centrage sur le carter du convertisseur de couple puis amener la boîte de vitesses en place en faisant coïncider les goujons du convertisseur avec les logements correspondants sur le disque d'entraînement et bien engager la boîte sur le moteur.

Attention : Ne pas laisser reposer le poids de la boîte de vitesses sur le convertisseur de couple en l'engageant sur le moteur

25 Remonter les vis d'assemblage entre moteur et boîte de vitesses, en réinstallant correctement toute patte de maintien éventuellement prévue, puis les serrer au couple prescrit.

26 Tourner au fur et à mesure le vilebrequin pour monter les écrous d'assemblage neufs sur les goujons du convertisseur de couple et les serrer sans les bloquer. Procéder ensuite au serrage des trois écrous au couple préconisé de la phase 1 puis appliquer le couple spécifié de la phase 2.

27 La suite des opérations de repose s'effectue à l'inverse de celles de dépose, en observant par ailleurs les points suivants :

a) *Serrer les vis d'assemblage de la boîte de vitesses ainsi que toutes les fixations aux couples prescrits*

b) *Changer les bagues d'étanchéité de sortie de différentiel et effectuer la repose des transmissions, comme indiqué au chapitre 8*

c) *Réaccoupler le câble de sélection et procéder à son réglage, comme décrit en section 3*

d) *Vérifier le niveau de fluide de boîte de vitesses, en se reportant au chapitre 1A pour cette opération*

10 Démontage et remise en état de la boîte de vitesses - généralités

En cas de dysfonctionnement de la boîte de vitesses, il conviendra tout d'abord de déterminer s'il est de nature électrique, mécanique ou hydraulique avant de pouvoir entreprendre une réparation. Le diagnostic des anomalies exige non seulement une bonne connaissance du fonctionnement et de la conception des boîtes de vitesses automatiques mais également le recours à un équipement de contrôle spécifique. Il est en conséquence impératif de s'adresser aux services techniques d'une concession Citroën pour tout problème rencontré dans le fonctionnement de la boîte de vitesses automatique.

Ne pas déposer la boîte de vitesses pour une éventuelle réparation avant d'avoir fait établir un diagnostic professionnel du fait que la plupart des contrôles s'accomplissent avec la boîte de vitesses en place.

Notes

Chapitre 8
Transmissions

Sommaire

Niveaux de difficulté

Facile, pour les profanes de la mécanique		**Assez facile,** pour les débutants plus avisés		**Assez difficile,** pour les amateurs compétents

Difficile, pour les amateurs plus expérimentés **Très difficile,** pour les initiés et les professionnels

Caractéristiques

Lubrification (remise en état uniquement)

Graisse préconisée . . . . Graisse fournie en doses avec les nécessaires de réparation de soufflets : joints homocinétiques autrement garnis de graisse et scellés

Doses de graisse pour joints homocinétiques :
   Côté roue . . . . 160 g
   Côté boîte de vitesses . . . . 130 g

Couples de serrage   daN.m

Ecrous de transmissions * 24,5
Boulons de bridage de rotules de triangles inférieurs de suspension AV. * . Voir chapitre 10
Ecrous de roulement intermédiaire de transmission droite 2
Ecrous de fixation de rotules de biellettes de direction sur pivots * . . . Voir chapitre 10
Vis de roues . . . . Voir chapitre 1A ou 1B

* Ecrous à changer systématiquement à chaque démontage.

1   Description générale

Le mouvement est communiqué du différentiel aux roues avant par l'intermédiaire de deux arbres de transmission de longueur inégale, plein du côté gauche et tubulaire du côté droit.

Ces deux arbres sont cannelés à leur extrémité extérieure pour s'accoupler aux moyeux de roues et comportent à cette même extrémité une partie filetée de façon à pouvoir être fixés aux moyeux par le biais d'un écrou de grand diamètre.

L'extrémité intérieure de chaque arbre de transmission est également cannelée pour son accouplement avec le planétaire de différentiel.

Les arbres de transmission sont dotés à leurs deux extrémités d'un joint homocinétique destiné à assurer une communication à la fois efficace et sans à-coups de la force motrice, quels que soient les mouvements angulaires de la suspension et de la direction. Les joints homocinétiques sont du type à billes côté roues et à tripode coulissant côté boîte de vitesses.

La transmission droite est reliée au différentiel par un arbre intermédiaire porté par un palier à roulement fixé sur la partie arrière du bloc/carter-cylindres. Le côté intérieur de l'arbre est engagé sur le roulement, ce qui évite son fléchissement latéral et contribue à limiter les effets de couple au braquage.

2   Transmissions - dépose et repose

Nota 1 : *Le véhicule ne doit pas reposer sur ses roues au sol suite à la dépose d'une ou des deux transmissions, ce qui risquerait d'endommager les roulements de moyeux. S'il est indispensable de déplacer le véhicule, réaccoupler provisoirement*

2.4 Défreinage d'un écrou de transmission

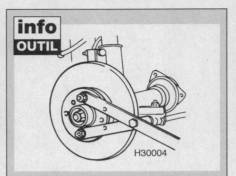

Moyeu avant immobilisé avec un outil improvisé pour le déblocage de l'écrou de transmission

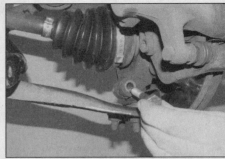

2.7 Dépose du boulon de bridage de la rotule d'un triangle inférieur de suspension AV.

les transmissions aux moyeux puis remonter les écrous : dans ce cas, le côté intérieur des transmissions doit être soutenu, en le suspendant par exemple au soubassement au moyen d'un morceau de ficelle ou de fil de fer. Ne pas laisser les transmissions pendre vers le bas sous l'effet de leur propre poids.

Nota 2 : Les écrous de transmissions, les écrous des boulons de bridage des rotules de triangles inférieurs sur les pivots porte-moyeux ainsi que les écrous de fixation des biellettes de la barre stabilisatrice avant sont à changer systématiquement à chaque démontage.

Dépose

1 Serrer le frein à main, débloquer les vis de la roue avant du côté intervention puis lever l'avant de la voiture au cric et le poser sur chandelles (voir « Levage et soutien du véhicule »). Déposer la roue.

2 Dans le cas d'une boîte de vitesses manuelle, la vidanger (voir chapitre 7A). S'il s'agit d'une boîte de vitesses automatique, il est inutile de la vidanger.

3 Débrider le flexible d'alimentation de l'étrier de frein et le faisceau électrique du capteur de roue du système ABS au niveau de la jambe de suspension.

4 Défreiner l'écrou de transmission du côté concerné en le frappant à l'aide d'un burin ou d'un outil approprié genre chasse-goupille **(voir illustration)**. A signaler que l'écrou est à changer systématiquement à chaque démontage.

5 Remonter au moins deux des vis de roue sur le moyeu en les serrant bien puis tandis qu'un collaborateur appuie à fond sur la pédale de frein pour immobiliser le moyeu, débloquer l'écrou de transmission à l'aide d'une clé à douille avec

rallonge et l'enlever. En alternative, un outil de blocage peut être réalisé à partir de deux morceaux d'acier plat, l'un étant plus long que l'autre, et assemblé par un boulon d'articulation pour former une fourche dont les extrémités seront fixées au moyeu avec deux vis de roue. L'écrou de transmission étant bloqué à un couple élevé, prendre garde à ce que les chandelles ne se dérobent pas sous le véhicule lors de son desserrage.

6 Desserrer et enlever l'écrou de fixation de la rotule de biellette de direction sur le pivot porte-moyeu puis désaccoupler le cône de la rotule au moyen d'un arrache-rotule. A noter que l'écrou ne doit pas être réutilisé.

7 Desserrer et enlever le boulon de bridage de la rotule du triangle inférieur de suspension sur le pivot porte-moyeu **(voir illustration)**. Mettre l'écrou au rebut.

8 Ouvrir légèrement la pince du pivot en coinçant un burin de façon à pouvoir dégager le cône de la rotule. Tirer le triangle inférieur vers le bas pour désaccoupler sa rotule du pivot. Pour cela, fixer une barre sur le triangle, de préférence au moyen d'une chaîne ou d'une corde, puis ancrer son extrémité intérieure sur un bloc de bois qui servira de point de pivotement et agir sur le triangle avec la barre pour l'écarter du pivot **(voir illustration)**.

9 Après avoir désaccouplé la rotule du pivot, récupérer son protecteur.

Transmission gauche

10 Dégager les cannelures du joint homocinétique côté roue de la transmission du moyeu en tirant

avec précaution le pivot vers l'extérieur. Au besoin, chasser la transmission du moyeu en la frappant avec un maillet à tête plastique.

11 Soutenir la transmission puis désaccoupler son côté boîte de vitesses, en veillant à ne pas abîmer la bague d'étanchéité de sortie de différentiel et dégager ensuite la transmission du dessous de la voiture.

Transmission droite

12 Desserrer au maximum les deux écrous de maintien du roulement de palier intermédiaire puis tourner les vis d'un quart de tour afin de dégager la partie excentrée de leur tête de la bague extérieure du roulement **(voir illustration)**.

13 Dégager les cannelures du joint homocinétique côté roue de la transmission du moyeu en tirant avec précaution le pivot vers l'extérieur. Au besoin, chasser la transmission du moyeu en la frappant avec un maillet à tête plastique.

14 Soutenir le côté roue de la transmission puis tirer le côté boîte de vitesses pour le désaccoupler en sortie de différentiel et dégager le roulement intermédiaire de son palier, puis déposer transmission par le dessous du véhicule.

Repose

15 Avant de procéder à la repose de la transmission, examiner la bague d'étanchéité de sortie de différentiel et la remplacer si elle est détériorée, en sachant toutefois qu'il est préférable de la changer systématiquement à chaque dépose de la transmission (voir chapitre 7A ou 7B).

16 Nettoyer soigneusement les cannelures de la transmission ainsi que celles du planétaire de différentiel et du moyeu. Enduire légèrement de

2.8 Utilisation d'une barre fixée par chaîne et ancrée sur un bloc de bois pour tirer le triangle inférieur de suspension vers le bas

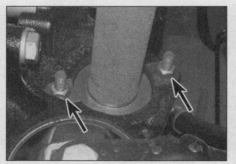

2.12a Dans le cas de la transmission droite, desserrer les deux écrous de maintien . . .

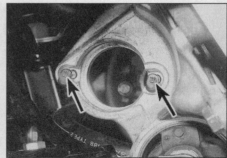

2.12b . . . puis tourner les vis d'un quart de tour afin de dégager leur tête de la bague extérieure du roulement de palier intermédiaire

2.22 Freinage d'un écrou de transmission

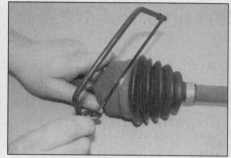

3.2 Sectionnement d'un collier de soufflet avec une scie à métaux

3.5a Utilisation d'un maillet pour chasser le bol du joint homocinétique côté roue afin de repousser le jonc d'arrêt dans sa gorge . . .

graisse la lèvre de la bague d'étanchéité ainsi que les cannelures et les épaulements de l'arbre de transmission. Vérifier que les colliers des soufflets sont bien serrés.

Transmission gauche

17 Amener la transmission en place et accoupler les cannelures du joint homocinétique côté boîte de vitesses à celles du planétaire de différentiel, en faisant tout particulièrement attention de ne pas endommager la bague d'étanchéité. Pousser la transmission pour l'engager à fond.

18 Accoupler les cannelures du joint homocinétique côté roue à celles du moyeu et pousser la transmission pour bien l'engager.

19 Installer le protecteur sur la rotule du triangle inférieur de suspension puis engager le cône de la rotule sur le pivot porte-moyeu en écartant légèrement la pince par la méthode indiquée lors de la dépose. Veiller à bien encastrer l'ergot du protecteur dans le cran du pivot. Monter la vis du boulon de bridage par l'avant du pivot puis l'équiper d'un écrou neuf à serrer au couple préconisé.

20 Engager la rotule de la biellette de direction sur le pivot porte-moyeu puis monter l'écrou de fixation neuf, en le serrant au couple prescrit.

21 Lubrifier la face intérieure et le filetage de l'écrou de transmission neuf à l'huile moteur propre puis le monter en bout d'arbre de transmission. Immobiliser le moyeu par la méthode indiquée lors de la dépose et serrer l'écrou de transmission au couple indiqué. S'assurer ensuite de la libre rotation du moyeu.

22 Freiner l'écrou de transmission en rabattant le métal dans la gorge de l'arbre de transmission à l'aide d'un chasse-goupille **(voir illustration)**.

23 Remettre le flexible d'alimentation de l'étrier de frein et le faisceau électrique du capteur de roue du système ABS au niveau des brides sur la jambe de suspension.

24 Effectuer le remplissage de la boîte de vitesses manuelle, en se reportant au chapitre 7A pour cette opération.

25 Reposer la roue puis descendre la voiture au sol et serrer les vis de la roue au couple prescrit.

Transmission droite

26 Vérifier que le roulement du palier intermédiaire tourne librement, sans points durs ni jeu excessif entre ses bagues intérieure et extérieure. Remplacer le roulement au besoin comme décrit en section 5.

27 Enduire légèrement de graisse la bague extérieure du roulement du palier intermédiaire puis engager le côté boîte de vitesses de l'arbre de transmission dans le palier.

28 Accoupler avec précaution les cannelures de l'arbre de transmission à celles du planétaire de différentiel, en prenant garde de ne pas détériorer la bague d'étanchéité. Faire coïncider le roulement avec le palier intermédiaire et pousser la transmission pour l'engager à fond. Si besoin est, frapper le roulement avec un maillet à tête plastique au niveau de sa bague extérieure pour l'amener en place dans le palier.

29 Accoupler les cannelures du joint homocinétique côté roue à celles du moyeu et pousser la transmission pour bien l'engager.

30 Vérifier que le roulement intermédiaire se trouve correctement positionné dans le palier puis tourner ses vis de maintien d'un quart de tour de façon à remettre la partie excentrée de leur tête en appui sur la bague extérieure du roulement. Serrer ensuite les écrous en opérant progressivement et uniformément pour atteindre le couple prescrit.

31 Effectuer ensuite les opérations indiquées précédemment aux points 19 à 25.

3 Soufflets de transmissions - remplacement

Soufflet côté roue

1 Déposer la transmission du côté intéressé (voir section précédente).

2 Libérer les deux colliers du soufflet côté roue en

3.5b . . . et dépose du joint

les sectionnant avec une scie à métaux **(voir illustration)**. Ecarter les colliers et les enlever.

3 Vérifier le type de montage du soufflet sur l'arbre de transmission : soit son talon intérieur se trouve encastré dans la gorge prévue à cet effet sur le tube de l'arbre, sinon bien repérer la position de montage du soufflet à la peinture blanche.

4 Reculer le soufflet sur l'arbre de transmission pour exposer le joint homocinétique puis récupérer le maximum de graisse. Il est conseillé de se munir de gants pour effectuer cette opération.

5 La transmission étant maintenue fermement par un collaborateur ou bloquée dans un étau muni de mordaches, chasser le bol du joint homocinétique côté roue en le frappant de coups secs avec un maillet, afin de repousser le jonc d'arrêt dans sa gorge sur l'arbre et de pouvoir dégager le joint homocinétique **(voir illustrations)**.

6 Après avoir enlevé le joint homocinétique, récupérer le jonc d'arrêt sur l'arbre de transmission et le mettre au rebut **(voir illustration)**.

7 Dégager le soufflet de l'arbre de transmission.

8 Nettoyer soigneusement l'arbre de transmission et le joint homocinétique, au pétrole lampant ou avec un solvant-dégraissant approprié, en veillant ensuite à bien les sécher. Se livrer à un contrôle visuel du joint.

9 Faire jouer le moyeu interne cannelé d'un côté à l'autre pour exposer tour à tour chacune des billes sur le haut de son chemin de roulement. Examiner les billes qui ne doivent pas présenter de méplats ni être piquées en surface et craquelées.

10 Contrôler les chemins de roulement des billes au niveau des portées interne et externe. Un certain jeu dans le montage des billes sera noté si leurs chemins de roulement sont élargis. Vérifier en

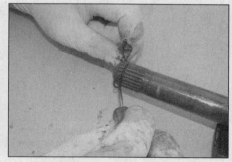

3.6 Dépose du jonc d'arrêt d'un joint homocinétique côté roue

3.11 Nécessaire de remise en état comprenant un soufflet, un jonc d'arrêt, des colliers et des doses de graisse

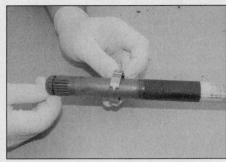

3.12a Mise en place du collier côté intérieur . . .

3.12b . . . et du soufflet de rechange côté roue

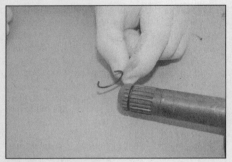

3.12c Mettre en place le jonc d'arrêt neuf dans la gorge sur le tube de l'arbre de transmission . . .

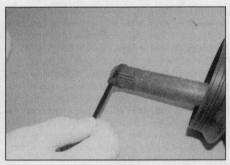

3.12d . . . puis le comprimer à l'aide d'un collier à serrer au moyen d'une tenaille, en coupant l'extrémité

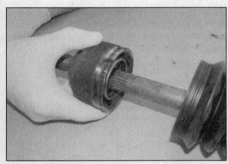

3.12e Engager le joint homocinétique sur les cannelures et positionner le moyeu interne contre le collier

3.12f Frapper l'extrémité du joint d'un coup sec pour déplacer le collier et forcer le moyeu interne par-dessus le jonc d'arrêt puis couper le collier

3.12g Répandre la moitié de la dose de graisse sur le joint, en veillant à bien la répartir sur les chemins des billes

3.12h Bourrer le soufflet avec le reste de graisse puis l'installer sur le bol du joint homocinétique, en engageant correctement son talon dans la gorge

3.12i Engager le talon côté intérieur du soufflet dans la gorge sur l'arbre ou le faire coïncider avec le repère réalisé à la dépose, installer le soufflet puis comprimer sa partie saillante avec une pince ou une tenaille

3.12j Installer le collier extérieur sur le soufflet . . .

3.12k . . . puis comprimer sa partie saillante avec une pince ou une tenaille

3.15 Mesure de la distance entre les bords des talons intérieurs des soufflets côtés boîte de vitesses et roue

3.17 Dépose de la tulipe du tripode du joint homocinétique côté boîte de vitesses

même temps les ouvertures de la cage à billes : aucun signe d'usure ni de fissures ne doivent être remarqués entre ces ouvertures.

11 Si suite à ces contrôles, une usure ou une détérioration d'une pièce du joint homocinétique vient à être constatée, il y aura lieu de changer le joint. Si celui-ci peut être réutilisé, se procurer un nécessaire de remise en état comprenant un soufflet, un jonc d'arrêt, des colliers de serrage et une dose de graisse.

12 S'aider des photos jointes pour l'installation du soufflet neuf, en veillant à bien observer l'ordre indiqué pour les opérations et à tenir compte des consignes données **(voir illustrations)**. A signaler que différents types de colliers peuvent être prévus, les principes généraux de montage demeurant toutefois identiques.

13 Actionner le joint homocinétique pour s'assurer qu'il pivote librement dans tous les sens puis procéder à la repose de la transmission, en se reportant à la section précédente pour cette opération.

Soufflet côté boîte de vitesses

14 Procéder à la dépose de la transmission du côté intervention (voir section précédente).

15 Mesurer la distance entre les bords des talons intérieurs des soufflets côtés boîte de vitesses et roue et conserver cette cote en vue du remontage.

16 Libérer les deux colliers du soufflet côté boîte de vitesses en les sectionnant avec une scie à métaux. Ecarter les colliers et les enlever.

17 Dégager la tulipe du tripode du joint homocinétique puis récupérer le ressort et la coupelle à l'intérieur **(voir illustration)**. S'assurer en dégageant la tulipe que les galets sont bien maintenus sur le tripode soit par des points de sertissage ou des joncs d'arrêt (suivant montage), sinon les fixer avec du ruban adhésif.

18 Récupérer le maximum de graisse sur le tripode et ses galets. Il est conseillé de porter des gants jetables pour effectuer cette opération.

19 Le tripode peut suivant montage, être fixé par des points de sertissage ou par un circlip d'arrêt en bout d'arbre de transmission. Dans ce dernier cas, extraire le circlip à l'aide d'une pince appropriée.

20 Le tripode peut ensuite être déposé en bout d'arbre de transmission, à la presse ou avec un extracteur hydraulique de roulements à deux ou trois griffes : prendre appui derrière le tripode et non pas au niveau des galets. En cas d'utilisation d'une presse, soutenir le tripode du dessous pour chasser l'arbre de transmission. Récupérer ensuite le soufflet en bout d'arbre de transmission.

21 Nettoyer soigneusement les pièces du joint homocinétique au pétrole lampant ou avec un solvant-dégraissant approprié, en veillant à bien les sécher ensuite. Examiner les tourillons du tripode ainsi que la tulipe du joint pour déceler d'éventuelles marques d'usure, des piqûres ou des signes d'arrachement de métal sur leurs portées. Vérifier que les galets tournent aisément et librement, sans points durs sur leur tourillon respectif. En cas d'usure ou de détérioration au niveau de l'une de ses pièces, l'ensemble du joint est à remplacer. Si le joint homocinétique peut être réutilisé, se procurer un nécessaire de remise en état comprenant un soufflet, des colliers et une dose de graisse.

22 Installer le collier intérieur neuf et le soufflet sur l'arbre de transmission.

23 La transmission étant immobilisée avec un étau muni de mordaches, engager le tripode sur les cannelures et le frapper pour l'emmancher à fond.

24 Suivant montage, remonter le circlip d'arrêt du tripode, en s'assurant de bien l'encastrer dans la gorge sur le tube de l'arbre de transmission, sinon réaliser trois points de sertissage avec un pointeau.

25 Répandre la moitié de la dose de graisse sur le tripode et dans le soufflet, en veillant à bien la répartir sur les galets.

26 Equiper la tulipe du tripode de son ressort et de la coupelle puis répandre le reste de graisse dans la tulipe.

27 Installer la tulipe sur le tripode et engager le talon du soufflet dans la gorge sur la tulipe.

28 Pousser la tulipe pour l'engager à fond sur le tripode, tout en soulevant le talon intérieur du soufflet pour évacuer l'air.

29 Mettre en place le collier extérieur sur le soufflet et le sertir en comprimant sa partie saillante avec une pince ou une tenaille.

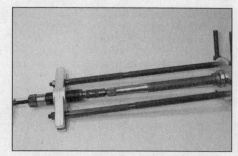

5.3 Dépose du roulement intermédiaire de transmission droite

30 Positionner correctement le talon intérieur du soufflet, en respectant la cote mesurée précédemment, installer le collier et le sertir en le comprimant au niveau de sa partie saillante avec une pince.

31 Actionner le joint homocinétique pour s'assurer qu'il pivote librement dans tous les sens puis procéder à la repose de la transmission, en se reportant à la section précédente pour cette opération.

4 Remise en état des transmissions - généralités

Si un jeu anormal vient à être révélé au niveau d'un joint homocinétique de transmission lors du contrôle périodique décrit au chapitre 1A ou 1B, procéder aux vérifications suivantes pour identifier l'origine de cette anomalie.

Effectuer un essai sur route et s'assurer de l'absence de bruits métalliques sous forme de claquements à l'avant de la voiture, à vitesse réduite et en braquant à fond. Si de tels bruits sont perçus, cela dénote une usure d'un joint homocinétique côté roue qui doit être changé compte tenu qu'il n'est pas réparable.

Si des vibrations variant en fonction de la vitesse sur route sont ressenties dans le véhicule lors des accélérations, cela peut constituer un indice révélateur d'une usure des joints homocinétiques côté boîte de vitesses.

Pour évaluer l'usure des joints homocinétiques, déposer les transmissions puis les désassembler comme décrit en section précédente. Lorsqu'une usure ou un jeu important viennent à être constatés au niveau d'un joint homocinétique, celui-ci doit être remplacé.

5 Roulement intermédiaire de transmission droite - remplacement

Nota : *Prévoir un extracteur approprié pour déposer le roulement et l'entretoise en bout d'arbre de transmission.*

1 Déposer la transmission droite (voir section 2).

2 Vérifier que le roulement tourne librement et aisément, sans points durs ni jeu excessif entre ses bagues intérieure et extérieure. Changer au besoin le roulement en procédant comme suit :

3 A l'aide d'un extracteur universel de roulements longue portée, déposer avec précaution l'entretoise et le roulement intermédiaire à l'extrémité de l'arbre de transmission **(voir illustration)**. Graisser légèrement la bague intérieure du roulement neuf puis le monter en bout d'arbre de transmission. A l'aide d'un marteau et d'un tube de longueur suffisante, portant uniquement sur sa bague intérieure, emmancher le roulement sur l'arbre jusqu'à ce qu'il vienne en butée contre la tulipe du joint homocinétique. Le roulement étant correctement positionné, frapper sur l'entretoise pour l'amener en position sur l'arbre, au contact de la bague intérieure du roulement.

4 S'assurer de la libre rotation du roulement puis reposer la transmission comme indiqué en section 2.

Chapitre 9
Freins

Sommaire

Niveaux de difficulté

| **Facile,** pour les profanes de la mécanique | | **Assez facile,** pour les débutants plus avisés | | **Assez difficile,** pour les amateurs compétents | | **Difficile,** pour les amateurs plus expérimentés | | **Très difficile,** pour les initiés et les professionnels | |

Caractéristiques

Freins AV.

	Nominale	Minimale
Epaisseur des disques :		
Pleins	13 mm	11 mm
Ventilés	22 mm	20 mm
Voile maxi. des disques	0,05 mm	
Epaisseur des garnitures de plaquettes	Voir chapitre 1A ou 1B	

Freins AR.

A tambours :
Diamètre des tambours :	
Nominal	203 mm
Maximal	205 mm
Epaisseur mini. des garnitures de segments	Voir chapitre 1A ou 1B

A disques :
Epaisseur des disques :	
Nominale	9 mm
Minimale	7 mm
Voile maxi. des disques	0,05 mm
Epaisseur des garnitures de plaquettes	Voir chapitre 1A ou 1B

Antiblocage des roues

Marque et type	Teves Mk. 60

Couples de serrage

	daN.m
Antiblocage des roues (ABS) :	
Vis de fixation du bloc hydraulique	1
Vis de fixation de capteurs de roues	1
Vis de fixation de disques de freins	1
Etriers de freins AV. :	
Vis d'axes de guidage *	3
Vis de fixation de supports *	10,5
Ecrous de fixation de levier de frein à main	1,5
Ecrous de raccords de canalisations et de flexibles de freins	1,5
Ecrous d'assemblage de maître-cylindre	2
Etriers de freins AR. :	
Vis d'axes de guidage *	3,8
Vis de fixation de supports *	5
Ecrous de moyeux AR. *	20
Ecrous de fixation de servofrein	2
Vis de roues	Voir chapitre 1A ou 1B

* Vis et écrous à changer systématiquement à chaque démontage.

1 Description générale

Le système de freinage est du type à double circuit de commande hydraulique assisté par servofrein. La configuration de la commande est telle que chaque circuit agit sur une roue avant et sur la roue arrière diagonalement opposée par l'intermédiaire d'un maître-cylindre tandem (disposition en « X »). Dans des conditions normales de fonctionnement, les deux circuits opèrent simultanément et en cas de panne hydraulique dans l'un des circuits, l'intégralité de la force de freinage sera cependant maintenue sur deux roues.

Toutes les versions de la gamme sont pourvues de freins à disques pleins ou ventilés à l'avant tandis qu'à l'arrière, les freins peuvent être à tambours ou à disques pleins (avec moteurs essence 1,6 l et Diesel 16 soupapes). Un système antiblocage des roues (ABS) est prévu en série sur toutes les versions (voir section 22 pour de plus amples précisions concernant cet équipement).

A l'avant, les freins à disques sont commandés par des étriers flottants monopiston, ce qui permet de maintenir une pression égale délivrée à chaque plaquette de frein.

A l'arrière, les freins à tambours comportent des segments garnis comprimés et tendus qui sont actionnés par des cylindres récepteurs à double piston. Les plateaux de freins disposent d'un mécanisme de rattrapage automatique destiné à compenser l'usure de la garniture des segments. Une usure graduelle se produisant au fur et à mesure de l'utilisation, la commande de freinage agit sur la biellette de réglage incorporée entre les mâchoires des segments de façon à réduire le jeu entre garnitures et tambour.

Les freins arrière à disques sont actionnés par des étriers flottants monopiston avec rattrapage automatique du jeu par rotation du piston dans l'étrier. Le pression hydraulique appliquée aux freins arrière est régulée par le bloc hydraulique du système ABS en fonction des conditions de freinage.

Le frein à main est commandé mécaniquement par câbles agissant sur les freins arrière.

Comme sur tous véhicules à moteur Diesel, la dépression régnant dans la tubulure d'admission est insuffisante pour actionner efficacement et en permanence le servofrein. Il est par conséquent fait appel à la dépression engendrée par une pompe à vide montée sur la culasse et entraînée directement par l'arbre à cames. *Nota : Lors de toute intervention sur le système de freinage, procéder avec précaution et méthodiquement. Observer en outre la plus grande propreté au cours du démontage et de la remise en état des pièces du circuit hydraulique. Changer systématiquement les pièces (le cas échéant, de chaque côté du même essieu) dont l'état est sujet à doute et utiliser exclusivement des pièces Citroën d'origine ou tout du moins des pièces de marque connue, ce qui est un gage de qualité. Consulter les mises en garde figurant à la rubrique « Impératifs de sécurité » au début du manuel et dans les sections correspondantes du présent chapitre, concernant les dangers pour la santé constitués par la poussière d'amiante et le liquide de frein*

2 Circuit hydraulique - purge

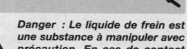

⚠️ **Danger : Le liquide de frein est une substance à manipuler avec précaution. En cas de contact avec la peau, se laver immédiatement. En cas de contact avec les yeux ou d'ingestion, consulter d'urgence un médecin ou contacter le Centre Anti-Poisons le plus proche. Certains types de liquides sont inflammables. Dans le doute sur la nature du liquide, lors de toute intervention sur le circuit hydraulique, il est préférable de prendre les mêmes mesures de sécurité que s'il s'agissait d'essence. Le liquide de frein attaque également les surfaces peintes et les matières plastiques. Si du liquide a été renversé, laver immédiatement et en abondance les éclaboussures à l'eau claire. Enfin, le liquide de frein est hygroscopique, c'est-à-dire qu'il absorbe l'humidité de l'air, ce qui le rend inutilisable. Lors d'une remise à niveau ou d'une vidange du circuit hydraulique, veiller à utiliser exclusivement le liquide préconisé et s'assurer qu'il provient d'un bidon récemment entamé et ayant été maintenu parfaitement bouché Attention : S'assurer de bien couper le contact préalablement à toute intervention sur le circuit hydraulique afin d'éviter la mise en service du groupe électropompe au cours de l'opération de purge, ce qui aurait pour effet de vider le bloc hydraulique du liquide qu'il contient, le rendant ainsi inutilisable Nota 1 : En cas de difficulté à purger le circuit hydraulique de freinage, cela peut être occasionné par la présence d'air dans le bloc hydraulique du système ABS. Dans ce cas, confier la voiture aux services techniques d'un représentant de la marque pour faire effectuer la purge du circuit à l'aide de l'appareil de contrôle électronique prévu à cet effet. Nota 2 : Le circuit hydraulique d'embrayage qui partage le même réservoir de liquide que celui de freinage peut également nécessiter une purge (voir chapitre 6).**

Généralités

1 Le bon fonctionnement du système hydraulique n'est possible que si l'air éventuellement présent dans ses éléments constituants et dans le circuit a été évacué, ce qui s'obtient en effectuant une purge.

2 Pendant toute la durée des opérations de purge, maintenir le niveau dans le réservoir en ajoutant du liquide neuf de la qualité prescrite (voir « *Lubrifiants et fluides* » au début du manuel). Ne jamais réutiliser de liquide provenant d'une purge. Prévoir une quantité suffisante de liquide avant d'entreprendre les opérations.

3 Si du liquide de qualité inappropriée a pu être utilisé par mégarde dans le circuit de freinage, ce dernier doit être rincé complètement avec du liquide propre et de qualité adéquate. Les différents éléments du circuit doivent également être dotés de joints neufs.

4 En cas de fuite de liquide de frein ou si de l'air s'est immiscé dans le circuit hydraulique suite à une prise d'air, s'assurer de bien résoudre ce problème avant de poursuivre les opérations.

5 La voiture étant stationnée sur une aire plane, couper le contact et enclencher la 1re vitesse ou la marche arrière. Caler les roues puis desserrer le frein à main.

6 Vérifier que tous les flexibles et canalisations sont convenablement fixés, que les raccords sont bien serrés et que les vis de purge sont fermées. Eliminer la poussière et la saleté autour des vis de purge implantées au niveau des étriers de freins avant et des cylindres ou des étriers de freins arrière.

7 Dévisser son bouchon puis remplir le réservoir du maître-cylindre jusqu'à son repère « MAXI. ». Reposer le bouchon sans le bloquer. Veiller à maintenir le niveau de liquide en permanence au-dessus du repère « MINI. » durant toute l'opération de purge sinon de l'air risque d'être réaspiré dans le circuit.

8 Il existe différentes sortes de purgeurs en vente dans les centres auto. Il est conseillé d'utiliser un tel appareil permettant d'effectuer la purge sans le concours d'une autre personne et qui facilite grandement les opérations et réduit par ailleurs les risques de réaspiration dans le circuit d'air et de liquide qui en ont été chassés. A défaut, effectuer la purge manuellement de la manière décrite plus bas.

9 Si un purgeur est employé, effectuer les opérations préliminaires indiquées plus haut et suivre les instructions de la notice de l'appareil. Les opérations peuvent varier légèrement suivant le type de purgeur utilisé. Elles sont décrites plus loin.

10 Quelle que soit la méthode utilisée, il conviendra de suivre précisément l'ordre des opérations indiqué ci-dessous afin d'être en mesure d'éliminer en totalité l'air dans le circuit.

Purge

Ordre de purge

11 Si le circuit n'a été que partiellement ouvert et que des précautions ont été prises pour limiter les pertes de liquide de frein, il sera nécessaire de purger uniquement la partie concernée du circuit.

12 Pour effectuer la purge du circuit complet, opérer dans l'ordre suivant :

a) Frein avant gauche
b) Frein avant droit
c) Frein arrière gauche
d) Frein arrière droit

Purge manuelle (à la pédale)

13 Se procurer un bocal en verre propre, un morceau de tube en plastique transparent pouvant s'adapter sur les vis de purge et une clé polygonale. L'assistance d'une autre personne sera également indispensable.

14 Retirer le capuchon de protection sur la première vis de purge à se présenter dans l'ordre puis monter la clé sur cette vis et y brancher le tube. Plonger l'autre extrémité du tube dans le bocal que l'on remplira suffisamment de liquide de frein de façon à ce que le bout du tube soit immergé.

15 Veiller à ce que le niveau de liquide se maintienne en permanence au-dessus du repère « MINI. » sur le réservoir du maître-cylindre pendant toute la durée de la purge.

16 Demander à la seconde personne assistant à l'opération d'actionner plusieurs fois de suite la pédale de frein afin de mettre sous pression le circuit puis de la maintenir enfoncée.

17 Desserrer la vis de purge d'un tour environ et laisser le liquide sous pression et l'air s'écouler dans le bocal. Le collaborateur doit maintenir la pédale enfoncée en accompagnant son mouvement jusqu'au plancher s'il le faut pour ne la relâcher que lorsque l'on lui dira de le faire. L'écoulement de liquide par le tube ayant cessé, resserrer la vis de purge et demander au collaborateur de relâcher progressivement et lentement la pédale de frein puis recontrôler le niveau de liquide dans le réservoir.

18 Répéter les opérations décrites aux points précédents jusqu'à ce que le liquide s'écoulant par le tube ne contienne plus de bulles d'air. Si le maître-cylindre a été vidé et rempli ensuite et que de l'air se trouve évacué au niveau de la première vis de purge dans l'ordre des opérations, observer une pause de cinq secondes environ entre chaque phase de façon à ce que ses conduits se remplissent.

19 Après disparition totale des bulles d'air, bien resserrer la vis de purge, débrancher le tube, enlever la clé et reposer le capuchon de protection. Ne pas serrer exagérément la vis de purge.

20 Procéder de la même manière sur les autres vis de purge et dans l'ordre prescrit jusqu'à ce que le circuit hydraulique ne renferme plus d'air et que la pédale de frein soit de nouveau ferme en l'enfonçant.

Avec purgeur à clapet de retenue

21 Ainsi que sa désignation le laisse entendre, cet appareil consiste en un tube et un clapet de retenue empêchant l'air et le liquide chassés de se trouver réaspirés dans le circuit. Certains appareils comportent un réservoir transparent permettant d'observer plus facilement les bulles d'air évacuées en bout de tube.

22 L'appareil se branche sur la vis de purge qui peut ensuite être ouverte **(voir illustration)**. L'utilisateur passera à l'intérieur de la voiture pour appuyer sur la pédale de frein, en l'enfonçant régulièrement et fermement pour la relâcher lentement ensuite. Cette opération doit être répétée jusqu'à ce que le liquide évacué soit exempt de bulles d'air.

23 Ces appareils sont si commodes à utiliser qu'il

2.22 Purge d'un étrier de frein

est très facile d'oublier de rétablir régulièrement le niveau de liquide dans le réservoir, qui doit être maintenu en permanence au-dessus du repère « MINI. ».

Avec purgeur sous pression

24 Ce type d'appareil fonctionne généralement à partir de la réserve d'air sous pression que contient la roue de secours bien qu'il puisse être nécessaire d'abaisser la pression en dessous de la valeur normale. Se conformer aux instructions de la notice d'emploi de l'appareil.

25 Après avoir branché le réservoir contenant du liquide de frein sous pression au réservoir du maître-cylindre de la voiture, la purge s'effectue en desserrant simplement chaque vis tour à tour (dans l'ordre préconisé) et en laissant le liquide s'écouler jusqu'à ce que plus aucune bulle d'air ne soit aperçue dans le liquide évacué.

26 Cette méthode présente l'avantage de faire appel à un grand réservoir de liquide offrant une protection supplémentaire contre la réaspiration d'air dans le circuit au cours des opérations de purge.

27 La purge sous pression se révèle particulièrement efficace sur les circuits « à problèmes » ou lorsque le circuit complet doit être purgé après renouvellement du liquide de frein dans le cadre de l'entretien périodique.

Toutes méthodes de purge

28 Les opérations de purge étant terminées, bien resserrer les vis de purge et essuyer soigneusement les éclaboussures de liquide. Munir les vis de purge de leur capuchon de protection.

29 Contrôler et rétablir si nécessaire le niveau de liquide de frein dans le réservoir du maître-cylindre.

30 Jeter le liquide de frein provenant de la purge : il ne doit pas être réutilisé.

31 Vérifier la réaction de la pédale de frein. Si elle demeure spongieuse, élastique, de l'air doit encore se trouver dans le circuit et une purge supplémentaire s'impose. Si plusieurs purges successives s'avèrent inefficaces, cela peut être dû à des joints de maître-cylindre usés.

3 Canalisations et flexibles de freins - remplacement

Attention : Il est impératif de couper le contact avant de procéder au débranchement de l'une des canalisations du circuit hydraulique de freinage afin d'éviter l'admission d'air dans le bloc hydraulique du système ABS, ce qui nécessiterait de le purger à l'aide de l'appareil de diagnostic spécifique au constructeur

Nota : *Avant toute intervention, consulter la mise en garde concernant le liquide de frein au début de la section précédente.*

1 Si un flexible ou une canalisation sont à changer, limiter les pertes de liquide en enlevant le bouchon du réservoir du maître-cylindre puis en le remettant en place après avoir intercalé un film étirable en plastique, ce qui offrira une bonne étanchéité à l'air. En alternative, poser des pinces à durits sur les flexibles et obturer les raccords de canalisations métalliques immédiatement après leur débranchement, en prenant soin de ne pas entraîner l'admission d'impuretés à l'intérieur du circuit. Entourer le raccord à débrancher d'un chiffon pour récupérer le liquide pouvant être amené à couler.

2 Pour débrancher un flexible, desserrer l'écrou de raccord sur la canalisation avant d'enlever la bride élastique assurant la fixation du flexible sur sa patte de maintien.

3 Pour desserrer les écrous de raccords, il est préférable d'utiliser une clé spéciale (à tuyauter) pour canalisations de frein de diamètre approprié en vente dans les centres auto ou chez les fournisseurs d'outillage pour l'automobile. A défaut, utiliser une clé plate à fourche assurant une bonne prise sur l'écrou, mais si celui-ci est grippé ou lorsque ses pans sont usés, la clé risque de riper. Dans ce cas, la seule solution pour desserrer un raccord tenace sera d'avoir recours à une pince-étau mais la canalisation et les écrous endommagés seront à remplacer au remontage. Il convient de toujours nettoyer les raccords et leur périphérie avant de les débrancher. Pour débrancher une canalisation comportant plusieurs raccords, veiller à bien repérer leur position respective avant de les desserrer.

4 Si une canalisation rigide doit être changée, un ensemble de rechange prédécoupé à la longueur spécifiée, à extrémités évasées et muni de ses écrous de raccordement peut être obtenu auprès du service des pièces détachées d'un représentant du réseau Citroën. Il suffira alors de lui donner la forme voulue correspondant à celle de la canalisation d'origine avant de le mettre en place. La plupart des centres auto vendent également des canalisations de frein en kits mais il convient de mesurer avec précision la longueur de la canalisation d'origine afin d'acquérir un ensemble de rechange approprié sur le plan de sa longueur. La meilleure solution pour résoudre ce problème est d'apporter la canalisation d'origine avec soi au magasin à titre de référence.

5 Lors de la mise en place des canalisations, ne pas serrer exagérément les écrous de raccords : le couple préconisé n'est pas particulièrement élevé et il n'est pas nécessaire d'exercer une pression excessive sur les raccords pour assurer leur bonne étanchéité.

6 S'assurer du bon cheminement des canalisations et des flexibles qui ne doivent pas être pliés ni être vrillés et vérifier qu'ils sont bien fixés au niveau de leurs colliers et pattes de maintien. Après la mise en place, retirer le film étirable en plastique posé au préalable sur le réservoir ou enlever les pinces sur les flexibles, suivant le cas et purger le circuit hydraulique comme décrit en section précédente. Essuyer soigneusement toute éclaboussure de liquide de frein et se livrer à un contrôle d'étanchéité méticuleux pour s'assurer de l'absence de fuites.

4 Plaquettes de freins AV. - remplacement

⚠️ *Danger : Les plaquettes de freins avant doivent être remplacées par train complet, c'est-à-dire des deux côtés en même temps : ne jamais les changer que sur un seul côté sinon il pourrait en résulter un freinage déséquilibré. Prendre garde à la poussière engendrée par le frottement de la garniture des plaquettes de freins qui est susceptible de contenir de l'amiante, une substance nocive pour la santé. Ne jamais chasser la poussière à l'air comprimé et faire de sorte à ne pas en inhaler. Il est recommandé de porter un masque répondant aux normes de sécurité en vigueur lors d'une intervention sur les freins. NE PAS utiliser d'essence ni de solvants à base de pétrole pour nettoyer les pièces du système de freinage. Employer exclusivement un nettoyant spécifique pour freins ou de l'alcool éthylique dénaturé (à brûler)*

Nota : *Les vis d'axes de guidage des étriers sont à changer systématiquement à chaque démontage.*

1 Serrer le frein à main, débloquer les vis des deux roues avant puis lever l'avant de la voiture au cric et le poser sur chandelles (voir « *Levage et soutien du véhicule* »). Déposer les roues.

2 Repousser le piston dans l'alésage en faisant levier avec un tournevis, introduit entre l'étrier et le dos de la plaquette **(voir illustration)**.

3 Tout en retenant l'axe de guidage inférieur de l'étrier à l'aide d'une clé plate, desserrer et enlever sa vis avec une seconde clé plate **(voir illustration)**. Mettre la vis au rebut : elle ne doit pas être réutilisée.

4 Faire pivoter l'étrier vers le haut autour de l'axe de guidage supérieur pour le dégager des plaquettes et du support puis l'attacher avec un morceau de fil de fer ou de ficelle au ressort hélicoïdal de suspension **(voir illustration)**.

5 Dégager les deux plaquettes du support de l'étrier : les cales antigrincement (si prévues) sont normalement collées sur les plaquettes mais peuvent s'être décollées à l'usage **(voir illustration)**.

6 Mesurer l'épaisseur de la garniture de chacune des plaquettes avec une règle plate. Si l'une des plaquettes atteint la limite d'usure prescrite, le train complet des quatre plaquettes de freins avant est à changer. Il y aura également lieu de remplacer les plaquettes si elles sont imprégnées d'huile ou de graisse, compte tenu qu'il n'existe pas de méthode efficace de dégraissage de la matière de friction. Si l'une des plaquettes présente une usure inégale ou des traces graisseuses, déterminer l'origine de ces anomalies et y remédier avant de procéder au remontage.

7 Si les plaquettes peuvent être réutilisées, les nettoyer en procédant avec précaution avec une brosse métallique fine, en portant une attention particulière aux côtés et au dos du support. Nettoyer la rainure dans la garniture de friction et retirer les résidus ou les saletés incrustés dans la matière. Nettoyer également les logements des plaquettes dans le support d'étrier.

8 Avant de procéder à la mise en place des plaquettes, vérifier que les axes de guidage coulissent librement dans le support de l'étrier et que les soufflets des axes ne sont pas abîmés. Débarrasser l'étrier et le piston de la poussière et de la saleté en les brossant avec précaution : faire

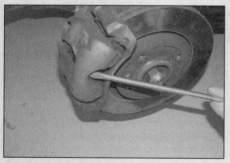

4.2 Utilisation d'un tournevis pour faire levier et repousser le piston dans l'alésage de l'étrier

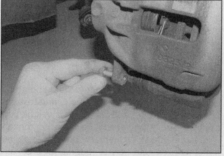

4.3 Dépose de la vis de l'axe de guidage inférieur d'un étrier de frein AV.

4.4 L'étrier à est faire pivoter vers le haut pour le dégager des plaquettes et du support

4.5 Dépose d'une plaquette de frein AV.

4.9a Rétraction du piston d'un étrier de frein AV. avec un outil approprié . . .

4.9b . . . et la vis de purge de l'étrier étant ouverte, récupérer le liquide de frein dans un récipient

4.10 Installation de la cale antigrincement d'une plaquette de frein AV.

de sorte à **ne pas** inhaler la poussière vu qu'elle peut être dangereuse pour la santé. Vérifier que le cache-poussière du piston n'est pas abîmé puis examiner le piston pour s'assurer de la bonne étanchéité de son joint et de l'absence de signes de corrosion ou de détérioration. Si ces pièces nécessitent un examen particulier, se reporter à la section 8.

9 En cas de montage de plaquettes neuves, le piston doit être repoussé dans l'alésage de l'étrier pour pouvoir les faire passer. Utiliser à cet effet un serre-joints ou un outil similaire ou bien encore des coins en bois servant de leviers. Poser une pince sur le flexible d'alimentation de l'étrier puis raccorder un purgeur automatique à la vis de purge de l'étrier. Ouvrir la vis de purge pour effectuer le retrait du piston, ce qui permettra de récupérer le liquide dans le réservoir du purgeur **(voir illustrations)**. Refermer la vis de purge juste après avoir repoussé le piston à fond dans l'alésage. Cette technique est destinée à éviter l'infiltration d'air dans le circuit hydraulique. **Nota :** *Les pièces du bloc hydraulique ABS sont très sensibles aux impuretés contenues dans le liquide de frein. La moindre particule peut entraîner une obstruction du circuit et causer un dysfonctionnement du système. La méthode utilisée précédemment pour la rétraction du piston a pour avantage d'empêcher les corps étrangers présents dans le liquide de frein refoulé par l'étrier de revenir au bloc hydraulique et également de prévenir toute détérioration des joints du maître-cylindre.*

10 Vérifier que les cales antigrincement sont bien montées en haut et en bas du support de l'étrier **(voir illustration)**.

11 Installer les plaquettes sur le support de l'étrier,

en veillant à disposer leur garniture de friction contre le disque. Si les cales antigrincement se sont détachées, s'assurer de les remettre correctement en place sur le support des plaquettes.

12 Rabattre l'étrier sur les plaquettes et le support. Si la vis neuve de l'axe de guidage inférieur de l'étrier n'est pas enduite de produit-frein à la livraison, déposer quelques gouttes de produit de scellement approprié sur son filetage, genre « Loctite Frenetanch » préconisé par le constructeur. Appuyer sur l'étrier pour monter la vis de l'axe de guidage inférieur et la serrer au couple prescrit.

13 Actionner plusieurs fois de suite la pédale de frein afin de rapprocher les plaquettes du disque.

14 Procéder de la même manière sur l'étrier de frein avant de l'autre côté.

15 Reposer les roues puis descendre la voiture au sol et serrer les vis des roues au couple préconisé.

16 Vérifier le niveau de liquide de frein, en se reportant à la rubrique « *Contrôles hebdomadaires* » au début du manuel pour cette opération.

Attention : Afin de permettre aux plaquettes neuves de trouver leur bonne position de fonctionnement et de rétablir l'efficacité du freinage, éviter de freiner brusquement au cours des 150 premiers kilomètres

5 Plaquettes de freins AR. - remplacement

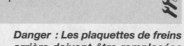

⚠️ *Danger : Les plaquettes de freins arrière doivent être remplacées par train complet, c'est-à-dire*

des deux côtés en même temps : ne jamais les changer que sur un seul côté sinon il pourrait en résulter un freinage déséquilibré. Prendre garde à la poussière engendrée par le frottement de la garniture des plaquettes de freins qui est susceptible de contenir de l'amiante, une substance nocive pour la santé. Ne jamais chasser la poussière à l'air comprimé et faire de sorte à ne pas en inhaler. Il est recommandé de porter un masque répondant aux normes de sécurité en vigueur lors d'une intervention sur les freins. NE PAS utiliser d'essence ni de solvants à base de pétrole pour nettoyer les pièces du système de freinage. Employer exclusivement un nettoyant spécifique pour freins ou de l'alcool éthylique dénaturé (à brûler)*

Nota : *Les vis d'axes de guidage des étriers sont à changer systématiquement à chaque démontage.*

1 Caler les roues avant puis débloquer les vis des roues arrière, lever l'arrière de la voiture au cric et le poser sur chandelles (voir « Levage et soutien du véhicule »). Déposer les roues.

2 Désaccoupler l'embout du câble de frein à main de la biellette de commande au niveau de l'étrier à l'aide d'une pince puis comprimer l'arrêt de gaine du câble pour le dégager de la patte **(voir illustrations)**.

3 Desserrer et enlever les vis des axes de guidage de l'étrier tout en immobilisant les axes avec une seconde clé plate **(voir illustration)**. Mettre les vis au rebut : elles ne doivent pas être réutilisées. Ecarter l'étrier du support et des plaquettes puis l'attacher avec un morceau de fil de fer ou de ficelle au ressort de suspension dans le passage de roue.

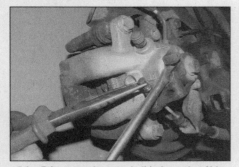

5.2a Désaccouplement de l'embout du câble de frein à main au niveau de la biellette de commande d'un étrier de frein AR. . . .

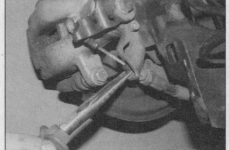

5.2b . . . et utilisation d'une pince pour comprimer l'arrêt de gaine du câble et le dégager de la patte

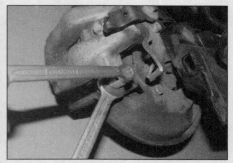

5.3 Desserrage de la vis d'axe de guidage inférieur d'un étrier de frein AR.

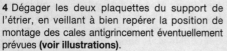

5.4a Dépose de la plaquette intérieure . . .

5.4b . . . et de la plaquette extérieure d'un étrier de frein AR.

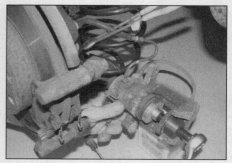

5.8 Utilisation d'un outil spécifique pour visser et repousser le piston d'un étrier de frein AR.

4 Dégager les deux plaquettes du support de l'étrier, en veillant à bien repérer la position de montage des cales antigrincement éventuellement prévues (voir illustrations).

5 Mesurer l'épaisseur de la garniture de chacune des plaquettes à l'aide d'une règle plate. Si l'une des plaquettes atteint la limite d'usure prescrite, le train complet des quatre plaquettes de freins arrière est à changer. Il y aura également lieu de remplacer les plaquettes si elles sont imprégnées d'huile ou de graisse, compte tenu qu'il n'existe pas de méthode efficace de dégraissage de la matière de friction. Si l'une des plaquettes présente une usure inégale ou des traces graisseuses, déterminer l'origine de ces anomalies et y remédier avant de procéder au remontage. Examiner les axes de guidage des plaquettes et les changer s'ils sont manifestement usés. Des nécessaires de rechange comprenant des plaquettes et des axes de guidage peuvent être obtenus auprès du service des pièces détachées d'un représentant du réseau Citroën.

6 Si les plaquettes peuvent être réutilisées, les nettoyer en procédant avec précaution avec une brosse métallique fine, en portant une attention particulière aux côtés et au dos du support. Nettoyer la rainure dans la garniture de friction et retirer les résidus ou les saletés incrustés dans la matière. Nettoyer également les logements des plaquettes dans le corps et le support de l'étrier.

7 Avant de procéder à la mise en place des plaquettes, vérifier que les axes de guidage coulissent librement dans le support de l'étrier et que les soufflets des axes ne sont pas abîmés. Débarrasser l'étrier et le piston de la poussière et de la saleté en les brossant avec précaution : faire de sorte à ne pas inhaler la poussière vu qu'elle peut être dangereuse pour la santé. Vérifier que le cache-poussière du piston n'est pas abîmé puis examiner le piston pour s'assurer de la bonne étanchéité de son joint et de l'absence de signes de corrosion ou de détérioration. Si ces pièces nécessitent un examen particulier, se reporter à la section 9.

8 En cas de montage de plaquettes neuves, le piston doit être repoussé dans l'alésage de l'étrier pour pouvoir les faire passer, ce qui nécessite de le visser dans le sens horaire au moyen de l'outil d'atelier prévu à cet effet (réf. 0805.JZ) ou d'un équivalent du commerce (voir illustration). Poser une pince sur le flexible d'alimentation de l'étrier puis raccorder un purgeur automatique à la vis de

purge de l'étrier. Ouvrir la vis de purge pour effectuer le retrait du piston, ce qui permettra de récupérer le liquide dans le réservoir du purgeur Refermer la vis de purge juste après avoir repoussé le piston à fond dans l'alésage. Cette technique est destinée à éviter l'infiltration d'air dans le circuit hydraulique. Nota : Les pièces du bloc hydraulique ABS sont très sensibles aux impuretés contenues dans le liquide de frein. La moindre particule peut entraîner une obstruction du circuit et causer un dysfonctionnement du système. La méthode utilisée précédemment pour la rétraction du piston a pour avantage d'empêcher les corps étrangers présents dans le liquide de frein refoulé par l'étrier de revenir au bloc hydraulique et également de prévenir toute détérioration des joints du maître-cylindre.

9 Installer les plaquettes sur le support de l'étrier, en veillant à disposer leur garniture de friction contre le disque. Si les cales antigrincement éventuellement prévues se sont détachées, s'assurer de les remettre correctement en place sur le support des plaquettes.

10 Remettre en place l'étrier sur les plaquettes et le support. Equiper les axes de guidage des vis neuves et les serrer au couple prescrit.

11 Engager l'arrêt de gaine du câble de frein à main sur la patte et réaccoupler l'embout du câble à l'étrier.

12 Actionner plusieurs fois de suite la pédale de frein afin de rapprocher les plaquettes du disque.

13 Procéder de la même manière sur l'étrier de frein arrière de l'autre côté.

14 S'assurer du bon fonctionnement de la commande de frein à main, en procédant s'il y a lieu à son réglage, comme décrit en section 17.

6.3 Contrôle de l'épaisseur d'un disque de frein AV. avec un palmer

15 Reposer les roues puis descendre la voiture au sol et serrer les vis des roues au couple préconisé.

16 Vérifier le niveau de liquide de frein, en se reportant à la rubrique « Contrôles hebdomadaires » au début du manuel pour cette opération.

Attention : Afin de permettre aux plaquettes neuves de trouver leur bonne position de fonctionnement et de rétablir l'efficacité du freinage, éviter de freiner brusquement au cours des 150 premiers kilomètres

---

6 Disques de freins AV. - contrôle, dépose et repose

Nota : Avant toute intervention, consulter la mise en garde concernant la poussière d'amiante au début de la section 4.

Contrôle

Nota : Si un disque de frein avant doit être changé, il conviendra de remplacer les DEUX disques en même temps, sinon il pourrait en résulter un freinage déséquilibré. Les plaquettes de freins doivent en principe être changées par la même occasion.

1 Serrer le frein à main puis débloquer les vis de la roue avant du côté intervention, lever l'avant de la voiture au cric et le poser sur chandelles (voir « Levage et soutien du véhicule »). Déposer la roue.

2 Faire tourner lentement le disque de frein de sorte à pouvoir examiner en totalité la surface des deux côtés. Déposer les plaquettes de frein (voir section 4) pour éventuellement faciliter l'accès à la face interne du disque. Des rayures superficielles au niveau des surfaces de frottement des plaquettes peuvent être considérées comme normales. Par contre, si le disque est creusé ou fissuré, il doit être changé.

3 Il est également normal de constater une frange de rouille et de poussière provenant du frein sur le pourtour du disque, ce qui peut être supprimé en le décapant au grattoir. Si par contre, une arête due à l'usure au niveau de la surface de frottement des plaquettes est notée, il y aura lieu de contrôler l'épaisseur du disque à l'aide d'un palmer (voir illustration). Prendre des mesures à différents emplacements autour du disque au niveau des surfaces de frottement intérieure et extérieure des

6.4 Contrôle du voile d'un disque de frein AV. avec un comparateur

plaquettes. Si l'un des relevés atteint la valeur minimale d'épaisseur indiquée, le disque devra être remplacé.

4 En cas de doute de la bonne planéité du disque, contrôler son voile de préférence avec un comparateur ou en se servant de cales d'épaisseur pour mesurer à différents endroits autour du disque, le jeu entre celui-ci et un point fixe donné, support d'étrier par exemple : faire tourner lentement le disque pour ce contrôle **(voir illustration)**. Si les mesures atteignent la cote maximale de voile autorisée, le disque est à changer. Mais avant de remplacer le disque, il est conseillé de vérifier au préalable que le roulement de moyeu est en bon état (voir chapitre 1A ou 1B). Essayer également de décaler le disque de 180° (un demi-tour) sur le moyeu et si le voile mesuré demeure excessif, le disque devra alors être changé pour de bon.

5 Vérifier la surface du disque pour déceler d'éventuelles fissures (tout particulièrement autour des trous de passage de vis de la roue) et pour s'assurer qu'il n'est pas usé ni autrement marqué. Remplacer le disque au besoin.

Dépose

Nota : *Les vis de fixation des supports d'étriers sont à changer systématiquement à chaque démontage.*

6 Desserrer les deux vis de fixation sur le pivot porte-moyeu puis dégager l'ensemble support et étrier de frein du disque et l'attacher au ressort de suspension dans le passage de roue avec un morceau de fil de fer ou de ficelle afin d'éviter toute contrainte excessive sur le flexible d'alimentation.

7 Repérer la position de montage du disque par rapport au moyeu à la craie ou à la peinture. Enlever ses vis de fixation puis dégager le disque

7.4 Vis de fixation du support d'un étrier de frein AR.

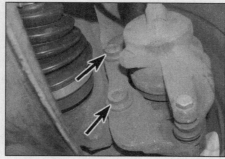

6.6 Vis de fixation du support d'un étrier de frein AV.

du moyeu. Si besoin est, frapper doucement le disque au niveau de sa face arrière avec un maillet en cuir ou à tête plastique pour le décoller.

Repose

8 La repose a lieu à l'inverse de la dépose, en observant par ailleurs les points suivants :

a) S'assurer de la parfaite propreté et de la planéité des plans de contact du disque et du moyeu

b) Installer le disque en faisant éventuellement coïncider les repères de montage réalisés préalablement à la dépose. Serrer les vis de fixation du disque au couple prescrit

c) En cas de montage d'un disque neuf, le débarrasser de son revêtement protecteur avec un solvant-dégraissant approprié avant de procéder à la repose de l'étrier avec son support dont les vis de fixation neuves sont à serrer au couple préconisé

d) Reposer la roue puis descendre la voiture au sol et serrer les vis de la roue au couple spécifié. Donner plusieurs coups de pédale de frein afin de rapprocher les plaquettes du disque avant de prendre la route

7 Disques de freins AR. - contrôle, dépose et repose

Nota : *Avant toute intervention, consulter la mise en garde concernant la poussière d'amiante au début de la section 5.*

Contrôle

Nota : *Si un disque de frein arrière doit être*

7.5 Vis de fixation d'un disque de frein AR.

changé, il conviendra de remplacer les DEUX disques en même temps, sinon il pourrait en résulter un freinage déséquilibré. Les plaquettes de freins doivent en principe être changées par la même occasion.

Contrôle

1 Caler les roues avant puis débloquer les vis de la roue arrière du côté intéressé, lever l'arrière de la voiture au cric et le poser sur chandelles (voir « Levage et soutien du véhicule »). Déposer la roue.

2 Procéder aux vérifications indiquées en section précédente.

Dépose

Nota : *Les vis de fixation des supports d'étriers sont à changer systématiquement à chaque démontage.*

3 Déposer les deux plaquettes de frein (voir section 5).

4 Desserrer les deux vis Torx de fixation sur la fusée puis dégager l'ensemble de l'étrier avec son support **(voir illustration)**.

5 Repérer la position de montage du disque par rapport au moyeu à la craie ou à la peinture. Enlever sa ou ses vis de fixation puis dégager le disque du moyeu **(voir illustration)**. Si besoin est, frapper doucement le disque au niveau de sa face arrière avec un maillet en cuir ou à tête plastique pour le décoller.

Repose

6 La repose s'opère à l'inverse de la dépose, en tenant par ailleurs compte des points suivants :

a) S'assurer de la parfaite propreté et de la planéité des plans de contact du disque et du moyeu

b) Installer le disque en faisant éventuellement coïncider les repères de montage réalisés préalablement à la dépose. Serrer la ou les vis de fixation du disque au couple prescrit

c) En cas de montage d'un disque neuf, le débarrasser de son revêtement protecteur avec un solvant-dégraissant approprié avant de procéder à la repose de l'étrier avec son support dont les vis de fixation neuves sont à serrer au couple préconisé

d) Reposer la roue puis descendre la voiture au sol et serrer les vis de la roue au couple spécifié. Donner plusieurs coups de pédale de frein afin de rapprocher les plaquettes du disque avant de prendre la route

8 Etriers de freins AV. - dépose, démontage et repose

Attention : *Il est impératif de couper le contact avant de procéder au débranchement de l'une des canalisations du circuit hydraulique de freinage afin d'éviter l'admission d'air dans le bloc hydraulique du système ABS, ce qui nécessiterait de le purger à l'aide de l'appareil de diagnostic spécifique au constructeur*

Nota 1 : *Avant toute intervention, consulter les mises en garde concernant respectivement le liquide de frein et la poussière d'amiante au début des sections 2 et 4.*

Nota 2 : *Les vis des axes de guidage des étriers ainsi que celles de fixation de leur support sont à remplacer systématiquement à chaque démontage.*

Dépose

1 Serrer le frein à main, débloquer les vis de la roue avant du côté concerné puis lever l'avant de la voiture au cric et le poser sur chandelles (voir « *Levage et soutien du véhicule* »). Déposer la roue.

2 Afin de limiter les pertes de liquide de frein, enlever le bouchon du réservoir du maître-cylindre et le reposer après avoir intercalé un film étirable en plastique, ce qui offrira une bonne étanchéité à l'air. En alternative, poser une pince à durits, un serre-joints ou un outil similaire muni de mordaches sur le flexible d'alimentation de l'étrier **(voir illustration)**.

3 Nettoyer le pourtour du raccord de flexible d'alimentation sur l'étrier puis desserrer son écrou.

4 Desserrer et enlever les vis des axes de guidage supérieur et inférieur de l'étrier **(voir illustration 4.3)**. Mettre les vis au rebut : elles ne doivent pas être réutilisées. Dégager ensuite l'étrier du disque de frein et le dévisser en bout de flexible d'alimentation pour le déposer. A noter qu'il n'est pas nécessaire de déposer les plaquettes de frein qui peuvent rester en place sur le support de l'étrier.

5 S'il y a lieu, desserrer ses deux vis de fixation et dégager le support de l'étrier du pivot porte-moyeu. Mettre les vis au rebut : elles sont à changer systématiquement à chaque démontage.

Démontage

Nota : *S'assurer de la disponibilité des pièces de rechange nécessaires pour la remise en état de l'étrier avant d'entreprendre son démontage.*

6 L'étrier étant posé sur un établi, éliminer toutes les traces de poussière et de saleté en faisant de sorte à *ne pas inhaler la poussière qui peut être dangereuse pour la santé*.

7 Dégager ensuite le piston en partie sorti du corps de l'étrier et enlever le cache-poussière.

info HAYNES *Si le piston ne peut pas être dégagé à la main, injecter de l'air comprimé par l'orifice du raccord d'alimentation pour le chasser. Utiliser exclusivement une source d'air basse pression, genre pompe de gonflage à pied. Le piston peut se trouver éjecté avec une certaine force : prendre garde de ne pas se faire coincer les doigts entre le piston et l'étrier*

8 Extraire le joint du piston au moyen d'un tournevis fin, en faisant attention de ne pas marquer l'alésage de l'étrier.

9 Nettoyer soigneusement toutes les pièces en utilisant exclusivement de l'alcool éthylique dénaturé (à brûler) ou du liquide de frein propre. Ne jamais employer de solvants d'origine minérale comme l'essence ou le pétrole lampant qui attaqueraient les pièces en caoutchouc du circuit

8.2 Pince posée sur un flexible de frein

hydraulique. Sécher immédiatement les pièces à l'air comprimé ou en les essuyant avec un chiffon propre et non pelucheux. Nettoyer les conduits de passage de liquide de frein à l'air comprimé pour éventuellement les déboucher.

10 Contrôler toutes les pièces et remplacer celles usées ou endommagées. Examiner avec soin l'alésage de l'étrier et le piston : s'ils sont rayés, usés ou corrodés, il conviendra de remplacer le corps d'étrier complet. Vérifier également l'état des axes de guidage ainsi que celui de leur soufflet pour s'assurer de l'absence de signes de détérioration. Les axes, après nettoyage, doivent coulisser sans serrage ni jeu excessif dans les alésages du support de l'étrier. Dans le moindre doute sur l'état de l'une ces pièces, la remplacer.

11 En cas de réutilisation de l'étrier, se procurer un nécessaire de remise en état Citroën du modèle adapté, constitué de diverses pièces de rechange. Changer systématiquement le joint et le cache-poussière du piston ainsi que les soufflets des axes de guidage, ces pièces ne devant jamais être réutilisées.

12 Avant de procéder au remontage de l'étrier, s'assurer que toutes les pièces sont parfaitement propres et sèches.

13 Tremper le piston et son joint neuf dans du liquide de frein propre. Enduire également de liquide de frein l'alésage de l'étrier.

14 Monter le joint de piston neuf dans la gorge sur l'alésage de l'étrier en s'aidant des mains uniquement (les outils sont à proscrire).

15 Mettre en place le cache-poussière neuf à l'arrière du piston et engager sa lèvre extérieure dans la gorge sur le corps de l'étrier. Introduire avec précaution le piston dans l'alésage en lui imprimant un mouvement de rotation : veiller à ne pas le présenter de travers. Repousser le piston à fond dans l'alésage puis engager la lèvre intérieure du cache-poussière dans la gorge du piston.

16 En cas de remplacement des axes de guidage, lubrifier les axes neufs en utilisant la graisse fournie avec le nécessaire de remise en état puis les monter sur le support de l'étrier et les munir de soufflets neufs, en s'assurant de bien les engager dans les gorges sur le support.

Repose

17 Reposer éventuellement le support de l'étrier sur le pivot porte-moyeu, en l'équipant de vis de fixation neuves à serrer au couple prescrit.

18 Visser l'étrier à fond sur le raccord du flexible d'alimentation.

19 S'assurer que les plaquettes de frein sont correctement installées sur le support puis remettre en place l'étrier (voir section 4).

20 Si les vis neuves des axes de guidage de l'étrier ne sont pas enduites de produit-frein à la livraison, déposer quelques gouttes de produit de scellement approprié, genre « Loctite Frenetanch » préconisé par le constructeur, sur leur filetage. Monter la vis de l'axe de guidage inférieur puis appuyer sur l'étrier pour installer la vis de l'axe de guidage supérieur. Serrer les deux vis au couple préconisé.

21 Bloquer l'écrou du raccord de flexible d'alimentation au couple spécifié puis enlever la pince sur le flexible ou le film étirable en plastique sur le réservoir du maître-cylindre, suivant le cas.

22 Effectuer la purge du circuit hydraulique, en se reportant à la section 2 pour cette opération. A noter que si les précautions indiquées pour limiter les pertes de liquide ont été prises, il sera nécessaire de purger uniquement le circuit correspondant de frein avant.

23 Reposer la roue et descendre la voiture au sol puis serrer les vis de la roue au couple prescrit.

---

9 **Etriers de freins AR. -** dépose, démontage et repose

Attention : Il est impératif de couper le contact avant de procéder au débranchement de l'une des canalisations du circuit hydraulique de freinage afin d'éviter l'admission d'air dans le bloc hydraulique du système ABS, ce qui nécessiterait de le purger à l'aide de l'appareil de diagnostic spécifique au constructeur

Nota 1 : *Avant toute intervention, consulter les mises en garde concernant respectivement le liquide de frein et la poussière d'amiante au début des sections 2 et 5.*

Nota 2 : *Les vis des axes de guidage des étriers ainsi que celles de fixation de leur support sont à remplacer systématiquement à chaque démontage.*

Dépose

1 Caler les roues avant, débloquer les vis de la roue arrière du côté intéressé, puis lever l'arrière de la voiture au cric et le poser sur chandelles (voir « *Levage et soutien du véhicule* »). Déposer la roue.

2 Déposer les plaquettes de frein (voir section 5).

3 Afin de limiter les pertes de liquide de frein, enlever le bouchon du réservoir du maître-cylindre et le reposer après avoir intercalé un film étirable en plastique, ce qui offrira une bonne étanchéité à l'air. En alternative, poser une pince à durits, un serre-joints ou un outil similaire muni de mordaches sur le flexible d'alimentation, à un emplacement accessible, le plus proche possible de l'étrier.

4 Nettoyer le pourtour du raccord de la canalisation d'alimentation sur l'étrier puis desserrer son écrou et débrancher la canalisation

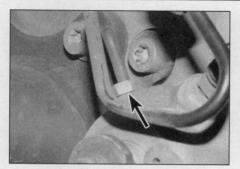

9.4 Ecrou de raccord de canalisation d'alimentation d'un étrier de frein AR.

(voir illustration). Obturer la canalisation et l'orifice découvert sur l'étrier afin d'arrêter l'écoulement de liquide et d'éviter l'admission d'impuretés.
5 Déposer ensuite l'étrier. Le support peut au besoin être déposé en desserrant ses deux vis Torx de fixation sur la fusée. Mettre au rebut toutes les vis venant d'être déposées : elles ne doivent pas être réutilisées.

Démontage

6 S'assurer avant de procéder au démontage d'un étrier de la disponibilité des pièces de rechange nécessaires. En effet, à part les axes de guidage, leurs vis et leurs soufflets, aucune pièce de rechange détaillée n'est proposée par le constructeur pour la remise en état des étriers. Il est toutefois possible de se procurer un nécessaire de remise en état approprié auprès d'un fournisseur de pièces automobiles. Veiller à bien repérer la position de montage des différentes pièces et lubrifier les joints neufs avec du liquide de frein propre. Se conformer aux consignes de la notice du nécessaire de remise en état pour le remontage.

Repose

7 Reposer éventuellement le support de l'étrier sur la fusée, en l'équipant de vis de fixation neuves à serrer au couple préconisé.
8 Procéder à la repose des plaquettes de frein, comme décrit en section 5.
9 Réinstaller l'étrier puis munir les axes de guidage de vis neuves, en les serrant au couple prescrit.
10 Rebrancher la canalisation d'alimentation à l'étrier, en serrant l'écrou de raccord au couple spécifié. Enlever la pince sur le flexible ou le film

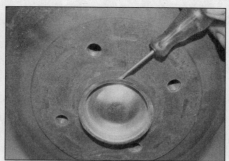

10.2 Dépose du capuchon central d'un moyeu AR.

étirable en plastique sur le réservoir, suivant le cas.
11 Effectuer la purge du circuit hydraulique de freinage, en se reportant à la section 2 pour cette opération. A noter que si les précautions indiquées pour limiter les pertes de liquide ont été prises, il sera nécessaire de purger uniquement le circuit correspondant de frein arrière.
12 Reposer la roue et descendre la voiture au sol puis serrer les vis de la roue au couple prescrit.

10 Tambours de freins AR. - dépose, contrôle et repose

Nota 1 : Avant toute intervention, consulter la note d'avertissement au début de la section 5, concernant le danger constitué par la poussière d'amiante.
Nota 2 : A la repose, les moyeux arrière sont à équiper d'un écrou et d'un capuchon central neufs.

Dépose

1 Caler les roues avant, débloquer les vis de la roue arrière du côté intervention puis lever l'arrière de la voiture au cric et le poser sur chandelles (voir « Levage et soutien du véhicule »). Déposer la roue.
2 Déboîter le capuchon central du moyeu en le frappant avec précaution avec un marteau par l'intermédiaire d'un tournevis grand modèle à lame plate ou d'un burin puis l'enlever (voir illustration). Mettre le capuchon au rebut : il ne doit pas être réutilisé.
3 Défreiner l'écrou de moyeu en le frappant avec un marteau au moyen d'un burin ou d'un chasse-goupille.

 Danger : Se protéger les yeux pour effectuer cette opération

4 Desserrer l'écrou de moyeu au moyen d'une clé à douille avec rallonge et le déposer puis récupérer la rondelle (voir illustrations). Mettre l'écrou au rebut : il ne doit pas être réutilisé.
5 Le moyeu-tambour doit normalement pouvoir être dégagé à la main de la fusée (voir illustration). Il peut toutefois s'avérer difficile de le déposer en raison d'un serrage du roulement de moyeu sur la fusée ou du fait d'un frottement des segments de frein sur la circonférence interne du tambour. Si le roulement est serré, frapper sur le pourtour du tambour à l'aide d'un maillet à tête plastique ou en cuir ou faire appel à un extracteur universel que l'on fixera sur le tambour par l'intermédiaire des vis de la roue. En cas de blocage des segments de frein, procéder comme suit : vérifier tout d'abord que le frein à main est bien desserré puis dévisser à fond l'écrou de réglage au niveau du palonnier de façon à détendre complètement les câbles (voir section 17) et pouvoir dégager le tambour.

Contrôle

Nota : Si un tambour de frein arrière doit être changé, il conviendra de remplacer les DEUX tambours en même temps, sinon il pourrait en résulter un freinage déséquilibré. Les segments de freins doivent en principe être changés par la même occasion.
6 Dépoussiérer avec précaution le tambour en faisant de sorte à ne pas inhaler la poussière qui peut être dangereuse pour la santé.
7 Nettoyer l'extérieur du tambour et s'assurer de l'absence de signes d'usure et de détérioration tels que des fissures ou craquelures autour des trous de passage de vis de roue. Remplacer le tambour au besoin.
8 Examiner avec soin l'intérieur du tambour. Des rayures superficielles sur la surface de friction peuvent être considérées comme normales mais si la surface est creusée, il y aura lieu de remplacer le tambour. Il est normal de constater une frange sur le bord extérieur du tambour consistant en un mélange de rouille et de poussière de frein, ce qui peut être supprimé en grattant afin d'obtenir une surface sans aspérités qui sera ensuite polie avec du papier émeri fin (grade 120 à 150). Si une arête due à l'usure est constatée sur la surface de friction, le tambour peut être rectifié, dans la

10.4a Dépose d'un écrou de moyeu AR. . . .

10.4b . . . et de sa rondelle

10.5 Dépose d'un moyeu-tambour AR.

10.12 Utilisation d'un chasse-goupille pour freiner un écrou de moyeu AR.

11.4a Utilisation d'une pince pour décrocher le ressort d'assistance de la biellette de réaction de frein à main . . .

11.4b . . . puis dégager le ressort d'assistance au niveau du segment tendu et du ressort de rappel inférieur

mesure où la cote limite de diamètre n'est pas atteinte, sinon le tambour est à changer.

9 En cas de doute sur le degré d'usure ou l'ovalisation du tambour, son diamètre intérieur peut être mesuré à différents emplacements à l'aide d'un comparateur d'alésage. Prendre des relevés deux par deux, la seconde valeur étant prise perpendiculairement à la première et par différence des deux, déterminer l'ovalisation qui peut être rattrapée si le diamètre demeure dans les limites permises mais en cas contraire, le tambour devra être remplacé. Les DEUX tambours doivent impérativement présenter le même diamètre intérieur : par conséquent, si l'un des tambours nécessite une rectification, il y aura lieu de faire rectifier le second à la même cote de réparation afin de conserver des valeurs d'alésage identiques des deux côtés.

Repose

10 En cas de montage d'un tambour neuf, débarrasser ses surfaces de friction internes du revêtement protecteur avec un solvant-dégraissant adéquat. A signaler qu'il peut également se révéler nécessaire de raccourcir la longueur du mécanisme de rattrapage du jeu sur le plateau de frein en agissant sur la molette, ce qui permettra au tambour de s'encastrer juste par-dessus.

11 Vérifier que l'ergot de butée de la biellette de réaction du frein à main se trouve bien en appui contre le bord du segment tendu puis enduire légèrement d'huile moteur propre l'axe de la fusée et installer le moyeu-tambour.

12 Reposer la rondelle puis monter l'écrou de moyeu neuf et le serrer au couple prescrit. Freiner ensuite l'écrou en rabattant le métal dans la gorge sur la fusée (voir illustration).

13 Poser ensuite le capuchon central de moyeu neuf en le frappant pour l'emboîter.

14 Actionner plusieurs fois de suite la pédale de frein afin d'armer le mécanisme de rattrapage automatique du jeu.

15 Répéter s'il y a lieu les mêmes opérations sur le frein arrière de l'autre côté de la voiture puis vérifier et régler la commande de frein à main, comme décrit en section 17.

16 Au terme de ces opérations, reposer la ou les roues arrière puis descendre la voiture au niveau du sol et serrer les vis de roues au couple préconisé.

11 Segments de freins AR. - remplacement

⚠ *Danger : Les segments de freins arrière doivent être remplacés par TRAIN COMPLET, c'est-à-dire des deux côtés en même temps : NE JAMAIS les changer que sur un seul côté sinon il pourrait en résulter un freinage déséquilibré. Prendre garde à la poussière engendrée par le frottement de la garniture des segments de freins qui est susceptible de contenir de l'amiante, une substance nocive pour la santé. Ne jamais chasser la poussière à l'air comprimé et faire de sorte à ne pas en inhaler. Il est recommandé de porter un masque répondant aux normes de sécurité en vigueur lors d'une intervention sur les freins. NE PAS utiliser d'essence ni de solvants à base de pétrole pour nettoyer les pièces du système de freinage. Employer exclusivement un nettoyant spécifique pour freins ou de l'alcool éthylique dénaturé (à brûler)*

Nota : De légères différences peuvent être constatées dans le montage des freins arrière. Les descriptions fournies ci-dessus demeurent cependant valables dans leur ensemble. S'assurer de bien repérer la position de montage des pièces avant de procéder au désassemblage.

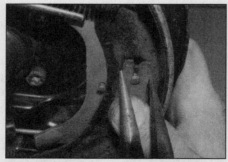

11.5 Dépose du dispositif de maintien latéral d'un segment de frein AR. en enfonçant l'agrafe et poussant la goupille par l'arrière du plateau de frein

1 Déposer le tambour de frein arrière du côté concerné (voir section précédente).

info HAYNES *Opérer sur un tambour à la fois, autrement dit, finir de changer les segments sur un côté avant de démonter le frein arrière de l'autre côté, ce qui permettra d'avoir à disposition un jeu de segments monté à titre de référence*

2 Dépoussiérer le tambour, le plateau et les segments de frein, en prenant des précautions pour ne inhaler la poussière qui peut être dangereuse pour la santé.

3 Bien repérer la position respective de montage des segments et des différents ressorts sur le plateau de frein.

4 A l'aide d'une pince, décrocher le ressort d'assistance de la biellette de réaction de frein à main puis dégager le ressort du segment tendu et du ressort de rappel inférieur (voir illustrations).

5 Déposer le dispositif de maintien latéral de chacun des segments. Pour cela, enfoncer l'agrafe avec une pince tout en poussant du doigt la goupille par l'arrière du plateau de frein (voir illustration). Tirer l'agrafe vers le bas pour la dégager de la goupille et extraire celle-ci de l'arrière du plateau.

6 Dégager ensuite le pied des segments au niveau du plot d'ancrage inférieur sur le plateau de frein et le bec au niveau des pistons du cylindre récepteur puis dégager l'ensemble des segments et

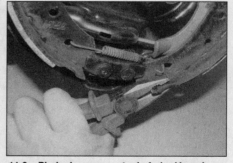

11.6a Pieds des segments de frein dégagés au niveau du plot d'ancrage inférieur . . .

11.6b . . . et becs des segments dégagés au niveau des pistons du cylindre de frein AR.

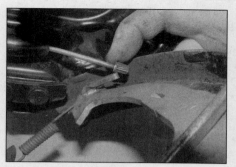

11.6c Décrocher le câble de frein à main au niveau de la biellette de réaction après avoir dégagé l'ensemble des segments du plateau de frein

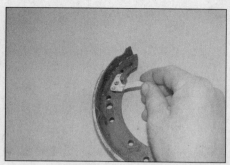

11.14a Engager le levier de réglage du dispositif de rattrapage sur le pion au niveau du segment comprimé . . .

décrocher le câble de frein à main de la biellette de réaction sur le segment tendu **(voir illustrations)**.

7 Entourer le cylindre sur le plateau de frein d'un bracelet en caoutchouc afin de retenir ses pistons.

8 Décrocher le ressort de rappel inférieur au niveau du segment comprimé puis le dégager du segment tendu.

9 Ecarter le pied des segments pour dégager le mécanisme de rattrapage du jeu entre la biellette de réaction de frein à main et le segment comprimé.

10 Déposer le ressort de rappel supérieur puis décrocher son ressort de rappel et dégager le levier de réglage du dispositif de rattrapage du jeu au niveau du segment comprimé.

11 Enlever la molette de réglage et examiner les pièces du mécanisme de rattrapage du jeu pour déceler d'éventuels signes d'usure ou de détérioration, notamment au niveau du filetage et

de la molette. Procéder si nécessaire au remplacement de ces pièces. Tous les ressorts de rappel sont à changer systématiquement, quel que soit leur état apparent. Un jeu de ressorts est à se procurer auprès du service des pièces détachées d'un représentant du réseau Citroën.

13 Avant de procéder au montage des segments, nettoyer le plateau de frein et déposer un peu de graisse haute température sur tous les points d'appui des segments sur le plateau, notamment sur les pistons du cylindre récepteur et sur le plot d'ancrage inférieur. Veiller à ne pas appliquer une trop grande quantité de graisse qui risquerait de se déposer sur la matière de friction des segments.

14 Poser le jeu de segments dans la position correcte sur un établi et engager le levier de réglage du dispositif de rattrapage du jeu sur le pion au niveau du segment comprimé puis ancrer l'extrémité la plus longue du ressort de rappel au

trou correspondant sur le dos du segment et accrocher l'autre extrémité au levier de réglage **(voir illustrations)**.

15 Visser la molette de réglage de telle manière à raccourcir au maximum le mécanisme de rattrapage du jeu puis engager le mécanisme sur le segment comprimé et le levier de réglage **(voir illustration)**.

16 Ancrer l'extrémité la plus longue du ressort de rappel supérieur au trou correspondant sur le segment comprimé puis accrocher l'autre extrémité du ressort au niveau du segment tendu **(voir illustrations)**.

17 Ecarter le pied des segments pour pouvoir engager le mécanisme de rattrapage sur la biellette de réaction de frein à main **(voir illustration)**.

18 Ancrer l'extrémité la plus large du ressort de rappel inférieur au trou correspondant, au dos du segment tendu **(voir illustration)**.

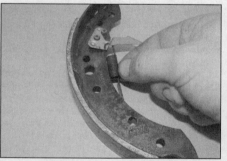

11.14b . . . puis ancrer le ressort de rappel au niveau du segment et du levier

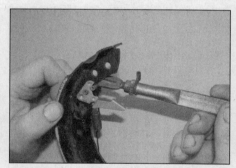

11.15 Mise en place du mécanisme de rattrapage entre le segment comprimé et le levier de réglage

11.16a Ancrage du ressort de rappel supérieur au niveau du segment comprimé . . .

11.16b . . . et au niveau du segment tendu

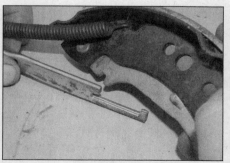

11.17 Engagement du mécanisme de rattrapage sur la biellette de réaction de frein à main

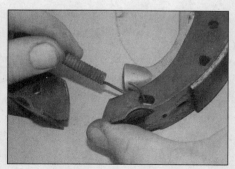

11.18 Ancrage du ressort de rappel inférieur au niveau du segment tendu

11.19 Ancrage du ressort de rappel inférieur au niveau du segment comprimé

19 Vérifier que le mécanisme de rattrapage est bien installé puis rapprocher le pied des segments pour pouvoir ancrer le ressort de rappel inférieur au niveau du segment comprimé **(voir illustration)**.

20 Vérifier que tous les ressorts sont convenablement installés et que le mécanisme de rattrapage est bien engagé au niveau du segment comprimé et de la biellette de réaction de frein à main **(voir illustration)**.

21 Accoupler le câble de frein à main à la biellette de réaction et installer l'ensemble des segments et du mécanisme de rattrapage sur le plateau de frein, en engageant leur bec au niveau des pistons du cylindre récepteur.

22 Engager le segment comprimé au niveau du plot d'ancrage inférieur sur le plateau de frein puis tirer le pied du segment tendu pour l'ancrer.

23 Remonter les goupilles du dispositif de maintien latéral des segments sur le plateau. Enfoncer l'agrafe avec une pince tout en poussant du doigt la goupille par l'arrière du plateau de frein. Tirer l'agrafe pour bien l'engager sur la goupille.

24 Ancrer le ressort d'assistance à la biellette de réaction de frein à main au trou correspondant sur le segment tendu et au niveau de l'extrémité du ressort de rappel inférieur puis tirer l'autre extrémité du ressort d'assistance pour l'accrocher à la biellette de réaction de frein à main.

25 Tirer légèrement les becs des segments pour les écarter vers l'extérieur et couper le bracelet élastique de maintien des pistons du cylindre récepteur **(voir illustration)**.

26 Tourner la molette de réglage du mécanisme de rattrapage du jeu avec un tournevis de façon à obtenir un diamètre extérieur formé par les segments de 202,5 mm puis vérifier que le tambour puisse s'encastrer juste par-dessus **(voir illustration)**.

11.25 Sectionnement du bracelet de maintien des pistons d'un cylindre de frein AR.

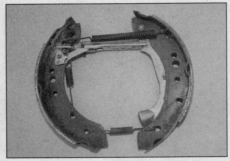

11.20 Ensemble des pièces d'un frein AR. correctement assemblé

27 Reposer le tambour de frein, comme décrit en section précédente.

28 Procéder de la même manière sur le frein arrière de l'autre côté de la voiture.

29 Actionner plusieurs fois de suite la pédale de frein de façon à rapprocher la garniture des segments des tambours. Vérifier que les mécanismes de rattrapage automatique du jeu fonctionnent correctement, ce qui se doit se manifester par un bruit de cliquet tandis qu'un collaborateur appuie sur la pédale.

30 Contrôler la commande de frein à main et effectuer son réglage s'il y a lieu, comme décrit en section 17.

31 Vérifier le niveau de liquide de frein et le rétablir si nécessaire comme décrit à la rubrique « Contrôles hebdomadaires » au début du manuel.

Attention : Afin de permettre aux segments neufs de trouver leur bonne position de fonctionnement et de rétablir l'efficacité du freinage, éviter de freiner brusquement au cours des 150 premiers kilomètres

---

12 Cylindres de freins AR. - dépose, remise en état et repose

Dépose

1 Déposer les segments de frein arrière du côté concerné (voir section précédente).

2 Afin de limiter les pertes de liquide de frein, enlever le bouchon du réservoir du maître-cylindre et le reposer après avoir intercalé un film étirable en plastique, ce qui offrira une bonne étanchéité à

11.26 Vérification du diamètre formé par les segments d'un frein AR.

l'air. En alternative, poser une pince à durits, un serre-joints ou un outil similaire muni de mordaches sur le flexible d'alimentation, au niveau d'un emplacement accessible, le plus proche possible du cylindre.

3 Nettoyer le pourtour du raccord de canalisation de frein au dos du cylindre et dévisser son écrou. Dégager avec précaution la canalisation du cylindre et obturer son extrémité avec un bouchon approprié ou du ruban adhésif de façon à éviter l'admission d'impuretés à l'intérieur du circuit. Essuyer immédiatement toute éclaboussure de liquide de frein.

4 Desserrer ses deux vis de fixation au dos du plateau de frein et dégager le cylindre.

Remise en état

Sans ABS

5 Les cylindres de freins arrière comportent des limiteurs de pression de freinage intégrés et **ne doivent pas** être démontés. Aucune pièce de rechange détaillée n'étant prévue pour la réparation, les cylindres complets sont à remplacer en cas de défectuosité.

Avec ABS

6 Nettoyer soigneusement le cylindre pour le débarrasser de toute trace de saleté et de poussière.

7 Extraire le cache-poussière de chaque côté du cylindre.

8 Sortir les pistons, les joints et suivant montage, le ressort de rappel, en veillant à bien repérer la position de montage des différentes pièces.

9 Examiner les parois de l'alésage du cylindre et les pistons pour s'assurer de l'absence de rayures ou de traces de corrosion, auquel cas le cylindre complet serait à remplacer. Si les pièces sont en relativement bon état et réutilisables, mettre les joints au rebut et se procurer un nécessaire de remise en état comprenant toutes les pièces remplaçables.

10 Nettoyer les pistons et le cylindre avec de l'alcool éthylique dénaturé (à brûler) ou du liquide de frein propre puis procéder au remontage des pièces, en s'assurant de les installer dans le bon ordre et le bon sens. S'assurer que la lèvre des joints se trouve bien côté intérieur du cylindre.

11 Suite au remontage du cylindre, essuyer les cache-poussière pour éliminer l'excédent de liquide de frein.

Repose

12 Nettoyer le plateau de frein puis installer le cylindre. Remonter les vis de fixation, en les bloquant correctement.

13 Engager la canalisation de frein à l'arrière du cylindre, en vissant convenablement l'écrou de raccord. Veiller à éviter toute admission d'impuretés dans le circuit hydraulique de freinage au cours de cette opération.

14 Procéder à la repose des segments de frein, comme décrit en section précédente.

15 Enlever la pince bridant le flexible d'alimentation ou le film étirable en plastique sur le réservoir du maître-cylindre, suivant le cas. Effectuer la purge du circuit hydraulique, comme indiqué en section 2. A noter que si les précautions indiquées pour limiter les pertes de liquide ont été prises, il sera nécessaire de purger uniquement le circuit correspondant de frein arrière.

13 Maître-cylindre - dépose, remise en état et repose

Attention : Il est impératif de couper le contact avant de procéder au débranchement de l'une des canalisations du circuit hydraulique de freinage afin d'éviter l'admission d'air dans le bloc hydraulique du système ABS, ce qui nécessiterait de le purger à l'aide de l'appareil de diagnostic spécifique au constructeur

Nota : *Avant toute intervention, consulter la mise en garde concernant le liquide de frein au début de la section 2.*

Dépose

1 Déposer la batterie et son support (voir chapitre 5A).
2 Enlever son bouchon puis vider complètement le réservoir du maître-cylindre. **Nota :** *Ne pas siphonner le liquide de frein par l'intermédiaire d'un tube avec la bouche : il s'agit d'une substance toxique. Utiliser une pipette ou une seringue.* En alternative, desserrer l'une des vis de purge du circuit hydraulique de freinage et pomper doucement au niveau de la pédale de frein pour évacuer le liquide par l'intermédiaire d'un tube en plastique branché à la vis de purge (voir section 2).
3 Débrancher le connecteur électrique de la sonde de niveau de liquide de frein et celui du capteur de pression de freinage au niveau du maître-cylindre pour les modèles équipés du système de contrôle dynamique de trajectoire (ESP). Débrancher ensuite la canalisation d'alimentation de la commande d'embrayage sur le réservoir du maître-cylindre, en récupérant le liquide hydraulique dans un récipient. Obturer la canalisation pour éviter l'admission d'impuretés dans le circuit.
4 Nettoyer le pourtour des raccords de canalisations de frein sur le maître-cylindre et disposer des chiffons sous les raccords pour récupérer le liquide pouvant couler. Repérer leur position respective de raccordement, desserrer les

écrous de raccords et dégager avec précaution les canalisations. Obturer les canalisations ainsi que les orifices découverts sur le maître-cylindre avec un bouchon ou du ruban adhésif afin d'arrêter l'écoulement de liquide et de prévenir toute admission d'impuretés dans le circuit. Laver immédiatement à l'eau froide toute éclaboussure de liquide de frein.
5 Desserrer et enlever les deux écrous l'assemblant au servofrein puis sortir le maître-cylindre du compartiment moteur. Enlever le joint d'embase du maître-cylindre qui est à changer systématiquement. S'il y a lieu, dissocier le réservoir du maître-cylindre en desserrant sa vis de fixation.

Remise en état

6 Le maître-cylindre peut être remis en état à l'aide du nécessaire de réparation approprié à se procurer auprès du service des pièces détachées d'un représentant du réseau Citroën. Veiller à bien repérer préalablement au démontage la position des différentes pièces et lubrifier les joints neufs avec du liquide de frein propre. Observer les consignes de montage indiquées dans la notice du nécessaire de réparation.

Repose

7 Nettoyer soigneusement les plans de joint du maître-cylindre et du servofrein puis équiper le maître-cylindre d'un joint d'embase neuf en veillant à l'installer correctement.
8 Présenter le maître-cylindre sur le servofrein puis monter les deux écrous d'assemblage et les serrer au couple prescrit.
9 Nettoyer les raccords puis rebrancher les canalisations aux orifices du maître-cylindre, en respectant leur emplacement d'origine et serrant les écrous au couple préconisé.
10 S'il a été déposé, remettre en place le réservoir sur le maître-cylindre, en s'assurant de bien l'emboîter sur les bagues-joints, puis remonter la vis de fixation en la serrant convenablement.
11 Rebrancher la canalisation d'alimentation de la commande d'embrayage et le connecteur électrique de la sonde de niveau de liquide de frein et suivant équipement, celui du capteur de pression de freinage.
12 Reposer les différents éléments ayant été dégagés pour permettre l'accès puis remplir le

réservoir de liquide de frein neuf et effectuer la purge du circuit hydraulique complet, comme décrit en section 2. **Nota :** *Le circuit hydraulique d'embrayage qui partage le même réservoir que celui de freinage peut également nécessiter une purge (voir chapitre 6).*

14 Pédale de frein - dépose et repose

Dépose

1 Déposer l'habillage inférieur de la planche de bord, côté conducteur (voir chapitre 11, section 27).
2 Extraire l'agrafe de fixation puis déposer l'axe de chape de liaison de la tige de poussée du servofrein sur la pédale **(voir illustration)**. Mettre l'axe de chape au rebut : il ne doit pas être réutilisé.
3 Desserrer et enlever le boulon d'articulation, dégager la pédale du support puis récupérer l'entretoise et la rondelle éventuellement prévue **(voir illustration)**. Examiner les différentes pièces pour s'assurer qu'elles ne sont pas usées ni endommagées : les changer au besoin.

Repose

4 Enduire légèrement de graisse universelle l'entretoise et la rondelle (suivant montage) puis les introduire dans le palier de l'axe d'articulation de la pédale sur le support.
5 Réinstaller la pédale, en s'assurant de l'engager correctement sur la tige de poussée du servofrein puis remonter le boulon d'articulation à serrer convenablement.
6 Faire coïncider la pédale et la chape de liaison de la tige de poussée du servofrein puis remonter l'axe neuf et le fixer avec l'agrafe.
7 Procéder à la repose de l'habillage inférieur de la planche de bord, côté conducteur.

15 Servofrein - contrôle, dépose et repose

Contrôle

1 Pour contrôler le fonctionnement du servofrein, donner plusieurs coups de pédale afin d'évacuer la dépression résiduelle puis mettre le moteur en marche tout en maintenant la pédale complètement enfoncée. Au démarrage du moteur, on doit pouvoir sentir la pédale s'enfoncer sensiblement, cela indiquant que la communication de la dépression s'effectue normalement. Laisser le moteur tourner pendant au moins deux minutes puis l'arrêter. Si la pédale vient ensuite à être enfoncée, elle doit offrir une résistance normale et si elle est actionnée à plusieurs reprises supplémentaires, la résistance doit augmenter et la course doit diminuer au fur et à mesure.
2 Si les effets indiqués ci-dessus ne sont pas obtenus, contrôler tout d'abord le clapet anti-retour du servofrein comme décrit en section suivante.

14.2 Agrafe de fixation de l'axe de chape de liaison de la tige de poussée du servofrein sur la pédale

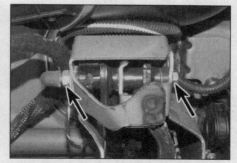

14.3 Boulon d'articulation de pédale de frein

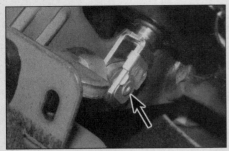

15.8 Agrafe de fixation de l'axe de chape de liaison de la tige de poussée du servofrein sur la pédale

15.9 Ecrous de fixation du servofrein

16.2 Clapet anti-retour du servofrein

Vérifier également le fonctionnement de la pompe à vide d'assistance de freinage sur les versions à moteur Diesel (voir section 25).

3 Si ces contrôles s'avèrent satisfaisants et que le servofrein ne fonctionne toujours pas correctement, celui-ci est à incriminer et il y aura lieu de le remplacer compte tenu qu'il n'est pas réparable.

Dépose

4 Procéder à la dépose du maître-cylindre (voir section 13).
5 Débrider le faisceau électrique attenant au servofrein et l'écarter sur le côté.
6 Pincer son raccord rapide pour le déverrouiller et débrancher le flexible de dépression au niveau du clapet anti-retour du servofrein.
7 Déposer l'habillage inférieur de la planche de bord, côté conducteur (voir chapitre 11, section 27).
8 Tourner l'agrafe de fixation pour la dégager puis déposer l'axe de chape de liaison de la tige de poussée du servofrein sur la pédale **(voir illustration)**. Mettre l'axe de chape au rebut : il ne doit pas être réutilisé.
9 Desserrer et enlever les quatre écrous de fixation du servofrein sur le tablier **(voir illustration)**.
10 Dégager le servofrein du tablier et récupérer son joint qui est à changer s'il est abîmé.

Repose

11 La repose s'effectue à l'inverse de la dépose, en tenant par ailleurs compte des points suivants :
a) *Lubrifier tous les points de la traverse de liaison avec de la graisse universelle (direction à droite)*
b) *Serrer les écrous de fixation du servofrein et*

les vis et écrous de fixation du palier de traverse de liaison de pédale (direction à droite) aux couples prescrits
c) *Reposer le maître-cylindre comme décrit en section 13 et effectuer la purge du circuit hydraulique complet, en se reportant à la section 2 pour cette opération*
d) *L'axe de chape de liaison de la tige de poussée du servofrein sur la pédale est à remplacer obligatoirement*

---

16 Clapet anti-retour de servofrein - dépose, contrôle et repose

Dépose

1 Pincer son raccord rapide pour le déverrouiller et débrancher le flexible de dépression au niveau du clapet anti-retour du servofrein.
2 Déboîter le clapet de sa bague-joint en caoutchouc en exerçant un mouvement de torsion et en tirant en même temps **(voir illustration)**. Récupérer ensuite la bague-joint sur le servofrein.

Contrôle

3 Examiner le clapet pour s'assurer qu'il n'est pas abîmé et le remplacer au besoin. Le fonctionnement du clapet peut être contrôlé en injectant de l'air dans les deux sens. Le clapet ne doit permettre la circulation d'air que dans un seul sens : à partir de son côté servofrein. En cas contraire, changer le clapet.
4 Vérifier l'état de la bague-joint et du flexible de dépression. Les changer s'ils sont détériorés.

Repose

5 Réinstaller la bague-joint sur le servofrein.
6 Monter le clapet anti-retour en le poussant pour bien l'emboîter sur la bague-joint, en faisant attention de ne pas le déloger ni de l'endommager. Rebrancher le flexible de dépression, en veillant à bien encliqueter le raccord rapide.
7 Faire démarrer le moteur et s'assurer de l'absence de prise d'air au niveau du raccordement du flexible de dépression du clapet anti-retour.

---

17 Frein à main - réglage

1 Vérifier qu'un début de friction des garnitures de freins arrière apparaît à partir du 2e cran en tirant le levier puis contrôler que la course du levier ne dépasse pas 8 crans pour obtenir le serrage à fond du frein à main, sinon procéder aux réglages ci-dessous.
2 Déboîter l'habillage du levier de frein à main en faisant levier avec précaution avec un petit tournevis au niveau de ses points de fixation **(voir illustration)**.
3 Caler les roues avant puis lever l'arrière de la voiture au cric et le poser sur chandelles (voir « *Levage et soutien du véhicule* »).
4 Tirer le levier de frein à main énergiquement une dizaine de fois et le laisser ensuite positionné au 2e cran de sa course.
5 Resserrer l'écrou de réglage de manière à ce que les garnitures des segments ou des plaquettes de freins arrière commencent tout juste à frotter contre les disques ou les tambours **(voir illustration)**.
6 Desserrer le levier de frein à main et vérifier que les roues arrière tournent librement à la main. Tirer ensuite le levier à fond pour s'assurer que sa course ne dépasse pas 8 crans.
7 Reposer ensuite l'habillage du levier de frein à main sur la console centrale et descendre la voiture au sol.

---

18 Levier de frein à main - dépose et repose

Dépose

1 Caler les roues avant puis lever l'arrière de la voiture au cric et le poser sur chandelles (voir « *Levage et soutien du véhicule* »).

17.2 Dépose de l'habillage du levier de frein à main

17.5 Ecrou de réglage de la commande de frein à main

2 Procéder à la dépose de la console centrale (voir chapitre 11).

3 Desserrer le levier de frein à main puis dévisser et enlever l'écrou de réglage des câbles sur le côté du levier puis désaccoupler les câbles au niveau du palonnier.

4 Débrancher le connecteur électrique du contacteur de témoin de frein à main puis débrider les câbles.

5 Desserrer et enlever les trois écrous de fixation au plancher puis dégager le levier de frein à main et le sortir de l'habitacle.

Repose

6 La repose s'opère à l'inverse de la dépose, en serrant les écrous de fixation du levier au couple prescrit. Procéder ensuite au réglage de la commande de frein à main, comme indiqué en section précédente.

19 Câbles de frein à main - dépose et repose

Dépose

1 La commande de frein à main est assurée par deux câbles droit et gauche, reliant les freins arrière au levier par l'intermédiaire d'un palonnier. Chaque câble peut être déposé séparément.

2 Caler les roues avant, débloquer les vis de la roue arrière du côté intervention puis lever l'arrière de la voiture au cric et le poser sur chandelles (voir « Levage et soutien du véhicule »). Déposer la roue.

3 Déposer la console centrale (voir chapitre 11).

4 Dévisser suffisamment l'écrou de réglage de manière à détendre le câble concerné et pouvoir désaccoupler son embout du palonnier.

5 Dévisser les écrous de fixation puis dégrafer et déposer le carénage de protection en matière plastique du côté concerné du réservoir de carburant.

6 Désolidariser la gaine du câble au niveau du point de jonction avec le tube métallique de guidage.

7 Sur les versions avec freins arrière à tambours, désaccoupler l'embout du câble de la biellette de commande au niveau du segment tendu du côté intéressé (voir section 11) puis déboîter l'arrêt de gaine du câble du plateau de frein **(voir illustration)**.

8 Pour les versions avec freins arrière à disques, désaccoupler l'embout du câble au niveau de l'étrier de frein arrière du côté intervention à l'aide d'une pince puis comprimer l'arrêt de gaine du câble pour le dégager de la patte **(voir illustrations 5.2a et 5.2b)**.

9 Tout en repérant bien son trajet, libérer le câble de toutes ses brides et pattes de maintien au niveau du bras tiré d'essieu arrière puis tirer l'extrémité avant du câble pour le sortir du tube métallique de guidage et le dégager du dessous de la voiture.

Repose

10 La repose a lieu à l'inverse de la dépose, en réglant ensuite la commande de frein à main, comme décrit en section 17.

20 Contacteur de feux stop - dépose, repose et réglage

1 Le contacteur de feux stop est fixé sur le support de pédalier, en dessous de la planche de bord. Les versions équipées d'un régulateur de vitesse peuvent disposer de deux contacteurs implantés au même emplacement, celui du côté droit étant affecté à la commande des feux stop.

Dépose

2 Déposer l'habillage inférieur de la planche de bord, côté conducteur (voir chapitre 11, section 27).

3 Débrancher le connecteur électrique puis tourner le contacteur d'un quart de tour dans le sens anti-horaire pour le dégager du support de pédalier.

Repose et réglage

4 Tirer le piston du contacteur pour le sortir complètement puis appuyer sur la pédale de frein à la main.

5 Remettre le contacteur en place sur le support de pédalier puis relâcher la pédale et la tirer pour la remonter au maximum à la main, ce qui doit en principe assurer le positionnement correct du contacteur.

6 Rebrancher le connecteur électrique du contacteur et vérifier le fonctionnement des feux stop. Procéder ensuite à la repose de l'habillage inférieur de la planche de bord.

21 Contacteur de frein à main - dépose et repose

Dépose

1 Déposer la console centrale (voir chapitre 11).

2 Débrancher le connecteur électrique du contacteur puis débrider le câblage **(voir illustration)**.

3 Dégager le contacteur au niveau du levier de frein à main et le déposer.

Repose

4 La repose s'opère en sens inverse de dépose.

22 Antiblocage des roues (ABS) - généralités

Toutes les versions de la gamme traitée dans cette étude disposent en équipement de série d'un système antiblocage des roues (ABS), constitué d'un bloc hydraulique avec groupe électropompe et huit électrovannes de régulation : deux pour chaque circuit de frein, une d'admission et une d'échappement, de quatre capteurs de vitesse (un par roue) et d'un calculateur électronique. Le rôle de ce système est d'éviter le blocage des roues lors d'un freinage d'urgence, ce qui est obtenu par modulation de la pression de freinage sur la roue concernée avec un rétablissement immédiat de la force de freinage sur la même roue s'en suivant après disparition du risque de blocage.

Les électrovannes du bloc hydraulique sont pilotées par le calculateur qui reçoit des informations émanant des capteurs de vitesse implantés au niveau des portes moyeux avant et arrière. Le calculateur exploitant les données concernant la vitesse de rotation des quatre roues fournies par les capteurs est en mesure de déterminer spontanément lorsqu'une roue subit une décélération anormale par rapport à la vitesse de la voiture et partant de là, il peut en déduire que cette roue est sur le point de se bloquer. Dans des conditions normales de conduite, le système n'intervient pas et le circuit de freinage se comporte comme un circuit classique sans équipement ABS.

Dès que le calculateur enregistre une amorce de blocage d'une roue, il commande la fermeture de l'électrovanne d'admission correspondante du bloc hydraulique pour isoler du maître-cylindre le frein de la roue sur le point de se bloquer de sorte que la pression de freinage n'augmente plus.

Si malgré tout, la vitesse de rotation de la roue continue à décroître anormalement, ce qui nécessite de diminuer davantage la pression de freinage, l'électrovanne d'échappement s'ouvre et le groupe électropompe entre en action pour permettre au liquide de refluer vers le réservoir du maître-cylindre. Lorsque la vitesse de la roue redevient normale, le groupe électropompe s'interrompt, l'électrovanne d'admission s'ouvre et celle d'échappement se ferme, en permettant à la pression hydraulique du

19.7 Déboîtement de l'arrêt de gaine du câble de frein à main au niveau d'un plateau de frein AR.

21.2 Implantation du contacteur de frein à main

23.4 Débranchement du connecteur électrique du bloc hydraulique ABS

23.6 Desserrage d'une vis de fixation du bloc hydraulique ABS

maître-cylindre de s'exercer sur le frein. Ce cycle de régulation peut se répéter de nombreuses fois par seconde.

L'activation des électrovannes et du groupe électropompe engendre des impulsions dans le circuit hydraulique et lorsque le système ABS opère, des vibrations peuvent être ressenties au niveau de la pédale en freinant.

Le fonctionnement du système ABS est régi intégralement par des signaux électriques. Afin d'empêcher que le système n'intervienne sur la base de signaux erronés, un dispositif d'auto-surveillance intégré assure le contrôle de tous les signaux transmis au calculateur. Si un signal erroné ou une baisse de tension de la batterie viennent à être détectés, le système cesse d'être opérationnel automatiquement et un témoin au tableau de bord s'allume pour signaler l'incident au conducteur. En tel cas, le circuit de freinage classique continue cependant de fonctionner normalement.

En cas de dysfonctionnement du système ABS, la voiture doit être confiée à un atelier du réseau Citroën qui établira un diagnostic et procédera éventuellement à une réparation.

La Citroën C3 dispose en plus d'un certain nombre d'équipements de sécurité associés et complémentaires du système ABS. Parmi ceux-ci, un répartiteur électronique de freinage (REF) destiné à équilibrer la force de freinage entre les roues avant et arrière, un système d'assistance au freinage d'urgence (AFU) garantissant une efficacité maximale de la force de freinage en situation critique par détection de l'effort appliqué sur la pédale par le conducteur et pour certains modèles, un système de contrôle dynamique de stabilité (ESP) qui par détermination de la force centrifuge en virage et de l'angle de braquage des roues permet d'appliquer en situation critique une certaine pression de freinage sur une roue en particulier dont le ralentissement suffit à faire revenir le véhicule dans sa trajectoire.

En cas de dysfonctionnement de l'un ou l'autre de ces équipements, la voiture doit être confiée à un atelier du réseau Citroën qui établira un diagnostic et procédera éventuellement à une réparation.

23 Antiblocage des roues (ABS) - dépose et repose des éléments constituants

Bloc hydraulique

Attention : La batterie doit être débranchée (voir chapitre 5A) avant de procéder au débranchement des canalisations du bloc hydraulique et ne doit être rebranchée qu'après avoir purgé le circuit. Obturer les orifices de raccordement et maintenir le bloc hydraulique dans la même position que sur la voiture, c'est-à-dire en position verticale : il ne doit pas être couché ni retourné. Ces consignes sont à observer sans faute, sinon de l'air risque d'être admis dans le bloc hydraulique, ce qui nécessiterait de le purger à l'aide de l'appareil de diagnostic spécifique au constructeur

Nota : *Avant toute intervention, consulter la mise en garde concernant le liquide de frein au début de la section 2.*

Dépose

1 Débrancher la batterie (voir chapitre 5A).

2 Le bloc hydraulique est implanté côté gauche du compartiment moteur. Pour y accéder, débloquer les vis de la roue avant gauche, lever l'avant de la voiture au cric et le poser sur chandelles (voir « Levage et soutien du véhicule »). Déposer la roue.

3 Extraire les rivets à expansion en plastique après avoir enfoncé légèrement ou soulevé leur goupille centrale, suivant le type, puis déposer la coquille pare-boue du passage de roue avant gauche.

4 Couper le collier de fixation du soufflet de protection du connecteur électrique du calculateur électronique. Reculer le soufflet, soulever le levier d'arrêt pour le déverrouiller et débrancher le connecteur électrique **(voir illustration)**.

5 Repérer leur position de raccordement en vue du remontage puis desserrer leur écrou de raccord et débrancher les canalisations du bloc hydraulique.

Prévoir un écoulement de liquide de frein. Boucher les canalisations ainsi que les orifices découverts sur le bloc hydraulique afin d'arrêter l'écoulement de liquide et d'éviter d'admission d'impuretés dans le circuit.

6 Desserrer et enlever ses trois vis de fixation dans le passage de roue puis sortir le bloc hydraulique du compartiment moteur **(voir illustration)**. Changer les fixations si elles sont usées ou abîmées.

Repose

7 Installer le bloc hydraulique dans le compartiment moteur et serrer ses vis de fixation au couple prescrit.

8 Rebrancher correctement les canalisations, en serrant les écrous de raccords au couple préconisé.

9 Enlever le collier de fixation usagé sur le soufflet de protection du connecteur électrique puis installer le collier neuf.

10 Rebrancher le connecteur électrique du bloc hydraulique, en s'assurant de bien le verrouiller puis remettre en place le soufflet de protection et le fixer avec le collier.

11 Procéder à la purge du circuit hydraulique complet, en se reportant à la section 2 pour cette opération. Reposer la coquille pare-boue du passage de roue puis la roue et descendre la voiture au sol. Serrer les vis de la roue au couple spécifié. Rebrancher ensuite la batterie.

Calculateur électronique

Dépose

12 Procéder à la dépose du bloc hydraulique (voir opération précédente)

13 Desserrer la vis d'assemblage de chaque côté du groupe électropompe puis dissocier le calculateur du bloc hydraulique.

Repose

14 Installer le calculateur sur le bloc hydraulique et monter les deux vis d'assemblage à serrer convenablement.

15 Procéder à la repose du bloc hydraulique comme décrit précédemment.

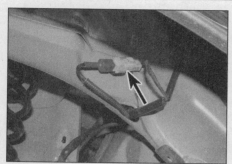

23.19a Connecteur électrique d'un capteur de roue AV. . . .

23.19b . . . et faisceau électrique à débrider dans le passage de roue et sur la jambe de suspension

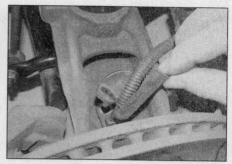

23.20 Dépose du protecteur d'un capteur de roue AV.

Capteurs de roues AV.

Dépose

16   S'assurer de bien couper le contact.

17   Serrer le frein à main, débloquer les vis de la roue avant du côté intéressé puis lever l'avant de la voiture au cric et le poser sur chandelles (voir « Levage et soutien du véhicule »). Déposer la roue.

18   Extraire les rivets à expansion en plastique après avoir enfoncé légèrement ou soulevé leur goupille centrale, suivant le type, puis déposer la coquille pare-boue du passage de roue avant du côté intervention.

19   Débrancher le connecteur électrique du capteur au sommet du passage de roue puis faire passer le faisceau électrique par les ouvertures dans la doublure d'aile et le dégrafer dans le passage de roue et sur la jambe de suspension (voir illustration).

20   Desserrer et enlever la vis de fixation du capteur puis dégager le protecteur (voir illustration).

21   Essayer de dégager le capteur du pivot porte-moyeu au moyen d'une pince (voir illustration). Au cas où le capteur ne pourrait pas être dégagé de cette manière, l'extraire en faisant levier avec précaution au moyen de deux petits tournevis introduits sous la bride de fixation. Le corps du capteur est réalisé en matière plastique et en conséquence, il ne doit pas être tourné ni forcé, au risque de le casser. En dernier ressort, déposer le pivot porte-moyeu (voir chapitre 11) puis chasser le capteur en le poussant du dessous du pivot.

Repose

22   S'assurer de la propreté des plans d'appui du capteur et du pivot puis lubrifier le logement du capteur avec une petite quantité de graisse haute température.

23   Vérifier au préalable que sa pointe active est bien propre puis installer le capteur sur le pivot porte-moyeu.

24   Nettoyer le filetage de la vis de fixation du capteur et y déposer quelques gouttes de produit-frein, genre « Loctite Frenetanch » préconisé par le constructeur. Installer le protecteur puis monter la vis de fixation, en la serrant au couple prescrit.

25   Réinstaller convenablement le faisceau électrique, en veillant à bien le fixer, puis rebrancher le connecteur électrique.

26   Reposer la coquille pare-boue et la roue puis descendre la voiture au sol et serrer les vis de la roue au couple spécifié.

Capteurs de roues AR.

Dépose

27   S'assurer de bien couper le contact.

28   Caler les roues avant, débloquer les vis de la roue arrière du côté concerné puis lever l'arrière de la voiture au cric et le poser sur chandelles (voir « Levage et soutien du véhicule »). Déposer la roue.

29   Débrancher le connecteur électrique du capteur, implanté à hauteur du palier de l'essieu arrière (voir illustration). En vue d'améliorer l'accès, dévisser les écrous de fixation puis dégrafer et déposer le carénage de protection en matière plastique du côté intéressé du réservoir de carburant.

30   Débrider le faisceau électrique du capteur au niveau de ses pattes et colliers de maintien, tout repérant bien son trajet.

31   Desserrer sa vis de fixation puis extraire avec précaution le capteur en faisant levier au moyen de

23.21 Dépose d'un capteur de roue AV.

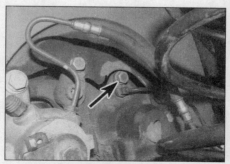

23.31a Vis de fixation d'un capteur de roue AR. . . .

deux petits tournevis introduits sous la bride de fixation (voir illustrations).

Repose

32   S'assurer de la propreté des plans d'appui du capteur et du porte-moyeu puis lubrifier le logement du capteur avec une petite quantité de graisse haute température.

33   Vérifier au préalable que sa pointe active est bien propre puis installer le capteur sur le porte-moyeu.

34   Nettoyer le filetage de la vis de fixation du capteur et y déposer quelques gouttes de produit-frein, genre « Loctite Frenetanch » préconisé par le constructeur, puis monter la vis en la serrant au couple prescrit.

35   Réinstaller convenablement le faisceau électrique, en veillant à bien le fixer avec les brides et les colliers de maintien. Rebrancher le connecteur puis reposer la roue, descendre la

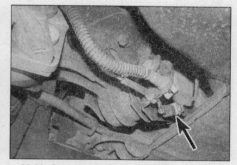

23.29 Connecteur électrique du capteur de roue AR. G.

23.31b . . . et utilisation de deux tournevis pour extraire le capteur

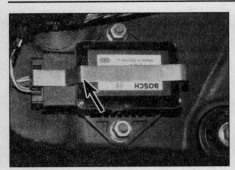

23.37 Patte de retenue du connecteur électrique de capteur d'accélération transversale

voiture au sol et serrer les vis de la roue au couple spécifié.

Capteur d'accélération transversale (contrôle de stabilité)

Dépose

36 Déposer la console centrale (voir chapitre 11).
37 Libérer la patte de retenue et débrancher le connecteur électrique du capteur **(voir illustration)**.
38 Desserrer ses deux écrous de fixation et déposer le capteur.

Repose

39 La repose s'effectue à l'inverse de la dépose, en s'assurant de bien orienter la flèche sur le capteur vers l'avant de la voiture.

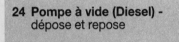

24 Pompe à vide (Diesel) - dépose et repose

Dépose

1 La pompe à vide d'assistance de freinage est montée côté gauche de la culasse. En vue d'améliorer l'accès, déposer les conduits du boîtier de filtre à air (voir chapitre 4B).

24.3 Vis de fixation de la pompe à vide

2 Pincer son raccord rapide pour le déverrouiller et débrancher le tuyau de prise de dépression du servofrein sur la pompe à vide.
3 Desserrer et enlever ses vis de fixation sur la culasse, puis dégager la pompe avec ses joints à mettre au rebut **(voir illustration)**.

Repose

4 Equiper la pompe à vide de joints neufs puis faire coïncider son toc d'entraînement avec la fente en bout d'arbre à cames et installer la pompe sur la culasse, en veillant à ne pas déloger les joints **(voir illustrations)**.
5 Remonter les vis de fixation de la pompe à serrer au couple préconisé.

24.4a La pompe à vide est à équiper de joints neufs

6 Rebrancher le tuyau de prise de dépression du servofrein sur la pompe, en veillant à verrouiller correctement le raccord rapide. Reposer ensuite les conduits du boîtier de filtre à air.

25 Pompe à vide (Diesel) - contrôle

1 Le fonctionnement de la pompe à vide se contrôle au moyen d'un dépressiomètre convenant à l'usage.
2 Débrancher le tuyau de dépression de la pompe. Brancher l'embout adaptateur du tube de dépressiomètre à la tubulure de la pompe.
3 Mettre le moteur en marche et le laisser tourner au ralenti puis mesurer la dépression engendrée par la pompe. A titre de référence, pendant un laps de temps d'une minute, une dépression minimale atteignant environ 500 mm Hg doit être constatée. Si la valeur enregistrée est nettement inférieure à celle indiquée précédemment, la pompe sera probablement défectueuse. Il est toutefois recommandé de prendre conseil auprès des services techniques d'un représentant du réseau Citroën avant de condamner la pompe.
4 La pompe à vide n'est pas réparable compte tenu qu'aucune pièce de rechange détaillée n'est proposée. En cas de défectuosité, il y aura lieu de la changer.

24.4b Toc d'entraînement de la pompe à vide et fente d'engagement en bout d'arbre à cames

Chapitre 10
Suspensions et direction

Sommaire

Niveaux de difficulté

| **Facile,** pour les profanes de la mécanique | | **Assez facile,** pour les débutants plus avisés | | **Assez difficile,** pour les amateurs compétents | | **Difficile,** pour les amateurs plus expérimentés | | **Très difficile,** pour les initiés et les professionnels | |

Caractéristiques

Géométrie des trains AV. et AR.

Train avant

Parallélisme - réglable, véhicule en assiette de référence	-2 ± 1 mm ou -0°19' ± 0°10'
Carrossage - non réglable	-0°28' ± 0°30'
Chasse - non réglable	3°57' ± 0°18'
Inclinaison des pivots - non réglable	11°24' ± 0°30'

Train arrière

Parallélisme - non réglable	+5,5 ± 1 mm ou +0°50' ± 0°10'
Carrossage - non réglable	-1°30' ± 0°18'

Roues

Jantes	En tôle d'acier emboutie ou en alliage d'aluminium (suivant version)
Pressions de gonflage des pneumatiques	Voir « Contrôles hebdomadaires »

Couples de serrage

daN.m

Train AV.

Barre stabilisatrice :	
Ecrous de biellettes de liaison *	4,5
Vis de paliers sur berceau	18
Vis de fixation de supports d'étriers de freins *	Voir chapitre 9
Ecrous de transmissions *	Voir chapitre 8
Boulon de bridage de pieds de jambes de suspension sur pivots . . .	5,4
Boulons de fixation de triangles inférieurs de suspension sur berceau .	4
Rotules de triangles inférieurs de suspension :	
Boulons de fixation sur triangles *	4
Boulons de bridage *	4
Vis de fixation du berceau	9
Vis de fixation de barre anti-rapprochement du berceau	6,5
Jambes de suspension :	
Ecrous de paliers supérieurs sur caisse	6,5
Ecrous de tiges d'amortisseurs	6,5

Couples de serrage (suite)

daN.m

Train AR.

Vis de fixation de supports d'étriers de freins *	Voir chapitre 9
Ecrous de moyeux *	20
Vis de fixation des supports de l'essieu sur la caisse	10
Boulons d'articulation de l'essieu sur les supports	7,6
Amortisseurs :	
Boulons de fixation inférieurs *	10,6
Vis de fixation supérieures	4,2

Direction

Boulon de bridage de cardan de colonne de direction sur pignon	
d'attaque	2,2
Vis de fixation de palier supérieur de colonne de direction	2,2
Ecrous de fixation de boîtier de direction *	8
Goujons de fixation de boîtier de direction	8
Vis de fixation de volant	3,3
Biellettes de direction :	
Ecrous de fixation de rotules sur pivots *	3,5
Contre-écrous de manchons de rotules	4
Rotules intérieures sur boîtier de direction	8
Vis de roues	Voir chapitre 1A ou 1B

* Vis ou écrous à changer systématiquement à chaque démontage.

1 Description générale

La suspension avant à roues indépendantes est du type à jambes de force MacPherson, avec ressorts hélicoïdaux et amortisseurs hydrauliques télescopiques incorporés. Le guidage transversal des jambes de force est assuré par des triangles inférieurs qui sont articulés sur des silentblocs en caoutchouc côté berceau et sont pourvus d'une rotule à leur extrémité extérieure. Les pivots de fusées avant qui supportent les roulements de roues, les moyeux ainsi que les étriers et les disques de freins sont assemblés par un boulon aux jambes de suspension et sont accouplés aux triangles inférieurs par l'intermédiaire d'une rotule. La barre stabilisatrice est fixée au berceau au moyen de paliers montés sur silentblocs et reliée aux jambes de suspension par deux biellettes de liaison.

La suspension arrière est constituée d'un essieu transversal, avec amortisseurs hydrauliques télescopiques à double effet, disposés verticalement, ressorts hélicoïdaux séparés montés entre la caisse et l'essieu et d'une barre stabilisatrice creuse intégrée et solidaire de la traverse de l'essieu et reliant les deux bras de suspension. L'essieu est fixé à la caisse par des supports dont la partie avant est assemblée par un boulon et articulée par un silentbloc sur le bras de suspension.

La colonne de direction est articulée à sa partie inférieure par un cardan fixé par un boulon sur le pignon d'attaque de la crémaillère.

Le boîtier de direction qui est monté sur le berceau du train avant est relié par deux biellettes accouplées par une rotule aux pivots porte-moyeux. Les biellettes de direction sont pourvues d'une partie filetée à leur extrémité extérieure pour permettre le réglage du parallélisme. La direction bénéficie d'une assistance électrique par un moteur incorporé au boîtier de direction et commandé par un calculateur électronique monté sur le support de la batterie, en liaison avec le calculateur de gestion du moteur.

2 Pivots porte-moyeux - dépose et repose

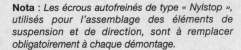

Nota : *Les écrous autofreinés de type « Nylstop », utilisés pour l'assemblage des éléments de suspension et de direction, sont à remplacer obligatoirement à chaque démontage.*

Dépose

1 Procéder à la dépose de la jambe de suspension avant du côté concerné (voir section 4).
2 Desserrer et enlever le boulon de bridage du pied de la jambe de suspension sur le pivot porte-moyeu, en notant que la vis se monte par l'arrière **(voir illustration)**. Mettre l'écrou au rebut.
3 Ouvrir légèrement sa pince en coinçant un burin puis extraire le pivot porte-moyeu du pied de la jambe de suspension, en frappant si nécessaire le pivot pour le dégager avec un maillet à tête plastique en cas de serrage.

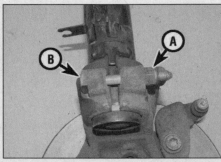

2.2 Ecrou (A) et vis (B) de boulon de bridage du pied de jambe de suspension AV. sur le pivot

Repose

4 Engager le pied de la jambe de suspension dans le pivot, en faisant coïncider le bossage sur le tube de la jambe avec la rainure de guidage sur la pince du pivot **(voir illustration)**. S'assurer que le pied de la jambe de suspension est bien engagé à fond dans le pivot, jusqu'en butée.
5 Monter le boulon de bridage en commençant par la vis à engager de l'arrière puis l'écrou neuf à serrer au couple prescrit.
6 Effectuer la repose de la jambe de suspension, comme décrit en section 4.

3 Roulements de moyeux AV. - remplacement

Nota 1 : *Les roulements de moyeux avant sont du type à cartouche, à double rangée de billes à contact oblique, préréglé, étanche et graissé à vie. Ils n'exigent aucun entretien particulier et sont normalement conçus pour durer aussi longtemps que la voiture. Ne jamais serrer exagérément les écrous de transmissions dans le but de régler le jeu des roulements.*

2.4 Bossage sur le tube de jambe de suspension AV. à faire coïncider avec la rainure de guidage sur la pince du pivot

3.2 Dépose d'un moyeu AV. en le chassant du pivot

3.3 Dépose du circlip d'arrêt d'un roulement de moyeu AV.

3.7 Cage de roulement de moyeu AV. à laquelle est intégrée la piste magnétique du capteur de roue du système ABS

Nota 2 : *La dépose et la repose des roulements nécessitent une presse et des mandrins. A défaut, utiliser à la place un étau d'établi de grande capacité et des poussoirs tubulaires genre douilles, de diamètres appropriés. La bague intérieure des roulements est montée serrée sur le moyeu et si elle reste en place en chassant le moyeu du pivot, la déposer à l'aide d'un extracteur à griffes à prises extérieures.*

1 Déposer le pivot porte-moyeu du côté intéressé (voir section précédente).

2 Bloquer solidement le pivot porte-moyeu avec des cales ou dans un étau muni de mordaches. Chasser le moyeu du pivot à l'aide d'un poussoir tubulaire, en prenant appui sur le côté intérieur (**voir illustration**). Si la bague intérieure du roulement est restée sur le moyeu, la déposer au moyen d'un extracteur (voir note d'information ci-dessus).

3 Extraire le circlip d'arrêt du roulement, côté intérieur du pivot (**voir illustration**).

4 Remonter éventuellement la bague intérieure sur la cage à billes du roulement puis soutenir convenablement le pivot au niveau de sa face intérieure. Chasser l'ensemble du roulement du pivot en se servant d'un poussoir tubulaire en appui sur sa bague intérieure.

5 Nettoyer le moyeu et le pivot, en supprimant soigneusement toutes les traces de saleté et de graisse puis éliminer les bavures ou les arêtes vives susceptibles d'entraver le remontage. Examiner les pièces pour déceler d'éventuelles fissures, craquelures ou d'autres signes d'usure ou de détérioration. Remplacer systématiquement le circlip d'arrêt du roulement, quel que soit son état apparent.

6 Pour procéder au remontage, enduire légèrement d'huile, genre vernis de glissement « Molykote 321R » préconisé par le constructeur, la bague extérieure du roulement neuf et le logement dans le pivot afin de faciliter la mise en place du roulement.

7 Le pivot étant bien soutenu, monter le roulement puis l'enfoncer jusqu'en butée à la presse et avec un poussoir tubulaire de diamètre approprié, en prenant appui exclusivement sur sa bague extérieure. A noter que la piste magnétique du capteur de roue du système ABS est implantée au niveau de la face intérieure du roulement : lors de la mise en place du roulement, la piste doit être montée côté arbre de transmission (**voir illustration**). Prendre garde de ne pas endommager la piste ni de l'approcher d'un corps

magnétique. S'assurer également de la parfaite propreté de la piste.

8 Le roulement une fois bien en place, monter le circlip d'arrêt neuf, en s'assurant de l'engager correctement dans la gorge sur le pivot. **Nota :** *Faire coïncider la coupe entre les becs du circlip et l'entrefer du capteur de roue.*

9 Soutenir convenablement le moyeu au niveau de sa face extérieure puis monter la bague intérieure du roulement et engager le pivot jusqu'en butée contre l'épaulement du moyeu, au moyen d'un poussoir tubulaire portant uniquement sur la bague intérieure du roulement. S'assurer de la libre rotation du moyeu et éliminer l'excédent d'huile.

10 Procéder à la repose du pivot porte-moyeu, comme indiqué en section précédente.

4 Jambes de suspension AV. - dépose et repose

Nota : *Les écrous autofreinés de type « Nylstop », utilisés pour l'assemblage des éléments de suspension et de direction, sont à remplacer obligatoirement à chaque démontage.*

Dépose

1 Caler les roues arrière, serrer le frein à main, débloquer les vis de la roue avant du côté intéressé puis lever l'avant de la voiture au cric et le poser sur chandelles (voir « *Levage et soutien du véhicule* »). Déposer la roue.

2 Défreiner l'écrou de transmission du côté concerné en le frappant à l'aide d'un burin ou d'un outil approprié. A signaler que l'écrou est à mettre au rebut.

4.4 Flexible de frein débridé au niveau d'une jambe de suspension AV.

3 Remonter au moins deux des vis de roue sur le moyeu en les serrant bien puis tandis qu'un collaborateur appuie à fond sur la pédale de frein pour immobiliser le moyeu, débloquer l'écrou de transmission à l'aide d'une clé à douille avec rallonge et l'enlever. En alternative, un outil de blocage peut être réalisé à partir de deux morceaux d'acier plat, l'un étant plus long que l'autre, et assemblé par un boulon d'articulation pour former une fourche dont les extrémités seront fixées au moyeu avec deux vis de roue (voir chapitre 8, section 2).

4 Débrider le flexible d'alimentation de l'étrier de frein au niveau de la jambe de suspension (**voir illustration**).

5 Déposer le capteur de roue du système ABS (voir chapitre 9).

6 Dévisser l'écrou de fixation puis écarter de la jambe de suspension la biellette de liaison de la barre stabilisatrice. Immobiliser l'axe de la rotule au moyen d'un embout Torx pour le déblocage de l'écrou, en signalant que celui-ci ne doit pas être réutilisé suite à sa dépose.

7 Dégager l'étrier de frein de son support, sans débrancher son flexible d'alimentation : si une intervention est prévue au niveau du roulement de moyeu, déposer l'étrier, son support et le disque de frein (voir chapitre 9 pour ces différentes opérations), sinon attacher l'étrier dans le passage de roue avec un morceau de fil de fer ou de ficelle afin d'éviter toute contrainte excessive sur son flexible d'alimentation.

8 Desserrer et enlever l'écrou de fixation de la rotule de biellette de direction sur le pivot porte-moyeu puis désaccoupler le cône de la rotule au moyen d'un arrache-rotule (**voir illustration**). A noter que l'écrou ne doit pas être réutilisé.

4.8 Déblocage de l'écrou de fixation de la rotule de biellette de direction sur un pivot porte-moyeu AV.

4.9 Désaccouplement de la rotule du triangle inférieur de suspension au niveau d'un pivot porte-moyeu AV.

4.10 Utilisation d'une barre fixée par chaîne et ancrée sur un bloc de bois pour tirer le triangle inférieur de suspension vers le bas

4.12 Désaccouplement d'un moyeu AV. au niveau des cannelures du joint homocinétique de transmission en tirant la jambe de suspension vers l'extérieur

9 Desserrer et enlever le boulon de bridage de la rotule du triangle inférieur de suspension sur le pivot porte-moyeu **(voir illustration)**. Mettre l'écrou au rebut.

10 Ouvrir légèrement la pince du pivot en coinçant un burin de façon à pouvoir dégager le cône de la rotule. Tirer le triangle inférieur vers le bas pour désaccoupler sa rotule du pivot. Pour cela, fixer une barre sur le triangle, de préférence au moyen d'une chaîne ou d'une corde, puis ancrer son extrémité intérieure sur un bloc de bois qui servira de point de pivotement et agir sur le triangle avec la barre pour l'écarter du pivot **(voir illustration)**.

11 Après avoir désaccouplé la rotule du pivot, récupérer son protecteur.

12 Tirer la jambe de suspension vers l'extérieur pour désaccoupler le moyeu des cannelures du joint homocinétique de transmission côté roue **(voir illustration)**.

13 Enlever le capuchon de protection puis desserrer et déposer l'écrou de fixation supérieur de la jambe de suspension sur la caisse, tout en immobilisant la tige d'amortisseur avec une clé Allen **(voir illustration)**. Récupérer la coupelle puis dégager la jambe de suspension dans le passage de roue.

Attention : Veiller à bien soutenir la jambe de suspension dans le passage de roue pour enlever l'écrou de fixation supérieur

14 Pour dissocier la jambe de suspension du pivot porte-moyeu, enlever le boulon de bridage **(voir illustration 2.2)**.

15 Ouvrir légèrement sa pince en coinçant un burin puis extraire le pivot porte-moyeu du pied de la jambe de suspension, en frappant si nécessaire le pivot pour le dégager avec un maillet à tête plastique en cas de serrage.

Repose

16 Engager le pied de la jambe de suspension dans le pivot, en faisant coïncider le bossage sur le tube de la jambe avec la rainure de guidage sur la pince du pivot **(voir illustration 2.4)**. S'assurer que le pied de la jambe de suspension est bien engagé à fond dans le pivot, jusqu'en butée.

17 Monter le boulon de bridage en commençant par la vis à engager de l'arrière puis l'écrou neuf à serrer au couple prescrit.

18 Installer la jambe de suspension dans le passage de roue, en s'assurant de bien engager son pion de centrage dans le logement correspondant sur la doublure d'aile puis monter la coupelle et l'écrou de fixation supérieur neuf, en le serrant au couple prescrit. Reposer ensuite le capuchon de protection.

19 S'assurer que les cannelures du joint homocinétique et du moyeu sont parfaitement propres et dégraissées puis engager le moyeu à fond sur la transmission.

20 Installer le protecteur sur la rotule du triangle inférieur de suspension puis engager le cône de la rotule sur le pivot porte-moyeu en écartant légèrement la pince par la méthode indiquée lors de la dépose. Veiller à bien encastrer l'ergot du protecteur dans le cran du pivot. Monter la vis du boulon de bridage par l'avant du pivot puis l'équiper d'un écrou neuf à serrer au couple préconisé.

21 Réaccoupler la rotule de biellette de direction au pivot porte-moyeu et monter son écrou de fixation neuf à serrer au couple prescrit.

22 Reposer éventuellement le disque de frein sur le moyeu puis l'ensemble étrier-support ou l'étrier

seul suivant le cas. Se reporter au chapitre 9 pour ces différentes opérations.

23 Reposer le capteur de roue du système ABS (voir chapitre 9).

24 Réinstaller le flexible d'alimentation de l'étrier de frein au niveau de la jambe de suspension.

25 Réaccoupler la rotule de la biellette de liaison de barre stabilisatrice à la jambe de suspension et l'équiper d'un écrou de fixation neuf à serrer au couple prescrit.

26 Lubrifier la face intérieure et le filetage de l'écrou de transmission neuf à l'huile moteur propre puis le monter en bout d'arbre de transmission. Immobiliser le moyeu par la méthode indiquée lors de la dépose (voir point 3 ci-dessus) et serrer l'écrou de transmission au couple préconisé. S'assurer ensuite de la libre rotation du moyeu.

27 Freiner l'écrou de transmission en rabattant le métal dans la gorge de l'arbre de transmission à l'aide d'un chasse-goupille (voir chapitre 8).

28 Reposer la roue puis descendre la voiture au sol et serrer les vis de la roue au couple spécifié.

---

5 Jambes de suspension AV. - démontage et remontage

⚠️ *Danger : Pour procéder au démontage des jambes de suspension, se munir d'un outil spécifique destiné à maintenir en compression les ressorts hélicoïdaux. Il est recommandé d'utiliser un compresseur de ressorts universel du commerce. Toute tentative de démontage d'une jambe de suspension sans cet outil risque de se traduire par des dégâts ou des blessures*

Nota : *Les écrous autofreinés de type « Nylstop » sont à remplacer systématiquement suite à leur démontage.*

Démontage

1 Déposer la jambe de suspension concernée par l'opération (voir section précédente) et la nettoyer extérieurement pour la débarrasser de la saleté puis la bloquer en position verticale avec un étau muni de mordaches afin de ne pas déformer le corps de l'amortisseur pour le serrage. Monter le compresseur sur le ressort et comprimer celui-ci de façon à relâcher la pression sur les coupelles d'appui **(voir illustration)**.

4.13 Desserrage de l'écrou de fixation supérieur d'une jambe de suspension AV.

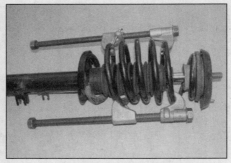

5.1 Ressort de suspension AV. maintenu par un compresseur

2 Immobiliser la tige d'amortisseur à l'aide d'une clé Allen pour le déblocage de son écrou **(voir illustration)**.

3 Enlever l'écrou de la tige d'amortisseur puis déposer successivement le palier supérieur, la butée à billes et la coupelle d'appui supérieure du ressort **(voir illustrations)**. A noter que l'écrou est à mettre au rebut : il ne doit pas être réutilisé.

4 Déposer ensuite le ressort maintenu par le compresseur puis récupérer le capuchon, le soufflet protecteur et la butée de rebond sur la tige d'amortisseur **(voir illustrations)**.

5 S'assurer de l'absence de suintement d'huile sur l'amortisseur et vérifier que la tige n'est pas piquée sur toute sa longueur et que le corps d'amortisseur ne présente pas de signes d'endommagement. Contrôler le fonctionnement de l'amortisseur. Pour cela, le tenir en position verticale et faire exécuter au piston une course complète puis des courses sur 50 à 100 mm. Dans les deux cas, la résistance notée doit être sans à-coups et progressive. Si une résistance saccadée ou irrégulière vient à être constatée ou si l'amortisseur présente des signes manifestes d'usure ou de détérioration, il y aura lieu de remplacer la jambe de suspension.

6 Examiner toutes les pièces venant d'être déposées pour s'assurer qu'elles ne présentent pas de signes d'usure, de détérioration ou de déformation. Remplacer toute pièce visiblement défectueuse.

Remontage

7 Installer dans l'ordre sur la tige d'amortisseur la butée de rebond, le soufflet protecteur et le capuchon. S'assurer que le bas du soufflet est bien positionné sur l'extrémité de l'amortisseur.

5.4a Dépose du capuchon . . .

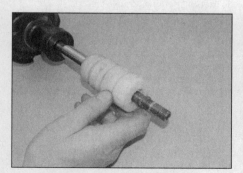

5.4c . . . et de la butée de rebond

5.2 Desserrage de l'écrou de tige d'amortisseur d'une jambe de suspension AV.

5.3b . . . du palier supérieur suivi de la butée à billes . . .

5.4b . . . du soufflet protecteur . . .

5.8 Spire d'extrémité du ressort de suspension correctement calée contre la butée de l'appui inférieur

8 Reposer le ressort maintenu par le compresseur, en veillant à engager convenablement sa spire d'extrémité contre la butée au niveau de l'appui inférieur **(voir illustration)**. Mettre en place la coupelle d'appui supérieure en s'assurant de caler

5.3a Dépose de l'écrou de la tige d'amortisseur . . .

5.3c . . . et de la coupelle d'appui supérieure du ressort

correctement l'extrémité du ressort puis reposer la butée à billes et le palier supérieur.

9 Monter l'écrou neuf et immobiliser la tige d'amortisseur avec une clé Allen pour le serrer au couple préconisé.

6 Triangles inférieurs de suspension AV. - dépose, remise en état et repose

Nota : *Les écrous autofreinés de type « Nylstop » sont à remplacer systématiquement suite à leur démontage.*

Dépose

1 Caler les roues arrière, débloquer les vis de la roue avant du côté intervention puis lever l'avant de la voiture au cric et le poser sur chandelles (voir « *Levage et soutien du véhicule* »). Déposer la roue.

2 Desserrer et enlever le boulon de bridage de la rotule du triangle inférieur de suspension sur le pivot porte-moyeu **(voir illustration 4.9)**. Mettre l'écrou au rebut.

3 Ouvrir légèrement la pince du pivot en coinçant un burin de façon à pouvoir dégager le cône de la rotule. Tirer le triangle inférieur vers le bas pour désaccoupler sa rotule du pivot. Pour cela, fixer une barre sur le triangle, de préférence au moyen d'une chaîne ou d'une corde, puis ancrer son extrémité intérieure sur un bloc de bois qui servira de point de pivotement et agir sur le triangle avec la barre pour l'écarter du pivot **(voir illustration 4.10)**.

4 Après avoir désaccouplé la rotule du pivot, récupérer son protecteur.

5 Desserrer et enlever les boulons de fixation avant

et arrière du triangle sur le berceau, en immobilisant les vis avec un embout Torx pour le desserrage des écrous.

6 Dégager le triangle du dessous de la voiture.

Remise en état

Nota : *Les écrous des boulons de fixation sont à changer en cas de dépose des rotules.*

7 Nettoyer soigneusement le triangle inférieur et les zones entourant ses silentblocs puis vérifier que le triangle n'est pas déformé, fendu ou autrement endommagé et s'assurer que les silentblocs ne sont pas usés ni abîmés. Changer toute pièce usée ou abîmée.

8 Le remplacement des silentblocs du triangle inférieur nécessite une presse hydraulique, un extracteur et des mandrins appropriés. Cette intervention est de ce fait à confier aux services techniques d'un représentant de la marque.

9 Vérifier que la rotule du triangle inférieur pivote librement, sans points durs. S'assurer également que le soufflet de la rotule n'est pas abîmé, notamment fendu. Pour procéder au remplacement de la rotule, desserrer et enlever ses trois boulons de fixation puis la dégager du triangle. Installer la rotule de rechange et monter les boulons de fixation munis d'écrous neufs à serrer au couple préconisé.

Repose

10 Présenter le triangle inférieur sur le berceau puis monter les boulons de fixation et les serrer au couple prescrit.

11 Installer le protecteur sur la rotule du triangle inférieur puis engager le cône de la rotule sur le pivot porte-moyeu en écartant légèrement la pince par la méthode indiquée lors de la dépose. Veiller à bien encastrer l'ergot du protecteur dans le cran du pivot.

12 Monter la vis du boulon de bridage de la rotule par l'avant du pivot puis l'équiper d'un écrou neuf à serrer au couple préconisé.

13 Reposer la roue puis descendre la voiture au sol et serrer les vis de la roue au couple spécifié.

7 Rotules de triangles inférieurs de suspension AV. - dépose et repose

Nota : *Les écrous autofreinés de type « Nylstop » sont à remplacer systématiquement suite à leur démontage.*

8.2 Desserrage de l'écrou de fixation d'une biellette de liaison sur la barre stabilisatrice AV.

7.5 Boulons de fixation de la rotule d'un triangle inférieur de suspension AV.

Dépose

1 Caler les roues arrière, débloquer les vis de la roue avant du côté concerné puis lever l'avant de la voiture au cric et le poser sur chandelles (voir *« Levage et soutien du véhicule »*). Déposer la roue.

2 Desserrer et enlever le boulon de bridage de la rotule du triangle inférieur de suspension sur le pivot porte-moyeu **(voir illustration 4.9)**. Mettre l'écrou au rebut.

3 Ouvrir légèrement la pince du pivot en coinçant un burin de façon à pouvoir dégager le cône de la rotule. Tirer le triangle inférieur vers le bas pour désaccoupler sa rotule du pivot. Pour cela, fixer une barre sur le triangle, de préférence au moyen d'une chaîne ou d'une corde, puis ancrer son extrémité intérieure sur un bloc de bois qui servira de point de pivotement et agir sur le triangle avec la barre pour l'écarter du pivot **(voir illustration 4.10)**.

4 Après avoir désaccouplé la rotule du pivot, récupérer son protecteur.

5 Desserrer et enlever ses trois boulons de fixation puis dégager la rotule du triangle inférieur **(voir illustration)**. Mettre les écrous au rebut.

6 Vérifier que la rotule pivote librement, sans points durs. S'assurer également que le soufflet de la rotule n'est pas abîmé, notamment fendu. Remplacer la rotule si elle est en mauvais état.

Repose

7 Installer la rotule sur le triangle inférieur puis monter les trois boulons de fixation munis d'écrous neufs et les serrer au couple préconisé.

8 Installer le protecteur sur la rotule du triangle inférieur puis engager le cône de la rotule sur le pivot porte-moyeu en écartant légèrement la pince

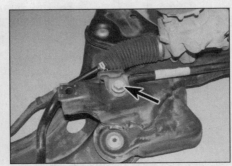

8.4 Vis de fixation d'un palier de la barre stabilisatrice AV. - vue avec berceau déposé

par la méthode indiquée lors de la dépose. Veiller à bien encastrer l'ergot du protecteur dans le cran du pivot. Monter la vis du boulon de bridage de la rotule par l'avant du pivot puis l'équiper d'un écrou neuf à serrer au couple préconisé.

9 Reposer la roue puis descendre la voiture au sol et serrer les vis de la roue au couple prescrit.

8 Barre stabilisatrice AV. - dépose et repose

Nota : *Les écrous autofreinés de type « Nylstop » sont à remplacer systématiquement suite à leur démontage.*

Dépose

1 Caler les roues arrière, serrer le frein à main, débloquer les vis des deux roues avant puis lever l'avant de la voiture au cric et le poser sur chandelles (voir *« Levage et soutien du véhicule »*). Déposer les roues.

2 Desserrer et enlever l'écrou de fixation de la biellette de liaison de chaque côté et écarter les biellettes de la barre stabilisatrice : si besoin est, immobiliser l'axe des rotules avec un embout Torx pour le déblocage des écrous **(voir illustration)**. Mettre les écrous au rebut : ils sont à changer obligatoirement.

3 Abaisser suffisamment le berceau du train avant (voir section 10) pour pouvoir atteindre les paliers de la barre stabilisatrice.

4 Desserrer et enlever leur vis de fixation puis dégager les deux paliers de la barre stabilisatrice sur le berceau **(voir illustration)**.

5 Dégager la barre stabilisatrice du dessous de la voiture et récupérer les silentblocs.

6 Examiner avec soin les pièces de la barre stabilisatrice pour s'assurer de l'absence de signes d'usure ou de détérioration, notamment au niveau des silentblocs. Remplacer toute pièce manifestement usée.

Repose

7 Equiper la barre stabilisatrice de ses silentblocs, en veillant à engager leurs deux méplats intérieurs sur les empreintes correspondantes de la barre et à orienter leur bossage vers le haut.

8 Présenter la barre stabilisatrice sur le berceau puis réinstaller les deux paliers et remonter leur vis de fixation à serrer au couple prescrit.

9 Remettre en place le berceau du train avant (voir section 10).

10 Réaccoupler les biellettes de liaison à la barre stabilisatrice et monter les écrous de fixation neufs à serrer au couple préconisé.

11 Reposer les roues puis descendre la voiture au sol et serrer les vis des roues au couple spécifié.

9 Biellettes de liaison de barre stabilisatrice AV. - dépose et repose

Nota : *Les écrous autofreinés de type « Nylstop » sont à remplacer systématiquement suite à leur démontage.*

Dépose

1 Caler les roues arrière, serrer le frein à main, débloquer les vis de la roue avant du côté intervention puis lever l'avant de la voiture au cric et le poser sur chandelles (voir « *Levage et soutien du véhicule* »). Déposer la roue.

2 Desserrer et enlever les écrous de fixation sur la barre stabilisatrice et la jambe de suspension puis dégager la biellette de liaison : si besoin est, immobiliser l'axe des rotules avec un embout Torx pour le déblocage des écrous **(voir illustration 8.2)**.

3 Ausculter la biellette pour s'assurer qu'elle n'est pas visiblement usée ou abîmée : la remplacer s'il y a lieu.

Repose

4 La repose s'opère à l'inverse de la dépose, en utilisant des écrous de fixation neufs à serrer au couple préconisé.

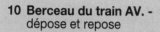

10 Berceau du train AV. - dépose et repose

Nota : *Les écrous autofreinés de type « Nylstop » sont à remplacer systématiquement suite à leur démontage.*

Dépose

1 Caler les roues arrière, serrer le frein à main, débloquer les vis des deux roues avant puis lever l'avant de la voiture au cric et le poser sur chandelles (voir « *Levage et soutien du véhicule* »). Déposer les roues.

2 Déposer la batterie (voir chapitre 5A).

3 Dégager la cloison en plastique au niveau du support de la batterie, à l'avant du calculateur électronique de direction assistée **(voir illustration)**.

4 Débrancher les deux plus petits connecteurs électriques du calculateur électronique de direction assistée **(voir illustration)**. Débrider le faisceau électrique de manière à pouvoir le déposer avec le berceau et le boîtier de direction.

5 Dans l'habitacle, repérer la position du cardan de la colonne de direction par rapport au pignon d'attaque de la crémaillère puis écarter l'agrafe de

10.3 Dépose de la cloison en plastique au niveau du support de la batterie

sécurité, desserrer et enlever le boulon de bridage **(voir illustration)**. Soulever la colonne de direction pour désaccoupler son cardan de l'axe du pignon d'attaque.

6 Desserrer et enlever l'écrou de fixation de la biellette de liaison de chaque côté et écarter les biellettes de la barre stabilisatrice : si besoin est, immobiliser l'axe des rotules avec un embout Torx pour le déblocage des écrous **(voir illustration 8.2)**. Mettre les écrous au rebut : ils sont à changer obligatoirement.

7 Desserrer et enlever le boulon de bridage de la rotule du triangle inférieur de suspension sur le pivot porte-moyeu du côté gauche **(voir illustration)**. Mettre l'écrou au rebut.

8 Ouvrir légèrement la pince du pivot en coinçant un burin de façon à pouvoir dégager le cône de la rotule. Tirer le triangle inférieur vers le bas pour désaccoupler sa rotule du pivot. Pour cela, fixer une barre sur le triangle, de préférence au moyen d'une chaîne ou d'une corde, puis ancrer son extrémité intérieure sur un bloc de bois qui servira de point de pivotement et agir sur le triangle avec la barre pour l'écarter du pivot **(voir illustration 4.10)**.

9 Après avoir désaccouplé la rotule du pivot, récupérer son protecteur.

10 Procéder de la même manière au niveau de la rotule du triangle inférieur du côté droit.

11 Désolidariser le tube intermédiaire d'échappement au niveau du tube avant ou du pot catalytique, suivant montage (voir chapitre 4A ou 4B). Dévisser les écrous de fixation des supports sur le soubassement puis abaisser la

10.4 Connecteurs électriques à débrancher au niveau du calculateur électronique de direction assistée

ligne d'échappement pour l'écarter du berceau et la laisser reposer sur le train arrière.

12 Procéder à la dépose de la biellette antibasculement du support arrière du groupe motopropulseur (voir chapitre 2A ou 2B).

13 Installer un cric rouleur avec cale de bois interposée sur sa tête en dessous du berceau pour assurer son soutien.

14 Desserrer de chaque côté la vis assurant la fixation de la partie arrière du berceau sur le soubassement **(voir illustration)**.

15 En opérant par l'ouverture dans le bras inférieur de suspension de chaque côté, desserrer la vis de fixation de la partie avant du berceau sur le soubassement **(voir illustration)**.

16 Descendre lentement et progressivement le berceau au moyen du cric rouleur en opérant à deux pour le dégager du dessous de la voiture, en prenant garde de ne pas accrocher le faisceau électrique de l'assistance de direction au passage.

Repose

17 La repose s'opère à l'inverse de la dépose, en observant par ailleurs les points suivants :

a) *Utiliser des écrous autofreinés neufs pour les assemblages réalisés avec ce type d'écrou*

b) *Se reporter aux descriptions correspondantes dans le présent chapitre et aux différents chapitres concernés pour réinstaller tous les éléments ayant été déposés*

c) *Serrer les différentes fixations aux couples éventuellement indiqués*

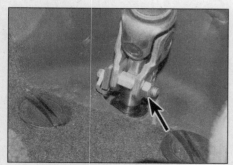

10.5 Boulon de bridage de cardan de colonne de direction sur pignon d'attaque de crémaillère

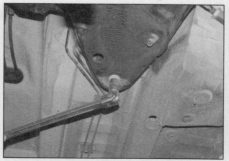

10.14 Desserrage d'une vis de fixation AR. du berceau sur le soubassement

10.15 Desserrage d'une vis de fixation AV. du berceau sur le soubassement

11.2 Dépose du capuchon central d'un moyeu AR. avec disque

11.3 Défreinage de l'écrou d'un moyeu AR.

11.5 Dépose d'un moyeu AR. avec un extracteur

11 Moyeux AR. - dépose et repose

Avec freins AR. à disques

Nota : *Ne pas procéder à la dépose des moyeux arrière sans nécessité absolue. Un extracteur doit être utilisé pour dégager le moyeu de la fusée et le roulement risque fortement de se trouver endommagé au cours de cette opération, ce qui nécessitera le remplacement du moyeu. A la repose, équiper le moyeu d'un écrou et d'un capuchon central neufs.*

Dépose

1 Effectuer la dépose du disque de frein arrière du côté concerné (voir chapitre 9).

2 Déboîter le capuchon central du moyeu en le frappant avec précaution avec un marteau par l'intermédiaire d'un tournevis grand modèle à lame plate ou d'un burin puis l'enlever **(voir illustration)**. Mettre le capuchon au rebut : il ne doit pas être réutilisé.

3 Défreiner ensuite l'écrou de moyeu en le frappant à l'aide d'un chasse-goupille **(voir illustration)**.

4 Desserrer l'écrou de moyeu au moyen d'une clé à douille avec rallonge et le déposer puis récupérer la rondelle. Mettre l'écrou au rebut : il ne doit pas être réutilisé.

5 Dégager le moyeu de la fusée avec la bague extérieure du roulement en utilisant un extracteur à griffes **(voir illustration)**. Déposer ensuite à l'aide d'un extracteur approprié, la bague intérieure du

roulement restée sur la fusée et récupérer l'entretoise.

Repose

6 Lubrifier l'axe de la fusée avec de la graisse au bisulfure de molybdène puis installer l'entretoise.

7 Monter l'ensemble moyeu-roulement de rechange sur la fusée et l'engager à fond en le frappant avec un marteau par l'intermédiaire d'un poussoir tubulaire portant uniquement sur le méplat du bord intérieur de la bague intérieure du roulement.

8 Installer la rondelle, monter l'écrou de moyeu neuf à serrer au couple prescrit puis freiner l'écrou en rabattant le métal dans la gorge sur la fusée à l'aide d'un chasse-goupille et installer le capuchon central neuf en le frappant pour l'emboîter **(voir illustrations)**.

9 Procéder à la repose du disque de frein arrière, en se reportant au chapitre 9 pour cette opération.

Avec freins AR. à tambours

10 Le moyeu est intégré au tambour de frein. Se reporter aux descriptions correspondantes du chapitre 9 pour la dépose et la repose du tambour.

12 Roulements de moyeux AR. - remplacement

Avec freins AR. à disques

1 Le roulement fait partie intégrante du moyeu arrière et en est indissociable. Une usure du

roulement impliquera le remplacement du moyeu complet (voir descriptions correspondantes en section précédente).

Avec freins AR. à tambours

Nota : *Un outil d'atelier spécifique au constructeur (réf. 0540) ou un équivalent est à prévoir pour effectuer les opérations qui suivent.*

2 Déposer le tambour de frein arrière du côté concerné (voir chapitre 9).

3 Extraire le circlip d'arrêt du roulement au fond de la gorge dans le tambour à l'aide de l'outil d'atelier prévu à cet effet ou à défaut, à l'aide d'une pince.

4 Extraire la coupelle d'appui du joint à lèvre, côté intérieur du tambour, à l'aide d'un tournevis, en notant que la coupelle comporte la piste magnétique du capteur de roue du système ABS **(voir illustration)**.

5 Soutenir le tambour au niveau de sa face extérieure puis chasser le roulement à l'aide d'un mandrin de diamètre approprié, portant sur sa bague intérieure. En alternative, le roulement peut être extrait au moyen d'un outil constitué d'une douille ou d'un tube de diamètre adéquat, de rondelles et d'un boulon comportant une vis ou une tige filetée suffisamment longue.

6 Nettoyer le moyeu en supprimant soigneusement les traces de graisse ou d'huile et éliminer les bavures ou arêtes vives susceptibles d'entraver le remontage. Contrôler le moyeu pour déceler d'éventuels défauts, notamment des fissures ou tout autre signe manifeste d'usure ou de détérioration, auquel cas le tambour complet sera à remplacer. Se procurer un nécessaire de rechange comprenant un roulement, un circlip

11.8a Freinage de l'écrou d'un moyeu AR. . . .

11.8b . . . et installation du capuchon central neuf

12.4 Coupelle d'appui du joint à lèvre comportant la piste magnétique du capteur de roue du système ABS

d'arrêt et une entretoise/joint à lèvre auprès du service des pièces détachées d'un représentant du réseau Citroën.

7 Extraire le joint à lèvre sur l'axe de fusée et installer le joint neuf fourni avec le nécessaire de rechange de roulement. A noter que le joint comporte une entretoise à l'arrière.

8 Examiner l'axe de fusée pour s'assurer de l'absence de signes d'usure ou de détérioration. En cas d'usure de la fusée, le bras tiré complet est à remplacer, ce qui nécessite un outillage spécialisé (mandrin ou extracteur et presse notamment) et cette intervention est en conséquence à confier à un atelier du réseau Citroën.

9 Pour procéder au remontage, enduire légèrement d'huile moteur la bague extérieure du roulement neuf afin de faciliter la mise en place.

10 Le tambour étant bien soutenu au niveau de sa face intérieure, monter le roulement en l'enfonçant à l'aide d'une presse et d'un mandrin de diamètre approprié, en appui sur sa bague extérieure. Veiller à ne pas présenter le roulement de travers dans son logement. En alternative, le roulement peut être installé dans le moyeu en utilisant l'outil réalisé pour la dépose, avec toutefois une douille ou un tube de diamètre différent, adapté à celui de la bague extérieure du roulement.

11 Vérifier que le roulement se trouve bien en butée contre l'épaulement du moyeu et l'arrêter avec le circlip neuf. S'assurer d'encastrer convenablement le circlip dans sa gorge.

12 Installer la coupelle d'appui du joint à lèvre neuve dans le moyeu, côté intérieur du tambour, en prenant garde de ne pas abîmer la surface de contact du joint à lèvre. A signaler que la coupelle d'appui est disponible en différentes dimensions : s'assurer de bien utiliser une coupelle du modèle adapté au montage. Faire tout particulièrement attention de ne pas abîmer la piste du capteur de roue du système ABS en montant la coupelle d'appui, ni de l'approcher d'un corps magnétique.

13 Procéder à la repose du tambour de frein arrière, comme décrit au chapitre 9.

13 Amortisseurs AR. - dépose, contrôle et repose

Nota : *Les écrous des boulons de fixation inférieurs des amortisseurs sont à remplacer systématiquement suite à leur démontage.*

Dépose

1 Caler les roues avant, débloquer les vis de la roue arrière du côté intéressé puis lever l'arrière de la voiture au cric et le poser sur chandelles (voir « *Levage et soutien du véhicule* »). Déposer la roue.

2 Extraire les agrafes de fixation et déposer la coquille pare-boue du passage de roue arrière du côté concerné **(voir illustration)**.

3 Comprimer légèrement le ressort de suspension en soulevant le bras tiré d'essieu au moyen d'un cric rouleur installé sous la coupelle d'appui inférieure.

4 Desserrer et enlever la vis de fixation supérieure de l'amortisseur dans le passage de roue **(voir illustration)**.

13.2a Extraction d'une agrafe de fixation...

5 Desserrer et enlever le boulon de fixation inférieur puis dégager l'amortisseur **(voir illustration)**. A signaler que l'écrou est à mettre au rebut : il ne doit pas être réutilisé.

Contrôle

6 S'assurer de l'absence de suintement d'huile sur l'amortisseur et vérifier par ailleurs son état général. Contrôler le fonctionnement de l'amortisseur. Pour cela, le tenir en position verticale et faire exécuter au piston une course complète puis des courses sur 50 à 100 mm. Dans les deux cas, la résistance notée doit être sans à-coups et progressive. Si une résistance saccadée ou irrégulière vient à être constatée ou si l'amortisseur présente des signes manifestes d'usure ou de détérioration, il y aura lieu de le remplacer. Examiner les silentblocs de l'amortisseur pour s'assurer qu'ils ne sont pas abîmés. Changer toute pièce visiblement défectueuse. Ausculter la tige des vis de fixation pour déceler d'éventuels signes d'usure ou de dégradation. Ne pas hésiter à changer les vis si elles paraissent en mauvais état. L'écrou du boulon de fixation inférieur des amortisseurs, de type autofreiné, est à remplacer obligatoirement, indépendamment de son état.

Repose

7 Avant de procéder à la repose de l'amortisseur, le bloquer en position verticale dans un étau et actionner sa tige à fond plusieurs fois de suite de façon à l'amorcer. Enduire légèrement de graisse au bisulfure de molybdène, genre « Molykote G Rapide Plus » préconisé par le constructeur, la tige de la vis du boulon de fixation inférieur de l'amortisseur et la face d'appui de l'écrou neuf.

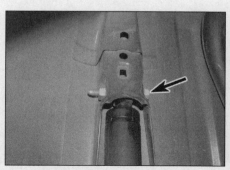
13.4 Vis de fixation supérieure d'un amortisseur AR.

13.2b . . . et dépose d'une coquille pare-boue de passage de roue AR.

8 Sa tige étant en position d'extension maximale, installer l'amortisseur puis remonter sa vis de fixation supérieure et la serrer au couple prescrit.

9 Faire coïncider la fixation inférieure de l'amortisseur avec le bras tiré d'essieu puis monter le boulon muni d'un écrou neuf, sans le bloquer à ce stade.

10 Reposer la roue puis descendre la voiture au sol et serrer les vis de la roue au couple spécifié. Secouer la voiture de manière à bien mettre en place l'amortisseur puis serrer son boulon de fixation inférieur au couple préconisé.

14 Ressorts de suspension AR. - dépose et repose

Nota : *Les écrous des boulons de fixation inférieurs des amortisseurs sont à remplacer systématiquement suite à leur démontage.*

Dépose

1 Caler les roues avant, débloquer les vis des deux roues arrière puis lever l'arrière de la voiture au cric et le poser sur chandelles (voir « *Levage et soutien du véhicule* »). Déposer les roues.

2 Comprimer légèrement le ressort de suspension sur un côté en soulevant le bras tiré d'essieu au moyen d'un cric rouleur installé sous la coupelle d'appui inférieure.

3 Desserrer et enlever le boulon de fixation inférieur de l'amortisseur. Mettre l'écrou au rebut.

4 Actionner le cric pour faire descendre au maximum le bras tiré d'essieu puis l'installer sous la coupelle d'appui inférieure de l'amortisseur de l'autre côté pour comprimer légèrement le ressort.

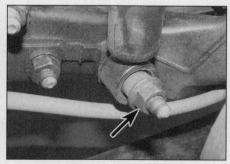
13.5 Ecrou de boulon de fixation inférieur d'amortisseur

5 Desserrer et enlever le boulon de fixation inférieur du deuxième amortisseur. L'écrou est également à mettre au rebut.

6 Abaisser le cric de façon à détendre complètement les ressorts et pouvoir les dégager.

7 Vérifier l'état des ressorts et des coupelles d'appui. Changer ces pièces en cas d'usure ou de détérioration manifeste.

Repose

8 Monter la coupelle d'appui inférieure sur le bras tiré d'essieu de chaque côté puis mettre en place la coupelle d'appui supérieure en haut de chacun des ressorts. Enduire légèrement de graisse au bisulfure de molybdène, genre « Molykote G Rapide Plus » préconisé par le constructeur, la tige des vis des boulons de fixation inférieurs des amortisseurs et la face d'appui des écrous neufs.

9 Installer les ressorts et soulever avec précaution le bras d'essieu d'un côté avec le cric, en s'assurant de bien engager les spires d'extrémité sur les deux coupelles d'appui.

10 Faire coïncider sa fixation inférieure avec le bras d'essieu puis monter le boulon muni d'un écrou neuf, sans le bloquer à ce stade.

11 Dégager le cric et l'installer en dessous de la coupelle d'appui inférieure du deuxième amortisseur.

12 Soulever le bras tiré d'essieu avec le cric de manière à le faire coïncider avec la fixation inférieure de l'amortisseur puis monter le boulon de fixation équipé d'un écrou neuf, en le serrant légèrement à ce stade.

13 Reposer les roues puis descendre la voiture au sol et serrer les vis des roues au couple prescrit. Secouer la voiture de manière à bien mettre en place les bras tirés d'essieu puis serrer le boulon de fixation inférieur des amortisseurs au couple préconisé.

15 Essieu arrière - dépose, remise en état et repose

Dépose

1 Déposer les ressorts de suspension arrière (voir section précédente).

2 Dévisser les écrous de fixation puis dégrafer et déposer le carénage de protection en matière plastique de chaque côté du réservoir de carburant.

3 Débrancher les connecteurs électriques des capteurs de roues du système ABS à hauteur des supports de l'essieu arrière **(voir illustration)**.

4 Poser une pince sur le flexible d'alimentation de frein d'un côté puis dévisser l'écrou et débrancher le raccord entre flexible et canalisation métallique **(voir illustration)**. Boucher le flexible et la canalisation afin d'éviter l'admission d'impuretés dans le circuit de freinage. Procéder de la même manière pour le frein de l'autre côté.

5 Sur les versions avec freins arrière à tambours, déposer les segments de freins arrière puis dégager les câbles de frein à main des plateaux de frein (voir chapitre 9 pour ces opérations).

6 Pour les versions avec freins arrière à disques, de chaque côté, désaccoupler l'embout du câble de frein à main de la biellette de commande au niveau de l'étrier à l'aide d'une pince puis comprimer l'arrêt de gaine du câble pour le dégager de la patte (voir chapitre 9 pour ces opérations).

7 Débrider le câble de frein à main au niveau du bras tiré d'essieu de chaque côté.

8 Assurer le soutien de l'essieu au moyen d'un ou de plusieurs crics ou vérins hydrauliques positionnés sous la traverse. Réaliser des repères de position entre les supports de l'essieu et la caisse, desserrer de chaque côté les trois vis Torx de fixation des supports puis dégager l'essieu arrière en le descendant lentement au moyen du dispositif de soutien. Si un remplacement de l'essieu est envisagé, récupérer les pièces du système de freinage pour les remonter sur l'essieu de rechange (voir chapitre 9).

Remise en état

9 Nettoyer l'essieu et le pourtour de ses points de fixation, en prenant soin de supprimer toute trace de saleté et les résidus de revêtement protecteur provenant du soubassement puis examiner l'essieu pour s'assurer qu'il n'est pas fissuré, déformé ni autrement endommagé. Prêter une attention toute particulière aux silentblocs d'articulation.

10 Le remplacement des silentblocs d'articulation qui nécessite une presse hydraulique et des mandrins est à confier aux services techniques d'un représentant de la marque ou à un spécialiste disposant de l'équipement adéquat.

Repose

11 Lubrifier la tige des vis de fixation des

supports avec de la graisse au bisulfure de molybdène, genre « Molykote G Rapide Plus », préconisé par le constructeur.

12 Réinstaller l'essieu, en faisant coïncider les repères de position réalisés précédemment puis remonter les vis de fixation des supports et les serrer au couple préconisé.

13 Réinstaller les câbles de frein à main sur l'essieu et les réaccoupler aux biellettes au niveau des segments ou des étriers de freins arrière (voir chapitre 9).

14 Rebrancher les connecteurs électriques des capteurs de roues du système ABS ainsi que les flexibles d'alimentation des freins en veillant à serrer convenablement les écrous de raccords. Enlever les pinces sur les flexibles.

15 Reposer le carénage de protection en matière plastique de chaque côté du réservoir de carburant.

16 Procéder à la repose des ressorts de suspension arrière, comme indiqué en section précédente. Effectuer ensuite la purge du circuit hydraulique de freinage, en se reportant au chapitre 9 pour cette opération.

16 Volant de direction - dépose et repose

> ⚠️ **Danger : Consulter les mises en garde concernant les coussins gonflables de sécurité (airbags) au chapitre 12 avant toute intervention**

Dépose

1 Procéder à la dépose du coussin gonflable de sécurité conducteur (voir chapitre 12).

2 Positionner les roues avant en ligne droite et verrouiller l'antivol de direction.

3 Desserrer et enlever la vis de fixation du volant **(voir illustration)**. Effectuer des repères indiquant la position du volant par rapport à la colonne de direction.

4 Tirer le volant pour le dégager des cannelures de la colonne de direction et le déposer en faisant passer alternativement les connecteurs électriques du coussin gonflable de sécurité à travers son ouverture.

15.3 Connecteur électrique d'un capteur de roue AR. du système ABS

15.4 Raccordement entre canalisation métallique et flexible d'un frein AR.

16.3 Vis de fixation du volant

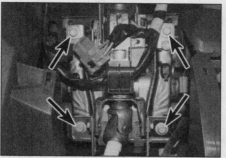

<table>
<tr><td>

info **HAYNES**

Si on ne parvient pas à extraire le volant, le frapper de la paume de la main du dessous, près de son centre, ou le secouer d'un côté à l'autre tout en tirant pour le désaccoupler des cannelures de la colonne de direction

</td></tr>
</table>

Repose

5 La repose a lieu à l'inverse de la dépose, en observant par ailleurs les points suivants :

a) *S'assurer que la manette de clignotants se trouve bien en position centrale (arrêt) afin d'éviter que son levier ne se trouve brisé par le taquet du volant à la repose de celui-ci*

b) *Faire correspondre les repères réalisés préalablement à la dépose pour réinstaller le volant, en faisant tout particulièrement attention de ne pas abîmer les câblages électriques du coussin gonflable de sécurité puis monter la vis de fixation en la serrant au couple prescrit*

c) *Se reporter au chapitre 12 pour effectuer la repose du coussin gonflable de sécurité*

17 Colonne de direction - dépose, contrôle et repose

Nota 1 : *Consulter les mises en garde concernant les coussins gonflables de sécurité (airbags) au chapitre 12 avant toute intervention.*

Nota 2 : *L'écrou du boulon de bridage du cardan de la colonne de direction sur le pignon d'attaque de crémaillère est à remplacer systématiquement à chaque démontage.*

Dépose

1 Déposer le volant (voir section précédente).
2 Reculer à fond le siège conducteur.
3 Dans l'habitacle, repérer la position du cardan de la colonne de direction par rapport au pignon d'attaque de la crémaillère puis écarter l'agrafe de sécurité, desserrer et enlever le boulon de bridage **(voir illustration 10.5)**.
4 Déposer les commandes multifonction au volant (voir chapitre 12, section 4).
5 Déposer l'habillage inférieur de la planche de bord, côté conducteur (voir chapitre 11, section 27).
6 Suivre le trajet du câblage électrique en partant

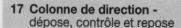

du commutateur d'allumage-démarrage jusqu'aux connecteurs et les débrancher.
7 Le cas échéant, desserrer la vis de fixation et libérer la patte de retenue du faisceau électrique de la colonne de direction. Débrider ensuite le faisceau et l'écarter de la colonne.
8 Desserrer les quatre vis de fixation du palier supérieur sur le support au niveau de la planche de bord puis soulever la colonne de direction pour désaccoupler son cardan inférieur de l'axe du pignon d'attaque de crémaillère et la sortir de l'habitacle **(voir illustration)**.

17.8 Vis de fixation du palier supérieur de la colonne de direction

Contrôle

9 Examiner le tube-enveloppe et le palier supérieur de la colonne de direction, au niveau des points de fixation, pour s'assurer de l'absence de signes de détérioration ou de déformation. Contrôler l'arbre de la colonne qui ne doit pas présenter de jeu dans les bagues-paliers puis vérifier que le cardan n'est pas endommagé et pivote librement, sans points durs. En cas d'usure ou de détérioration du cardan ou des bagues-paliers, il y aura lieu de changer l'ensemble de la colonne.

Repose

10 Présenter la colonne de direction, puis engager le cardan sur l'axe du pignon d'attaque de crémaillère, en faisant coïncider les repères de position réalisés précédemment.
11 En s'assurant au préalable que le palier supérieur de la colonne de direction est correctement engagé sur le support au niveau de la planche de bord, remonter les vis de fixation et les serrer au couple prescrit.
12 Monter le boulon de bridage, muni d'un écrou

neuf, et le serrer au couple préconisé puis remettre en place l'agrafe de sécurité du cardan.
13 La suite des opérations de repose a lieu à l'inverse de la dépose, en tenant par ailleurs compte des points suivants :

a) *S'assurer de réinstaller et de fixer correctement le faisceau électrique*

b) *Se reporter à la section précédente pour effectuer la repose du volant*

18 Commutateur d'allumage-démarrage et barillet d'antivol de direction - dépose et repose

Commutateur d'allumage-démarrage

Dépose

1 Débrancher la batterie (voir chapitre 5A).
2 Déposer le volant (voir section 16). Procéder ensuite à la dépose de l'habillage inférieur de la planche de bord, côté conducteur (voir chapitre 11, section 27).
3 Desserrer ses deux vis Torx de fixation puis dégager la demi-coquille inférieure de la colonne de direction des ergots au niveau de la demi-coquille supérieure puis la tirer vers l'arrière pour libérer sa patte de retenue inférieure de la colonne de direction et la déposer. Soulever le bord arrière de la demi-coquille supérieure pour la dégager des deux pattes de maintien à sa partie avant et la déposer.
4 Libérer le faisceau électrique du commutateur d'allumage-démarrage de l'attache sous la colonne de direction.
5 Marquer la vis de fixation du boîtier d'antivol en position centrale d'un coup de pointeau puis la percer avec un foret et l'enlever avec un extracteur.
6 Soulever les deux pattes de retenue avec la lame d'un tournevis puis dégager avec précaution le boîtier de transpondeur d'antidémarrage électronique et le laisser pendre sans débrancher sa connexion électrique **(voir illustration)**.
7 Suivre le câblage électrique en partant du commutateur d'allumage-démarrage et le débrancher au niveau des connecteurs.
8 Engager la clé de contact et la tourner pour l'amener à la première position.
9 Appuyer avec la lame d'un petit tournevis sur l'axe de retenue puis dégager le combiné commutateur d'allumage-démarrage/antivol de direction du tube de la colonne de direction **(voir illustration)**.

18.3 Vis de fixation de demi-coquille inférieure de colonne de direction

18.6 Utilisation d'un tournevis pour écarter une des pattes de retenue du boîtier de transpondeur d'antidémarrage

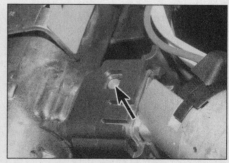

18.9 Axe de retenue du combiné commutateur d'allumage-démarrage/antivol de direction

10 Déposer ensuite le combiné commutateur d'allumage-démarrage/antivol de direction avec les connecteurs électriques.

Repose

11 La repose s'opère à l'inverse de la dépose, en observant par ailleurs les points suivants :
a) *S'assurer de réinstaller et de fixer correctement les faisceaux électriques*
b) *Equiper le boîtier d'antivol d'une vis de fixation neuve et la serrer jusqu'à rupture de sa tête*

Barillet d'antivol de direction

12 Au moment où paraît cette étude, le barillet n'est pas disponible en pièce de rechange séparée du combiné commutateur d'allumage-démarrage/antivol de direction.

19 Boîtier de direction - dépose, remise en état et repose

Nota : *Les écrous autofreinés de type « Nylstop », utilisés pour l'assemblage des éléments de suspension et de direction, sont à remplacer obligatoirement à chaque démontage.*

Dépose

1 Positionner les roues avant en ligne droite et verrouiller l'antivol de direction.
2 Serrer le frein à main, débloquer les vis des deux roues avant puis lever l'avant de la voiture au cric et le poser sur chandelles (voir « *Levage et soutien du véhicule* »). Déposer les deux roues.
3 Déposer la batterie (voir chapitre 5A).
4 Dégager la cloison en plastique au niveau du support de la batterie, à l'avant du calculateur électronique de direction assistée (**voir illustration 10.3**).
5 Débrancher les deux plus petits connecteurs électriques du calculateur électronique de direction assistée (**voir illustration 10.4**). Débrider le faisceau électrique de manière à pouvoir le déposer avec le boîtier de direction.
6 Dans l'habitacle, repérer la position du cardan de la colonne de direction par rapport au pignon d'attaque de la crémaillère puis écarter l'agrafe de sécurité, desserrer et enlever le boulon de bridage (**voir illustration 10.5**). Soulever la colonne de direction pour désaccoupler son cardan de l'axe du pignon d'attaque.
7 De chaque côté, desserrer et enlever l'écrou de fixation de la rotule de biellette de direction sur le pivot porte-moyeu puis désaccoupler le cône de la rotule du pivot au moyen d'un arrache-rotule universel. Mettre les écrous au rebut : ils ne doivent pas être réutilisés.
8 Désolidariser le tube intermédiaire d'échappement au niveau du tube avant ou du pot catalytique, suivant montage (voir chapitre 4A ou 4B). Dévisser les écrous de fixation des supports sur le soubassement puis abaisser la ligne d'échappement pour l'écarter du berceau et la laisser reposer sur le train arrière.
9 Procéder à la dépose de la biellette antibasculement du support arrière du groupe motopropulseur (voir chapitre 2A ou 2B).

10 Desserrer et enlever de chaque côté l'écrou assurant la fixation du boîtier de direction sur le berceau. A noter que les écrous de type autofreiné ne sont pas réutilisables. Desserrer ensuite à l'aide d'une clé Torx les goujons de fixation et récupérer les rondelles intercalées entre le boîtier de direction et le berceau.
11 Installer un cric rouleur sous le berceau pour assurer son soutien.
12 Desserrer de chaque côté la vis assurant la fixation de la partie arrière du berceau sur le soubassement (**voir illustration 10.14**).
13 En opérant par l'ouverture dans le bras inférieur de suspension de chaque côté, desserrer la vis de fixation de la partie avant du berceau sur le soubassement (**voir illustration 10.15**).
14 Descendre suffisamment le berceau pour pouvoir dégager l'ensemble boîtier et biellettes de direction par le passage de roue avant gauche en le faisant pivoter autour de son axe et faisant passer le faisceau électrique par le bas du compartiment moteur.

Remise en état

15 Les seules pièces pouvant être changées séparément sont les soufflets, les rotules et les biellettes de direction (voir descriptions correspondantes dans ce chapitre).

Repose

16 Amener en place l'ensemble boîtier et biellettes de direction par le passage de roue avant gauche et l'installer sur le berceau puis accoupler l'axe du pignon d'attaque de crémaillère au cardan de la colonne de direction, en faisant coïncider les repères de position réalisés précédemment.
17 Monter les rondelles entre le berceau et le boîtier de direction puis les goujons de fixation et les serrer au couple prescrit. Monter ensuite les écrous de fixation neufs et les serrer au couple préconisé.
18 La suite des opérations de repose s'effectue à l'inverse de celles de dépose, en observant par ailleurs les points suivants :
a) *Utiliser des écrous autofreinés neufs pour les assemblages réalisés avec ce type d'écrou*
b) *Se reporter aux descriptions correspondantes dans le présent chapitre et aux différents chapitres concernés pour réinstaller tous les éléments ayant été déposés*
c) *Serrer les différentes fixations aux couples éventuellement indiqués*
d) *Faire vérifier et régler s'il y a lieu le parallélisme du train avant (voir section 23)*

20 Calculateur électronique de direction assistée - dépose et repose

Nota : *En cas de montage d'un calculateur électronique de rechange, celui-ci doit être initialisé de manière à pouvoir communiquer avec le calculateur de gestion du moteur. Il s'agit d'une opération nécessitant un appareil de contrôle spécifique et devant de ce fait être confiée aux*

20.2 Rivets de fixation du calculateur électronique de direction assistée sur le support de la batterie

services techniques d'un représentant du réseau Citroën ou à un spécialiste équipé en conséquence.

Dépose

1 Déposer la batterie et son support (voir chapitre 5A).
2 Percer ses rivets de fixation puis dégager le calculateur du support de la batterie (**voir illustration**).

Repose

3 Installer le calculateur sur le support de la batterie et le fixer au moyen de rivets aveugles neufs.
4 Procéder à la repose de la batterie et de son support, comme décrit au chapitre 5A.

21 Soufflets de boîtier de direction - remplacement

1 Déposer la rotule extérieure de la biellette de direction du côté concerné (voir section suivante).
2 Repérer la position de montage du talon extérieur du soufflet sur la biellette de direction. Libérer ses colliers puis dégager le soufflet du boîtier de direction et le déposer en bout de biellette.
3 Nettoyer soigneusement la biellette et le boîtier de direction avec du papier abrasif fin afin de supprimer les bavures ou les arêtes vives susceptibles d'abîmer les talons du soufflet neuf en le mettant en place. Récupérer le maximum de graisse dans le soufflet usagé et la répandre sur la portée du soufflet au niveau de la rotule intérieure de la biellette de direction, à condition bien entendu que le soufflet renferme encore de la graisse et que celle-ci ne contienne pas d'impuretés, genre gravillons, qui auraient pu être admis suite à une coupure dans le soufflet. Dans le doute, utiliser une graisse de bonne qualité au bisulfure de molybdène.
4 Enfiler avec précaution le soufflet neuf sur la biellette puis engager son talon côté intérieur sur le boîtier de direction. Faire coïncider le talon extérieur avec le repère sur la biellette réalisé préalablement à la dépose puis fixer le soufflet avec les colliers neufs (si prévus avec le nécessaire de rechange).
5 Effectuer la repose de la rotule extérieure de la biellette de direction, comme indiqué en section suivante.

22.3 Utilisation d'un arrache-rotule pour dégager une rotule de biellette de direction

22 Rotules de biellettes de direction - dépose et repose

Nota : *Les rotules des biellettes de direction sont à équiper d'un écrou de fixation neuf à la repose.*

Dépose

1 Serrer le frein à main, débloquer les vis de la roue avant du côté concerné puis lever l'avant de la voiture au cric et le poser sur chandelles (voir « *Levage et soutien du véhicule* »). Déposer la roue.
2 Immobiliser le manchon de la rotule pour desserrer son contre-écrou d'un quart de tour. Conserver cette position du contre-écrou : elle constituera un repère pratique pour la repose.
3 Desserrer et enlever l'écrou de fixation de la rotule de biellette sur le pivot porte-moyeu. Dégager ensuite le cône de la rotule du pivot à l'aide d'un arrache-rotule universel **(voir illustration)**. Il est à signaler que l'écrou de type autofreiné n'est pas réutilisable.
4 Compter le nombre **exact** de tours nécessaires pour dévisser complètement la rotule en bout de biellette.
5 Nettoyer soigneusement la rotule et son filetage. Remplacer la rotule si son mouvement révèle un

jeu important ou présente des points durs à son pivotement. La changer également si elle est excessivement usée ou autrement abîmée. Examiner minutieusement l'état de son cône et de son filetage. Si le soufflet est endommagé, il y aura lieu de remplacer la rotule complète compte tenu qu'il n'est pas possible de changer uniquement cette pièce.

Repose

6 Visser la rotule en bout de biellette de direction en observant le même nombre de tours notés à la dépose, ce qui doit amener le contre-écrou à une position correspondant à un desserrage d'un quart de tour.
7 Accoupler le cône de la rotule au pivot porte-moyeu et monter l'écrou de fixation neuf à serrer au couple préconisé.
8 Bloquer le contre-écrou pour immobiliser la rotule.
9 Reposer la roue puis ramener la voiture au sol et serrer les vis de la roue au couple spécifié.
10 Faire contrôler et régler si nécessaire le parallélisme du train avant (voir section suivante).

23 Géométrie des trains AV. et AR. - contrôle et réglage

1 La géométrie du train avant se définit par quatre réglages de base exprimés sous forme de valeurs en degrés : le parallélisme peut également être indiqué par des cotes millimétrées. L'axe de la direction est constitué d'une ligne théorique passant par le centre d'une jambe de force de suspension et se prolongeant le cas échéant jusqu'au sol.
2 Le **carrossage** est l'angle formé par chaque roue avant par rapport à une ligne verticale passant par son centre et le contact de son pneumatique au sol, cela vu de l'avant ou de l'arrière du véhicule. Le carrossage « positif » constitue l'inclinaison de la roue vers l'extérieur par rapport à la verticale au

sommet, le carrossage « négatif » représentant quant à lui l'inclinaison de la roue vers l'intérieur. Le carrossage n'est pas réglable.
3 La **chasse** est l'angle formé par l'axe de pivot de direction par rapport à une ligne verticale passant par le centre de chaque roue avant et le contact de son pneumatique au sol, cela vu des côtés de la voiture. La chasse « positive » constitue l'inclinaison de l'axe du pivot de direction avec le contact au sol se faisant à l'avant de la ligne verticale et la chasse « négative » avec le contact au sol s'effectuant à l'arrière de cette même ligne verticale. La chasse n'est pas réglable.
4 L'**inclinaison des pivots** est l'angle formé par l'axe de pivotement de la direction et une ligne verticale passant par le centre de chaque roue avant et le contact du pneumatique au sol, cela vu de l'avant ou de l'arrière du véhicule. L'inclinaison des pivots n'est pas réglable.
5 Le **parallélisme** représente l'écart, vu du haut, entre des lignes théoriques passant par les centres de roues et une ligne définissant l'axe de la voiture. Les roues sont dites « pincées » lorsqu'elles sont axées vers l'intérieur et rapprochées l'une vers l'autre à l'avant et au contraire, si elles ont orientées vers l'extérieur et écartées l'une de l'autre à l'avant, elles sont dites « ouvertes ».
6 Le parallélisme du train avant se règle en vissant ou dévissant les biellettes de direction sur les rotules extérieures afin de rectifier leur longueur réelle.
7 Le carrossage et le parallélisme du train arrière ne sont pas réglables.

Contrôle et réglage

8 Compte tenu de la nécessité de disposer d'un équipement spécifique pour le contrôle de la géométrie des trains avant et arrière et de la compétence indispensable pour les utiliser correctement, il est préférable de confier cette opération aux services techniques d'un représentant du réseau Citroën ou à un atelier spécialisé dans la vente et le montage de pneumatiques.

Chapitre 11
Carrosserie et aménagements

Sommaire

Niveaux de difficulté

| **Facile,** pour les profanes de la mécanique | | **Assez facile,** pour les débutants plus avisés | | **Assez difficile,** pour les amateurs compétents | | **Difficile,** pour les amateurs plus expérimentés | | **Très difficile,** pour les initiés et les professionnels | |

Caractéristiques

Couple de serrage — daN.m

Vis de fixation de ceintures de sécurité 2,5

1 Description générale

La carrosserie monocoque autoporteuse est constituée de tôle d'acier emboutie. Elle est de type berline à hayon, deux volumes, à 5 portes. La plupart des panneaux sont soudés entre eux électriquement par points, certains éléments étant assemblés au moyen d'un adhésif structurel. Les ailes avant sont fixés à la caisse par des vis et des rivets.

Le capot moteur, les portes et d'autres panneaux de carrosserie exposés sont constitués de tôle électrozinguée et sont en plus protégés par une couche d'apprêt antigravillonnage avant d'être peints.

Il est fait appel de manière extensive aux matières plastiques, tout particulièrement pour les garnitures intérieures mais également extérieures. Les boucliers pare-chocs avant et arrière ainsi que la calandre sont moulés par injection dans une matière synthétique à la fois très robuste et légère. Le soubassement est doté d'éléments en plastique tels que les coquilles pare-boue de passages de roues, ce qui confère à la caisse une meilleure résistance à la corrosion.

2 Entretien - carrosserie et soubassement

L'état général de la carrosserie d'un véhicule est un facteur déterminant dans l'appréciation de sa valeur marchande. L'entretien ne présente pas de difficulté particulière, mais il doit être effectué régulièrement. La négligence, notamment de chocs de faible importance, peut aboutir à terme à une détérioration aggravée et à des réparations coûteuses. Il est impératif de surveiller de près les parties du véhicule qui ne sont pas directement visibles, comme le soubassement, l'intérieur des passages de roues et la partie inférieure du compartiment moteur.

L'entretien de base de la carrosserie est le lavage, de préférence à l'eau courante avec un tuyau d'arrosage, ce qui permettra d'éliminer les matières solides collées au véhicule et d'éviter de rayer la peinture. Les passages de roues et le soubassement doivent être lavés de la même manière pour supprimer la boue accumulée qui retient l'humidité et tend à favoriser la rouille. Paradoxalement, le meilleur moment pour nettoyer les passages de roues et le soubassement est par temps humide, la boue étant ramollie et facile à déloger. Sur routes mouillées, le soubassement se nettoie de lui-même et il est bon de profiter de ces conditions pour procéder à son contrôle.

Il est recommandé de procéder périodiquement, sauf pour les véhicules dont le soubassement est revêtu d'une couche protectrice à base de résine, à un lavage automatique sous pression du soubassement ainsi que du compartiment moteur afin de pouvoir se livrer à une inspection minutieuse et de se rendre compte des petites réparations et des opérations de rénovation devant éventuellement être réalisées. Ce type de nettoyage pouvant s'effectuer dans les stations-service et de nombreux garages est nécessaire pour éliminer le cambouis finissant par se former à certains endroits. Si l'on ne peut pas avoir accès à ce type d'équipement, il existe d'excellents produits dégraissants vendus dans le commerce et s'appliquant au pinceau ou devant être pulvérisés et il ne reste ensuite qu'à enlever la saleté au tuyau d'arrosage. A noter que ces produits ne doivent pas être utilisés sur les soubassements enduits d'une couche protectrice à base de résine qui partirait. Les véhicules bénéficiant d'une telle protection doivent être inspectés une fois par an, de préférence à l'automne, époque à laquelle le revêtement protecteur doit être lavé et éventuellement reconstitué si des dommages sont remarqués. L'idéal serait de repasser une nouvelle couche complète et de ne pas se contenter de retouches. Il est également conseillé d'injecter de la résine dans les corps creux, les longerons sous plancher, les bas de caisse, etc. afin d'offrir une protection supplémentaire contre la rouille lorsque cela n'a pas été prévu par le constructeur.

Après lavage de la carrosserie, l'essuyer à la peau de chamois pour lui donner un brillant sans taches d'eau. Une couche de cire protectrice transparente permettra de protéger la peinture contre les polluants chimiques contenus dans l'air et de maintenir plus longtemps la brillance de la teinte. Si la carrosserie est ternie ou oxydée, utiliser un produit mixte nettoyant-lustrant pour lui redonner de l'éclat. Cela demande un peu d'effort, mais la peinture se ternit habituellement parce qu'elle n'a pas été lavée régulièrement. Les peintures métallisées exigent un soin particulier et ne doivent être nettoyées qu'avec un produit spécial non abrasif afin de ne pas détériorer leur vernis. Il convient de toujours s'assurer que les orifices d'évacuation des bas de porte ne sont pas bouchés afin que l'eau puisse s'écouler. Les parties brillantes ou chromées de la voiture doivent être traitées comme la peinture. Les traînées ou l'opacité sur le pare-brise, la lunette arrière et les glaces pourront être éliminées avec un nettoyant spécial pour vitres. Ne jamais utiliser de produit lustrant à base de cire ou d'autres produits pour carrosserie ou chromes sur les glaces.

3 Entretien - sellerie et tapis de sol

Nettoyer régulièrement à la brosse ou à l'aspirateur les tapis et la moquette pour enlever le sable et les graviers. S'ils sont très tachés, les sortir pour les laver à la brosse ou avec une éponge et attendre qu'ils soient bien secs avant de les remettre en place. Les sièges et les garnitures revêtus de tissu peuvent être nettoyés avec un chiffon humide et une mousse prévue à cet effet vendue dans le commerce. S'ils comportent des taches (qui seront plus visibles sur les garnitures de couleur claire), utiliser un peu de produit liquide pour vaisselle ou du savon dilué dans de l'eau et une brosse à ongles souple pour éliminer la saleté incrustée dans le tissu puis passer un chiffon doux humide. Le nettoyage de l'habillage du pavillon s'effectue de la même manière que celui de la sellerie en tissu. Les ceintures de sécurité doivent être nettoyées exclusivement à l'eau tiède savonneuse, en évitant les parties métalliques : il convient de ne jamais employer de détergents ni de produits chimiques. Lors de l'utilisation de produits de nettoyage liquides dans l'habitacle de la voiture, ne pas trop mouiller les surfaces à nettoyer. L'humidité risque de pénétrer dans les coutures et le rembourrage et d'entraîner des taches, des odeurs désagréables de mouillé ou pire, de moisi. Si l'intérieur de la voiture vient à être mouillé accidentellement, il convient de prendre la peine de bien le sécher, surtout s'il s'agit des tapis de sol.

Attention : Ne pas utiliser de radiateur électrique ni de chauffage fonctionnant au pétrole à l'intérieur de la voiture pour accélérer le séchage

4 Carrosserie - réparation de petits dégâts

Eraflures

Si l'éraflure est limitée en surface et n'atteint pas la tôle en profondeur, la réparation sera très simple. Poncer légèrement l'endroit où se trouve localisée l'éraflure avec un produit rénovateur de peinture ou une pâte abrasive très fine pour enlever la peinture abîmée et débarrasser la zone avoisinante de la cire de lustrage puis rincer à l'eau claire.

Appliquer de la peinture à l'aide d'un stylo de retouche ou répandre une pellicule de laque à l'aide d'un pinceau fin et continuer d'appliquer de fines couches successives jusqu'à ce que la peinture dans l'éraflure se fonde dans la masse de la peinture voisine. Laisser sécher pendant au moins deux semaines puis faire le lien avec la peinture avoisinante au moyen d'un rénovateur de peinture ou d'une pâte abrasive très fine. Terminer en appliquant un produit de lustrage à la cire ou un vernis.

Lorsque l'éraflure a atteint la tôle et que celle-ci a commencé à rouiller, une technique de réparation différente doit être utilisée. Gratter la rouille au fond de l'éraflure avec un couteau puis appliquer un produit de neutralisation de la rouille afin d'empêcher la formation ultérieure d'oxydation. A l'aide d'un applicateur en caoutchouc ou en plastique, combler l'éraflure avec du mastic à carrosserie. Si cela est nécessaire, ce mastic peut être mélangé à un diluant cellulosique pour obtenir une pâte plus fluide, facile à travailler et à répandre dans les rayures de faible largeur. Avant que le mastic ne durcisse, enrouler un morceau de chiffon en coton doux autour d'un doigt et le tremper dans un diluant cellulosique pour le passer ensuite rapidement sur la surface du mastic rattrapant l'éraflure, ce qui permettra d'imprimer un léger creux dans le mastic. Appliquer ensuite de la peinture par-dessus comme décrit précédemment.

Creux

Lorsque la tôle de la carrosserie est enfoncée à un endroit, la première opération consistera à la redresser afin que la partie affectée ait quasiment retrouvé sa forme d'origine. Il sera vain d'essayer de restaurer parfaitement la forme d'origine car la tôle s'étant étirée sous le choc ne pourra plus reprendre son profil initial. La meilleure chose à faire est de ramener l'endroit enfoncé à environ 3 mm en dessous de la zone avoisinante de la carrosserie. Lorsque le creux formé par l'impact du choc est très superficiel, il vaut mieux ne pas essayer de redresser la tôle. Si la tôle peut être travaillée par en dessous, la marteler en lui donnant des petits coups par-derrière avec un maillet à tête plastique ou en bois tout en amortissant l'impact du maillet avec un morceau de bois maintenu de l'autre côté afin ne pas refouler vers l'extérieur un grand pan de tôle.

Si la tôle est enfoncée au niveau d'une partie de la carrosserie à double panneau ou s'il s'avère impossible d'accéder au revers de la tôle, une autre technique doit être utilisée. Percer plusieurs petits trous dans la tôle à l'endroit affecté - surtout dans sa partie la plus enfoncée puis poser des vis à tôle à tige longue dans les trous venant d'être réalisés, en les serrant juste assez pour qu'elles aient une bonne prise dans la tôle qui pourra ainsi être redressée en tirant sur les vis avec une pince.

L'étape suivante consistera à enlever la peinture sur la surface endommagée et à empiéter de deux à trois centimètres sur la zone environnante saine. La méthode la plus simple pour parvenir à ce résultat sera d'utiliser une brosse métallique ou un disque de ponçage monté sur une perceuse électrique bien que cela puisse également être effectué à la main avec du papier abrasif. Pour finir la préparation avant le masticage, rayer la surface à traiter avec un tournevis ou la pointe d'une lime, ou bien percer des trous de petit diamètre dans la zone affectée, ce qui permettra d'assurer une bonne prise au mastic.

Pour parachever la réparation, se reporter à la section sur le masticage et l'application de peinture.

Trous ou entailles dus à la rouille

Enlever la peinture sur la zone affectée et sur deux ou trois centimètres autour de cette surface avec une brosse métallique ou un disque de ponçage monté sur une perceuse électrique. A défaut, l'utilisation de papier abrasif se révélera tout aussi efficace. La peinture ayant été enlevée, il sera alors possible de se rendre compte de la gravité de la corrosion et de décider de remplacer l'élément de carrosserie concerné (si cela est possible) ou de réparer la partie endommagée. Les éléments de carrosserie ne sont pas aussi onéreux que beaucoup l'imaginent et il sera plus rapide et plus aisé de monter un panneau neuf que d'essayer de réparer de larges pans de tôle sur lesquels la rouille s'est installée.

Retirer tous les accessoires à proximité de la zone à traiter sauf ceux pouvant éventuellement servir de guide quant à la forme initiale de la carrosserie (projecteurs, etc.) puis faire appel à des cisailles fines de tôlier ou à une lame de scie à métaux pour couper les copeaux de métal rouillé et toute partie de métal sérieusement attaquée par la rouille. Marteler les bords du trou vers l'intérieur afin de créer un léger creux pour recevoir le mastic.

Avec une brosse métallique, enlever la poudre de rouille sur la surface à traiter puis l'enduire d'un produit antirouille et si l'arrière de la tôle où s'est propagée la rouille est accessible, le traiter également.

Avant de procéder au masticage, il sera nécessaire de masquer le trou, ce qui peut être effectué en posant une pièce de treillis d'aluminium ou de plastique ou encore un ruban d'aluminium.

Le treillis d'aluminium ou de plastique ou bien une natte en fibre de verre sera probablement la meilleure solution pour combler un trou de grande largeur. Couper un morceau de la forme et de la taille approximatives du trou puis le mettre en place de telle sorte que ses bords soient en dessous du niveau de la tôle environnante. On peut le maintenir en position en répandant un peu de mastic sur sa périphérie.

Le ruban d'aluminium convient pour les trous de petite dimension ou de faible largeur. Dérouler le ruban et le couper à la forme et à la taille approximatives du trou puis décoller éventuellement le papier support et coller le ruban sur le trou. On peut faire chevaucher plusieurs largeurs de ruban si une seule est insuffisante. Aplanir les bords du ruban avec le manche d'un tournevis ou un outil similaire afin d'assurer une bonne adhérence sur le métal sous-jacent.

Masticage et application de peinture

Avant de passer à cette section, se reporter aux sections concernant la réparation des creux, des éraflures, des trous et entailles dus à la rouille.

Il existe différents types de mastic pour carrosserie mais d'une manière générale, les nécessaires de réparation comprenant une boîte de mastic et un tube de produit durcisseur (résine synthétique) conviennent parfaitement pour ce type de réparation. Ces produits peuvent être utilisés directement à partir d'un tube. Une spatule large et souple en matière plastique s'avérera très pratique pour donner une finition lisse et aux contours nets à la surface du mastic.

Mélanger une petite quantité de mastic sur un morceau de carton propre, en dosant le durcisseur avec précision (suivre le mode d'emploi indiqué sur l'emballage), sinon le mastic risque de durcir trop vite ou au contraire trop lentement. Répandre le mastic à l'aide de la spatule sur la surface préparée : croiser les passes sur la surface du mastic pour obtenir le profil correct et niveler la surface. Dès qu'un profil approximativement correct est obtenu, arrêter de travailler le mastic : si l'on prolonge trop longtemps l'opération, le mastic se mettra à coller à la spatule. Continuer d'ajouter de fines couches de mastic à intervalles espacés de vingt minutes jusqu'à ce que le niveau atteint par le mastic dépasse juste de la surface environnante.

Le mastic ayant durci, l'excédent pourra être éliminé avec un rabot à métaux ou une lime. A

partir de là, poncer avec des papiers de plus en plus fins, en commençant avec du papier à l'eau de grade 40 pour finir avec du papier de grade 400. Toujours prévoir un support plat (cale à poncer) en caoutchouc, liège ou bois sur lequel le papier sera enroulé, sinon le papier n'offrira pas une surface de ponçage totalement plane. Pendant le ponçage du mastic, le papier doit être rincé périodiquement à l'eau, ce qui donnera une finition très lisse au mastic lors de la phase finale.

A ce stade, le creux doit être entouré d'une bordure de métal nu devant elle-même être entourée du bord finement chanfreiné de la peinture saine. Rincer toute la surface de réparation à l'eau claire afin d'éliminer parfaitement la poussière produite pendant le ponçage.

Vaporiser sur toute la surface traitée une fine couche d'apprêt, ce qui fera ressortir toutes les imperfections en surface du mastic. Rectifier ces défauts avec du mastic fraîchement mélangé ou avec une autre qualité de mastic de finition et poncer de nouveau la surface au papier abrasif. Si l'on utilise du mastic de finition, il pourra être mélangé à du diluant cellulosique pour former un pâte très fluide, idéale à travailler pour boucher les petits trous. Répéter les opérations de vaporisation d'apprêt et de réparation jusqu'à obtention d'un état de surface du mastic satisfaisant et de bords chanfreinés de peinture parfaits. Nettoyer la surface traitée à l'eau claire et la laisser sécher complètement.

La surface réparée est alors prête pour l'application finale de la laque qui doit avoir lieu en atmosphère chaude, sèche, sans courant d'air et en l'absence totale de poussière. Ces conditions peuvent être rencontrées si l'on dispose d'un local de travail vaste mais si l'on est contraint de travailler à l'extérieur, il s'agira de bien choisir son jour. Si l'on opère à l'intérieur, arroser le sol pour stabiliser la poussière qui autrement flotterait dans l'atmosphère. Si la pièce devant être peinte se limite à un seul élément de carrosserie, masquer les panneaux attenants afin de minimiser les effets d'un léger défaut d'assortiment des teintes de peinture. Les chromes, poignées de portes, etc., devront également être masqués. Pour cela, utiliser du ruban adhésif prévu à cet effet et plusieurs épaisseurs de papier journal.

Avant de commencer la pulvérisation, bien agiter la bombe aérosol puis effectuer un essai sur une boîte de conserve par exemple afin de bien maîtriser la technique de pulvérisation. Recouvrir la surface à peindre d'une couche épaisse d'apprêt : l'épaisseur doit être constituée de plusieurs fines couches plutôt que d'une seule couche épaisse. Avec du papier à poncer à l'eau de grade 400, polir la surface d'apprêt jusqu'à ce qu'elle soit parfaitement lisse. Au cours de cette opération, la surface de travail doit être abondamment arrosée d'eau et le papier à poncer fréquemment rincé à l'eau. Laisser sécher avant de pulvériser une nouvelle couche de peinture.

Pulvériser la couche de finition en veillant là aussi à appliquer plusieurs fines couches successives pour arriver à l'épaisseur voulue. Commencer la pulvérisation au centre de la

surface à peindre puis en un mouvement circulaire, procéder vers l'extérieur jusqu'à ce que la surface totale soit couverte en débordant de 5 cm sur la peinture d'origine environnante. Retirer le masquage 10 à 15 minutes après avoir pulvérisé la dernière couche de peinture.

Laisser durcir la peinture pendant au moins deux semaines puis utiliser un produit rénovateur de peinture ou de la pâte abrasive très fine pour harmoniser les bords de la peinture neuve et ceux de la peinture d'origine. Terminer en passant un produit de lustrage à la cire ou un vernis.

Eléments en plastique

Le recours de plus en plus fréquent aux matières plastiques pour réaliser certains éléments des voitures (les pare-chocs, les spoilers et dans certains cas, des éléments importants de la carrosserie) ne laisse pas d'autre alternative à l'automobiliste en cas de dégât important, que de confier leur réparation à un spécialiste ou de les changer. La réparation de tels dégâts par les non-professionnels n'est pas vraiment possible étant donné le coût de l'équipement et de l'outillage nécessaires. La technique de base consiste à réaliser une saignée le long de la ligne de cassure dans le plastique à l'aide d'une disqueuse montée sur perceuse électrique. La partie endommagée est ensuite soudée avec un décapeur thermique permettant de chauffer et de faire fondre un cordon de remplissage dans la rainure. L'excédent de plastique est ensuite éliminé et la partie traitée est poncée pour aboutir à une surface lisse. Il est impératif d'utiliser un cordon de la matière plastique appropriée car divers types de plastique sont utilisés (polycarbonate, ABS, polypropylène, etc.).

Les dégâts de moindre ampleur (frottements, fissures bénignes) peuvent être réparés par les non-professionnels en mélangeant à parts égales des produits de réparation à base d'époxy. Le mélange dans les proportions correctes une fois réalisé, le mode d'emploi est le même que le mastic utilisé sur les éléments en métal. Le produit de réparation plastique sèche habituellement en vingt ou trente minutes, après quoi il se trouve prêt pour le ponçage et l'application de laque.

Si l'automobiliste vient à remplacer un élément en plastique complet par ses propres soins ou bien qu'il en ait effectué une réparation à la résine d'époxy, il se trouvera confronté au problème du choix d'une peinture de finition compatible avec le type de plastique de l'élément concerné. L'utilisation d'une peinture universelle ne peut pas convenir compte tenu de la complexité des variétés de plastique que l'on peut rencontrer dans les applications automobiles. Les peintures classiques, d'une manière générale, n'adhéreront que médiocrement sur les plastiques ou le caoutchouc. Il convient d'adopter une peinture spéciale convenant à toutes les finitions en matière plastique ou en caoutchouc. Il est par ailleurs possible de nos jours de se procurer un nécessaire de finition de pièces en matière plastique comprenant un traitement de pré-apprêt, un apprêt et une laque de finition. Un mode d'emploi est normalement fourni avec le nécessaire mais la méthode de base consiste à appliquer tout d'abord le pré-apprêt sur l'élément concerné et à le laisser sécher pendant 30 minutes. L'apprêt est ensuite appliqué et laissé séché pendant une heure environ pour passer en dernier la couche de laque de finition spéciale avec la teinte requise. Le résultat obtenu est généralement satisfaisant, la teinte de finition se fondant bien dans la masse du plastique ou du caoutchouc, ce qui ne pourrait pas être obtenu avec une peinture classique.

5 Carrosserie - réparation de dégâts importants

En cas de dégâts importants ou si de grandes surfaces sont à remplacer du fait de leur détérioration, cela implique que des panneaux entièrement neufs doivent être soudés sur place et il vaut mieux confier cette intervention à un carrossier-réparateur professionnel. Si les dégâts sont dus à une collision, il y aura également lieu de contrôler le degré de déformation de la coque, une opération qui ne peut être accomplie que par un atelier du réseau Citroën ou un garagiste disposant des piges de contrôle spéciales. Si un défaut d'alignement de la caisse n'est pas corrigé, la voiture sera dangereuse de par son mauvais comportement sur route et de surcroît, des contraintes inégales seront imposées à la direction, aux suspensions et éventuellement à la transmission, ce qui se traduira par une usure anormale voire une défaillance totale de certains éléments, notamment les pneumatiques.

6 Bouclier pare-chocs AV. - dépose et repose

Nota : *Opérer si possible à deux pour assurer le soutien du bouclier au cours de sa dépose et de sa repose.*

Dépose

1 Serrer le frein à main, débloquer les vis des deux roues avant puis lever l'avant de la voiture au cric et le poser sur chandelles (voir « *Levage et soutien du véhicule* »). Déposer les roues en vue d'améliorer l'accès aux fixations du bouclier pare-chocs.

2 Déposer la calandre (voir section 22).

3 Dans le cas où il est prévu, desserrer ses vis de fixation et déposer le carénage de protection sous le moteur.

4 Desserrer de chaque côté la vis assurant la fixation du bas de la coquille pare-boue du passage de roue sur le bouclier pare-chocs **(voir illustration)**.

5 Dégrafer la partie avant du bouclier pare-chocs, de chaque côté, à l'aide d'un outil à fourchette **(voir illustration)**.

6 Desserrer de chaque côté la vis de fixation du bord arrière du bouclier sur l'aile, derrière la coquille pare-boue du passage de roue **(voir illustration)**.

7 Desserrer les trois vis de fixation supérieures du bouclier, au niveau de son bord avant, sur la traverse **(voir illustration)**.

8 Suivant équipement, débrancher les connecteurs électriques des projecteurs antibrouillard et débrider le faisceau au niveau du bouclier.

9 Déverrouiller la patte de retenue sous le projecteur de chaque côté puis en opérant à deux, tirer avec précaution le bouclier vers l'avant pour le dégager **(voir illustration)**.

10 Pour la dépose de la traverse du bouclier, desserrer les trois vis de fixation de chaque côté et la dégager.

Repose

11 La repose a lieu à l'inverse de la dépose, en veillant à engager correctement les deux tétons de positionnement sur l'aile de chaque côté **(voir illustration)**.

7 Bouclier pare-chocs AR. - dépose et repose

Nota : *Opérer si possible à deux pour assurer le soutien du bouclier au cours de sa dépose et de sa repose.*

Dépose

1 Caler les roues avant puis lever l'arrière de la voiture au cric et le poser sur chandelles (voir « *Levage et soutien du véhicule* »).

2 Procéder à dépose des deux blocs de feux arrière (voir chapitre 12, section 5).

3 Dégrafer le bouclier pare-chocs à sa partie

6.4 Vis de fixation du bas d'une coquille pare-boue du passage de roue sur le bouclier pare-chocs AV.

6.5 Agrafe de fixation de la partie AV. du bouclier pare-chocs AV.

6.6 Vis de fixation AR. du bouclier pare-chocs AV. sur l'aile

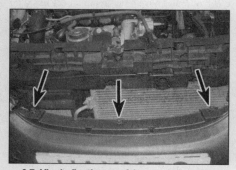

6.7 Vis de fixation supérieures du bouclier pare-chocs AV.

6.9 Dépose du bouclier pare-chocs AV.

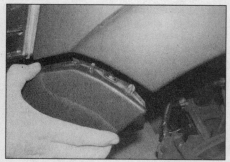

6.11 Repose du bouclier pare-chocs AV. en engageant les tétons de positionnement sur l'aile

7.3 Extraction d'une agrafe de fixation AR. du bouclier pare-chocs AR.

7.4 Desserrage d'une vis de fixation inférieure du bouclier pare-chocs AR. sur la traverse

7.5 Vis de fixation du bouclier pare-chocs AR. sur une aile

arrière, de chaque côté, au moyen d'un outil à fourchette **(voir illustration)**.

4 Desserrer les deux vis de fixation inférieures du bouclier, en son centre, sur la traverse **(voir illustration)**.

5 En opérant par la découpe dans la coquille pare-boue du passage de roue, desserrer la vis de fixation de chaque côté du bouclier sur l'aile **(voir illustration)**.

6 Desserrer de chaque côté la vis de fixation du bord supérieur du bouclier **(voir illustration)**.

7 Déverrouiller les trois pattes de retenue supérieures puis en opérant à deux, tirer avec précaution le bouclier vers l'arrière pour le dégager.

8 Pour la dépose de la traverse du bouclier, desserrer les deux vis de fixation de chaque côté et la dégager.

Repose

9 La repose s'effectue à l'inverse de la dépose, en veillant à engager convenablement les ergots sur l'aile de chaque côté **(voir illustration)**.

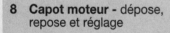

| 8 | **Capot moteur -** dépose, repose et réglage |

Dépose

1 Ouvrir le capot et tandis qu'un collaborateur le

soutient, marquer la position des charnières à la peinture ou au stylo feutre.

2 Débrancher le tube d'alimentation de lave-glace au niveau du gicleur côté droit puis débrider le tube au niveau des pattes de maintien **(voir illustration)**.

3 Desserrer les vis de fixation sur les charnières de chaque côté puis dégager le capot en opérant à deux et faisant attention de ne pas érafler la peinture des ailes **(voir illustration)**. Ranger le capot à l'écart en lieu sûr afin de ne pas l'abîmer.

4 Examiner les charnières pour s'assurer qu'elles ne présentent pas de signes d'usure ou de jeu dans leur articulation : les changer au besoin. Les charnières sont fixées sur le renfort des ailes avant par deux vis. A la repose, lubrifier les charnières avec de la graisse universelle.

Repose et réglage

5 Amener le capot en place à deux puis remonter les vis de fixation sans les bloquer. Faire coïncider les charnières avec les repères réalisés précédemment et bien serrer les vis de fixation. Rebrancher ensuite le tube d'alimentation du lave-glace et le brider correctement au niveau des pattes de maintien sur le capot.

6 Fermer le capot et vérifier que le jeu entre aile et capot soit égal des deux côtés. Ajuster au besoin la position du capot pour le centrer en desserrant les vis de fixation puis les rebloquer le réglage une fois obtenu.

7 Vérifier ensuite que la gâche du capot s'enclenche et se déverrouille correctement.

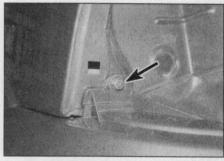

7.6 Vis de fixation supérieure du bouclier pare-chocs AR.

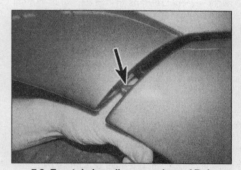

7.9 Ergot du bouclier pare-chocs AR. à engager correctement sur l'aile

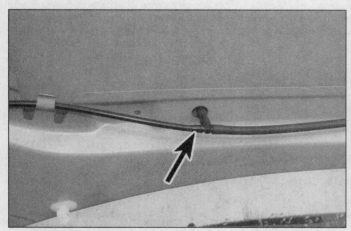

8.2 Raccordement du tube d'alimentation de lave-glace au niveau du gicleur côté droit

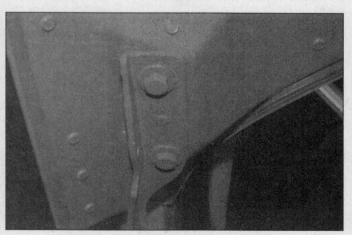

8.3 Vis de fixation du capot sur une charnière

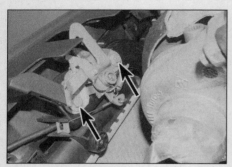

9.1a Vis de fixation du verrou de capot

9.1b Dépose du verrou de capot en décrochant le câble au niveau du levier de commande

10.2 Pincer les languettes internes du guide pour sortir le faisceau électrique du pied AV. de caisse

Ajuster s'il y a lieu la position du verrou en desserrant ses vis de fixation pour obtenir le bon enclenchement de la gâche. Veiller ensuite à bien resserrer les vis.

9 Verrou et câble de verrouillage de capot moteur - dépose et repose

Dépose

1 Desserrer les deux vis de fixation sur la traverse avant supérieure dans le compartiment moteur puis dégager le verrou et décrocher le câble du levier de commande **(voir illustrations)**.
2 Libérer les brides et colliers de maintien du câble sur toute sa longueur dans le compartiment moteur, en repérant bien au préalable leur position respective de montage.
3 Repousser le passe-cloison du câble avec un tournevis pour le déboîter du tablier et le sortir dans l'habitacle.
4 Desserrer les écrous de fixation puis dégager le levier de déverrouillage du capot dans l'habitacle.
5 Attacher un morceau de ficelle à son extrémité dans le compartiment moteur puis tirer sur le câble pour le sortir dans l'habitacle. Détacher la ficelle et la laisser sur place : elle servira à la repose du câble.

Repose

6 Installer le câble dans l'habitacle.

7 Attacher le morceau de ficelle laissé sur place à l'extrémité du câble et le tirer pour faire passer le câble dans le compartiment moteur.
8 Vérifier que le passe-cloison est bien emboîté dans le tablier puis détacher le morceau de ficelle et accrocher le câble au levier de commande au niveau du verrou.
9 Remettre en place le levier de déverrouillage du capot dans l'habitacle, en veillant à bien serrer ses écrous de fixation.
10 Procéder ensuite à la repose du verrou, en serrant convenablement ses vis de fixation.
11 Brider correctement le câble au moyen des colliers prévus à cet effet dans le compartiment moteur puis vérifier le bon fonctionnement du verrou et si besoin est, effectuer un réglage en ajustant la position du verrou par rapport aux trous de vis de fixation pour obtenir le bon enclenchement de la gâche.

10 Portes - dépose, repose et réglage

Portes AV.

Dépose

1 Déboîter et écarter le soufflet de protection du faisceau électrique de la porte au niveau du pied avant de caisse du côté concerné.
2 Pincer les languettes internes du guide et sortir l'ensemble du faisceau électrique du pied avant de caisse **(voir illustration)**.

3 Soulever le taquet d'arrêt en faisant levier et débrancher le connecteur électrique.
4 Desserrer sa vis de fixation et dégager le limiteur d'ouverture de la porte du pied avant de caisse **(voir illustration)**.
5 Tandis qu'un collaborateur soutient la porte, extraire les agrafes pour chasser ensuite les axes au niveau des charnières supérieure et inférieure puis soulever la porte pour la dégager à deux.

Repose

6 La repose s'opère en sens inverse de dépose.

Portes AR.

7 Les opérations de dépose et de repose des portes arrière s'effectuent de la même manière que pour les portes avant. L'accès aux vis de fixation des charnières pour le réglage du jeu d'ouverture a lieu avec la porte avant ouverte.

11 Garnitures intérieures de portes - dépose et repose

Portes AV.

Dépose

1 Déboîter en faisant levier avec précaution au moyen d'un petit tournevis l'enjoliveur de la poignée de maintien de la porte du côté concerné pour le déposer puis desserrer les deux vis de fixation devenues accessibles **(voir illustrations)**.
2 Desserrer les deux vis de fixation du bord arrière

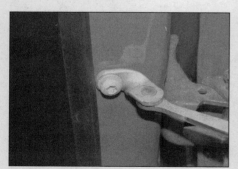

10.4 Vis de fixation du limiteur d'ouverture d'une porte AV.

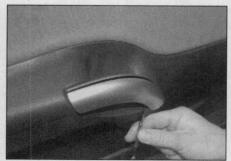

11.1a Utilisation d'un tournevis pour déboîter l'enjoliveur de la poignée de maintien d'une porte AV. . . .

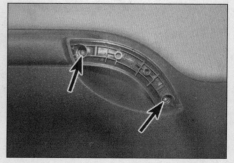

11.1b . . . et vis de fixation de la garniture intérieure

de la garniture intérieure sur le caisson de porte (**voir illustration**).

3 A l'aide d'un outil à fourchette, dégrafer le tour de la garniture intérieure de la porte : opérer avec précaution pour ne pas casser les agrafes (**voir illustration**).

4 Dégager la garniture intérieure du caisson de porte, en la tirant vers l'extérieur et la soulevant (**voir illustration**).

Repose

5 Avant de procéder à la repose de la garniture, vérifier que toutes les agrafes de fixation sont bien intactes et changer celles éventuellement cassées puis opérer en sens inverse de dépose, en s'assurant de bien engager les pattes de retenue sur la face intérieure de la garniture dans les logements correspondants au niveau de la poignée d'ouverture (**voir illustration**).

Portes AR.

Dépose

6 Opérer comme décrit précédemment pour les portes avant, sauf en ce qui concerne les points suivants :
a) Déboîter la manivelle de lève-glace de son axe en la tirant
b) Il n'existe pas de vis de fixation au niveau du bord arrière de la garniture

Repose

7 Avant d'effectuer la repose de la garniture, vérifier que toutes les agrafes de fixation sont bien intactes et changer celles éventuellement cassées puis opérer en sens inverse de dépose,

---

12 Poignées et serrures de portes - dépose et repose

Poignées d'ouverture intérieure

Dépose

Nota : Le caisson de porte est à équiper d'une feuille d'étanchéité neuve à la repose de la poignée d'ouverture intérieure.

1 Déposer la garniture intérieure de la porte concernée (voir section précédente).

11.2 Vis de fixation AR. de la garniture intérieure d'une porte AV.

11.4 Dépose de la garniture intérieure d'une porte AV.

2 Déposer le haut-parleur de la porte (voir chapitre 12).

3 Décoller la feuille d'étanchéité du caisson de porte en utilisant un cutter et la déposer (**voir illustration**). La feuille d'étanchéité qui se trouvera irrémédiablement endommagée au cours de cette opération est à remplacer.

4 Dégager la poignée d'ouverture intérieure du caisson de porte en la tirant vers l'arrière (**voir illustration**).

5 Déboîter la butée de gaine du câble de commande au niveau de la patte d'arrêt puis décrocher l'embout du câble du levier de la poignée pour la déposer (**voir illustration**).

Repose

6 La repose a lieu à l'inverse de la dépose, en s'assurant de réaccoupler correctement le câble de commande. Supprimer soigneusement les résidus

11.3 Utilisation d'un outil pour dégrafer la garniture intérieure d'une porte AV.

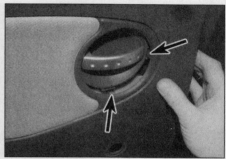

11.5 Pattes de retenue de garniture intérieure de porte AV. à engager correctement dans les logements correspondants de la poignée d'ouverture

d'adhésif sur le caisson de porte puis coller la feuille d'étanchéité neuve. Procéder ensuite à la repose du haut-parleur, comme décrit au chapitre 12, puis à celle de la garniture intérieure de la porte, en se reportant à la section précédente pour cette opération.

Serrures et poignées d'ouverture extérieures de portes AV.

Nota : Le support de la poignée d'ouverture extérieure est riveté sur le caisson de porte. S'assurer de bien se procurer des rivets de rechange aux dimensions correctes pour la repose du support.

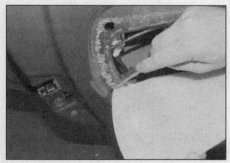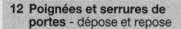

12.3 Dépose de la feuille d'étanchéité d'une porte en la décollant avec un cutter

12.4 Dépose de la poignée d'ouverture intérieure d'une porte en la tirant vers l'arrière

12.5 Embout du câble de commande accouplé au levier de la poignée d'ouverture intérieure d'une porte

12.8 Utilisation d'un tournevis pour écarter vers l'avant le levier de commande en plastique blanc au niveau de la poignée d'ouverture extérieure d'une porte AV.

12.9 Dépose de la poignée d'ouverture extérieure d'une porte AV. en tirant l'arrière vers l'extérieur pour dégager l'avant de l'axe d'articulation

12.10a Utilisation d'un tournevis pour déboîter l'enjoliveur extérieur du barillet . . .

12.10b . . . et perçage de la tête d'un rivet de fixation du support de la poignée d'ouverture extérieure d'une porte AV.

12.11 Vis de fixation de la serrure d'une porte AV.

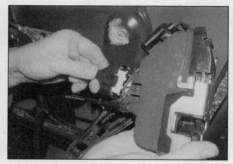

12.12 Débranchement du connecteur électrique du servomoteur de verrouillage centralisé au niveau du mécanisme de serrure d'une porte AV.

Dépose

7 Déposer la poignée d'ouverture intérieure de la porte avant du côté intéressé (voir descriptions correspondantes ci-dessus).

8 Ecarter le levier de commande en plastique blanc vers l'avant de manière à engager l'agrafe de verrouillage dans la gorge et à libérer la partie arrière de la poignée d'ouverture extérieure (**voir illustration**).

9 Tirer l'arrière de la poignée vers l'extérieur pour dégager la partie avant de l'axe d'articulation et déposer la poignée (**voir illustration**).

10 Déboîter en faisant levier au moyen d'un tournevis l'enjoliveur extérieur en plastique du barillet de serrure puis percer la tête des rivets de fixation du support de la poignée sur le caisson de

porte avec un foret de 5 mm de diamètre (**voir illustrations**).

11 Desserrer les trois vis de fixation de la serrure sur le chant de porte (**voir illustration**).

12 Débrancher le connecteur électrique du servomoteur de verrouillage centralisé puis sortir l'ensemble de la serrure et du support de la poignée d'ouverture extérieure par l'ajour dans le caisson de porte (**voir illustration**).

13 Pour dissocier la serrure du support de la poignée, soulever son doigt à l'aide d'un tournevis et libérer la collerette de retenue de la serrure puis la dégager du bras de commande du barillet et désengager le bras de la serrure (**voir illustrations**).

14 Libérer le câble de commande de la serrure au

niveau du support de la poignée puis décrocher l'embout du câble du levier de la poignée.

Repose

15 La repose s'opère à l'inverse de la dépose, en fixant le support de la poignée d'ouverture extérieure au moyen de rivets aveugles neufs.

Barillets de serrures de portes AV.
Dépose

16 Procéder à la dépose de l'ensemble de la serrure et du support de la poignée d'ouverture extérieure de la porte avant concernée, en opérant comme décrit précédemment.

17 Appuyer sur sa languette latérale puis extraire le barillet de serrure du support de la poignée d'ouverture extérieure (**voir illustrations**).

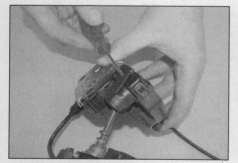

12.13a Utilisation d'un tournevis pour soulever le doigt et libérer la collerette de retenue de la serrure d'une porte AV.

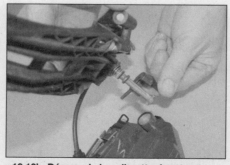

12.13b Dépose de la collerette de retenue au niveau du bras de commande du barillet d'une serrure de porte AV.

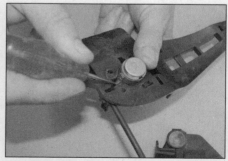

12.17a Utilisation d'un tournevis pour appuyer sur la languette latérale . . .

12.17b . . . et dépose du barillet de serrure au niveau du support de la poignée d'ouverture extérieure d'une porte AV.

12.23 Vis de fixation de la serrure d'une porte AR.

12.24 Dégrafage du faisceau électrique au niveau du caisson d'une porte AR.

12.25 Dépose de l'ensemble serrure et support de poignée d'ouverture extérieure d'une porte AR.

12.26 Utilisation d'un tournevis pour décrocher l'embout du câble de commande au niveau du levier de la poignée d'ouverture extérieure d'une porte AR.

Repose

18 La repose a lieu en sens inverse de dépose.

Serrures et poignées d'ouverture extérieures de portes AR.

Nota : *Le support de la poignée d'ouverture extérieure est riveté sur le caisson de porte. S'assurer de bien se procurer des rivets de rechange aux dimensions correctes pour la repose du support.*

Dépose

19 Déposer la poignée d'ouverture intérieure de la porte arrière du côté intervention (voir descriptions correspondantes ci-dessus).

20 Ecarter le levier de commande en plastique blanc vers l'avant de manière à engager l'agrafe de

verrouillage dans la gorge et à libérer la partie arrière de la poignée d'ouverture extérieure **(voir illustration 12.8)**.

21 Tirer l'arrière de la poignée vers l'extérieur pour dégager la partie avant de l'axe d'articulation et déposer la poignée **(voir illustration 12.9)**.

22 Déboîter en faisant levier au moyen d'un tournevis l'enjoliveur extérieur en plastique en bout de support de la poignée d'ouverture extérieure puis percer la tête des rivets de fixation du support sur le caisson de porte avec un foret de 5 mm de diamètre **(voir illustration 12.10)**.

23 Desserrer les trois vis de fixation de la serrure sur le chant de porte **(voir illustration)**.

24 Dégrafer le faisceau électrique sur le caisson de porte **(voir illustration)**.

25 Sortir l'ensemble de la serrure et du support de la poignée d'ouverture extérieure par l'ajour

dans le caisson de porte et débrancher le connecteur électrique du servomoteur de verrouillage centralisé **(voir illustration)**.

26 Pour dissocier la serrure du support de la poignée d'ouverture extérieure, libérer le câble de commande de la serrure au niveau du support puis décrocher l'embout du câble du levier de la poignée **(voir illustration)**.

Repose

27 La repose s'effectue à l'inverse de la dépose, en fixant le support de la poignée d'ouverture extérieure au moyen de rivets aveugles neufs.

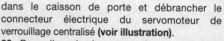

13 Glaces, mécanismes de lève-glaces et déflecteurs de portes - dépose et repose

Glaces de portes AV.

Dépose

Nota : *Le caisson de porte est à équiper d'une feuille d'étanchéité neuve à la repose de la glace.*

1 Déposer la garniture intérieure de la porte concernée (voir section 11).

2 Déposer le haut-parleur de la porte (voir chapitre 12).

3 Décoller la feuille d'étanchéité du caisson de porte en utilisant un cutter et la déposer **(voir illustration 12.3)**. La feuille d'étanchéité qui se trouvera irrémédiablement endommagée au cours de cette opération est à remplacer.

4 Descendre la glace de trois quarts environ.

5 Appuyer sur la languette sur le coulisseau au niveau du mécanisme de lève-glace puis soulever légèrement la glace pour la dégager du support **(voir illustration)**.

6 Basculer l'avant vers le bas puis tirer la glace vers le haut pour la sortir par l'extérieur de la porte **(voir illustration)**.

Repose

7 La repose s'effectue à l'inverse de la dépose. Supprimer soigneusement les résidus d'adhésif sur le caisson de porte puis coller la feuille d'étanchéité neuve. Procéder ensuite à la repose du haut-parleur, comme décrit au chapitre 12, puis à celle de la garniture intérieure de la porte, en se reportant à la section 11 pour cette opération.

13.5 Languette à presser au niveau du coulisseau pour dégager la glace d'une porte AV.

13.6 Dépose de la glace d'une porte AV.

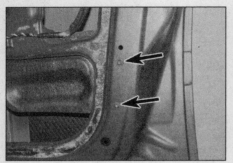

13.10a Vis de fixation de la coulisse AR. de la glace d'une porte AV.

13.10b Dépose de l'absorbeur de chocs intérieur avec la coulisse AR. de la glace d'une porte AV.

13.11 Dépose de l'absorbeur de chocs extérieur d'une porte AV.

Mécanismes de lève-glaces AV.

Nota 1 : *Le caisson de porte est à équiper d'une feuille d'étanchéité neuve à la repose du mécanisme de lève-glace.*
Nota 2 : *Le mécanisme de lève-glace est riveté sur le caisson de porte. S'assurer de bien se procurer des rivets de rechange aux dimensions correctes pour la repose du mécanisme.*

Dépose

8 Dégager la glace au niveau du coulisseau sur le mécanisme de lève-glace (voir points 1 à 5 ci-dessus).
9 Tirer la glace pour la faire remonter en position haute et la fixer sur la porte avec du ruban adhésif.
10 Desserrer les deux vis assurant la fixation de la coulisse arrière de la glace sur la porte puis sortir l'absorbeur de chocs intérieur avec la coulisse par l'ajour dans le caisson de porte **(voir illustrations)**.
11 Sortir l'absorbeur de chocs extérieur par l'ajour dans le caisson de porte **(voir illustration)**.

12 Débrancher le connecteur électrique du moteur de lève-glace **(voir illustration)**.
13 Percer la tête des quatre rivets de fixation du mécanisme de lève-glace sur la porte à l'aide d'un foret de 5 mm de diamètre **(voir illustration)**.
14 Dégager le mécanisme de lève-glace par l'ajour dans le caisson de porte **(voir illustration)**.

Repose

15 La repose s'opère à l'inverse de la dépose. Supprimer soigneusement les résidus d'adhésif sur le caisson de porte puis coller la feuille d'étanchéité neuve. Procéder ensuite à la repose du haut-parleur, comme indiqué au chapitre 12, puis à celle de la garniture intérieure de la porte, en se reportant à la section 11 pour cette opération.

Glaces de portes AR.

Nota : *Le caisson de porte est à équiper d'une feuille d'étanchéité neuve à la repose de la glace.*

Dépose

16 Déposer la garniture intérieure de la porte du côté intervention (voir section 11).
17 Déposer le haut-parleur de la porte (voir chapitre 12).
18 Décoller la feuille d'étanchéité du caisson de porte en utilisant un cutter et la déposer **(voir illustration 12.3)**. La feuille d'étanchéité qui se trouvera irrémédiablement endommagée au cours de cette opération est à remplacer.
19 Desserrer ses deux vis de fixation à la partie arrière du caisson de porte et sortir la coulisse de la glace **(voir illustrations)**.
20 Déboîter en faisant levier avec précaution l'extrémité avant de l'embout de l'enjoliveur en plastique puis dégager le lèche-vitre extérieur du dessous de l'enjoliveur et le déposer **(voir illustration)**.
21 Dégager ensuite avec précaution le joint de

13.12 Débranchement du connecteur électrique du moteur de lève-glace d'une porte AV.

13.13 Rivets de fixation du mécanisme de lève-glace d'une porte AV.

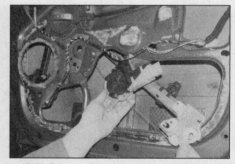

13.14 Dépose du mécanisme de lève-glace d'une porte AV.

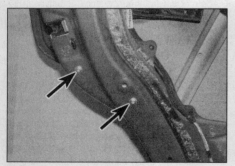

13.19a Vis de fixation sur le caisson de porte . . .

13.19b . . . et dépose de la coulisse de la glace d'une porte AR.

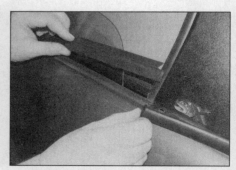

13.20 Dépose du lèche-vitre extérieur d'une porte AR.

13.21 Dépose du joint de coulisse d'une porte AR.

13.22 Fixation de la glace d'une porte AR. accessible par l'ouverture dans le panneau de porte

13.26 Dépose de la glace d'une porte AR.

coulisse en commençant par le bas, à l'arrière, et le déposer (**voir illustration**).

22 Réinstaller provisoirement la manivelle de lève-glace puis actionner la glace de manière à rendre accessible sa fixation sur le coulisseau par l'ouverture dans le panneau de porte (**voir illustration**).

23 Appuyer sur la languette sur le coulisseau au niveau du mécanisme de lève-glace puis soulever légèrement la glace pour la dégager du support (**voir illustration 13.5**).

24 Tirer la glace pour la faire remonter en position haute et la fixer sur la porte avec du ruban adhésif.

25 Faire descendre le mécanisme de lève-glace au fond du caisson de porte en utilisant la manivelle.

26 Redescendre la glace au fond du caisson de porte puis soulever sa partie arrière et la sortir par le haut de la porte, en prenant garde de ne pas abîmer la peinture (**voir illustration**).

Repose

27 La repose s'effectue à l'inverse de la dépose. Supprimer soigneusement les résidus d'adhésif sur le caisson de porte puis coller la feuille d'étanchéité neuve. Procéder ensuite à la repose du haut-parleur, comme décrit au chapitre 12, puis à celle de la garniture intérieure de la porte, en se reportant à la section 11 pour cette opération.

Mécanismes de lève-glaces AR.

Nota 1 : Le caisson de porte est à équiper d'une feuille d'étanchéité neuve à la repose du mécanisme de lève-glace.

Nota 2 : Le mécanisme de lève-glace est riveté sur le caisson de porte. S'assurer de bien se procurer des rivets de rechange aux dimensions correctes pour la repose du mécanisme.

Dépose

28 Déposer la garniture intérieure de la porte du côté intéressé (voir section 11).

29 Déposer le haut-parleur de la porte (voir chapitre 12).

30 Décoller la feuille d'étanchéité du caisson de porte en utilisant un cutter et la déposer (**voir illustration 12.3**). La feuille d'étanchéité qui se trouvera irrémédiablement endommagée au cours de cette opération est à remplacer.

31 Réinstaller provisoirement la manivelle de lève-glace puis actionner la glace de manière à rendre accessible sa fixation sur le coulisseau par l'ouverture dans le panneau de porte (**voir illustration 13.22**).

32 Appuyer sur la languette sur le coulisseau au niveau du mécanisme de lève-glace puis soulever légèrement la glace pour la dégager du support (**voir illustration 13.5**).

33 Tirer la glace pour la faire remonter en position haute et la fixer sur la porte avec du ruban adhésif.

34 Faire descendre le mécanisme de lève-glace au fond du caisson de porte en utilisant la manivelle.

35 Percer la tête des quatre rivets de fixation du mécanisme de lève-glace sur la porte à l'aide d'un foret de 5 mm de diamètre (**voir illustration**).

36 Dégager le mécanisme de lève-glace par l'ajour dans le caisson de porte (**voir illustration**).

Repose

37 La repose a lieu à l'inverse en sens inverse de dépose. Supprimer soigneusement les résidus d'adhésif sur le caisson de porte puis coller la feuille d'étanchéité neuve. Procéder ensuite à la repose du haut-parleur, comme décrit au chapitre 12, puis à celle de la garniture intérieure de la porte, en se reportant à la section 11 pour cette opération.

Déflecteurs de portes AV.

Nota 2 : Les déflecteurs sont rivetés sur les portes. S'assurer de bien se procurer des rivets de rechange aux dimensions correctes pour la repose des déflecteurs.

Dépose

38 Déposer la glace de la porte avant du côté concerné (voir descriptions correspondantes ci-dessus).

39 Déposer le rétroviseur extérieur (voir section 17).

40 Déboîter et déposer les lèche-vitres intérieur et extérieur puis dégager le joint d'encadrement de porte jusqu'au niveau du déflecteur (**voir illustration**).

41 Dégager à l'aide d'un petit tournevis le joint de coulisse à hauteur du déflecteur puis percer la tête du rivet de fixation supérieur devenu accessible au moyen d'un foret de 5 mm de diamètre (**voir illustration**).

42 Percer de la même manière la tête du rivet de

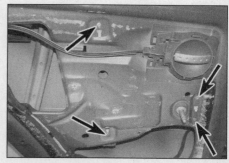

13.35 Rivets de fixation du mécanisme de lève-glace d'une porte AR.

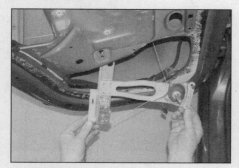

13.36 Dépose du mécanisme de lève-glace d'une porte AR.

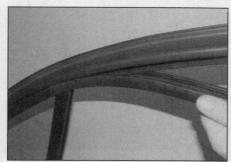

13.40 Déchaussement du joint d'encadrement d'une porte AV. au niveau du déflecteur

13.41 Perçage de la tête du rivet de fixation supérieur du déflecteur d'une porte AV.

13.42 Perçage de la tête du rivet de fixation inférieur du déflecteur d'une porte AV.

13.43 Desserrage de la vis de fixation centrale du déflecteur d'une porte AV.

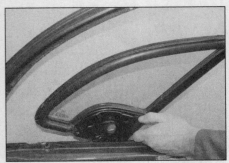

13.44 Dépose du déflecteur d'une porte AV.

fixation inférieur par l'ouverture dans le caisson de porte (**voir illustration**).

43 Desserrer la vis de fixation centrale implantée sous la fixation du rétroviseur extérieur (**voir illustration**).

44 Tirer le déflecteur vers l'arrière pour dégager le joint de coulisse de la partie avant de la porte puis le déposer (**voir illustration**).

Repose

45 La repose a lieu à l'inverse de la dépose.

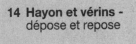

14 Hayon et vérins -
dépose et repose

Hayon

1 Déposer les garnitures intérieures du hayon (voir section 25).

2 Débrancher les connexions électriques de l'équipement du hayon (voir chapitre 12).

3 Tandis qu'un collaborateur soutient le hayon, libérer leur agrafe de retenue en la soulevant avec un petit tournevis à lame plate et désaccoupler les vérins des rotules sur le hayon.

4 Desserrer les vis et déposer le cache des faisceaux électriques, côté gauche du hayon (**voir illustration**). Déboîter le passe-fils et sortir les faisceaux du hayon.

5 Déposer le bloc de 3e feu de stop (voir chapitre 12, section 5).

6 Desserrer de chaque côté les deux vis de fixation des charnières sur le hayon puis dégager celui-ci avec précaution en opérant à deux.

Repose

7 En cas de remplacement du hayon, récupérer toutes les pièces réutilisables : mécanisme de serrure, moteur d'essuie-glace notamment (voir chapitre 12).

8 La repose s'opère à l'inverse de la dépose, en observant par ailleurs les points suivants :

a) Ajuster si nécessaire le jeu d'affleurement du hayon en position fermée, en agissant sur les tampons de réglage en hauteur

b) Ajuster s'il y a lieu la position du hayon pour le centrer correctement par rapport aux ailes en desserrant les vis de fixation des charnières. S'assurer que la serrure s'enclenche correctement et si besoin est, ajuster la position de la gâche en desserrant ses vis de fixation pour obtenir le bon enclenchement de la serrure

Vérins

Dépose

9 Demander à un collaborateur de soutenir le hayon en position ouverte ou bien le bloquer avec une cale de bois.

10 Soulever l'agrafe de retenue avec un petit tournevis à lame plate pour désaccoupler le vérin du côté concerné de la rotule sur le hayon (**voir illustration**).

11 Procéder de la même manière pour désaccoupler le vérin de la rotule au niveau du renfort d'aile et le déposer.

Repose

12 La repose s'opère à l'inverse de la dépose, en s'assurant de bien engager les agrafes de retenue du vérin.

14.4 Dépose du cache des faisceaux électriques côté gauche du hayon

15 Serrure de hayon -
dépose et repose des pièces

Serrure

Dépose

1 Déposer les garnitures intérieures du hayon (voir section 25).

2 Desserrer les deux vis de fixation de la serrure sur le hayon (**voir illustration**).

3 Appuyer sur la languette de retenue de chaque côté avec un tournevis pour la déverrouiller et tirer la serrure à l'intérieur du hayon puis la sortir et débrancher le connecteur électrique (**voir illustrations**).

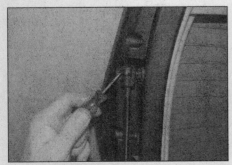

14.10 Utilisation d'un tournevis pour soulever l'agrafe et désaccoupler un vérin de la rotule au niveau du hayon

15.2 Vis de fixation de la serrure du hayon

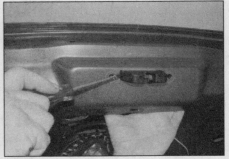

15.3a Utilisation d'un tournevis pour presser la languette de retenue sur un côté de la serrure du hayon

15.3b Dépose de la serrure du hayon en débranchant le connecteur électrique

15.6 Vis de fixation de la gâche du hayon

17.2 Dépose de l'enjoliveur d'un rétroviseur extérieur

Repose

4 La repose a lieu à l'inverse de la dépose, en ajustant si nécessaire la position de la gâche pour obtenir le bon enclenchement de la serrure.

Gâche

Dépose

5 Déposer la garniture de jupe arrière (voir section 25) pour avoir accès aux vis de fixation de la gâche.
6 Repérer la position de montage de la gâche sur la jupe arrière. Desserrer ses deux vis de fixation puis dégager la gâche (**voir illustration**).

Repose

7 La repose s'opère à l'inverse de la dépose, en faisant coïncider les repères réalisés précédemment. Modifier s'il y a lieu la position de la gâche par rapport aux boutonnières pour obtenir le bon enclenchement de la serrure avant de bloquer les vis de fixation.

16 Verrouillage centralisé - dépose et repose des éléments constituants

Gestion électronique

1 La fonction de verrouillage centralisé est gérée électroniquement par le boîtier de servitude intelligent implanté sous la platine à fusibles dans l'habitacle (voir chapitre 12 pour davantage de précisions).
2 En cas de dysfonctionnement du système de gestion électronique de l'équipement électrique

multiplexé du véhicule, celui-ci doit être confié aux services techniques d'un représentant du réseau Citroën pour un diagnostic.

Servomoteurs de verrouillage de portes

3 Les servomoteurs sont intégrés aux mécanismes de serrures de portes et ne peuvent pas être changés séparément en cas de défectuosité. Se reporter aux descriptions correspondantes en section 12 pour effectuer la dépose et la repose des serrures.

Servomoteur de verrouillage de hayon

4 Le servomoteur est intégré au mécanisme de serrure du hayon et ne peut pas être changé séparément en cas de défectuosité. Se reporter aux descriptions correspondantes en section précédente pour effectuer la dépose et la repose de la serrure.

Télécommande

Remplacement de la pile

5 Desserrer et enlever la vis d'assemblage à empreinte cruciforme à l'aide d'un petit tournevis puis ouvrir le boîtier de la télécommande en séparant les deux coquilles en plastique, en se servant d'une pièce de monnaie comme levier, et enlever la pile en la faisant coulisser sur son support.
6 Installer la pile neuve en veillant à respecter l'orientation de sa polarité puis refermer le boîtier de la télécommande, en enclenchant les deux coquilles de manière audible et remontant la vis d'assemblage. Suite au remplacement de la pile, la

télécommande doit être réinitialisée en procédant comme suit :

Réinitialisation

7 Couper le contact et le remettre puis appuyer aussitôt sur le bouton de verrouillage de la télécommande. Couper ensuite le contact et retirer la clé du contacteur d'antivol.

17 Rétroviseurs extérieurs et glaces - dépose et repose

Rétroviseurs extérieurs

1 S'assurer de bien couper le contact.
2 Déposer la garniture intérieure de la porte avant du côté intervention (voir section 11) puis l'enjoliveur du rétroviseur en le déboîtant avec précaution au moyen d'un tournevis (**voir illustration**).
3 Débrancher les connexions électriques du rétroviseur.
4 Desserrer ses trois vis de fixation et dégager le rétroviseur de la porte (**voir illustration**).
5 Opérer en sens inverse pour effectuer la repose.

Glaces

6 A l'aide d'un tournevis engagé dans l'intervalle entre la glace et le bord extérieur du boîtier de rétroviseur, déverrouiller les languettes de retenue de la glace (**voir illustrations**).
7 Dégager la glace et débrancher la connexion électrique (suivant équipement).
8 Pousser la glace fermement pour bien verrouiller ses languettes de retenue.

17.4 Vis de fixation d'un rétroviseur extérieur

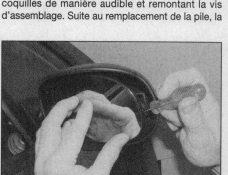

17.6a Utilisation d'un tournevis engagé dans l'intervalle entre la glace et le bord extérieur du boîtier . . .

17.6b . . . pour déverrouiller les languettes de retenue (flèches) de la glace d'un rétroviseur extérieur

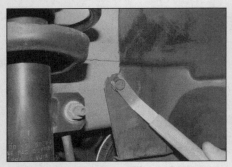

20.1a Utilisation d'un outil à fourchette pour extraire une agrafe de fixation d'une coquille pare-boue de passage de roue

20.1b Dépose de la coquille pare-boue d'un passage de roue AV. . . .

20.1c . . . et d'un passage de roue AR.

18 Pare-brise, lunette AR. et glaces latérales fixes - remplacement

Ces éléments sont maintenus sur la caisse par collage.

Leur remplacement nécessite un outillage approprié et un mastic spécial. Il s'agit également d'une opération délicate à réaliser. Il est en effet difficile si l'on ne dispose pas d'une réelle maîtrise de la méthode d'assurer une étanchéité parfaite. Compte tenu de tout ce qui précède, il est vivement conseillé de confier cette intervention à un atelier du réseau Citroën, à un spécialiste de la pose de pare-brise ou à un carrossier-réparateur.

19 Tout ouvrant - généralités

Le toit ouvrant électrique prévu en équipement d'origine du constructeur est du type entrebâillant-coulissant.

Compte tenu de la relative complexité de son mécanisme, une réelle maîtrise technique est indispensable pour effectuer la réparation, le remplacement ou le réglage du toit ouvrant. Sa dépose implique celle de l'habillage de pavillon, une intervention délicate qui ne doit pas être entreprise à la légère. Par conséquent, pour tout problème rencontré dans le fonctionnement du toit ouvrant, consulter les services techniques d'une concession Citroën.

20 Garnitures extérieures de carrosserie - dépose et repose

Coquilles pare-boue de passages de roues

1 Les passages de roues avant et arrière sont protégés des projections de boue par des coquilles en matière plastique. Ces éléments sont fixés par des rivets à expansion en plastique. Pour leur dépose, extraire les rivets après avoir enfoncé légèrement ou soulevé leur goupille centrale, suivant le type **(voir illustrations)**.

Baguettes de protection latérales et monogrammes

2 Ces accessoires sont fixés sur les éléments de carrosserie au moyen d'une bande adhésive double face spéciale. Pour les déposer, ils doivent être chauffés avec un décapeur thermique ou un sèche-cheveux (veiller à ne pas détériorer la peinture au cours de cette opération) afin de ramollir l'adhésif et de pouvoir les décoller en passant un fil en nylon. Il est conseillé de confier ces opérations à un atelier du réseau Citroën.

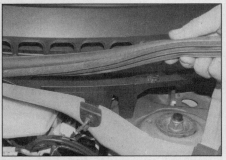

21.3 Déchaussement du joint de la baie d'auvent

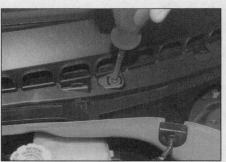

21.4 Desserrage d'une vis de fixation du déflecteur extérieur de la grille d'auvent

21.5 Dépose du déflecteur extérieur de la grille d'auvent en appuyant sur sa languette de retenue

21.6 Dépose de la partie gauche de la grille d'auvent

21 Grille d'auvent - dépose et repose

Dépose

1 Ouvrir le capot et le soutenir en position verticale, le plus haut possible.
2 Déposer les deux bras d'essuie-glaces avant (voir chapitre 12).
3 Dégager le joint de la baie d'auvent **(voir illustration)**.
4 Desserrer les cinq vis de fixation du déflecteur extérieur sur la grille d'auvent **(voir illustration)**.
5 Appuyer sur sa languette de retenue et dégager le déflecteur extérieur **(voir illustration)**.
6 Dégager la partie côté gauche de la grille d'auvent du bourrelet d'étanchéité à la base du pare-brise et la déposer **(voir illustration)**.
7 Dégager le joint en caoutchouc de l'axe du

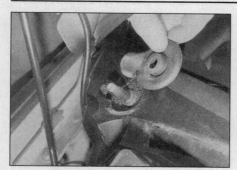

21.7 Dépose du joint au niveau de l'axe du mécanisme d'essuie-glace

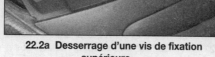
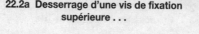

22.2a Desserrage d'une vis de fixation supérieure . . .

22.2b . . . et d'une vis de fixation latérale de la calandre

mécanisme d'essuie-glace puis déposer la partie côté droit de la grille d'auvent **(voir illustration)**.

Repose

8 La repose s'opère en sens inverse de dépose.

22 Calandre - dépose et repose

Dépose

1 Ouvrir le capot et le soutenir au moyen de sa béquille.
2 Desserrer les trois vis sur le bord supérieur puis la vis de chaque côté assurant la fixation de la calandre **(voir illustrations)**.
3 Déverrouiller de chaque côté l'arrêtoir en plastique à hauteur du bord inférieur de l'optique du projecteur.
4 Soulever la calandre pour dégager ses deux pattes de retenue inférieures et la déposer **(voir illustration)**.

Repose

5 La repose a lieu en sens inverse de dépose.

23 Sièges - dépose et repose

Sièges AV.

⚠ **Danger : Les sièges avant sont pourvus de coussins gonflables de sécurité latéraux (airbags). Se reporter au chapitre 12 quant aux consignes à observer pour cet équipement. Ne pas démonter les coussins gonflables ni les soumettre à un contrôle quelconque. A signaler que les coussins gonflables peuvent se déclencher si leur mécanisme est exposé à un courant électrique (y compris celui délivré par un ohmmètre) ou à une température dépassant 100 °C**

Dépose

1 Avant toute intervention sur les sièges avant, mettre hors service le système de gestion centralisée des prétensionneurs de ceintures de sécurité et des coussins gonflables de sécurité (voir chapitre 12, section 21).
2 Avancer à fond le siège avant concerné.
3 Enlever les vis (une de chaque côté) assurant la fixation de la partie arrière des glissières du siège sur le plancher **(voir illustration)**.
4 Reculer à fond le siège.
5 Enlever les vis (une de chaque côté) assurant la fixation de la partie avant des glissières du siège sur le plancher **(voir illustration)**.
6 Basculer le siège vers l'arrière et débrancher ses connexions électriques puis débrider le faisceau électrique et sortir le siège de l'habitacle.

Repose

7 La repose a lieu à l'inverse de la dépose, en procédant comme suit pour rebrancher la batterie :
a) S'assurer que personne ne se trouve à l'intérieur de la voiture et de l'absence d'objet non fixé dans l'environnement immédiat des sièges avant et des coussins gonflables de sécurité
b) S'assurer que le contact est bien coupé pour rebrancher le boîtier de commande électronique des coussins gonflables de sécurité et la batterie
c) La porte conducteur étant ouverte, mettre le contact tout en dégageant la zone de déploiement des coussins gonflables de sécurité et l'environnement des prétensionneurs de ceintures de sécurité avant. S'assurer que le témoin « AIRBAG » au combiné d'instruments s'allume et s'éteint quelques secondes après la mise sous contact
d) Couper le contact
e) Si le témoin ne fonctionne pas correctement (voir point c) ci-dessus), consulter d'urgence les services techniques d'un représentant du réseau Citroën

22.4 Dépose de la calandre en la soulevant pour libérer ses pattes de retenue inférieures

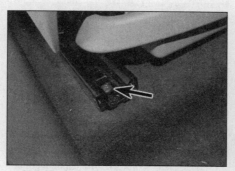

23.5 Vis de fixation AV. d'une glissière de siège AV.

23.3 Vis de fixation AR. d'une glissière de siège AV.

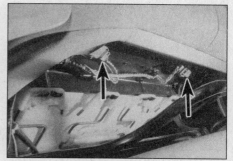

23.6 Connexions électriques accessibles après avoir basculé le siège AV. vers l'arrière

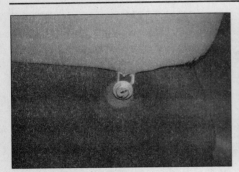

23.8 Vis de fixation AV. de l'assise de banquette AR.

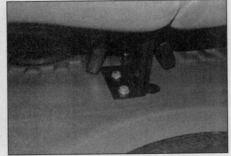

23.10 Vis de fixation du support central des dossiers de banquette AR.

23.11 Vis de fixation de la ceinture de sécurité centrale au plancher

Banquette AR.

Assise - dépose

8 Enlever les caches, desserrer les trois vis de fixation avant puis tirer et basculer l'assise vers l'avant pour la déposer **(voir illustration)**.

Dossiers - dépose

9 Si prévu, déposer le « Moduboard » dans le coffre à bagages.
10 Desserrer les deux vis de fixation du support central au plancher **(voir illustration)**.
11 Rabattre les dossiers vers l'avant et desserrer la vis de fixation de la ceinture de sécurité au plancher **(voir illustration)**.
12 Extraire les agrafes de fixation latérales des dossiers avec un outil à fourchette **(voir illustration)**.
13 Dégager la patte d'articulation latérale puis sortir les dossiers de l'habitacle **(voir illustration)**.
14 Pour dissocier les deux dossiers, desserrer les deux vis d'assemblage puis l'écrou de fixation de la boucle de ceinture de sécurité et séparer les deux parties.

Repose

15 La repose a lieu à l'inverse de la dépose, en serrant les fixations des ceintures de sécurité au couple prescrit.

24 Ceintures de sécurité - dépose et repose

Nota : *Veiller à bien repérer la position de montage des différentes rondelles et entretoises des*

fixations des ceintures de sécurité en vue du remontage.

Ceintures AV.

⚠ *Danger : Les ceintures de sécurité avant disposent de prétensionneurs pyrotechniques commandés à partir du même boîtier électronique que les coussins gonflables de sécurité. Se reporter au chapitre 12 quant aux consignes à observer pour cet équipement. Ne pas démonter les prétensionneurs ni les soumettre à un contrôle quelconque. A signaler que les prétensionneurs peuvent se déclencher si leur mécanisme est exposé à un courant électrique (y compris celui délivré par un ohmmètre) ou à une température dépassant 100 °C*

1 Avant toute intervention sur les ceintures de sécurité avant, mettre hors service le système de gestion centralisée des prétensionneurs pyrotechniques et des coussins gonflables de sécurité (voir chapitre 12, section 21).
2 Déposer le siège avant du côté intéressé (voir section précédente).
3 Déposer les garnitures de pied milieu de caisse (voir section suivante).
4 Débrancher le connecteur électrique du prétensionneur de la ceinture de sécurité.
5 Desserrer la vis fixation de l'enrouleur automatique puis récupérer les rondelles **(voir illustration)**.
6 Dégager l'enrouleur automatique du pied de caisse puis sortir l'ensemble de la ceinture de sécurité de l'habitacle.

7 Pour déposer la boucle de ceinture de sécurité avec le prétensionneur, déboîter et déposer l'habillage latéral du siège puis desserrer la vis de fixation et dégager l'ensemble de l'armature du siège.
8 La repose s'opère à l'inverse de la dépose, en serrant les vis de fixation des ceintures au couple prescrit et procédant comme suit pour rebrancher la batterie :
a) S'assurer que personne ne se trouve à l'intérieur de la voiture et de l'absence d'objet non fixé dans l'environnement immédiat des sièges avant et des coussins gonflables de sécurité
b) S'assurer que le contact est bien coupé pour rebrancher la batterie
c) La porte conducteur étant ouverte, mettre le contact tout en dégageant la zone de déploiement des coussins gonflables de sécurité et l'environnement des prétensionneurs de ceintures de sécurité avant. S'assurer que le témoin « AIRBAG » au combiné d'instruments s'allume et s'éteint quelques secondes après la mise sous contact
d) Couper le contact
e) Si le témoin ne fonctionne pas correctement (voir point c) ci-dessus), consulter d'urgence les services techniques d'un représentant du réseau Citroën

Ceintures AR.

9 Déposer les garnitures latérales dans le coffre à bagages (voir section suivante).

23.12 Utilisation d'un outil à fourchette pour extraire une agrafe de fixation latérale de dossier de banquette AR.

23.13 Dégager la patte d'articulation latérale pour la dépose des dossiers de banquette AR.

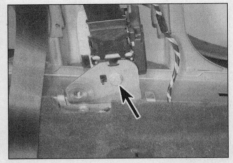

24.5 Vis de fixation de l'enrouleur automatique d'une ceinture de sécurité AV.

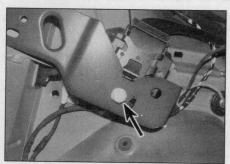

24.10 Vis de fixation de l'enrouleur automatique d'une ceinture de sécurité AR.

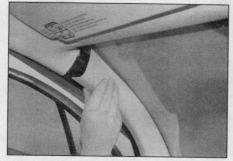

25.3a Dépose de la garniture d'un pied AV. de caisse en tirant pour la dégager à partir du haut . . .

25.3b . . . et la dégrafer

10 Desserrer la vis de fixation de l'enrouleur automatique sur la caisse puis sortir l'ensemble ceinture de sécurité et enrouleur de l'habitacle (**voir illustration**).

11 Pour déposer une boucle de ceinture, rabattre vers l'avant les assises de la banquette arrière contre les dossiers des sièges avant puis desserrer l'écrou de fixation au niveau du support de la banquette et la vis de fixation sur le plancher.

18 Pour la dépose de l'enrouleur automatique de la ceinture de sécurité centrale, la banquette doit être partiellement démontée et cette opération est à confier aux services techniques d'un représentant du réseau Citroën.

19 La repose s'opère à l'inverse de la dépose, en serrant les fixations au couple prescrit.

---

25 Habillage intérieur - dépose et repose

Garnitures intérieures de portes

1 Voir section 11.

Garnitures de pieds AV. de caisse

Dépose

2 Déchausser avec précaution le joint d'encadrement de la porte du côté concerné, à

hauteur de la garniture du pied avant de caisse.

3 Tirer la garniture avec précaution pour l'écarter du pied avant de caisse et la dégrafer, en commençant par le haut (**voir illustrations**).

4 Soulever la garniture pour la dégager sur le côté de la planche de bord et la sortir de l'habitacle.

Repose

5 La repose a lieu à l'inverse de la dépose, en veillant à agrafer correctement la garniture et à bien réinstaller le joint d'encadrement de porte.

Garnitures supérieures de pieds milieu de caisse

Dépose

6 Déchausser avec précaution le joint d'encadrement au niveau des portes avant et arrière du côté intéressé, à hauteur du pied milieu de caisse.

7 Enlever le cache puis desserrer la vis de fixation supérieure de la ceinture de sécurité avant (**voir illustration**).

8 Ecarter en faisant levier avec précaution le bas de la garniture supérieure du pied milieu de caisse pour la dégrafer (**voir illustration**).

9 Tirer la garniture vers le bas pour libérer les pattes de retenue supérieures et la déposer (**voir illustration**).

Repose

10 La repose s'opère à l'inverse de la dépose, en veillant à agrafer convenablement la garniture et à

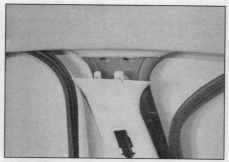

25.7 Dépose de la vis de fixation supérieure d'une ceinture de sécurité AV.

bien réinstaller les joints d'encadrement de portes, en serrant également la vis de fixation de la ceinture de sécurité au couple préconisé.

Garnitures inférieures de pieds milieu de caisse

Dépose

11 Déposer la garniture supérieure du pied milieu de caisse du côté concerné (voir descriptions correspondantes ci-dessus).

12 Enlever le cache puis desserrer la vis de fixation inférieure de la ceinture de sécurité avant (**voir illustration**).

13 Dégrafer en faisant levier avec précaution le bord arrière de la garniture de seuil de porte avant puis procéder de la même manière pour dégager le

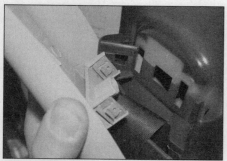

25.8 Dégrafage de la garniture supérieure d'un pied milieu de caisse en écartant avec précaution le bas

25.9 Dépose de la garniture supérieure d'un pied milieu de caisse en la tirant vers le bas pour libérer les pattes de retenue supérieures

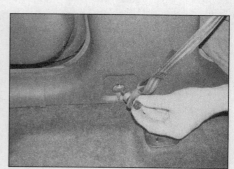

25.12 Dépose de la vis de fixation inférieure d'une ceinture de sécurité AV.

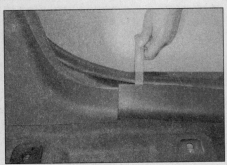

25.13 Utilisation d'un outil à fourchette pour dégrafer le bord AR. d'une garniture de seuil de porte AV.

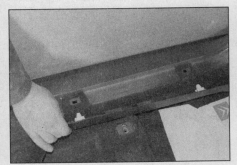

25.17 Dépose d'une garniture de seuil de porte AV.

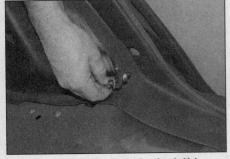

25.22 Dépose de la vis de fixation inférieure d'une ceinture de sécurité AR.

bord avant de la garniture de seuil de porte arrière **(voir illustration)**.

14 Ecarter la garniture inférieure du pied milieu de caisse pour la dégrafer en faisant levier avec précaution puis dégager la ceinture de sécurité pour la déposer.

Repose

15 La repose s'effectue à l'inverse de la dépose, en veillant à bien agrafer la garniture, en serrant également la vis de fixation de la ceinture de sécurité au couple prescrit.

Garnitures de seuil de portes AV.

Dépose

16 Déchausser le joint d'encadrement de la porte avant du côté intéressé à sa partie inférieure.

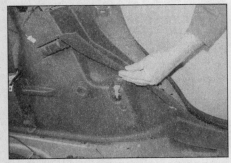

25.23 Dépose d'une garniture de seuil de porte AR.

17 Dégrafer en faisant levier avec précaution la garniture pour la déposer **(voir illustration)**.

Repose

18 La repose s'opère à l'inverse de la dépose, en veillant à agrafer convenablement la garniture et à bien réinstaller le joint d'encadrement de porte.

Garnitures de seuil de portes AR.

Dépose

19 Déposer les dossiers de la banquette arrière (voir section 23).
20 Déposer la garniture latérale supérieure du coffre à bagages du côté concerné (voir descriptions correspondantes ci-dessous).
21 Déchausser le joint d'encadrement de la porte arrière à sa partie arrière et en bas.
22 Enlever le cache puis desserrer la vis de fixation inférieure de la ceinture de sécurité arrière **(voir illustration)**.
23 Dégrafer en faisant levier avec précaution la garniture pour la déposer **(voir illustration)**.

Repose

24 La repose s'effectue à l'inverse de la dépose, en veillant à bien agrafer la garniture et à réinstaller correctement le joint d'encadrement de porte, en serrant également la vis de fixation de la ceinture de sécurité au couple préconisé.

Garnitures latérales supérieures de coffre

Dépose

25 Déchausser le joint d'encadrement du hayon au niveau de la garniture latérale supérieure du côté concerné.
26 Enlever le cache puis desserrer la vis de fixation supérieure de la ceinture de sécurité arrière **(voir illustration)**.
27 Tirer vers le haut et déposer l'enjoliveur au niveau du passage de la ceinture de sécurité **(voir illustration)**.
28 Dégager le plafonnier au niveau de la garniture et débrancher le connecteur électrique.
29 Dégrafer en faisant levier avec précaution la garniture pour la déposer en faisant passer la ceinture de sécurité **(voir illustration)**.

Repose

30 La repose a lieu à l'inverse de la dépose, en veillant à bien agrafer la garniture et à réinstaller convenablement le joint d'encadrement du hayon, en serrant également la vis de fixation de la ceinture de sécurité au couple prescrit.

Garnitures latérales inférieures de coffre

Dépose

31 Déposer la garniture de seuil de porte arrière du côté intéressé (voir descriptions correspondantes ci-dessus).
32 Déposer la garniture de jupe arrière (voir descriptions correspondantes ci-dessous).

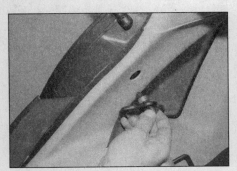

25.26 Dépose d'une vis de fixation supérieure d'une ceinture de sécurité AR.

25.27 Dépose de l'enjoliveur au niveau du passage d'une ceinture de sécurité AR.

25.29 Dépose d'une garniture latérale supérieure de coffre

25.33 Desserrage de la vis de fixation AV. d'une garniture latérale inférieure de coffre

33 Desserrer la vis de fixation avant de la garniture sur la caisse (voir illustration).

34 Dégrafer en faisant levier avec précaution la garniture pour la déposer (voir illustration).

Repose

35 La repose s'effectue à l'inverse de la dépose, en veillant à bien agrafer la garniture.

Garnitures du hayon

Dépose

36 Détacher les cordons de soutien de la tablette arrière.

37 Enfoncer la goupille centrale puis extraire l'agrafe de fixation de la garniture latérale sur un des côtés du hayon (voir illustrations). La goupille centrale risque de tomber à l'intérieur du hayon en enlevant l'agrafe et si cela se produit, il est possible de la récupérer par l'un des ajours du hayon après avoir déposé les garnitures.

25.34 Dépose d'une garniture latérale inférieure de coffre en la dégrafant

38 Dégager ensuite avec précaution la première garniture latérale du hayon (voir illustration).

39 Opérer comme décrit précédemment pour la dépose de l'autre garniture latérale du hayon.

40 Dégrafer en faisant levier avec précaution la garniture centrale du hayon en commençant par le bord inférieur (voir illustrations).

41 Tirer ensuite la garniture vers le haut pour libérer les pattes de retenue supérieures des supports sur le hayon.

Repose

42 La repose s'opère à l'inverse de la dépose, en veillant à agrafer correctement les garnitures.

Garniture de jupe arrière

Dépose

43 Déchausser le joint d'encadrement du hayon au niveau de la garniture de jupe arrière (voir illustration).

25.37a Utilisation d'un tournevis pour enfoncer la goupille centrale . . .

25.37b . . . et déposer l'agrafe de fixation d'une garniture latérale du hayon

44 Desserrer les vis assurant la fixation de la garniture de jupe arrière sur le plancher du coffre (voir illustration).

45 Tirer la garniture vers le haut pour libérer ses pattes de retenue et la déposer (voir illustration).

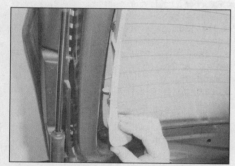

25.38 Dépose d'une garniture latérale du hayon

25.40a Utilisation d'un outil à fourchette pour dégrafer la garniture centrale du hayon en commençant par le bord inférieur . . .

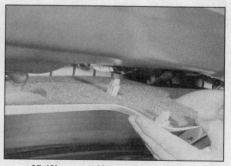

25.40b . . . et dépose de la garniture

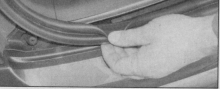

25.43 Déchaussement du joint d'encadrement du hayon au niveau de la garniture de jupe AR.

25.44 Desserrage d'une vis de fixation de la garniture de jupe AR.

25.45 Dépose de la garniture de jupe AR.

26.1 Dépose du pommeau de levier de vitesses - modèle avec BVM

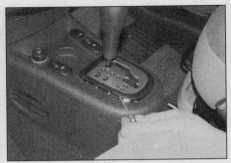

26.2a Utilisation d'un tournevis pour dégager l'enjoliveur de l'indicateur de rapports du levier sélecteur . . .

26.2b . . . et dépose de l'enjoliveur - modèle avec BVA

Repose

46 La repose a lieu à l'inverse de la dépose, en veillant à bien engager la garniture et à serrer correctement les vis de fixation.

Habillage de pavillon

Nota : La dépose de l'habillage de pavillon est une opération demandant à la fois une réelle maîtrise technique et de l'expérience pour être réalisée sans dégâts et de ce fait, elle est à confier aux services techniques d'un représentant du réseau Citroën ou à un spécialiste. Est donnée ci-dessous une indication générale de la procédure de remplacement pour les personnes aptes à réaliser l'opération.

47 L'habillage est fixé par collage sur le pavillon et sa dépose nécessite celle d'un certain nombre d'accessoires attenants, notamment les poignées de maintien, les plafonniers, les pare-soleil, le toit

ouvrant (si prévu) et les différentes garnitures de pieds de caisse. Les joints d'encadrement de portes, de hayon et éventuellement de toit ouvrant, doivent également être dégagés. Il est ensuite nécessaire de ramollir la couche de colle au niveau des parties centrales du pavillon, en la chauffant avec un décapeur thermique et de dégager l'habillage avec une spatule, en commençant par l'avant et finissant par l'arrière.

48 Pour la mise en place de l'habillage, appliquer une couche de colle Néoprène (à se procurer auprès du service des pièces détachées d'un représentant de la marque) aux mêmes emplacements sur les parties centrales du pavillon puis installer avec précaution l'habillage. Remettre en place tous les accessoires ayant été déposés puis nettoyer l'habillage avec de l'eau savonneuse ou du white-spirit.

26 Console centrale - dépose et repose

Dépose

1 Sur les véhicules à boîte de vitesses manuelle, déposer le pommeau du levier de vitesses en le tournant **(voir illustration)**.

2 Pour les véhicules à boîte de vitesses automatique, déposer l'enjoliveur de l'indicateur de rapports du levier sélecteur après l'avoir dégagé avec précaution au moyen d'un petit tournevis **(voir illustrations)**.

3 Déboîter en faisant levier avec précaution au moyen d'un petit tournevis l'habillage du levier de frein à main et le déposer **(voir illustration)**.

4 Déboîter à l'aide d'un petit tournevis et déposer le cache en bas de la façade centrale de la planche de bord puis desserrer les deux vis de fixation précédemment dissimulées **(voir illustration)**.

5 Extraire le cache puis desserrer l'écrou de fixation arrière de la console centrale **(voir illustration)**.

6 Soulever la console centrale pour débrancher les connexions électriques des différents interrupteurs **(voir illustration)**.

7 Dégager la console centrale du levier de frein à main et la sortir de l'habitacle.

Repose

8 La repose s'opère en sens inverse de dépose.

26.3 Dépose de l'habillage du levier de frein à main

26.4a Dépose du cache en bas de la façade centrale de planche de bord . . .

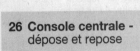

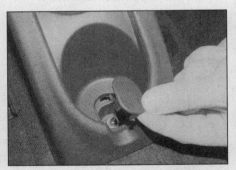

26.5 Dépose du cache de l'écrou de fixation AR. de la console centrale

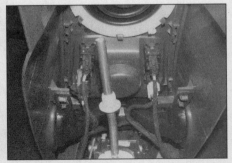

26.6 Console centrale soulevée pour débrancher les connexions électriques des différents interrupteurs

26.4b . . . et vis de fixation AV. de la console centrale

27.2a Utilisation d'une spatule en plastique engagée sous le bord inférieur de la visière de l'afficheur multifonction . . .

27.2b . . . pour comprimer les pattes de retenue intérieures (flèches)

27.3 Dépose de la visière de l'afficheur multifonction

27 Planche de bord - dépose et repose des éléments constituants

Visière de l'afficheur multifonction

Dépose

1 Coller du ruban de masquage le long de la visière de l'afficheur multifonction afin de ne pas abîmer la planche de bord.

2 Comprimer les pattes de retenue intérieures de la visière pour les dégager à l'aide d'une spatule en plastique engagée sous le bord inférieur **(voir illustrations)**.

3 Tirer le bord inférieur vers l'avant puis soulever la visière pour libérer les pattes de retenue arrière et la déposer **(voir illustration)**.

Repose

4 La repose s'effectue en sens inverse de dépose.

Boîte à gants côté passager

Dépose

5 Ouvrir la boîte à gants et pour les modèles avec direction à droite, déposer la trappe d'accès à la platine à fusibles **(voir illustration)**.

6 Repousser les axes de charnières de la boîte à gants vers l'intérieur à l'aide d'un petit tournevis pour les dégager de la planche de bord **(voir illustration)**.

7 Comprimer les extrémités des limiteurs d'ouverture pour les dégager des logements correspondants sur la planche de bord puis déposer le couvercle de la boîte à gants **(voir illustration)**.

8 Desserrer les cinq vis de fixation et extraire la boîte à gants de son logement dans la planche de bord et détacher le conduit d'air pour la déposer **(voir illustration)**.

Repose

9 La repose s'opère en sens inverse de dépose.

Demi-coquilles de colonne de direction

Dépose

10 Desserrer les deux vis Torx de fixation de la demi-coquille inférieure **(voir illustration)**.

11 Dégager la demi-coquille inférieure des ergots au niveau de la demi-coquille supérieure puis la tirer vers l'arrière pour libérer sa patte de retenue inférieure de la colonne de direction et la déposer **(voir illustration)**.

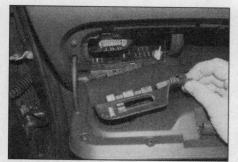

27.5 Dépose de la trappe d'accès à la platine à fusibles - direction à droite

27.6 Utilisation d'un tournevis pour repousser un axe de charnière de la boîte à gants

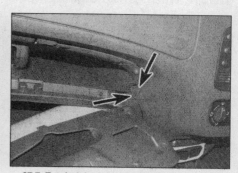

27.7 Extrémités des limiteurs d'ouverture du couvercle de la boîte à gants à comprimer pour les dégager des logements sur la planche de bord

27.8 Dépose de la boîte à gants

27.10 Vis de fixation de la demi-coquille inférieure de colonne de direction

27.11 Dépose de la demi-coquille inférieure de colonne de direction : patte de retenue inférieure fléchée

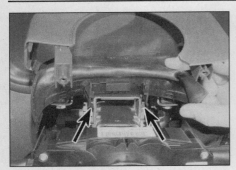

27.12 Pattes de maintien AV. de la demi-coquille supérieure de colonne de direction

27.14 Faire levier avec précaution pour libérer les deux pattes de retenue supérieures de l'habillage inférieur de planche de bord côté conducteur

27.15 Fixation de l'habillage inférieur de la planche de bord à décrocher en pinçant les languettes

12 Soulever le bord arrière de la demi-coquille supérieure pour la dégager des deux pattes de maintien à sa partie avant et la déposer (**voir illustration**).

Repose

13 La repose a lieu en sens inverse de dépose.

Habillage inférieur de planche de bord côté conducteur

Dépose

14 Dégager le bord supérieur de l'habillage en faisant levier avec précaution pour libérer les deux pattes de retenue (**voir illustration**).

15 En opérant sous la planche de bord, comprimer les languettes pour décrocher la fixation puis dégager l'habillage (**voir illustration**).

Repose

16 La repose s'effectue à l'inverse de la dépose.

Combiné d'instruments

17 Voir chapitre 12.

Planche de bord

Nota : *La dépose de la planche de bord implique le démontage de nombreux accessoires et le débranchement d'un grand nombre de connexions électriques. Veiller à bien repérer les faisceaux débranchés, en utilisant par exemple des étiquettes, pour éviter toute erreur lors du rebranchement.*

Dépose

18 Débrancher la batterie (voir chapitre 5A).

19 Reculer à fond les deux sièges avant puis amener le volant en position ligne droite et verrouiller l'antivol de direction.

20 Procéder à la dépose des éléments suivants, en se reportant aux descriptions correspondantes ci-dessus :

a) *Boîte à gants côté passager*
b) *Demi-coquilles de colonne de direction*
c) *Habillage inférieur de planche de bord côté conducteur*

21 Déposer la console centrale (voir section précédente).

22 Déposer la colonne de direction (voir chapitre 10).

23 Effectuer la dépose des éléments suivants, en se reportant aux descriptions correspondantes du chapitre 12 :

a) *Combiné d'instruments*
b) *Autoradio*
c) *Coussin gonflable de sécurité passager*

24 Pousser le vide-poches vers l'extérieur pour libérer la patte de retenue de chaque côté, en opérant par le logement de l'autoradio (**voir illustrations**).

25 Pousser le haut de la platine des commandes de chauffage-ventilation vers l'intérieur de manière à libérer les pattes de retenue supérieures puis tirer la platine vers le haut pour désengager les pattes de retenue inférieures (**voir illustrations**). Ecarter la platine vers l'avant et l'engager sur les supports à l'avant du bloc de chauffage-ventilation.

26 Desserrer les deux vis de fixation des cosses de fils de mise à la masse à l'avant du boîtier de levier de vitesses (**voir illustration**).

27.24a Le vide-poches est à pousser vers l'extérieur . . .

27.24b . . . pour libérer la patte de retenue de chaque côté

27.25a Pousser le haut de la platine des commandes de chauffage-ventilation vers l'intérieur pour libérer les pattes de retenue supérieures . . .

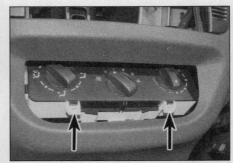

27.25b . . . et tirer la platine vers le haut pour désengager ses pattes de retenue inférieures

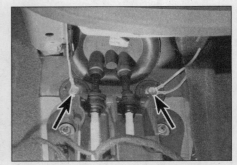

27.26 Vis de fixation de cosses de fils de masse

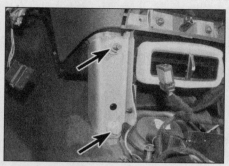

27.27 Vis de fixation inférieure et écrou de fixation supérieur de jambe de force de planche de bord

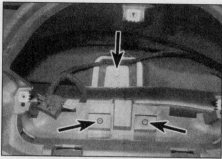

27.28a Vis de fixation de la planche de bord dans le logement du combiné d'instruments . . .

27.28b . . . dans le logement de l'autoradio . . .

27.28c . . . et sous les commandes de chauffage-ventilation

27.29a Dépose d'un cache sur un côté de la planche de bord . . .

27.29b . . . pour accéder à ses vis de fixation latérales

27 Desserrer la vis inférieure et l'écrou supérieur assurant la fixation de la jambe de force en bas de la planche de bord **(voir illustration)**.

28 Desserrer les différentes fixations de la planche de bord, dans les emplacements suivants **(voir illustrations)** :

a) *Trois vis dans le logement du combiné d'instruments*
b) *Deux vis dans le logement de l'autoradio*
c) *Deux vis sous les commandes de chauffage-ventilation*

29 Enlever leur cache puis desserrer les deux vis de fixation latérales, de chaque côté de la planche de bord **(voir illustrations)**.

30 En opérant à deux, soulever la planche de bord et l'écarter vers l'arrière pour pouvoir débrancher les différentes connexions électriques, en veillant à bien repérer leur position respective de raccordement puis s'assurer également de bien repérer la position de montage des faisceaux électriques et les débrider.

31 S'assurer que toutes les connexions électriques ont bien été débranchées puis sortir la planche de bord par l'ouverture de la porte du côté conducteur.

Repose

32 La repose a lieu à l'inverse de la dépose, en s'assurant de réinstaller et de rebrancher correctement les faisceaux électriques et de bien serrer les différentes fixations.

Notes

Chapitre 12
Eclairage et appareillages électriques

Sommaire

Niveaux de difficulté

Facile, pour les profanes de la mécanique	**Assez facile,** pour les débutants plus avisés	**Assez difficile,** pour les amateurs compétents	**Difficile,** pour les amateurs plus expérimentés	**Très difficile,** pour les initiés et les professionnels

Caractéristiques

Ampoules

	Type	Puissance (W)
Feux de route-croisement :		
Route	H1	55
Croisement	H7	55
Feux de position AV.	Enfichable	5
Clignotants	Baïonnette	21
Répétiteurs latéraux de clignotants	Enfichable	5
Antibrouillards AV.	H1	55
Feux de stop/position AR.	Baïonnette	21/5
Feux de brouillard AR.	Baïonnette	21
Feux de recul	Baïonnette	21
3e feu de stop	Enfichable	16
Eclairage de plaque d'immatriculation	Enfichable	5
Plafonniers et spots de lecture de cartes	Enfichable	5
Eclairage de coffre et boîte à gants	Enfichable	5

Couple de serrage

	daN.m
Ecrous de fixation de boîtier électronique de coussins gonflables de sécurité	0,8

---

1 Description générale

Danger : Avant d'entreprendre toute intervention sur le circuit électrique, lire attentivement les consignes données à la rubrique « Impératifs de sécurité » au début du manuel et celles figurant en section 1 du chapitre 5A

Le circuit électrique est du type fonctionnant sous 12 V avec mise à la masse négative.

L'alimentation est fournie par une batterie au plomb chargée par l'alternateur.

De nombreuses fonctions de confort et de sécurité sont commandées par des boîtiers électroniques individuels avec gestion centralisée par un boîtier de servitude intelligent (BSI) implanté sous la platine à fusibles dans l'habitacle et composé d'un microprocesseur avec différents étages de commande, des relais de puissance et des fusibles. Les différents boîtiers électroniques et le boîtier de servitude échangent des données par un réseau multiplexé bifilaire avec codage du type « VAN » (Vehicle Area Network). Outre les fonctions comme l'éclairage, la signalisation, les essuie-

glaces, les lève-glaces et le verrouillage centralisé, ce circuit assure également la gestion des équipements de confort comme la climatisation, le combiné d'instruments électronique et le système d'aide à la navigation par satellite (si prévu).

Un boîtier électronique relié au circuit multiplexé reçoit directement une partie des données nécessaires à son fonctionnement, les données complémentaires étant fournies par les autres boîtiers du réseau. Du fait de cette organisation, plusieurs boîtiers peuvent être affectés à la commande conjointe d'un même système. Un boîtier peut également gérer plusieurs systèmes de manière autonome. Le boîtier de servitude

« maître » qui est au cœur de cet échange d'informations, peut envoyer des données ou des ordres, recevoir des données ou interroger les autres boîtiers. Le boîtier de servitude est pourvu d'une fonction de surveillance de ses périphériques par laquelle il permet d'identifier la nature des pannes pouvant affecter l'un ou l'autre des boîtiers électroniques par l'intermédiaire d'un appareil spécifique au constructeur se branchant à la prise de diagnostic du système de gestion du moteur.

Ce chapitre traite des différents appareillages électriques ne se rattachant pas directement au moteur par leurs fonctions. Se reporter au chapitre 5A pour ce qui est des accessoires électriques : batterie, alternateur et démarreur, associés au moteur.

La batterie est à débrancher obligatoirement pour intervenir sur l'un quelconque des éléments du circuit électrique afin d'éviter les risques de court-circuit et/ou d'incendie (voir chapitre 5A).

2 Recherche de pannes électriques - généralités

Nota : *Consulter les consignes indiquées à la rubrique « Impératifs de sécurité » au début du manuel et celles figurant en section 1 du chapitre 5A avant d'entreprendre toute intervention sur le circuit électrique. Les contrôles qui suivent s'appliquent aux circuits électriques principaux et ne doivent pas être réalisés sur des circuits sensibles (par exemple celui du système antiblocage des roues - ABS), tout particulièrement lorsqu'ils disposent d'un boîtier de commande électronique ou lorsqu'ils sont commandés dans le cadre des liaisons multiplexées.*

Le schéma type d'un circuit électrique consiste en un appareil, des contacteurs-interrupteurs de commande, des relais, des fusibles associés à l'appareil, un câblage et des connecteurs électriques reliant l'appareil à la batterie et à la caisse. Afin de faciliter la localisation d'une anomalie dans un circuit électrique donné, des schémas sont fournis à la fin du chapitre.

Avant de pouvoir établir le diagnostic d'une panne électrique, étudier le schéma électrique correspondant afin d'être en mesure de savoir exactement quels sont les éléments susceptibles d'être impliqués dans le circuit. Procéder par élimination en contrôlant tour à tour le fonctionnement de chaque élément concerné pour élucider l'origine d'une anomalie. Si plusieurs éléments ou circuits sont affectés par une défaillance simultanée, la cause doit probablement provenir du claquage d'un fusible commun ou d'un branchement commun de mise à la masse défectueux.

Les pannes électriques proviennent habituellement de causes bénignes telles qu'un mauvais contact lié à une connexion électrique mal enfichée ou corrodée, d'un mauvais branchement de mise à la masse, d'un fusible claqué ou d'un relais défectueux (voir section suivante). Vérifier visuellement l'état de tous les fusibles, fils et connexions électriques avant de contrôler les éléments du circuit. Faire appel aux schémas électriques afin de déterminer quelles sont les bornes devant être testées en vue de localiser l'origine de la panne.

Les appareils et le matériel de base nécessaires pour dépister la cause d'une panne électrique comprennent un contrôleur de circuits ou voltmètre (une ampoule sous 12 V dotée de fils d'essai peut également être utilisée pour certains contrôles), une lampe-témoin à alimentation séparée (parfois appelée contrôleur de continuité), un ohmmètre (pour la mesure des résistances), une batterie et un jeu de câbles d'essai et un fil volant pourvu de préférence d'un coupe-circuit ou d'un fusible pouvant être utilisés pour mettre en dérivation des fils ou des composants électriques douteux. Avant de faire appel à l'un de ces appareils pour déterminer l'origine d'une anomalie, étudier le schéma électrique correspondant afin de savoir où doivent être effectuées les connexions d'essai.

Pour élucider la cause d'un défaut électrique intermittent (provenant habituellement d'un branchement mal assuré ou encrassé, ou bien d'une isolation électrique défectueuse), un contrôle simple consistera à faire bouger le fil d'essai avec la main pour se rendre compte de l'effet produit, ce qui permettra de savoir si le fil en question est à incriminer. Il doit être possible de limiter l'investigation à une portion spécifique de câblage, en coordonnant les différents contrôles effectués dans les paragraphes qui suivent.

Hormis les problèmes induits par des connexions défectueuses, les circuits électriques peuvent être affectés de deux anomalies principales : mises en circuit ouvert et en court-circuit.

Une mise en circuit ouvert provient d'une interruption à un endroit quelconque du circuit, empêchant le passage de courant et de là, le fonctionnement de l'appareil ou de l'élément correspondant à ce circuit. A noter que ce phénomène n'entraîne pas le claquage du fusible associé au circuit.

Un court-circuit est provoqué par un contact entre deux conducteurs du circuit engendrant la mise en dérivation du passage de courant généralement via la masse. Les courts-circuits sont ordinairement dus à une rupture d'isolation, ce qui amène un conducteur à en toucher directement un autre ou à contacter un élément de mise à la masse telle que la caisse. Un court-circuit provoque normalement le claquage du fusible correspondant au circuit protégé. **Nota :** *Pour des raisons d'économie d'énergie et pour éviter une décharge de la batterie, certaines fonctions électriques ne peuvent être utilisées que pendant 30 minutes après avoir arrêté le moteur. Il convient de tenir compte de cette particularité pour les contrôles électriques de ces fonctions qui concernent :*

Les essuie-glaces avant
Les lève-glaces électriques
Le toit ouvrant
Les plafonniers
L'équipement audio
Ce délai passé, le boîtier de servitude intelligent coupe l'alimentation électrique de ces circuits. Pour la rétablir, le moteur doit être remis en marche.
Le boîtier de servitude intelligent peut également intervenir pour interrompre certaines fonctions (motoventilateur de chauffage, lunette arrière dégivrante) en fonction de l'état de charge de la batterie. Pour procéder aux contrôles électriques, s'assurer en conséquence que le batterie est en bon état de charge.

Contrôle de passage de courant

Pour vérifier la présence éventuelle d'un état de circuit ouvert, relier un fil du contrôleur ou voltmètre soit à la borne négative de la batterie ou bien à un endroit assurant une bonne mise à la masse.

Relier l'autre fil du contrôleur à un connecteur du circuit devant être testé, de préférence le plus près possible de la batterie ou du fusible.

Mettre le circuit sous tension en se rappelant que certains circuits ne se trouvent activés que lorsque la clé de contact est placée sur une position donnée.

Si le passage de courant s'effectue normalement (ce qui est indiqué par la lampe-témoin du contrôleur qui s'allume alors ou par la valeur fournie par le voltmètre, suivant l'appareil utilisé), cela signifie que la portion de circuit comprise entre le connecteur concerné et la batterie ne présente pas d'anomalie.

Contrôler le reste du circuit de la même manière.

Lorsqu'un point est atteint où aucun passage de courant n'est constaté, l'anomalie doit résider entre ce point et le point de contrôle précédent où par contre le courant passait. La plupart des problèmes rencontrés dans le passage de courant sont dus à une connexion rompue, corrodée ou desserrée.

Contrôle pour déceler un court-circuit

Pour déceler la présence éventuelle d'un état de court-circuit, commencer par débrancher la ou les charges reliées au circuit (les charges sont constituées des éléments consommant le courant généré dans un circuit tel que celui des ampoules, des moteurs électriques, des résistances chauffantes, etc.).

Déposer le fusible du circuit concerné et relier un contrôleur ou un voltmètre aux branchements du fusible.

Mettre le circuit sous tension en se rappelant que certains circuits ne se trouvent activés que lorsque la clé de contact est placée sur une position donnée.

Si un passage de courant est observé (ce qui est indiqué par la lampe-témoin du contrôleur ou bien par le voltmètre), cela dénote l'existence d'un court-circuit.

Si aucun passage de courant n'est noté et que le fusible se trouve une nouvelle fois claqué lorsque la ou les charges viennent à être connectées, cela est révélateur de l'existence d'une anomalie interne au sein même du ou des éléments concernés.

Contrôle pour déceler une mauvaise mise à la masse

La borne négative de la batterie est reliée à la masse : point conducteur sur le métal du moteur ou de la boîte de vitesses et de la caisse de voiture, et la plupart des circuits sont câblés de telle sorte à recevoir uniquement une impulsion d'alimentation positive, le courant revenant via le métal de la caisse de voiture par où se ferme le circuit. Cela signifie que le support de fixation de l'élément et la caisse font partie intégrante du même circuit. Des supports de fixation desserrés ou corrodés peuvent par conséquent être à l'origine d'avaries électriques allant de la panne totale à un fonctionnement par intermittence des équipements électriques. Notamment, les feux peuvent diffuser

3.3a Dépose du couvercle de la platine à fusibles de planche de bord - au niveau de la boîte à gants, modeles avec direction à droite

3.3b Boîtier à fusibles et relais dans le compartiment moteur

une faible intensité lumineuse (en particulier lorsqu'un autre circuit partageant le même point conducteur de mise à la masse se trouve actionné), les moteurs électriques (par exemple ceux des essuie-glaces ou le motoventilateur de refroidissement) peuvent tourner paresseusement et le fonctionnement d'un circuit peut affecter celui d'un autre circuit sans relation apparemment logique. A noter que sur nombre de voitures, des câbles de mise à la masse sont utilisés entre certains organes tels que le moteur ou la boîte de vitesses et la caisse, cela habituellement lorsqu'il n'existe pas de contact de métal à métal entre ces éléments du fait de la présence de silentblocs en caoutchouc notamment.

Pour vérifier qu'un élément est correctement mis à la masse, débrancher la batterie et relier l'un des fils de l'ohmmètre à un point assurant une bonne mise à la masse. Relier l'autre fil au fil ou branchement de mise à la masse devant être contrôlé. La résistance indiquée par l'ohmmètre doit être nulle. En cas contraire, contrôler le branchement en procédant comme suit :

En cas de doute de l'efficacité d'un branchement de mise à la masse, défaire la connexion et nettoyer en grattant pour mettre à nu le métal sur la caisse et la cosse du fil ou bien sur le plan de joint du branchement de mise de masse de l'élément concerné. Veiller à bien éliminer soigneusement toute trace de saleté ou de corrosion puis utiliser un couteau pour enlever la peinture de sorte qu'un bon contact de métal à métal soit obtenu. Au remontage, bien serrer les fixations. Si c'est un fil qui est rebranché, monter des rondelles cannelées entre la cosse et la caisse pour assurer un branchement net et solide. Au moment de rebrancher la connexion de mise à la masse, afin

de prévenir l'oxydation ultérieure, répandre une couche de vaseline ou de graisse siliconée ou bien vaporiser à la bombe (cela devant être fait à intervalles réguliers) un produit protecteur ou anti-humidité pour circuits d'allumage que l'on peut se procurer dans le commerce.

3 Fusibles et relais - généralités

Fusibles

1 Un fusible sert à interrompre un circuit lorsque le courant électrique qui le traverse dépasse une intensité prédéterminée de façon à protéger les composants et le câblage électrique associés à ce circuit qui pourraient se trouver endommagés par cette surintensité. Un courant de trop forte intensité provient d'une anomalie à l'intérieur du circuit, ordinairement un court-circuit (voir section précédente).

2 La plupart des fusibles principaux sont implantés dans l'habitacle sur une platine située en bout de planche de bord, côté conducteur. Des fusibles supplémentaires (notamment les « maxi. fusibles » qui constituent une protection supplémentaire des

circuits électriques) sont prévus dans le boîtier à fusibles et relais, implanté dans le compartiment moteur, au niveau du passage de roue avant gauche, le long de la batterie.

3 Pour accéder aux fusibles dans l'habitacle, ouvrir la trappe d'accès en la basculant et dégager l'extrémité du cordon de retenue puis déverrouiller la platine porte-fusibles en appuyant sur la languette de retenue à gauche et tournant le loquet d'un quart de tour vers la gauche puis basculer la platine vers le bas. Pour accéder à ceux dans le compartiment moteur, enlever le couvercle du boîtier à fusibles et relais, en écartant la patte de retenue vers la batterie et tirant simplement dessus **(voir illustrations)**. La platine supérieure du boîtier dans le compartiment moteur intègre une carte électronique, les fusibles et les relais double tandis que la platine inférieure comporte les « maxi-fusibles ».

4 Avant de déposer un fusible, s'assurer de bien mettre en position « arrêt » l'interrupteur du circuit protégé, ou couper le contact. Utiliser la pince en plastique prévue à cet effet pour extraire le fusible **(voir illustration)**. Un fusible claqué se reconnaît par son élément sensible fondu ou rompu.

5 Avant de changer le fusible, déterminer la cause de son claquage et y remédier. Un fusible défectueux doit être remplacé par un fusible calibré à la même intensité maximale. Ne jamais utiliser un fusible d'un calibre différent de celui préconisé. Les fusibles qui sont de type enfichable sont repérés par la référence de leur calibre portée sur leur tranche et par une couleur distinctive (voir ci-dessous), et l'affectation des fusibles est indiquée par des repères numérotés au niveau des platines. Se reporter aux « *Schémas électriques* » en fin de chapitre pour l'affectation des fusibles, et aux figures jointes pour leur identification **(voir illustrations)**.

Couleur	Intensité
Orange	5 A
Rouge	10 A
Bleu	15 A
Jaune	20 A
Neutre ou blanc	25 A
Vert	30 A

3.4 Dépose d'un fusible avec la pince prévue à cet effet - direction à droite

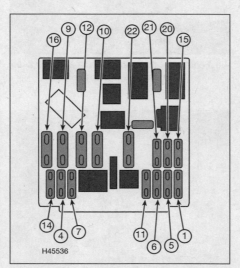

3.5a Identification des fusibles de planche de bord. . .

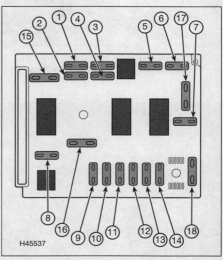

3.5b . . . et dans le compartiment moteur

6 Si un fusible claque aussitôt après l'avoir changé, en déterminer la cause avant de le remplacer une nouvelle fois. Le claquage provient le plus souvent d'un court-circuit à la masse dû à un défaut d'isolation d'un câble. Lorsque le fusible assure la protection de plusieurs circuits, essayer d'isoler le défaut en mettant tour à tour chacun des circuits sous tension, si cela est possible, jusqu'à ce que le fusible claque. Il convient de toujours conserver dans la voiture un jeu complet de fusibles de rechange. La platine dans l'habitacle doit normalement comporter un certain nombre de fusibles de rechange.

Relais

7 En raison de l'équipement multiplexé, la majorité des relais sont intégrés au boîtier de servitude intelligent (voir section 23). D'autres relais sont implantés au niveau de la platine à fusibles dans le compartiment moteur. Certains autres relais et éventuellement des « maxi-fusibles » supplémentaires (alimentation électrique du chauffage additionnel dans l'habitacle ou interdiction de démarrage, selon les versions) sont prévus sous le projecteur du côté gauche.

8 Si un circuit gouverné par relais vient à connaître une défaillance et en cas de doute sur le bon fonctionnement du relais, actionner le circuit concerné. Si le relais fonctionne normalement, on doit pouvoir entendre un claquement lorsqu'il se trouvera excité. Si tel est le cas, l'anomalie réside dans les composants associés au circuit ou le câblage électrique. Si le relais ne se trouve pas excité, il n'est pas alimenté en courant électrique, ne reçoit pas d'impulsion de commutation ou bien

il est défectueux. Le contrôle d'un relais s'effectue en montant à sa place un autre relais dont on est sûr du bon fonctionnement mais en faisant toutefois attention car si certains relais d'apparence identique fonctionnent sur le même principe, d'autres sont d'aspect similaire mais remplissent des fonctions différentes.

9 Avant de déposer un relais, s'assurer de mettre en position « arrêt » l'interrupteur du circuit concerné. Les relais se déposent normalement en les tirant simplement pour les extraire de leur douille et se reposent en les poussant pour les enficher.

---

4 Interrupteurs et commutateurs - dépose et repose

Nota : Veiller à débrancher la batterie (voir chapitre 5A) pour procéder à la dépose d'un interrupteur, et la rebrancher suite à sa repose.

Commutateur d'allumage-démarrage

1 Voir chapitre 10.

Commandes multifonction au volant

2 Déposer le coussin gonflable de sécurité côté conducteur (voir section 22).
3 Déposer le volant de direction (voir chapitre 10).
4 Déposer les demi-coquilles de la colonne de direction (voir chapitre 11, section 27).

4.5 Vis de collier de bridage du bloc des commandes multifonction au volant

4.8 Fenêtre (A) du contact rotatif à aligner avec l'index (B) sur le support

4.12a Dépose des commandes entre les aérateurs centraux ...

5 Desserrer la vis du collier de bridage puis à l'aide d'un petit tournevis, écarter avec précaution les pattes de verrouillage et dégager le bloc des commandes multifonction de la colonne de direction, en débranchant les trois connecteurs électriques (voir illustration).

Attention : Prendre garde de ne pas endommager les pattes de verrouillage du bloc des commandes multifonction

6 La repose s'opère à l'inverse de la dépose, en s'assurant toutefois que le contact rotatif du coussin gonflable de sécurité intégré au bloc des commandes est correctement positionné, comme suit :
7 Vérifier que les roues avant se trouvent bien en position ligne droite.
8 S'assurer que la lettre « O » est bien visible par la fenêtre à l'avant du contact rotatif. Si la lettre « D » apparaît au niveau de la fenêtre, tourner le contact rotatif dans le sens anti-horaire de façon à faire coïncider la lettre « O » avec la fenêtre. Si la lettre « G » est visible par la fenêtre, tourner le contact rotatif dans le sens horaire jusqu'à ce que la lettre « O » apparaisse puis positionner la fenêtre en regard de l'index sur le support du contact (voir illustration).

Nota : Sur les véhicules équipés du système de contrôle dynamique de stabilité (ESP), en cas de montage d'un bloc de commandes de rechange, celui doit être initialisé à l'aide de l'appareil de diagnostic propre au constructeur. Cette opération est à confier aux services techniques d'un représentant du réseau Citroën ou à un spécialiste équipé en conséquence.

Commandes centrales sur planche de bord

9 La dépose des commandes implantées entre les aérateurs centraux de la planche de bord et de chaque côté de l'autoradio, s'effectue en les poussant de l'arrière de la planche de bord pour les chasser. Pour cela :
10 Déposer l'autoradio (voir section 17).
11 Suivant équipement, pousser le vide-poches de l'intérieur du logement de l'autoradio vers l'extérieur pour déverrouiller la patte de retenue de chaque côté et le déposer.
12 Pousser la commande concernée de l'arrière pour la dégager de son logement dans la planche de bord et débrancher la connexion électrique pour la déposer (voir illustrations).
13 La repose s'opère en sens inverse de dépose.

Commandes latérales sur planche de bord

14 La dépose des commandes de réglage de la portée des projecteurs et de réglage électrique des rétroviseurs extérieurs, implantées côté conducteur, s'effectue en les poussant de l'arrière de la planche de bord pour les chasser. Pour cela :
15 Déposer l'habillage inférieur de la planche de bord, côté conducteur (voir chapitre 11, section 27).
16 Pousser la commande concernée de l'arrière pour la dégager de son logement dans la planche

4.12b ... et au niveau du logement de l'autoradio en poussant de l'arrière

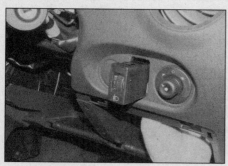

4.16 Dépose de la commande de réglage de la portée des projecteurs - direction à droite

4.24a Utilisation d'un tournevis pour appuyer sur une languette de retenue à l'arrière . . .

4.24b . . . et dépose d'un inverseur de lève-glace électrique au niveau de la console centrale

de bord et débrancher la connexion électrique pour la déposer **(voir illustration).**

17   La repose a lieu à l'inverse de la dépose.

Commandes de chauffage-ventilation

18   Les commandes sont intégrées à leur platine-support et en sont indissociables. En cas de défectuosité d'une commande, la platine complète est à remplacer (voir chapitre 3, section 10).

Contacteur de feux stop

19   Voir chapitre 9.

Contacteur de frein à main

20   Voir chapitre 9.

Contacteurs de plafonniers

21   Ils sont intégrés aux mécanismes de serrures de portes dont la dépose et la repose sont décrites au chapitre 11, section 12.

Contacteur d'éclairage de coffre

22   Il est intégré au mécanisme de serrure du hayon dont la dépose et la repose sont décrites au chapitre 11, section 15.

Commandes sur console centrale

23   Déposer la console centrale (voir chapitre 11).

24   Appuyer sur les languettes de retenue latérales au dos de la commande concernée à l'aide d'un petit tournevis pour les déverrouiller puis extraire la commande de son logement dans la console centrale **(voir illustrations).**

25   La repose a lieu en sens inverse de dépose.

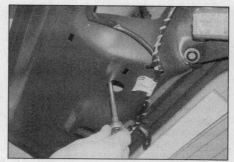

4.27 Desserrage d'un écrou de fixation extérieur de la poignée d'ouverture extérieure du hayon

Contacteur de verrouillage de hayon

26   Déposer les garnitures intérieures du hayon (voir chapitre 11, section 25).

27   En opérant par les perçages dans le hayon, desserrer de chaque côté l'écrou assurant la fixation des bords extérieurs de la poignée d'ouverture extérieure **(voir illustration).**

28   Débrancher le connecteur électrique du contacteur de verrouillage puis desserrer les deux écrous de fixation intérieurs et dégager la poignée d'ouverture extérieure du hayon **(voir illustration).**

29   Déverrouiller les pattes de retenue au moyen d'un petit tournevis puis dégager le contacteur de verrouillage de la poignée d'ouverture extérieure **(voir illustrations).**

30   La repose s'opère en sens inverse de dépose.

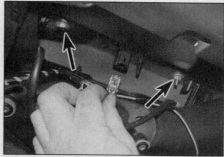

4.28 Débranchement du connecteur électrique de contacteur de verrouillage et écrous de fixation intérieurs de la poignée d'ouverture extérieure du hayon

5   Ampoules (éclairage extérieur) - remplacement

Généralités

1   Pour procéder au remplacement d'une ampoule, observer les points suivants :

 a) Savoir qu'une ampoule venant de fonctionner peut atteindre une température extrêmement élevée

 b) Il convient de toujours vérifier le culot de l'ampoule et la douille pour s'assurer de la propreté du contact de métal à métal entre l'ampoule et son point d'alimentation et sa mise à la masse. Eliminer les traces de corrosion ou la saleté avant de monter une ampoule neuve

 c) Lorsque des ampoules du type à baïonnette (type « poire » à ergots) sont utilisées, veiller à ce que la languette de contact porte bien contre le culot de l'ampoule

 d) S'assurer de monter des ampoules de puissance adaptée et veiller à ce qu'elles soient parfaitement propres, surtout pour les ampoules à halogène des feux de croisement-route et des antibrouillards avant

Feux de route et croisement

2   Pour améliorer l'accès au projecteur côté gauche, déposer les deux parties du couvercle de la batterie (voir chapitre 5A, section 4) puis les conduits du circuit d'alimentation en air implantés

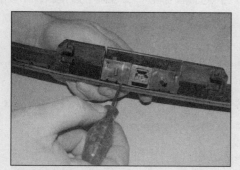

4.29a Utilisation d'un tournevis pour déverrouiller une patte de retenue . . .

4.29b . . . et dépose du contacteur de verrouillage au niveau de la poignée d'ouverture extérieure du hayon

5.3a Soulever le ressort de retenue . . .

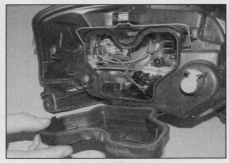

5.3b . . . pour déposer le couvercle de protection au dos d'un projecteur

5.4 Débranchement du connecteur électrique au niveau d'une ampoule d'un projecteur

derrière le projecteur (voir chapitre 4A ou 4B, suivant le cas).

3 Soulever le ressort de retenue puis déposer le

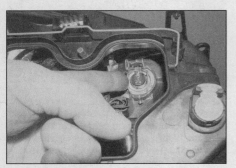

5.5a Appuyer sur l'extrémité du ressort de retenue pour le décrocher . . .

5.5b . . . et dégager l'ampoule du projecteur

5.11 Extraction de la douille porte-ampoule d'un feu de position AV.

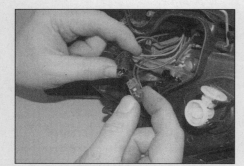

5.12 Dépose de l'ampoule d'un feu de position AV.

5.17a Connecteur électrique à débrancher au niveau d'un projecteur antibrouillard AV. . . .

5.17b . . . et dépose du cache en le tournant dans le sens anti-horaire

couvercle de protection au dos du projecteur du côté intéressé **(voir illustrations)**.

4 Débrancher le connecteur électrique de l'ampoule concernée **(voir illustration)**.

5 Appuyer sur son extrémité pour décrocher le ressort de retenue et extraire l'ampoule **(voir illustrations)**.

6 Lors de son montage, ne pas toucher directement le verre de l'ampoule à halogène neuve avec les doigts, ce qui risquerait de provoquer son noircissement et un claquage prématuré. Utiliser un chiffon propre ou de l'essuie-tout en papier pour manipuler ce type d'ampoule. En cas de contact accidentel des doigts, nettoyer le verre de l'ampoule avec un chiffon imbibé d'alcool éthylique dénaturé (à brûler).

7 Installer l'ampoule neuve en veillant à positionner correctement ses languettes de contact dans les

crans du projecteur puis agrafer le ressort de retenue de l'ampoule.

8 Rebrancher le connecteur électrique puis reposer le couvercle de protection en le fixant correctement avec le ressort de retenue.

9 Remettre en place les éléments ayant été éventuellement déposés pour permettre d'accès.

Feux de position AV.

10 Procéder comme décrit précédemment aux points 2 et 3.

11 Extraire la douille porte-ampoule au dos du projecteur **(voir illustration)**.

12 L'ampoule qui est de type enfichable se dépose en tirant simplement sur elle pour la dégager de la douille **(voir illustration)**.

13 Monter l'ampoule neuve puis reposer la douille porte-ampoule en la tournant dans le sens horaire pour bien la verrouiller.

14 Reposer le couvercle de protection en le fixant correctement avec le ressort de retenue.

15 Remettre en place les éléments ayant été éventuellement déposés pour permettre d'accès.

Antibrouillards AV.

16 Ouvrir la trappe d'accès en bas de la coquille pare-boue du passage de roue avant du côté intervention, sous le projecteur antibrouillard.

17 Débrancher le connecteur électrique du projecteur puis tourner le cache dans le sens anti-horaire pour le déposer **(voir illustrations)**.

18 Débrancher le connecteur électrique de l'ampoule d'antibrouillard.

19 Appuyer sur son extrémité pour décrocher le

5.19 Appuyer sur l'extrémité du ressort de retenue pour le décrocher et déposer l'ampoule d'un projecteur antibrouillard AV.

5.25a Dépose de la douille porte-ampoule d'un clignotant AV. . . .

5.25b . . . et de l'ampoule à fixation baïonnette

ressort de retenue et extraire l'ampoule (**voir illustration**).

20 Lors de son montage, ne pas toucher directement le verre de l'ampoule à halogène neuve avec les doigts, ce qui risquerait de provoquer son noircissement et un claquage prématuré. Utiliser un chiffon propre ou de l'essuie-tout en papier pour manipuler ce type d'ampoule. En cas de contact accidentel des doigts, nettoyer le verre de l'ampoule avec un chiffon imbibé d'alcool éthylique dénaturé (à brûler).

21 Installer l'ampoule neuve en veillant à positionner correctement ses languettes de contact dans les crans du projecteur puis agrafer le ressort de retenue de l'ampoule et rebrancher le connecteur électrique.

22 S'assurer que son joint est en bon état avant de reposer le cache au dos du projecteur.

23 Rebrancher le connecteur électrique du projecteur puis refermer la trappe d'accès.

Clignotants AV.

24 Opérer comme décrit précédemment aux points 2 et 3.

25 Tourner la douille porte-ampoule d'un quart de tour dans le sens anti-horaire pour la dégager au dos du projecteur. L'ampoule à fixation baïonnette se dépose en la poussant tout en la tournant vers la gauche pour dégager ses ergots des crans de la douille (**voir illustrations**).

26 Monter l'ampoule neuve puis reposer la douille porte-ampoule, en la tournant dans le sens horaire pour la fixer.

27 Reposer le couvercle de protection du projecteur en le fixant correctement avec le ressort de retenue.

28 Remettre en place les éléments ayant été éventuellement déposés pour permettre d'accès.

Répétiteurs latéraux de clignotants

29 Pousser le boîtier du répétiteur vers l'avant pour libérer sa patte de retenue arrière puis l'extraire de son logement dans l'aile (**voir illustration**).

30 Tourner la douille porte-ampoule dans le sens anti-horaire pour la dégager au dos du boîtier puis enlever l'ampoule de type enfichable qui se dépose en tirant simplement sur elle (**voir illustrations**).

31 Opérer en sens inverse de dépose pour effectuer la repose.

Feux AR.

32 Ouvrir le hayon puis à l'intérieur du coffre, déboîter à l'aide d'un tournevis et déposer le cache en haut du bloc de feux arrière du côté concerné

puis desserrer l'écrou de fixation précédemment dissimulé (**voir illustrations**).

33 Desserrer l'écrou de fixation inférieur du bloc de feux arrière par l'ajour dans la garniture latérale du coffre (**voir illustration**).

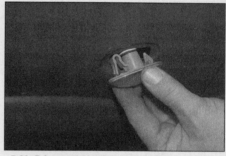

5.29 Dépose du boîtier d'un répétiteur latéral de clignotant

5.30a Tourner la douille porte-ampoule dans le sens anti-horaire pour la dégager du boîtier . . .

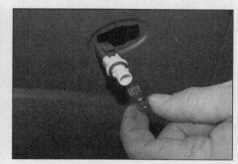

5.30b . . . et extraire l'ampoule de type enfichable

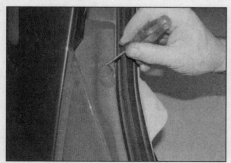

5.32a Utilisation d'un tournevis pour déboîter le cache . . .

5.32b . . . et déposer l'écrou de fixation supérieur d'un bloc de feux AR.

5.33 Ecrou de fixation inférieur d'un bloc de feux AR.

5.34 Débranchement du connecteur électrique d'un bloc de feux AR.

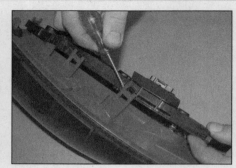

5.35a Utilisation d'un tournevis pour écarter une des pattes de retenue . . .

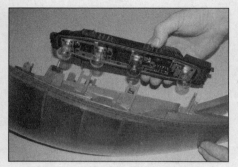

5.35b . . . et dépose de la platine porte-ampoules d'un bloc de feux AR.

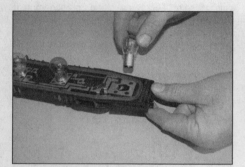

5.36 Dépose d'une ampoule au niveau d'un bloc de feux AR.

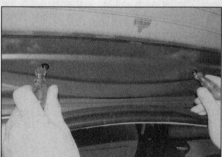

5.38 Utilisation de deux tournevis pour déverrouiller les pattes de retenue latérales du bloc de 3e feu de stop

34 Dégager le bloc de feux arrière de l'aile et débrancher le connecteur électrique en pinçant ses languettes de verrouillage latérales : petits boutons bleus (**voir illustration**).

35 Ecarter ses six pattes de retenue en faisant levier avec précaution au moyen d'un tournevis pour dégager la platine porte-ampoules du bloc de feux (**voir illustrations**).

36 Les ampoules à fixation baïonnette se déposent en les poussant tout en les tournant vers la gauche pour dégager leurs ergots des crans des douilles (**voir illustration**).

37 La repose s'opère à l'inverse de la dépose, en s'assurant que le joint de la platine porte-ampoules est en bon état et de bien engager l'ergot de centrage à la base du bloc de feux dans le logement correspondant sur l'aile.

3e feu de stop

38 A l'aide de deux tournevis engagés dans les perçages à l'intérieur du hayon, déverrouiller les pattes de retenue latérales du bloc de 3e feu de stop (**voir illustration**).

39 Dégager le bloc de 3e feu de stop par l'extérieur du hayon et débrancher le connecteur électrique de la douille porte-ampoule (**voir illustration**).

40 L'ampoule de type enfichable se dépose en tirant simplement sur elle pour l'extraire de la douille (**voir illustration**).

41 La repose a lieu à l'inverse de la dépose.

Eclairage de plaque d'immatriculation

42 Déboîter avec précaution le diffuseur de l'éclaireur concerné en faisant levier latéralement au moyen de la lame plate d'un petit tournevis et le déposer puis extraire l'ampoule de type enfichable en tirant simplement sur elle pour la dégager de la douille (**voir illustrations**).

43 La repose s'effectue à l'inverse de la dépose, en s'assurant de bien encliqueter le diffuseur de l'éclaireur.

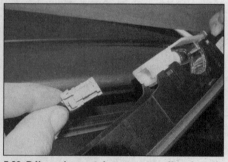

5.39 Débranchement du connecteur électrique de la douille porte-ampoule du bloc de 3e feu de stop

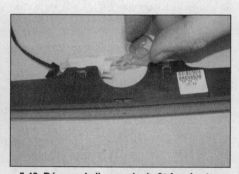

5.40 Dépose de l'ampoule de 3e feu de stop

5.42a Utilisation d'un tournevis pour déboîter le diffuseur d'un éclaireur de plaque d'immatriculation . . .

5.42b . . . et dépose de l'ampoule de type enfichable

6 Ampoules (éclairage intérieur) - remplacement

Généralités

1 Voir section précédente, point 1.

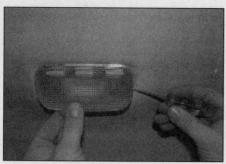

6.2 Utilisation d'un tournevis pour déboîter le diffuseur d'un éclaireur dans l'habitacle

6.3 Dépose de l'ampoule de type enfichable d'un éclaireur de l'habitacle

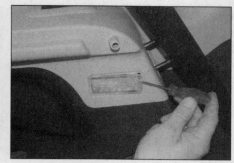

6.5a Utilisation d'un tournevis pour dégager le boîtier de l'éclaireur de coffre . . .

Eclairage de l'habitacle

2 Déboîter avec précaution à l'aide d'un petit tournevis et déposer le diffuseur de l'éclaireur concerné **(voir illustration)**.

3 Extraire l'ampoule de type enfichable qui se dépose en tirant simplement sur elle pour la dégager de la douille **(voir illustration)**.

4 La repose s'opère en sens inverse de dépose.

Eclairage de coffre

5 Déposer le boîtier de l'éclaireur en faisant levier avec précaution au moyen d'un petit tournevis pour l'extraire de son logement dans la garniture latérale du coffre et débrancher le connecteur électrique **(voir illustration)**.

6 Extraire l'ampoule de type enfichable qui se dépose en tirant simplement sur elle pour la dégager de la douille **(voir illustration)**.

7 La repose s'effectue à l'inverse de la dépose.

Eclairage et témoins de combiné d'instruments

8 L'éclairage et les témoins lumineux d'alerte et de surveillance du combiné d'instruments sont constitués de diodes non remplaçables. En cas de défectuosité d'une diode, procéder au remplacement du combiné d'instruments complet comme décrit en section 9.

Eclairage des commandes de chauffage-ventilation

9 Déposer l'autoradio (voir section 17).

10 Suivant équipement, pousser le vide-poches de l'intérieur du logement de l'autoradio vers l'extérieur pour déverrouiller la patte de retenue de chaque côté et le déposer **(voir illustrations)**.

11 Pousser le haut de la platine des commandes de chauffage-ventilation vers l'intérieur de manière à libérer les pattes de retenue supérieures puis tirer la platine vers le haut pour désengager les pattes de retenue inférieures **(voir illustrations)**.

12 Retourner la platine des commandes de chauffage-ventilation et à l'aide d'une pince à becs pointus, tourner la douille porte-ampoule concernée dans le sens anti-horaire pour la déposer puis extraire l'ampoule de type enfichable

6.5b . . . et débranchement du connecteur électrique

6.6 Dépose de l'ampoule de type enfichable de l'éclaireur de coffre

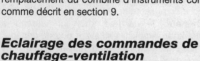

6.10a Le vide-poches est à pousser vers l'extérieur . . .

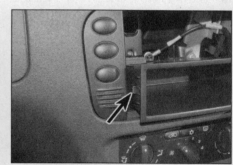

6.10b . . . pour libérer la patte de retenue de chaque côté

6.11a Pousser le haut de la platine des commandes de chauffage-ventilation vers l'intérieur pour libérer les pattes de retenue supérieures . . .

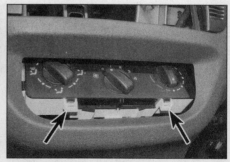

6.11b . . . et tirer la platine vers le haut pour désengager ses pattes de retenue inférieures

6.12a Utilisation d'une pince pour tourner et déposer une douille porte-ampoule d'éclairage de la platine des commandes de chauffage-ventilation . . .

en tirant simplement sur elle pour la dégager de la douille (voir illustrations).

13 La repose a lieu en sens inverse de dépose.

Eclairage de l'afficheur multifonction

14 Procéder à la dépose de l'afficheur multifonction (voir section 10).

15 Tourner la douille porte-ampoule concernée dans le sens anti-horaire pour la déposer puis extraire l'ampoule de type enfichable en tirant simplement sur elle pour la dégager de la douille (voir illustration).

Eclairage des interrupteurs et commutateurs

16 L'éclairage des interrupteurs et commutateurs est constitué de diodes non remplaçables. En cas de défectuosité d'une diode, procéder au

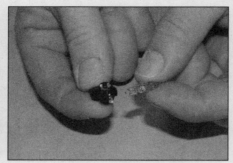

6.12b . . . et dépose de l'ampoule de type enfichable

remplacement de l'interrupteur ou du commutateur concerné comme décrit en section 4.

Eclairage de miroir de courtoisie

17 Déboîter avec précaution à l'aide d'un tournevis le diffuseur de l'éclaireur et le miroir du pare-soleil.

18 Extraire ensuite l'ampoule de type navette.

7 Feux de signalisation extérieurs - dépose et repose

Projecteurs

1 Déposer le bouclier pare-chocs avant (voir chapitre 11).

2 Desserrer les deux vis de fixation inférieures du projecteur du côté intéressé sur la caisse (voir illustration).

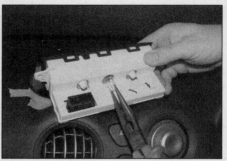

6.15 Dépose d'une douille porte-ampoule d'éclairage de l'afficheur multifonction en la tournant dans le sens anti-horaire avec une pince

3 A l'aide d'un petit tournevis, soulever la patte de retenue supérieure pour la dégager de l'aile (voir illustration).

4 Dégager le projecteur de l'aile et débrancher son connecteur électrique pour le déposer (voir illustration).

5 Pour procéder à la repose, rebrancher le connecteur électrique puis amener le projecteur en place.

6 Installer le projecteur dans son logement, en s'assurant de bien engager l'ergot arrière dans la fente correspondante sur l'aile (voir illustration).

7 Remonter et serrer convenablement les vis de fixation.

8 Vérifier le bon fonctionnement du projecteur puis effectuer la repose du bouclier pare-chocs, comme indiqué au chapitre 11.

9 Vérifier que les faisceaux des phares sont correctement réglés (voir section suivante).

Répétiteurs latéraux de clignotants

10 Procéder comme décrit en section 5, dans le cadre du remplacement des ampoules, pour la dépose et la repose de répétiteurs latéraux de clignotants.

Projecteurs antibrouillard AV.

11 Ouvrir la trappe d'accès en bas de la coquille pare-boue du passage de roue avant du côté intéressé, sous le projecteur antibrouillard.

12 Débrancher le connecteur électrique au niveau du cache du projecteur.

13 Desserrer la vis de fixation inférieure puis pousser le projecteur vers l'avant pour le dégager du bouclier pare-chocs (voir illustration).

14 La repose s'opère à l'inverse de la dépose.

7.2 Vis de fixation inférieures d'un projecteur

7.3 Utilisation d'un tournevis pour soulever la patte de retenue supérieure d'un projecteur

7.4 Débranchement du connecteur électrique d'un projecteur

7.6 Ergot arrière d'un projecteur à engager correctement dans la fente correspondante sur l'aile

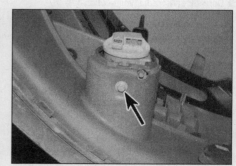

7.13 Vis de fixation inférieure d'un projecteur antibrouillard AV.

7.17 Débranchement du connecteur électrique d'un éclaireur de plaque d'immatriculation

9.2 Dépose de l'enjoliveur du combiné d'instruments

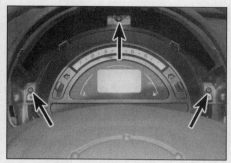

9.3 Vis de fixation du combiné d'instruments

Feux AR.

15 Opérer comme indiqué en section 5, dans le cadre du remplacement des ampoules, pour la dépose et la repose des blocs de feux arrière.

3ᵉ feu de stop

16 Procéder comme décrit en section 5, dans le cadre du remplacement de l'ampoule, pour la dépose et la repose du bloc de 3ᵉ feu de stop.

Eclaireurs de plaque d'immatriculation

17 Extraire l'éclaireur concerné de son logement dans le hayon en faisant levier avec précaution au moyen d'un petit tournevis puis débrancher le connecteur électrique **(voir illustration)**.
18 Pour effectuer la repose, rebrancher le connecteur électrique puis pousser l'éclaireur pour bien l'emboîter dans son logement.

8 Faisceaux des projecteurs - réglage

Un réglage précis du faisceau des projecteurs nécessite un banc de contrôle optique et il convient de le faire effectuer par les services techniques d'un représentant du réseau Citroën ou par un garagiste équipé en conséquence.

Sur les modèles équipés d'un dispositif de réglage électrique permettant de corriger à distance la hauteur des projecteurs pour tenir compte de l'état de chargement du véhicule, s'assurer que la molette sur la planche de bord se

trouve bien en position « 0 » pour procéder au réglage du faisceau des projecteurs.

9 Combiné d'instruments - dépose et repose

Dépose

1 Débrancher la batterie (voir chapitre 5A).
2 Dégrafer avec précaution et déposer l'enjoliveur du combiné d'instruments **(voir illustration)**.
3 Desserrer ses trois vis de fixation puis dégager le combiné d'instruments de la planche de bord **(voir illustration)**.
4 Débrancher ses connexions électriques pour déposer le combiné d'instruments.

Repose

5 La repose a lieu en sens inverse de dépose.

10 Afficheur multifonction - dépose et repose

Dépose

1 S'assurer de bien couper le contact.
2 Déposer la visière de l'afficheur multifonction (voir chapitre 11, section 27).
3 Desserrer ses deux vis de fixation puis extraire l'afficheur multifonction de son logement dans la planche de bord et débrancher le connecteur électrique **(voir illustration)**.

Repose

4 La repose s'opère à l'inverse de la dépose.

11 Allume-cigares - dépose et repose

Dépose

1 Déposer la console centrale (voir chapitre 11).
2 Déverrouiller avec précaution les pattes de retenue puis dégager l'ensemble de l'éclaireur de l'embase de l'allume-cigares, en prenant garde de ne pas casser ses contacts électriques.
3 Extraire la résistance chauffante puis libérer les languettes et chasser la bague métallique en la poussant. Le guide extérieur en plastique peut ensuite être dégagé de la console.

Repose

4 Faire coïncider la languette du guide extérieur en plastique avec le cran puis l'insérer dans la console.
5 Faire coïncider le contact de la douille porte-ampoule sur la bague métallique avec les languettes sur le guide extérieur en plastique pour encliqueter la bague.
6 Engager l'ensemble de l'éclaireur sur la bague métallique et bien l'enclencher sur le guide extérieur en plastique.
7 S'assurer que les pièces de l'allume-cigares sont correctement assemblées puis reposer la console centrale comme décrit au chapitre 11.

12 Avertisseur sonore - dépose et repose

Dépose

1 L'avertisseur sonore est implanté derrière le bouclier pare-chocs avant, du côté gauche.
2 Déposer le bouclier pare-chocs avant (voir chapitre 11).
3 Débrancher le connecteur électrique puis dévisser l'écrou de fixation et dégager l'avertisseur sonore de son support **(voir illustration)**.

Repose

4 La repose a lieu à l'inverse de la dépose.

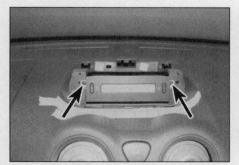

10.3 Vis de fixation de l'afficheur multifonction

12.3 Ecrou de fixation de l'avertisseur sonore

13 Bras d'essuie-glaces - dépose et repose

Nota : *Les bras d'essuie-glaces sont montés extrêmement serrés sur leur axe et un extracteur peut être nécessaire pour les déposer sans risquer de les endommager.*

Dépose

1 Faire fonctionner le ou les essuie-glaces de façon à ce que leur bras revienne en position d'arrêt fixe. Coller un morceau de ruban adhésif le long du bord de la raclette de l'essuie-glace concerné afin de repérer la position de montage. Il existe également un repère de position prévu à cet effet sur le pare-brise **(voir illustration)**.
2 Soulever son cache pivotant puis débloquer et enlever l'écrou d'axe du bras d'essuie-glace **(voir illustration)**.
3 Ecarter le balai de la glace puis désaccoupler le bras de l'axe, en se servant si nécessaire d'un extracteur approprié.
4 Dans le cas de l'essuie-glace arrière, récupérer l'entretoise sur l'axe après avoir dégagé le bras **(voir illustration)**.

Repose

5 S'assurer de la propreté des cannelures du bras d'essuie-glace et de son axe puis reposer le bras en alignant la raclette sur le morceau de ruban adhésif posé au préalable ou le repère de position existant.
6 Remonter l'écrou d'axe en le serrant convenablement puis rabattre le cache pivotant sur l'écrou.

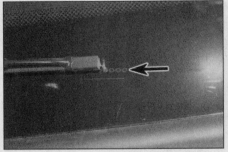

13.1 Repère de position de raclette d'essuie-glace sur le pare-brise

14 Moteur et mécanisme d'essuie-glaces AV. - dépose et repose

Dépose

1 Déposer les deux parties de la grille d'auvent (voir chapitre 11).
2 Dégager la garniture en mousse isolante puis desserrer l'écrou de fixation du mécanisme d'essuie-glaces sur la caisse **(voir illustrations)**.
3 Desserrer de l'autre côté les deux vis de fixation du mécanisme d'essuie-glaces sur la caisse **(voir illustration)**.
4 Dégager l'ensemble mécanisme et moteur d'essuie-glaces de la baie d'auvent puis débrancher le connecteur électrique **(voir illustration)**.
5 Pour dissocier le moteur du mécanisme, désaccoupler le mécanisme au niveau du bras de manivelle de la rotule **(voir illustration)**.

13.2 Dépose de l'écrou d'axe d'un bras d'essuie-glace AV.

13.4 Dépose de l'entretoise au niveau de l'axe du bras d'essuie-glace AR.

6 Desserrer les deux vis d'assemblage puis désolidariser le moteur du mécanisme **(voir illustration)**.

Repose

7 La repose s'effectue à l'inverse de la dépose.

14.2a Dépose de la garniture en mousse isolante . . .

14.2b . . . et écrou de fixation du mécanisme d'essuie-glaces AV. sur la caisse

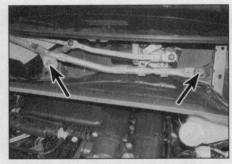

14.3 Vis de fixation du mécanisme d'essuie-glaces AV. sur la caisse

14.4 Dépose de l'ensemble moteur et mécanisme d'essuie-glaces AV.

14.5 Désaccouplement du mécanisme d'essuie-glaces AV. du bras de manivelle de la rotule

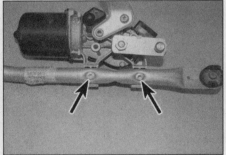

14.6 Vis d'assemblage entre moteur et mécanisme d'essuie-glaces AV.

15 Moteur d'essuie-glace AR. - dépose et repose

Nota : *Des rivets de fixation neufs et un pistolet à riveter approprié sont à prévoir pour la repose du moteur d'essuie-glace arrière.*

Dépose

1 S'assurer de bien couper le contact au préalable.
2 Déposer le bras d'essuie-glace arrière (voir section 13).
3 Déposer les garnitures intérieures du hayon (voir chapitre 11, section 25).
4 Perforer avec précaution à l'aide d'un foret de 8 mm de diamètre la tête des rivets de fixation du support du moteur d'essuie-glace sur le hayon **(voir illustration)**.
Attention : Prendre garde de ne endommager le moteur ni le hayon en perçant les rivets
5 Débrancher son connecteur électrique puis dégager le moteur d'essuie-glace du hayon, en faisant attention de ne pas perdre les bagues des blocs amortisseurs en caoutchouc.
6 Enlever le joint de l'axe du moteur d'essuie-glace sur la lunette arrière.
7 Récupérer les corps des rivets sur le support du moteur d'essuie-glace et le hayon. S'assurer de bien enlever tous les débris des rivets.
8 Le moteur n'est pas réparable : en cas de défectuosité, il est à changer.

Repose

9 Avant de procéder à la repose du moteur d'essuie-glace, vérifier l'état du joint et des blocs amortisseurs en caoutchouc au niveau des fixations : les changer s'ils sont abîmés.
10 S'assurer d'installer correctement le joint de l'axe du moteur d'essuie-glace sur la lunette arrière et les bagues des blocs amortisseurs sur le support du moteur.
11 Réinstaller le moteur d'essuie-glace en le fixant avec des rivets aveugles neufs.
12 Rebrancher le connecteur électrique du moteur d'essuie-glace puis procéder à la repose des garnitures du hayon. Mettre le contact puis faire fonctionner l'essuie-glace de façon à ce qu'il revienne en position d'arrêt fixe.
13 Effectuer la repose du bras d'essuie-glace, comme décrit en section 13.

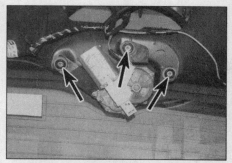

15.4 Rivets de fixation du support de moteur d'essuie-glace AR. sur le hayon

16 Lave-glaces - dépose et repose des pièces

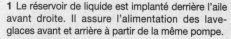

1 Le réservoir de liquide est implanté derrière l'aile avant droite. Il assure l'alimentation des lave-glaces avant et arrière à partir de la même pompe.

Réservoir de liquide

2 Débloquer les vis de la roue avant droite puis lever l'avant de la voiture au cric et le poser sur chandelles (voir « *Levage et soutien du véhicule* »). Déposer la roue.
3 Déposer la coquille pare-boue du passage de roue avant droit. Pour cela, extraire les rivets à expansion en plastique après avoir enfoncé légèrement ou soulevé leur goupille centrale, suivant le type.
4 Déposer la goulotte de remplissage du réservoir en la tirant vers le haut.
5 Débrancher les tuyaux d'alimentation des lave-glaces au niveau de la pompe, en veillant au préalable à bien repérer leur position respective de raccordement : les étiqueter au besoin pour les identifier.
6 Débrancher le connecteur électrique de la pompe d'alimentation des lave-glaces.
7 Desserrer et enlever son écrou de fixation supérieur puis la vis de fixation inférieure et dégager le réservoir dans le passage de roue **(voir illustrations)**.
8 La repose a lieu à l'inverse de la dépose, en s'assurant de rebrancher correctement les tuyaux. Remplir ensuite le réservoir et procéder à un contrôle d'étanchéité pour s'assurer de l'absence de fuites.

Pompes de lave-glaces

9 Opérer comme indiqué ci-dessus aux points 2 à 6 pour débrancher les tuyaux d'alimentation et le connecteur électrique de la pompe de lave-glaces.
10 Disposer un récipient en dessous du réservoir pour récupérer le liquide appelé à couler à la dépose de la pompe.
11 Déboîter avec précaution la pompe du réservoir et récupérer la bague-joint. Rincer toute éclaboussure de liquide à l'eau froide.
12 La repose s'effectue à l'inverse de la dépose, en changeant la bague-joint si elle est en mauvais état. Remplir ensuite le réservoir et procéder à un contrôle d'étanchéité pour s'assurer de l'absence de fuites.

Gicleurs de lave-glaces AV.

13 Ouvrir le capot et le soutenir en position verticale.
14 Débrancher le tuyau d'alimentation du gicleur concerné puis pincer ses agrafes pour dégager le gicleur du capot.
15 Pour procéder à la repose, veiller à bien encliqueter le gicleur sur le capot et à rebrancher correctement le tuyau d'alimentation. L'orientation des gicleurs n'est pas réglable.

Gicleur de lave-glace AR.

16 Procéder à la dépose du bloc de 3e feu de stop (voir section 7).
17 Débrancher le tuyau d'alimentation puis libérer ses languettes de retenue à l'aide de deux tournevis et dégager le gicleur du bloc de 3e feu de stop **(voir illustration)**. Récupérer le joint torique.
18 La repose s'opère en sens inverse de dépose.

17 Autoradio - dépose et repose

Nota : *Les descriptions qui suivent concernent les autoradios montés en équipement de série par le constructeur.*

Dépose

1 S'assurer de bien couper le contact au préalable.
2 Des outils spécifiques sont à prévoir pour la dépose de l'autoradio d'origine avec fixations aux normes DIN, à se procurer auprès d'un fournisseur spécialisé dans l'outillage pour l'automobile ou à

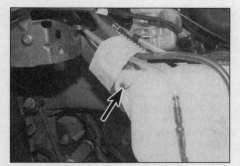

16.7a Ecrou de fixation supérieur . . .

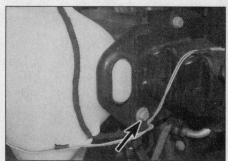

16.7b . . . et vis de fixation inférieure du réservoir de liquide de lave-glaces

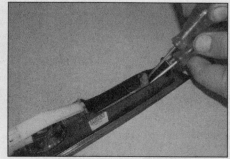

16.17 Utilisation d'un tournevis pour libérer les languettes de retenue du gicleur de lave-glace AR. au niveau du bloc de 3e feu de stop

17.3 Dépose de l'autoradio

défaut, utiliser un fil métallique ou des électrodes de soudure de 3 mm de diamètre cintrées en forme de poignée.

3 Insérer les outils dans les orifices prévus de chaque côté de la façade avant de l'appareil et les pousser de façon à déverrouiller les pattes de retenue **(voir illustration)**.

4 Extraire l'autoradio de son logement en le tirant puis débrancher les connexions électriques et le câble d'antenne à l'arrière.

Repose

5 Rebrancher le câble d'antenne et les connexions électriques puis réinstaller l'autoradio dans son logement, en prenant garde de ne pas coincer le câblage électrique.

18 Haut-parleurs - dépose et repose

Dépose

Haut-parleurs de portes

1 Déposer la garniture intérieure de la porte (voir chapitre 11).
2 Percer les rivets de fixation du haut-parleur sur le caisson de porte au moyen d'un foret de 5 mm de diamètre **(voir illustration)**.
3 Dégager le haut-parleur de son logement dans le caisson de porte et le déposer après avoir débranché son connecteur électrique **(voir illustration)**.

Haut-parleurs des aigus AV.

4 Déboîter avec précaution au moyen d'un

18.2 Perçage d'un rivet de fixation d'un haut-parleur sur une porte

tournevis la grille de son logement dans la planche de bord puis déposer le haut-parleur en débranchant le connecteur électrique.
5 Tourner le haut-parleur dans le sens horaire pour le dissocier de la grille.

Repose

6 La repose s'opère en sens inverse de dépose. S'assurer éventuellement de bien agrafer la garniture intérieure de la porte.

19 Antenne d'autoradio - dépose et repose

Dépose

1 Le brin d'antenne se dépose en le dévissant simplement de son socle.
2 Pour la dépose de l'antenne complète, ouvrir le hayon puis déchausser le joint d'encadrement dans sa partie supérieure et dégager avec précaution le bord arrière de l'habillage de pavillon pour avoir accès à l'écrou de fixation de l'antenne.
3 Débrancher le connecteur électrique, desserrer l'écrou de fixation puis dégager l'antenne du pavillon

Repose

4 La repose a lieu dans l'ordre inverse des opérations précédentes.

20 Antidémarrage et alarme antivol - généralités

Nota : *Les descriptions qui suivent ne concernent que l'équipement prévu d'origine par le constructeur.*

Antidémarrage

Toutes les versions de la gamme traitée dans cette étude disposent en équipement de série d'un dispositif antidémarrage électronique à transpondeur.

Ce dispositif ne permet le démarrage du moteur qu'avec la clé de contact d'origine du véhicule. Il se compose d'un transpondeur implanté au niveau du commutateur d'allumage-démarrage, d'une

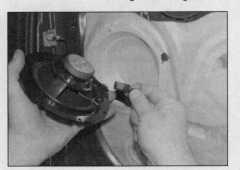

18.3 Dépose d'un haut-parleur de porte en débranchant le connecteur électrique

puce électronique incorporée à la clé de contact avec code de sécurité programmé. Il est piloté par le boîtier de servitude intelligent (voir section 23). En engageant la clé de contact, un signal se trouve transmis par le transpondeur au boîtier de servitude qui communique à son tour un signal de déverrouillage au calculateur électronique de gestion du moteur pour autoriser le démarrage du moteur si le code est reconnu. Le démarrage du moteur est interdit en cas d'utilisation d'une clé de contact inappropriée. En coupant le contact, un signal de verrouillage se trouve transmis au calculateur électronique et le moteur ne pourra être redémarré que lorsque le signal de déverrouillage approprié ne sera transmis.

Le code d'identification est enregistré sur une carte confidentielle fournie avec le véhicule. Cette carte sera exigée pour toute intervention sur le système par les services techniques du constructeur ou pour une obtenir une clé de rechange. Elle à est conserver en lieu sûr et ne doit pas être laissée dans le véhicule. En cas de perte ou de vol, une clé de contact de rechange peut être obtenue auprès du service après-vente d'un représentant du réseau Citroën qui pourra à partir de la carte confidentielle fournir une clé neuve et reprogrammer toutes les clés existantes avec un nouveau de code de sécurité, ce qui rendra inutilisable la clé perdue.
Attention : Il est impossible de reprogrammer les clés et le système antidémarrage sans la carte confidentielle

info	*En cas d'achat d'un véhicule d'occasion, il est prudent de faire reprogrammer les clés et le système antidémarrage avec un nouveau de code de sécurité afin de s'assurer que les seules clés dont on possède les exemplaires permettront le démarrage du moteur*

Le véhicule doit être confié aux services techniques d'un représentant du réseau Citroën pour toute anomalie de fonctionnement du système antidémarrage.

Alarme antivol

La plupart des versions de la gamme sont également pourvues en équipement de série d'une alarme antivol qui se trouve enclenchée en condamnant les portes avec la télécommande de verrouillage centralisé. L'alarme assure une double fonction : périmétrique en étant reliée à des contacteurs incorporés au capot moteur, au hayon et à chacune des portes, et volumétrique par le biais de capteurs à ultrasons détectant les mouvements dans l'habitacle.

Se reporter à la notice d'emploi du véhicule pour les principes de fonctionnement de l'alarme qui ne sont pas expliqués dans le présent manuel pour des raisons de sécurité évidentes.

Le véhicule est à confier aux services techniques d'un représentant du réseau Citroën pour tout dysfonctionnement constaté dans le système d'alarme.

21 Coussins gonflables de sécurité - généralités et précautions

Toutes les versions de la gamme disposent en équipement de série de coussins gonflables de sécurité (airbags) frontaux pour le conducteur et le passager, latéraux avant et rideaux pour certains modèles.

Les coussins gonflables se déclenchent lorsqu'un choc avant ou latéral important se produit, cela dépendant du point d'impact. Ils se gonflent en quelques millisecondes pour amortir le contact entre le conducteur ou le passager avant et le volant ou l'habitacle, en réduisant ainsi les risques de blessures de la partie supérieure du corps et de la tête. Les coussins se dégonflent ensuite instantanément. Le boîtier de commande électronique assure la gestion commune du système de prétensionneurs de ceintures de sécurité avant (voir chapitre 11, section 24).

Les coussins gonflables latéraux sont intégrés aux dossiers des sièges avant, du côté de la porte. Chacun des coussins est commandé par le boîtier électronique à partir d'un capteur d'accélération transversale qui lui est propre et fixé au plancher, derrière la garniture de pied milieu de caisse. Les coussins latéraux opèrent de manière complètement indépendante l'un de l'autre : ils se déclenchent unilatéralement, du côté où se produit la collision.

Les coussins rideaux sont implantés au niveau des montants de pare-brise et de l'habillage de pavillon de chaque côté dans l'habitacle. Ils opèrent également de manière indépendante.

A chaque fois que le contact est mis, un processus d'« autosurveillance » est mis en œuvre par le boîtier de commande. Cette phase dure environ 6 secondes pendant lesquelles le témoin lumineux demeure allumé, après quoi il doit s'éteindre. Si le témoin ne s'allume pas en mettant le contact, ne s'éteint pas après le délai imparti, clignote en cours de route, le système présente une anomalie de fonctionnement. En tel cas, le véhicule doit être examiné d'urgence par un atelier du réseau Citroën.

Pour des raisons de sécurité, il est impératif de neutraliser le coussin gonflable passager en cas d'installation d'un siège enfant « dos à la route » sur le siège avant passager. Cette opération s'effectue en tournant l'interrupteur prévu en bout de planche de bord, du côté droit, à l'aide de la clé de contact. Le témoin correspondant du combiné d'instruments reste allumé de façon permanente tant que le coussin gonflable n'est pas réactivé.

 Danger : Avant toute intervention sur le système des coussins gonflables de sécurité, débrancher la batterie (voir chapitre 5A) puis observer un délai d'attente minimal de deux minutes. Déposer la console centrale (voir chapitre 11) puis débrancher le connecteur électrique du boîtier électronique commun aux coussins gonflables de sécurité et aux prétensionneurs de ceintures de sécurité. Au terme des opérations, rebrancher le connecteur électrique du boîtier électronique puis procéder à la repose de la console centrale. S'assurer que personne ne se trouve à l'intérieur de la voiture pour rebrancher la batterie et la porte conducteur étant ouverte, mettre le contact de l'extérieur et vérifier que le témoin des coussins gonflables au combiné d'instruments s'allume et s'éteint après six secondes environ*

 Danger : Ne pas cogner la caisse à hauteur du boîtier électronique, ce qui serait susceptible de provoquer le déclenchement des coussins gonflables

Danger : Ne pas exposer les coussins gonflables à des températures dépassant 100 °C. Suite à leur dépose, les coussins doivent être rangés dans le bon sens afin d'éviter tout déclenchement accidentel

Danger : Veiller à ne jamais mettre les coussins gonflables au contact de solvants ou de produits de nettoyage. Utiliser exclusivement un chiffon humide pour le nettoyage

 Danger : Les coussins gonflables et leur boîtier électronique sont sensibles aux chocs. S'ils viennent à tomber ou à être endommagés, ils doivent être remplacés

Danger : Débrancher le connecteur électrique du boîtier électronique des coussins gonflables de sécurité avant d'utiliser un poste de soudure à l'arc sur la voiture

 Danger : Pour l'installation d'un siège enfant « dos à la route » sur le siège avant passager, il est impératif de neutraliser le coussin gonflable passager au niveau de l'interrupteur prévu à cet effet, en bout de planche de bord, du côté droit

Danger : Les coussins gonflables de sécurité sont des éléments périssables dont la longévité est limitée à 10 ans à compter de la date de première mise en circulation du véhicule, période au terme de laquelle ils sont à changer

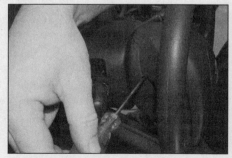

22.2 Utilisation d'un tournevis pour pousser et libérer une patte de retenue du coussin gonflable de sécurité conducteur

22 Coussins gonflables de sécurité - dépose et repose des éléments constituants

Danger : Consulter les mises en garde figurant en section précédente avant toute intervention

Coussin gonflable conducteur

Dépose

1 Débrancher la batterie puis déposer la console centrale (voir respectivement chapitres 5A et 11 pour ces opérations). Débrancher ensuite le connecteur électrique du boîtier électronique de gestion des coussins gonflables **(voir illustration 22.13)**.

2 Libérer ses pattes de retenue en les poussant à l'aide d'un tournevis engagé dans le trou latéral de chaque côté, tout en tirant le coussin gonflable pour le dégager du volant **(voir illustration)**.

3 Déverrouiller la languette d'arrêt avec un tournevis puis débrancher les connecteurs électriques du coussin gonflable et du poussoir de l'avertisseur sonore **(voir illustration)**. Dégager ensuite avec précaution le coussin gonflable.

Danger : Ne pas cogner ni laisser tomber le coussin gonflable et le ranger dans un carton avec sa face active en haut

Repose

4 Rebrancher correctement les connecteurs électriques puis réinstaller le coussin gonflable au creux du volant, en faisant attention de ne pas coincer le câblage électrique.

5 Appuyer sur le coussin gonflable pour bien encliqueter ses pattes de retenue.

6 Rebrancher le connecteur électrique du boîtier électronique puis procéder à la repose de la console centrale, comme décrit au chapitre 11. S'assurer que personne ne se trouve dans l'habitacle pour rebrancher la batterie puis mettre le contact de l'extérieur et vérifier le bon fonctionnement du témoin des coussins gonflables du combiné d'instruments.

Coussin gonflable passager

Dépose

7 Débrancher la batterie (voir chapitre 5A) puis observer un délai d'attente minimal de deux minutes. Déposer la console centrale (voir chapitre 11) puis

22.3 Utilisation d'un tournevis pour déverrouiller la languette d'arrêt du connecteur électrique du coussin gonflable de sécurité conducteur

22.9 Vis de fixation du coussin gonflable de sécurité passager

22.10 Dépose du coussin gonflable de sécurité passager

22.13 Connecteur électrique du boîtier électronique de gestion des coussins gonflables de sécurité

débrancher le connecteur électrique du boîtier électronique de gestion des coussins gonflables **(voir illustration 22.13)**.

8 Déposer la boîte à gants côté passager (voir chapitre 11, section 27).

9 Desserrer les trois vis de fixation de coussin gonflable dans le logement de la boîte à gants **(voir illustration)**.

10 Débrancher son connecteur électrique puis dégager le coussin gonflable de la planche de bord **(voir illustration)**.

Repose

11 Remettre en place le coussin gonflable sur la planche de bord, en veillant à réinstaller correctement le faisceau électrique et à bien serrer les vis de fixation.

12 La suite des opérations de repose s'effectue à l'inverse de celles de dépose. Rebrancher ensuite le connecteur électrique du boîtier électronique puis procéder à la repose de la console centrale, comme indiqué au chapitre 11. S'assurer que personne ne se trouve dans l'habitacle pour rebrancher la batterie puis mettre le contact de l'extérieur et vérifier le bon fonctionnement du témoin des coussins gonflables du combiné d'instruments.

Boîtier électronique

Dépose

13 Débrancher la batterie (voir chapitre 5A) puis observer un délai d'attente minimal de deux minutes. Déposer la console centrale (voir chapitre 11) puis débrancher le connecteur électrique du boîtier électronique de gestion des coussins gonflables **(voir illustration)**. 14 Desserrer ses écrous de fixation et dégager le boîtier électronique du plancher.

Repose

15 Réinstaller le boîtier électronique, en s'assurant d'orienter sa flèche sur le haut vers l'avant de la voiture puis remonter les écrous de fixation à serrer au couple prescrit.

16 Rebrancher correctement le connecteur électrique du boîtier électronique.

17 Procéder à la repose de la console centrale, comme décrit au chapitre 11. S'assurer que personne ne se trouve dans l'habitacle pour rebrancher la batterie puis mettre le contact de l'extérieur et vérifier le bon fonctionnement du témoin des coussins gonflables du combiné d'instruments.

Coussins gonflables latéraux

18 La dépose et la repose des coussins gonflables de sécurité latéraux nécessitent de dégarnir partiellement le dossier des sièges avant et d'utiliser des housses spécifiques prédécoupées et de ce fait, ces opérations sont à confier aux services techniques d'un représentant du réseau Citroën.

Coussins gonflables rideaux

19 La dépose et la repose des coussins gonflables de sécurité rideaux nécessitent de dégager partiellement l'habillage de pavillon et de ce fait, ces opérations sont à confier aux services techniques d'un représentant du réseau Citroën.

23 Boîtier de servitude intelligent - généralités, dépose et repose

Généralités

1 Le boîtier de servitude intelligent est implanté sous la platine à fusibles dans l'habitacle. Il est composé d'un microprocesseur et gère de manière autonome un grand nombre de fonctions de confort et sécurité du véhicule, notamment (liste non exhaustive) :

a) *Clignotants/feux de détresse*
b) *Essuie-glaces AV. et AR.*
c) *Lunette AR. dégivrante*
d) *Antidémarrage électronique*
e) *Alarme antivol*

f) *Alerte sonore de feux allumés/clé de contact laissée sur le tableau de bord*
g) *Verrouillage centralisé des portes*
h) *Témoin de portes ouvertes*
i) *Temporisation, allumage et extinction de l'éclairage intérieur*
j) *Système d'alerte sonore de boîte de vitesses automatique*

2 En cas d'anomalie constatée dans l'une ou l'autre de ces fonctions, vérifier en premier lieu que le fusible correspondant est intact, sinon la voiture est à confier aux services techniques d'un représentant du réseau Citroën pour faire établir le diagnostic de la panne.

Dépose

3 Débrancher la batterie (voir chapitre 5A).

4 Déposer l'habillage inférieur de la planche de bord, côté conducteur. Se reporter au chapitre 11, section 27 pour ces opérations.

5 Déverrouiller les deux fixations en plastique blanc en les tournant d'un quart de tour dans le sens anti-horaire puis décaler légèrement vers l'extérieur la platine à fusibles.

6 Abaisser son bord arrière puis soulever le bord avant pour dégager le boîtier de servitude.

7 En s'assurant au préalable de bien repérer leur position respective de montage, libérer les pattes de retenue des faisceaux et débrancher les connecteurs électriques puis sortir le boîtier de servitude de l'habitacle. Il est à noter qu'il existe différents types de fixation pour les connecteurs : veiller à bien étudier le montage spécifique de chaque connecteur et à ne pas forcer pour les débrancher au risque de les endommager.

Repose

8 La repose s'opère à l'inverse de la dépose, en s'assurant de rebrancher correctement les différents connecteurs électriques. A signaler que les couleurs distinctives des connecteurs sont rappelées au niveau des bornes de raccordement correspondantes sur le boîtier de servitude.

CITROËN C3 2002 — Schéma 1

Fusibles

Fusibles du compartiment moteur

N°	Intensité	Circuits protégés	N°	Intensité	Circuits protégés
MF1	30A	Motoventilateurs	F6	15A	Feux de brouillard AV.
MF2	30A	ABS	F7	20A	Dispositif de lave-phares
MF3	30A	ABS	F8	20A	Dispositif de gestion
MF4	60A	Boîtier de servitude intelligent			du moteur,
MF5	70A	Boîtier de servitude intelligent			direction assistée
MF6	20A	Sièges chauffants	F9	15A	Feu de croisement G.
MF7	30A	Commutateur	F10	15A	Feu de croisement D.
		d'allumage-démarrage	F11	10A	Feu de route G.
MF8	80A	Direction assistée	F12	10A	Feu de route D.
F1	10A	Diesel - préchauffage,	F13	15A	Avertisseur sonore
		feux de recul, climatisation	F14	10A	Essuie/lave-glaces
F2	15A	Pompe à carburant	F15	30A	Dispositif de gestion
F3	10A	ABS			du moteur
F4	10A	Régulateur de vitesse,	F16	30A	Pompe pulsair
		motoventilateurs, direction assistée	F17	30A	Essuie/lave-glaces
		dispositif de gestion du moteur	F18	40A	Soufflerie de chauffage
F5	10A	Calculateur additif carburant			

Platine à fusibles, planche de bord
(sur boîtier de servitude intelligent)

N°	Intensité	Circuits protégés
F1	15A	Navigation, prise de diagnostic
F4	20A	Commandes au volant, montre, autoradio, BVA
F5	15A	Alarme
F6	10A	Commandes au volant
F7	15A	Lève-glaces, alarme
F9	30A	Lève-vitres AR.
F10	40A	Lunette AR. chauffante, rétroviseurs
F11	15A	Moteur d'essuie-glace AR.
F12	30A	Lève-glaces, toit ouvrant
F14	10A	Commandes au volant, autoradio, coussins gonflables
F15	15A	Combiné d'instruments, autoradio, climatisation
F16	30A	Verrouillage central
F20	10A	Feu de stop D.
F21	15A	Feu de stop G., 3e feu de stop
F22	30A	Prise accessoires, allume-cigares, éclairage intérieur, autoradio, rétroviseurs, eclairage de plaque d'immatriculation

Liste des schémas électriques

Schéma 1 — Mode d'emploi des schémas électriques
Schéma 2 — Démarrage et charge, alimentation de boîtier de servitude intelligent, coussins gonflables et prétensionneurs
Schéma 3 — ABS, verrouillage centralisé, allume-cigares et prise accessoires
Schéma 4 — Lève-glaces, avertisseur sonore, autoradio, rétroviseurs
Schéma 5 — Essuie/lave-glaces, toit ouvrant et lunette AR. chauffante
Schéma 6 — Motoventilateurs, direction assistée et régulateur de vitesse
Schéma 7 — Projecteurs, feux de position, feux stop, feux antibrouillard et eclairage de plaque d'immatriculation
Schéma 8 — Clignotants et feux de détresse, feux de recul, eclairage intérieur et correction du site des projecteurs
Schéma 9 — Climatisation
Schéma 10 — Soufflerie de chauffage, combiné d'instruments

Implantation des connexions de masse

E1	Tresse de masse, batterie-caisse
E2	Derrière projecteur G.
E3	Derrière projecteur G.
E4	Au bas du pied AV. G. de caisse
E5	Au bas du pied AV. G. de caisse
E6	A mi-hauteur du pied AV. G. de caisse
E7	Entre sièges AV.
E8	Au bas du pied AV. D. de caisse
E9	Derrière projecteur G.
E10	Au-dessus du passage de roue AR. D.
E11	Levier de frein à main, côté G.
E12	Hayon, côté G.
E13	Tablier côté G., compartiment moteur
E14	Compartiment moteur, côté D.
E15	Levier de frein à main, côté D.
E16	Aile AV. G., derrière batterie
E17	Au-dessus du passage de roue AR. G.
E18	Batterie, côté D.

Légende des symboles

- Ampoule 
- Interrupteur 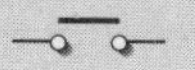
- Fusible/maillon fusible 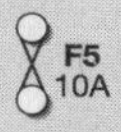 — F5 10A
- Commutateur multiple 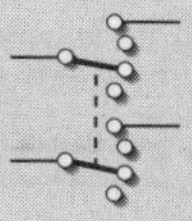
- Résistance 
- Résistance variable 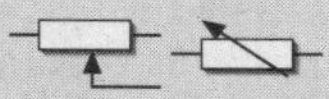
- Haut-parleur 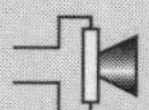
- N° de pièce — 2
- Pompe/moteur — M
- Masse — E12
- Solénoïde électrovanne 
- Diode 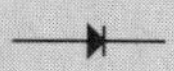
- Diode électroluminescente 
- Elément chauffant 
- Liaison électrique 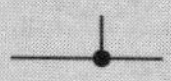
- Connexion à épissure ou soudée 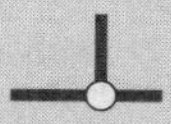
- Couleur de fil (marron avec filet noir) 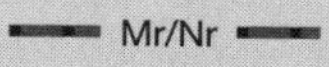 — Mr/Nr
- Conducteur blindé 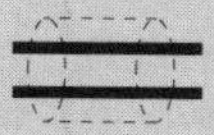
- Lignes en pointillés : encadrement ou délimitation de circuits associés avec un composant électronique ou transistorisé dans ce cas.
  - 2 - identification, voie de connecteur
  - 2VE - connecteur 2 voies, de couleur vert

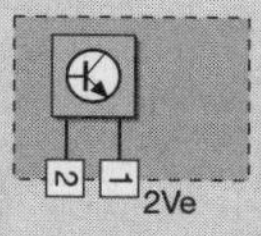

Schémas électriques - généralités

Le circuit d'alimentation du boîtier de servitude intelligent, étant commun à tous les circuits concernés, n'est représenté par raison de manque de place que sur le schéma 2. Se référer donc au schéma 2 pour les détails de l'alimentation de n'importe lequel circuit dont le schéma approprié n'indique pas son propre alimentation.

Les voitures bénéficient d'équipements de plus en plus sophistiqués avec comme corollaire, une augmentation exponentielle du nombre de composants électriques et électroniques utilisés et il est désormais courant de voir des manuels d'atelier comportant plus de 500 schémas électriques. Par manque de place et pour limiter les coûts de production, il nous est évidemment impossible d'inclure la totalité de ces schémas dans nos manuels d'entretien et de réparation dans lesquels nous publions une série type de schémas choisis pour répondre à la majorité des cas pratiques, en fonction des demandes formulées par notre clientèle et des études de marché.

Sur tous les modèles, le numéro de chaque fil (code en fonction du type d'alimentation ou de sa fonction électrique) n'a pour but que de faciliter la lecture des schémas électriques ; il n'est pas forcément présent sur les faisceaux du véhicule. Sur les modèles récents, la couleur des fils peut varier au cours de production et on ne peut donc pas compter sur les couleurs pour l'identification sûre des fils. La méthode la plus sûre de distinguer un fil sera de trouver le connecteur concerné et d'identifier le numéro de borne, qui se trouve moulé dans ce connecteur.

H33192

Code des couleurs

Ba Blanc   **Nr** Noir
Be Bleu   **Or** Orange
Bg Beige   **Rg** Rouge
Gr Gris   **Rs** Rose
Jn Jaune   **Ve** Vert
Mr Marron   **Vi** Violet
Vj Vert/Jaune

Légende des pièces

1   Batterie
2   Fusibles du compartiment moteur
3   Commutateur d'allumage-démarrage
4   Boîtier de servitude intelligent
5   Alternateur
6   Démarreur
7   Prise de diagnostic
8   Module de commutation sous volant
9   Boîtier coussins gonflables
10   Coussin gonflable conducteur
11   Prétensionneur conducteur
12   Prétensionneur passager
13   Capteur de choc G.
14   Capteur de choc D.
15   Coussin gonflable rideau D.
16   Coussin gonflable latéral D.
17   Commutateur de neutralisation coussin gonflable passager
18   Coussin gonflable passager
19   Coussin gonflable rideau G.
20   Coussin gonflable latéral G.

*   Essence
**   Diesel

Schéma 2

MTS
H33193

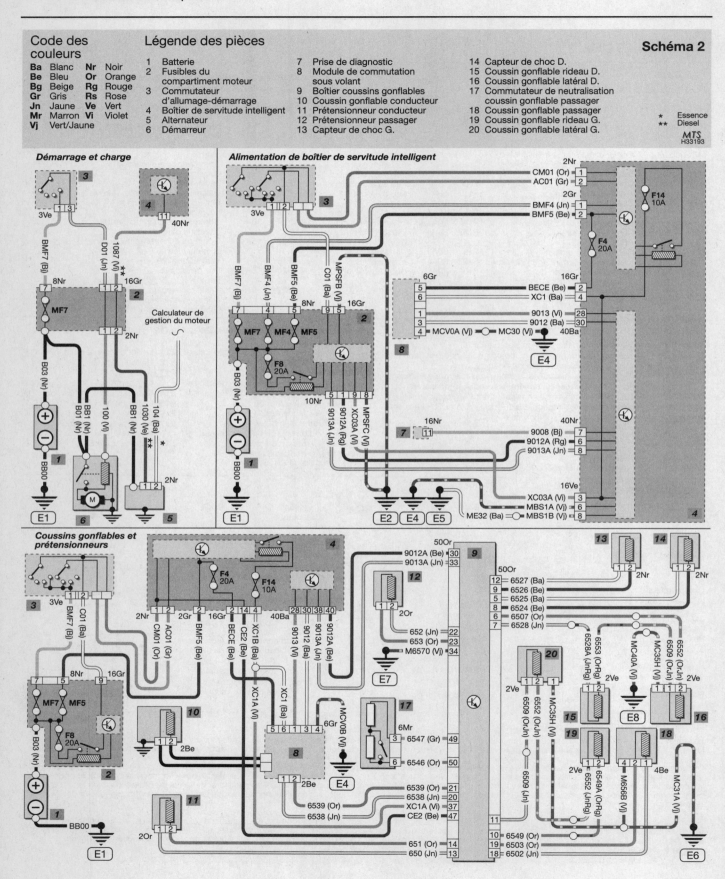

Démarrage et charge

Alimentation de boîtier de servitude intelligent

Coussins gonflables et prétensionneurs

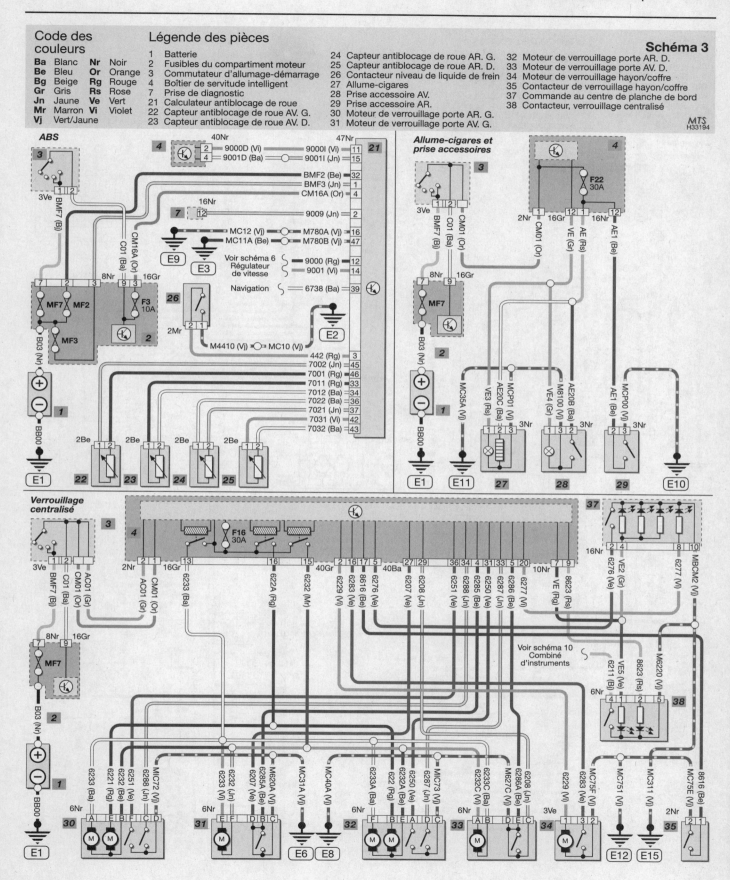

Code des couleurs

Ba	Blanc	**Nr**	Noir
Be	Bleu	**Or**	Orange
Bg	Beige	**Rg**	Rouge
Gr	Gris	**Rs**	Rose
Jn	Jaune	**Ve**	Vert
Mr	Marron	**Vi**	Violet
Vj	Vert/Jaune		

Légende des pièces

1 Batterie
2 Fusibles du compartiment moteur
3 Commutateur d'allumage-démarrage
4 Boîtier de servitude intelligent
7 Prise de diagnostic
21 Calculateur antiblocage de roue
22 Capteur antiblocage de roue AV. G.
23 Capteur antiblocage de roue AV. D.
24 Capteur antiblocage de roue AR. G.
25 Capteur antiblocage de roue AR. D.
26 Contacteur niveau de liquide de frein
27 Allume-cigares
28 Prise accessoire AV.
29 Prise accessoire AR.
30 Moteur de verrouillage porte AR. G.
31 Moteur de verrouillage porte AV. G.
32 Moteur de verrouillage porte AR. D.
33 Moteur de verrouillage porte AV. D.
34 Moteur de verrouillage hayon/coffre
35 Contacteur de verrouillage hayon/coffre
37 Commande au centre de planche de bord
38 Contacteur, verrouillage centralisé

Schéma 3

MTS
H33194

ABS

Allume-cigares et prise accessoires

Verrouillage centralisé

Voir schéma 6
Régulateur de vitesse

Navigation

Voir schéma 10
Combiné d'instruments

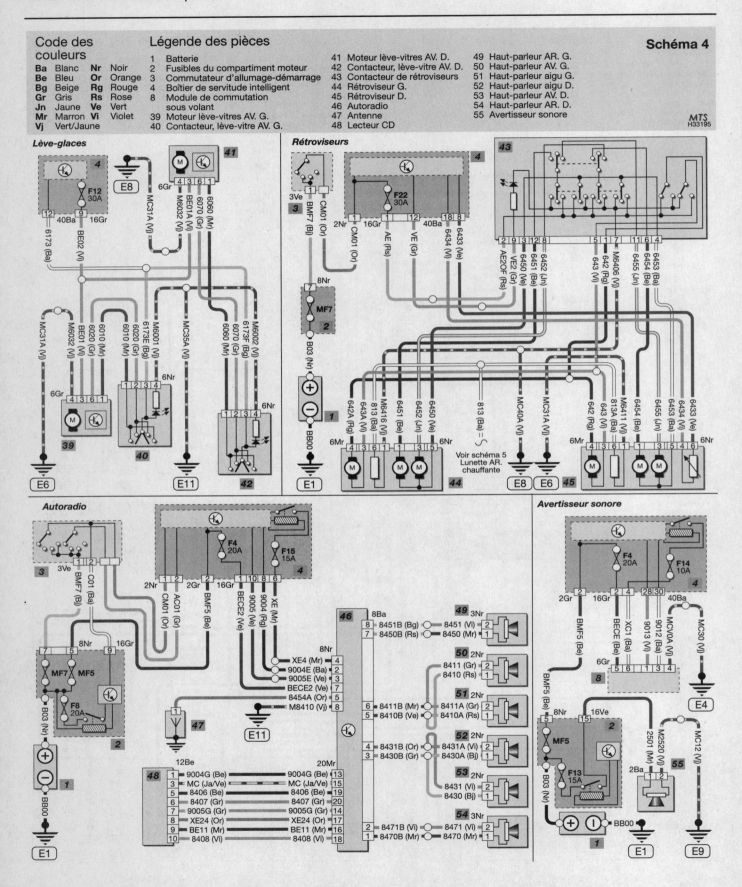

Code des couleurs

Ba	Blanc	**Nr**	Noir
Be	Bleu	**Or**	Orange
Bg	Beige	**Rg**	Rouge
Gr	Gris	**Rs**	Rose
Jn	Jaune	**Ve**	Vert
Mr	Marron	**Vi**	Violet
Vj	Vert/Jaune		

Légende des pièces

1 Batterie
2 Fusibles du compartiment moteur
3 Commutateur d'allumage-démarrage
4 Boîtier de servitude intelligent
8 Module de commutation sous volant
39 Moteur lève-vitres AV. G.
40 Contacteur, lève-vitre AV. G.
41 Moteur lève-vitres AV. D.
42 Contacteur, lève-vitre AV. D.
43 Contacteur de rétroviseurs
44 Rétroviseur G.
45 Rétroviseur D.
46 Autoradio
47 Antenne
48 Lecteur CD
49 Haut-parleur AR. G.
50 Haut-parleur AV. G.
51 Haut-parleur aigu G.
52 Haut-parleur aigu D.
53 Haut-parleur AV. D.
54 Haut-parleur AR. D.
55 Avertisseur sonore

Schéma 4

MTS
H33195

Lève-glaces

Rétroviseurs

Autoradio

Avertisseur sonore

Code des couleurs

Ba	Blanc	**Nr**	Noir
Be	Bleu	**Or**	Orange
Bg	Beige	**Rg**	Rouge
Gr	Gris	**Rs**	Rose
Jn	Jaune	**Ve**	Vert
Mr	Marron	**Vi**	Violet
Vj	Vert/Jaune		

Légende des pièces

1 Batterie
2 Fusibles du compartiment moteur
3 Commutateur d'allumage-démarrage
4 Boîtier de servitude intelligent
8 Module de commutation sous volant
56 Moteur d'essuie-glaces AV.
57 Pompe de lave-glaces AV./AR.
58 Capteur de pluie
59 Moteur d'essuie-glace AR.
60 Capteur niveau liquide de nettoyage
61 Moteur du toit ouvrant
62 Commande du toit ouvrant
63 Lunette AR. chauffante
64 Façade climatiseur

Schéma 5

MTS
H33196

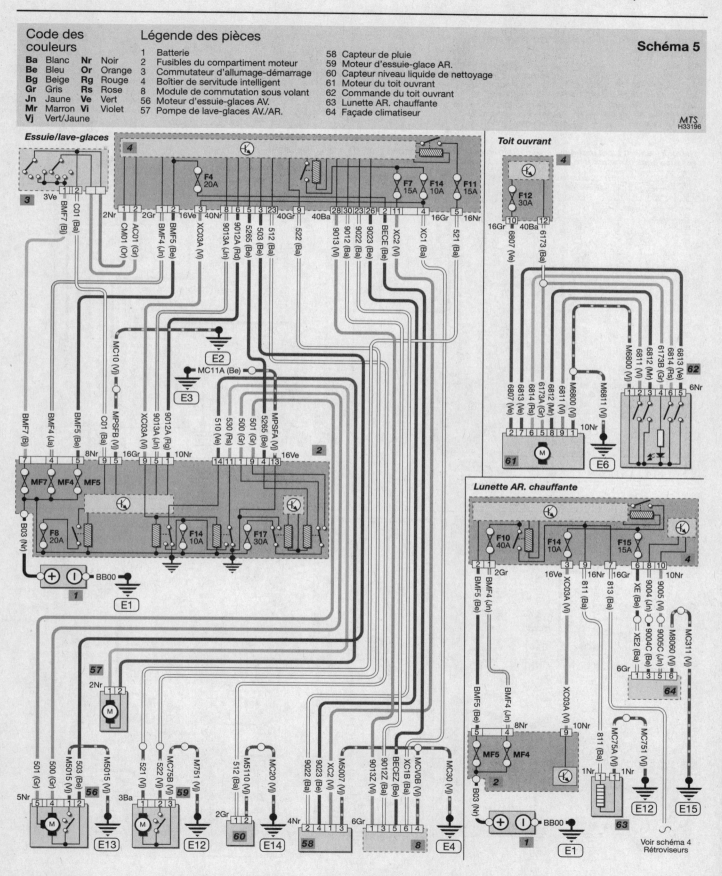

Code des couleurs

Ba	Blanc	**Nr**	Noir
Be	Bleu	**Or**	Orange
Bg	Beige	**Rg**	Rouge
Gr	Gris	**Rs**	Rose
Jn	Jaune	**Ve**	Vert
Mr	Marron	**Vi**	Violet
Vj	Vert/Jaune		

Légende des pièces

1 Batterie
2 Fusibles du compartiment moteur
3 Commutateur d'allumage-démarrage
4 Boîtier de servitude intelligent
7 Prise de diagnostic
8 Module de commutation sous volant
65 Relais, motoventilateur
66 Motoventilateur

67 Contacteur niveau d'eau moteur
68 Calculateur électronique direction assistée
69 Moteur d'assistance
70 Capteur couple volant
71 Contacteur de sécurité du régulateur de vitesse (embrayage)

72 Contacteur de sécurité du régulateur de vitesse
73 Capteur position pédale accélérateur
75 Capteur de régime moteur
76 Moteur de commande du papillon
77 Contacteur régulateur de vitesse
78 Calculateur de gestion du moteur

Schéma 6

* Moteur KFV
** Moteur 8HY

MTS
H33197

Refroidissement type, moteur essence sans climatisation

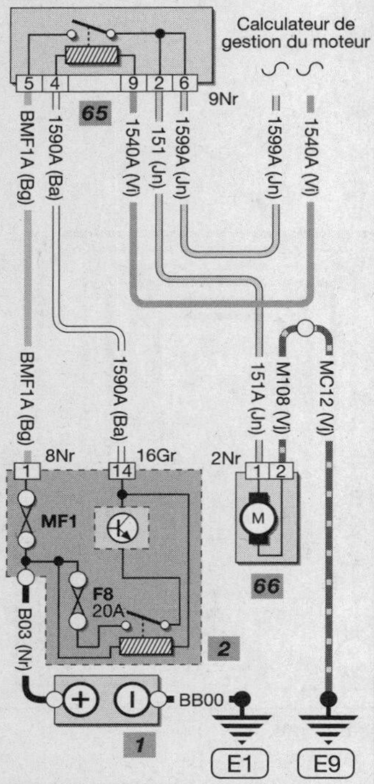

Refroidissement type, moteur essence avec climatisation

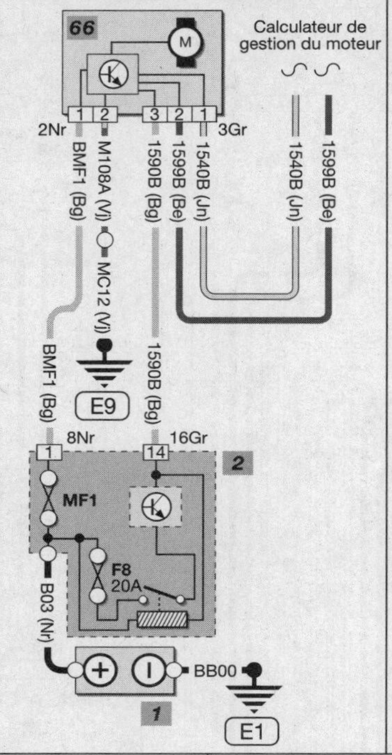

Direction assistée

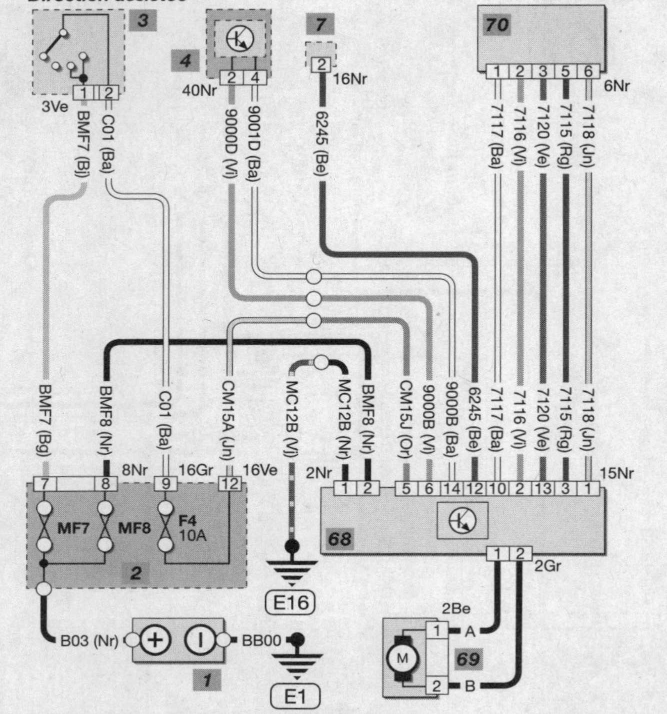

Refroidissement type, moteur Diesel

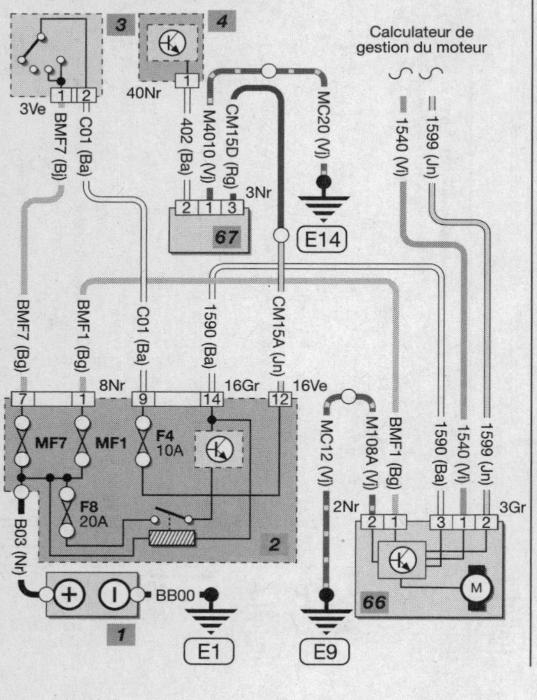

Régulateur de vitesse

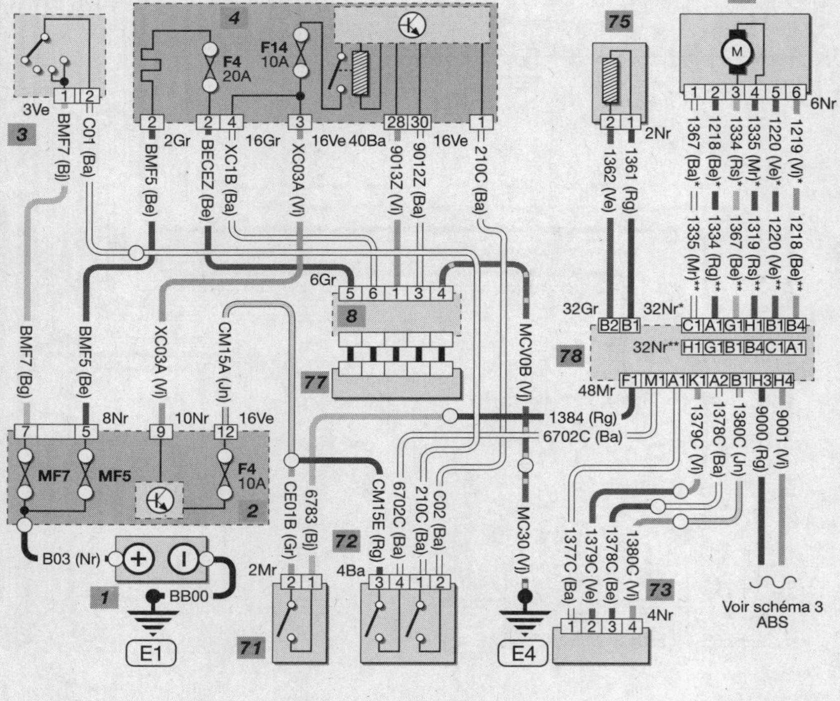

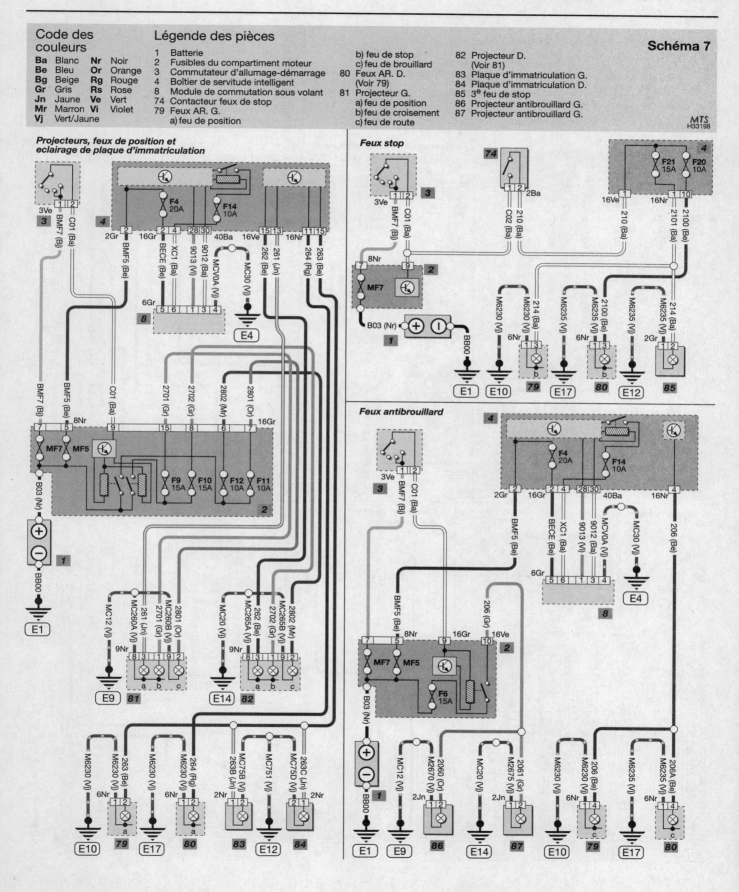

Code des couleurs

Ba	Blanc	**Nr**	Noir
Be	Bleu	**Or**	Orange
Bg	Beige	**Rg**	Rouge
Gr	Gris	**Rs**	Rose
Jn	Jaune	**Ve**	Vert
Mr	Marron	**Vi**	Violet
Vj	Vert/Jaune		

Légende des pièces

1 Batterie
2 Fusibles du compartiment moteur
3 Commutateur d'allumage-démarrage
4 Boîtier de servitude intelligent
8 Module de commutation sous volant
74 Contacteur feux de stop
79 Feux AR. G.
   a) feu de position
   b) feu de stop
   c) feu de brouillard
80 Feux AR. D.
   (Voir 79)
81 Projecteur G.
   a) feu de position
   b) feu de croisement
   c) feu de route

82 Projecteur D.
   (Voir 81)
83 Plaque d'immatriculation G.
84 Plaque d'immatriculation D.
85 3e feu de stop
86 Projecteur antibrouillard G.
87 Projecteur antibrouillard G.

Schéma 7

MTS
H33198

Projecteurs, feux de position et eclairage de plaque d'immatriculation

Feux stop

Feux antibrouillard

Code des couleurs

Ba	Blanc	Nr	Noir
Be	Bleu	Or	Orange
Bg	Beige	Rg	Rouge
Gr	Gris	Rs	Rose
Jn	Jaune	Ve	Vert
Mr	Marron	Vi	Violet
Vj	Vert/Jaune		

Légende des pièces

1 Batterie
2 Fusibles du compartiment moteur
3 Commutateur d'allumage-démarrage
4 Boîtier de servitude intelligent
8 Module de commutation sous volant
79 Feux AR. G.
  d) feu de recul
  e) clignotant
80 Feux AR. D.
  (Voir 79)
81 Projecteur G.
  b) feu de croisement
  d) moteur de réglage
  e) clignotant
82 Projecteur D.
  (Voir 81)

88 Contacteur feux de recul
89 Répétiteur latéral, clignotant AV. G.
90 Répétiteur latéral, clignotant AV. D.
91 Contacteur de feux de détresse
92 Plafonnier
93 Eclairage, miroir de courtoisie D.
94 Eclairage, miroir de courtoisie G.
95 Eclairage de coffre
96 Commande réglage des projecteurs

Schéma 8

MTS
H33199

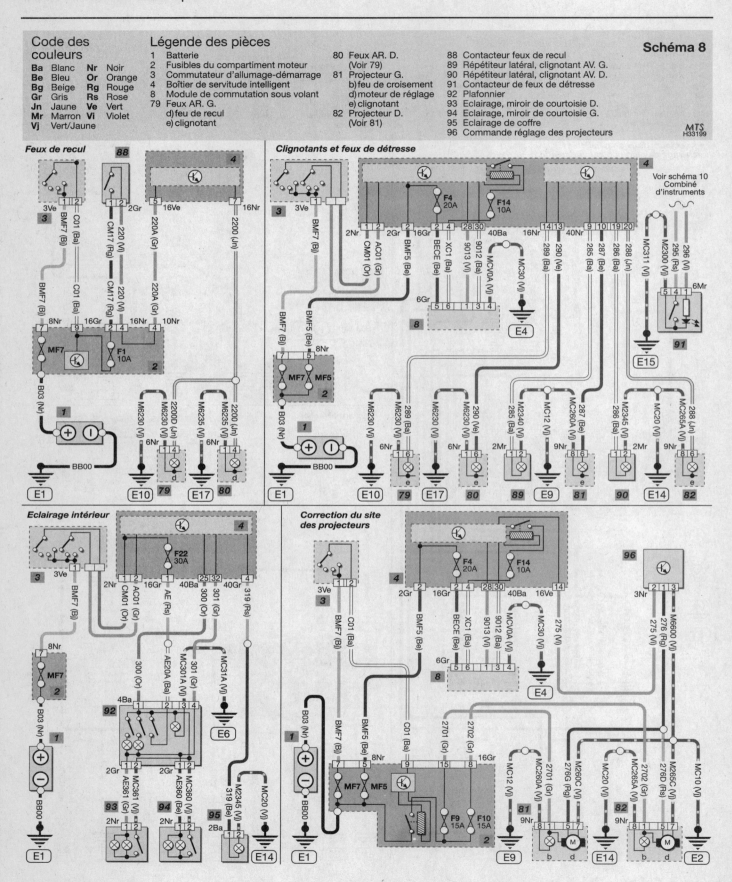

Feux de recul

Clignotants et feux de détresse

Voir schéma 10
Combiné d'instruments

Eclairage intérieur

Correction du site des projecteurs

Code des couleurs

Ba	Blanc	**Nr**	Noir
Be	Bleu	**Or**	Orange
Bg	Beige	**Rg**	Rouge
Gr	Gris	**Rs**	Rose
Jn	Jaune	**Ve**	Vert
Mr	Marron	**Vi**	Violet
Vj	Vert/Jaune		

Légende des pièces

1   Batterie
2   Fusibles du compartiment moteur
3   Commutateur d'allumage-démarrage
4   Boîtier de servitude intelligent
21 Calculateur antiblocage de roue
75 Capteur de régime moteur
78 Calculateur de gestion du moteur
97 Thermistance évaporateur
98 Pressostat de climatisation
99 Capteur température eau moteur
100 Capteur température moteur
101 Platine des commandes,
    chauffage-ventilation
102 Résistance vitesse pulseur
103 Moteur, soufflerie de chauffage
104 Capteur de vitesse du véhicule
105 Compresseur de climatisation
106 Volet de mixage

Schéma 9

* Sans ABS

MTS
H33200

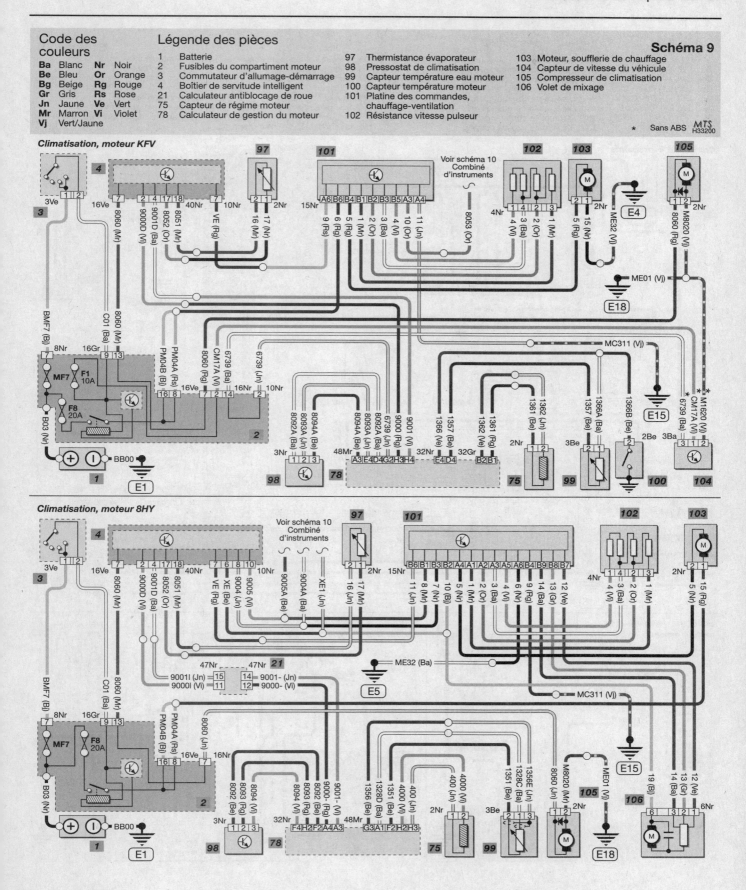

Climatisation, moteur KFV

Climatisation, moteur 8HY

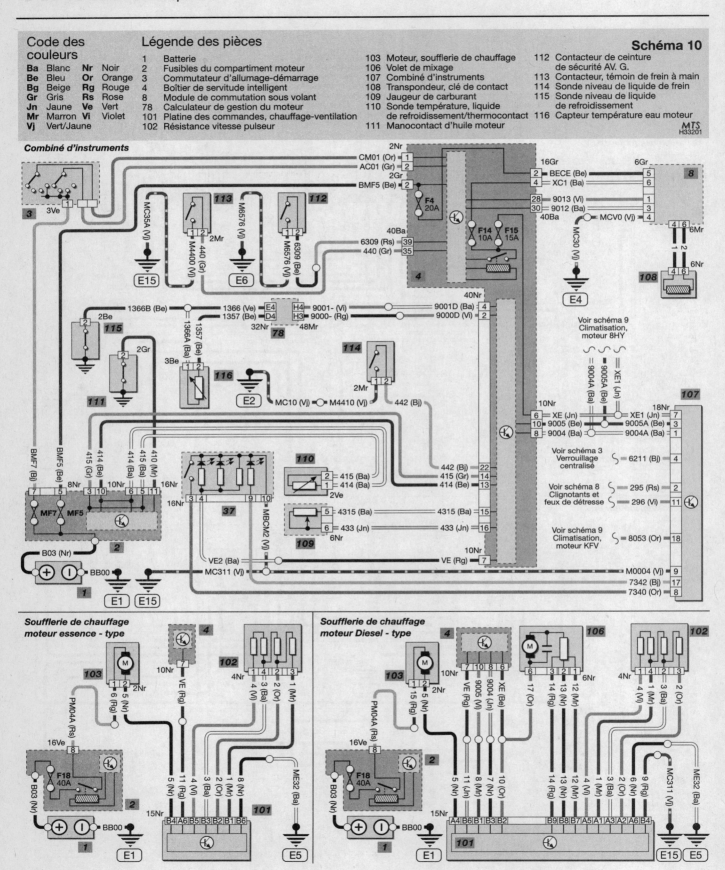

Code des couleurs

Ba	Blanc	Nr	Noir
Be	Bleu	Or	Orange
Bg	Beige	Rg	Rouge
Gr	Gris	Rs	Rose
Jn	Jaune	Ve	Vert
Mr	Marron	Vi	Violet
Vj	Vert/Jaune		

Légende des pièces

1 Batterie
2 Fusibles du compartiment moteur
3 Commutateur d'allumage-démarrage
4 Boîtier de servitude intelligent
8 Module de commutation sous volant
78 Calculateur de gestion du moteur
101 Platine des commandes, chauffage-ventilation
102 Résistance vitesse pulseur
103 Moteur, soufflerie de chauffage
106 Volet de mixage
107 Combiné d'instruments
108 Transpondeur, clé de contact
109 Jaugeur de carburant
110 Sonde température, liquide de refroidissement/thermocontact
111 Manocontact d'huile moteur
112 Contacteur de ceinture de sécurité AV. G.
113 Contacteur, témoin de frein à main
114 Sonde niveau de liquide de frein
115 Sonde niveau de liquide de refroidissement
116 Capteur température eau moteur

Schéma 10

MTS
H33201

Combiné d'instruments

Soufflerie de chauffage moteur essence - type

Soufflerie de chauffage moteur Diesel - type

Dimensions et poids

Dimensions

Longueur hors tout	3 850 mm
Largeur hors tout (sans rétroviseurs)	1 667 mm
Hauteur hors tout (à vide)	1 521 mm
Empattement	2 460 mm
Voie avant	1 438 mm
Voie arrière	1 435 mm

Poids

Poids à vide en ordre de marche (sans équipement optionnel) :
Versions essence :
    1,1 l . . . . 1 053 kg
    1,4 l :
        Avec BV manuelle . . . . 1 080 kg
        Avec BV automatique . . . . 1 114 kg
    1,6 l . . . . 1 133 kg
Versions Diesel :
    8 soupapes . . . . 1 097 kg
    16 soupapes . . . . 1 147 kg
Poids total autorisé en charge : *
Versions essence :
    1,1 l . . . . 1 463 kg
    1,4 l :
        Avec BV manuelle . . . . 1 470 kg
        Avec BV automatique . . . . 1 507 kg
    1,6 l . . . . 1 525 kg
Versions Diesel :
    8 soupapes . . . . 1 501 kg
    16 soupapes . . . . 1 539 kg
Poids total roulant autorisé (véhicule et remorque) : *
Versions essence :
    1,1 l . . . . 2 113 kg
    1,4 l :
        Avec BV manuelle . . . . 2 370 kg
        Avec BV automatique . . . . 2 407 kg
    1,6 l . . . . 2 425 kg
Versions Diesel :
    8 soupapes . . . . 2 401 kg
    16 soupapes . . . . 2 439 kg
Poids maxi. remorquable : **
Remorque sans frein :
    Avec moteur essence 1,1 l . . . . 526 kg
    Avec moteur essence 1,4 l :
        BV manuelle . . . . 540 kg
        BV automatique . . . . 557 kg
    Avec moteur essence 1,6 l . . . . 566 kg
    Avec moteur Diesel 8 soupapes . . . . 548 kg
    Avec moteur Diesel 16 soupapes . . . . 573 kg
Remorque freinée :
    Avec moteur essence 1,1 l . . . . 926 kg
    Autres moteurs . . . . 1 175 kg

* Se reporter aux données figurant sur la plaque constructeur pour les prescriptions exactes (voir « Numéros d'identification du véhicule »).
** S'assurer que la masse combinée de la remorque et du véhicule ne dépasse pas le poids total roulant autorisé.

Alimentation au GPL - description générale et précautions

Nota : A l'heure où sont imprimées ces lignes, quelques données sont susceptibles d'évoluer en fonction de la réglementation : pour le détail des dernières dispositions en vigueur, s'informer auprès du CFBP (Comité Français du Butane et du Propane), par Minitel au « 3615 GPLc », ou auprès d'un installateur agréé

Description générale

Le GPLc (gaz de pétrole liquéfié carburant), couramment appelé GPL, est un mélange de butane et de propane à l'état liquide sous faible pression. Il possède un haut pouvoir calorifique, ce qui permet de stocker et de transporter une grande quantité d'énergie sous un faible volume. Les gaz de pétroles étant incolores, inodores et plus lourds que l'air, ils reçoivent un additif odorant (mercaptan) pour des raisons de sécurité et afin de les déceler.

Le GPL offre de nombreux avantages par rapport aux carburants classiques (essence et gazole) :

☐ *La baisse de la Taxe Intérieure sur les Produits Pétroliers (TIPP) en fait le carburant le moins cher à la pompe.*

☐ *Une pollution en forte diminution. Etant composé d'hydrocarbures faiblement carbonés, pour une quantité d'énergie produite identique, sa combustion émet moins de dioxyde de carbone. Du fait d'une combustion plus complète, son utilisation permet de réduire de manière significative les émissions d'hydrocarbures imbrûlés, d'oxydes d'azote et de monoxyde de carbone, comparativement aux autres hydrocarbures. D'autre part, le GPL qui est exempt de plomb, de soufre et de benzène, ne dégage pas de particules ni d'odeur pendant sa combustion. Enfin, les pertes par évaporation de carburant au niveau du réservoir sont inexistantes (circuit étanche).*

☐ *Les véhicules fonctionnant au GPL bénéficient de fait d'un certain nombre de dispositions avantageuses : pastille verte, vignette gratuite ou à demi-tarif dans certains départements et pour les entreprises, réduction de 25 % de la Taxe sur les Véhicules de Société (TVS), TVA récupérable intégralement sur l'achat de carburant, amortissement exceptionnel sur une année de l'équipement du véhicule et du matériel destiné au stockage et à la distribution du GPL.*

☐ *Un entretien moins coûteux. Le GPL est un carburant propre, n'encrassant pas le moteur par des dépôts de calamine (absence de gommage de la segmentation et de corrosion) et son utilisation en phase gazeuse évite la dilution de l'huile de graissage par l'excès de carburant liquide au démarrage à froid ou en cycle urbain (phénomène de « lessivage »), qui altère ses qualités lubrifiantes et anti-usure. Les intervalles de vidange peuvent ainsi être doublés et la longévité du moteur augmente.*

Au chapitre des inconvénients du GPL, figurent les suivants :

☐ *La nécessité de monter un équipement spécifique d'un coût relativement élevé, de l'ordre de 15 000 F. Sur les véhicules n'étant pas directement équipés par le constructeur, le montage doit être réalisé par un installateur agréé par le CFBP (Comité Français du Butane et du Propane). La liste des spécialistes agréés peut être obtenue par Minitel au 3615 GPLc (ce service indique également la liste mise à jour des stations-service distribuant du GPL). Les véhicules convertis à la bicarburation essence/GPL doivent être présentés au service des Mines pour vérification de l'installation et doivent obtenir une carte grise particulière sur laquelle figure la mention « EG » et non plus « ES ». Ces obligations entraînent un surcoût de 1 000 F environ. La plupart des installateurs se chargent de ces formalités moyennant finance. Les véhicules (neufs ou d'occasion) équipés d'origine de l'option GPL, étant déjà homologués, sont dispensés de cette procédure.*

☐ *Le risque de voir la garantie du constructeur menacée pour les véhicules recevant une installation GPL. En principe, le constructeur refusera de prendre en charge une panne du moteur due au système d'alimentation au gaz, ce qui peut facilement prêter à interprétation et déclencher un renvoi mutuel des responsabilités. Pour cette raison, certains installateurs proposent un contrat d'assurance, généralement de 2 ans, garantissant le véhicule contre les risques matériels et corporels dus à l'installation GPL. Ces problèmes ne se posent pas dans le cas des véhicules disposant d'un équipement bicarburation conçu et supervisé par le constructeur, cette installation bénéficiant de la même garantie pièces et main d'œuvre que les autres organes du moteur.*

☐ *Le nombre limité de pompes distribuant le GPL, ce qui oblige de prévoir à l'avance où effectuer les ravitaillements pour ne pas risquer de tomber en panne sèche et d'avoir à basculer sur le réservoir d'essence. Cette crainte est toutefois à relativiser, le nombre de pompes augmentant de jour en jour.*

☐ *La place occupée par le réservoir de gaz dans le coffre peut en diminuer sérieusement le volume utile (voir illustration). Un réservoir cylindrique sacrifiera une grande partie du coffre. Un réservoir de type torique, moins*

Réservoir GPL de type « bonbonne » (A) et torique (B)

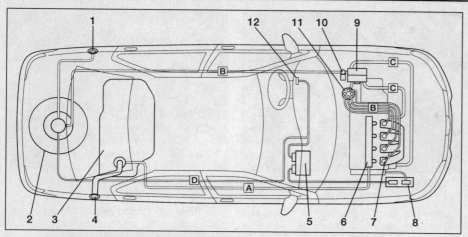

Exemple d'installation de système d'injection de GPL en phase gazeuse

1 Orifice de remplissage de gaz
2 Réservoir de gaz (type torique)
3 Réservoir d'essence
4 Orifice de remplissage d'essence
5 Calculateur électronique GPL
6 Rampe d'injection d'essence

7 Buse d'injection de gaz
8 Calculateur électronique d'injection d'essence
9 Vapodétendeur
10 Electrovanne de gaz
11 Doseur-distributeur
12 Jauge de niveau de gaz

A Circuit d'alimentation en essence
B Circuit d'alimentation en gaz
C Circuit de réchauffage du vapodétendeur
D Circuit électrique d'alimentation en gaz

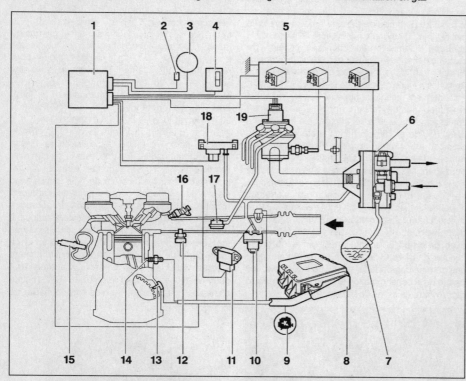

Principe de fonctionnement - système d'injection Nekam Koltec

1 Calculateur électronique GPL
2 Prise diagnostic
3 Témoin d'alerte, mode GPL
4 Inverseur essence/GPL
5 Relais
6 Vapodétendeur
7 Réservoir de gaz
8 Calculateur électronique d'injection d'essence

9 Témoin d'alerte d'injection-allumage
10 Régulateur de ralenti
11 Potentiomètre de papillon
12 Capteur de pression d'air d'admission (essence)
13 Capteur de vilebrequin
14 Sonde de température de liquide de refroidissement

15 Sonde Lambda
16 Injecteurs d'essence
17 Buse d'injection de gaz
18 Capteur de pression d'air d'admission (gaz)
19 Doseur-distributeur (y compris moteur pas-à-pas et électrovanne de gaz)

encombrant mais de contenance plus faible, peut être installé à la place de la roue de secours, remplacée alors par une bombe anti-crevaisons. Cette dernière solution présente l'avantage de préserver le volume du coffre mais limite sérieusement l'autonomie en carburant, d'autant que dans tous les cas, une vanne d'arrêt ne permet de remplir le réservoir qu'à 80 % de sa capacité, le reste servant d'espace de détente du gaz. Sur les véhicules convertis à la bicarburation par les constructeurs, le réservoir est intégré à la structure afin de pénaliser le moins possible le volume du coffre.

☐ Certains parkings souterrains interdisent l'accès aux véhicules alimentés au GPL. Dans le cas des parkings publics, cette restriction est illégale car contraire à un arrêté datant de 1987. Concernant les parkings privés, la réglementation reste soumise à la bonne volonté du propriétaire. Cette prévention à l'égard du gaz n'est pas justifiée. L'installation GPL est parfaitement étanche, ce qui est loin d'être le cas avec l'essence.

☐ Le moteur subit une perte de puissance d'environ 5 % du fait du pouvoir calorifique inférieur du gaz, ce qui se traduit par une vitesse de pointe en légère baisse et des reprises moins franches, sans que l'agrément de conduite s'en trouve véritablement affecté.

☐ Une consommation en augmentation par rapport aux voitures essence et Diesel mais compte tenu de la différence de prix à la pompe, le carburant GPL se révèle au final le plus avantageux.

☐ Le remplissage du réservoir est une opération fastidieuse, nécessitant un certain temps, ce qui devrait s'améliorer avec l'apparition d'une nouvelle génération de pistolets.

Toutes les voitures à essence peuvent en principe être transformées pour fonctionner au GPL. Il est toutefois recommandé de ne convertir à la bicarburation que les véhicules dont le kilométrage ne dépasse pas 80 000 km. Seuls les installateurs homologués peuvent donner leur avis en fonction des caractéristiques du moteur et l'examen de son état de fonctionnement. Les moteurs Diesel peuvent être adaptés au GPL mais cela nécessite des transformations coûteuses, réservées aux poids lourds.

La configuration de base d'un système d'alimentation au GPL se montant en parallèle à celui d'essence comprend un réservoir séparé, des canalisations étanches et protégées comportant des vannes de sécurité automatiques destinées à éviter les risques de fuites en cas de choc, d'un vapodétendeur, d'un mélangeur-diffuseur (suivant équipement) implanté au niveau de la tubulure d'admission dans le compartiment moteur, d'un inverseur au tableau de bord permettant de passer d'un carburant à l'autre et d'un indicateur de niveau.

Il existe différentes techniques d'alimentation au GPL dépendant du niveau d'équipement d'origine du véhicule. La première qui est plus ancienne et la plus répandue, est prévue à l'origine pour les moteurs à carburateur. Le gaz à l'état liquide contenu dans le réservoir parvient par l'effet de la pression interne du

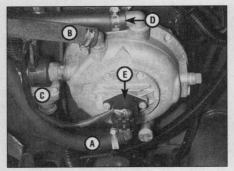

Vapodétendeur

A *Raccord d'entrée, tuyau de liquide de refroidissement - circuit de réchauffage du vapodétendeur*

B *Raccord de sortie, tuyau de liquide de refroidissement - circuit de réchauffage du vapodétendeur*

C *Raccord de tuyau d'alimentation en gaz - ici avec électrovanne de gaz et filtre*

D *Raccord de tuyau d'alimentation en gaz - vers doseur-distributeur*

E *Moteur pas-à-pas*

circuit au vapodétendeur où il est transformé à l'état gazeux à la pression atmosphérique. Le mélange du gaz avec le comburant s'effectue dans le diffuseur et son introduction dans les cylindres a lieu au moment de l'admission sous l'action de la dépression engendrée lors de la descente des pistons dans les cylindres. Ce système rudimentaire et peu performant présente l'inconvénient de nécessiter un réglage périodique.

L'apparition de l'injection d'essence monopoint a nécessité l'adaptation du système pour prendre en compte de nouveaux paramètres ayant trait notamment à la gestion de l'injection. L'évolution principale a ainsi concerné la maîtrise de la richesse du mélange carburé pour approcher le plus près possible du rapport idéal air-carburant. L'arrivée de gaz est régie par un dispositif asservi par une sonde Lambda (souvent celle d'origine) qui transmet un signal à un calculateur électronique, (spécifique à l'alimentation au GPL ou celui de gestion du moteur) régulant le débit de gaz par le biais d'un moteur pas-à-pas. Cette technique présente certains défauts : disparités de dosage du mélange air-gaz (homogénéité imparfaite) en

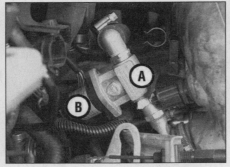

Doseur-distributeur (A) avec moteur pas-à-pas (B)

fonction de la configuration de la tubulure d'admission, risque de retour de flamme et d'explosion dans le circuit d'admission d'air en cas de fuite de carburant du fait de la présence permanente de gaz dans la tubulure d'admission.

Un procédé de deuxième génération est ensuite apparu : l'injection du GPL en phase gazeuse multipoint **(voir illustrations).** Dans ce procédé, le gaz est encore stocké sous forme liquide et détendu mais l'alimentation s'effectue sous pression. Le carburant n'est plus aspiré par la dépression dans les cylindres mais se trouve injecté dans les pipes de la tubulure d'admission par une buse séparée : le gaz est introduit cylindre par cylindre au niveau de la soupape d'admission (injection séquentielle). Ce système permet de maîtriser parfaitement le rapport air-carburant dans toutes les circonstances et de limiter les risques de retour de flamme.

La dernière technique apparue dernièrement est l'injection liquide faisant appel à une pompe immergée dans le réservoir. Le gaz est acheminé à l'état liquide et directement injecté sous haute pression dans chaque pipe d'admission. Une rampe d'alimentation spécifique au GPL et possédant ses propres injecteurs vient se greffer sur la rampe d'alimentation en essence du véhicule. Le dosage du mélange air-carburant s'effectue suivant une cartographie particulière sous la férule du calculateur électronique de gestion du moteur d'origine. Cette technique permet de déterminer avec précision la quantité nécessaire de gaz à injecter dans les cylindres au moment idéal pour une combustion parfaite, ce qui se traduit par une baisse de la consommation et des performances se rapprochant de celles de l'essence.

Calculateur électronique GPL

Le démarrage du moteur a lieu en « mode essence » puis le système d'alimentation bascule sur le gaz. Il est ensuite possible de passer à tout moment du gaz à l'essence en cours de route au niveau de l'inverseur dans l'habitacle. Dans le cas de certains équipements, l'alimentation revient automatiquement à l'essence lorsque le réservoir de gaz est vide.

Les véhicules dotés d'un système d'alimentation au GPL doivent faire l'objet d'un suivi régulier. Dans le cas d'un véhicule directement équipé par un constructeur, se conformer aux échéances prescrites du programme d'entretien. Sur les véhicules convertis après coup au GPL, la fréquence des révisions varie suivant la marque du matériel. Certains fabricants préconisent ainsi une première visite à 1 000 km (à ne pas manquer) pour retoucher éventuellement les réglages, puis des contrôles de routine (allumage, serrage des raccords de canalisations, changement de filtre, purge du vapodétendeur, etc.) aux 10 000 km, 20 000 km et tous les 20 000 km par la suite.

En cas d'utilisation fréquente du GPL et si le véhicule est souvent utilisé à pleine charge (vitesse élevée sur autoroute), il est nécessaire de contrôler régulièrement le jeu aux soupapes (tous les 15 000 km), surtout sur les moteurs de type ancien avec sièges de soupapes conçus pour un carburant plombé - sur les moteurs disposant de poussoirs hydrauliques assurant le rattrapage automatique, il conviendra de porter une attention scrupuleuse au fonctionnement du moteur et de réagir rapidement à toute perte de puissance, à tout fonctionnement irrégulier ou si le moteur présente des ratés. Tout comme l'essence sans plomb, le GPL risque d'entraîner un tassement des sièges de soupapes, ce

Etage émulateur - assure la fonction émulateur des injecteurs d'essence et des diverses sondes du système d'injection-allumage

Relais GPL

Orifice de remplissage du type à baïonnette (système hollandais-belge)

qui peut nuire au rendement du moteur et conduire à la remise en état ou au remplacement de la culasse.

A l'étranger

En cas de voyage à l'étranger, se renseigner auprès d'un club d'automobilistes ou d'un organisme compétent (p.ex. l'office de tourisme du pays de destination) quant au réseau des stations-service. On peut trouver le GPL partout en France, en Italie, aux Pays-Bas et en Belgique, mais dans certains autres pays, c'est loin d'être le cas. Un petit conseil : ne jamais rouler avec un réservoir d'essence vide - les stations-service peuvent ne pas être ouvertes en permanence ou être en rupture de stock.

Il sera peut-être nécessaire de prévoir un adapteur pour l'orifice de remplissage. Les systèmes français-italiens utilisent un orifice de type à coupelle, le système belge le type ACME (à vis) et le système hollandais-belge un type à baïonnette (voir illustration). Dans certains pays, il conviendra d'apporter les deux types d'adapteur pour être sûr de pouvoir faire le plein de GPL.

Les véhicules GPL sont formellement interdits dans le tunnel sous la Manche - en cas de voyage par ferry, il vaut mieux demander avant la réservation des billets pour savoir si une telle réglementation est en vigueur à bord du navire.

Sécurité

Suite à une explosion en janvier 1999 à Vénissieux, dans la banlieue de Lyon, la sécurité des réservoirs de GPL s'est trouvée soudainement mise en cause.

En cas d'incendie, le GPLc se dilate de 0,25 % par degré de température supérieure : au fur et à mesure que la température monte, la pression interne devient de plus en plus forte. Les équipements GPL répondent en effet aux normes de sécurité les plus rigoureuses. Le réservoir est constitué de tôle six fois plus épaisse que celle des réservoirs d'essence et est conçu pour résister aux chocs, au feu pendant 30 minutes (3 minutes pour un réservoir d'essence) et à une pression interne de 30 bars - par comparaison, la pression interne au réservoir de GPL est normalement de 6 à 8 bars en été et de 3 bars en hiver - la réglementation exige en plus un contrôle d'étanchéité tous les huit ans. En revanche, si la chaleur est intense, la pression interne peut atteindre des valeurs extrêmement élevées - au point, en tout cas, que le réservoir ne pourra pas y résister. Il va alors se déchirer et exploser.

En réalité, les voitures brûlent à partir du moteur, donc en général de l'avant vers l'arrière. Plusieurs essais ont montré que le risque d'explosion intervenait à partir de 10 minutes d'incendie, voire 20 minutes. Ce délai sera normalement bien suffisant pour permettre aux occupants de sortir, de s'éloigner du véhicule et d'alerter les services de secours. Le danger n'existe guère pour les automobilistes - il est par contre réel pour les sapeurs-pompiers. Il conviendra donc de les prévenir s'il s'agit d'un véhicule au GPL.

Pour éviter tout risque d'explosion, les réservoirs de GPL ne doivent être remplis qu'à 80-85 % de leur capacité, le reste servant d'espace de détente au gaz. Un limiteur de remplissage interdit le trop-plein du réservoir. La seconde protection est le joint d'étanchéité « fusible » qui a pour fonction d'assurer l'étanchéité entre le réservoir et la polyvanne - en cas d'incendie, il est censé fondre et libérer un espace qui permettra au gaz en surpression de s'évacuer. Troisièmement, il existe la soupape de sécurité dite « de décharge » « de surpression » ou « de dégazage » qui a pour but de s'ouvrir lorsque la pression interne atteint un niveau élevé pour laisser échapper le gaz - dès que la pression baisse, cette soupape se referme et ainsi de suite, jusqu'à l'évacuation totale du gaz dans le réservoir. Cela provoque de grandes flammes - ce qui est impressionnant mais nettement moins dangereux qu'une explosion. Ces soupapes ne sont cependant autorisées en France qu'à partir de juin 1997. De plus, les réservoirs sont munis de vannes autobloquantes (électrovannes) permettant d'éviter toute fuite de gaz accidentelle (voir illustrations).

Plusieurs essais effectués par le CFBP, entre autres, ont montré qu'il existe quelques défaillances dans les dispositifs suivant l'actuel règlement R67. Tout d'abord, certains limiteurs de remplissage peuvent permettre un plein à 95 % de la capacité du réservoir, voire 100 % (le plein « hydraulique »). Les joints d'étanchéité en plastique, étant pour la plupart encastrés entre la polyvanne et le réservoir, se sont révélés moins efficaces que l'on le souhaiterait et certaines soupapes de sécurité ont démontré avoir un débit de gaz insuffisant (environ 11 à 17 m³/mn) pour évacuer le gaz avant une explosion.

Le CFBP a donc émis un certain nombre de recommandations qui constitueront peut-être la base d'une nouvelle réglementation R67 808 (2). Ces préconisations proposent plusieurs solutions établissant des niveaux de sécurité de plus en plus efficaces :

a) *Un limiteur de remplissage réellement fiable (de type électronique) permettant de bloquer le remplissage du réservoir à 80 % de sa capacité*

b) *Un dispositif fusible dont la température de fusion serait connue avec précision - un disque en alliage de métaux fondant à basse température (soit 130/140 °C) et implanté séparément dans le corps du réservoir*

c) *Une soupape de sécurité à fort débit de gaz (plus de 22 m³/mn)*

d) *Un revêtement calorifuge pour protéger le réservoir contre la chaleur du feu et pour ralentir l'action des flammes*

Attention : Pour connaître le niveau de sécurité d'un véhicule donné, s'adresser à un concessionnaire de la marque dans le cas d'un véhicule GPL d'origine constructeur, ou à l'installateur dans le cas d'un véhicule GPL équipé en deuxième monte

Selon la nouvelle réglementation annoncée en août 1999, à compter du 1er janvier 2000, toutes les voitures neuves équipées de dispositif GPL en première monte (et toutes les voitures anciennes converties à partir de cette date) doivent obligatoirement être pourvues d'un système de sécurité anti-explosion (au moins d'une soupape de sécurité et d'un dispositif limiteur de surpression). Un installateur appelé à intervenir sur une polyvanne de type ancienne aura l'obligation de lui munir d'un dispositif de sécurité.

Précautions

Danger : Avant toute intervention sur le circuit d'alimentation en gaz, veiller à fermer le robinet de sortie du réservoir, à vider le circuit en laissant tourner le moteur jusqu'à épuisement du gaz, à couper le contact et à débrancher la batterie

Lors d'une intervention sur un véhicule à bicarburation, observer les consignes générales indiquées pour les modèles à monocarburation essence à la rubrique « Impératifs de sécurité » au début du manuel, concernant notamment les risques d'incendie et d'intoxication. Il convient également de suivre impérativement les consignes du constructeur

Lors d'un arrêt prolongé du moteur, ne pas oublier de fermer le robinet du réservoir vers l'alimentation

Pour tout dysfonctionnement constaté dans l'alimentation au GPL, confier le véhicule à un atelier du constructeur ou à un installateur homologué par le CFBP. Ne pas tenter de démonter ni de modifier l'installation

Dispositifs sur réservoir bonbonne

A Tuyaux d'évent - à l'extérieur
B Polyvanne, y compris indicateur de niveau, limiteur de remplissage et joint fusible
C Raccord de tuyau d'alimentation moteur - ici avec robinet manuel
D Raccord de tuyau de remplissage
E Soupape de sécurité

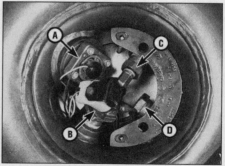

Dispositifs sur réservoir torique

A Polyvanne, y compris indicateur de niveau, limiteur de remplissage et joint fusible
B Raccord de tuyau d'alimentation moteur - ici avec électrovanne
C Raccord de tuyau de remplissage
D Soupape de sécurité

Achat de pièces de rechange

Les pièces de rechange peuvent s'obtenir auprès des concessionnaires ou agents homologués de la marque, dans certains garages, chez les fournisseurs spécialisés ou dans les centres auto. Afin de pouvoir se procurer les pièces appropriées, il conviendra de communiquer le numéro du moteur et celui dans la série du type de véhicule au magasinier et si possible, d'apporter les pièces usagées avec soi de façon à faciliter leur identification. L'acquisition de pièces de rechange peut également s'effectuer dans le cadre d'un échange standard, notamment pour le démarreur ou l'alternateur : veiller à la propreté des pièces rendues.

Sont conseillées les sources d'approvisionnement suivantes :

Les garages Citroën homologués

Il s'agit de la filière la plus fiable dans la mesure où les représentants officiels du constructeur disposent de pièces d'origine conçues spécialement pour les automobiles de la marque et qui ne sont généralement pas disponibles dans le commerce : par ex. les monogrammes, les emblèmes, les garnitures intérieures et certains panneaux de carrosserie. C'est également auprès de ces garages qu'il convient de se procurer les pièces nécessaires au véhicule si celui-ci est toujours sous garantie.

Grandes surfaces et centres auto

Sont d'excellents endroits pour se procurer les pièces et le matériel indispensables à l'entretien du véhicule : par ex. filtres, bougies, ampoules, courroies, huiles et graisses, plaquettes de freins, peinture de retouche. Ces articles provenant d'une enseigne de bonne réputation sont normalement de qualité identique à celle des pièces d'origine du constructeur.

Outre les pièces d'entretien, on peut trouver dans ces magasins de l'outillage et des accessoires. Ils sont généralement ouverts à des heures plus pratiques et leurs prix sont habituellement plus bas. En plus, ils sont souvent situés non loin du domicile. Certains établissements comportent un comptoir où il est possible d'acheter ou de commander presque toutes les pièces nécessaires.

Dépositaires

Les fournisseurs ou grossistes en pièces pour l'automobile possèdent en stock toutes les pièces d'usure essentielles. Ils proposent très fréquemment des pièces détaillées pour la remise en état d'organes majeurs : par ex. joints et pièces hydrauliques pour freins, coussinets de paliers et de bielles, pistons, soupapes, balais d'alternateur. Ils peuvent également effectuer des interventions spécifiques comme le réalésage des blocs-cylindres, la rectification ou le rééquilibrage des vilebrequins.

Spécialistes (« pose rapide ») pneumatiques et échappement

Qu'ils soient indépendants ou membres d'une enseigne régionale ou nationale, leurs tarifs sont généralement plus bas que ceux des concessionnaires ou des garagistes. Il est toutefois prudent de faire établir plusieurs devis et de se renseigner sur les différents « suppléments » à prendre en compte. Par exemple, la pose d'une valve neuve et l'équilibrage de la roue sont facturés en supplément du pneu.

Autres sources

Se méfier des pièces ou du matériel provenant des marchés, des ventes au déballage ou parallèles. Ces articles ne sont pas forcément toujours de mauvaise qualité, mais lorsqu'ils le sont, il est souvent impossible de faire une réclamation. S'il s'agit de pièces importantes sur le plan de la sécurité comme les plaquettes de freins, on risque non seulement de faire une mauvaise affaire mais également de mettre en danger sa propre vie et celle d'autrui.

Les pièces d'occasion provenant d'une casse automobile peuvent dans certains cas constituer une bonne affaire, à condition d'avoir suffisamment d'expérience pour pouvoir juger de leur état.

Outre les changements les plus importants apportés aux différents modèles dans leur conception, les véhicules subissent continuellement des modifications de détail qui sont rarement communiquées au public. Les catalogues et listes de pièces détachées sont organisés par références numériques et il est en conséquence indispensable de mentionner les numéros d'identification individuels de chaque véhicule afin d'obtenir la ou les pièces voulues.

A la commande de pièces détachées, fournir le maximum de renseignements. Indiquer suivant le cas, l'intitulé du modèle, l'année-modèle, le numéro dans la série du type du véhicule, le numéro d'ordre de fabrication et le type réglementaire du moteur.

Le *Numéro d'Identification du Véhicule/NIV (norme CEE)*, autrement appelé *numéro de châssis* (correspondant au numéro dans la série du type porté sur le certificat d'immatriculation du véhicule) est indiqué sur la *plaque constructeur* qui est rivetée en bas du pied milieu de caisse gauche ou au fond du coffre, selon les versions. Il est également frappé à froid près de la tourelle de suspension côté droit, sur le bord supérieur de la doublure de la baie d'auvent et rappelé en double sur une plaquette apposée sur la planche de bord, côté conducteur, visible depuis l'extérieur au travers du pare-brise **(voir illustration)**.

La *référence du moteur* (type réglementaire et numéro d'ordre de fabrication) est gravée sur la face avant du bloc/carter-cylindres, dans les emplacements suivants :

a) *Sur les versions essence, au-dessus du plan de joint inférieur du bloc/carter-cylindres, à gauche du filtre à huile*

b) *Sur les versions Diesel, au-dessus du plan de joint inférieur du carter-cylindres, à droite du filtre à huile*

Nota : *La première partie de la référence du moteur indique son type réglementaire, par exemple « KFV ».*

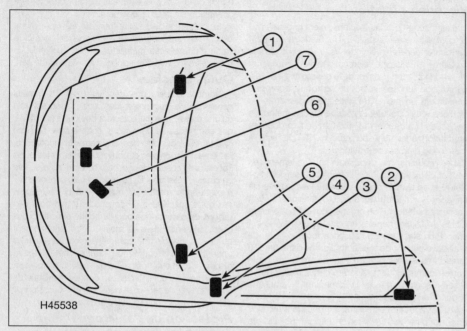

Implantation des références d'identification du véhicule

1 *Numéro d'identification du véhicule*
2 *Plaque constructeur*
3/4 *Référence de peinture et pressions de gonflage des pneumatiques*
5 *Numéro d'identification du véhicule sur planche de bord*
6 *Référence de la boîte de vitesses*
7 *Référence du moteur*

Levage et soutien du véhicule

Le cric de bord est réservé exclusivement au changement de roue : voir « *Changement de roue* » au début du manuel. Pour toute autre opération de réparation ou d'entretien, le véhicule doit être soulevé à l'aide d'un cric rouleur (hydraulique) d'une capacité suffisante et devant toujours être associé à des chandelles.

Lors de l'utilisation de chandelles ou d'un cric rouleur, veiller à toujours les installer à hauteur des points de levage prévus de chaque côté pour le cric de bord sur la feuillure du bas de caisse **(voir illustration)**. Interposer une cale de bois entre la tête du cric ou de la chandelle et la feuillure du bas de caisse : la cale doit être munie d'une rainure afin d'épouser la feuillure.

Ne pas prendre appui sous le berceau du train avant, le carter d'huile ou au niveau des organes de suspension.

Ne jamais travailler sous ou à proximité d'un véhicule ayant été levé sans s'assurer que celui-ci est parfaitement soutenu au moins à deux emplacements.

Point de levage avec le cric de bord sur la feuillure du bas de caisse

Pour accomplir toutes les opérations d'entretien, de réparation ou de remise en état de la voiture et de ses organes, il convient d'observer les méthodes de travail et les instructions figurant dans les paragraphes qui suivent afin d'être en mesure de procéder de manière efficace et professionnelle.

Joints et plans de joint

Lorsqu'il y a séparation de pièces, ne jamais faire appel à un tournevis ou à un outil similaire pour tenter de les écarter. Il y a en effet risque que ces plans de joint se trouvent endommagés, ce qui ne manquerait pas d'occasionner des fuites d'huile ou de liquide de refroidissement, etc., après réassemblage. La séparation de deux plans peut s'obtenir en frappant le long de leur jointure avec un maillet à tête plastique. A noter que cette méthode peut ne pas convenir lorsque des douilles de centrage sont utilisées.

Lorsqu'un joint est employé entre les plans de joints de deux organes, le remplacer d'office après dépose et le monter à sec sauf autrement précisé. S'assurer que les plans de joint sont parfaitement propres, secs, sans traces graisseuses et ne comportent pas de débris provenant de l'ancien joint. Pour le nettoyage d'un plan de joint, avoir recours à un outil qui ne soit pas susceptible de le rayer et éliminer les bavures et autres défauts à la pierre à huile ou avec une lime fine.

Dégager les trous taraudés à l'aide d'un cure-pipe et veiller à ne pas les boucher avec de la pâte d'étanchéité.

S'assurer que tous les orifices, conduits ou canalisations ne sont pas obstrués en y injectant de l'air comprimé.

Joints à lèvre

Les joints à lèvre se déposent en les délogeant à l'aide d'un tournevis à lame plate ou d'un outil similaire. A défaut, plusieurs vis à tôle peuvent être serrées sur le joint qui sera arraché en tirant dessus à l'aide d'une pince ou d'une tenaille.

Après dépose d'un joint de son logement, soit individuellement soit en tant qu'élément faisant partie d'un ensemble, il y aura lieu de le remplacer.

La lèvre très fine des joints étant particulièrement sensible, elle peut se trouver facilement endommagée et l'étanchéité ne sera plus assurée si la surface de contact n'est pas parfaitement propre ou présente des rayures, des entailles ou des rainures. Lorsqu'il s'avère impossible de rectifier le plan d'étanchéité d'une pièce et lorsqu'aucune possibilité de repositionnement du joint par rapport à sa surface d'appui n'est fournie par le constructeur, la pièce concernée doit être remplacée.

Protéger la lèvre des joints afin qu'elle ne se trouve pas abîmée lors de leur mise en place. Pour ceci, utiliser dans la mesure du possible du ruban adhésif ou un manchon conique. Lubrifier à l'huile la lèvre des joints avant de les amener en position et sur les joints à double lèvre, garnir de graisse l'intervalle entre les lèvres.

Sauf indication contraire, les joints doivent être montés avec leur lèvre d'étanchéité mis du côté lubrifiant à arrêter.

Faire appel à un mandrin tubulaire ou à une cale de bois de dimensions appropriées pour mettre en place un joint dans son logement et si ce dernier comporte un épaulement, enfoncer le joint à celui-ci.

En cas de logement sans épaulement, le joint doit être monté avec sa face affleurant le plan supérieur du logement (sauf indication contraire).

Visserie et fixations

Il est courant que les fixations soient grippés là où la corrosion s'est installée. Un fluide dégrippant permettra généralement de venir à bout de ce problème en laissant l'élément rebelle s'imprégner de produit avant d'essayer de le desserrer. Une clé à percussion utilisée avec un embout approprié constituera un moyen efficace pour desserrer les fixations récalcitrantes. Si aucune de ces méthodes ne réussit, chauffer la fixation en procédant précautionneusement ou recourir à une scie à métaux ou à un coupe-boulons.

Les goujons se déposent habituellement en serrant deux écrous l'un contre l'autre sur leur tige filetée et en les dévissant ensuite à l'aide d'une clé en prise sur l'écrou du bas. Les fixations s'étant cassés à l'intérieur d'un organe peuvent parfois être retirés en faisant appel à un extracteur prévu à cet effet. Bien s'assurer de l'absence totale d'huile, de graisse, d'eau ou de tout autre liquide dans un trou taraudé sans issu avant d'y introduire la vis ou le goujon correspondant, sinon le carter risque de se fissurer sous l'effet de la contrainte hydraulique engendrée lors du serrage.

Au serrage d'un écrou crénelé destiné à recevoir une goupille fendue, serrer l'écrou au couple éventuellement prescrit puis continuer à le serrer au besoin pour l'aligner avec le trou prochain de goupille. Ne jamais desserrer un écrou pour l'aligner avec un trou de goupille sauf indication dans la méthode recommandée.

Pour procéder au contrôle ou au resserrage d'une fixation au couple spécifié, desserrer cette fixation d'un quart de tour puis effectuer un serrage pour atteindre le couple prescrit. Cette méthode ne doit toutefois pas être appliquée en cas de serrage angulaire préconisé.

Pour certaines fixations, notamment celles de culasse, aucune valeur de couple n'est spécifiée pour les phases finales de serrage, celles-ci ayant lieu par « serrage angulaire ». En règle générale, un couple de faible ampleur sera appliqué lors de la première phase de serrage, suivi d'une ou plusieurs autres phases suivant des angles prescrits.

Contre-écrous, tôles-freins et rondelles

Toute fixation tournant contre un organe ou un carter au cours de son serrage doit toujours être munie d'une rondelle intercalée entre elle et l'organe ou le carter concerné.

Les rondelles élastiques ou fendues doivent être systématiquement changées lorsqu'elles assurent le freinage d'un élément exigeant une grande sécurité de serrage tel qu'un écrou ou une vis de maintien de chapeau de bielle. Les tôles-freins rabattues sur un écrou ou une vis pour éviter leur desserrage doivent également être remplacées systématiquement.

Les écrous autobloquants peuvent être réutilisés dans des emplacements moins sollicités pour autant qu'une résistance puisse être ressentie lorsque leur élément de freinage passe par-dessus le filetage de la vis ou du goujon. Il est cependant à noter que les écrous autobloquants perdent de leur efficacité au

bout d'un certain temps et si tel est le cas, il y aura lieu de les changer.

Les goupilles fendues doivent toujours être remplacées par des éléments neufs correctement dimensionnés pour le logement.

En présence de produit-frein sur les filets d'une fixation devant être réutilisée, nettoyer celle-ci à l'aide d'une brosse métallique et d'un solvant. Du produit-frein devra être appliqué au réassemblage.

Outils spéciaux

Nombre d'opérations décrites dans ce manuel nécessitent le recours à des outils spéciaux tels qu'une presse, des extracteurs à deux ou trois griffes, des compresseurs de ressorts entre autres. Lorsque cela a été possible, des équipements appropriés, facilement disponibles et pouvant remplacer les outils spéciaux du constructeur sont indiqués et représentés en cours d'utilisation. Dans certains cas, cependant, il n'existe aucune autre alternative que de faire appel aux outils spécifiques du constructeur tant pour des raisons de sécurité que pour la bonne exécution des opérations entreprises. A moins d'être extrêmement qualifié et d'avoir une compréhension parfaite des opérations à effectuer, ne jamais tenter de se dispenser d'un outil spécial lorsque celui-ci est prescrit dans le cadre d'une intervention donnée, au risque de se voir infliger de sérieuses blessures et d'occasionner des dommages coûteux aux pièces concernées.

Protection de l'environnement

Avant de jeter de l'huile moteur usagée, du liquide de frein, de l'antigel, etc., penser aux éventuelles conséquences négatives pour l'environnement. Ne pas verser l'un de ces liquides à l'égout ni sur le sol où il s'infiltrerait. De nombreuses décharges locales ainsi que certains garages offrent la possibilité de jeter les huiles usagées.

Les normes contre la pollution engendrée par les véhicules automobiles devenant de plus en plus contraignantes, les principaux points de réglage du circuit d'alimentation des véhicules actuels sont dotés d'un témoin d'inviolabilité. Ces dispositions sont essentiellement destinées à empêcher les personnes non qualifiées d'agir sur le mélange air/carburant et d'augmenter ainsi les émanations toxiques. Si ces protections viennent à être enlevées au cours de l'entretien ou d'une révision, elles doivent être remplacées ou remontées, si possible, conformément aux exigences du constructeur du véhicule ou de la législation en vigueur.

Jeter les huiles usagées à l'égout ou dans la nature, c'est antisocial et non recommandé. Verser plutôt l'huile de vidange dans un bidon - réservé seulement à l'huile moteur, à l'huile de boîte de vitesses (manuelle et automatique) et au liquide hydraulique afin de permettre le recyclage - et le porter chez un garagiste qui possède un bac de récupération, dans un point-collecte, une déchetterie ou un point de récupération. Afin d'obtenir l'adresse de la déchetterie la plus proche, contacter l'ADEME (Agence de l'environnement et de la maîtrise de l'énergie) au 0 800 38 39 40 (numéro vert, gratuit) ou par Minitel au 3615 Idéal

Introduction

La possession d'outils de qualité est une nécessité absolue pour quiconque envisage d'effectuer l'entretien et la réparation d'une automobile. Pour ceux n'en possédant pas, leur acquisition représentera une dépense considérable qui annulera en partie les économies réalisées en accomplissant par leurs propres moyens les travaux sur leur voiture. Cependant, dans la mesure où les outils achetés sont conformes aux normes de sécurité en vigueur et d'excellente qualité, ils dureront de nombreuses années et constitueront un investissement très rentable.

Pour aider l'automobiliste moyen à se faire une idée des outils nécessaires pour accomplir les diverses tâches décrites dans le manuel, trois listes séparées sont proposées ci-dessous. Elles concernent les postes suivants : *Outils d'entretien et de petites réparations ; Outils de réparation et de remise en état ; Outils spéciaux*. Les mécaniciens non confirmés se limiteront tout d'abord à l'outillage répertorié dans la liste « *Outils d'entretien et de petites réparations* ». Ils pourront par la suite faire l'acquisition d'outils supplémentaires pour se lancer dans des tâches plus difficiles au fur et à mesure que progresseront leur expérience et leur confiance en eux. Ils pourront ainsi transformer progressivement, sans grosses dépenses, en outillage « *de réparation et de remise en état* ». Les mécaniciens expérimentés disposeront déjà d'un outillage suffisant pour la plupart des opérations de réparation et de remise en état et y ajouteront des outils de la catégorie « *spéciale* » lorsqu'ils estimeront justifiée la dépense pour l'usage qu'ils pourront en faire.

Outils d'entretien et de petites réparations

Les outils figurant dans la liste qui suit doivent être considérés comme étant le minimum nécessaire pour entreprendre des opérations d'entretien courant et des petites réparations. Il est conseillé d'acheter des clés mixtes (polygonales à une extrémité et fourche à l'autre). Bien que plus chères que les clés plates, elles offrent les avantages des deux types de clé.

- [ ] Clés mixtes - 8 à 19 mm inclus , 21, 22, et 26 mm
- [ ] Clé à molette - ouverture des mâchoires de 35 mm
- [ ] Clé pour bouchon de vidange (carré 8 mm)
- [ ] Clé à bougies (avec douille rapportée en caoutchouc)
- [ ] Outil de réglage des électrodes de bougie
- [ ] Jeu de cales d'épaisseur
- [ ] Clé pour purgeurs de frein
- [ ] Tournevis - lame plate - environ 100 mm de long x 6 mm de diamètre
- [ ] Tournevis - lame cruciforme - environ 100 mm de long x 6 mm de diamètre
- [ ] Pinces multiples - 150 mm
- [ ] Scie à métaux (petit)
- [ ] Pompe pour pneus
- [ ] Manomètre pour pneus
- [ ] Burette d'huile
- [ ] Clé pour filtres à huile
- [ ] Toile émeri fine
- [ ] Brosse métallique (petite)
- [ ] Entonnoir (moyen)

Outils de réparation et de remise en état

Ces outils sont pratiquement indispensables pour entreprendre des opérations importantes et s'ajoutent à ceux énumérés dans la liste ci-dessus « *d'entretien et de petites réparations* ». Cette liste comprend un jeu complet de douilles. Bien qu'il soit cher, cet outillage s'avérera très précieux en raison de sa polyvalence - surtout si le jeu comporte plusieurs manches d'entraînement. Il est recommandé de faire l'acquisition d'un carré d'entraînement de 1/2 pouce (12,7 mm) pouvant être utilisé avec la plupart des clés dynamométriques.

Les outils figurant dans la liste ci-dessous devront occasionnellement être complétés par des outils de la catégorie « *spéciale* ».

- [ ] Douilles (ou clés-tubes) couvrant les dimensions de la liste précédente
- [ ] Entraîneur à cliquet (pour les douilles
- [ ] Rallonge de 250 mm (pour les douilles)
- [ ] Joint articulé (pour les douilles)
- [ ] Clé dynamométrique (pour les douilles)
- [ ] Pince-étau - 200 mm
- [ ] Marteau à panne ronde
- [ ] Maillet à tête tendre (plastique ou caoutchouc)
- [ ] Tournevis - lame plate - environ 150 mm de long x 8 mm de diamètre
- [ ] Tournevis - lame plate - environ 50 mm de long et section carrée de 8 mm
- [ ] Tournevis - électricien - environ 75 mm de long x 3 mm de diamètre
- [ ] Pinces coupantes - électricien
- [ ] Pinces - bec fin
- [ ] Pinces à circlips (internes et externes)
- [ ] Burin - 25 mm
- [ ] Pointe à marquer
- [ ] Grattoir
- [ ] Pointeau
- [ ] Chasse-goupilles
- [ ] Scie à métaux (grand)
- [ ] Pinces pour flexibles de frein
- [ ] Nécessaire de purge de frein
- [ ] Jeu de forets
- [ ] Règle en acier
- [ ] Trousse de clés cannelées, de clés Allen et/ou clés Torx

- [ ] Jeu de limes
- [ ] Brosse métallique
- [ ] Chandelles
- [ ] Cric robuste (rouleur ou hydraulique)
- [ ] Baladeuse avec rallonge

Outils spéciaux

Figurent en liste ci-dessous les outils n'étant pas utilisés fréquemment. Ils sont coûteux à l'achat et doivent être utilisés conformément aux instructions de leur fabricant. A moins d'entreprendre couramment des travaux mécaniques relativement complexes, il ne sera pas économique d'acheter un grand nombre de ces outils. Si l'on prévoit ce type d'usage, envisager la possibilité de s'associer à des amis (ou s'inscrire à un club d'automobilistes) pour en faire l'achat en commun ou bien louer les outils à un garage local ou à un spécialiste de la location d'outillage. Il est à noter que de nos jours, nombre de grands magasins de bricolage offre une large gamme d'outils spéciaux à la location pour un coût modeste.

La liste qui suit ne comprend que les outils et appareils vendus dans le commerce et non pas les outils spécifiques produits par le constructeur exclusivement pour son réseau de concessionnaires. Ces outils spéciaux du constructeur sont mentionnés à l'occasion au cours des pages du manuel. A défaut, une autre méthode d'exécution de la tâche à accomplir est généralement indiquée. Il existe cependant certains cas où aucune solution de remplacement n'est possible. Dans ce cas précis, s'il n'est pas possible de se procurer l'outil en question, l'unique recours sera de confier le travail à un garage de la marque.

- [ ] Lève-soupapes
- [ ] Rodoir de soupapes
- [ ] Collier à segments
- [ ] Outil de dépose/repose de segments
- [ ] Rodoir de cylindres
- [ ] Arrache-rotule
- [ ] Compresseur des ressorts de suspension
- [ ] Extracteur à deux/trois griffes
- [ ] Tournevis à percussion
- [ ] Palmer et/ou pied à coulisse
- [ ] Comparateur micrométrique
- [ ] Lampe stroboscopique

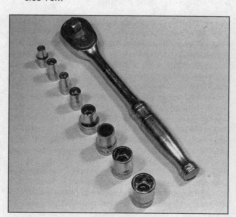

Douilles et entraîneur à cliquet

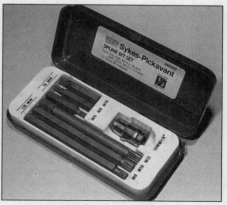

Trousse de douilles cannelées

Trousse de clés cannelées

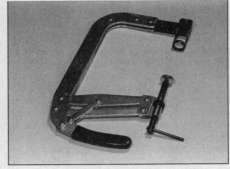

Lève-soupapes

Collier à segments

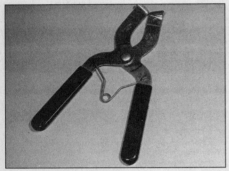

Outil de dépose/repose de segments

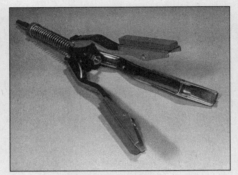

Rodoir de cylindres

Extracteur à trois griffes

Palmer

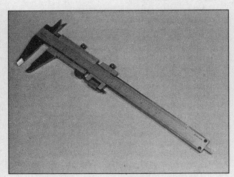

Pied à coulisse

Comparateur micrométrique

Compressiomètre

Mandrin de centrage d'embrayage

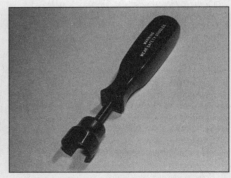

Outil de dépose de coupelle de ressort de segment de frein

- ☐ Multimètre électrique universel
- ☐ Compressiomètre
- ☐ Pompe à vide à main et manomètre
- ☐ Mandrin de centrage d'embrayage
- ☐ Outil de dépose de coupelle de ressort de segment de frein
- ☐ Trousse de dépose/pose de bagues et roulements
- ☐ Jeu d'extracteurs de goujons
- ☐ Jeu de tarauds et filières
- ☐ Palan avec moufles de levage
- ☐ Cric rouleur

Acquisition d'outils

Les centres-autos ou accessoiristes proposent souvent des outils d'excellente qualité à prix réduit. Il vaut donc mieux se renseigner avant d'acheter.

Les bons outils à prix raisonnable ne manquent pas mais il est toujours préférable d'acheter des articles répondant aux normes de sécurité en vigueur. En cas de doute, demander conseil au propriétaire ou au gérant du magasin avant de faire un choix. Il faut se méfier des outils le moins cher ou de ceux provenant de marchés ou de points de vente similaires.

Entretien des outils

Après s'être constitué une collection d'outils, celle-ci doit être maintenue en bon état. Après utilisation, prendre soin de bien les essuyer avec un chiffon propre et sec pour les débarrasser de la saleté, du cambouis et des résidus métalliques avant de les ranger. Ne jamais les laisser traîner après usage. Un simple râtelier fixé au mur d'un garage ou de l'atelier suffira à ranger les outils de petites dimensions tels que les tournevis et les pinces. Ranger toutes les clés et les douilles de dimensions moyennes dans une caisse à outils métallique. Les appareils de mesure : manomètres, jauges, etc. doivent être conservés soigneusement de manière à être préservés de la détérioration et de la rouille.

Se servir des outils en prenant quelques précautions. La tête des marteaux finit inévitablement par être marquée et la lame des tournevis par s'émousser. Penser à leur donner de temps à autre un coup de toile émeri ou de lime afin de leur restituer leur efficacité d'origine.

Locaux

En parlant des outils, il ne faut pas oublier l'atelier proprement dit. Pour toute autre opération autre que le simple entretien courant, un lieu de travail adéquat devient indispensable.

Il est évident que plus d'un mécanicien « bricoleur » peut être contraint par les circonstances de déposer un moteur ou un organe de celui-ci sans disposer d'un garage ou d'un atelier. Cependant, toutes les réparations doivent être effectuées à l'abri d'un toit.

Tout démontage doit, dans la mesure du possible, être réalisé sur un établi ou du moins sur une table au plan de travail parfaitement plat et d'une hauteur appropriée.

Tout établi se doit d'être équipé d'un étau. Une ouverture de 100 mm des mâchoires suffit pour la plupart des travaux. Ainsi qu'il l'a été mentionné plus haut, un espace de rangement propre et non humide est également nécessaire pour conserver les outils ainsi que les lubrifiants, les détergents de nettoyage, les peintures de retouche, etc. qui s'avéreront nécessaires.

Un autre équipement, se prêtant à un usage beaucoup plus général, pourra être nécessaire : il s'agit d'une perceuse électrique munie d'un mandrin d'une capacité minimale de 8 mm, ce qui, ajouté à un jeu complet de forets hélicoïdaux, devient indispensable pour le montage d'accessoires les plus divers.

Enfin, ne pas oublier de disposer en permanence d'une bonne quantité de vieux journaux et de chiffons propres et non pelucheux et de maintenir tout plan de travail aussi propre que possible.

Trousse de dépose/pose de bagues et roulements

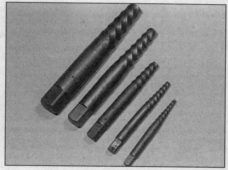

Jeu d'extracteurs de goujons

Jeu de tarauds et filières

Moteur

- ☐ Le démarreur ne tourne pas
- ☐ Le démarreur tourne, mais le moteur ne part pas
- ☐ Le moteur démarre difficilement à froid
- ☐ Le moteur démarre difficilement à chaud
- ☐ Le démarreur émet un bruit anormal ou est excessivement dur à lancer
- ☐ Le moteur démarre, mais cale aussitôt
- ☐ Le moteur tient mal le ralenti
- ☐ Le moteur a des ratés au ralenti
- ☐ Le moteur a des ratés à tous les régimes
- ☐ Le moteur a des creux à l'accélération
- ☐ Le moteur cale
- ☐ Le moteur manque de puissance
- ☐ Le moteur a des retours d'allumage
- ☐ Le témoin de pression d'huile s'allume, moteur tournant
- ☐ Le moteur continue de tourner après avoir coupé le contact
- ☐ Bruits du moteur

Refroidissement

- ☐ Surchauffe
- ☐ Température du moteur anormalement basse
- ☐ Perte d'eau externe
- ☐ Perte d'eau interne
- ☐ Corrosion

Alimentation et échappement

- ☐ Consommation anormale de carburant
- ☐ Fuite et/ou odeur de carburant
- ☐ Bruits ou fumées anormales de l'échappement

Embrayage

- ☐ Pédale s'enfonçant jusqu'au plancher : absence de pression ou très faible résistance à la pédale
- ☐ Absence de débrayage (les vitesses ne passent pas)
- ☐ L'embrayage patine (le régime du moteur augmente sans accroissement correspondant de la vitesse du véhicule)
- ☐ L'embrayage broute
- ☐ Bruit perçu en embrayant ou débrayant

Boîte de vitesses manuelle

- ☐ Bruit perçu au point mort, moteur tournant
- ☐ Bruit perçu avec un rapport particulier engagé
- ☐ Vitesses dures à passer
- ☐ Les vitesses sautent
- ☐ Vibrations
- ☐ Fuites d'huile

Boîte de vitesses automatique

- ☐ Fuites de fluide
- ☐ Fluide de boîte marron ou présentant une odeur de brûlé
- ☐ Problèmes généraux de sélection de rapports
- ☐ Boîte ne rétrogradant pas en appuyant à fond sur la pédale d'accélérateur
- ☐ Le moteur refuse de démarrer ou démarre alors qu'un rapport autre que « P » ou « N » est engagé
- ☐ La boîte de vitesses patine, broute, est bruyante ou ne permet pas de rouler en marche avant ni arrière

Transmissions

- ☐ Claquements ou à-coups en virages (en braquant à fond à vitesse réduite)
- ☐ Vibrations à l'accélération ou à la décélération

Freins

- ☐ Voiture tirant sur un côté au freinage
- ☐ Bruit (meulage ou grincements aigus) perçu au freinage
- ☐ Course excessive de la pédale de frein
- ☐ Nécessité de pomper sur la pédale pour obtenir l'action des freins
- ☐ Effort anormal sur la pédale de frein pour arrêter la voiture
- ☐ Trépidations ressenties dans la pédale de frein ou la direction au freinage
- ☐ Frottement des freins
- ☐ Roues arrière se bloquant en freinant normalement

Suspensions et direction

- ☐ Voiture se déportant sur un côté
- ☐ Flottement ou vibrations des roues
- ☐ Tangage et/ou roulis excessifs dans les virages ou au freinage
- ☐ Direction manquant de précision, mauvaise tenue de route
- ☐ Direction dure à manœuvrer
- ☐ Jeu excessif de la direction
- ☐ Direction manquant d'assistance
- ☐ Usure anormale des pneus

Equipement électrique

- ☐ Batterie se déchargeant en l'espace de quelques jours
- ☐ Témoin de charge restant allumé le moteur tournant
- ☐ Témoin de charge ne s'allumant pas
- ☐ Feux ne fonctionnant pas
- ☐ Mauvais fonctionnement des instruments
- ☐ Avertisseur sonore ne fonctionnant pas ou mal
- ☐ Essuie-glaces ne fonctionnant pas ou mal
- ☐ Lave-glaces ne fonctionnant pas ou mal
- ☐ Lève-glaces électriques ne fonctionnant pas ou mal
- ☐ Verrouillage centralisé des portes ne fonctionnant pas ou mal

Introduction

Le propriétaire observant les recommandations du programme d'entretien périodique de son véhicule ne devrait normalement pas avoir à utiliser très fréquemment cette section du manuel. La fiabilité des pièces modernes est telle que, à condition que les organes sujets à usure ou à détérioration soient vérifiés et remplacés aux intervalles spécifiés, les pannes soudaines deviennent relativement rares. Les pannes ne se produisent habituellement pas d'une manière subite, mais sont la conséquence d'un long processus de dégradation. Les grosses avaries mécaniques notamment sont généralement précédées de symptômes caractéristiques sur des centaines voire des milliers de kilomètres. Les organes susceptibles d'une défaillance sans signes avant-coureurs sont la plupart du temps de petites dimensions et peuvent être conservés en permanence dans la voiture.

En matière de dépistage des pannes, la première étape consiste à décider à quel niveau les recherches doivent commencer. Cela s'avère parfois évident mais dans certains cas, il est nécessaire de jouer le rôle de détective. L'automobiliste qui effectue un certain nombre de réglages et de remplacements au hasard peut parvenir à corriger un défaut (ou à supprimer ses symptômes) mais il ne sera pas plus avancé si cette anomalie se reproduit car il n'en connaîtra toujours pas la cause et il aura probablement perdu plus de temps et d'argent qu'il n'en fallait. Une approche plus posée et plus rationnelle du problème se révélera d'une efficacité nettement supérieure à long terme. Il convient de toujours tenir compte des signes avant-coureurs ou des anomalies éventuellement observés peu avant que ne survienne la panne : perte de puissance, indications trop basses ou au contraire trop élevées des divers instruments, odeurs suspectes, etc. et se rappeler que la défaillance d'éléments comme les fusibles et les bougies peut constituer un indice révélateur de l'existence d'un défaut sous-jacent.

Les pages qui suivent se donnent pour but d'aider les automobilistes à localiser les pannes ou les anomalies de fonctionnement les plus courantes susceptibles de se présenter sur leur véhicule. Ces problèmes et leurs causes possibles sont regroupés sous des rubriques en fonction de leur appartenance à différents ensembles ou systèmes : moteur, refroidissement, etc. Le chapitre en rapport avec le problème est également indiqué entre parenthèses pour s'y reporter. Certains principes de base demeurent valables quel que soit le défaut constaté. Ils s'établissent comme suit :

Confirmer le défaut. Il s'agit simplement de savoir exactement à quelle anomalie correspondent les symptômes rencontrés avant d'entreprendre toute opération. Cela est particulièrement important si l'on effectue un dépannage pour le compte d'une autre personne qui n'aura pas décrit le contexte avec précision.

Ne pas négliger ce qui peut paraître comme évident. Par exemple, lorsque le voiture refuse de démarrer, y a-t-il du carburant dans le réservoir ? (Sur ce point, ne pas se fier aux affirmations de toute autre personne ni même aux indications fournies par la jauge !). En cas de panne électrique, procéder à une vérification pour déceler d'éventuels fils débranchés ou rompus avant de faire appel à des appareils de contrôle.

Traiter la cause et non pas le symptôme. Le fait de remplacer une batterie à plat par une autre bien chargée vous sortira de l'impasse mais si la cause première de cette anomalie n'est pas élucidée, la nouvelle batterie connaîtra le même sort. De même, suite au remplacement de bougies encrassées (moteurs essence), le moteur pourra redémarrer mais la cause de l'encrassement doit être recherchée et traitée (s'il ne s'agissait pas simplement de l'utilisation de bougies inappropriées).

Ne rien considérer comme étant sûr et certain. Notamment, se faire à l'idée qu'une pièce « neuve » peut se révéler défectueuse (surtout lorsqu'elle traîne dans un coffre depuis des mois) et procéder au contrôle systématique de tous les organes même s'ils sont neufs ou viennent d'être montés. Lorsqu'un diagnostic difficile est enfin établi, il n'est pas rare de se rendre compte après coup que l'on disposait de tous les indices nécessaires pour son établissement dès le début.

Moteur

Le démarreur ne tourne pas

- ☐ Cosses de batterie desserrées ou corrodées (« *Contrôles hebdomadaires* »).
- ☐ Batterie déchargée ou défectueuse (chapitre 5A).
- ☐ Fils rompus, mal enfichés ou débranchés dans le circuit de démarrage (chapitre 5A).
- ☐ Démarreur défectueux (chapitre 5A).
- ☐ Dents de pignon lanceur de démarreur ou de couronne de volant moteur/disque d'entraînement ayant du jeu ou cassées (chapitres 2A ou 2B et 5A).
- ☐ Câble de mise à la masse du moteur rompu ou débranché.

Le démarreur tourne, mais le moteur ne part pas

- ☐ Réservoir de carburant vide.
- ☐ Batterie déchargée : démarreur tournant paresseusement (chapitre 5A).
- ☐ Cosses de batterie desserrées ou corrodées (« *Contrôles hebdomadaires* »).
- ☐ Bougies usées, défectueuses ou écartement des électrodes mal réglé - moteurs essence (chapitre 1A).
- ☐ Défaut du système de préchauffage - moteurs Diesel (chapitre 5C).
- ☐ Défaut du système de gestion du moteur (chapitre 4A ou 4B).
- ☐ Présence d'air dans le circuit d'alimentation en carburant - moteurs Diesel (chapitre 4B).
- ☐ Défectuosité du circuit d'alimentation haute pression - moteurs Diesel (chapitre 4B).
- ☐ Pressions de compression insuffisantes (chapitre 2A ou 2B).
- ☐ Panne mécanique majeure : p. ex. distribution (chapitre 2A ou 2B).

Le moteur démarre difficilement à froid

- ☐ Batterie déchargée (chapitre 5A).
- ☐ Cosses de batterie desserrées ou corrodées (« *Contrôles hebdomadaires* »).
- ☐ Bougies usées, défectueuses ou écartement des électrodes mal réglé - moteurs essence (chapitre 1A).
- ☐ Défaut du système de préchauffage - moteurs Diesel (chapitre 5C).
- ☐ Défaut du système de gestion du moteur (chapitre 4A ou 4B).

- ☐ Défectuosité du circuit d'alimentation haute pression - moteurs Diesel (chapitre 4B).
- ☐ Pressions de compression insuffisantes (chapitre 2A ou 2B).

Le moteur démarre difficilement à chaud

- ☐ Défaut du système de gestion du moteur (chapitre 4A ou 4B).
- ☐ Défectuosité du circuit d'alimentation haute pression - moteurs Diesel (chapitre 4B).
- ☐ Pressions de compression insuffisantes (chapitre 2A ou 2B).

Le démarreur émet un bruit anormal ou est excessivement dur à lancer

- ☐ Dents de pignon lanceur de démarreur ou de couronne de volant moteur/disque d'entraînement ayant du jeu ou cassées (chapitres 2A ou 2B et 5A).
- ☐ Vis de fixation de démarreur desserrées ou manquantes (chapitre 5A).
- ☐ Démarreur défectueux (chapitre 5A).

Le moteur démarre mais cale aussitôt

- ☐ Fuite de dépression (prise d'air) du boîtier de papillon ou de la tubulure d'admission - moteurs essence (chapitre 4A).
- ☐ Défaut du système de gestion du moteur (chapitre 4A ou 4B).
- ☐ Présence d'air dans le circuit d'alimentation en carburant - moteurs Diesel (chapitre 4B).
- ☐ Défectuosité du circuit d'alimentation haute pression - moteurs Diesel (chapitre 4B).

Le moteur tient mal le ralenti

- ☐ Fuite de dépression (prise d'air) du boîtier de papillon ou de la tubulure d'admission - moteurs essence (chapitre 4A).
- ☐ Bougies usées, défectueuses ou écartement des électrodes mal réglé - moteurs essence (chapitre 1A).
- ☐ Défaut du système de gestion du moteur (chapitre 4A ou 4B).
- ☐ Présence d'air dans le circuit d'alimentation en carburant - moteurs Diesel (chapitre 4B).
- ☐ Défectuosité du circuit d'alimentation haute pression - moteurs Diesel (chapitre 4B).
- ☐ Pressions de compression déséquilibrées ou insuffisantes (chapitre 2A ou 2B).
- ☐ Usure des bossages d'arbre(s) à cames (chapitre 2A ou 2B).
- ☐ Courroie/chaîne de distribution mal montée (chapitre 2A ou 2B).

Moteur (suite)

Le moteur a des ratés au ralenti

- ☐ Bougies usées, défectueuses ou écartement des électrodes mal réglé - moteurs essence (chapitre 1A).
- ☐ Fuite de dépression (prise d'air) du boîtier de papillon ou de la tubulure d'admission - moteurs essence (chapitre 4A).
- ☐ Défaut du système de gestion du moteur (chapitre 4A ou 4B).
- ☐ Défectuosité du circuit d'alimentation haute pression - moteurs Diesel (chapitre 4B).
- ☐ Pressions de compression déséquilibrées ou insuffisantes (chapitre 2A ou 2B).
- ☐ Tuyauterie de dégazage du carter-moteur débranchée, présentant une fuite ou abîmée (chapitre 4C).

Le moteur a des ratés à tous les régimes

- ☐ Filtre à essence ou à gazole colmaté (chapitre 1A ou 1B).
- ☐ Pompe à essence défectueuse - moteurs essence (chapitre 4A).
- ☐ Event du réservoir de carburant bouché ou canalisations d'alimentation partiellement obstruées (chapitre 4A ou 4B).
- ☐ Bougies usées, défectueuses ou écartement des électrodes mal réglé - moteurs essence (chapitre 1A).
- ☐ Fuite de dépression (prise d'air) du boîtier de papillon ou de la tubulure d'admission - moteurs essence (chapitre 4A).
- ☐ Défaut du système de gestion du moteur (chapitre 4A ou 4B).
- ☐ Défectuosité du circuit d'alimentation haute pression - moteurs Diesel (chapitre 4B).
- ☐ Bobine d'allumage défectueuse - moteurs essence (chapitre 5B).
- ☐ Pressions de compression déséquilibrées ou insuffisantes (chapitre 2A ou 2B).

Le moteur a des creux à l'accélération

- ☐ Bougies usées, défectueuses ou écartement des électrodes mal réglé - moteurs essence (chapitre 1A).
- ☐ Fuite de dépression (prise d'air) du boîtier de papillon ou de la tubulure d'admission - moteurs essence (chapitre 4A).
- ☐ Défaut du système de gestion du moteur (chapitre 4A ou 4B).
- ☐ Défectuosité du circuit d'alimentation haute pression - moteurs Diesel (chapitre 4B).

Le moteur cale

- ☐ Filtre à essence ou à gazole colmaté (chapitre 1A ou 1B).
- ☐ Pompe à essence défectueuse - moteurs essence (chapitre 4A).
- ☐ Event du réservoir de carburant bouché ou canalisations d'alimentation partiellement obstruées (chapitre 4A ou 4B).
- ☐ Bougies usées, défectueuses ou écartement des électrodes mal réglé - moteurs essence (chapitre 1A).
- ☐ Fuite de dépression (prise d'air) du boîtier de papillon ou de la tubulure d'admission - moteurs essence (chapitre 4A).
- ☐ Défaut du système de gestion du moteur (chapitre 4A ou 4B).
- ☐ Défectuosité du circuit d'alimentation haute pression - moteurs Diesel (chapitre 4B).

Le moteur manque de puissance

- ☐ Courroie/chaîne de distribution mal montée (chapitre 2A ou 2B).
- ☐ Filtre à essence ou à gazole colmaté (chapitre 1A ou 1B).
- ☐ Pompe à essence défectueuse - moteurs essence (chapitre 4A).
- ☐ Pressions de compression déséquilibrées ou insuffisantes (chapitre 2A ou 2B).
- ☐ Bougies usées, défectueuses ou écartement des électrodes mal réglé - moteurs essence (chapitre 1A).
- ☐ Fuite de dépression (prise d'air) du boîtier de papillon ou de la tubulure d'admission - moteurs essence (chapitre 4A).
- ☐ Défaut du système de gestion du moteur (chapitre 4A ou 4B).
- ☐ Défectuosité du circuit d'alimentation haute pression - moteurs Diesel (chapitre 4B).
- ☐ Frottement des freins (chapitre 9).
- ☐ Patinage de l'embrayage (chapitre 6).

Le moteur a des retours d'allumage

- ☐ Courroie/chaîne de distribution mal montée (chapitre 2A ou 2B).
- ☐ Fuite de dépression (prise d'air) du boîtier de papillon ou de la tubulure d'admission - moteurs essence (chapitre 4A).
- ☐ Défaut du système de gestion du moteur (chapitre 4A ou 4B).

Le témoin de pression d'huile s'allume, moteur tournant

- ☐ Niveau d'huile insuffisant ou indice de viscosité inapproprié (« *Contrôles hebdomadaires* »).
- ☐ Manocontact de pression d'huile défectueux (chapitre 5A).
- ☐ Paliers et coussinets de moteur et/ou pompe à huile défectueux (chapitre 2A, 2B ou 2C).
- ☐ Surchauffe du moteur (chapitre 3).
- ☐ Clapet de décharge de pompe à huile défectueux (chapitre 2A ou 2B).
- ☐ Crépine d'aspiration de pompe à huile colmatée (chapitre 2A ou 2B).

Le moteur continue de tourner après avoir coupé le contact

- ☐ Calaminage important du moteur (chapitre 2C).
- ☐ Surchauffe du moteur (chapitre 3).
- ☐ Défaut du système de gestion du moteur (chapitre 4A ou 4B).
- ☐ Défectuosité du circuit d'alimentation haute pression - moteurs Diesel (chapitre 4B).

Bruits du moteur

Préallumage ou cliquetis à la reprise ou en condition de charge

- ☐ Défaut du système de gestion du moteur (chapitre 4A ou 4B).
- ☐ Indice thermique de bougies inapproprié - moteurs essence (chapitre 1A).
- ☐ Indice d'octane de carburant inapproprié - moteurs essence (chapitre 4A).
- ☐ Fuite de dépression (prise d'air) du boîtier de papillon ou de la tubulure d'admission - moteurs essence (chapitre 4A).
- ☐ Calaminage important du moteur (chapitre 2C).

Sifflements

- ☐ Fuite au niveau du joint de tubulure d'admission ou du boîtier de papillon - moteurs essence (chapitre 4A).
- ☐ Fuite au niveau d'un tuyau de dépression (chapitres 4A, 4B ou 4C et 9).
- ☐ Fuite au niveau du joint de culasse (chapitre 2A ou 2B).

Tapotements ou claquements

- ☐ Mécanisme de distribution ou arbre(s) à cames usés (chapitre 2A ou 2B).
- ☐ Accessoire du moteur (pompe à eau, alternateur, etc.) défectueux (chapitres 3, 5A, etc.).

Cognements ou bruits sourds

- ☐ Coussinets de bielles usés : cognements puissants et réguliers, parfois moins forts avec charge s'exerçant sur le moteur (chapitre 2C).
- ☐ Coussinets de paliers de vilebrequin usés : grondements et cognements, parfois plus forts avec charge s'exerçant sur le moteur (chapitre 2C).
- ☐ Claquements de piston (se remarquant particulièrement à froid) : moteur usé (chapitre 2C).
- ☐ Accessoire du moteur (pompe à eau, alternateur, etc.) défectueux (chapitres 3, 5A, etc.).

Refroidissement

Surchauffe

☐ Insuffisance de liquide dans le circuit de refroidissement (« *Contrôles hebdomadaires* »).
☐ Thermostat défectueux (chapitre 3).
☐ Faisceau de radiateur colmaté ou entrée d'air de calandre partiellement obstruée (chapitre 3).
☐ Motoventilateur défectueux (chapitre 3).
☐ Bouchon taré de vase d'expansion défectueux (chapitre 3).
☐ Dysfonctionnement de l'indicateur ou de la sonde de température de liquide de refroidissement (chapitre 3).
☐ Présence d'air dans le circuit de refroidissement (chapitre 1A ou 1B).
☐ Défaut du système de gestion du moteur (chapitre 4A ou 4B).

Température du moteur anormalement basse

☐ Thermostat défectueux (chapitre 3).
☐ Dysfonctionnement de l'indicateur ou de la sonde de température de liquide de refroidissement (chapitre 3).

Perte d'eau externe

☐ Durits abîmées ou colliers desserrés (chapitre 1A ou 1B).
☐ Fuite au niveau du faisceau de radiateur de refroidissement ou du radiateur de chauffage (chapitre 3).
☐ Bouchon taré de vase d'expansion défectueux (chapitre 3).
☐ Joint de la pompe à eau défectueux (chapitre 3).
☐ Ebullition du fait d'une surchauffe (chapitre 3).
☐ Fuite au niveau d'une pastille de dessablage du bloc/carter-cylindres (chapitre 2C).

Perte d'eau interne

☐ Fuite du joint de culasse (chapitre 2A ou 2B).
☐ Culasse ou alésages de cylindres/chemises fissurés (chapitre 2A, 2B ou 2C).

Corrosion

☐ Vidanges et rinçages du circuit de refroidissement trop peu fréquents (chapitre 1A ou 1B).
☐ Solution d'antigel ne convenant pas ou mauvaise qualité d'antigel (chapitre 1A ou 1B).

Alimentation et échappement

Consommation anormale de carburant

☐ Elément du filtre à air encrassé ou colmaté (chapitre 1A ou 1B).
☐ Défaut du système de gestion du moteur (chapitre 4A ou 4B).
☐ Défectuosité du circuit d'alimentation haute pression - moteurs Diesel (chapitre 4B).
☐ Pneus sous-gonflés (« *Contrôles hebdomadaires* »).
☐ Frottement des freins (chapitres 1A ou 1B et 9).

Fuite/et ou odeur de carburant

☐ Réservoir de carburant, canalisations d'alimentation ou raccords détériorés ou corrodés (chapitre 4A ou 4B).

Bruit ou fumées anormales de l'échappement

☐ Fuite au niveau des joints d'échappement ou de collecteur (chapitre 4A ou 4B).
☐ Silencieux ou tube d'échappement présentant une fuite, corrodé ou endommagé (chapitre 4A ou 4B).
☐ Supports élastiques d'échappement rompus entraînant un contact avec la suspension ou la caisse (chapitre 4A ou 4B).

Embrayage

Pédale s'enfonçant jusqu'au plancher : absence de pression ou très faible résistance à la pédale

☐ Présence d'air dans le circuit hydraulique d'embrayage, maître-cylindre ou cylindre récepteur défectueux (chapitre 6).
☐ Butée ou fourchette de débrayage cassée (chapitre 6).
☐ Diaphragme du mécanisme d'embrayage cassé (chapitre 6).

Absence de débrayage (les vitesses ne passent pas)

☐ Présence d'air dans le circuit hydraulique d'embrayage, maître-cylindre ou cylindre récepteur défectueux (chapitre 6).
☐ Disque d'embrayage grippé sur les cannelures de l'arbre primaire de boîte de vitesses (chapitre 6).
☐ Disque d'embrayage grippé sur le volant moteur ou le plateau de pression du mécanisme d'embrayage (chapitre 6).
☐ Mécanisme d'embrayage défectueux (chapitre 6).
☐ Mécanisme de débrayage usé ou mal monté (chapitre 6).

L'embrayage patine (le régime du moteur augmente sans accroissement correspondant de la vitesse du véhicule)

☐ Commande hydraulique d'embrayage défectueuse (chapitre 6).
☐ Garniture de disque d'embrayage excessivement usée (chapitre 6).
☐ Garniture de disque d'embrayage imprégnée d'huile ou de graisse

(chapitre 6).
☐ Mécanisme d'embrayage défectueux ou diaphragme détendu (chapitre 6).

L'embrayage broute

☐ Garniture de disque d'embrayage imprégnée d'huile ou de graisse (chapitre 6).
☐ Garniture de disque d'embrayage excessivement usée (chapitre 6).
☐ Mécanisme d'embrayage défectueux ou voilé ou diaphragme défaillant (chapitre 6).
☐ Silentblocs du groupe motopropulseur usés ou ayant du jeu (chapitre 2A ou 2B).
☐ Usure des cannelures du moyeu de disque d'embrayage ou d'arbre primaire de boîte de vitesses (chapitre 6).

Bruit perçu en embrayant ou débrayant

☐ Butée de débrayage usée (chapitre 6).
☐ Bague-palier de pédale d'embrayage usée ou mal lubrifiée (chapitre 6).
☐ Mécanisme d'embrayage défectueux (chapitre 6).
☐ Diaphragme du mécanisme d'embrayage cassé (chapitre 6).
☐ Ressorts de moyeu amortisseur de disque d'embrayage cassés (chapitre 6).

Boîte de vitesses manuelle

Bruit perçu au point mort, moteur tournant

☐ Roulements d'arbre primaire usés - bruit perceptible avec la pédale d'embrayage relâchée mais pas lorsqu'elle est enfoncée (chapitre 7A). *
☐ Butée de débrayage usée - bruit perceptible avec la pédale d'embrayage enfoncée et éventuellement moins fort lorsqu'elle est relâchée (chapitre 6).

Bruit perçu avec un rapport particulier engagé

☐ Dents de pignons usées, abîmées ou ébréchées (chapitre 7A). *

Vitesses dures à passer

☐ Embrayage défectueux (chapitre 6).
☐ Câble de sélection ou de passage des vitesses usé ou endommagé (chapitre 7A).
☐ Synchroniseurs usés (chapitre 7A). *

Les vitesses sautent

☐ Câble de sélection ou de passage des vitesses usé ou endommagé (chapitre 7A).
☐ Synchroniseurs usés (chapitre 7A). *
☐ Fourchettes de sélection usées (chapitre 7A). *

Vibrations

☐ Manque d'huile dans la boîte (chapitre 1A ou 1B).
☐ Roulements usés (chapitre 7A). *

Fuites d'huile

☐ Bague d'étanchéité de sortie de différentiel défectueuse (chapitre 7A).
☐ Mauvaise étanchéité au niveau d'un plan de joint du carter (chapitre 7A). *
☐ Bague d'étanchéité d'arbre primaire défectueuse (chapitre 7A).

* Bien que les interventions nécessaires pour remédier à ces symptômes ne soient pas à la portée d'un amateur car nécessitant le démontage de la boîte de vitesses, les informations données serviront au propriétaire de la voiture à expliquer clairement au spécialiste les phénomènes observés.

Boîte de vitesses automatique

Nota : *La complexité des boîtes de vitesses automatiques est telle qu'il est réellement difficile pour un particulier d'établir un diagnostic des pannes pouvant survenir et d'y remédier. Pour tous les problèmes autres que ceux mentionnés ci-dessous, le véhicule doit être confié aux services techniques d'un concessionnaire de la marque. Ne pas se précipiter pour déposer la boîte de vitesses en cas de dysfonctionnement de celle-ci : la plupart des contrôles s'effectuent avec la boîte en place.*

Fuites de fluide

☐ Le fluide de boîte de vitesses est normalement de couleur foncée. Veiller à ne pas confondre les fuites de boîte de vitesses avec celles du moteur : l'huile peut en effet être projetée sur la boîte de vitesses par le courant d'air.

☐ Pour déterminer la provenance d'une fuite, supprimer tout d'abord la saleté et le cambouis sur le carter de boîte de vitesses ainsi que sur les zones avoisinantes en utilisant un produit solvant-dégraissant ou en procédant à un nettoyage au jet de vapeur. Rouler à vitesse réduite de façon à éviter que la circulation d'air ne dissipe les traces de fuite. Lever la voiture au cric et la poser sur chandelles (voir « *Levage et soutien du véhicule* ») puis localiser l'origine de la fuite.

Fluide de boîte marron ou présentant une odeur de brûlé

☐ Niveau de fluide insuffisant ou boîte devant être vidangée (chapitres 1A et 7B).

Boîte ne rétrogradant pas en appuyant à fond sur la pédale d'accélérateur

☐ Niveau insuffisant de fluide de boîte (chapitre 1A).
☐ Mauvais réglage du câble de sélection (chapitre 7B).

Problèmes généraux de sélection de rapports

☐ Les problèmes indiqués ci-dessous peuvent provenir d'un mauvais réglage du câble de sélection (chapitre 7B) :
  a) *Démarrage du moteur avec le levier sélecteur se trouvant sur une position autre que « P » ou « N »*
  b) *Indicateur de rapports signalant un rapport autre que celui effectivement enclenché*
  c) *Voiture avançant alors que le levier sélecteur se trouve en position « N » ou « P ».*
  d) *Rapports difficiles à enclencher ou changement de rapports irrégulier*

Le moteur refuse de démarrer ou démarre alors qu'un rapport autre que « P » ou « N » est engagé

☐ Mauvais réglage du contacteur multifonction (chapitre 7B).
☐ Mauvais réglage du câble de sélection (chapitre 7B).

La boîte de vitesses patine, broute, est bruyante ou ne permet pas de rouler en marche avant ni arrière

☐ Ces problèmes peuvent provenir de multiples causes. La seule possibilité réelle de vérification pour les particuliers consiste à contrôler le niveau de fluide. Avant de confier la voiture aux services techniques d'un concessionnaire de la marque ou à un spécialiste des boîtes de vitesses automatiques, vérifier le niveau de fluide et le rétablir au besoin ou vidanger la boîte (voir chapitres 1A et 7B). Si cela ne permet pas de résoudre le problème, faire appel à un spécialiste.

Transmissions

Claquements ou à-coups en virages (en braquant à fond à vitesse réduite)

☐ Manque de graissage des joints homocinétiques résultant d'une éventuelle détérioration des soufflets (chapitre 8).
☐ Joint homocinétique côté roue usé (chapitre 8).

Vibrations à l'accélération ou à la décélération

☐ Joint homocinétique côté boîte de vitesses usé (chapitre 8).
☐ Arbre de transmission faussé ou déformé (chapitre 8).
☐ Roulement intermédiaire de transmission droite usé (chapitre 8).

Freins

Nota : *Avant de conclure à l'existence d'un problème de freinage, vérifier que les pneus sont en bon état et correctement gonflés, que le parallélisme du train avant est convenablement réglé et que la voiture n'est pas en situation de chargement déséquilibré. Hormis pour le contrôle de l'état de raccordement de toutes les canalisations et des flexibles, s'adresser aux services techniques d'un représentant de la marque en cas de dysfonctionnement du système antiblocage des roues (ABS) pour en faire établir le diagnostic.*

Voiture tirant sur un côté au freinage

- ☐ Plaquettes ou segments de frein défectueux, endommagés ou encrassés, sur un côté (chapitre 9).
- ☐ Grippage complet ou partiel d'un piston d'étrier de frein AV (chapitre 9).
- ☐ Utilisation de plaquettes ou de segments de freins avec garniture de qualité différente sur les deux côtés (chapitre 9).
- ☐ Vis de fixation de support d'étrier de frein desserrées (chapitre 9).
- ☐ Organes de suspension ou de direction usés ou endommagés (chapitres 1A ou 1B et 10).

Bruit (meulage ou grincements aigus) perçu au freinage

- ☐ Garniture de plaquettes ou de segments de freins usée jusqu'au métal (chapitres 1A ou 1B et 9).
- ☐ Corrosion exagérée des disques ou des tambours de freins : peut apparaître lorsque la voiture n'a pas roulé pendant un certain temps (chapitre 9).
- ☐ Corps étranger (gravillons, etc.) coincé entre disque de frein et étrier (chapitres 1A ou 1B et 9).

Course excessive de la pédale de frein

- ☐ Maître-cylindre défectueux (chapitre 9).
- ☐ Présence d'air dans le circuit hydraulique (chapitre 9).
- ☐ Servofrein défectueux (chapitre 9).

Nécessité de pomper sur la pédale pour obtenir l'action des freins

- ☐ Présence d'air dans le circuit hydraulique (chapitre 9).
- ☐ Flexibles de freins abîmés (chapitres 1A ou 1B et 9).
- ☐ Ecrous d'assemblage de maître-cylindre desserrés (chapitre 9).
- ☐ Maître-cylindre défectueux (chapitre 9).

Effort anormal sur la pédale de frein pour arrêter la voiture

- ☐ Servofrein défectueux (chapitre 9).
- ☐ Tuyau de prise de dépression de servofrein débranché, abîmé ou desserré (chapitre 9).
- ☐ Pompe à vide d'assistance de freinage défectueuse - Diesel (chapitre 9).
- ☐ Défaillance de l'un des circuits hydrauliques de freinage (chapitre 9).
- ☐ Grippage d'un piston d'étrier ou de cylindre de frein (chapitre 9).
- ☐ Plaquettes ou segments de freins mal montés (chapitre 9).
- ☐ Plaquettes ou segments de freins de qualité inappropriée (chapitre 9).
- ☐ Garniture des plaquettes ou des segments de freins imprégnée d'huile ou de graisse (chapitre 9).

Trépidations ressenties dans la pédale de frein ou la direction au freinage

- ☐ Déformation ou voile important des disques ou des tambours de freins (chapitre 9).
- ☐ Plaquettes ou segments de freins usés (chapitres 1A ou 1B et 9).
- ☐ Vis de fixation de support d'étrier de frein desserrées (chapitre 9).
- ☐ Usure des organes ou des silentblocs de suspension ou de direction (chapitres 1A ou 1B et 10).
- ☐ Vibrations dans la pédale (modèles avec ABS) - système antiblocage ABS en fonctionnement - aucun défaut.

Frottement des freins

- ☐ Grippage d'un piston d'étrier de frein ou de cylindre de frein (chapitre 9).
- ☐ Mauvais réglage de la commande de frein à main (chapitre 9).
- ☐ Maître-cylindre défectueux (chapitre 9).

Roues arrière se bloquant en freinant normalement

- ☐ Garnitures de segments ou de plaquettes de frein AR. encrassées (chapitre 9).
- ☐ Dysfonctionnement du système ABS (chapitre 9).

Suspensions et direction

Nota : *Avant de conclure à une défectuosité de la suspension ou de la direction, s'assurer que le problème n'est pas dû à des pneus mal gonflés, des pneus de structure différente montés de chaque côté du même essieu ou au frottement des freins.*

Véhicule se déportant sur un côté

☐ Pneu défectueux (« *Contrôles hebdomadaires* »).
☐ Usure exagérée des organes de suspension et de direction (chapitres 1A ou 1B et 10).
☐ Défaut de parallélisme du train AV (chapitre 10).
☐ Endommagement suite à un accident des organes de suspension ou de direction (chapitres 1A ou 1B et 10).

Flottement ou vibrations des roues

☐ Roues AV. mal équilibrées : vibrations ressenties principalement au niveau du volant (« *Contrôles hebdomadaires* »).
☐ Roues AR. mal équilibrées : vibrations perçues au niveau de l'ensemble du véhicule (« *Contrôles hebdomadaires* »).
☐ Roues endommagées ou voilées.
☐ Pneu défectueux ou abîmé (« *Contrôles hebdomadaires* »).
☐ Usure exagérée des organes, silentblocs ou articulations de suspension ou de direction (chapitres 1A ou 1B et 10).
☐ Vis de roues desserrées (chapitre 1A ou 1B).

Tangage et/ou roulis excessifs dans les virages ou au freinage

☐ Amortisseurs défectueux (chapitres 1A ou 1B et 10).
☐ Ressorts et/ou organes de suspension défectueux (chapitres 1A ou 1B et 10).
☐ Barre stabilisatrice ou silentblocs usés ou endommagés (chapitre 10).

Direction manquant de précision, mauvaise tenue de route

☐ Défaut de parallélisme du train AV. (chapitre 10).
☐ Usure exagérée des organes, silentblocs ou articulations de suspension ou de direction (chapitres 1A ou 1B et 10).
☐ Roues mal équilibrées (« *Contrôles hebdomadaires* »).
☐ Pneu défectueux ou abîmé (« *Contrôles hebdomadaires* »).
☐ Vis de roues desserrées (chapitre 1A ou 1B).
☐ Amortisseurs défectueux (chapitres 1A ou 1B et 10).

Direction dure à manœuvrer

☐ Dysfonctionnement du système d'assistance électrique (chapitre 10).
☐ Grippage de rotules de biellettes de direction ou de triangles inférieurs de suspension (chapitres 1A ou 1B et 10).
☐ Défaut de parallélisme du train AV. (chapitre 10).
☐ Crémaillère ou colonne de direction faussée ou endommagée (chapitre 10).

Jeu excessif de la direction

☐ Usure du cardan de la colonne de direction (chapitre 10).
☐ Usure des rotules de biellettes de direction (chapitres 1A ou 1B et 10).
☐ Usure du boîtier de direction (chapitre 10).
☐ Usure exagérée des organes, silentblocs ou articulations de suspension ou de direction (chapitres 1A ou 1B et 10).

Direction manquant d'assistance

☐ Dysfonctionnement du système d'assistance électrique (chapitre 10).
☐ Boîtier de direction défectueux (chapitre 10).

Usure anormale des pneus

Bords de bande de roulement de pneu biseautés

☐ Défaut de parallélisme (chapitre 10).

Pneus usés au centre de leur bande de roulement

☐ Pneus surgonflés (« *Contrôles hebdomadaires* »).

Pneus usés sur leurs bords intérieur et extérieur

☐ Pneus sous-gonflés (« *Contrôles hebdomadaires* »).

Pneus usés sur leur bord intérieur ou extérieur

☐ Chasse ou carrossage incorrect : usure sur un seul bord (chapitre 10).
☐ Usure exagérée des organes, silentblocs ou articulations de suspension ou de direction (chapitres 1A ou 1B et 10).
☐ Virages pris « serrés ».
☐ Endommagement suite à un accident.

Usure irrégulière des pneus

☐ Roues mal équilibrées (« *Contrôles hebdomadaires* »).
☐ Faux-rond exagéré des pneus ou des roues (« *Contrôles hebdomadaires* »).
☐ Amortisseurs défectueux (chapitres 1A ou 1B et 10).
☐ Pneus défectueux (« *Contrôles hebdomadaires* »).

Equipement électrique

Nota : *Pour les problèmes de démarrage, se reporter à la rubrique « Moteur » au tout début de la section.*

Batterie se déchargeant en l'espace de quelques jours

☐ Défaut interne à la batterie (chapitre 5A).
☐ Cosses de batterie desserrées ou corrodées (« *Contrôles hebdomadaires* »).
☐ Courroie d'accessoires (d'alternateur) rompue, usée ou détendue (chapitre 1A ou 1B).
☐ Débit de charge inadéquat de l'alternateur (chapitre 5A).
☐ Alternateur ou régulateur de tension défectueux (chapitre 5A).
☐ Court-circuit déchargeant continuellement la batterie (chapitres 5A et 12).

Témoin de charge demeurant allumé le moteur tournant

☐ Courroie d'accessoires (d'alternateur) rompue, usée ou détendue (chapitre 1A ou 1B).
☐ Défaut interne à l'alternateur ou au régulateur de tension (chapitre 5A).
☐ Câblage électrique du circuit de charge rompu, débranché ou mal enfiché (chapitre 5A).

Témoin de charge ne s'allumant pas

☐ Diode du témoin défectueuse (chapitre 12).
☐ Alternateur défectueux (chapitre 5A).

Equipement électrique (suite)

Feux ne fonctionnant pas

- [ ] Ampoule grillée (chapitre 12).
- [ ] Corrosion au niveau du culot d'une ampoule ou d'une douille (chapitre 12).
- [ ] Fusible claqué (chapitre 12).
- [ ] Relais défectueux (chapitre 12).
- [ ] Câblage électrique rompu, débranché ou mal enfiché (chapitre 12).
- [ ] Contacteur/interrupteur défectueux (chapitre 12).

Mauvais fonctionnement des instruments

Indicateurs de température ou de niveau de carburant ne fonctionnant pas

- [ ] Sonde ou jaugeur défectueux (chapitres 3 et 4A ou 4B).
- [ ] Câblage électrique en circuit ouvert (chapitre 12).
- [ ] Indicateur défectueux (chapitre 12).
- [ ] Boîtier de servitude intelligent défectueux (chapitre 12).

Indicateurs de température ou de niveau de carburant bloqués à leur valeur maximale

- [ ] Sonde ou jaugeur défectueux (chapitres 3 et 4A ou 4B).
- [ ] Court-circuit dans le câblage électrique (chapitre 12).
- [ ] Indicateur défectueux (chapitre 12).
- [ ] Boîtier de servitude intelligent défectueux (chapitre 12).

Avertisseur sonore ne fonctionnant pas ou mal

Avertisseur sonore fonctionnant sans arrêt

- [ ] Poussoir d'avertisseur à la masse ou bloqué en position enfoncée (chapitre 12).
- [ ] Court-circuit à la masse du câblage entre avertisseur et poussoir (chapitre 12).

Avertisseur ne fonctionnant pas

- [ ] Fusible claqué (chapitre 12).
- [ ] Câblage électrique rompu, débranché ou mal enfiché (chapitre 12).
- [ ] Avertisseur défectueux (chapitre 12).

Avertisseur fonctionnant par intermittence ou sonorité anormale

- [ ] Connexion électrique mal enfichée (chapitre 12).
- [ ] Ecrou de fixation de l'avertisseur desserré (chapitre 12).
- [ ] Avertisseur défectueux (chapitre 12).

Essuie-glaces ne fonctionnant pas ou mal

Essuie-glaces ne fonctionnant pas ou très lentement

- [ ] Raclette d'essuie-glace collant à la vitre ou mécanisme grippé ou bloqué (chapitre 12).
- [ ] Fusible claqué (chapitre 12).
- [ ] Câblage électrique rompu, débranché ou mal enfiché (chapitre 12).
- [ ] Boîtier de servitude intelligent défectueux (chapitre 12).
- [ ] Moteur d'essuie-glace(s) défectueux (chapitre 12).

Surface de balayage trop large ou trop limitée des essuie-glaces

- [ ] Bras d'essuie-glaces mal montés sur leur axe (chapitre 12).
- [ ] Usure exagérée du mécanisme d'essuie-glaces (chapitre 12).
- [ ] Fixations du moteur ou du mécanisme d'essuie-glaces desserrées ou mal montées (chapitre 12).

Essuie-glaces manquant d'efficacité

- [ ] Raclette d'essuie-glace usée ou abîmée (« Contrôles hebdomadaires »).
- [ ] Ressort de traction d'essuie-glace cassé ou articulation de bras grippée (chapitre 12).
- [ ] Liquide de lave-glace ne contenant pas suffisamment de produit de nettoyage (« Contrôles hebdomadaires »).

Lave-glaces ne fonctionnant pas ou mal

Un ou plusieurs gicleurs ne fonctionnant pas

- [ ] Gicleur bouché : le déboucher avec une aiguille.
- [ ] Tuyau d'alimentation débranché, plié ou obstrué (chapitre 12).
- [ ] Insuffisance de liquide dans le réservoir (« Contrôles hebdomadaires »).

Pompe de lave-glaces ne fonctionnant pas

- [ ] Câblage électrique rompu ou débranché (chapitre 12).
- [ ] Fusible claqué (chapitre 12).
- [ ] Manette de commandes d'essuie-glaces et de lave-glaces défectueuse (chapitre 12).
- [ ] Pompe défectueuse (chapitre 12).

Lève-glaces électriques ne fonctionnant pas ou mal

Vitre ne bougeant que dans un seul sens

- [ ] Commande défectueuse (chapitre 12).

Mouvement lent de la vitre

- [ ] Mécanisme de lève-glace grippé ou endommagé, ou ayant besoin d'être lubrifié (chapitre 11).
- [ ] Pièces internes ou garniture de porte entravant le fonctionnement du mécanisme de lève-glace (chapitre 11).
- [ ] Moteur électrique défectueux (chapitre 11).

Vitre ne bougeant pas

- [ ] Fusible claqué (chapitre 12).
- [ ] Câblage électrique rompu ou débranché (chapitre 12).
- [ ] Moteur électrique défectueux (chapitre 11).
- [ ] Boîtier de servitude intelligent défectueux (chapitre 12).

Système de verrouillage centralisé des portes ne fonctionnant pas ou mal

Panne totale du système

- [ ] Fusible claqué (voir chapitre 12).
- [ ] Câblage électrique rompu ou défectueux (chapitre 12).
- [ ] Boîtier de servitude intelligent défectueux (chapitre 12).

Serrure ne fonctionnant que dans un seul sens : verrouillage ou déverrouillage

- [ ] Câble de commande de serrure rompu ou décroché (chapitre 11).
- [ ] Servomoteur de verrouillage défectueux (chapitre 11).

Serrure ne fonctionnant pas du tout

- [ ] Câblage électrique rompu ou débranché (chapitre 12).
- [ ] Servomoteur de verrouillage défectueux (chapitre 11).
- [ ] Câble de commande de serrure rompu, grippé ou décroché (chapitre 11).

A

ABS (système antiblocage des roues) Parfois appelé ABR, ce dispositif qui est généralement commandé électroniquement, détecte toute amorce de blocage des roues au freinage et régule la pression hydraulique appliquée aux roues dont l'adhérence devient précaire et étant sur le point de déraper.

Allen, clé ou vis Système de fixation (clé mâle, vis à tête creuse) se caractérisant par une empreinte hexagonale spéciale.

Alternateur Appareil du circuit électrique transformant l'énergie mécanique engendrée par une courroie d'entraînement en énergie électrique destinée à charger la batterie et à actionner les circuits de démarrage et d'allumage ainsi que les accessoires électriques.

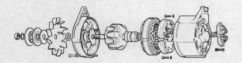

Vue éclatée d'un alternateur

Amiante Matière minérale naturelle à contexture fibreuse très résistante à hautes températures et entrant communément dans la composition des matières de friction pour les garnitures de frein et d'embrayage. L'amiante constitue un danger pour la santé et il convient de ne jamais respirer ni ingérer la poussière produite par les systèmes de freinage et d'embrayage.

Amortisseur de vibrations Dispositif destiné à réduire les vibrations en torsion appliquées au vilebrequin. Peut être incorporé à la poulie du vilebrequin.

Ampère (A) Unité de mesure d'intensité de courant électrique. Un ampère équivaut à l'intensité du courant produit par un volt appliqué à une résistance d'un ohm.

Antigel Produit (généralement à base d'éthylène-glycol) mélangé à de l'eau et incorporé dans le circuit de refroidissement du moteur afin d'empêcher la congélation de la solution de refroidissement en hiver. L'antigel contient également des agents chimiques destinés à prévenir la corrosion et la formation de rouille et d'autres dépôts qui pourraient obstruer le radiateur et les conduits de circulation du liquide de refroidissement.

Antigrippant Produit prévu pour empêcher le grippage des fixations soumises à des températures élevées comme ceux de l'échappement.

Produit antigrippant

Arbre à cames Arbre rotatif doté d'un nombre de cames assurant la commande des soupapes (distribution). L'arbre à cames peut être entraîné par une courroie crantée et des poulies, une chaîne et des pignons, ou bien par un engrenage.

Arbre de transmission Long tube comportant un joint de cardan à chaque extrémité et assurant la communication de la force d'entraînement de la boîte de vitesses au différentiel sur les véhicules à moteur à l'avant et roues motrices à l'arrière.

Arbre de transmission

B

Boîte à charbon activé (« canister ») Absorbeur contenant du charbon activé, associé à un système antipollution dont le rôle consiste à piéger et recycler les vapeurs d'essence du circuit d'alimentation.

Boîte à charbon activé (« canister »)

Butée de débrayage Palier du mécanisme d'embrayage pour désengager l'embrayage sous l'effet de la pédale d'embrayage.

C

Calage de l'allumage Moment où éclate l'étincelle entre les électrodes de bougie, généralement exprimé en termes de degrés appliqués au vilebrequin avant que le piston n'atteigne le point le plus haut de sa course.

Calculateur électronique Boîtier électronique assurant le pilotage de divers circuits d'un véhicule tels que l'allumage et l'injection ou bien encore l'antiblocage des roues.

Cale Plaquette de faible épaisseur communément utilisée pour régler le jeu ou les positions relatives entre deux pièces l'une par rapport à l'autre. Par exemple, des cales interposées dans ou sous les poussoirs servent à régler le jeu aux soupapes. Le jeu se règle en changeant l'épaisseur des cales.

Cale d'épaisseur Fine lamelle en acier trempé, étalonnée à une épaisseur précise et servant à contrôler ou mesurer le jeu entre les pièces mécaniques.

Cale d'épaisseur

Carburateur Dispositif réalisant le mélange gazeux d'essence et d'air selon un dosage précis pour obtenir la puissance voulue d'un moteur à combustion interne disposant d'un allumage par étincelle.

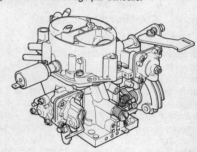

Carburateur

Carter-moteur Partie inférieure du bloc-moteur à l'intérieur de laquelle s'accomplit la rotation du vilebrequin.

Chaîne de distribution Chaîne entraînant un arbre à cames.

Chasse En matière de géométrie du train avant d'un véhicule, inclinaison vers l'arrière ou vers l'avant de l'axe de pivotement de la direction. La chasse est dite à déport positif lorsque l'axe de pivotement de la direction est incliné vers l'arrière sur le haut.

Circlip Anneau ouvert servant à maintenir axialement les roulements et les pignons dans leurs logements ou sur les arbres. Les circlips internes se placent dans une rainure pratiquée dans un logement cylindrique et les circlips externes se fixent dans une rainure prévue sur un arbre.

Clapet Voir soupape

Clapet compensateur Clapet à commande hydraulique destiné à limiter la pression sur les freins arrière lors d'un freinage d'urgence afin d'empêcher un blocage des roues.

Clapet de recyclage des gaz d'échappement Clapet servant à incorporer des gaz d'échappement au flux d'air admis dans le moteur pour les recycler.

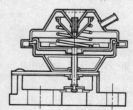

Clapet de recyclage des gaz d'échappement

Code de diagnostic Chiffres obtenus en accédant au mode diagnostic d'un calculateur électronique à l'aide d'un appareil de contrôle spécifique. Ces codes s'utilisent pour localiser les anomalies de fonctionnement du système.

Collecteur d'échappement Pièce comportant des conduits par lesquels sont amenés les gaz d'échappement de la culasse pour aboutir dans le tube d'échappement.

Collecteur d'échappement

Compression Réduction de volume et augmentation de pression et de température d'un gaz contraint dans un espace restreint.

Contacteur antidémarrage Sur les voitures équipées d'une boîte de vitesses automatique, contacteur empêchant le démarrage si un rapport autre que « N » (point mort) ou « P » (stationnement) est engagé.

Contre-écrou Ecrou vissé et bloqué derrière un autre écrou ou une pièce filetée afin de lui éviter de se desserrer. Par exemple, un contre-écrou assure le maintien de l'écrou de réglage des culbuteurs.

Convertisseur catalytique Voir pot catalytique

Correcteur de freinage asservi à la charge Dispositif compensateur de pression à commande hydraulique d'un système de freinage comportant un piston étagé avec clapet de régulation. Ce type de correcteur tient également compte de l'état de charge sur l'essieu arrière.

Courroie d'entraînement auxiliaire Courroie entraînant des accessoires comme l'alternateur, la pompe à eau, la pompe de direction assistée, le compresseur de climatisation, etc. à partir d'une poulie montée en bout de vilebrequin.

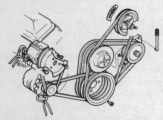

Courroies d'entraînement auxiliaires

Courroie de distribution Courroie crantée entraînant un arbre à cames. Le moteur peut subir de sérieux dégâts si cette courroie vient à lâcher en cours de fonctionnement.

Coussin gonflable de sécurité (« Airbag ») Coussin gonflable incorporé au volant ou à la planche de bord. Lors d'un choc frontal, le coussin se gonfle spontanément, évitant ainsi au conducteur et au passager avant de se trouver projetés contre le volant ou le pare-brise.

Coussinet de tête de bielle Palier au niveau de la tête de bielle accouplée au vilebrequin.

Crénelé Qui possède des échancrures ou des dentelures en forme de créneaux. P.ex. un écrou crénelé pour (arbre de) transmission.

Un écrou crénelé

Culbuteur Levier pivotant autour d'un axe ou sur un goujon. Dans les moteurs à soupapes en tête, les culbuteurs transforment le mouvement vers le haut de leur tige de poussée en mouvement vers le bas pour ouvrir les soupapes.

D

Démarrage à l'aide d'une batterie de secours Dépannage du moteur d'un véhicule dont la batterie est à plat ou insuffisamment chargée en reliant des câbles de démarrage entre la batterie défectueuse et une de secours.

Direction à crémaillère et pignon Mécanisme de direction comportant un pignon à l'extrémité de la colonne de direction s'engrenant sur une crémaillère (organe mobile muni de crans sur le haut et disposé transversalement). En tournant le volant, le pignon pivote et entraîne la crémaillère à gauche ou à droite. Ce mouvement est transmis par l'intermédiaire des biellettes de direction aux pivots de roues.

Disque de frein Pièce métallique des freins à disque tournant en même temps que les roues.

E

Ecartement (entrefer) Distance que l'étincelle doit parcourir entre l'électrode centrale et l'électrode de masse d'une bougie d'allumage.

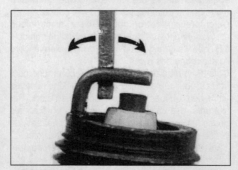

Réglage de l'écartement des électrodes de bougie

Terme se rapportant également à l'espace entre les contacts du rupteur d'un allumage classique ou à l'écart existant entre le rotor et le générateur d'impulsions dans le cas d'un allumage électronique.

Elément de filtre à air Elément filtrant d'un filtre à air, généralement constitué de papier plissé et devant être changé à intervalles réguliers.

Essieu Axe sur lequel tourne une roue ou tournant solidaire avec une roue. Egalement, arbre solide reliant les deux roues sur un côté du véhicule. L'essieu transmettant également la force de propulsion aux roues est dit essieu moteur.

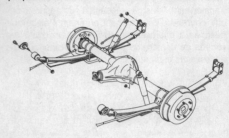

Essieu de conception ancienne

Etrier Pièce fixe d'un ensemble de frein à disque enfourchant le disque et portant les plaquettes de frein. L'étrier renferme également les pièces hydrauliques amenant les plaquettes à pincer le disque lorsque la pédale de frein est enfoncée.

F

Faux-rond Défaut de circularité d'un arbre à la rotation. Ovalisation d'une pièce rotative.

Filtre à air Boîtier en tôle ou en matière plastique renfermant un élément filtrant destiné à débarrasser l'air aspiré dans le moteur de la poussière et des impuretés qu'il contient.

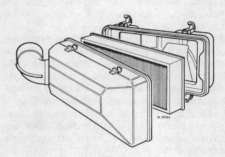

Filtre à air

Frein à disque Système de freinage comportant un disque tournant solidaire de la roue, sur lequel s'appuient les plaquettes de frein. Le frottement consécutif à ce contact transforme en chaleur l'énergie cinétique engendrée par un véhicule en mouvement.

Frein à tambour Système de freinage comportant un cylindre en acier en forme de tambour fixé sur la face intérieure de la roue. Lorsque la pédale de frein est enfoncée, les segments de frein incurvés revêtus d'une garniture fibreuse agissent par friction à l'intérieur du tambour pour ralentir ou arrêter le véhicule.

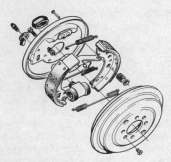

Frein à tambour

Frein de stationnement (frein à main, frein de service) Système de freinage indépendant du circuit de freinage principal, prévu pour suppléer ce dernier en cas de défaillance afin d'arrêter ou ralentir le véhicule ou pour maintenir immobile celui-ci sans avoir à actionner la pédale de frein. Il consiste généralement en un levier à commande manuelle agissant mécaniquement sur les freins avant ou bien arrière par l'intermédiaire de câbles et d'un palonnier.

Fusible Dispositif protégeant un circuit électrique en cas de surintensité accidentelle. Consiste en un fil d'alliage spécial (entouré d'une gaine de verre ou en matière plastique) conçu pour fondre si une intensité de courant (exprimée en ampères) prédéterminée vient à être atteinte et interrompre le circuit.

G

Garnitures de frein Matière de friction entrant en contact des disques ou des tambours de frein pour ralentir ou arrêter un véhicule. Les garnitures sont collées ou rivetées sur des plaquettes ou des segments de frein.

I

Injection électronique Circuit d'alimentation géré par un calculateur électronique et assurant la distribution d'essence par l'intermédiaire d'un simple injecteur (système monopoint) ou d'un injecteur placé au niveau de chaque lumière d'admission du moteur (système multipoint).

J

Jambe de force MacPherson Voir suspension à jambes de force MacPherson.
Jauges Instruments utilisés pour vérifier les conditions de fonctionnement du moteur. Ils peuvent être du type analogique, c'est-à-dire comportant une aiguille sur un cadran ou une graduation fixe, ou bien du type numérique, c'est-à-dire à affichage digital.
Jeu Amplitude de mouvement avant qu'une action quelconque se réalise. Jeu dans une articulation ou un assemblage de pièces, entre l'application finale d'une force et le mouvement réel (p. ex. course accomplie par la pédale de frein avant que les pistons dans le maître-cylindre ne se trouvent actionnés). Espace aménagé entre deux pièces pour qu'un organe puisse se mouvoir (p.ex. entre

un piston et un cylindre ou un palier et un tourillon, etc.).
Jeu aux soupapes Jeu existant entre l'extrémité de la queue de soupape et le culbuteur ou le poussoir dans un mécanisme de distribution. Le jeu aux soupapes se mesure celles-ci étant fermées.
Jeu longitudinal Amplitude du mouvement longitudinal entre deux pièces. Appliqué au vilebrequin, distance que celui-ci peut accomplir vers l'avant et l'arrière dans le bloc-cylindres.
Joint Garniture fine composée d'une matière tendre - généralement du liège, du carton, de l'amiante ou un alliage tendre - interposé entre deux plans afin d'assurer une bonne étanchéité. P. ex. le joint de culasse assure l'étanchéité entre le bloc-cylindres et la culasse.

Joint de culasse

Joint de cardan Accouplement à double articulation permettant la transmission de la force d'un arbre moteur à un arbre mené suivant un certain angle. Le joint de cardan consiste en deux fourches profilées en « Y » et un croisillon central.
Joint homocinétique Joint de type à cardan destiné à éliminer les vibrations induites par la force motrice transmise suivant un certain angle.
Joint torique Joint réalisé dans une matière spéciale ayant l'aspect du caoutchouc. A son utilisation, il est comprimé dans une rainure pour assurer l'étanchéité.

Joint torique

M

Maillon fusible Dispositif, plus fort qu'un fusible, protégeant un circuit électrique en cas de surintensité accidentelle. Consiste communément en un conducteur entouré d'une gaine isolante résistante à la chaleur (mais de nos jours ils ressemblent aussi aux grands fusibles). Ce conducteur est plus mince que le fil électrique qu'il protège et il constitue ainsi le « maillon faible » du circuit. A la différence d'un fusible, un cordon fusible défaillant doit fréquemment être coupé du fil électrique pour son remplacement.
Marteau à coulisse Extracteur spécial se vissant ou s'accrochant à une pièce comme un arbre ou un roulement. Une masse lourde est coulissée en

butée contre le bas de son arbre pour frapper la pièce et la dégager.
Moteur à arbre à cames en tête Moteur dont l'arbre à cames est situé sur le haut de chaque culasse.
Moteur à double arbre à cames en tête Moteur à deux arbres à cames en tête, généralement l'un étant destiné à la commande des soupapes d'admission et l'autre à celles des soupapes d'échappement.
Moteur à soupapes en tête Moteur dont l'arbre à cames est logé dans le bloc-moteur, assurant la commande des soupapes (distribution) par l'intermédiaire de tiges de culbuteur (tiges poussées) et de culbuteurs.
Multimètre Appareil de contrôle électrique regroupant un voltmètre (mesure des tensions), un ohmmètre (mesure des résistances) et un ampèremètre (mesure de l'intensité des courants électriques).

N

NO_x (Oxydes d'azote) Polluant toxique commun, présent dans les gaz d'échappement des moteurs à hautes températures.

O

Ohm Unité de mesure de résistance électrique (symbole Ω). Un volt appliqué à une résistance d'un ohm produit un courant d'une intensité d'un ampère.
Ohmmètre Appareil de mesure des résistances électriques (voir multimètre).
Ordre d'allumage Ordre dans lequel a lieu l'inflammation du mélange détonant dans les cylindres. Commence par le cylindre numéro 1.
Ouverture des roues Différence d'écartement des roues avant faisant que celles-ci sont plus rapprochées l'une de l'autre à l'arrière qu'à l'avant. Sur les véhicules à roues motrices avant, une légère ouverture est normalement spécifiée afin de maintenir les roues avant en fonctionnement parallèle sur la route, en compensant les autres forces tendant à rapprocher les roues.

P

Palier Surface d'un arbre ou dans un alésage, ou pièce intercalée entre eux, permettant un glissement relatif l'un par rapport à l'autre avec un minimum d'usure et de frottement.

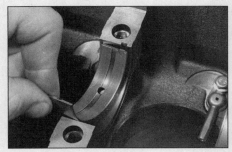

Palier

Palmer Instrument de précision pour la mesure des dimensions précises.

Pastille de dessablage Bouchon ou plaque en tôle obturant un orifice dans une pièce de fonderie correspondant à un noyau ayant été enlevé au formage de la pièce.

Philips, tournevis ou vis Système de fixation se caractérisant par une empreinte cruciforme.

Pied à coulisse Instrument de précision pour la mesure des dimensions intérieures et extérieures. Moins précis que le palmer mais plus pratique.

Pignon Roue dentée à sa périphérie et configurée de telle sorte à pouvoir mettre en prise sur elle une chaîne ou une courroie d'entraînement.

Pince crocodile Pince métallique à ressort servant à effectuer des connexions électriques provisoires.

Pincement des roues Différence d'écartement des roues avant faisant que celles-ci sont plus rapprochées l'une de l'autre à l'avant qu'à l'arrière. Sur les véhicules à roues motrices arrière, un léger pincement est normalement spécifié afin de maintenir les roues avant en fonctionnement parallèle sur la route, en compensant les autres forces tendant à écarter les roues.

Plaquettes de frein Pièces de friction remplaçables pinçant les disques de frein lorsque la pédale de frein est enfoncée. Les plaquettes de frein consistent en une garniture de friction collée ou rivetée sur un support rigide.

Plastigage Mince cordon de plastique disponible en différentes dimensions, servant à mesurer le jeu de fonctionnement de certaines pièces. Pour cela, un brin de « Plastigage » est étendu sur un tourillon et les pièces sont assemblées et démontées ensuite pour déterminer le jeu diamétral à partir de la largeur du brin écrasé entre le tourillon et son palier.

« Plastigage »

Pot catalytique (convertisseur catalytique, catalyseur) Dispositif prévu dans l'échappement pour transformer certains agents polluants contenus dans les gaz d'échappement en substances moins nocives pour l'environnement.

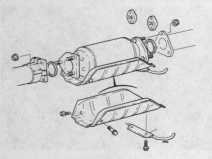

Pot catalytique

Poussoir Dans un système de distribution, pièce cylindrique transmettant la force de la came à la queue de soupape, soit directement soit par l'intermédiaire d'une tige de poussée et d'un culbuteur.

Poussoir hydraulique Poussoir faisant appel à la pression hydraulique engendrée par le circuit de graissage du moteur pour maintenir un jeu nul (contact constant entre l'arbre à cames et la queue des soupapes). Compense automatiquement les variations dans la longueur de la queue des soupapes. Les poussoirs hydrauliques contribuent également à la réduction du niveau de bruit émis par les soupapes.

Produit d'étanchéité Liquide ou pâte servant à prévenir les fuites au niveau d'un plan de joint. Parfois utilisé conjointement avec un joint.

Produit-frein anaérobie Produit destiné à assurer le blocage des boulons et des vis et à les empêcher ainsi de se desserrer. Il est dit anaérobie du fait qu'il agit en l'absence d'oxygène.

Projecteur à faisceau scellé Phare de conception ancienne incorporant le réflecteur, l'optique et les filaments des feux dans un boîtier constitué d'un seul bloc scellé hermétiquement. En cas de claquage d'un filament ou si l'optique est fêlée, la seule possibilité de réparation consiste à remplacer le boîtier complet.

Purge Opération par laquelle l'air éventuellement présent est évacué dans les canalisations d'un système scellé (p. ex. le circuit d'alimentation des moteurs Diesel, un circuit de refroidissement ou un circuit à commande hydraulique).

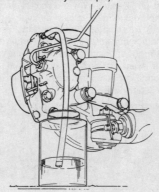

Purge du circuit de freins

R

Radiateur Echangeur de chaleur liquide-air conçu pour réguler la température du liquide de refroidissement des moteurs à combustion interne.

Rapport volumétrique Rapport entre le volume utile du cylindre lorsque le piston se trouve au point mort haut et lorsqu'il se trouve au point mort bas.

Réfrigérant Fluide utilisé comme agent frigorigène dans un système de climatisation d'air. Le fluide R12 a été utilisé durant de nombreuses années et depuis peu, il a été remplacé par le fluide R134a ne contenant pas de chlorofluorocarbone (CFC) et considéré comme moins nocif pour la couche d'ozone dans la haute atmosphère.

Ressort hélicoïdal Elément élastique en fil d'acier dont les spires sont enroulées en forme d'hélice,

pouvant être rencontré pour diverses utilisations et sous différentes formes sur un véhicule, notamment en tant qu'organe associé à la suspension et à la commande des soupapes dans le mécanisme de distribution.

Rodoir Outil constitué d'une matière abrasive utilisé pour rectifier les irrégularités superficielles ou les différences dans le diamètre d'un cylindre de moteur, d'un cylindre de frein, etc.

Rondelle-frein Une rondelle destinée à empêcher le desserrage spontané des écrous de fixation.

Rotor Dans un distributeur d'allumage, pièce (également appelé doigt de distributeur) tournante à l'intérieur de la tête de distributeur reliant le plot central et les plots extérieurs lors de sa rotation, distribuant ainsi la haute tension engendrée par l'enroulement secondaire de la bobine d'allumage à la bougie correspondante. Egalement, pièce d'un alternateur tournant à l'intérieur du stator ou bien encore, ensemble rotatif du turbocompresseur comprenant la roue de compresseur, l'arbre et la roue de turbine.

Roulement à billes Roulement antifriction consistant en des cages intérieure et extérieure en acier trempé avec des billes également en acier trempé interposées entre les deux cages.

S

Schéma électrique Schéma représentant les composants et les faisceaux d'un circuit électrique à l'aide de symboles normalisés.

Segments de frein Pièce en forme de mâchoire sur laquelle est fixée la garniture de frein qui se trouve repoussée contre le tambour au freinage.

Sonde à oxygène (sonde Lambda) Capteur monté dans le collecteur d'échappement du moteur et dont la fonction consiste à évaluer la teneur en oxygène des gaz d'échappement et à transformer cette information en signal électrique.

Soudage Différents procédés utilisés pour assembler des pièce métalliques en portant les parties à joindre à leur température de fusion et en les faisant adhérer entre elles.

Soupape Dispositif autorisant, interrompant ou régulant la circulation d'un liquide, d'un gaz, d'une dépression ou d'un fluide. Le fonctionnement d'une soupape est commandé par une pièce mobile s'ouvrant, se fermant ou obturant un ou plusieurs orifices ou conduits.

Suspension à jambe de force MacPherson Type de suspension avant indépendante inventé par Earle MacPherson de la société Ford Angleterre. Dans sa configuration originale, la barre antiroulis assurait l'emplacement d'avant en arrière des bras de suspension inférieurs et des pivots de fusées montés sur leurs extrémités extérieures. Le système comprend aussi une longue jambe de force, constituée d'un amortisseur avec ressort hélicoïdal concentrique, interposée entre la caisse et chaque pivot de fusée. Dans sa variante moderne, le dispositif est équipé d'un bras inférieur de suspension en forme de triangle qui ne dépend pas de la barre antiroulis pour sa mise en place.

Système de gestion du moteur Système assurant à la fois l'injection électronique de carburant et l'allumage sous commande du même calculateur électronique.

T

Tablier Cloison isolante séparant le moteur et l'habitacle d'une voiture.

Tambour de frein Pièce métallique des freins à tambour tournant en même temps que les roues.

Thermostat Clapet fonctionnant suivant des variations de température et dont le rôle consiste à réguler la circulation de liquide de refroidissement entre le bloc-cylindres et le radiateur, en maintenant ainsi une température de fonctionnement optimale du moteur. Une commande thermostatique est également utilisée dans certains circuits d'admission d'air dont la température est régulée.

Torx, clé ou vis Système de fixation (clé mâle, vis à tête creuse) se caractérisant par une empreinte en forme d'étoile à six points.

Transmission Arbre avec un joint à chaque extrémité communiquant la force d'entraînement de la boîte de vitesses depuis le pont aux roues motrices sur les modèles « traction avant ».

Tubulure d'admission Pièce comportant des conduits par lesquels est amené le mélange gazeux air-essence aux lumières dans la culasse.

Turbocompresseur Dispositif à commande centrifuge entraîné par les gaz d'échappement et destiné à comprimer l'air frais d'admission. Normalement utilisé pour augmenter la puissance volumétrique d'un moteur pour une cylindrée donnée, mais peut également servir à réduire les émissions d'échappement.

V

Vilebrequin Organe mobile principal du moteur constitué d'un arbre tournant dans le carter-moteur

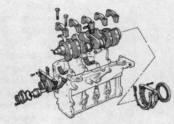

Vilebrequin

et possédant des axes excentrés appelés manetons sur lesquels sont accouplées les têtes de bielles.

Vis de purge Dispositif prévu sur les organes d'un circuit scellé (p. ex. circuit hydraulique des freins, circuit de refroidissement) permettant de purger l'air dans le circuit.

Viscosité Epaisseur d'un fluide ou sa résistance à l'écoulement.

Voile Gauchissement de la surface d'appui usinée d'une pièce rotative. Oscillations (mouvement d'un côté à l'autre) d'un disque ou d'une roue à la rotation.

Volant moteur Grande roue tournante dans laquelle l'énergie est absorbée et accumulée par l'intermédiaire d'un moment d'inertie. Sur les voitures, le volant est fixé au vilebrequin et sa fonction consiste à régulariser la rotation de ce dernier et partant de là les impulsions d'allumage.

Volt Unité d'expression de « pression » électrique dans un circuit. Un volt produit un courant d'un ampère à travers une résistance d'un ohm.

Manuels d'entretien auto

Manuels d'entretien auto en français

Titre	No manuel
BMW Séries 3 & 5 essence (82 - 93)	FR3291
CITROËN AX essence et Diesel (86 - 98)	FR3023
Citroën BX essence (82 - 95)	FR1771
Citroën BX Diesel (83 - 95)	FR1834
Citroën Saxo essence et Diesel (96 - 99)	FR3530
Citroën Visa essence (79 - 88)	FR1804
Citroën Xantia essence et Diesel (93 - 02)	FR3095
Citroën XM essence et Diesel (89 - 98)	FR3387
Citroën Xsara essence et Diesel (97 - 00)	FR3773
Citroën Xsara Picasso essence et Diesel (99 - 04)	FR4052
Citroën ZX essence (91 - 96)	FR1912
Citroën ZX Diesel (91 - 98)	FR1926
FIAT Panda essence (80 - 92)	FR1836
FIAT Punto essence et Diesel (93 - 99)	FR3294
FIAT Uno essence (83 - 95)	FR1775
FORD Escort & Orion essence (80 - 90)	FR1798
Ford Escort IV & Orion essence (90 - 00)	FR3366
Ford Fiesta II essence (août 83 - fév 89)	FR1782
Ford Fiesta III essence (89 - 95)	FR3368
Ford Fiesta IV essence et Diesel (sept 95 - 99)	FR3567
Ford Mondeo essence et Diesel (93 - 00)	FR3584
Ford Moteurs Diesel (84 - 96)	FR3369
MERCEDES-BENZ 190 essence et Diesel (82 - 94)	FR3527
OPEL Astra essence et Diesel (91 - 98)	FR3385
Opel Astra & Zafira Diesel (98 - 04)	FR4269
Opel Corsa essence (83 - 93)	FR1799
Opel Corsa essence et Diesel (93 - 98)	FR3364
Opel Vectra essence et Diesel (95 - 98)	FR3388
PEUGEOT 104 essence (73 - 88)	FR1806
Peugeot 106 essence et Diesel (91 - 04)	FR1913
Peugeot 205 essence (83 - 99)	FR1767
Peugeot 205 Diesel (83 - 99)	FR1835
Peugeot 206 essence et Diesel (98 - 01)	FR3772
Peugeot 305 essence (77 - 91)	FR1797
Peugeot 306 essence et Diesel (93 - 00)	FR3080
Peugeot 307 essence et Diesel (01 - 04)	FR4172
Peugeot 309 essence (85 - 96)	FR1772
Peugeot 309 Diesel (86 - 96)	FR3021
Peugeot 405 essence (87 - 96)	FR1769
Peugeot 405 Diesel (88 - 98)	FR1840
Peugeot 406 essence et Diesel (95 - 99)	FR3296
Peugeot 406 essence et Diesel (mars 99 - 02)	FR4051
RENAULT 5 essence (72 - 85)	FR1788
Renault Super 5 & Express essence (84 - 98)	FR1766
Renault Super 5 & Express Diesel (85 - 99)	FR3022
Renault 9 & 11 essence (81 - 91)	FR1781
Renault 18 essence (78 - 86)	FR1805
Renault 19 essence (88 - 97)	FR1833
Renault 19 Diesel (88 - 97)	FR1950
Renault 21 essence (86 - 96)	FR1768
Renault 21 Diesel (86 - 96)	FR1951
Renault 25 essence et Diesel (84 - 94)	FR3293
Renault Clio 1 essence (90 - 98)	FR1884
Renault Clio 1 Diesel (90 - 98)	FR1989
Renault Clio II essence et Diesel (98 - 01)	FR3924
Renault Clio II essence et Diesel (01 - 04)	FR4268
Renault Espace essence et Diesel (84 - 96)	FR3209
Renault Laguna essence et Diesel (93 - 99)	FR3297
Renault Mégane et Scénic Phase I essence et Diesel (95 - 99)	FR3386
Renault Mégane et Scénic Phase II essence et Diesel (99 - 02)	FR3942
Renault Twingo essence (93 - 98)	FR3044
SEAT Ibiza & Cordoba essence et Diesel (93-99)	FR3583
VOLKSWAGEN Golf II & Jetta essence (84 - 92)	FR1773
Volkswagen Golf III & Vento essence (92 - 99)	FR3200
Volkswagen Golf IV & Bora essence et Diesel (98 - 00)	FR3774
Volkswagen Passat III essence et Diesel (88 - 96)	FR3528
Volkswagen Polo III essence et Diesel (94 - 99)	FR3529

Manuels d'entretien auto en anglais

Titre	No manuel
ALFA ROMEO Alfasud/Sprint (74 - 88) *	0292
Alfa Romeo Alfetta (73 - 87) *	0531

Titre	No manuel
AUDI 80, 90 & Coupe Petrol (79 - Nov 88)	0605
Audi 80, 90 & Coupe Petrol (Oct 86 - 90)	1491
Audi 100 & 200 Petrol (Oct 82 - 90)	0907
Audi 100 & A6 Petrol & Diesel (May 91 - May 97)	3504
Audi A3 (96 - May 03)	4253
Audi A4 Petrol & Diesel (95 - Feb 00)	3575
AUSTIN A35 & A40 (56 - 67) *	0118
Austin/MG/Rover Maestro 1.3 & 1.6 Petrol (83 - 95)	0922
Austin/MG Metro (80 - May 90)	0718
Austin/Rover Montego 1.3 & 1.6 Petrol (84 - 94)	1066
Austin/MG/Rover Montego 2.0 Petrol (84 - 95)	1067
Mini (59 - 69) *	0527
Mini (69 - 01)	0646
Austin/Rover 2.0 litre Diesel Engine (86-93)	1857
AUSTIN HEALEY 100/6 & 3000 (56 - 68) *	0049
BEDFORD CF Petrol (69 - 87)	0163
Bedford/Vauxhall Rascal & Suzuki Supercarry (86 - Oct 94)	3015
BMW 316, 320 & 320i (4-cyl) (75 - Feb 83) *	0276
BMW 320, 320i, 323i & 325i (6-cyl) (Oct 77 - Sept 87)	0815
BMW 3- & 5-Series Petrol (81 - 91)	1948
BMW 3-Series Petrol (Apr 91 - 96)	3210
BMW 3-Series Petrol (Sept 98 - 03)	4067
BMW 520i & 525e (Oct 81 - June 88)	1560
BMW 525, 528 & 528i (73 - Sept 81) *	0632
BMW 5-Series Petrol (April 96 - Aug 03)	4151
BMW 1500, 1502, 1600, 1602, 2000 & 2002 (59 - 77) *	0240
CHRYSLER PT Cruiser Petrol (00 - 03)	4058
CITROËN 2CV, Ami & Dyane (67 - 90)	0196
Citroën AX Petrol & Diesel (87 - 97)	3014
Citroën BX Petrol (83 - 94)	0908
Citroën C15 Van Petrol & Diesel (89 - Oct 98)	3509
Citroën C3 (02 - 05)	4197
Citroën CX Petrol (75 - 88)	0528
Citroën Saxo Petrol & Diesel (96 - 01)	3506
Citroën Visa Petrol (79 - 88)	0620
Citroën Xantia Petrol & Diesel (93 - 01)	3082
Citroën XM Petrol & Diesel (89 - 00)	3451
Citroën Xsara Petrol & Diesel (97 - Sept 00)	3751
Citroën Xsara Picasso Petrol & Diesel (00 - 02)	3944
Citroën ZX Diesel (91 - 98)	1922
Citroën ZX Petrol (91 - 98)	1881
Citroën 1.7 & 1.9 litre Diesel Engine (84 - 96)	1379
FIAT 126 (73 - 87) *	0305
Fiat 500 (57 - 73) *	0090
Fiat Bravo & Brava Petrol (95 - 00)	3572
Fiat Cinquecento (93 - 98)	3501
Fiat Panda (81 - 95)	0793
Fiat Punto Petrol & Diesel (94 - Oct 99)	3251
Fiat Punto Petrol (Oct 99 - July 03)	4066
Fiat Regata Petrol (84 - 88)	1167
Fiat Tipo Petrol (88 - 91)	1625
Fiat Uno Petrol (83 - 95)	0923
Fiat X1/9 (74 - 89) *	0273
FORD Anglia (59 - 68) *	0001
Ford Capri II (& III) 1.6 & 2.0 (74 - 87) *	0283
Ford Capri II (& III) 2.8 & 3.0 V6 (74 - 87)	1309
Ford Cortina Mk III 1300 & 1600 (70 - 76) *	0070
Ford Escort Mk I 1100 & 1300 (68 - 74) *	0171
Ford Escort Mk I Mexico, RS 1600 & RS 2000 (70 - 74) *	0139
Ford Escort Mk II Mexico, RS 1800 & RS 2000 (75 - 80) *	0735
Ford Escort (75 - Aug 80) *	0280
Ford Escort Petrol (Sept 80 - Sept 90)	0686
Ford Escort & Orion Petrol (Sept 90 - 00)	1737
Ford Escort & Orion Diesel (Sept 90 - 00)	4081
Ford Fiesta (76 - Aug 83)	0334
Ford Fiesta Petrol (Aug 83 - Feb 89)	1030
Ford Fiesta Petrol (Feb 89 - Oct 95)	1595
Ford Fiesta Petrol & Diesel (Oct 95 - Mar 02)	3397
Ford Fiesta Petrol & Diesel (Apr 02 - 05)	4170
Ford Focus Petrol & Diesel (98 - 01)	3759
Ford Focus Petrol & Diesel (Oct 01 - 04)	4167
Ford Galaxy Petrol & Diesel (95 - Aug 00)	3984
Ford Granada Petrol (Sept 77 - Feb 85) *	0481
Ford Granada & Scorpio Petrol (Mar 85 - 94)	1245
Ford Ka (96 - 02)	3570
Ford Mondeo Petrol (93 - Sept 00)	1923
Ford Mondeo Petrol & Diesel (Oct 00 - Jul 03)	3990

Titre	No manuel
Ford Mondeo Diesel (93 - 96)	3465
Ford Orion Petrol (83 - Sept 90)	1009
Ford Sierra 4-cyl Petrol (82 - 93)	0903
Ford Sierra V6 Petrol (82 - 91)	0904
Ford Transit Petrol (Mk 2) (78 - Jan 86)	0719
Ford Transit Petrol (Mk 3) (Feb 86 - 89)	1468
Ford Transit Diesel (Feb 86 - 99)	3019
Ford 1.6 & 1.8 litre Diesel Engine (84 - 96)	1172
Ford 2.1, 2.3 & 2.5 litre Diesel Engine (77 - 90)	1606
FREIGHT ROVER Sherpa Petrol (74 - 87)	0463
HILLMAN Avenger (70 - 82)	0037
Hillman Imp (63 - 76) *	0022
HONDA Civic (Feb 84 - Oct 87)	1226
Honda Civic (Nov 91 - 96)	3199
Honda Civic Petrol (Mar 95 - 00)	4050
HYUNDAI Pony (85 - 94)	3398
JAGUAR E Type (61 - 72) *	0140
Jaguar MkI & II, 240 & 340 (55 - 69) *	0098
Jaguar XJ6, XJ & Sovereign; Daimler Sovereign (68-Oct 86)	0242
Jaguar XJ6 & Sovereign (Oct 86 - Sept 94)	3261
Jaguar XJ12, XJS & Sovereign; Daimler Double Six (72-88)	0478
JEEP Cherokee Petrol (93 - 96)	1943
LADA 1200, 1300, 1500 & 1600 (74 - 91)	0413
Lada Samara (87 - 91)	1610
LAND ROVER 90, 110 & Defender Diesel (83 - 95)	3017
Land Rover Discovery Petrol & Diesel (89 - 98)	3016
Land Rover Freelander Petrol & Diesel (97 - 02)	3929
Land Rover Series IIA & III Diesel (58 - 85)	0529
Land Rover Series II, IIA & III 4-cyl Petrol (58 - 85)	0314
MAZDA 323 (Mar 81 - Oct 89)	1608
Mazda 323 (Oct 89 - 98)	3455
Mazda 626 (May 83 - Sept 87)	0929
Mazda B1600, B1800 & B2000 Pick-up Petrol (72 - 88)	0267
Mazda RX-7 (79 - 85) *	0460
MERCEDES-BENZ 190, 190E & 190D Petrol & Diesel (83-93)	3450
Mercedes-Benz 200D, 240D, 240TD, 300D & 300TD 123 Series Diesel (Oct 76 - 85)	1114
Mercedes-Benz 250 & 280 (68 - 72) *	0346
Mercedes-Benz 250 & 280 123 Series Petrol (Oct 76 - 84) *	0677
Mercedes-Benz 124 Series Petrol & Diesel (85 - Aug 93)	3253
Mercedes-Benz C-Class Petrol & Diesel (93 - Aug 00)	3511
MGA (55 - 62) *	0475
MGB (62 - 80) *	0111
MG Midget & Austin-Healey Sprite (58 - 80) *	0265
MITSUBISHI Shogun & L200 Pick-Ups Petrol (83 - 94)	1944
MORRIS Ital 1.3 (80 - 84)	0705
Morris Minor 1000 (56 - 71)	0024
NISSAN Almera Petrol (95 - Feb 00)	4053
Nissan Bluebird (May 84 - Mar 86)	1223
Nissan Bluebird Petrol (Mar 86 - 90)	1473
Nissan Cherry (Sept 82 - 86)	1031
Nissan Micra (83 - Jan 93)	0931
Nissan Micra (93 - 99)	3254
Nissan Primera Petrol (90 - Aug 99)	1851
Nissan Stanza (82 - 86)	0824
Nissan Sunny Petrol (May 82 - Oct 86)	0895
Nissan Sunny Petrol (Oct 86 - Mar 91)	1378
Nissan Sunny Petrol (Apr 91 - 95)	3219
OPEL Ascona & Manta (B Series) (Sept 75 - 88) *	0316
Opel Ascona Petrol (81 - 88)	3215
Opel Astra Petrol (Oct 91 - Feb 98)	3156
Opel Corsa Petrol (83 - Mar 93)	3160
Opel Corsa Petrol (Mar 93 - 97)	3159
Opel Kadett Petrol (Nov 79 - Oct 84)	0634
Opel Kadett Petrol (Oct 84 - Oct 91)	3196
Opel Omega & Senator Petrol (Nov 86 - 94)	3157
Opel Rekord Petrol (Feb 78 - Oct 86)	0543
Opel Vectra Petrol (Oct 88 - Oct 95)	3158
PEUGEOT 106 Petrol & Diesel (91 - 02)	1882
Peugeot 205 Petrol (83 - 97)	0932
Peugeot 206 Petrol & Diesel (98 - 01)	3757
Peugeot 306 Petrol & Diesel (93 - 99)	3073
Peugeot 307 Petrol & Diesel (01 - 04)	4147
Peugeot 309 Petrol (86 - 93)	1266
Peugeot 405 Petrol (88 - 97)	1559
Peugeot 405 Diesel (88 - 97)	3198
Peugeot 406 Petrol & Diesel (96 - Mar 99)	3394

Edition spéciale

Titre	No manuel
Peugeot 406 Petrol & Diesel (Mar 99-02)	3982
Peugeot 505 Petrol (79 - 89)	0762
Peugeot 1.7/1.8 & 1.9 litre Diesel Engine (82 - 96)	0950
Peugeot 2.0, 2.1, 2.3 & 2.5 litre Diesel Engines (74 - 90)	1607
PORSCHE 911 (65 - 85)	0264
Porsche 924 & 924 Turbo (76 - 85)	0397
PROTON (89 - 97)	3255
RANGE ROVER V8 Petrol (70 - Oct 92)	0606
RELIANT Robin & Kitten (73 - 83) *	0436
RENAULT 4 (61 - 86) *	0072
Renault 5 Petrol (Feb 85 - 96)	1219
Renault 9 & 11 Petrol (82 - 89)	0822
Renault 18 Petrol (79 - 86)	0598
Renault 19 Petrol (89 - 96)	1646
Renault 19 Diesel (89 - 96)	1946
Renault 21 Petrol (86 - 94)	1397
Renault 25 Petrol & Diesel (84 - 92)	1228
Renault Clio Petrol (91 - May 98)	1853
Renault Clio Diesel (91 - June 96)	3031
Renault Clio Petrol & Diesel (May 98 - May 01)	3906
Renault Clio Petrol & Diesel (June 01 - 04)	4168
Renault Espace Petrol & Diesel (85 - 96)	3197
Renault Laguna Petrol & Diesel (94 - 00)	3252
Renault Mégane & Scénic Petrol & Diesel (96 - 98)	3395
Renault Mégane & Scénic Petrol & Diesel (Apr 99 - 02)	3916
ROVER 213 & 216 (84 - 89)	1116
Rover 214 & 414 Petrol (89 - 96)	1689
Rover 216 & 416 Petrol (89 - 96)	1830
Rover 211, 214, 216, 218 & 220 Petrol & Diesel (Dec 95-99)	3399
Rover 25 & MG ZR Petrol & Diesel (Oct 99 - 04)	4145
Rover 414, 416 & 420 Petrol & Diesel (May 95 - 98)	3453
Rover 618, 620 & 623 Petrol (93 - 97)	3257
Rover 820, 825 & 827 Petrol (86 - 95)	1380
Rover 3500 (76 - 87) *	0365
Rover Metro, 111 & 114 Petrol (May 90 - 98)	1711
SAAB 95 & 96 (66 - 76) *	0198
Saab 90, 99 & 900 (79 - Oct 93)	0765
Saab 900 (Oct 93 - 98)	3512
Saab 9000 (4-cyl) (85 - 98)	1686
Saab 9-5 4-cyl Petrol (97 - 04)	4156
SEAT Ibiza & Cordoba Petrol & Diesel (Oct 93 - Oct 99)	3571
Seat Ibiza & Malaga Petrol (85 - 92)	1609
SKODA Estelle (77 - 89)	0604
Skoda Favorit (89 - 96)	1801
Skoda Felicia Petrol & Diesel (95 - 01)	3505
SUBARU 1600 & 1800 (Nov 79 - 90) *	0995
SUNBEAM Alpine, Rapier & H120 (67 - 74) *	0051
SUZUKI SJ Series, Samurai & Vitara (4-cyl) Petrol (82 - 97)	1942
TALBOT Alpine, Solara, Minx & Rapier (75 - 86)	0337
Talbot Horizon Petrol (78 - 86)	0473
Talbot Samba (82 - 86)	0823
TOYOTA Carina E Petrol (May 92 - 97)	3256
Toyota Corolla (80 - 85)	0683
Toyota Corolla (Sept 83 - Sept 87)	1024
Toyota Corolla (Sept 87 - Aug 92)	1683
Toyota Corolla Petrol (Aug 92 - 97)	3259
Toyota Hi-Ace & Hi-Lux Petrol (69 - Oct 83)	0304
TRIUMPH GT6 & Vitesse (62 - 74) *	0112
Triumph Herald (59 - 71) *	0010
Triumph Spitfire (62 - 81)	0113
Triumph Stag (70 - 78) *	0441
Triumph TR2, TR3, TR3A, TR4 & TR4A (52 - 67) *	0028
Triumph TR5 & 6 (67 - 75) *	0031
Triumph TR7 (75 - 82) *	0322
VAUXHALL Astra Petrol (80 - Oct 84)	0635
Vauxhall Astra & Belmont Petrol (Oct 84 - Oct 91)	1136
Vauxhall Astra Petrol (Oct 91 - Feb 98)	1832
Vauxhall/Opel Astra & Zafira Petrol (Feb 98 - Apr 04)	3758
Vauxhall/Opel Astra & Zafira Diesel (Feb 98 - Apr 04)	3797
Vauxhall/Opel Calibra (90 - 98)	3502
Vauxhall Carlton Petrol (Oct 78 - Oct 86)	0480
Vauxhall Carlton & Senator Petrol (Nov 86 - 94)	1469
Vauxhall Cavalier Petrol (81 - Oct 88)	0812
Vauxhall Cavalier Petrol (Oct 88 - 95)	1570
Vauxhall Chevette (75 - 84)	0285
Vauxhall/Opel Corsa Diesel (Mar 93 - Oct 00)	4087
Vauxhall Corsa Petrol (Mar 93 - 97)	1985
Vauxhall/Opel Corsa Petrol (Apr 97 - Oct 00)	3921
Vauxhall/Opel Corsa Petrol & Diesel (Oct 00 - Sept 03)	4079
Vauxhall/Opel Frontera Petrol & Diesel (91 - Sept 98)	3454

Titre	No manuel
Vauxhall Nova Petrol (83 - 93)	0909
Vauxhall/Opel Omega Petrol (94 - 99)	3510
Vauxhall/Opel Vectra Petrol & Diesel (95 - Feb 99)	3396
Vauxhall/Opel Vectra Petrol & Diesel (Mar 99 - May 02)	3930
Vauxhall/Opel 1.5, 1.6 & 1.7 litre Diesel Engine (82 - 96)	1222
VOLKSWAGEN 411 & 412 (68 - 75) *	0091
Volkswagen Beetle 1200 (54 - 77)	0036
Volkswagen Beetle 1300 & 1500 (65 - 75)	0039
Volkswagen Beetle 1302 & 1302S (70 - 72) *	0110
Volkswagen Beetle 1303, 1303S & GT (72 - 75)	0159
Volkswagen Beetle Petrol & Diesel (Apr 99 - 01)	3798
Volkswagen Golf & Bora Petrol & Diesel (April 98 - 00)	3727
Volkswagen Golf & Jetta Mk 1 Petrol 1.1 & 1.3 (74 - 84)	0716
Volkswagen Golf, Jetta & Scirocco Mk 1 Petrol 1.5, 1.6 & 1.8 (74 - 84)	0726
Volkswagen Golf & Jetta Mk 1 Diesel (78 - 84)	0451
Volkswagen Golf & Jetta Mk 2 Petrol (Mar 84 - Feb 92)	1081
Volkswagen Golf & Vento Petrol & Diesel (Feb 92 - Mar 98)	3097
Volkswagen Golf & Bora 4-cyl Petrol & Diesel (01 - 03)	4169
Volkswagen LT Petrol Vans & Light Trucks (76 - 87)	0637
Volkswagen Passat & Santana Petrol (Sept 81 - May 88)	0814
Volkswagen Passat 4-cyl Petrol & Diesel (May 88 - 96)	3498
Volkswagen Passat 4-cyl Petrol & Diesel (Dec 96 - Nov 00)	3917
Volkswagen Polo & Derby (76 - Jan 82)	0335
Volkswagen Polo (82 - Oct 90)	0813
Volkswagen Polo Petrol (Nov 90 - Aug 94)	3245
Volkswagen Polo Hatchback Petrol & Diesel (94 - 99)	3500
Volkswagen Polo Hatchback Petrol (00 - Jan 02)	4150
Volkswagen Scirocco (82 - 90) *	1224
Volkswagen Transporter 1600 (68 - 79)	0082
Volkswagen Transporter 1700, 1800 & 2000 (72 - 79) *	0226
Volkswagen Transporter (air-cooled) Petrol (79 - 82) *	0638
Volkswagen Transporter (water-cooled) Petrol (82 - 90)	3452
Volkswagen Type 3 (63 - 73) *	0084
VOLVO 120 & 130 Series (& P1800) (61 - 73) *	0203
Volvo 142, 144 & 145 (66 - 74) *	0129
Volvo 240 Series Petrol (74 - 93)	0270
Volvo 262, 264 & 260/265 (75 - 85) *	0400
Volvo 340, 343, 345 & 360 (76 - 91)	0715
Volvo 440, 460 & 480 Petrol (87 - 97)	1691
Volvo 740 & 760 Petrol (82 - 91)	1258
Volvo 850 Petrol (92 - 96)	3260
Volvo 940 Petrol (90 - 96)	3249
Volvo S40 & V40 Petrol (96 - Mar 04)	3569
Volvo S70, V70 & C70 Petrol (96 - 99)	3573

Livres techniques en anglais

Automotive Air Conditioning Systems	3740
Automotive Electrical and Electronic Systems	3049
Automotive Gearbox Overhaul Manual	3473
Automotive Service Summaries Manual	3475
Automotive Timing Belts Manual - Austin/Rover	3549
Automotive Timing Belts Manual - Ford	3474
Automotive Timing Belts Manual - Peugeot/Citroën	3568
Automotive Timing Belts Manual - Vauxhall/Opel	3577
Haynes Manual on Bodywork	4198
Haynes Manual on Brakes	4178
Haynes Manual on Carburettors	4177
Haynes Manual on Diesel Engines	4174
Haynes Manual on Engine Management	4199
Haynes Manual on Fault Codes	4175
Haynes Manual on Practical Electrical Systems	4267
Haynes Manual on Small Engines	4250
Haynes Manual on Welding	4176

Manuels d'entretien des autos américains en anglais

ACURA Integra & Legend (86 - 90)	12020
Acura Integra & Legend (90 - 95)	12021
AMC Mid-size models (70 - 83)	14020
AMC Alliance & Encore (83 - 87)	14025
AUDI 4000 (80 - 87)	15020
Audi 5000 (77 - 83)	15025
Audi 5000 (84 - 88)	15026
BMW 3/5 Series (82 - 92)	18020
BMW 3-Series (92 - 98)	18021
BUICK Century (97 - 02)	19010
Buick, Oldsmobile & Pontiac Full-size (FWD) (85 - 02)	19020

Titre	No manuel
Buick, Oldsmobile & Pontiac Full-size (RWD) (70 - 90)	19025
Buick Mid-size (RWD) (74 - 87)	19030
CADILLAC Rear-wheel drive (70 - 93)	21030
CHEVROLET Astro & GMC Safari Mini-vans (85 - 03)	24010
Chevrolet Camaro (70 - 81)	24015
Chevrolet Camaro (82 - 92)	24016
Chevrolet Camaro & Pontiac Firebird (93 - 02)	24017
Chevrolet Chevelle, Malibu & El Camino (69 - 87)	24020
Chevrolet Chevette & Pontiac T1000 (76 - 87)	24024
Chevrolet Corsica/Beretta (87 - 96)	24032
Chevrolet Corvette (68 - 82)	24040
Chevrolet Corvette (84 - 96)	24041
Chevrolet Full-size Sedans (69 - 90)	24045
Chevrolet Impala SS & Caprice and Buick Roadmaster (91 - 96)	24046
Chevrolet Lumina, Monte Carlo & Impala (FWD) (95 - 03)	24048
Chevrolet Luv Pick-up (72 - 82)	24050
Chevrolet Monte Carlo (70 - 88)	24055
Chevrolet Nova (69 - 79)	24059
Chevrolet Nova & Geo Prizm (85 - 92)	24060
Chevrolet & GMC Pick-ups (67 - 87)	24064
Chevrolet & GMC Pick-ups, 2WD & 4WD (88 - 00)	24065
Chevrolet Silverado & GMC Sierra Pick-ups (99 - 02)	24066
Chevrolet S-10 & GMC S-15 Pick-ups, & Olds Bravada (82 - 94)	24070
Chevrolet S-10 & GMC Sonoma Pick-ups (94 - 01)	24071
Chevrolet Trailblazer & GMC Envoy (02 - 03)	24072
Chevrolet Sprint & Geo/Chevrolet Metro (85 - 01)	24075
Chevrolet & GMC Vans (68 - 96)	24080
CHRYSLER Cirrus, Dodge Stratus & Plymouth Breeze (95 - 00)	25015
Chrysler Full-Size Front-wheel drive (88 - 93)	25020
Chrysler New Yorker, Concorde & LHS, Dodge Intrepid and Eagle Vision (93 - 97)	25025
Chrysler LHS, Concorde, 300M & Dodge Intrepid (98 - 03)	25026
Chrysler Mid-Size Front-Wheel drive (82 - 95)	25030
Chrysler Sebring/Dodge Stratus & Avenger (95 - 02)	25040
DATSUN 200SX (77 - 79)	28004
Datsun 200SX (80 - 83)	28005
Datsun 210 (79 - 82)	28009
Datsun 240Z, 260Z & 280Z (70 - 78)	28012
Datsun 280ZX (79 - 83)	28014
Datsun 310 (Nov 78 - 82)	28016
Datsun 810/Maxima (77 - 84)	28025
DODGE Aries & Plymouth Reliant (81 - 89)	30008
Dodge Caravan, Plymouth Voyager and Chrysler Town & Country Mini-Vans (84 - 95)	30010
Dodge Caravan, Plymouth Voyager and Chrysler Town & Country Mini-vans (96 - 02)	30011
Dodge Challenger & Plymouth Sapporo (78 - 83)	30012
Dodge Colt & Plymouth Champ (78 - 87)	30016
Dodge Dakota Pick-ups (87 - 96)	30020
Dodge Dakota Pick-up and Durango (97 - 99)	30021
Dodge Durango & Dakota Pick-ups (00 - 03)	30022
Dodge Dart & Plymouth Valiant (67 - 76)	30025
Dodge Daytona & Chrysler Laser (84 - 89)	30030
Dodge & Plymouth Neon (95 - 99)	30034
Dodge Omni & Plymouth Horizon (78 - 90)	30035
Dodge Neon (00 - 03)	30036
Dodge Pick-ups (74 - 93)	30040
Dodge Pick-ups (94 - 01)	30041
Dodge Ram 50/D50 Pick-up & Raider and Plymouth Arrow Pick-up (79 - 93)	30045
Dodge/Plymouth/Chrysler Rear-wheel drive (71 - 89)	30050
Dodge Shadow & Plymouth Sundance and Duster (87 - 94)	30055
Dodge Spirit & Plymouth Acclaim (89 - 95)	30060
Dodge & Plymouth Vans (71 - 03)	30065
FIAT 124 Sport Coupe & Spider (68 - 78)	34010
FORD Aerostar Mini-vans (86 - 97)	36004
Ford Contour & Mercury Mystique (95 - 00)	36006
Ford Courier Pick-up (72 - 82)	36008
Ford Crown Victoria & Mercury Grand Marquis (88 - 00)	36012
Ford Escort & Mercury Lynx (81 - 90)	36016
Ford Escort & Mercury Tracer (91 - 00)	36020
Ford Escape & Mazda Tribute (01 - 03)	36022
Ford Explorer, Mazda Navajo & Mercury Mountaineer (91 - 01)	36024
Ford Explorer (02 - 03)	36025
Ford Fairmont & Mercury Zephyr (78 - 83)	36028
Ford Festiva & Aspire (88 - 97)	36030
Ford & Mercury Full-size (75 - 87)	36036
Ford & Mercury Mid-size (75 - 86)	36044

Manuels d'entretien pour motos en anglais

Titre	No manuel
APRILIA RSV1000 Mille (98 - 03)	4255
BMW 2-valve Twins (70 - 96)	◆ 0249
BMW K100 & 75 2-valve Models (83 - 96)	◆ 1373
BMW R850, 1100 & 1150 4-valve Twins (93 - 04)	◆ 3466
BSA Bantam (48 - 71)	0117
BSA Unit Singles (58 - 72)	0127
BSA Pre-unit Singles (54 - 61)	0326
BSA A7 & A10 Twins (47 - 62)	0121
BSA A50 & A65 Twins (62 - 73)	0155
DUCATI 600, 750 & 900 2-valve V-Twins (91 - 96)	◆ 3290
Ducati MK III & Desmo Singles (69 - 76)	◇ 0445
Ducati 748, 916 & 996 4-valve V-Twins (94 - 01)	◆ 3756
GILERA Runner, DNA, Stalker & Ice (97 - 04)	4163
HARLEY-DAVIDSON Sportsters (70 - 03)	◆ 2534
Harley-Davidson Shovelhead & Evolution Big Twins (70-99)	2536
Harley-Davidson Twin Cam 88 (99 - 03)	◆ 2478
HONDA NB, ND, NP & NS50 Melody (81 - 85)	◇ 0622
Honda NE/NB50 Vision & SA50 Vision Met-in (85 - 95)	◇ 1278
Honda MB, MBX, MT & MTX50 (80 - 93)	0731
Honda C50, C70 & C90 (67 - 99)	0324
Honda XR80R & XR100R (85 - 04)	2218
Honda XL/XR 80, 100, 125, 185 & 200 2-valve Models (78 - 87)	0566
Honda H100 & H100S Singles (80 - 92)	◇ 0734
Honda CB/CD125T & CM125C Twins (77 - 88)	◇ 0571
Honda CG125 (76 - 00)	◇ 0433
Honda NS125 (86 - 93)	◇ 3056
Honda MBX/MTX125 & MTX200 (83 - 93)	1132
Honda CD/CM185 200T & CM250C 2-valve Twins (77 - 85)	0572
Honda XL/XR 250 & 500 (78 - 84)	0567
Honda XR250L, XR250R & XR400R (86 - 03)	2219
Honda CB250 & CB400N Super Dreams (78 - 84)	◇ 0540
Honda CR Motocross Bikes (86 - 01)	2222
Honda CBR400RR Fours (88 - 99)	◇ ◆ 3552
Honda VFR400 (NC30) & RVF400 (NC35) V-Fours (89 - 98)	◇ ◆ 3496
Honda CB500 (93 - 01)	◇ ◆ 3753
Honda CB400 & CB550 Fours (73 - 77)	0262
Honda CX/GL500 & 650 V-Twins (78 - 86)	0442
Honda CBX550 Four (82 - 86)	◇ 0940
Honda XL600R & XR600R (83 - 00)	2183
Honda XL600/650V Transalp & XRV750 Africa Twin (87 - 02)	◇ ◆ 3919
Honda CBR600F1 & 1000F Fours (87 - 96)	◆ 1730
Honda CBR600F2 & F3 Fours (91 - 98)	◆ 2070
Honda CBR600F4 (99 - 02)	◆ 3911
Honda CB600F Hornet (98 - 02)	◇ ◆ 3915
Honda CB650 sohc Fours (78 - 84)	0665
Honda NTV600 Revere, NTV650 & NT650V Deauville (88 - 01)	◇ ◆ 3243
Honda Shadow VT600 & 750 (USA) (88 - 03)	2312
Honda CB750 sohc Four (69 - 79)	0131
Honda V45/65 Sabre & Magna (82 - 88)	0820
Honda VFR750 & 700 V-Fours (86 - 97)	◆ 2101
Honda VFR800 V-Fours (97 - 01)	◆ 3703
Honda VFR800 V-Tec V-Fours (02 - 05)	◆ 4196
Honda CB750 & CB900 dohc Fours (78 - 84)	0535
Honda VTR1000 (FireStorm, Super Hawk) & XL1000V (Varadero) (97 - 00)	◆ 3744
Honda CBR900RR FireBlade (92 - 99)	◆ 2161
Honda CBR900RR FireBlade (00 - 03)	◆ 4060
Honda CBR1100XX Super Blackbird (97 - 02)	◆ 3901

Titre	No manuel
Honda ST1100 Pan European V-Fours (90 - 01)	◆ 3384
Honda Shadow VT1100 (USA) (85 - 98)	2313
Honda GL1000 Gold Wing (75 - 79)	0309
Honda GL1100 Gold Wing (79 - 81)	0669
Honda Gold Wing 1200 (USA) (84 - 87)	2199
Honda Gold Wing 1500 (USA) (88 - 00)	2225
KAWASAKI AE/AR 50 & 80 (81 - 95)	1007
Kawasaki KC, KE & KH100 (75 - 99)	1371
Kawasaki KMX125 & 200 (86 - 02)	◇ 3046
Kawasaki 250, 350 & 400 Triples (72 - 79)	0134
Kawasaki 400 & 440 Twins (74 - 81)	0281
Kawasaki 400, 500 & 550 Fours (79 - 91)	0910
Kawasaki EN450 & 500 Twins (Ltd/Vulcan) (85 - 04)	2053
Kawasaki EX & ER500 (GPZ500S & ER-5) Twins (87 - 99)	◆ 2052
Kawasaki ZX600 (Ninja ZX-6, ZZ-R600) Fours (90 - 00)	2146
Kawasaki ZX-6R Ninja Fours (95 - 02)	◆ 3541
Kawasaki ZX600 (GPZ600R, GPX600R, Ninja 600R & RX) & ZX750 (GPX750R, Ninja 750R) Fours (85 - 97)	◆ 1780
Kawasaki 650 Four (76 - 78)	0373
Kawasaki Vulcan 700/750 & 800 (85 - 04)	◆ 2457
Kawasaki 750 Air-cooled Fours (80 - 91)	0574
Kawasaki ZR550 & 750 Zephyr Fours (90 - 97)	◆ 3382
Kawasaki ZX750 (Ninja ZX-7 & ZXR750) Fours (89 - 96)	◆ 2054
Kawasaki Ninja ZX-7R & ZX-9R (94 - 04)	◆ 3721
Kawasaki 900 & 1000 Fours (73 - 77)	0222
Kawasaki ZX900, 1000 & 1100 Liquid-cooled Fours (83 - 97)	◆ 1681
MOTO GUZZI 750, 850 & 1000 V-Twins (74 - 78)	0339
MZ ETZ Models (81 - 95)	◇ 1680
NORTON 500, 600, 650 & 750 Twins (57 - 70)	0187
Norton Commando (68 - 77)	0125
PEUGEOT Speedfight, Trekker & Vivacity (96 - 02)	◇ 3920
PIAGGIO (Vespa) Scooters (91 - 03)	◇ 3492
SUZUKI GT, ZR & TS50 (77 - 90)	◇ 0799
Suzuki TS50X (84 - 00)	◇ 1599
Suzuki 100, 125, 185 & 250 Air-cooled Trail bikes (79 - 89)	0797
Suzuki GP100 & 125 Singles (78 - 93)	◇ 0576
Suzuki GS, GN, GZ & DR125 Singles (82 - 99)	◇ 0888
Suzuki 250 & 350 Twins (68 - 78)	0120
Suzuki GT250X7, GT200X5 & SB200 Twins (78 - 83)	◇ 0469
Suzuki GS/GSX250, 400 & 450 Twins (79 - 85)	0736
Suzuki GS500 Twin (89 - 02)	◆ 3238
Suzuki GS550 (77 - 82) & GS750 Fours (76 - 79)	0363
Suzuki GS/GSX550 4-valve Fours (83 - 88)	1133
Suzuki SV650 (99 - 02)	◆ 3912
Suzuki GSX-R600 & 750 (96 - 00)	◆ 3553e
Suzuki GSX-R600 (01 - 02), GSX-R750 (00 - 02) & GSX-R1000 (01 - 02)	◆ 3986e
Suzuki GSF600 & 1200 Bandit Fours (95 - 04)	◆ 3367
Suzuki GS850 Fours (78 - 88)	0536
Suzuki GS1000 Four (77 - 79)	0484
Suzuki GSX-R750, GSX-R1100 (85 - 92), GSX600F, GSX750F, GSX1100F (Katana) Fours (88 - 96)	◆ 2055
Suzuki GSX600/750F & GSX750 (98 - 02)	◆ 3987
Suzuki GS/GSX1000, 1100 & 1150 4-valve Fours (79 - 88)	0737
Suzuki TL1000S/R & DL1000 V-Strom (97 - 04)	◆ 4083
Suzuki GSX1300R Hayabusa (99 - 04)	◆ 4184
TRIUMPH Tiger Cub & Terrier (52 - 68)	0414
Triumph 350 & 500 Unit Twins (58 - 73)	0137
Triumph Pre-Unit Twins (47 - 62)	0251
Triumph 650 & 750 2-valve Unit Twins (63 - 83)	0122
Triumph Trident & BSA Rocket 3 (69 - 75)	0136

Titre	No manuel
Triumph Fuel Injected Triples (97 - 00)	◆ 3755
Triumph Triples & Fours (carburettor engines) (91 - 99)	◆ 2162
VESPA P/PX125, 150 & 200 Scooters (78 - 03)	0707
Vespa Scooters (59 - 78)	0126
YAMAHA DT50 & 80 Trail Bikes (78 - 95)	◇ 0800
Yamaha T50 & 80 Townmate (83 - 95)	◇ 1247
Yamaha YB100 Singles (73 - 91)	◇ 0474
Yamaha RS/RXS100 & 125 Singles (74 - 95)	0331
Yamaha RD & DT125LC (82 - 87)	◇ 0887
Yamaha TZR125 (87 - 93) & DT125R (88 - 02)	◇ 1655
Yamaha TY50, 80, 125 & 175 (74 - 84)	◇ 0464
Yamaha XT & SR125 (82 - 02)	◇ 1021
Yamaha Trail Bikes (81 - 00)	2350
Yamaha 250 & 350 Twins (70 - 79)	0040
Yamaha XS250, 360 & 400 sohc Twins (75 - 84)	0378
Yamaha RD250 & 350LC Twins (80 - 82)	0803
Yamaha RD350 YPVS Twins (83 - 95)	1158
Yamaha RD400 Twin (75 - 79)	0333
Yamaha XT, TT & SR500 Singles (75 - 83)	0342
Yamaha XZ550 Vision V-Twins (82 - 85)	0821
Yamaha FJ, FZ, XJ & YX600 Radian (84 - 92)	2100
Yamaha XJ600S (Diversion, Seca II) & XJ600N Fours (92 - 03)	◆ 2145
Yamaha YZF600R Thundercat & FZS600 Fazer (96 - 03)	◆ 3702
Yamaha YZF-R6 (98 - 02)	◆ 3900
Yamaha 650 Twins (70 - 83)	0341
Yamaha XJ650 & 750 Fours (80 - 84)	0738
Yamaha XS750 & 850 Triples (76 - 85)	0340
Yamaha TDM850, TRX850 & XTZ750 (89 - 99)	◇ ◆ 3540
Yamaha YZF750R & YZF1000R Thunderace (93 - 00)	◆ 3720
Yamaha FZR600, 750 & 1000 Fours (87 - 96)	◆ 2056
Yamaha XV (Virago) V-Twins (81 - 03)	◆ 0802
Yamaha XVS650 & 1100 Dragstar/V-Star (97 - 05)	◆ 4195
Yamaha XJ900F Fours (83 - 94)	◆ 3239
Yamaha XJ900S Diversion (94 - 01)	◆ 3739
Yamaha YZF-R1 (98 - 02)	◆ 3754
Yamaha FJ1100 & 1200 Fours (84 - 96)	◆ 2057
Yamaha XJR1200 & 1300 (95 - 03)	◆ 3981
Yamaha V-Max (85 - 03)	◆ 4072

ATVs	
Honda ATC70, 90, 110, 185 & 200 (71 - 85)	0565
Honda TRX300 Shaft Drive ATVs (88 - 00)	2125
Honda TRX300EX & TRX400EX ATVs (93 - 04)	2318
Honda Foreman 400 and 450 ATVs (95 - 02)	2465
Kawasaki Bayou 220/250/300 & Prairie 300 ATVs (86 - 03)	2351
Polaris ATVs (85 - 97)	2302
Polaris ATVs (98 - 03)	2508
Yamaha YFS200 Blaster ATV (88 - 02)	2317
Yamaha YFB250 Timberwolf ATVs (92 - 00)	2217
Yamaha YFM350 & YFM400 (ER and Big Bear) ATVs (87 - 03)	2126
Yamaha Banshee and Warrior ATVs (87 - 03)	2314
ATV Basics	10450

TECHBOOK SERIES	
Motorcycle Basics TechBook (2nd Edition)	3515
Motorcycle Electrical TechBook (3rd Edition)	3471
Motorcycle Fuel Systems TechBook	3514
Motorcycle Maintenance TechBook	4071
Motorcycle Workshop Practice TechBook (2nd Edition)	3470

GENERAL MANUALS	
Twist and Go (automatic transmission) Scooters Service and Repair Manual	4082

◇ = not available in the USA   ◆ = Superbike

MAISON ET JARDIN	
Dishwasher Manual	**L7329**
Electrical Appliance Manual (3rd edn.)	**L7800**
Lawnmower Manual (3rd Edition)	**L7337**
Washer Drier & Tumbledrier Manual	**L7328**
Washing Machine Manual	**L7327**

CARAVANES ET CAMPING	
Caravan Handbook, The	**L7801**
Caravan Manual, The (3rd Edition)	**9894**
Motorcaravan Manual, The (2nd Edition)	**H4047**

CYCLISME	
Bike Book, The (Updated 4th Edition)	**H4000**

Birmingham & Black Country Cycle Rides	**H4007**
Bristol & Bath Cycle Rides	**H4025**
London Cycle Guide, The	**L7320**
Manchester Cycle Rides	**H4026**
Mountain Bike Book, The	**H954**
Racing Bike Book, The (2nd Edition)	**L7300**

Tous les titres qui figurent sur ces pages sont disponibles auprès des grandes surfaces, centre-autos, magasins de vélo et librairies. La gamme complète des manuels américains **Chilton** est également disponible. C'est dans un souci de mise à jour des informations et d'évolution permanente que de nouveaux titres apparaissent régulièrement. Pour recevoir une liste complète de nos récentes publications, n'hésitez pas à contacter les numéros suivants :
(France) 01 47 17 66 29 • (G.B.) +44 1963 442030 • (U.S.A.) +1 805 498 6703 • (Suède) +46 18 124016 • (Australie) +61 3 9763 8100